Die Bonus-Seite

Ihr Vorteil als Käufer dieses Buches

Auf der Bonus-Webseite zu diesem Buch finden Sie zusätzliche Informationen und Services. Dazu gehört auch ein kostenloser **Testzugang** zur Online-Fassung Ihres Buches. Und der besondere Vorteil: Wenn Sie Ihr **Online-Buch** auch weiterhin nutzen wollen, erhalten Sie den vollen Zugang zum **Vorzugspreis**.

So nutzen Sie Ihren Vorteil

Halten Sie den unten abgedruckten Zugangscode bereit und gehen Sie auf **www.galileocomputing.de**. Dort finden Sie den Kasten **Die Bonus-Seite für Buchkäufer**. Klicken Sie auf **Zur Bonus-Seite / Buch registrieren**, und geben Sie Ihren **Zugangscode** ein. Schon stehen Ihnen die Bonus-Angebote zur Verfügung.

Ihr persönlicher **Zugangscode**

85dr-7khb-c9vp-n6xw

Frank Bongers, Maximilian Vollendorf

jQuery

Das Praxisbuch

Galileo Press

Liebe Leserin, lieber Leser,

mit dem Ajax-Framework jQuery stehen Ihnen zahlreiche Funktionen zur Verfügung, um zeitgemäße Websites in kurzer Zeit umzusetzen. Mit oft nur wenigen Zeilen Code können Sie bereits beeindruckende Wirkungen erzielen und Ihren Webauftritt bereichern. jQuery vereinfacht die Arbeit mit JavaScript, indem es die Benutzung sehr kurzer und einprägsamer Befehle statt der herkömmlichen komplizierteren JavaScript-Befehle ermöglicht. Das macht auch für weniger programmiererfahrene Webdesigner das Einbinden von Effekten, Animationen und Ajax-Techniken leicht und nachvollziehbar.

Mit diesem Buch erhalten Sie eine verständliche und umfassende Anleitung zur Nutzung des Frameworks an die Hand, angefangen von einfachen Webseiten, die nur um einzelne Effekte aufgewertet werden sollen, bis hin zu komplexen Anwendungen. Besonderen Wert haben die Autoren auf praxisorientierte Beispiele gelegt. Sie finden Anleitungen zu allen wichtigen Anwendungsgebieten rund um Navigation, Formulare, Bildergalerien, Tabellen und Inhaltsmanipulation. Besonders glücklich bin ich, dass die beiden Autoren sich nicht nur mit dem Plugin jQTouch, mit dem Sie für iPhones, iPads und bald auch für Android-Geräte Webapplikationen schreiben können, beschäftigen, sondern auch mit dem brandneuen Framework jQuery Mobile. Ideal für Ihre mobile Website-Entwicklung.

Dieses Buch wurde mit großer Sorgfalt lektoriert und produziert. Sollten Sie dennoch Fehler finden oder inhaltliche Anregungen haben, scheuen Sie sich nicht, mit uns Kontakt aufzunehmen. Ihre Fragen und Änderungswünsche sind uns jederzeit willkommen.

Viel Vergnügen beim Lesen!
Wir freuen uns auf den Dialog mit Ihnen.

Ihr Stephan Mattescheck
Lektorat Galileo Computing

stephan.matteschecK@galileo-press.de
www.galileocomputing.de
Galileo Press · Rheinwerkallee 4 · 53227 Bonn

Auf einen Blick

Der Name Galileo Press geht auf den italienischen Mathematiker und Philosophen Galileo Galilei (1564–1642) zurück. Er gilt als Gründungsfigur der neuzeitlichen Wissenschaft und wurde berühmt als Verfechter des modernen, heliozentrischen Weltbilds. Legendär ist sein Ausspruch *Eppur si muove* (Und sie bewegt sich doch). Das Emblem von Galileo Press ist der Jupiter, umkreist von den vier Galileischen Monden. Galilei entdeckte die nach ihm benannten Monde 1610.

Lektorat Stephan Mattescheck
Korrektorat Friederike Daenecke, Zülpich
Einbandgestaltung Barbara Thoben, Köln
Typografie und Layout Vera Brauner
Herstellung Norbert Englert
Satz Typographie & Computer, Krefeld
Druck und Bindung Beltz Druckpartner, Hemsbach

Dieses Buch wurde gesetzt aus der Linotype Syntax Serif (9,25/13,25 pt) in FrameMaker.

Gerne stehen wir Ihnen mit Rat und Tat zur Seite:
stephan.mattescheck@galileo-press.de bei Fragen und Anmerkungen zum Inhalt des Buches
service@galileo-press.de für versandkostenfreie Bestellungen und Reklamationen
britta.behrens@galileo-press.de für Rezensions- und Schulungsexemplare

Bibliografische Information der Deutschen Nationalbibliothek
Die Deutsche Nationalbibliothek verzeichnet diese Publikation in der Deutschen Nationalbibliografie; detaillierte bibliografische Daten sind im Internet über *http://dnb.d-nb.de* abrufbar.

ISBN 978-3-8362-1810-8

2., aktualisierte und erweiterte Auflage 2011, 1., korrigierter Nachdruck 2012

Inhalt

»The biggest benefit of a library is two-fold: it should remove the user from dealing with browser issues, and it should provide the user with an API that will simplify their development.«
John Resig – jQuery Mastermind

Vorwort

Sie wollen Webauftritte planen, gestalten, entwickeln und dem Benutzer eine aufregende, moderne Oberfläche bieten, die Informationen im Hintergrund lädt, ohne die gesamte Website neu zu laden? Sie wollen Ihrer Site eine dynamische, hierarchisch aufgebaute Navigation hinzufügen, die zuverlässig funktioniert und die einzelne Ebenen per Mausbefehl öffnet? Eine benutzerfreundliche Bildergalerie in Ihre Website integrieren, die auf Befehl eine vergrößerte Ansicht eines Vorschaubilds lädt und einblendet? Daten in eine bereits aufgerufene Webseite laden und als Tabelle anzeigen? Ein Shopsystem aufbauen und die Formulareingaben validieren sowie in Abhängigkeit von Benutzereingaben zusätzliche Formularfelder sperren oder anzeigen? Sie wollen sich für all das aber nicht in kryptische Programmierarbeiten vertiefen müssen?

Dann ist *jQuery* Ihr Freund. jQuery hilft Ihnen, fortschrittliche Benutzerschnittstellen zu schaffen und aufregende, animierte, interaktive Websites zu entwerfen. jQuery vereinfacht den Entwicklungsprozess, nimmt Ihnen lästige Routinearbeiten beim Programmieren ab und eröffnet Ihnen Möglichkeiten, von denen Sie gar nicht gewusst haben, dass ein Browser sie beherrscht.

jQuery steuert dabei keine neuen JavaScript-Funktionalitäten bei, sondern vereinfacht lediglich den Umgang mit allen, besonders den schwer zu nutzenden JavaScript-Methoden. jQuery wird so zum Leitfaden, der den Zugang zu JavaScript beinahe zum Kinderspiel macht.

Darüber hinaus besitzt jeder Browser seine Eigenheiten beim Ausführen von JavaScript. Aber das »weiß« jQuery. Und es sorgt dafür, dass Sie sich um die Verwirklichung Ihrer Ideen kümmern können, anstatt sich mit den verschiedenen Bugs und Tücken bestimmter JavaScript-Engines herumzuärgern. Ohne Übertreibung möchten wir behaupten, dass Webprogrammierung noch nie so einfach war wie mit einem Framework wie jQuery.

An wen richtet sich dieses Buch?

Idealerweise haben Sie Kenntnisse in HTML und CSS sowie in JavaScript. Mindestens sollten Sie aber wissen, um was es sich bei diesen Begriffen handelt. Es ist eine besondere Herausforderung für die Autoren dieses Buches, auch diejenigen anzusprechen, die kaum Programmierkenntnisse besitzen. Selbstverständlich sind Leser willkommen, die sich einen Background angeeignet haben und ihre Kenntnisse vertiefen wollen.

Einsteiger, Designer, Neugierige

Sie werden vielleicht ganz einfach und unbefangen in die Möglichkeiten des dynamischen, interaktiven Webdesigns eintauchen wollen. Vielleicht sind Sie ja Designer. Sie werden vielleicht niemals der perfekte Webdeveloper werden wollen, aber Sie wollen jQuery als Inspirationsquelle nutzen, um aufregende User Interfaces zu gestalten. In den folgenden Kapiteln werden Sie sich ganz komprimiert Grundkenntnisse in HTML und JavaScript aneignen können.

So sollten auch Einsteiger die Möglichkeit haben, jQuery kennenzulernen, ohne großartig Standardwerke für HTML pauken zu müssen. Einsteigern sei gesagt, dass Sie über einige Begriffe stolpern werden, die nicht erklärt werden können, weil das den Rahmen des Buches sprengen würde. Aus Erfahrung raten wir Ihnen: Lesen Sie zunächst über diese Begriffe hinweg, oder lesen Sie das entsprechende Kapitel ein zweites oder sogar ein drittes Mal. Oder recherchieren Sie im Internet. Jedenfalls gibt es keinen Grund, sich entmutigen zu lassen – Sie werden hier mit Sicherheit zumindest die grundlegenden Zusammenhänge verstehen lernen.

Entwickler, Webdeveloper

Entwickler, die ein Webinterface für eine Anwendung entwickeln oder planen sollen, werden genug Material finden, um an ihm weiterzuarbeiten. Interaktionen mit Formularen und die Kommunikation mit dem Server via Ajax mit all seinen Datenformaten werden ebenfalls ein Thema sein.

Was finden Sie in diesem Buch?

Um JavaScript-Einsteigern einen Zugang zu verschaffen, stehen Ihnen am Ende des Buches Anhang A, »HTML und CSS«, und Anhang B, »JavaScript und DOM«, hilfreich zur Seite. Dort finden Sie eine einfache Einführung in HTML, CSS und die JavaScript-Sprachkonstrukte. Erwarten Sie aber kein Komplettpaket: Es werden nur die Sprachelemente behandelt, die Sie für die jQuery-Beispiele dringend benötigen. Falls Sie eine umfassende Einführung in diese Themen erwarten, gibt es dafür andere Werke, die diesen Zweck besser erfüllen. Wenn Sie diese Kenntnisse bereits besitzen, können Sie diesen Bereich getrost ignorieren.

Die *jQuery-Übersicht* verschaffen Sie sich im nahezu gleichnamigen Kapitel. Sie können es als kommentierte API-Referenz verwenden oder als systematische Anleitung mit Hinweisen aus der Praxis.

Wenn Kapitel 4, »jQuery – die Übersicht«, eher einem Wörterbuch entspricht, kommt der Praxisteil dem Vergleich mit einer Grammatik nahe. Hier werden Sie die Sprachkonstrukte anwenden. Während die *jQuery-Übersicht* die Systematik der jQuery-API akribisch widerspiegelt, orientiert sich der Praxisteil an den Anforderungen des Webdesigns. Die *jQuery-Übersicht* teilt sich auf in die Module des jQuery Frameworks, bei denen wir die Bereiche *Core*, *Traversing*, *Manipulation*, *Effects*, *Events* und *Utilitys* unterscheiden. Der Praxisteil in Kapitel 5, »jQuery – der Praxiseinsatz«, gliedert sich in *Navigationen, Content, Ajax, Plugins, User Interface, Formulare, Tabellen* und *Browser*, besitzt also eine sehr anschauliche Struktur. Der Praxisteil ist im Stil von Tutorials gehalten.

Kapitel 6, »Going mobile mit jQuery«, beschäftigt sich nicht nur mit dem PlugIn jQTouch, mit dem Sie für iPhones, iPads und bald auch für Android-Geräte Webapplikationen schreiben können, sondern es setzt sich auch mit dem brandneuen Framework jQuery Mobile aus dem Hause jQuery auseinander. John Resig selbst ist für dieses Projekt federführend. Das neue Mobile Framework liegt in einer ersten Beta-Version vor, und man kann davon ausgehen, dass eine erste finale Version im 3. oder 4. Quartal 2011 veröffentlicht wird. Schon jetzt können Sie mit wirklich einfachen Mitteln mobile Webanwendungen erstellen. In diesem Kapitel werden Sie die wichtigsten Konstrukte und Interface-Elemente kennenlernen, sofern sie in der Beta-Version implementiert und dokumentiert wurden. Für manche mobile Webanwendungen reichen lediglich CSS-Kenntnisse, da über bestimmte ID-Attribute komplexe JavaScript-Anweisungen ausgelöst werden. Über das CSS-Framework wird das Styling der Inhalte und der Interface-Elemente, wie Buttons oder Navigationen, erzeugt. Die Entwicklung von mobilen Webanwendungen wird dadurch extrem vereinfacht. Anhand von Beispielen werden Sie auch hier im Stil von Tutorials erste Schritte mit dem neuen Framework machen.

Es macht Ihnen niemand einen Vorwurf, wenn Sie dieses Buch kreuz und quer lesen, sich Beispiele ansehen und ausprobieren und die Sprachkonstrukte in Kapitel 4 nachschlagen. Im Gegenteil, diese Methode sei hier ausdrücklich empfohlen.

Die digitalen Codes der Beispiele in diesem Buch finden Sie auf der dem Buch beiliegenden Begleit-DVD. Fühlen Sie sich frei, sie für Ihre Zwecke zu verwenden. Lediglich das Bildmaterial auf der DVD, mit dem einige Demos erstellt wurden, darf nicht ohne ausdrückliche Genehmigung der Urheber für kommerzielle oder private Zwecke verwendet werden.

Und nun an die Arbeit ...

Wir möchten auch diejenigen Leser animieren, sich mit jQuery näher zu befassen, die bisher aufgrund der scheinbar kryptischen Schreibweise einer Programmiersprache davor zurückgeschreckt sind. So mancher Designer wird neue Möglichkeiten entdecken, um sein Projekt mit interaktiven Features zu bereichern. Mit einfachen, manchmal nur dreizeiligen Codeblöcken lässt sich eine beeindruckende Wirkung erzielen. Lassen Sie sich inspirieren! jQuery wird Ihre tägliche Arbeit bei der Entwicklung neuer Websites umfassend verändern. Und nun möchten wir Sie einfach hereinbitten. Viel Spaß beim Erlernen von jQuery!

Maximilian Vollendorf
Frank Bongers

»John Resig is a JavaScript Evangelist for the Mozilla Corporation and the creator and lead developer of the jQuery JavaScript library. This library's goal is to simplify the process of writing JavaScript code that is compatible with all web browsers. For his work on jQuery he was inducted into the Rochester Institute of Technology's Innovation Hall of Fame on April 30, 2010.« – Wikipedia

1 jQuery kennenlernen

Wir beginnen dieses Buch mit einem Blick auf jQuery im Speziellen und JavaScript-Frameworks im Allgemeinen. Wir bieten einen kleinen Rückblick auf die Entstehung von jQuery und vermitteln Ihnen einen Eindruck davon, wie einfach es zu handhaben ist.

1.1 Was jQuery alles kann

Der Begriff *Framework* ist im Vorwort bereits gefallen. Aber was ist eigentlich ein Framework? Ein Framework ist kein fertiges Programm. Es stellt lediglich Erweiterungen einer Programmiersprache bereit, die einem Anwendungsentwickler bestimmte, immer wiederkehrende Aufgaben abnehmen. Ein Beispiel aus der wirklichen Welt: Sie können als Möbelmonteur natürlich fast jeden Schrank der Welt mit nur einem einzigen Schraubenzieher montieren. Es dauert, aber es funktioniert. Haben Sie aber einen Akkuschrauber, übernimmt dieser für Sie die immer wiederkehrenden, lästigen Drehbewegungen. Und mit den Aufsätzen, die mit dem Schrauber geliefert wurden, können Sie sogar neue, noch völlig ungeahnte Aufgaben bewältigen.

Genauso verhält es sich mit einem Framework. Es ist ein »Toolset«, das Ihre Arbeit erleichtert. Dabei ist ein Framework aber mehr als nur ein loses Set an Werkzeugen: Es ist eine Gesamtheit von kooperierenden Methoden mit einer zusammenhängenden Struktur. Wenn Sie Frameworks verwenden, müssen Sie sich mit dem Inneren dieser Logik nicht mehr auseinandersetzen, sondern nur damit, wie Sie die einzelnen Methoden verwenden und mit welchen Werten sie gefüttert werden wollen. So funktioniert auch jQuery.

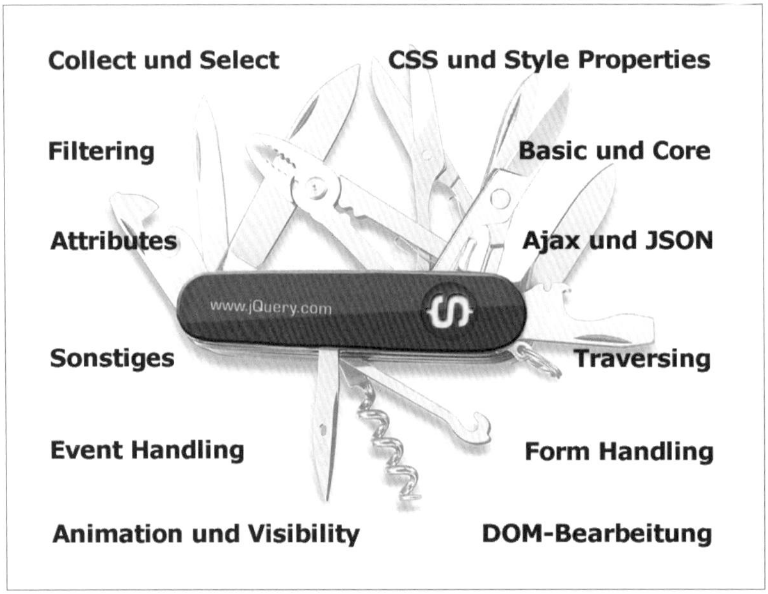

Abbildung 1.1 jQuery ist unser Universalwerkzeug zur Webprogrammierung.

- **Elemente finden**
  jQuery stellt Werkzeuge zur Navigation durch den (X)HTML-Dokumentenbaum zur Verfügung. Einzelne Elemente oder Gruppen von Elementen zu adressieren wird so einfach wie das Schreiben von CSS-Selektoren – genauer gesagt: jQuery verwendet hierfür tatsächlich CSS-Selektoren.
- **Elemente manipulieren**
  Sie können mit jQuery sämtliche Bestandteile einer Seite manipulieren, darüber hinaus aber auch neue Elementknoten, neue Attribute, neue CSS-Klassen und -Stile hinzufügen, Sie könnten, wenn Sie das wollten, ein Webdokument vollkommen umkrempeln.
- **Inhalte einfügen**
  Mit wenigen Codezeilen lassen sich Daten via Ajax in ein bestehendes Dokument einfügen, ohne es dafür neu laden zu müssen. Jede beliebige HTML-Seite lässt sich hierbei als Datenquelle verwenden – es sei denn, Sie ziehen es vor, stattdessen Daten im XML-Format oder in Form von JSON-Objekten einzusetzen. jQuery lässt Ihnen die Wahl.
- **Bestandteile einer Seite animieren**
  Auch zur Erzeugung komplexer Animationen genügt in jQuery ein einfacher Aufruf – Sie können Seitenelemente zeigen oder verstecken, ein- oder ausblenden, aufklappen oder schließen, hervorheben oder diese sich über die Oberfläche bewegen lassen. Interaktive Dynamik? Kein Thema!

- **Event-Handling**
  Ein weiteres wichtiges Thema in jQuery ist das Event-Handling. Beispiel Mausereignisse: Ohne im HTML-Quelltext Attribute wie `onmouseover` bemühen zu müssen, können Sie Events an ein dediziertes Element binden und auch wieder von ihm lösen. Unobtrusive? Aber sicher!
- **... und noch mehr**
  Genügt Ihnen das alles noch nicht, können Sie schließlich auch eigene Erweiterungen schreiben und an jQuery »andocken«. Aber auch die Erweiterungen anderer Nutzer stehen Ihnen entsprechend zur Verfügung – die sehr aktive Community von jQuery bietet hier eine breite Vielfalt an.
- **Gutes, altes JavaScript – nur besser**
  Letztlich können Sie noch immer alle Möglichkeiten nutzen, die bewährtes, herkömmliches, clientseitiges Scripting auch bietet. Die Bibliothek nimmt Ihnen aber viele mühselige Programmieraufgaben ab. Manchmal zeigt Ihnen jQuery dabei ungeahnte Wege, die selbst ältere Browser Kunststücke vollbringen lassen, die eigentlich unmöglich schienen.
- **Benutzeroberfläche**
  Mit einem eigenen Aufsatz, dem *jQuery UI Framework*, können Sie komplexe Benutzerschnittstellen benutzen. Von Drag&Drop-Interaktionen bis hin zu Datepickern und Navigationen reichen die Bausteine, und es werden noch viele Widgets hinzukommen.

1.2 Ein Framework? Eine Community!

Es ist der einfache Zugriff nicht nur auf alle Elemente eines Dokuments, sondern auf viele Scriptfunktionen des Browsers, die Frameworks wie jQuery so faszinierend machen. Zum gegenwärtigen Zeitpunkt ist jQuery das beliebteste und am häufigsten angewendete JavaScript-Framework und hat die Konkurrenz wie Dojo, Ext JS, Prototype und script.aculo.us weit hinter sich gelassen. Seine Bedeutung kann auch daran gemessen werden, dass es im Rahmen der Websites vieler namhafter Firmen zum Einsatz kommt – zu nennen wären hier beispielsweise Google, Dell, Intel, Amazon, Oracle oder die Mozilla Foundation.

Wenn hier die Rede davon ist, dass sich jQuery wie eine »Schicht« zwischen ein JavaScript-Programm und die Script-Engine des Browsers setzt, hört sich das komplizierter an, als es ist: Es wird einfach eine Scriptdatei in eine HTML-Seite eingebunden, bevor die Scripte des Webentwicklers an die Reihe kommen. Und in diesen Scripten greift der Webentwickler auf die kurzen und knappen jQuery-Befehle zurück, die ein wahres Feuerwerk veranstalten.

Die Beliebtheit von jQuery rührt auch daher, dass seine Programmierschnittstelle so klar und zielgerichtet gehalten ist, dass sie einfach zu verstehen ist. Der Clou ist, dass jQuery auf diesem Weg *erweiterbar* ist, also mit den Anforderungen »mitwächst«. Um jQuery hat sich dadurch eine große Community entwickelt, die eine enorme Kreativität an den Tag legt. Fast täglich werden neue innovative jQuery-Erweiterungen veröffentlicht, jQuery wird immer öfter standardmäßig in Webapplikationen integriert, und kaum jemand spricht mehr davon, dass JavaScript »Teufelszeug« sei. Verschämt wurde auch der Begriff *DHTML* fallen gelassen; heute spricht man von *DOM-Scripting*, und selbst komplexe Scripte sind aus dem Weballtag nicht mehr wegzudenken.

1.3 Nicht ohne mein JavaScript

Nachdem es jetzt klar ist, *was* ein Framework grundsätzlich ist, mag es interessant sein, detailliertere Gründe für die Entstehung zu erfahren, also *woher* die JavaScript-Frameworks kommen und *warum* sie existieren. JavaScript stellt bekanntermaßen neben (X)HTML und CSS die »dritte Säule« für die Erstellung aktueller Webseiten dar und sorgt (im Rahmen der Applikationsschicht) für Dynamik und Interaktivität eines Webdokuments.

Die Notwendigkeit, eben diese Dynamik und Interaktionsmöglichkeit zu bieten, ist in den vergangenen Jahren immer mehr in den Vordergrund getreten. Entsprechende Features gelten nicht mehr als exotisch (oder überflüssig), sondern sind Teil der Erwartungshaltung des Nutzers geworden: Kaum eine Website kommt mehr ohne dynamisch gesteuerte Menüs, Slideshows, interaktive Oberflächen oder das Nachladen von Inhalten via Ajax aus.

Ein Webprogrammierer ist also heutzutage mit vielerlei Standardanforderungen und -problemen konfrontiert. Er wird daher nicht jedes Mal das »Rad neu erfinden« wollen, sondern sich eine Bibliothek aus bewährten Standardlösungen zusammenstellen, aus der er bei Bedarf entsprechende Bausteine entnimmt.

In der Frühzeit von DHTML ergab sich auf diesem Weg eine Vielzahl von Insellösungen, was gut funktionierte, solange kombinierte Lösungen aus der gleichen Quelle kamen. Da meist nur ein Programmierer an einer Website arbeitete und man selten externe Programme einband, waren alle zufrieden.

Allerdings hat sich die Situation auch in dieser Beziehung geändert – in der heutigen Zeit bezieht eine Website ihre JavaScript-Daten aus verschiedenen Quellen: Eine Vielzahl von Programmierern ist zu verschiedenen Zeiten beteiligt und stellt Lösungen für Teilprobleme zur Verfügung.

Einerseits treten hierbei Redundanzen auf, andererseits steigt das Potenzial für Inkompatibilitäten. Wie stellt man sicher, dass sich zwischen zwei Teilprogrammen nicht Konflikte ergeben – und sei es aus so trivialen Gründen wie gleich benannten Variablen? Alle beteiligten Scripte entsprechend zu koordinieren ist fast unmöglich, zumindest aber aufwendig und nicht sonderlich effektiv.

1.3.1 Gründe für das Entstehen von Frameworks

Die Redundanzen zwischen Teilprogrammen ergeben sich aus den Grundproblemen, denen sich Programmierer im Webbereich ausgesetzt sehen. Erstens ist das Handwerkszeug, das JavaScript standardmäßig zur Bewältigung von Aufgaben im Rahmen des *Document Object Model* (DOM) bietet – und fast alle aktuellen Aufgabenstellungen sind mit dem DOM verknüpft –, zumindest unzureichend. Man möchte dieses Handwerkszeug verbessern (was möglich ist), geht hierbei aber verschiedene Wege.

Zweitens bestehen (auch jetzt noch) Unterschiede zwischen den Zielbrowsern. Diese werden größer, je älter die ins Visier genommenen Plattformen sind. Muss man (was niemandem zu wünschen ist) beispielsweise die Funktionstüchtigkeit einer Website auf älteren Browsern wie Internet Explorer 5 oder 6 gewährleisten, ist eine Reihe von Workarounds erforderlich. Da auch hier wieder verschiedene Wege gegangen werden und die Komplexität sich multipliziert, sobald weitere Browser berücksichtigt werden müssen, führt dies zu einem enormen Testaufwand.

Schon früh kam daher der Wunsch auf, beide Bereiche vom Programmieralltag abzukoppeln und hierfür Standardlösungen in Form von Bibliotheken anzubieten. Ein erster Ansatz war die *DynApi* von Dan Steinman. Auch andere Experten wie Douglas Crockford, Sam Stephenson oder Dean Edwards machten sich Gedanken, wie man zu JavaScript zusätzliche Funktionalitäten hinzufügen könnte oder (unter anderem) die unvereinbaren Event-Modelle der Browser von außen vereinheitlichen könnte. Weitere Bibliotheken wie *Base Library*[1] (Edwards) oder *Prototype*[2] (Stephenson) entstanden, die die Grundlage dafür bildeten, was heutzutage als »Framework« bezeichnet wird.

Diese und andere Bibliotheken hatten den Anspruch, Zugriffe auf HTML-Elemente zu vereinfachen oder dynamisch sogenannte *Layer* zu erzeugen, die animiert werden sollten. Der Webentwickler sollte Werkzeuge benutzen können, um mittels einfacher JavaScript-Aufrufe dynamische, effektvolle Anwendungen zu schreiben. Damit sollten sich für die damals verbreiteten Browser wie den

1 Siehe: *http://dean.edwards.name/base/* oder auch *http://code.google.com/p/base2/*

2 Siehe: *http://www.prototypejs.org/*

Netscape Navigator und den Internet Explorer einfach zu implementierende Navigationen oder dynamische Bildergalerien realisieren lassen.

1.3.2 Nochmals – was ist ein Framework?

Übersetzen ließe sich der Begriff »Framework« mit »Rahmenwerk« oder schlicht »Rahmen«. Man kann es sich als ein speziell errichtetes Gerüst vorstellen, um damit ein Programm zu erstellen, und es dient (wie bereits gesagt) als zusätzliche Vermittlungsschicht zwischen jenem Programm und der Außenwelt. Das Framework besteht ebenfalls aus Programmdateien, die in der gleichen Sprache geschrieben sind wie die »inneren« Programme, also (soweit wir Scriptsprachen betrachten) mit diesen zusammen in der gleichen Laufzeitumgebung betrieben werden. Ein JavaScript-Framework ist daher auch »nur« ein in JavaScript geschriebenes Programm – allerdings ein recht komplexes. Wie Sie sehen werden, ist die Anwendung eines Frameworks dagegen (zum Glück) *nicht* sehr komplex.

1.3.3 Aufgaben eines Frameworks

Zu den Aufgaben eines JavaScript-Frameworks gehört die Überbrückung von Unterschieden zwischen Browsern, wie sie in der Interpretation des DOM und des Event-Handlings bestehen. Zusätzlich nivelliert es die Differenzen im Funktionsumfang der JavaScript-Versionen, die sich aus den verschiedenen Implementierungen der Browser ergeben – als Beispiel seien die Array-Methoden aus JavaScript 1.6 genannt, die über ihre Framework-Versionen älteren Browsern nachträglich »aufgepfropft« werden können.

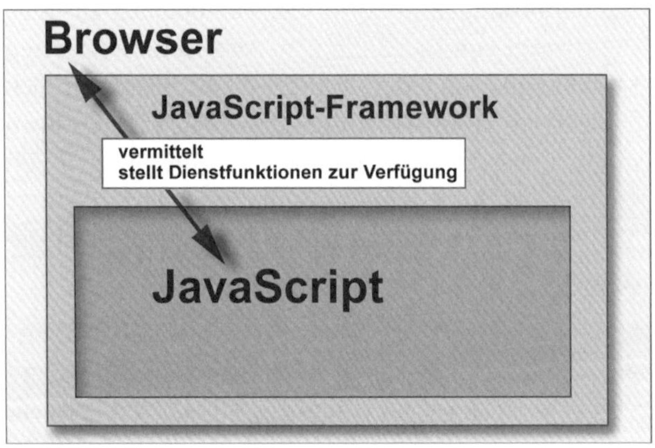

Abbildung 1.2 Ein Framework vermittelt zwischen Browser und JavaScript-Code.

Der von Haus aus umständliche Umgang mit dem DOM wird durch Frameworks vereinheitlicht und erleichtert. Von den regulären DOM-Funktionen abgeleitet, werden weitere und simpler zu handhabende Utility-Funktionen zur Verfügung gestellt, die eine DOM-orientierte Programmierung stark vereinfachen. Auch für andere häufig wiederkehrende Programmieraufgaben (beispielsweise Ajax-Anwendungen) stellt das Framework Routinen zur Verfügung. Diese Aspekte bilden die Basisfunktionalitäten von jQuery, die in den ersten Kapiteln dieses Buches beschrieben werden.

Der zweite große Aufgabenbereich eines JavaScript-Frameworks besteht in Hilfen zur Generierung interaktiver Oberflächen (sogenannter *Widgets*), die zur Gestaltung von User Interfaces eingesetzt werden. Es kann sich dabei um Formular-Widgets (funktional »aufgebohrte« Formularelemente wie Datepicker oder intelligente Dropdown-Menüs) oder Oberflächen-Widgets (wie Tabsteuerung oder Akkordeonelemente) handeln, die die Bedienoberfläche der Webseite bilden. Ein Framework gibt dem Webprogrammierer auf diese Weise eine Schnittstelle an die Hand, um einfach und sicher ein dynamisches Web Interface zu programmieren, das modernen User-Erwartungen entspricht. Dieser Part wird bei jQuery durch die Bibliotheken aus *jQuery UI* (User Interface) abgedeckt, die im Praxisteil des Buches behandelt werden.

1.3.4 Aktuelle Frameworks für JavaScript

Frameworks, gerade solche für JavaScript, gibt es heutzutage quasi »im Dutzend«. Unter diesen kristallisieren sich derzeit einige wenige heraus, die häufiger zum Einsatz kommen. Hierzu zählen das auf *Prototype* aufsetzende *script.aculo.us*, das von Google zur Verfügung gestellte *GWT* (Google Web Toolkit), dessen Konkurrenz *YUI* (Yahoo User Interface Library), der Bolide *Dojo*, das schlanke *jQuery* und schließlich *Ext JS* und *MooTools*.

Allen gemeinsam ist, dass sie als *Open Source* zur Verfügung gestellt werden und dass (in den meisten Fällen) eine Entwicklercommunity mehr oder weniger koordiniert mit der Weiterentwicklung des Frameworks beschäftigt ist.

Name	Betreuer	Quelle
script.aculo.us	Community	*http://script.aculo.us/*
GWT	Google	*http://code.google.com/webtoolkit/*
YUI	Yahoo	*http://developer.yahoo.com/yui/*
Dojo	Community	*http://www.dojotoolkit.org/*
jQuery	Community	*http://jquery.com/*

Tabelle 1.1 Aktuelle JavaScript-Frameworks

Name	Betreuer	Quelle
Ext JS	Community	*http://www.extjs.com/*
MooTools	Community	*http://mootools.net/*

Tabelle 1.1 Aktuelle JavaScript-Frameworks (Forts.)

Alle diese Frameworks haben ihre Berechtigung. Eine Bewertung, sofern eine solche überhaupt sinnvoll ist, soll an dieser Stelle nicht vorgenommen werden. Da Sie dieses Buch in den Händen halten, haben Sie sich vermutlich ohnehin bereits entschieden (ebenso wir als Autoren dieses Buches) – werfen wir also nun einen Blick auf jQuery im Besonderen, auf seine Entstehung und seine Position unter all den genannten Frameworks.

Bibliothek oder Framework?

Kann für eine JavaScript-Anwendung wie jQuery der Begriff *Framework* oder der Begriff *Bibliothek* (Library) verwendet werden? Eine Bibliothek ist streng genommen nur eine Ansammlung von Klassen und Funktionen, wobei bei einer JavaScript-Bibliothek lediglich von einer Ansammlung von Funktionen gesprochen werden kann, da JavaScript das Konzept der Klassen nicht kennt. Ein *Framework* hingegen stellt nicht nur die Funktionen (in den meisten objektorientierten Programmiersprachen eben auch die Klassen) zur Verfügung, sondern gibt auch den Rahmen vor, innerhalb dessen der Entwickler seine Anwendung schreiben wird. So gibt ein *Framework* die Anwendungsarchitektur vor, es baut auf bestimmten Entwurfsmustern (*Design Pattern*) auf. Der Programmierer ruft nach einer festgelegten Struktur bestimmte Methoden auf, und das *Framework* steuert die inneren Abläufe. Das Ziel ist, häufig wiederkehrende Aufgaben so abzubilden, dass der einmal erzeugte Code wiederverwendbar wird. So bietet jQuery Schnittstellen, mit denen man das *Framework* nach eigenen Wünschen erweitern kann. Abschließend kann man festhalten, dass jQuery keine lose Sammlung von Funktionen ist, also keine *Bibliothek*, sondern eindeutig ein *Framework*.

1.3.5 Frameworks – ein Rückblick

Die frühen JavaScript-Bibliotheken wie Steinmans *DynApi* waren ambitioniert, scheiterten aber kläglich. Die Browser waren einfach zu fehleranfällig, was dazu führte, dass JavaScript alles andere als beliebt war. Von Konzepten wie der Trennung von Struktur, Layout und Verhalten war man weit entfernt, *unobtrusive JavaScript* war ein noch unbekanntes Konzept. JavaScript hatte das Image einer minderen Scriptsprache, mit der vielleicht irgendwelche Informationen in die Statuszeile des Browsers hineingeschrieben werden können oder mit der man dem Nutzer ungeliebte Popups entgegenspringen lassen kann. Mehr nicht. So geschah es, dass die Entwicklung der DynApi im Jahre 2005 eingestellt wurde.

Das dürfte auch die Zeit gewesen sein, als die Beliebtheit von JavaScript etwa genau so groß war wie die Beliebtheit von Trojanern.

Etwa zur gleichen Zeit, in der DynApi eingestellt wurde, machte sich John Resig, ein ambitionierter JavaScript-Nerd, Gedanken darüber, wie man mit einer einfach zu lernenden Syntax und mittels JavaScript auf HTML-Elemente zugreifen könnte. Die Arbeiten von Steinman, Crockford und Edwards waren Resig selbstverständlich nicht unbekannt. Crockford und Edwards erreichten ihre Programmierziele durch Erweitern bestehender JavaScript-Objekte und durch die Nachimplementierung »fehlender« Sprachaspekte beispielsweise durch Prototyping.

Resig nahm sich nicht DynApi zum Vorbild, sondern studierte andere Frameworks wie *Prototype* oder *moo.fx*, die in jener Zeit wie Pilze aus dem Boden schossen. Und es war vor allem Dean Edwards Funktion *cssQuery*, die bereits den Grundgedanken einer CSS-Selektor-Engine aufgriff.

Resig übernahm die Idee, dass es mit CSS-Selektoren bereits eine solche Syntax gäbe, die man nur mit JavaScript kombinieren müsse, um so einen Zugriff auf DOM-Elemente zu ermöglichen. CSS ist standardisiert, zudem ist es bei Webentwicklern bekannt; die Lernkurve bei einem neuen JavaScript-Baukasten würde dementsprechend steil verlaufen. Ein halbes Jahr später, im Januar 2006, wurde eine erste Version des JavaScript-Werkzeugkastens vorgestellt, die durch ihre Geschwindigkeit und kleine Dateigröße Aufsehen erregte (die konkurrierenden Frameworks waren um etwa den Faktor fünf größer).

Es sollte ein in JavaScript geschriebenes Toolset sein, mit dem man mittels leicht erlernbarer Anweisungen HTML-Elemente manipulieren, leicht Animationen realisieren und einfach Events wie Mausklicks oder Mouseover-Events an beliebige HTML-Elemente binden kann. Dieses Toolset setzt sich zwischen die Anweisungen, die ein Webentwickler schreibt, und die JavaScript-Engine des Browsers und ermöglicht es so, dass sich der Webentwickler nicht um komplizierte, aber immer wiederkehrende Scriptaufgaben kümmern muss. Dieses Framework sollte den Namen *jQuery* erhalten.

1.4 jQuery – viel mit wenig erreichen

Resig legte Wert auf die *Knappheit des Codes*, der nach dem Einbinden des Frameworks für den Programmierer zu schreiben bleibt. Trotzdem sollte der Code aber klar und verständlich bleiben. Resig erreichte dies durch Konzentration auf eine Kernfunktion (kürzestmöglich mit `$()` benannt), die sowohl die Selektion von DOM-Elementen übernimmt als auch die Methoden zur Verfügung stellt, um diese anschließend zu manipulieren. Diese Codezeile selektiert ein verborgenes Div mit `id="d1"` und blendet es ein:

```
$("div#d1").show();
```

Zusätzlich gibt jede Methode sich selbst als Objekt zurück (auch als *jQuery-Objekt* bezeichnet). Die so erzielte *Verkettbarkeit* (Chaining) verkürzt die Syntax noch weiter. Das folgende Beispiel selektiert (erstens) alle `<div>`-Container des Dokuments, versteckt sie (zweitens), manipuliert (drittens) ihre CSS-Eigenschaften und blendet sie (viertens) anschließend über eine Slide-Animation wieder ein:

```
$("div").hide().css(color,"blue").slideDown();
```

Resig konzipierte sein Framework zudem nicht als abgeschlossene Applikation, sondern sorgte für dessen leichte *Erweiterbarkeit*. Das Prinzip der Plugins und eine hochaktive Community bescheren jQuery eine reichhaltige Bibliothek an Zusatzfunktionalitäten, von denen die beliebtesten und stabilsten wieder in das Projekt einfließen – beispielsweise im Rahmen der Oberflächenbibliothek jQuery UI.

Daneben spricht für jQuery nach wie vor die Schlankheit des Frameworks selbst und des benötigten Codes. Allerdings muss erwähnt werden, dass der Umfang des einzubindenden JavaScripts von der Anzahl der benötigten Plugins abhängt – die oft zitierten 18 KB, die jQuery umfasst, beziehen sich lediglich auf die gepackte Core-Bibliothek.

Zudem offenbaren die verfügbaren Zusatzbibliotheken, sobald man die geprüften Gefilde der anerkannten jQuery-UI-Plugins verlässt, durchaus einige Schwächen und Inkompatibilitäten. Resig nimmt dies, wie auch auftretende Redundanzen, zugunsten größerer Offenheit billigend in Kauf und geht davon aus, dass sich »die besseren« Plugins letztendlich durchsetzen werden.

»Because browser bugs are so frustrating and such a burden on top of normal development it should be the responsibility of every web developer to make sure that the browsers they develop for are able to find and fix their bugs. By taking responsibility for the bugs that you find – and to not assume that ‚someone else will find it'– will accelerate the rate at which browsers can improve.« – John Resig in seinem Blog

2 Den Arbeitsplatz einrichten

Um mit jQuery zu arbeiten, sollten Sie sich eine Arbeitsumgebung einrichten. Neben einem Rechner und dem Betriebssystem benötigen Sie einen Editor und zum Testen der Ergebnisse einen Browser. Ein einfacher Texteditor reicht für die ersten Schritte aus. Wenn Sie allerdings ernsthaft Websites mit jQuery entwickeln wollen, sollten Sie einen Arbeitsplatz mit einer Entwicklungsumgebung (IDE, *Integrated Development Environment*) oder zumindest einen Editor mit Syntaxhervorhebung, verschiedenen Browsern und einem lokalen Webserver installieren. Wenn Sie noch mehrere Betriebssysteme zum Testen zur Verfügung haben, haben Sie eine perfekte Arbeitsumgebung.

Sie benötigen selbstverständlich eine Version des *jQuery Frameworks*. Wie sie zu benutzen ist, erfahren Sie in den nächsten Kapiteln.

Link zu jQuery

http://jquery.com/

2.1 Rechner und Betriebssystem

Sie sollten auf jeden Fall Hardware einsetzen, auf der die neuesten Browserversionen lauffähig sind. Letzteres bedingt auch halbwegs aktuelle Betriebssysteme: Unter Windows 2000 werden Sie kaum einen Google Chrome oder einen Internet Explorer 8 installieren können. Unter Mac OS X 10.4.x werden Sie ebenfalls keinen Google Chrome installieren können.

2.1.1 Windows

Wenn Sie unter Microsoft Windows arbeiten, haben Sie den Vorteil einer umfangreichen Auswahl an Entwicklungsumgebungen und Browsern. Sie können so ziemlich alle modernen Browser installieren. Selbst den Mac-Browser *Safari* gibt es in einer Windows-Version.

2.1.2 Mac OS X

Wenn Sie auf einem Apple-Rechner arbeiten, können Sie zwar keinen Internet Explorer installieren (die Mac-Version wurde bereits vor Jahren ausgemustert), aber Ihnen stehen mit den verfügbaren Virtualisierungen wie *Parallels Desktop* und *VMware Fusion* alle Möglichkeiten offen. Sie können sogar mehrere Windows-Installationen und auch Linux-Versionen parallel zum laufenden Mac OS X starten, wenn Ihr Arbeitsspeicher groß genug ist.

Das nötige Kleingeld sollten Sie bereithalten, da Sie neben der Lizenz für die Virtualisierungssoftware auch Lizenzen für die Betriebssysteme benötigen. Ohne Virtualisierung können Sie parallel zum Mac OS X eine Windows-Version über die Apple-eigene Lösung *Bootcamp* erstellen. Damit lässt sich aber nur sehr unkomfortabel arbeiten, da Sie zum Wechseln des Betriebssystems stets den Rechner neu starten müssen.

2.1.3 Linux

Sie können auch unter Linux eine Arbeitsumgebung aufbauen. Auch auf den Internet Explorer müssen Sie nicht verzichten. Hier steht Ihnen die Virtualisierungssoftware *VirtualBox* zur Verfügung.

Auf welchen Plattformen testen?

Sie sollten auf jeden Fall Ihre Arbeitsergebnisse auf mehreren Plattformen testen. Als Zielplattform sind natürlich die Windows-Versionen die wichtigsten, da die Verbreitung dieser Systeme am größten ist. In den letzten Jahren hat aber auch die Mac-Plattform an Bedeutung gewonnen. Es lohnt sich, auch für diese Plattform zu testen. Dagegen sind Linux-User meistens diejenigen, die Applikationen entwickeln; die Verbreitung beschränkt sich hier also auf eine eingegrenzte Zielgruppe. Wenn es Ihnen jedoch möglich ist, sollten Sie auch für sie Ihre Webapplikationen testen.

Links zu Virtualisierungssoftware für den Mac

- *http://www.vmware.com/de/products/fusion/*
- *http://www.parallels.com/de/products/desktop/*
- *http://www.virtualbox.org*

2.2 Browser

Wichtiger als Tests für verschiedene Betriebssysteme ist es, in den wichtigsten Browsern und deren verschiedenen Versionen zu testen. Sie sollten unablässig immer wieder Ihre Ergebnisse in den Browsern aufrufen, auch wenn Ihnen jQuery die Aufgabe abnimmt, browserspezifische Implementierungen zu berücksichtigen – der Teufel steckt auch hier im Detail.

2.2.1 Internet Explorer

Der Internet Explorer ist noch immer der am meisten eingesetzte Browser. Die Versionen, mit denen Sie testen sollten, sind die Versionen 7 bis 9. jQuery unterstützt offiziell auch die Version 6. Es hängt aber von Ihrem Projekt ab, ob Sie den IE6 noch unterstützen müssen oder wollen. Downloads finden Sie unter *http://www.microsoft.com/downloads/de-de/default.aspx*.

Der Internet Explorer 6

Die Verbreitung dieses Browsers beträgt zurzeit, also Mitte 2011, etwa 2 bis 20 %. Die verschiedenen Browserstatistik-Anbieter verwenden unterschiedliche Messmethoden. Pauschal kann man diese Frage also nicht beantworten; je nach Land, Zielgruppe oder Kriterien wie »beruflich/privat« variieren die Zahlen, aber immerhin noch 2 bis 20 % aller Nutzer setzen den Internet Explorer 6 ein. So manche Website muss diesen Browser noch unterstützen, so sehr das den Webentwicklern auch aufstoßen mag. Die Region, in der der Browser eingesetzt wird, spielt auch eine große Rolle. In China oder Süd-Korea ist der IE6 noch weit verbreitet, in Deutschland mag der Nutzeranteil um die 2 % liegen. Hierzulande sind es vor allem noch Unternehmen, die den Umstieg auf ein neues Betriebssystem scheuen, und so wird auch die Browsersoftware beibehalten. Bei Privatanwendern dürfte die Zahl der IE6-Nutzer verschwindend gering sein. Mittlerweile rät selbst der Hersteller dieses Browsers von der Benutzung ab:
http://www.ie6countdown.com/

2.2.2 Firefox

Der Mozilla Firefox liegt aktuell in der Version 5 vor, wobei die Version 3.6 noch weit verbreitet ist. Die Version 6 ist als Beta erhältlich, die Version bereits angekündigt. Die Mozilla Foundation will ihren Browser zukünftig in kürzeren Versionsabfolgen veröffentlichen, ähnlich wie Google das mit seinem Browser Chrome tut. Offiziell unterstützt jQuery bereits Firefox ab Version ab 2. Von einer Verbreitung des Firefox in der Version 2 kann man aber nicht mehr sprechen. Man kann ihn heutzutage getrost übergehen. Testen sollte man Websites ab der Version 3.x.

Es gibt viele nützliche Tools für den Firefox, um das Entwickeln von Websites zu erleichtern. An erster Stelle sind hier Firebug und die Web Developer Toolbar zu nennen.

Tipp: Web Developer und Firebug

Das *Web Developer*-Plugin für den Firefox stellt übrigens hervorragende Werkzeuge zur Analyse von Webdokumenten zur Verfügung, genauso wie das Plugin *Firebug*, das es ermöglicht, JavaScript- bzw. jQuery-Code zu analysieren und zu debuggen. Andere Browser stellen ebenfalls geeignete Werkzeuge zur Verfügung. Safari besitzt seit der Version 4 bereits von Haus aus Entwicklerwerkzeuge, die in der Version 5 entscheidend verbessert wurden. Der Internet Explorer ab Version 8 und aktuelle Opera-Browser besitzen ebenso Entwicklertools.

Mehr Informationen zum Firefox und zum Web Developer-Plugin:

- *http://chrispederick.com/work/web-developer/*
- *https://addons.mozilla.org/de/firefox/*
- *http://www.mozilla-europe.org/de/firefox/*

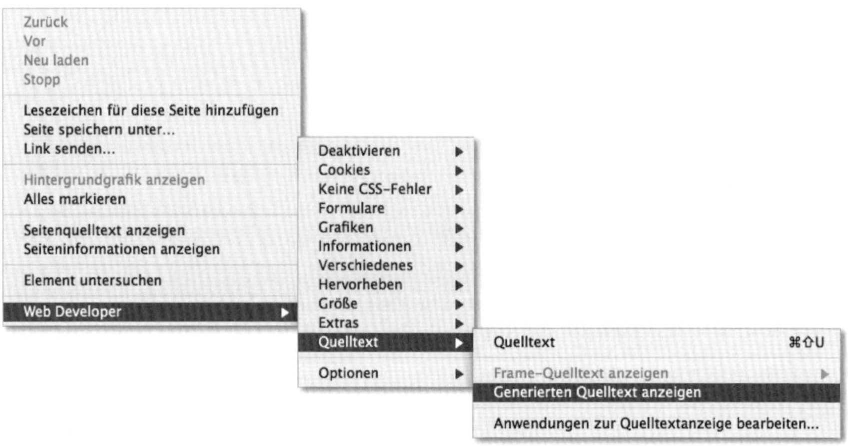

Abbildung 2.1 Das Kontextmenü des Firefox, die »Web Developer«-Tools

2.2.3 Opera

jQuery unterstützt zwar den Opera-Browser ab der Version 9, die Verbreitung dieser Versionen ist allerdings sehr gering. Testen sollten Sie auf jeden Fall ab der Version 10.x.

Mehr Informationen: *http://www.opera.com/*

2.2.4 Safari

Der Browser Safari basiert auf der freien Rendering-Engine *Webkit*. Auch Google Chrome basiert darauf, allerdings besitzen beide Browser unterschiedliche JavaScript-Engines. Mitte 2011 liegt Safari in der Version 5 vor, aber unter Mac-Usern erfreut sich auch die Version 4 noch größter Beliebtheit.

Bezugsquelle: *http://www.apple.com/de/safari/*

2.2.5 Google Chrome

Auch der Shootingstar unter den Browsern wird von jQuery unterstützt. Google Chrome hat den Apple-Browser Safari in Sachen Verbreitung bereits überholt. Hier gibt es eine hohe Frequenz an Updates. Mitte 2011 liegt Google Chrome in der stabilen Version 12.x vor. Eine Beta-Version 13.0 ist bereits im Umlauf.

Adresse: *http://www.google.com/chrome?hl=de*

Eine Auswahl an Browserwatch-Websites

- *http://www.w3schools.com/browsers/browsers_stats.asp*
- *http://www.webhits.de/deutsch/index.shtml?webstats.html*
- *http://www.w3b.org/tag/browserwatch*
- *http://netmarketshare.com/browser-market-share.aspx*

2.3 Webserver

Manche Beispiele in diesem Buch setzen einen Webserver voraus, gerade wenn es um das Thema Ajax geht. Es gibt auch ein paar wenige Beispiele, in denen Sie kleine PHP-Scripte einsetzen werden. Da PHP in einer Serverumgebung läuft, kann es nicht schaden, wenn Sie bei Bedarf lokal auf Ihrem Rechner einen Webserver samt Datenbank und PHP-Interpreter installieren.

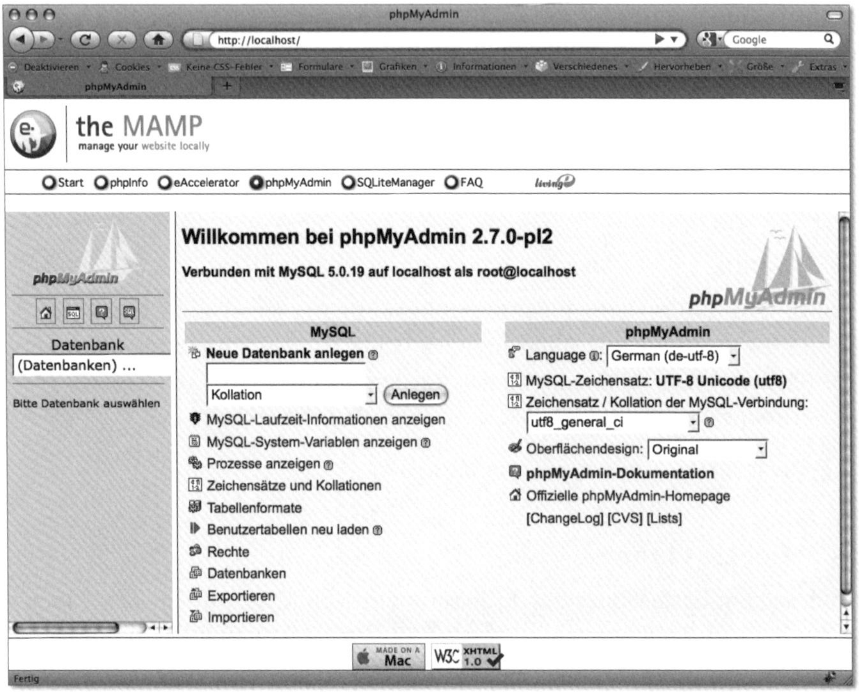

Abbildung 2.2 Webserver und phpMyAdmin

Zum Glück gibt es vorgefertigte Pakete, mit denen Sie alle benötigten Komponenten samt Konfiguration in einem Rutsch installieren können. Für Windows, Mac und Linux verwenden Sie *XAMPP*. Alternativ zu XAMPP für Mac OS X gibt es *MAMP*, das sich eignet, wenn Sie wenige Eingriffsmöglichkeiten benötigen, eine unkomplizierte Installation bevorzugen und sofort loslegen möchten. Auch die bekannte Datenbankadministration *phpMyAdmin* bringt alle diese Pakete mit. Sie wird automatisch mit installiert; mit ihr verwalten Sie Ihre Datenbanken über ein Webinterface nahezu spielend leicht.

Adressen

- *http://www.apachefriends.org/de/xampp.html*
- *http://www.mamp.info/de/index.html*

2.4 IDEs und Editoren

Sie haben nun also die Voraussetzungen geschaffen, um effektiv Webapplikationen zu verstehen und zu testen. Nur schreiben müssen Sie sie noch. Sie wissen, dass HTML-Seiten, CSS- und JavaScript-Dateien reine Textdateien sind. Sie benötigen also mindestens einen Texteditor, um HTML-Dokumente und JavaScript-Dateien sinnvoll zu befüllen. Manche Webdeveloper bevorzugen sogar einfache Editoren, da sie schnell starten, rasch reagieren und flink im Umgang sind. Zwei dieser Programme werden im Folgenden vorgestellt. Für Windows können Sie *Notepad++* verwenden (siehe Abbildung 2.3). Das ist ein freier Quellcode-Editor, der die Syntaxhervorhebung für diverse Sprachen genauso beherrscht wie den Dateivergleich oder eine Autovervollständigung für JavaScript und viele andere Sprachen. Sie haben mit ihm die Kodierung eines Dokuments im Griff und können Makros ausführen lassen. Für die Zwecke eines einfachen Texteditors ist er eine geradezu komfortable Lösung.

Das Pendant aufseiten des Mac ist *TextWrangler*, der kleine Bruder von *BBedit*, dem Standard-Quellcode-Editor für den Mac. Letzterer ist allerdings nicht unentgeltlich zu bekommen, TextWrangler dagegen ist kostenlos.

Wenn Sie eine anspruchsvollere Lösung bevorzugen, die auch etwas kosten darf, können Sie auf *Adobe Dreamweaver* zurückgreifen. Neben dem WYSIWYG-Modus, in dem Sie HTML-Elemente visuell hin- und herschieben können (Sie sollten allerdings um diesen Modus einen großen Bogen machen), besitzt diese Software auch eine Projektverwaltung, und besonders hervorzuheben ist die Codevervollständigung für jQuery.

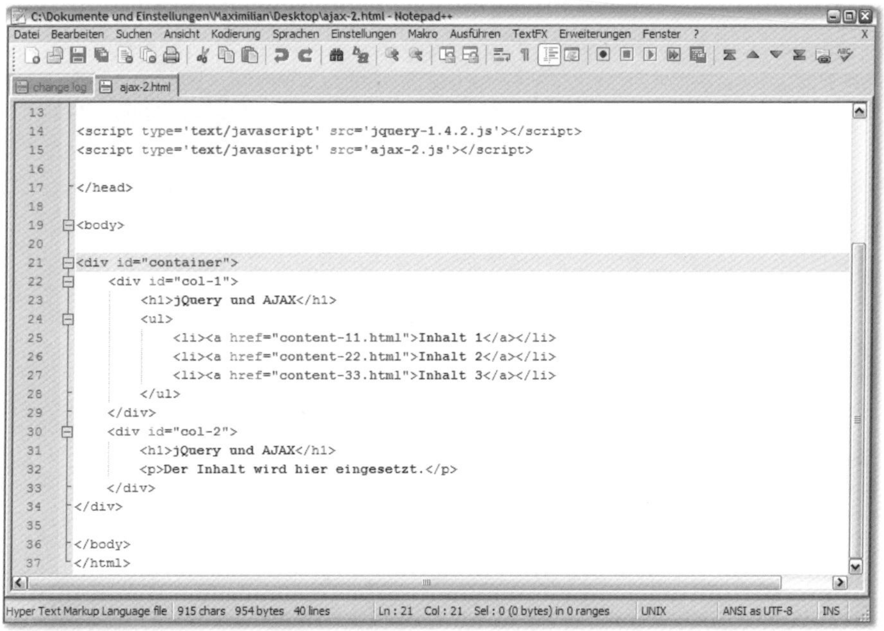

Abbildung 2.3 Der Editor »Notepad++«

Dreamweaver unterstützt eine Reihe von Webformaten. Sie können auch eine Webserverumgebung einbinden und Dateien mit dem integrierten FTP-Client auf einen Server kopieren. Dreamweaver gibt es sowohl für Mac als auch für Windows.

Microsoft Visual Studio 2010 dagegen ist ausschließlich für Windows entwickelt worden. Microsoft nennt seine Codevervollständigung *IntelliSense*, und sie versteht sich vorzüglich mit jQuery. Das Framework wurde vollständig in diese IDE (Integrated Development Environment) integriert. Wenn Sie eine umfassende Software auch für Microsoft Office-Programmierung oder die .NET-Plattform benötigen, kann Visual Studio die richtige Wahl für Sie sein. Im Übrigen: Mit *Microsoft Expression Studio*, der Entwicklung für Webapplikationen, können Sie zwar Webanwendungen schreiben, eine jQuery-Integration gibt es jedoch nicht.

Mit einer weiteren Entwicklungsumgebung, *Aptana*, die in der aktuellen Version *Studio 3* vorliegt, wollen wir kurz fortfahren. Aptana basiert auf der freien Entwicklungsumgebung Eclipse, und es ist als Standalone-Version wie auch als Plugin für Eclipse verfügbar. *Aptana* nutzt alle Features der offenen Eclipse-Plattform. Es handelt sich um eine ausgewachsene IDE, und Sie können sie kostenlos verwenden. Auch *Aptana* besitzt eine Codevervollständigung; die Hersteller nennen sie *Code Assist*. Leider funktioniert *Code Assist* in der Version 3.0.2 noch nicht zuverlässig. Testen Sie das Programm, und machen Sie sich selbst ein Bild. Vielleicht ist mit Erscheinen dieses Buches bereits eine ausgereifte Version verfügbar.

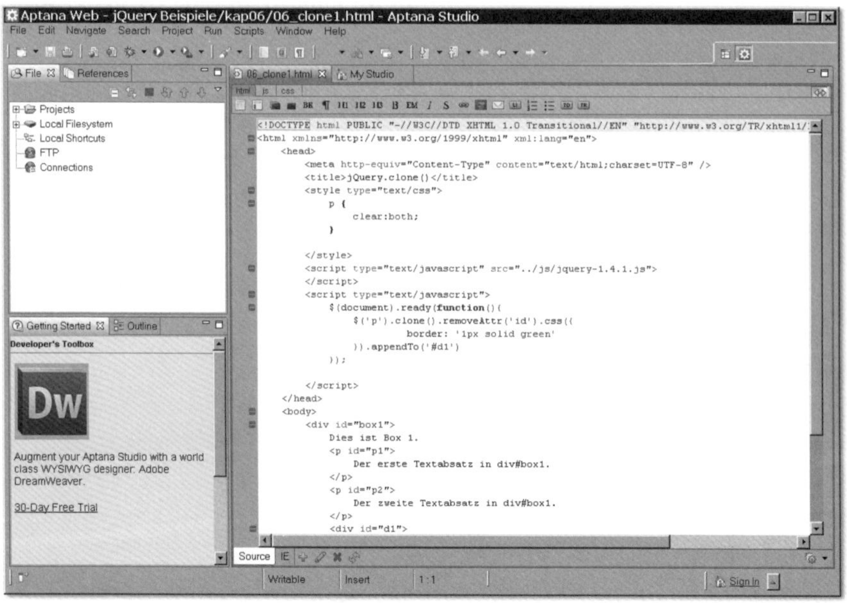

Abbildung 2.4 Aptana Studio 2

Wer mit *Aptana* nicht glücklich wird, der möge *NetBeans* ausprobieren. Die *NetBeans*-IDE wurde seinerzeit von der Firma Sun Microsystems von der kleinen tschechischen Firma *NetBeans* übernommen, und Sun wiederum wurde von Oracle übernommen. Unter der Ägide von Oracle wird dieses Programm weiterhin als Open-Source-Projekt betreut. Es ist mehr als einen Blick wert. Neben der Codevervollständigung zeigt es auch eine Kurzreferenz zu jQuery an, allerdings liegt sie nur in englischer Sprache vor.

Eigentlich wurde *NetBeans* als IDE speziell für Java-Anwendungen entwickelt. Es existiert aber eine für PHP optimierte Version, die sich vortrefflich für Webanwendungen, aber auch für statische HTML-Websites eignet.

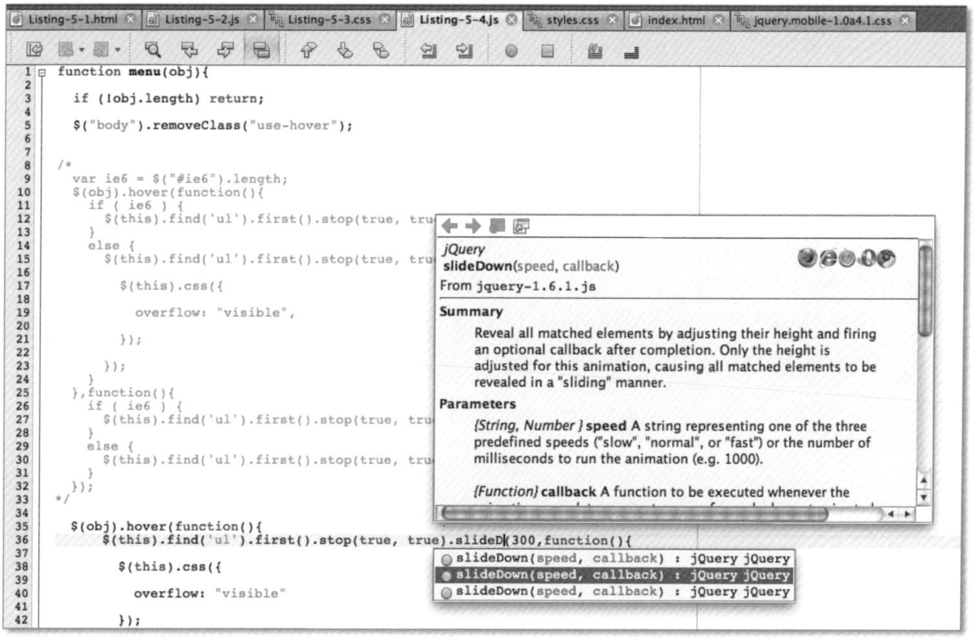

Abbildung 2.5 NetBeans Code Completion

Um die jQuery-Unterstützung nutzen zu können, müssen Sie lediglich die jQuery-Framework-Datei in unkomprimierter Form in das Projekt ablegen, in dem Sie Ihre Website bearbeiten. *NetBeans* erkennt automatisch die Methoden und Eigenschaften und bietet die *Code Completion* an. Unkomplizierter geht es nicht. Leider werden nicht alle Sprachkonstrukte unterstützt – oft erscheint ein »No suggestions«, also »Keine Vorschläge«. Dennoch ist diese IDE eine wertvolle Hilfe und für manchen Entwickler die erste Wahl.

Links zu den Herstellern von IDEs und Editoren

- TextWrangler: *http://www.barebones.com/products/textwrangler/*
- TextWrangler: *http://www.barebones.com/products/textwrangler/*
- Notepad++: *http://notepad-plus-plus.org/de/node/56*
- Microsoft Visual Studio: *http://www.microsoft.com/germany/visualstudio/*
- Adobe Dreamweaver: *http://www.adobe.com/de/products/dreamweaver/*
- Aptana: *http://www.aptana.com/*
- Eclipse: *http://www.eclipse.org/*
- NetBeans: *http://netbeans.org/*
- ActiveState Komodo IDE: *http://www.activestate.com/komodo-ide*
- JetBRAINS WebStorm: *http://www.jetbrains.com/webstorm/*

Mit diesen Informationen sind Sie gut gerüstet und können nun in vollen Zügen in die Welt von jQuery eintauchen. Wir wünschen Ihnen viel Spaß mit den Tipps und Tricks, den Fallstricken, den Überraschungen und den Aha-Erlebnissen, die Sie mit jQuery haben werden. Wenn Sie noch Kenntnisse zu HTML und Konsorten benötigen, blättern Sie bitte zum Ende des Buches, um sich ein kleines »Lunchpaket« mit den nötigsten Ingredienzen der Webentwicklung für Ihre Reise durch die jQuery-Welt einzuverleiben. Ansonsten lesen Sie einfach im nächsten Kapitel weiter.

»Even within the jQuery team, we have people from all backgrounds providing their feedback on the direction of the project. There is one thing that is common across all of jQuery's users, though: We are a community of developers and designers who want JavaScript development to made simple.« – John Resig

3 jQuery – der Einstieg

In diesem Kapitel erfahren Sie einiges über die Grundlagen von jQuery und über die Hintergründe des jQuery-Objekts und seines Einsatzes. Sie lernen, wie Sie mit jQuery Elemente Ihrer HTML-Seite selektieren und anschließend Aktionen ausführen können. Zum Verständnis benötigen Sie zumindest Grundkenntnisse in HTML und JavaScript sowie – was in Zusammenhang mit jQuery beinahe noch wichtiger ist – ein Grundverständnis von CSS und der Formulierung von CSS-Selektoren. Sollten Sie hier einen Nachschlag benötigen, raten wir Ihnen, zuerst die letzten beiden Kapitel zu lesen: Anhang A, »HTML und CSS«, und Anhang B, »JavaScript und DOM«. Lassen Sie uns nun also einfach beginnen!

3.1 Vergleich: JavaScript mit und ohne jQuery

Um zu verdeutlichen, wie jQuery dem User tagtäglich viel Arbeit abnimmt und ihm so das Leben im Web erleichtert, möchten wir hier zunächst mit einem Beispiel anfangen, das – noch ohne die Hilfe von jQuery – die Manipulation eines HTML-Elements vornimmt.

Angenommen, Sie wollen, abhängig von seinem Textinhalt, einem von mehreren `<p>`-Absätzen die Klasse `green` zuweisen und ihm damit eine neue Schriftfarbe geben. Dann betrachten Sie dazu zunächst einmal den Inhalt des `<script>`-Elements:

```
<html>
<head>
<title>Listing 1</title>
```

```
  <style type="text/css">
    .green {
      color:#009933;
    }
  </style>
  <script type="text/javascript">
    window.onload = function() {
      var elements = document.getElementById("box")
          .getElementsByTagName("p");
      for (var i = 0; i < elements.length; i++) {
        if (elements[i]
        .firstChild.data == "Zweiter Absatz") {
          elements[i].className = "green";
        }
      }
    }
  </script>
</head>
<body>
  <div id="box">
    <p>Erster Absatz</p>
    <p>Zweiter Absatz</p>
    <p>Dritter Absatz</p>
  </div>
</body>
</html>
```

Listing 3.1 Schriftfarbe ändern ohne jQuery

Was in diesem Scriptabschnitt passiert, ist Folgendes: Sobald die komplette HTML-Seite geladen ist (`window.onload`), wird eine Kollektion mit allen Absätzen (`"p"`) erstellt, die sich innerhalb des Containers mit dem ID (`"box"`) befinden.

Zum Zeilenumbruch vor dem Punktoperator

Wichtig: Sie dürfen *vor* dem Punktoperator in Objekten praktischerweise einen Zeilenumbruch machen, da der Punkt am Beginn der Folgezeile der Script-Engine deutlich macht, dass die Anweisung weitergeht. Überlange Programmzeilen wie diese können so vermieden werden:

```
var elements = document.getElementById("box")
          .getElementsByTagName("p");
```

Diese Kollektion wird in einer Variablen `elements` gespeichert. Anschließend werden über eine `for`-Schleife und eine `if`-Anweisung alle gefundenen `<p>`-Container dahingehend geprüft, ob sie einen Textknoten mit dem Inhalt »Zweiter Absatz« enthalten.

Wenn dem so ist, wird dem betreffenden Absatz die Klasse `green` hinzugefügt und damit dessen Schriftfarbe auf »Grün« gesetzt. Sie brauchen an dieser Stelle nicht zu sehr in die Tiefe zu gehen, um sich klarzumachen, dass Sie hier genau überlegen müssen, wie Sie in Ihrem Script mit Bedingungen und Schleifen Ihre Suchergebnisse filtern, bis am Ende das gewünschte Ergebnis im Browser erscheint. Ein Framework kann Ihnen dieses Kopfzerbrechen ersparen. Werden Sie also aktiv!

3.2 jQuery einbinden

Es versteht sich, dass das jQuery Framework, um es zu nutzbar zu machen, zunächst bereitgestellt werden muss: Dem ausführenden Browser müssen die Funktionalitäten zur Verfügung stehen, um die besonderen Eigenschaften und Methoden von jQuery zu interpretieren. Zunächst sollten Sie sich, falls dies nicht bereits geschehen ist, eine aktuelle Version von jQuery besorgen – dies können Sie direkt bei der offiziellen jQuery-Website *www.jquery.com* tun. Laden Sie von dort sowohl die minimierte Produktionsversion (94 KB) als auch die Developer-Version (238 KB) von jQuery herunter:

jQuery-Website: *http://jquery.com/*

Downloaden oder doch nicht downloaden?

Sie finden die erforderlichen jQuery-Dateien auch im Ordner *jquery* auf der Begleit-DVD zu diesem Buch. Alle Beispiele basieren auf Version 1.6.2. Wir gehen auch in Zukunft von einer Abwärtskompatibilität aus. Sollte es eine wesentlich neuere jQuery-Version geben, sind Probleme jedoch nicht auszuschließen. Verwenden Sie dann die Version aus dem Begleitmaterial.

Es gibt nun also, wie bereits gesagt, zwei verschiedene Versionen von jQuery. Einmal die Version *uncompressed*, d. h. die unkomprimierte Datei, und einmal die Version *minified*, also eine verkleinerte Datei.

Sind Sie daran interessiert, einmal einen Blick in das »Getriebe« von jQuery zu werfen? Dann nehmen Sie die unkomprimierte Datei zur Hand. Im Normalfall werden Sie das, selbst als Entwickler, kaum tun wollen, sondern wollen nur die angebotenen Funktionen im Produktiveinsatz nutzen. In diesem Fall verwenden Sie die kompaktere *minified*-Datei, deren Größe weniger als die Hälfte der unkomprimierten Datei beträgt.

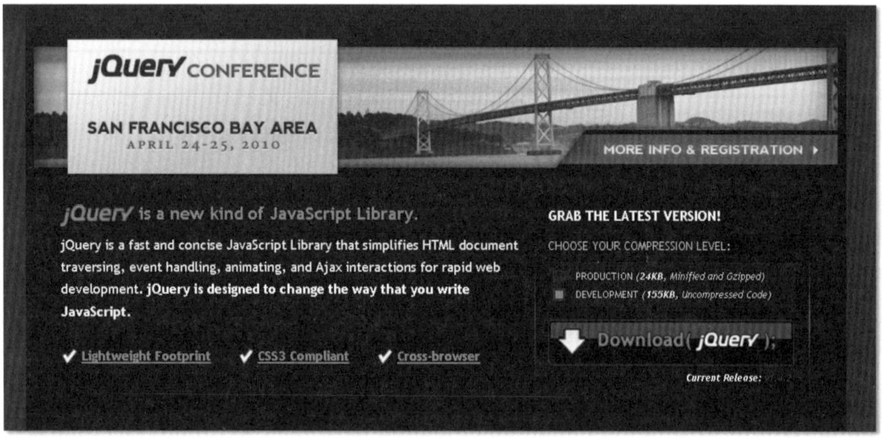

Abbildung 3.1 Download von »jquery.com«

3.2.1 jQuery online und offline nutzen

Vielleicht zunächst eine kleine Klärung im Vorfeld – benötigen wir zum Test von jQuery eigentlich einen Webserver oder nicht? Frei nach Radio Eriwan könnte man antworten, im Prinzip nicht. Jedoch kann in diesem Fall dann auch nur ein Teil der jQuery-Funktionalität genutzt werden: Einige der Tricks, die das Framework zur Verfügung stellt, basieren auf der Nutzung von Ajax, was in der Regel einen Server voraussetzt, der die HTTP-Anfragen interpretiert, die das Framework dann absetzen wird.

Benötigen wir kein Ajax, kann auch direkt aus dem Dateisystem heraus (sozusagen »offline«) gearbeitet werden: Sie können beispielsweise ein HTML-Dokument unmittelbar aus dem Verzeichnis ins Browserfenster ziehen, um ein Script zu testen. Ansonsten müssten Sie einen lokalen Webserver zur Verfügung haben und die Übungsdateien in dessen Dokumentenverzeichnis ablegen (siehe Abschnitt 2.3, »Webserver«).

3.2.2 jQuery lokal einbinden

Sie benötigen von jeder HTML-Seite, in der Sie jQuery nutzen möchten, einen Link zur jQuery-Datei. Sie haben die Wahl zwischen der minimierten Version `jquery-1.6.2.min.js` und der unkomprimierten Version `jquery-1.6.2.js`. Für die lokalen Übungen in diesem Buch macht es keinen Unterschied, für welche dieser Versionen Sie sich entscheiden. Legen Sie einfach beide Dateien in einem Unterverzeichnis des *htdocs*-Verzeichnisses des lokalen Servers auf Ihrem Rechner ab. (Wir nennen dieses Verzeichnis *buchbeispiele* – selbstverständlich können Sie auch jeden beliebigen Namen wählen.)

Wir empfehlen für die Arbeit mit den Beispielen dieses Buches folgende Ordnerstruktur:

```
buchbeispiele/
    jquery/
        jquery-1.6.2.js
        jquery-1.6.2.min.js
    _uebungen_/
    ...
```

Dies erleichtert die kapitelübergreifend konstante Einbindung des Frameworks, dessen Dateien im Ordner *jquery* abgelegt werden (dies ist der Bezeichner, den wir für dieses Buch gewählt haben). Parallel zu diesem Ordner legen Sie einen oder mehrere Ordner mit Ihren Test- und Übungsdateien an. Ressourcen, die von den HTML-Seiten benötigt werden (CSS- und Grafikdateien) platzieren Sie sinnvollerweise ebenfalls in die Übungsordner.

Dies ermöglicht eine stets gleichförmige Formulierung des Links zur jQuery-Datei im Dokumentkopf der Übungsdateien:

```
<script type="text/javascript"
        src="../jquery/jquery-1.6.2.js"></script>
```

Eine ähnliche Anordnung empfiehlt sich auch für Projekte, in denen Sie jQuery einsetzen (erinnern Sie sich aber daran, für Produktionszwecke auf die minimierte Version der jQuery-Datei zurückzugreifen). Reproduzieren Sie für den Online-Zugriff die gleiche Verzeichnisstruktur auf Ihrem Produktionsserver. Sie können dann die relativen Links zum Framework unverändert beibehalten.

3.2.3 jQuery aus dem Google OnlineRepository einbinden

Eine Alternative zur lokalen Einbindung von jQuery ist die Nutzung des *Google Online Repository*, das ein frei zur allgemeinen Nutzung zur Verfügung stehendes Framework anbietet. (Gedacht ist dieses Repository für den Live-Betrieb einer Website. Sie können das Prinzip jedoch auch für die Buchbeispiele einsetzen, sofern Ihr Rechner jederzeit über eine Online-Verbindung verfügt.)

Das *Content Delivery Network* (CDN) von Google hält neben jQuery auch andere JavaScript-Frameworks bereit, wie Prototype, MooTools, Dojo und Ext JS. Im Falle von jQuery 1.6.2 geschieht die Einbindung wie folgt:

```
<script type="text/javascript" src="http://ajax.googleapis.com/ajax/
libs/jquery/1.6.2/jquery.min.js"></script>
```

Man kann auch einen Schritt weiter gehen und jQuery über den `load`-Befehl der *Google JavaScript API* einbinden. Hierfür muss allerdings zunächst eben diese API verlinkt werden. Anschließend steht die Methode google.load() zur Verfügung, mit der jQuery ebenfalls bereitgestellt werden kann.

Deren erstes Argument bestimmt das Framework. Achtung – der zweite Parameter, der die gewünschte Version nennt, ist obligatorisch und kann daher nicht einfach weggelassen werden! Mit der folgenden Anordnung wird die minimierte Version von jQuery 1.6.2 aus dem Google CDN geladen:

```
<script type="text/javascript"
        src="http://www.google.com/jsapi"></script>
<script type="text/javascript">
        google.load("jquery", "1.6.2");
</script>
```

Wollen Sie die unkomprimierte Variante einbinden, fügen Sie noch ein drittes Argument hinzu (achten Sie auf die geschweiften Klammern):

```
<script type="text/javascript">
        google.load("jquery", "1.6.2",{uncompressed:true});
</script>
```

Pro und Kontra

Diese Lösung hat wie so vieles ihre Licht- und Schattenseiten. Als Vorteil könnte man werten, dass man nicht gezwungen ist, jQuery auf dem eigenen Server abzulegen. Die Anbieter werden zudem meist mehrere Versionen des Frameworks (darunter sicherlich die jeweils aktuelle) zur Verfügung stellen. Bei einer stehenden Online-Verbindung steht auch einer Nutzung von Repositories im Rahmen von ansonsten lokalen Tests nichts im Wege.

Ein Nachteil ist, dass die Funktion der eigenen Website von der konstanten Bereitstellung des Frameworks durch eine andere Partei abhängig ist. Bei Yahoo oder Google kann man immerhin davon ausgehen, dass der Service dauerhaft zur Verfügung stehen wird. Nicht vergessen sollte man jedoch, dass die Einbindung einer extern gehosteten Datei auch ein Protokollieren der Nutzung der eigenen Site durch den Provider des Frameworks ermöglicht (ohne dies unterstellen zu wollen). Ob man sich darauf einlassen möchte, sei dem Einzelnen überlassen. (Wir werden in diesem Buch die konventionelle Einbindung verwenden und jQuery aus dem lokalen Verzeichnis einbinden.)

3.3 Unser Beispiel mit jQuery

Legen Sie die heruntergeladene Framework-Datei wie beschrieben in ein Verzeichnis parallel zu dem, in dem die HTML-Seite gespeichert ist. Bevor Sie nun das Script konstruieren, müssen Sie erst das Framework in die Seite einbinden. Ähnlich einem externen Stylesheet wird die Datei in das Hauptdokument inkludiert.

Im ersten <script>-Element geben Sie den Pfad zur Bibliothek an:

```
<script type="text/javascript"
        src="../jquery/jquery-1.6.2.min.js"></script>
```

Wo genau soll die Einbindung im Quelltext erfolgen?

Unser Tipp: Inkludieren Sie das jQuery Framework im <head>-Verzeichnis stets nach den CSS-Dateien. Achten Sie darauf, dass Ihre eigenen JavaScript-Funktionen bzw. -Dateien wiederum stets nach dem Framework eingebunden werden.

Legen Sie nun ein weiteres <script>-Element an, und fügen Sie die jQuery-Funktionen ein. Das gesamte Beispiel sieht jetzt folgendermaßen aus (der jQuery-Code ist fett hervorgehoben):

```
<html>
<head>
   <title>Listing 2</title>

   <!-- Zunächst die Style-Angaben: -->
   <style type="text/css">
      .green {
         color:#009933;
      }
   </style>

   <!-- Nun das Framework einbinden: -->
   <script type="text/javascript"
           src="../jquery/jquery-1.6.2.min.js"></script>

   <!-- ...und jetzt unseren eigenen Code: -->
   <script type="text/javascript">
      $(document).ready(function() {
         $("#box p:contains('Zweiter Absatz')")
          .addClass("green");
      });
   </script>
</head>
<body>
   <div id="box">
      <p>Erster Absatz</p>
      <p>Zweiter Absatz</p>
      <p>Dritter Absatz</p>
```

```
  </div>
</body>
</html>
```

Listing 3.2 Schriftfarbe ändern mit jQuery

Das jQuery-Objekt als Factory-Funktion

Sofort ins Auge springt, dass gerade einmal drei Zeilen Code benötigt werden, um das gesteckte Ziel zu erreichen. Das fundamentale Konstrukt in jQuery ist die Funktion `$()`. Es handelt sich dabei um eine sogenannte Factory-Funktion – sie wird so bezeichnet, weil sie das erzeugt, was anschließend als Arbeitsgrundlage dient.

Zum Vergleich: Die im vorigen Listing eingesetzten DOM-Funktionen `getElementById()` und `getElementsByTagName()` holen »nur« existierende Bestandteile des Dokuments, verändern diese aber nicht. Sie müssen mit den »natürlichen« Eigenschaften der gefundenen Dokumentknoten zurechtkommen.

Anders bei der `$()`-Funktion. Diese Funktion erhält zwar auch ein Argument, das bestimmt, womit die Funktion arbeitet. Hier ist es jedoch das gesamte Dokument – Sie werden aber auch noch andere Fälle kennenlernen. Allerdings begnügt sich die `$()`-Funktion nicht damit, sich das bezeichnete Objekt zu beschaffen, sie stattet dieses mit weiteren Fähigkeiten aus. Diese neuen Fähigkeiten umgeben das »alte« Objekt wie ein Mantel – man spricht daher von *Wrapping*. Das so erzeugte »neue« Objekt wird (unabhängig davon, welche Art von Objekt als Grundlage fungiert) als *jQuery-Objekt* bezeichnet.

Mit dem Aufruf von `$()` wird also immer ein neues jQuery-Objekt erzeugt und zurückgegeben. Danach steht es mit seinen ganzen Methoden und Eigenschaften für das weitere Scripting zur Verfügung. Eine dieser Methoden nennt sich `.ready()`. Sie wird allerdings speziell dann verwendet, wenn das jQuery-Objekt aus einem `document`-Objekt gebildet wurde (zugegeben, ein Sonderfall).

Jetzt wissen Sie für den Anfang genug – analysieren wir nun den hervorgehobenen Code aus dem vorigen Listing Zeile für Zeile:

1. Sobald das Dokument fertig geladen wurde, ...

   ```
   $(document).ready( ... );
   ```

2. ... führen Sie die in `ready()` befindliche anonyme Funktion aus, ...

   ```
   $(document).ready( function() {
           ...
   });
   ```

3. ... die besagt: Bilden Sie aus allen `<p>`-Elementen mit dem Inhalt `'Zweiter Absatz'` innerhalb des `<div>`-Containers mit dem ID `box`, ein jQuery-Objekt:

   ```
   $(document).ready( function() {
         $("#box p:contains('Zweiter Absatz')")
           ...
   });
   ```

4. Wenden Sie nun auf dieses die Funktion `addClass()` an, um den `<p>`-Containern die Klasse `green` hinzuzufügen (wir machen wieder einen Zeilenumbruch vor dem Punktoperator – das ist nicht nur für das Listing im Buch praktisch):

   ```
   $(document).ready( function() {
         $("#box p:contains('Zweiter Absatz')")
           .addClass("green");
   });
   ```

Das war's. Sie brauchen sich nicht mit Schleifen und Bedingungen herumschlagen. Stattdessen navigieren Sie mittels des Selektors `"#box p:contains('Zweiter Absatz')"` direkt zum gewünschten Element, verkapseln es als jQuery-Objekt und verändern es. (Übrigens, der Filterpseudoselektor `:contains()` ist eine Dreingabe von jQuery, die Ihnen in reinem CSS nicht zur Verfügung steht.)

Die gewünschte Veränderung geschieht durch den Aufruf von `addClass()`. Mit dieser Methode können Sie beliebige CSS-Klassen an beliebige HTML-Elemente binden. (Dass die Klasse mit ihren Eigenschaften vorher im Stylesheet definiert werden muss, versteht sich von selbst.)

Warum muss es ein jQuery-Objekt sein?

Die *Verkapselung* in ein jQuery-Objekt ist in diesem Fall der springende Punkt. Den `<p>`-Container bekämen Sie zwar auch anders zu fassen (wie zuvor bereits beschrieben), aber er wäre eben »nur« ein `<p>`-Container. Versuchten Sie, auf ihn *direkt* die Methode `addClass("green")` anzuwenden, hätten Sie Pech. Anders sieht es aus, wenn der `<p>`-Container »jQuerifiziert« wurde (in ein jQuery-Objekt verpackt ist). In diesem Fall stehen ihm unmittelbar alle Methoden von jQuery zur Verfügung.

Das jQuery-Objekt als Knotenliste

Wir haben das jQuery-Objekt als Wrapper für ein Einzelobjekt kennengelernt. Mithilfe dieser Verkapselung stehen Ihnen für dieses Objekt alle jQuery-Tricks zur Verfügung. Ein Einzelobjekt war es aber schlicht deshalb, weil der an `$()` übergebene Ausdruck lediglich ein Objekt als Ergebnis hatte.

Wenn dies aber nicht so eindeutig ist, was dann? Ganz einfach – jQuery macht aus *allen* übergebenen Objekten (nehmen wir mal an, es seien Elementknoten) *gemeinsam* ein jQuery-Objekt. Dieses nimmt dann, wie man sagt, die Eigenschaften einer »Liste« an. Im herkömmlichen JavaScript spricht man von einer Knotenliste (*node list*). In jQuery läuft dies darauf hinaus, dass für *jedes* Element der Liste alle jQuery-Optionen zur Verfügung stehen.

Legen wir einmal mehrere Elemente im jQuery-Objekt ab, indem wir jetzt *alle* Absätze innerhalb des Containers `#box` selektieren. Hierfür genügt es, den Filter `:contains('Zweiter Absatz')` wegzulassen.[1] Damit ist die Einschränkung auf den zweiten Absatz aufgehoben:

```
$(document).ready(function() {
    $("#box p").addClass("green");
});
```

Das Ergebnis ist wenig spektakulär, vielleicht sogar als »intuitiv vorhersehbar« zu bezeichnen: Alle Textabsätze erhalten die grüne Schrift und Hintergrundfarbe.

Obwohl ... das bedeutet doch, dass jQuery *alle* Elemente seiner Liste hernimmt und auf *jedes einzelne* die angehängte Methode anwendet? Genau: jQuery arbeitet eine Knotenliste Item für Item ab, und zwar vollautomatisch. Behalten Sie das im Hinterkopf – Stichwort: implizite Schleife.

Welches Argument erwartet die Funktion $()?

An dieser Stelle möchten wir kurz auf die Frage eingehen, *was* für ein Argument die `$()`-Funktion eigentlich erwartet. Wir haben gesagt, dass es sich um CSS-Selektoren handelt, teilweise noch mit jQuery-spezifischen Erweiterungen. Es geht aber auch noch mehr, wie Sie später noch sehen werden. Bleiben wir jedoch zunächst bei CSS.

jQuery unterstützt im Rahmen der `$()`-Funktion nahezu alle CSS-Selektoren, von CSS 1.0 bis CSS 3.0. Dies macht es für Webworker mit CSS-Erfahrung leichter, sich in jQuery einzuarbeiten. Wenn nicht, in Anhang A stellen wir Ihnen die wichtigsten Grundbegriffe vor.

3.4 Wir haben fertig

Gehen wir kurz auf die `ready()`-Methode im folgenden Ausdruck ein:

```
$(document).ready(fn)
```

1 Wir könnten hier sogar noch einfacher `$('p').addClass('green')` schreiben. Schön, nicht?

Bei `.ready()` handelt es sich um eine grundlegende Methode innerhalb des Event-Moduls von jQuery: Eine Funktion `fn`, die an `.ready()` übergeben wird, führt jQuery aus, sobald das Dokument geladen wurde. In unserem Fall ist es eine anonyme Funktion, die die Dokumentabfrage enthält.

Der Grund für dieses Manöver ist folgender: Wenn Sie die Anweisung `$("#box p").addClass("green")` unmittelbar auswerteten, erzielten Sie keine Treffer – in diesem Moment gäbe es schlicht noch kein Dokument, aus dem das Script den `<p>`-Container holen könnte. Das ist nämlich noch gar nicht geschrieben. Also muss abgewartet werden. JavaScript bietet uns mit `window.onload` zu diesem Zweck bereits von Haus aus einen passenden Event-Handler an. Ist `fn` die aufzurufende Funktion, schreiben Sie mit seiner Hilfe:

```
window.onload = fn;
```

Den gleichen Dienst leistet der `onload`-Event-Handler im `<body>`-Element. Wo ist der Unterschied zum (zudem komplizierter zu schreibenden) Ansatz von jQuery? Der Unterschied ist das Timing: Mit `window.onload` wird die Funktion `fn` erst aufgerufen, wenn alle Abhängigkeiten des Dokuments aufgelöst sind, beispielsweise die Grafiken geladen wurden. Die Grafiken brauchen Sie aber gar nicht, wenn Sie »nur« an die Elemente wollen!

Der Vorteil von `$(document).ready(fn)` besteht darin, dass das Script bereits dann die Callback-Funktion `fn` ausführt, wenn die für Sie relevante HTML-Struktur bereitsteht. Die Seite ist dann zwar nur »weitestgehend geladen«, aber Sie können auch schon früher darauf zugreifen. Ein Problem ist das nicht – das Laden der Bilder können wir bei der Analyse und Manipulation des HTML-Dokuments in den meisten Fällen vernachlässigen.

Sie könnten beliebig oft `$(document).ready(fn)` in einer Seite ausführen lassen. Im Endeffekt mag das aber ein wenig unübersichtlich werden. Hier besteht der Hintergedanke primär darin, Funktionscode aus dem `ready`-Block auszulagern, um diesen möglichst einfach zu halten (sonst könnten die Funktionsblöcke von `tuDies()` und `tuJenes()` auch ebenso im `ready`-Block selbst stehen – der würde dann allerdings möglicherweise ziemlich lang werden):

```
// definieren, was tuDies() machen soll:
function tuDies() {
   $("div p").click(function(){ ... });
}

// erster ready()-Block:
$(document).ready( function() {
   // und tuDies() aufrufen, wenn's so weit ist:
```

```
    tuDies();
});

// definieren, was tuJenes() machen soll:
function tuJenes() {
    $("ul li").click(function(){ ... });
}

// zweiter ready()-Block:
$(document).ready(function() {
// und tuJenes() aufrufen, wenn's so weit ist:
    tuJenes();
});
```

Wie gesagt, das geht, bietet aber keine Vorteile. Eine Funktion aus dem `ready`-Block auszulagern, ist jedoch immer eine gute Sache. Sie sehen auch, dass Sie dort ebenfalls die jQuery-Schreibweise verwenden dürfen. (Dies ist also nicht etwa auf den `ready`-Block beschränkt, damit dies einmal deutlich gesagt ist.)

Um Übersicht zu schaffen, beschränken Sie sich besser auf nur eine einzige `ready`-Anweisung. Innerhalb der anonymen Callback-Funktion dieser Anweisung (von der es nur eine geben darf!) können Sie »huckepack« beliebig viele Funktionen aufrufen:

```
$(document).ready(function() {
    tuDies();
    tuJenes();
    // etc.
});
```

3.5 Das Mausereignis – Bindung eines Click-Events

Nun macht unser allererstes Beispiel scheinbar nicht allzu viel Sinn, da Sie doch Stileigenschaften allein mittels Stylesheet festlegen könnten,[2] ohne JavaScript zu Hilfe zu rufen. Geschenkt – wenn Sie eine solche Manipulation aber mit einem Mausereignis verbinden, wird es interessanter: Sie wollen als Nächstes erreichen, dass ein Absatz seine Schriftfarbe ändert, sobald Sie ihn anklicken. Gehen wir kurz durch, wie dies ohne die Hilfe von jQuery erfolgen könnte.

2 Bedenkt man aber, dass Sie den Style anhand des Elementinhalts binden können, ist es vielleicht doch ganz spannend, oder?

3.5.1 Zunächst – die »aufdringliche« Variante

Warum wir dies mit »aufdringlich« betiteln, wird gleich klarer. Jedenfalls werden Aktionen wie der Klick auf ein Element gewöhnlich mithilfe von Event-Handlern erfasst. Diese werden wie Attribute in den Start-Tag des Elements geschrieben.

Um die `<p>`-Container klickbar zu machen, genügt dann folgender Code:

```
<div id="box">
      <p onclick="farbwechsel(this)">Erster Absatz</p>
      <p onclick="farbwechsel(this)">Zweiter Absatz</p>
      <p onclick="farbwechsel(this)">Dritter Absatz</p>
</div>
```

Was an dieser Stelle kurz erläutert werden soll, ist das Schlüsselwort `this`. Der Ausdruck stellt ein Objekt dar, das an die aufgerufene Funktion `farbwechsel()` übergeben wird. Es bezieht sich jeweils auf das `<p>`-Element, das gerade angeklickt wurde. Es handelt sich hier um das sogenannte Kontextobjekt (also das Objekt, an dem aktuell etwas passiert). So weit, so gut – auch die Funktion `farbwechsel()` ist nicht sonderlich kompliziert:

```
    // das übergebene this landet in der Variable meinP:
function farbwechsel(meinP) {
    // der geklickte Absatz bekommt die Klasse zugewiesen:
    meinP.className = "green";
}
```

Erst einmal funktioniert alles. Sie sehen, dass Sie auf diese Weise beliebige HTML-Elemente mit einem *Click-Event* versehen können. Allerdings sollten Sie, um die Benutzerführung eindeutig zu halten, bei entsprechend »aktivierten« Elementen die Cursor-Eigenschaft per CSS auf `pointer` setzen, damit der Benutzer erkennt, dass hier eine Interaktion möglich ist.

Dies geschieht in unserem Beispiel in einer Styleregel für `<p>`-Container. Des Weiteren fügen Sie der Klasse `green` eine Hintergrundfarbe hinzu und setzen die Cursor-Darstellung dort wieder auf »normal« – immerhin braucht der Absatz, sobald er die Klasse hat, ja kein zweites Mal geklickt werden:

```
p {
    cursor:pointer;
}
.green {
    color:#009933;
    background-color:#E2FFEC;
    cursor:default;
}
```

3.5.2 Etwas weniger aufdringlich, bitte!

Was ist nun schlecht daran? Unschön ist, dass hier der Click-Event-Handler samt Funktionsaufruf in das HTML-Dokument geschrieben wurde, obwohl er nicht Teil der Informationsstruktur ist. Er ist außerdem überflüssig, wenn kein JavaScript aktiv ist (weil es abgeschaltet oder vom Client nicht unterstützt ist).

Im Sinne des Ansatzes »Unobtrusive JavaScript« (wir haben dazu im vorangegangenen Kapitel ein paar Worte verloren) bevorzugt man daher, den Event-Handler wegzulassen und die Klickfunktionalität per JavaScript nachträglich hinzuzufügen. Das HTML bleibt auf diesem Weg »sauber«.

Um einem Absatz »von außen« dem Click-Event zuzuweisen, müssen zunächst alle `<p>`-Container innerhalb des Bereichs `#box` gesammelt werden.

Dies geschieht wie zuvor:

```
var meineP = document.getElementById("box")
              .document.getElementsByTagName("p");
```

Über das Array mit den Textabsatzknoten läuft eine Schleife, die den Click-Event bindet. Die Zahl der Knoten wird in einer Variablen `len` abgelegt, damit das Array nicht bei jedem Schleifendurchlauf erneut ausgelesen werden muss:

```
for(var i =0, len=meineP.length; i<len; i++) {
    // Fein. Jetzt den Click-Event binden. Aber wie?
   }
```

Für die Art und Weise, wie Sie den Click-Event »ordentlich« binden, gibt es verschiedene, untereinander unverträgliche Varianten: die offizielle und die für den Internet Explorer. Eine Fallunterscheidung ist möglich, aber umständlich. Der Rettungsanker findet sich beim guten alten DOM Level 0 und der dort definierten `onclick`-Eigenschaft. Diese Vorgehensweise ist zwar nicht zeitgemäß, hat aber den Vorteil, dass sie dann doch browserübergreifend funktioniert:

```
window.onload = function() {
    var meineP = document.getElementsByTagName("p");
    for(var i=0, len=meineP.length; i<len; i++) {
        meineP[i].onclick= function() {
                this.className = "green";
                }
    }
}
```

Dies ist in seiner Kompaktheit durchaus vertretbar. Sollte es noch schöner gehen? Oder zumindest kürzer?

3.5.3 Ein unaufdringlicher Dreizeiler, dank jQuery

In jQuery verwenden Sie nicht eine DOM-Eigenschaft namens `onclick`, sondern eine jQuery-Methode, die den (durchaus treffenden) Namen `click()` trägt. Mit ihrer Hilfe kann jedem Absatz innerhalb des Elements mit dem ID `box` ein Click-Event-Handler hinzugefügt werden. Schreiben Sie also das Script einfach einmal entsprechend um. Ob Ihnen wieder drei Zeilen reichen werden? Na sicher!

```
$(document).ready( function() {
    $('#box p').click( function() {
        $(this).addClass("green");
    });
});
```

Dass `$('#box p')` in seiner Kürze dasselbe bewirkt wie der längere Ausdruck `document.getElementById("box").getElementsByTagName("p")` haben Sie vielleicht bereits verkraftet. Erinnern Sie sich, dass Sie hier auf die `for`-Schleife verzichten können: jQuery wendet ja im Fall einer Knotenliste (Sie wissen, dass es sich nicht um eine »gewöhnliche« Knotenliste handelt) eine Methode auf alle Items der Liste an (als »implizite Schleife«). Praktisch!

Sobald ein `<p>`-Element tatsächlich geklickt wird, tritt die anonyme Funktion im Inneren von `click()` in dessen Namen in Aktion. (Wie Sie bereits zuvor erfahren haben, bezeichnet man diese Funktion als *Callback-Funktion*. Als solche wird sie erst dann ausgeführt, wenn das Klickereignis eintritt.)

Das `this` in ihrem Inneren bezieht sich, wie gehabt, auf den geklickten `<p>`-Container. Da dieses `this` (als herkömmlicher `<p>`-Container) mit `addClass()` nichts anfangen könnte, wrappen Sie es über die `$()`-Funktion wieder in ein jQuery-Objekt.

Unter die Lupe damit:

```
// die anonyme Funktion in click():
$('#box p').click( function() {
   // das Kontextobjekt this wird jQueryfiziert:
   $(this).addClass("green");
});
```

Hier folgt zusammenfassend der Quellcode der gesamten Datei:

```
<html>
<head>
   <title>Listing 3</title>

  <!-- Zunächst die Style-Angaben: -->
   <style type="text/css">
```

```
        p {
           cursor:pointer;
        }
        .green {
           color:#009933;
           background-color:#E2FFEC;
           cursor:default;
        }
     </style>

     <!-- Nun das Framework einbinden: -->
     <script type="text/javascript"
             src="../jquery/jquery-1.6.2.min.js"></script>

     <!-- ...und jetzt unseren eigenen Code: -->
     <script type="text/javascript">
        $(document).ready(function() {
           $("#box p").click(function() {
                $(this).addClass("green");
           });
        });
     </script>
  </head>
  <body>
     <div id="box">
        <p>Erster Absatz</p>
        <p>Zweiter Absatz</p>
        <p>Dritter Absatz</p>
     </div>
  </body>
  </html>
```

Listing 3.3 Schriftfarbe ändern mit Click-Event (mit jQuery)

Wollen Sie innerhalb eines klickbaren Textabsatzes die Koordinaten des Klickereignisses erfassen, stoßen Sie auf eine weitere Diskrepanz zwischen den JavaScript-Implementierungen der Browser.

Der Standard verlangt die Übergabe der Informationen über ein Ereignis (u. a. Art und Ort des Ereignisses) an die durch das Ereignis getriggerte Funktion, die die Information auswerten kann. Die Informationsstruktur wird als ein JavaScript-Objekt übergeben, das allgemein als Event-Objekt bezeichnet wird. Es wird von der Zielfunktion durch einen Parameter (meist wird für diesen der Bezeichner `e` wie *event* verwendet) in den Argumentklammern »aufgefangen«:

```
meineP[i].onclick = function(e) { ... }, false);
```

Leider implementiert der Internet Explorer dies nicht auf die gleiche Weise. Nicht dass es hier keine Informationen über das Ereignis gäbe, das stattgefunden hat. Allerdings lagern diese in einem Objekt `event`, das dem `window`-Objekt unterstellt ist: `window.event`. Die Funktion bekommt keinen Wert übergeben, sondern muss sich diesen vielmehr »holen«.

In standardkonformen Browsern können Sie, um die Klickkoordinaten zu erfassen, Folgendes schreiben:

```
meineP[i].onclick = function(e) {
    // Zugriff auf das übergebene Event-Objekt e:
    alert('Klick an ' + e.clientX + ' und ' + e.clientY);
};
```

Im Internet Explorer müsste dies wie folgt geschehen (Sie schreiben kurz `event` statt `window.event` und lassen dafür den Übergabeparameter in den Funktionsklammern weg – zum Glück sind wenigstens die Eigenschaften des Event-Objekts gleich benannt):

```
meineP[i].onclick = function() {
    // direkter Zugriff auf window.event:
    alert('Klick an ' + event.clientX +
          ' und ' + event.clientY);
};
```

Nun müssten wir, um zu entscheiden, nach welchem Modell gearbeitet wird, feststellen, ob der Funktion etwas übergeben wird oder nicht. Hierfür gibt es einen alten Programmierertrick, der den Übergabeparameter prüft, ohne umständlich auf eine `if-else`-Bedingung zurückzugreifen. Sie setzen einfach (sehr viel kürzer) den ternären Operator `? :` ein – hier ein erläuterndes Beispiel:

```
meineP[i].onclick = function(e) {
    // wurde ein e übergeben?
    e ? alert("e definiert!") : alert("e undefiniert!");
    // und nun weiter...
};
```

Geprüft wird das übergebene `e`. Ist es `undefiniert` (wurde das Script also im IE ausgeführt) und damit `false`, wird der Ausdruck *rechts* vom Doppelpunkt verwendet, ansonsten (`e` wird zu `true` ausgewertet) *links* davon. Die Inkompatibilität überwinden Sie demnach, indem Sie, bei `false`, `e` gleich `window.event` setzen (ansonsten `e` einfach belassen) und anschließend nach »Schema F« fortfahren:

```
meineP[i].onclick = function(e) {
    e? e : e = window.event;
```

```
    // Prima, auch in IE heißt window.event jetzt e:
    alert('Klick an ' + e.clientX + ' und ' + e.clientY);
};
```

Abgesehen von dieser kleinen »Verrenkung« ist die Lösung nun recht einfach browserübergreifend zu schreiben. Der gesamte Code sieht jetzt so aus:

```
window.onload = function() {
  var meineP = document.getElementsByTagName("p");
  for(var i =0, len=meineP.length; i<len; i++) {
    meineP[i].onclick = function(e) {
      e? e : e = window.event;
      alert('Klick an ' + e.clientX + " und " + e.clientY);
      };
  }
}
```

Schauen Sie aber nun einmal, wie jQuery dies löst:

```
$(document).ready( function() {
    $('p').click( function(e) {
      alert('Klick an ' + e.clientX + " und " + e.clientY);
    });
});
```

Offensichtlich spart jQuery nicht nur (wie Sie bereits wissen) die `for`-Schleife ein, sondern sorgt obendrein dafür, dass die durch ein Ereignis getriggerte Funktion stets ein Event-Objekt übergeben bekommt. Die `$()`-Funktion bietet aber noch mehr, lassen Sie sich überraschen!

3.6 Give me more! – Verkettung von jQuery-Methoden

Eine angenehme Eigenheit von jQuery ist, dass Sie mehrere jQuery-Methoden hintereinander an ein jQuery-Objekt hängen können. Das Geheimnis besteht darin, dass jede jQuery-Methode wieder ein jQuery-Objekt zurückgibt.

Dieses jQuery-Objekt (es handelt sich um das gleiche wie am Anfang, nur mit den »eingearbeiteten« Veränderungen der eben angewendeten Methode) steht somit quasi »am Ausgang« zur Verfügung, sodass eine weitere Methode darauf angewendet werden kann. Und dies funktioniert immer so weiter. Sie können sich das wie ein Werkstück vorstellen, das eine Montagestraße entlangläuft:

```
// die jQuery-Methoden werden einfach verkettet:
$(selektorausdruck).methode1().methode2().methode3();
```

Das könnten Sie (nur zur Erinnerung) auch wie folgt schreiben (Vorsicht, bloß kein Semikolon an die Zeilenenden setzen – außer ganz am Schluss):

```
// die jQuery-Methoden werden einfach verkettet:
$(selektorausdruck)
   .methode1()
   .methode2()
   .methode3();
```

Aber schauen Sie es sich einfach einmal genau an: Sie haben bereits mit `$(this).addClass("green")` gesehen, dass Sie einem Element eine CSS-Klasse hinzufügen können. Lassen Sie uns dieses Beispiel erweitern.

3.6.1 Den Elternknoten eines Elements manipulieren

Sagen wir, wir wollen das Elternelement von `this` (den die <p>-Container umgebenden <div>-Container) mit den Klassen `boxColor-0` bis `boxColor-2` versehen.

Anklickbar sein sollen hierbei nach wie vor die Textabsätze selbst. Sie müssen es nun so einrichten, dass jQuery dem Div die CSS-Klasse abhängig davon zuweist, welcher <p>-Container angeklickt wurde. Das heißt, für den ersten <p>-Container erhält der Div die Klasse `boxColor-0`, für den zweiten vergeben Sie `boxColor-1` etc.

Bei jedem Klick muss die vorher an den Div vergebene Klasse allerdings entfernt werden. Ebenso soll nur der eben angeklickte <p>-Container die Klasse `green` besitzen, von allen anderen muss sie wieder verschwinden. Eine ganze Menge an Randbedingungen! Allerdings ist das halb so schlimm, wenn Sie sich Stück für Stück an die Lösung heranarbeiten.

Selektieren Sie zunächst alle <p>-Container in `Div#box`, und machen Sie sie anklickbar:

```
$("#box p").click( function() {
   ...
});
```

So weit, so gut. Der angeklickte <p>-Container soll die Klasse `green` erhalten. Diesen Container holen Sie mit `$(this)`. Auch das kennen Sie bereits:

```
$("#box p").click( function() {
   $(this).addClass("green");
});
```

Jetzt wird es interessanter – Sie haben den angeklickten `<p>`-Container bereits in der Hand, wollen jetzt aber etwas mit dessen Elternknoten, dem Div, machen. Gut, wechseln Sie einfach vom `<p>`-Container dorthin.

jQuery bietet Ihnen hierfür die Methode `parent()`. Weil Sie im Baum von einem Element zum anderen klettern (Bergsteiger bezeichnen dies als *traversieren*), zählt jQuery die `parent()`-Methode zu den *Tree-traversing-Methoden*.

Gehen Sie also zum Div:

```
$("#box p").click( function() {
   $(this).addClass("green").parent();
});
```

Nochmals zum Verständnis – der Ausdruck `$(this).addClass("green").parent()` *ist* jetzt der `<div>`-Container. Kürzer hätten Sie `$(this).parent()` schreiben können, aber Sie hatten ja »unterwegs noch etwas zu erledigen« ...

Nun sorgen Sie dafür, dass am `<div>`-Container CSS-mäßig »Tabula rasa« gemacht wird: Mit `removeClass()` entfernen Sie eventuell dort befindliche CSS-Klassen:

```
$("#box p").click( function() {
   $(this).addClass("green").parent().removeClass();
});
```

Jetzt soll dem Div die gewünschte Klasse hinzugefügt werden. Dies machen Sie wiederum mit `addClass()`. Weichen Sie auf die mehrzeilige Schreibweise aus, und kommentieren Sie das Geschehen ein wenig mit:

```
$("#box p").click( function() {
   $(this)               // der angeklickte P-Container
     .addClass("green")  // erhält die Klasse green
     .parent()           // wir traversieren zum Elternknoten
     .removeClass()      // entfernen dort alle CSS-Klassen
     .addClass( ... );   // und fügen eine neue hinzu
});
```

Stopp – wo bekommen Sie nun den Klassennamen her, den Sie `.addClass()` übergeben müssen? Der Bezeichner beginnt immer mit `boxColor-` und geht dann mit einer der Ziffern `0`, `1` oder `2` weiter, die den `<p>`-Container bezeichnen. Das erinnert an die Indexziffern eines Arrays.

Handelt es sich hier denn um ein Array? Sozusagen. Und zwar, wenn Sie den grundlegenden Ausdruck `$("#box p")` hernehmen. Von diesen drei `<p>`-Containern ist einer angeklickt worden, der im Rahmen unserer Funktion durch `this` bezeichnet wird. jQuery bietet Ihnen nun eine Methode `.index()`, die Ihnen die Position `pos` eines Objekts in einer Knotenliste nennen kann.

Das Prinzip ist dieses:

```
var pos = $(knotenliste).index(vergleichsobjekt);
```

Auf unseren Fall angewendet, schreiben Sie beispielsweise:

```
var pos = $("#box p").index(this);
```

Speichern Sie aber den Rückgabewert nicht, sondern setzen Sie ihn direkt ein:

```
$("#box p").click( function() {
   $(this)                // der angeklickte P-Container
    .addClass("green")    // erhält die Klasse green
    .parent()             // wir traversieren zum Elternknoten
    .removeClass()        // entfernen dort alle CSS-Klassen
    .addClass("boxColor-" +  $("#box p").index(this));
});
```

Sie haben nun ganz vergessen, dafür zu sorgen, dass noch die Klasse `green` von vorher geklickten <p>-Containern entfernt werden muss. Dies erledigen Sie einfach pauschal zu Beginn der Funktion. Es macht nichts, dass einer der Absätze gleich wieder die gleiche Klasse erhält ...

```
$("#box p").click( function() {
   // pauschal überall die Klasse green entfernen:
   $("#box p").removeClass("green");
   $(this)                // der angeklickte P-Container
    .addClass("green")    // erhält die Klasse green
    .parent()             // wir traversieren zum Elternknoten
    .removeClass()        // entfernen dort alle CSS-Klassen
    .addClass("boxColor-" +  $("#box p").index(this));
});
```

Das ist jetzt insoweit schön, als dass es funktioniert. Allerdings ist es ein wenig unordentlich. Außerdem haben Sie nun dreimal ein jQuery-Objekt mit demselben Ausdruck `$("#box p")` gebildet. Das wirkt unökonomisch. Sie könnten dieses Objekt auch speichern, also in eine Variable packen, und »recyceln«:

```
var obj = $("#box p");
```

Sie erhalten dann:

```
var obj = $("#box p");
obj.click( function() {
   // pauschal überall die Klasse green entfernen:
   obj.removeClass("green");
   $(this)                // der angeklickte P-Container
    .addClass("green")    // erhält die Klasse green
    .parent()             // wir traversieren zum Elternknoten
```

```
    .removeClass()      // entfernen dort alle CSS-Klassen
    .addClass("boxColor-" + obj.index(this));
});
```

Damit lässt sich schon besser arbeiten. Nun könnten Sie auch das ständige Hin und Her mit Entfernen und Hinzufügen von Klassen sortieren:

```
var obj = $("#box p");
obj.click( function() {
   // erst alle Klassen entfernen
   obj.removeClass("green").parent().removeClass();
   // jetzt Klassen hinzufügen:
   $(this).addClass("green").parent()
    .addClass("boxColor-" + obj.index(this));
});
```

Lagern Sie nun noch die Indexerzeugung aus dem unteren Ausdruck aus:

```
var obj = $("#box p");
obj.click( function() {
   // welcher P-Container wurde angeklickt?
   var pos = obj.index(this);
   // erst alle Klassen entfernen
   obj.removeClass("green").parent().removeClass();
   // jetzt Klassen hinzufügen:
   $(this).addClass("green").parent()
    .addClass("boxColor-" + pos);
});
```

So sieht die Funktion nun im Großen und Ganzen aus – das vorher Geschriebene muss lediglich noch in einen `ready`-Block eingefügt werden:

```
<html>
<head>
   <title>Listing 4</title>

   <!-- Zunächst die Style-Angaben: -->
   <style type="text/css">
      p {
         cursor:pointer;
      }
      .green {
         color:#009933;
         background-color:#E2FFEC;
         cursor:default;
      }
```

```
      .boxColor-0 {
         background-color:#CCCCCC;
      }
      .boxColor-1 {
         background-color:#EEEEEE;
      }
      .boxColor-2 {
         background-color:#999999;
      }
   </style>

   <!-- Nun das Framework einbinden: -->
   <script type="text/javascript"
           src="../jquery/jquery-1.6.2.min.js"></script>

   <!-- ...und jetzt unseren eigenen Code: -->
   <script type="text/javascript">
      $(document).ready(function() {
         var obj = $("#box p");
         obj.click(function() {
            var pos = obj.index(this);
            obj.removeClass()
            .parent().removeClass();
            $(this).addClass("green")
            .parent().addClass("boxColor-" + pos);
         });
      });
   </script>
</head>
<body>
   <div id="box">
      <p>Erster Absatz</p>
      <p>Zweiter Absatz</p>
      <p>Dritter Absatz</p>
   </div>
</body>
</html>
```

Listing 3.4 Verkettung von jQuery-Funktionen

3.7 Zusammenfassung

jQuery stellt Ihnen einen wichtigen Event zur Verfügung, mit dem Sie überprüfen können, ob ein HTML-Baum fertig geladen wurde, und zwar `$(document).ready(fn)`, um erst anschließend, nach der Prüfung, eine Funktion auszuführen. Es stellt Ihnen ein einfaches Modell zur Navigation durch den Dokumentenbaum zur Verfügung, mit Hilfe von Selektoren, die sich an den Spezifikationen der CSS-Selektoren orientieren.

Sie können aus einem Arsenal an Werkzeugen wählen, mit dem Sie eine HTML-Seite manipulieren können, wobei Sie bei Ihren ersten Gehversuchen `.addClass(name)` kennengelernt haben. Sie können nun zudem mehrere jQuery-Methoden miteinander verketten. Alles in allem entsteht damit ein schlanker Code, und eine strikte Strukturierung Ihrer Projekte wird möglich, da Sie die HTML-Seite von allem möglichen Ballast befreien und diesen zu Ihrer besseren Übersicht in externe Dateien auslagern können.

Und wie jetzt weiterarbeiten?

Mit Kapitel 4, »jQuery – die Übersicht«, folgt ein längeres (zugegeben sehr langes) Kapitel, in dem wir Ihnen das gesamte Vokabular von jQuery vorstellen und es ausführlich besprechen. Irgendwo muss ja alles stehen. Sie können es natürlich hier und jetzt durchlesen, um einen Kompletteindruck zu erhalten. Vielleicht möchten Sie aber stattdessen die Ärmel hochkrempeln, die Siebenmeilenstiefel anlegen und direkt zum Praxisteil in Kapitel 5, »jQuery – der Praxiseinsatz«, springen. Dort werden die jQuery-Methoden angewendet, aber nicht erklärt. Sie können die vorgestellten Beispiele natürlich trotzdem nachvollziehen und immer dann in den Referenzteil zurückblättern, wenn Sie Hintergrundinformationen benötigen.

»For me, jQuery is much more than a block of code. It's the sum total of experiences that have transpired over the years in order to make the library happen. The considerable ups an downs, the struggle of development together with the excitement of seeing it grow and succeed.«
John Resig

4 jQuery – die Übersicht

Es ist jetzt der Moment gekommen, sich einen Überblick über die gesammelten Fähigkeiten von jQuery zu verschaffen. Statt pauschal die Frage, was dieses Framework eigentlich so kann, mit »im Prinzip alles« zu beantworten, untergliedern wir dieses weite Gebiet in verschiedene funktionale Bereiche.

Das vorliegende, aus diesem Grund etwas längere Kapitel wird Ihnen eine Einführung in alle Features geben, die an jQuerys `$()`-Funktion und das `$`-Objekt geknüpft sind.

4.1 Im Zentrum – das jQuery-Objekt

Sie haben gesehen, dass der erste Schritt bei der Anwendung von jQuery in der Regel darin besteht, ein jQuery-Objekt zu bilden, das diejenigen Teile des Dokuments verkapselt (meist wird es sich um einen oder mehrere Elementknoten handeln), mit denen anschließend weitergearbeitet werden soll. Das jQuery-Objekt, das am Anfang steht (genauer gesagt, die HTML-Elemente, die in diesem Objekt verkapselt sind und denen es so seine Eigenschaften verleiht), bezeichnen wir als die *primäre Collection* (siehe Abbildung 4.1).

Die Anwendung einer jQuery-Methode oder eines Filters auf diese primäre Collection ergibt wieder ein jQuery-Objekt (nennen wir es *sekundäre Collection*), auf das ebenfalls wieder eine Methode oder ein Filter angewendet werden kann. Dieses Prinzip setzt sich beliebig fort – es wird als Verkettbarkeit (*chainability*) bezeichnet. Sie haben es bereits kennengelernt.

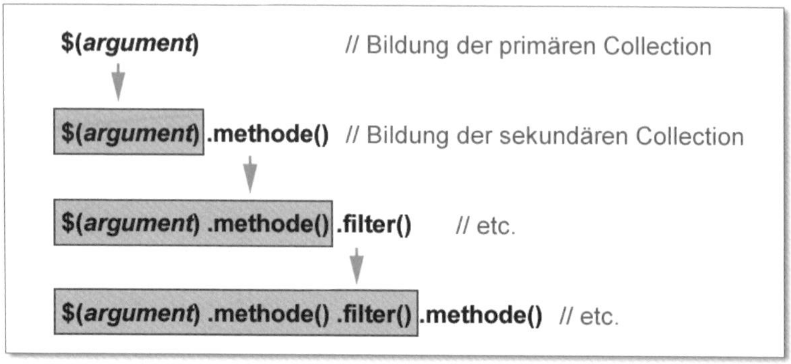

Abbildung 4.1 Verkettbarkeit von jQuery-Methoden

4.1.1 Drei Arten von jQuery-Methoden

Rufen Sie sich nochmals in Erinnerung, dass einem jQuery-Objekt *alle* jQuery-Methoden zur Verfügung stehen und dass Sie die Werte *aller* jQuery-Eigenschaften dieses Objekts auslesen können. Auf diesem Weg können Sie die Eigenschaften einer Collection in Erfahrung bringen, und Sie können sie infolgedessen sinnvoll einsetzen.

Die jQuery-Methoden sind dabei nicht völlig gleich. Es gibt drei Gruppen von Methoden, je nachdem, was ihr Rückgabewert ist:

1. **Transparente jQuery-Methoden**
   Diese Methoden geben ein jQuery-Objekt zurück, das der Eingabe-Collection entspricht. Sie können Arbeiten an den Elementen der Collection verrichten, geben die Collection aber ansonsten unverändert an die nächste Methode weiter, die diese wieder als Input verwendet. Diese Methoden sind ohne Einschränkung verkettbar.
2. **Destruktive jQuery-Methoden**
   Diese Methoden geben zwar ein jQuery-Objekt zurück, dieses entspricht allerdings nicht der Eingabe-Collection. Sie können eine reduzierte, erweiterte oder vollkommen andere Collection an die nächste Methode weitergeben. Auch diese Methoden sind uneingeschränkt verkettbar. jQuery kennt jedoch Verfahren, um die Veränderungen an der Collection durch destruktive Methoden rückgängig zu machen,[1] um zur primären Collection zurückzukehren.
3. **Terminierende jQuery-Methoden**
   Manche (die wenigsten) jQuery-Methoden geben gelegentlich gar kein jQuery-Objekt zurück, sondern etwas anderes, das nicht die jQuery-Eigenschaften besitzt. Es kann sich um einen DOM-Knoten, einen String oder einen

1 Hier soll kein Geheimnis daraus gemacht werden: Es handelt sich um die Methode `end()`.

anderen Datentyp handeln. Nach Anwendung einer solchen Methode steht keine Collection mehr zur Verfügung, die einer Folgemethode als Eingangswert dienen könnte, und so kann auch keine jQuery-Methode auf den Rückgabewert angewendet werden. Diese Methoden sind also *nicht verkettbar*, sondern beenden stets die jQuery-Kette. (Beispiele wären die Methode `text()`, sobald sie einen Textinhalt liest und daher einen String zurückgibt, oder `get()`, das ein Array aus DOM-Knoten erzeugt.)

4.2 Die Funktion $() und ihre Signatur

Betrachten wir aber jetzt zunächst die grundsätzlichen Möglichkeiten, die sich uns bieten, um die primäre Collection zusammenzustellen. Dies geschieht, indem der jQuery-Funktion ein Argument übergeben wird – aber was für eine Art von Argument? Hier existiert eine Reihe von Möglichkeiten; man sagt, die Funktion `$()` verfügt über verschiedene *Signaturen*, die sich durch die Art und Anzahl der Argumente unterscheiden.

4.2.1 Ein DOM-Element oder jQuery-Objekt als Argument

Wie Sie im vorangegangenen Kapitel gesehen haben, ist die primäre Aufgabe der `$()`-Funktion das »jQuerifizieren« eines Elementknotens des Dokuments. Hierfür erhält die Funktion unmittelbar eine Referenz auf den betreffenden Knoten übergeben (wie beispielsweise durch `getElementById()` erzeugt) oder ein JavaScript-Objekt bzw. eine Variable, die eine solche Referenz darstellt (wie über das Schlüsselwort `this`). Ebenso gut gelingt das »jQuerifizieren« eines ganzen Arrays aus Knoten, wie Sie sie durch `getElementsByTagName()` erhalten.

In allen Fällen gibt die `$()`-Funktion ein jQuery-Objekt zurück, das als primäre Collection folgender Aktionen dient. Auch ein bereits existierendes jQuery-Objekt kann als Eingangswert verwendet werden – in diesem Fall ist der Rückgabewert ein mit diesem identisches, also »geklontes« jQuery-Objekt.

Signatur	Argument(e)	Erläuterung
`$(elem)`	1) DOM-Element	Ein DOM-Knoten, der als Collection in ein jQuery-Objekt verkapselt werden soll
`$(elems)`	1) Array aus DOM-Elementen	Ein Array aus DOM-Knoten, die als Collection in ein jQuery-Objekt verkapselt werden sollen
`$(jQuery)`	1) jQuery-Objekt	Ein jQuery-Objekt, das hierbei in ein neues jQuery-Objekt verkapselt (geklont) wird

Tabelle 4.1 Die Signaturen der jQuery-Funktion: DOM-Elemente und jQuery-Objekt

Ein Elementknoten als Argument

Eine Referenz auf DOM-Knoten kann direkt übergeben werden:

```
$(document.forms[0]).addClass("formclass");
```

Eine Collection aus Elementknoten als Argument

Die `$()`-Funktion nimmt auch eine Tag-Collection entgegen und verkapselt die betreffenden Elemente in ihrer Gesamtheit in ein jQuery-Objekt:

```
var meineP = document.getElementsByTagName('p');
$(meineP).addClass("content");
```

Ein jQuery-Objekt als Argument

Die `$()`-Funktion akzeptiert auch andere jQuery-Objekte als Argument:

```
var obj = $("#container");
$(obj).addClass("classname");
```

Seitenblick: Selektieren von DOM-Knoten in JavaScript

Das *Selektieren* eines Knotens im Dokumentbaum geschieht in JavaScript über eine Methode, die diesen Knoten als Objekt zurückliefert. Die direkteste Art geschieht über einen *Identifizierer*, der dem Knoten als `id`-Attribut beigegeben ist. Die `document`-Methode `getElementById()` nimmt einen ID-Namen als Zeichenkette entgegen (es wird also nicht wie beim CSS-Selektor die Raute vorangestellt). Sie liefert einen *Einzelknoten* als DOM-Element zurück:

```
// liefert einen Elementknoten als Objekt zurück:
var meinKnoten = document.getElementById("meinID");
```

Eine weitere Methode steht in Form von `getElementsByTagName()` zur Verfügung, die einen *Elementnamen* als String akzeptiert. Elementnamen treten mehrfach im Dokument auf. Demzufolge gibt die Methode auch keinen Einzelknoten zurück, sondern mehrere, die in einer sogenannten *Collection* zusammengefasst sind.[2] Für unsere Begriffe kann eine Collection mit einem Array gleichgesetzt werden (technisch betrachtet ist sie jedoch keines):

```
// liefert eine Collection mehrerer Elementknoten zurück:
var meineCollection = document.getElementsByTagName("p");
```

Erwähnenswert ist, dass die Methode `getElementsByTagName()` auch jedem Elementknoten zur Verfügung steht. Dies bietet interessante Varianten. Holen Sie sich nun zunächst einen Knoten:

```
var meinKnoten = document.getElementById("inhalt");
```

Nehmen wir jetzt einmal an, `#inhalt` sei ein Container, der den Inhaltsbereich des Dokuments enthält. Wir wollen nun alle Textabsätze im Inhalt selektieren (aber nicht anderswo). In `meinKnoten` ist ein Elementknoten referenziert, daher geht Folgendes:

---

2 Achtung – auch ein Einzelknoten ist dann eine Collection der Länge 1.

```
var dieTextabsaetze = meinKnoten.getElementsByTagName("p");
```

Oder aber, ohne den Knoten in `meinKnoten` zwischenzuspeichern:

```
var dieTextabsaetze = document.getElementById("inhalt")
                      .getElementsByTagName("p");
```

Beachten Sie, dass wir hier aus Platzgründen wieder eine Schreibweise über mehrere Zeilen gewählt haben. Dies ist vollständig legal. Im Grunde reichen diese beiden Methoden aus, um auf alle Knoten des Dokuments zuzugreifen – sofern diese entweder einen ID besitzen oder der Tag-Name bekannt ist.

Eine dritte Methode `getElementsByClassName()` steht ebenfalls für den Dokumentknoten und als Elementknoten zur Verfügung – allerdings gehört sie zur DOM-Level-3-Implementierung, die nicht allen Browsern zur Verfügung steht. Sie muss, so praktisch sie ist, daher mit Vorsicht eingesetzt werden.

4.2.2 HTML-String als Argument

Meist greift jQuery zur Erstellung der primären Collection auf ein bestehendes Dokument und darin enthaltene Elemente zu. Dies muss jedoch nicht so sein – die `$()`-Funktion kann auch als *»Fabrik« für Elementknoten* dienen, wenn diese ad hoc benötigt werden. Dies funktioniert analog zur DOM-Methode `document.createElement()`, nur einfacher. Hierbei nimmt `$()` ein oder zwei Argumente entgegen, von denen das erste immer eine Zeichenkette ist, aus der HTML konstruiert werden soll.

Signatur	Argument(e)	Erläuterung
`$(htmlString)`	1) String	Ein String `htmlString`, aus dem ein DOM-Element mit Inhalt konstruiert wird, das als primäre Collection Verwendung findet
`$(htmlString, doc)`	1) String 2) Dokumentknoten	Ein String `htmlString`, aus dem ein DOM-Element mit Inhalt konstruiert wird, das als primäre Collection Verwendung findet *und* ein Dokumentknoten, der das Dokument bestimmt, in dem das konstruierte DOM-Element verwendet werden soll
`$(htmlString, prop)`	1) String 2) Property-Map	Ein String `htmlString`, aus dem ein DOM-Element mit Inhalt konstruiert wird, das als primäre Collection Verwendung findet *und* eine Property-Map in Form eines Objekts, das Attribute, Events und Methoden bestimmt, die dem konstruierten DOM-Knoten zugeordnet werden sollen.

Tabelle 4.2 Die Signaturen der jQuery-Funktion: HTML-String

Ein einfacher HTML-String als Argument

Im einfachsten Fall nimmt `$()` ein einzelnes Argument in Form einer Zeichenkette entgegen, die ein HTML-Fragment enthält. Aus dieser wird derjenige Tag als Elementknoten erzeugt, der die äußere Instanz des Fragments bildet, der Rest wird als dessen Inhalt eingesetzt. Letzteres funktioniert analog zur Zuweisung zur Eigenschaft `innerHTML` eines Elementknotens, geschieht also nicht über Knotenerzeugung.

Fügt einen HTML-String einem angegebenen Element hinzu:

```
$("<p>Hallo Erde</p>").appendTo("#container");
```

Erzeugt im Dokument für

```
<div id="container">
   <p>Hallo Mond</p>
</div>
```

folgendes Ergebnis:

```
<div id="container">
   <p>Hallo Mond</p>
   <p>Hallo Erde</p>
</div>
```

Die HTML-Strings müssen wohlgeformt sein. Das einfache Übergeben eines Start-Tags wie in `$("<div>")` reicht also nicht – `$("<div></div>")` sollte es schon sein. Auch die (zugegebenermaßen für dieses Element unorthodoxe) XML-Short-Tag-Schreibweise `$("<div />")` wird von jQuery akzeptiert (allerdings auf die »herkömmliche« Art umgesetzt).

HTML-String mit ownerDocument

Optional kann ein `ownerDocument` angegeben werden. Interessant wird dieses optionale Argument, wenn man Inhalte in einem `iFrame` namens `#myIframe` erzeugen will:

```
$("#myIframe").ready(function () {
    $("<p>Hallo iFrame</p>", frames['myIframe'].document)
     .appendTo("body");
});
```

4.2.3 Eine Callback-Funktion als Argument

Ein weiterer Argumenttyp, den die jQuery-Funktion akzeptiert, ist ein Funktionsobjekt. Dieses wird automatisch als Callback-Funktion an den `ready()`-Event von jQuery gebunden.

Signatur	Argument(e)	Erläuterung
`$(fn)`	Callback-Funktion	Diejenige Funktion, die als Callback ausgeführt werden soll, wenn das Dokument geladen ist **Anmerkung:** Abkürzung für `$(document).ready(fn)`
`$()`	– (leer)	Wird die jQuery-Funktion ohne Argumente aufgerufen, gibt sie ein jQuery-Objekt mit einer leeren Collection zurück. Achtung: In Vorgängerversionen von jQuery 1.4 bewirkte der leere Aufruf `$()` die Selektion des Dokumentknotens als Default-Collection.

Tabelle 4.3 Die Signaturen der jQuery-Funktion: Callback-Funktion und leerer Aufruf

In diesem Sinne ist die direkte Übergabe der Callback-Funktion nur eine weitere (weniger umständlich zu schreibende) Methode, um jQuery mitzuteilen, was nach dem Laden des Dokuments geschehen soll.

```
$( function() { ... } )
```

ist also eine Abkürzung von

```
$(document).ready( function() { ... } )
```

wobei letztere Schreibweise die übliche ist, weil expliziter.

4.2.4 Ein CSS-Selektor als Argument

Der wichtigste Argumenttyp für die `$()`-Funktion sind die CSS-Selektoren. jQuery verwendet sie, um schnell und mit einer dem Webprogrammierer ohnehin geläufigen Syntax Elemente im Dokument zu finden und als Teil einer jQuery-Collection für die weitere Bearbeitung zur Verfügung zu stellen. Hierbei unterstützt jQuery sämtliche CSS-Selektortypen, eingeschlossen deren neueste Spielarten aus CSS3.

Signatur	Argument(e)	Erläuterung
`$(sel)`	String	Ein String `sel`, der einen CSS-Selektor (mit optionalen jQuery-Filterkriterien) enthält, der Elemente des Dokuments selektiert

Tabelle 4.4 Die Signaturen der jQuery-Funktion: CSS-Selektor und optionaler Kontext

Signatur	Argument(e)	Erläuterung
`$(sel, context)`	String DOM-Element *oder* Dokumentknoten *oder* jQuery-Objekt	Ein String `sel`, der einen CSS-Selektor (mit optionalen jQuery-Filterkriterien) enthält, der Elemente des Dokuments selektiert *und* ein Objekt `context`, das den Kontext der Auswertung bestimmt (als DOM-Knoten, Dokumentknoten oder jQuery-Objekt)

Tabelle 4.4 Die Signaturen der jQuery-Funktion: CSS-Selektor und optionaler Kontext (Forts.)

Die Selektoren werden einfach in Form einer Zeichenkette als Argument der jQuery-Funktion übergeben. Hierbei gilt folgende allgemeine Schreibweise:

```
jQuery("CSS-Selektor"); // erzeugt eine Collection
```

Kürzer und deshalb verbreiteter ist die Schreibweise der Funktion als `$()`:

```
$("CSS-Selektor"); // erzeugt eine Collection
```

Achten Sie darauf, dass die Selektoren der `$()`-Funktion grundsätzlich als String, also *in Anführungszeichen*, übergeben werden müssen. Der Rückgabewert eines jQuery-Selektors ist jeweils eine Collection.

Die `$()`-Funktion ist hier auch mit einer *zweiten Signatur* in Gebrauch:

```
jQuery("CSS-Selektor", context); // erzeugt eine Collection
```

Das Argument `context` ist optional. Als Default (wenn nur ein Argument übergeben wird) dient das HTML-Dokument als Kontext. Als `context` kann aber jeder beliebige DOM-Knoten angegeben werden – beispielsweise ein Formular:

```
$("input:submit", document.forms[0]).addClass("button");
```

oder:

```
$("input:submit", "form#contact").addClass("button");
```

Dieser Ausdruck fügt einem SUBMIT-Button im Inneren des Formulars mit dem ID `contact` eine CSS-Klasse hinzu. Die Angabe eines Kontexts verringert unter Umständen den Aufwand bei der Erstellung der Collection, indem der zu durchsuchende Bereich des Dokuments eingeschränkt wird.

Sonderzeichen in Selektorstrings escapen

Da jQuerys *Sizzle Engine*, die die CSS-Selektorausdrücke interpretiert, bestimmte Zeichen als funktionale Zeichen (Steuerzeichen) betrachtet, dürfen Sie diese nicht als »literale Zeichen« in einem String verwenden. Stattdessen müssen Sie sie durch eine

Escape-Sequenz ersetzen. Von JavaScript her ist Ihnen bekannt, dem zu maskierenden Zeichen als Symbol den Backslash `\` voranzustellen. Achtung – für jQuery-Selektoren genügt dies nicht: Die Maskierung der Escape-Sequenz (der Backslash) muss *selbst zusätzlich escapt* werden: Um den Backslash zu maskieren, müssen Sie diesen also *verdoppeln* `\\`.

Folgenden Sonderzeichen müssen in jQuery-Selektoren daher stets *zwei Backslashes* vorangestellt werden, wenn sie literal auftreten:

```
#;&,.+*~':"!^$[]()=>|/
```

Als Teil eines ID-Selektors muss das Hash-Zeichen `#` nicht maskiert werden, ebenso wenig der Punkt als Teil des Class-Selektors. In anderen Fällen ist eine Maskierung von Zeichen erforderlich. Kritisch sind Punkt und Doppelpunkt, weil sie als Teil eines HTML-Namens (also beispielsweise im Rahmen eines IDs) auftreten dürfen. Für den folgenden Container mit etwas konstruiert wirkendem ID-Bezeichner

```
<div id="asdf:bce"></div>
```

liefert der Ausdruck `$("#asdf:bce").length` den Wert 0 zurück. Das Element wurde also nicht erfasst. Mit `$("#asdf\\:bce").length` erhalten Sie hingegen als Länge der Collection den korrekten Wert 1 – der Container wurde gefunden.

4.3 CSS-Selektoren für die primäre Collection

Betrachten wir nun einmal das Gebiet der CSS-Selektoren etwas ausführlicher, und beginnen wir dazu mit den grundlegenden Selektoren und ihrer Wirkung in jQuery. Wir werden anschließend auch die komplexeren Selektoren betrachten und feststellen, dass jQuery über die herkömmlichen CSS-Selektoren hinaus (die allerdings so gut wie alle unterstützt werden) auch eigene Ausdrücke beisteuert, die eine Selektion noch weiter verfeinern können.

4.3.1 Die Basisselektoren

Die grundlegenden Selektoren in jQuery sind ID, Element (Typselektor), Klasse und der Universalselektor *.

Selektor	Typ	Erläuterung
`*`	Alle	Selektiert typunabhängig alle Elemente.
`E`	Typ	Selektiert alle Elemente mit dem Bezeichner `E`.
`.class`	Klasse	Selektiert alle Elemente mit der genannten CSS-Klasse.
`#id`	ID-Selektor	Selektiert ein Element mit dem übergebenen ID.

Tabelle 4.5 Basisselektoren in jQuery

Mit den Selektoren ID, Element und CSS-Klasse wählen Sie bestimmte Elemente im DOM-Baum aus. Der Universalselektor wiederum selektiert beliebige Elemente (wir sprechen hier auch von einer *Wildcard*) – er wird meist nur in Kombination mit anderen Selektoren eingesetzt. Die Anwendung dieser Selektoren ist selbsterklärend.

4.3.2 Der Mehrfachklassenselektor

Selektor	Typ	Erläuterung
`.class1.class2`	Klasse	Selektiert Elemente mit allen genannten CSS-Klassen.

Tabelle 4.6 Mehrfachklassenselektor

Eine Klassenselektion können Sie verschärfen, indem Sie zwei (oder mehr) gleichzeitig vorhandene Klassen in einem Element verlangen:

```
$(".detail.color")
```

Dieser Selektor findet die Elemente:

```
<span class="detail color"></span>
```

aber nicht:

```
<span class="detail"></span>
```

und auch nicht:

```
<span class="color"></span>
```

4.3.3 Gruppen- und Kontextselektoren

Selektor	Typ	Erläuterung
`sel1, sel2, ... selN`	Selektorgruppe	Selektiert die Kombination aus allen durch die Selektoren `sel1` bis `selN` ausgewählten Knoten.
`E F`	Kontext	Selektiert alle Elemente `F`, die Nachfahren eines Elements `E` sind.
`E > F`	Kontext	Selektiert alle Elemente `F`, die Kindknoten eines Elements `E` sind.
`E + F`	Kontext	Selektiert alle jeweils unmittelbar auf ein Element vom Typ `E` folgenden Elemente vom Typ `F`.
`E ~ F`	Kontext	Selektiert alle folgenden Geschwisterknoten eines Elements `E`, die den Typ `F` besitzen.

Tabelle 4.7 Gruppen- und Kontextselektoren

Gruppenselektor sel1, sel2, sel3

Auch Kombinationen mehrerer Selektoren sind möglich.In diesem Fall addieren sich die Ergebnisse der Einzelselektoren zu einer jQuery-Collection:

```
$("#id1, #id2, .detail")
```

Dann sieht eine Selektion folgendermaßen aus:

```
<html>
<head>
<title>jQuery - Beispiel 7</title>
</head>
<body>
   <div id="id1"></div>
   <div id="id2"></div>
   <span class="detail">
      <h1>Eine Überschrift</h1>
      <p>Ein Absatz</p>
      <a href="#">Ein Anker</a>
   </span>
</body>
</html>
```

Merken Sie sich, dass sich die Selektion nicht auf Unterelemente vererbt, wenn Sie die Elemente für Überschrift, Absatz oder Anker selektieren wollen. Sie können hierfür entweder den Universalselektor nutzen (z. B. als `$(".detail *")`) oder sie direkt über den Elementnamen ansprechen: `$(".detail h1")` etc.

Der Kontextselektor E F

Sie können einfache Selektoren kombinieren, um so einen hierarchischen Kontext zu nennen, auf dem die Auswahl basieren soll:

`$("div #box .detail *")` selektiert in folgendem Quelltext die fett hervorgehobenen Elemente:

```
<html>
<head>
<title>jQuery - Beispiel 7</title>
</head>
<body>
   <div>
      <div id="box">
         <span class="detail">
            <h1>Eine Überschrift</h1>
            <p>Ein Absatz</p>
```

```
            <a href="#">Ein Anker</a>
            <span>Innerer Span</span>
        </span>
    </div>
  </div>
</body>
</html>
```

Der Kindknotenselektor E > F

Mit dem Kindknotenselektor werden die direkten Kindelemente eines Elements selektiert. Hierbei können Sie auch einen Typ angeben:

```
$("#box > span")
```

Dann werden folgende Elemente ausgewählt:

```
...
<body>
  <div id="box">
    <span class="detail">
      <h1>Eine Überschrift</h1>
      <p>Ein Absatz</p>
      <a href="#">Ein Anker</a>
      <span>Innerer Span</span>
    </span>
    <div id="id1"></div>
  </div>
</body>
...
```

Es werden nur die direkten Nachfahren selektiert, weitere Abkömmlinge bleiben außen vor.

Der »Immediate Following Sibling«-Selektor E + F

Der Immediate Following Sibling-Selektor dient dazu, ein Element in Abhängigkeit vom unmittelbar vorhergehenden Geschwisterelement zu selektieren:

```
$("div + p")
```

selektiert einen <p>-Container, wenn er einem <div>-Container in der gleichen hierarchischen Ebene unmittelbar folgt:

```
<div>
  <div></div>
  <p id="eins"></p>
  <span></span>
```

```
    <div id="start"></div>
    <span></span>
    <p id="zwei"></p>
    <p id="drei"></p>
    <span></span>
    <p id="vier"></p>
</div>
```

Beachten Sie, dass der Absatz **#zwei** nicht selektiert wird, da er kein direkter Nachbar eines <div>-Containers ist (hier liegt ein Span dazwischen).

Following Sibling Selektor E ~ F

Ab einem bestimmten Element sollen alle folgenden Geschwisterelemente eines bestimmten Typs selektiert werden:

```
$("#start ~ p")
```

Damit werden alle <p>-Elemente ausgewählt, die im selben Parent auf #start folgen:

```
<div>
    <div></div>
    <p id="eins"></p>
    <span></span>
    <div id="start"></div>
    <span></span>
    <p id="zwei"></p>
    <p id="drei"></p>
    <span></span>
    <p id="vier"></p>
</div>
```

Das dazwischenliegende <span>-Element bleibt unselektiert. Es folgt zwar dem Element #start, besitzt aber nicht den geforderten Typ.

4.3.4 Filterausdrücke für Selektoren

jQuery stellt eine Reihe von Filtern bereit, mit denen Sie eine Selektion einschränken können. Typischerweise wird dabei das Muster E:filter verwendet, wobei E für einen beliebigen Elementtyp und :filter für den gewählten Filter steht. Der Elementname vor dem Doppelpunkt kann weggelassen werden (in diesem Fall steht implizit der Universalselektor). Beachten Sie, dass der Filter innerhalb des Selektorstrings steht.

Selektor	Typ	Erläuterung
`:first`	Filter	Selektiert das erste Element des übergebenen Typs.
`:last`	Filter	Selektiert das letzte Element des übergebenen Typs.
`:even`	Filter	Selektiert alle Elemente mit geradem Index innerhalb der aktuellen Collection (0 ist `even`). **Achtung:** Das erste Item ist daher `even`.
`:odd`	Filter	Selektiert alle Elemente mit ungeradem Index innerhalb der aktuellen Collection (1 ist `odd`). **Achtung:** Das zweite Item ist daher `odd`.
`:not(sel)`	Filter	Selektiert alle Elemente, auf die der Selektor `sel` nicht zutrifft.
`:eq(n)`	Filter	Selektiert alle Elemente, die innerhalb der aktuellen Collection den übergebenen Index `n` besitzen.
`:lt(n)`	Filter	Selektiert alle Elemente, die innerhalb der aktuellen Collection einen Index kleiner als den übergebenen Index `n` besitzen.
`:gt(n)`	Filter	Selektiert alle Elemente, die innerhalb der aktuellen Collection einen Index größer als den übergebenen Index `n` besitzen.
`:animated`	Filter	Selektiert alle aktuell animierten Elemente.
`:header`	Filter	Selektiert alle Elemente, die Überschriften `h1`, `h2`, `h3` etc. entsprechen.

Tabelle 4.8 Filterausdrücke für Selektoren

Die Filter :first und :last

Betrachten wir nun einige der Filter im Einzelnen. Beginnen wir mit `:first`, und werfen wir dabei einen Blick auf den Ausdruck `$("div p:first")`. Folgendes Element wird ausgewählt:

```
<div>
   <p></p>
   <p></p>
   <p></p>
</div>
```

Wie nicht anders zu erwarten, speichert `$("div p:last")` das letzte ausgewählte Element:

```
<div>
   <p></p>
   <p></p>
```

```
    <p></p>
</div>
```

Der Filterausdruck :not()

Hingegen wählt `$("div p:not(:first)")` folgende Elemente:

```
<div>
    <p></p>
    <p></p>
    <p></p>
</div>
```

Innerhalb der Klammer von `:not()` kann jeder Selektorausdruck stehen und, wie im vorhergehenden Beispiel zu sehen war, selbstverständlich auch weitere Filter. Es können daher mehrere Filter nach dem Muster `$("div p:even:not(:first)")` kombiniert werden. Dies gilt auch für alle anderen Filter.

Die Filter :odd und :even

Blicken wir nun auf weitere Basisfilter. Elemente mit geradem und ungeradem Index in der ungefilterten Collection können Sie mit `$("div p:even")` und `$("div p:odd")` herauslesen. Hier besteht die Basis-Collection aus allen `<p>`-Containern, die sich in einem Div befinden. Die Selektion für `:even` sieht wie folgt aus (selektierte Elemente sind fett hervorgehoben):

```
<div>
    <p></p>
    <p></p>
    <p></p>
    <p></p>
    <p></p>
    <p></p>
    <p></p>
</div>
```

Die Zählung des Indexes beginnt bei 0, wobei die 0 als »gerade« gilt. Dementsprechend wird das erste Element mit dem Index 0 selektiert und anschließend das dritte, fünfte und siebte (!) Element, da diese die geradzahligen Indizes 2, 4, 6 besitzen.

Praktische Verwendung findet dieser Filter, um beispielsweise Tabellenzeilen in sich abwechselnden Farben zu realisieren (durch Zuweisung einer CSS-Klasse).

Die Indexfilterausdrücke :eq(), :lt() und :gt()

Wollen Sie ein Element mit einem bestimmten Index herausfiltern, benutzen Sie `$("div p:eq(1)")`. Hier wird das *zweite* `<p>`-Element ausgelesen. Es wird zwar eine Collection zurückgegeben; deren Länge wird jedoch stets 1 sein, da lediglich ein einziges Element gefunden wird.

Den Filter `$("div p:gt(1)")` können Sie mit »greater than« übersetzen. Er findet alle Elemente, deren Index größer als ein gesetzter Vergleichsindex ist. Das Pendant `$("div p:lt(1)")`, »less than«, findet dementsprechend alle Elemente, deren Index kleiner als der Vergleichsindex ist.

Für `$("div p:gt(1)")` werden alle Absätze nach jenem mit Index 1 ausgewählt:

```
<div>
   <p></p>
   <p></p>
   <p></p>
   <p></p>
   <p></p>
</div>
```

Filter zur Extraktion von Überschriften

`$(":header")` gibt Überschriften zurück, die mit `<h1></h1>` bis `<h6></h6>` ausgezeichnet sind. Diesen Filter an ein beliebiges Element zu hängen, liefert kein Ergebnis, da dieser Filter ja ausschließlich Überschriften selektiert. Er eignet sich aber hervorragend, um aus längeren Texten Inhaltsverzeichnisse zu generieren.

Filter für animierte Elemente

Der Filter `$("div p:animated")` zeigt, ob sich ein Element gerade in einer Animations-Queue befindet:

```
function run() {
   $("div p:eq(0)").slideToggle("slow",run);
}
run();
```

Die Funktion `run()` wird kontinuierlich ausgeführt, also kann mit

```
$("div p:eq(0)").click(function() {
   $("div p:animated").addClass("green");
});
```

genau auf dieses animierte Element zugegriffen werden:

```
<div>
   <p>Textabsatz 1 (animiert)</p>
   <p>Textabsatz 2 (nicht animiert)</p>
</div>
```

4.3.5 Inhaltsfilter

Über normale Möglichkeiten von CSS hinaus geht jQuery mit der Option, ein Element anhand seines Inhalts zu selektieren (oder nicht zu selektieren). Die betreffenden Zusatzfilter bezeichnet man als *Inhaltsfilter*.

Selektor	Typ	Erläuterung
`:contains(text)`	Inhalt	Selektiert alle Elemente, die den übergebenen Text `text` enthalten.
`:empty`	Inhalt	Selektiert alle Elemente ohne Inhalte (Textknoten einbezogen).
`:has(sel)`	Inhalt	Selektiert alle Elemente, die mindestens ein Element enthalten, auf die der übergebene Selektor `sel` passt.
`:parent`	Inhalt	Selektiert alle Elemente, die Elternelement eines anderen Knotens sind (also sowohl von Element- als auch Textknoten).

Tabelle 4.9 Inhaltsfilter in jQuery

Der Inhaltsfilter :contains

Der Filter `:contains()` findet alle Elemente, die einen bestimmten Textinhalt haben.

```
$("div:contains('Galileo')")
```

findet beide `<div>`-Container aus folgendem HTML-Fragment:

```
<div>Galileo Press</div>
<div><span>Galileo Press</span></div>
```

Nicht selektiert würde folgender Container:

```
<div>galileo press</div>
```

Die Filteranweisung findet »Galileo«, aber nicht »galileo«. Der Ausdruck ist also case-sensitive.

Der Inhaltsfilter :empty

Der Filter `:empty` findet alle Elemente, die keinerlei Inhalt, also weder Kindelemente noch Textinhalt (Textknoten), besitzen.

```
$("div:empty")
```

findet:

```
<div></div>
```

Ist jedoch in einem leeren Element ein Zeilenumbruch vorhanden, wird dies als (allerdings leerer) Textknoten verstanden. Das Element gilt folglich nicht mehr als »ohne Inhalt«. Diese Interpretation entspricht der XML-Spezifikation. Ihr folgen die standardkonformen Browser (Firefox, Webkit, Opera).

Achtung – der Internet Explorer verwirft solche Whitespace-Nodes, selbst wenn sie neben dem Umbruchzeichen auch weitere Leerzeichen oder Tabulatorzeichen enthalten:

```
<!-- würde in IE über :empty selektiert: -->
<div>
    </div>
```

Anmerkung

Selbstverständlich macht es keinen Sinn, Collections aus Elementen, die per definitionem keine Kinder haben, mit `:empty` zu durchsuchen, beispielsweise `<img>` oder `<input>`.

Der Inhaltsfilter :has()

Der Filter `:has()` findet Elemente, deren Inhalt dem übergebenen Selektor entspricht. Ist dieser ein Typselektor, muss das gesuchte Element mindestens ein Element dieses Typs beinhalten.

```
$("div:has('p')")
```

findet:

```
<div>
  <p>Absatz</p>
</div>
```

Auch innerhalb des Negationsfilters `:not()` kann `:has()` angewendet werden.

```
$("div:not(:has('h2')")
```

findet alle `<div>`-Elemente, die *keine* H2-Überschrift beinhalten.

Der Inhaltsfilter :parent

Der Filter `:parent` findet all jene Elemente, die selbst Elternelemente sind, also Kindknoten besitzen. Hierbei kann es sich um weitere Elemente oder um Text (also Textknoten) handeln.

`$("div:parent")` selektiert die `<div>`-Container `#eins` und `#drei`:

```
<div id="eins">
  <div id="zwei"></div>
</div>
<div id="drei">Beispieltext</div>
```

4.3.6 Sichtbarkeitsfilter

Über jQuery können explizit Elemente aufgrund ihrer Sichtbarkeit oder Nichtsichtbarkeit ausgewählt werden. jQuery bezeichnet nicht sichtbare Elemente als *hidden*, also als »versteckt«. Wie üblich, existiert auch ein dazu inverser Filter, der entsprechend Elemente selektiert, die jQuery als »sichtbar« erachtet.

Selektor	Typ	Erläuterung
`:hidden`	Sichtbarkeit	a) Selektiert alle Elemente mit `display`-Property `none` oder Höhe und Breite 0. b) Selektiert `<input type="hidden">`.
`:visible`	Sichtbarkeit	Selektiert alle Elemente, deren `display`-Property nicht `none` ist oder die sowohl eine Höhe als auch eine Breite ungleich 0 besitzen.

Tabelle 4.10 Sichtbarkeitsfilter in jQuery

Sie sollten wissen, dass beide Filter nicht etwa die CSS-Eigenschaft `visibility` als Kriterium verwenden (in früheren Versionen von jQuery war dies jedoch der Fall). Vielmehr ist nun ausschlaggebend, ob ein Element *Raum im Layout* einnimmt. Dies kann aber auch bei nach herkömmlichen Kriterien als »versteckt« geltenden Elementen der Fall sein.

Der Sichtbarkeitsfilter :hidden

Entsprechend findet der Selektor `:hidden` diejenigen Elemente, deren `display`-Property auf `none` steht oder deren Abmessungen (Breite und Höhe) den Wert 0 besitzen. Ein durch `visibility:hidden` oder mit `opacity:0` verstecktes Element besitzt seine Ausdehnung hingegen noch und würde konsequenterweise nicht selektiert.

Diese CSS-Eigenschaft `display:none` verbirgt das Element samt seiner Kindelemente so, dass es keinerlei Platz in der Dokumentendarstellung einnimmt. Dies gilt von Haus aus auch für `<input type="hidden" />`, weshalb solche Formularfelder ebenfalls selektiert werden.

Problem mit ungewollten Selektionen

Beachten Sie, dass in einigen Browsern auch die (unsichtbaren) Elemente im `<head>` durch `:hidden` selektiert werden. Es ist also sinnvoll, die Wirkung des Selektors auf den Body-Bereich oder noch expliziter zu beschränken.

Im folgenden Quelltext wird durch `$("body :hidden")` der gesamte Inhalt des Body-Tags untersucht. Die ersten beiden `<div>`-Container und das `<form>`-Element werden nicht selektiert, der dritte, mit `display:none`, hingegen schon. Ebenfalls gefunden wird der Input `type="hidden"`:

```
<div style="visibility:hidden">Unsichtbar</div>
<div style="opacity:0">Durchsichtig</div>
<div style="display:none">Verborgen</div>
<form>
    <input type="hidden" />
</form>
```

`$("body :hidden").length` gibt die Zahl 2 zurück.

Der Sichtbarkeitsfilter :visible

Der Filter `:visible` findet alle Elemente, die im HTML-Dokument eine Abmessung mit Länge und Breite größer als 0 besitzen. Dieser Filter ist eigentlich nur die direkte Umkehrung des `:hidden`-Filters. Betrachten wir jetzt ein weiteres Mal das gleiche Quelltextfragment wie zuletzt:

```
<div style="visibility:hidden">Unsichtbar</div>
<div style="opacity:0">Durchsichtig</div>
<div style="display:none">Verborgen</div>
<form>
    <input type="hidden" />
</form>
```

In Anlehnung an dieses Beispiel wird `$("body `**`:visible`**`").length` die Zahl 3 zurückgeben, da `<div style="visibility:hidden">...</div>` und `<div style="opacity:0">...</div>` eine Ausdehnung im Dokument besitzen. Dasselbe gilt für das `<form>`-Element, das deshalb ebenfalls selektiert wird. Nicht selektiert sind die beiden Elemente, die die `display`-Eigenschaft `none` besitzen (das dritte Div und der Hidden-Input).

4.3.7 Attributfilter

Die CSS-Spezifikation erlaubt es auch, Elemente anhand ihrer Attribute zu identifizieren, wobei CSS3 einige neue Selektoren in diesem Segment einführt. In vielen Browsern ist dieser Teil der Spezifikation (noch) nicht vollständig umgesetzt, was jedoch von jQuery ausgeglichen wird.

Diese Filterausdrücke werden in eckigen Klammen geschrieben, stets nach dem Muster `[Attributname=Wert]`. Vor der eckigen Klammer kann (muss aber nicht) zusätzlich ein Elementname stehen.

Selektor	Typ	Erläuterung
`[name]`	Attribut	Selektiert alle Elemente beliebigen Typs, die über ein Attribut `name` verfügen.
`E[name]`	Attribut	Selektiert alle Elemente vom Typ `E`, die über ein Attribut `name` verfügen.
`[name=wert]` `[name2=wert2]`	Attribut-gruppe	Selektiert alle Elemente, auf die *alle* genannten Attributfilter zutreffen.
`[name|=wert]`	Attribute	Speziell für `lang`-Attribute; selektiert ein Element, wenn das benannte Attribut den übergebenen Wert besitzt, oder den übergebenen Wert, dem ein beliebiger, durch Bindestrich abgetrennter String folgt.
`[name*=wert]`	Attribute	Selektiert ein Element, wenn der Wert des benannten Attributs den übergebenen String als Substring enthält.
`[name~=wert]`	Attribute	Selektiert ein Element, wenn der Wert des benannten Attributs vom Listentyp den übergebenen String als Teilwert enthält.
`[name$=wert]`	Attribute	Selektiert ein Element, wenn der Wert des Attributs mit dem übergebenen String endet.
`[name=wert]`	Attribute	Selektiert ein Element, wenn der Wert des Attributs dem übergebenen String entspricht.
`[name!=wert]`	Attribute	Selektiert ein Element, wenn der Wert des benannten Attributs nicht dem übergebenen String entspricht oder das Attribut nicht existiert.
`[name^=wert]`	Attribute	Selektiert ein Element, wenn der Wert des Attributs mit dem übergebenen String beginnt.

Tabelle 4.11 Attributfilter-Ausdrücke für jQuery

Der Attribut-Filter [name]

Die Anweisung `($("img[alt]")` selektiert

```
<img src="footer-image.png" alt="Footer"/>
```

aber nicht:

```
<img src="header-image.png" />
```

Der Attribut-Filter [name=wert]

Anstatt lediglich nach dem Vorhandensein eines Attributs zu suchen, können Sie auch gegen einen konkreten Wert prüfen. Beachten Sie dabei die in JavaScript gebräuchliche Schreibweise für verschachtelte Zeichenketten:

```
$("img[src='header-image.png']")
```

Möglich ist auch:

```
$('img[src="header-image.png"]')
```

oder, unter Weglassung der Anführungszeichen um die Attributwerte:

```
$("img[src=header-image.png]")
```

Selbstverständlich können die inneren Anführungszeichen auch über den Backslash maskiert werden:

```
$("img[src=\"header-image.png\"]")
```

Lesen Sie dazu auch in Abschnitt 4.2.4, »Ein CSS-Selektor als Argument«, den Absatz über Escape-Zeichen. Welche Form Sie dabei verwenden, ist allein eine Frage Ihres Geschmacks.

Der Multi-Attribut-Filter

Es ist auch möglich, mehrere Attributausdrücke durch Reihung zu verknüpfen. Hierbei darf nur vor dem ersten Ausdruck ein Typbezeichner stehen:

```
$("img[src='header-image.png'][alt='Header']")
```

Der Attribut-Filter [name|=wert]

Dieser Filter selektiert Elemente, bei denen der übergebene String entweder dem Attributwert entspricht oder den Anfang des Attributwerts bildet, dem ein Bindestrich und ein weiterer beliebiger String folgen. Zu kryptisch ausgedrückt? Schauen wir uns also lieber ein Beispiel an – wir suchen hier nach dem Präfix `header`:

```
$("img[src|=header]");
```

jQuery findet beispielsweise dieses `<img>`-Element:

```
<img src="header-image.png" />
```

Meist wird der Selektor jedoch für das `lang`-Attribut eingesetzt. Sollen beispielsweise Container beliebigen Typs selektiert werden, deren Inhalt als »englisch« gekennzeichnet ist, schreibt man `$("[lang|=en]")`.

Dies selektiert folgende drei Elemente:

```
<div lang="en">English without further specification.</div>
<p lang="en-UK">This is British English, isn't it?</p>
<span lang="en-US">Supposed to be American English.</span>
```

Der Attribut-Filter [name*=wert]

Dieser Filter selektiert einen beliebigen Teilstring eines Attributwerts. So findet `$("img[src*=head]")` Elemente, die im Attribut `src` den Wert `header`, `headache` oder `Egghead` haben:

```
<img src="headache.png" />
```

Der Attribut-Filter [name~=wert]

Dieser Filter selektiert ein Element, wenn der übergebene String einen durch *Leerzeichen* abgetrennten Teilwert des betreffenden Attributs darstellt oder dem vollständigen Attributwert entspricht. So etwas kommt im Rahmen von `title`- oder `alt`-Attributen vor.

```
$("img[alt~=jQuery]")
```

findet

```
<img src="buchcover.gif" alt="Das jQuery Praxisbuch" />
```

Anmerkung

Der Selektor richtet sich prinzipiell an Attribute vom Inhaltstyp »Liste«, also an solche, die durch Leerzeichen getrennte Einzelwerte enthalten dürfen. Hierzu gehört das `class`-Attribut (für das aber eher der `class`-Selektor eingesetzt wird), aber auch die Attribute `rel`, `rev` (von `<a>` oder `<link>`), `accept-charset` (von `<form>`) oder `archive` (von `<object>`).

Der Attribut-Filter [name$=wert]

Dieser Selektor erkennt Teilstrings am Ende eines Attributwerts und selektiert das dazugehörige Element.

```
$("input[value$=buch]")
```

findet:

```
<input type="text" value="Das jQuery Praxisbuch" />
```

Der Attribut-Filter [name!=wert]

Ebenfalls testen lässt sich die Ungleichheit gegenüber einem Vergleichswert. Es werden dann alle Elemente ausgewählt, bei denen das betreffende Attribut einen anderen als den übergebenen Wert besitzt. Achtung: Ebenfalls ausgewählt würden auch Elemente, bei denen das bezeichnete Attribut gar nicht existiert!

```
$("img[src!=header-image.png]");
```

selektiert:

```
<img src="footer-image.png" />
<img src="separator-image.png" />
```

aber nicht:

```
<img src="header-image.png" />
```

Der Attribut-Filter [name^=value]

Dieser Selektor erkennt Teilstrings am Anfang eines Attributwerts und selektiert das dazugehörige Element.

```
$("img[src^=head]")
```

findet:

```
<img src="header-image.png" />
```

aber nicht:

```
<img src="egghead.png" />
```

4.3.8 Child-Filter

Diese Filter wählen für eine Collection diejenigen Elemente aus, die sich als Kindknoten ihres Elternknotens durch eine bestimmte Position in der Reihenfolge auszeichnen.

Selektor	Typ	Erläuterung
`:first-child`	Kindknoten	Selektiert alle Knoten, die der erste Kindknoten ihres Elternelements sind.
`:last-child`	Kindknoten	Selektiert alle Elemente, die der letzte Kindknoten ihres Elternelements sind.
`:only-child`	Kindknoten	Selektiert alle Elemente, die der einzige Kindknoten ihres Elternelements sind.
`:nth-child(`*n*`)`	Kindknoten	Selektiert alle Elemente, die als Kindknoten ihres Elternelements an der Stelle `n` stehen. **Achtung:** `n` darf ein Ausdruck sein!

Tabelle 4.12 Filterausdrücke für Kindknoten

Unterschiede zwischen :first und :first-child

Der Filter `:first-child` selektiert, im Gegensatz zu `:first`, *alle* Elemente des genannten Typs, die das erste Kindelement ihres Elternknotens sind. Hingegen selektiert `:first` nur und ausschließlich das erste gefundene Element des übergebenen Typs in der übergeordneten Collection.

Die Selektoren :first-child, :last-child und :only-child

```
$("li:first-child")
```

selektiert bei dem zugrunde gelegten HTML-Code folgende Elemente (fett hervorgehoben):

```
<ul>
  <li>erster Listeneintrag</li>
  <li>zweiter Listeneintrag</li>
  <li>dritter Listeneintrag</li>
</ul>
<ul>
  <li>noch eine Liste</li>
  <li>mit weiteren</li>
  <li>Listeneinträgen</li>
</ul>
```

Analog gibt `:last-child` die letzten Elemente seiner Elternelemente zurück.

Der dritte im Bunde der einfachen Child-Selektoren ist `:only-child`:

```
<ul>
  <li>einziger Listeneintrag</li>
</ul>
<ul>
  <li>noch eine Liste</li>
  <li>mit weiteren</li>
  <li>Listeneinträgen</li>
</ul>
```

Ist ein Child-Element das einzige Kind, wird es selektiert.

Der Selektor :nth-child()

Der Selektor `:nth-child()` bietet Ihnen die vielfältigsten Möglichkeiten, nach Kindelementen zu suchen. Er kann die Selektoren `:first-child` und `:last-child` prinzipiell ersetzen, die damit im Grunde Spezialfälle von `:nth-child()` darstellen. Statt `:first-child` können Sie ebenso gut `:nth-child(1)` schreiben. Das hat das gleiche Ergebnis.

Die runde Klammer von `:nth-child()` nimmt einen Vergleichsindex entgegen, der entweder aus einer Ganzzahl oder einem Ausdruck besteht. Im Rahmen dieses Ausdrucks steht die Variable `n` für einen Zählindex, der ab 1 läuft. (Der Ausdruck `:nth-child(n)` liefert entsprechend *alle* Kindknoten zurück, ist also für sich gesehen wenig sinnvoll.)

Zu `n` können jedoch *Faktoren* hinzukommen und *Offsets* addiert werden. So gibt Ihnen `:nth-child(2n)` jedes *zweite* Element (Faktor: 2) zurück, `:nth-child(3n+2)` wiederum selektiert jedes dritte Element (Faktor: 3) ab dem zweiten (Offset: +2).

Statt Ausdrücke und Zahlen können auch die Schlüsselworte `odd` und `even` übergeben werden. So selektieren `:nth-child(`**`even`**`)` und `:nth-child(`**`odd`**`)` alle geraden respektive alle ungeraden Kindelemente. Achtung: Das erste Kindelement hat den Index `n=1`. Mit `even` wählen Sie daher (also im Prinzip naheliegend) das zweite, vierte, sechste etc. Kindelement:

Der Ausdruck `$("li:nth-child(even")` ergibt:

```
<ul>
  <li>erster Listeneintrag</li>
  <li>zweiter Listeneintrag</li>
  <li>dritter Listeneintrag</li>
  <li>vierter Listeneintrag</li>
  <li>fünfter Listeneintrag</li>
</ul>
<ul>
  <li>noch eine Liste</li>
  <li>mit weiteren</li>
  <li>Listeneinträgen</li>
</ul>
```

Der Unterschied zwischen :nth-child(even) und :even

Das Verhalten von `:nth-child(even)` steht im Gegensatz zu `:even`. Die Selektion `$("li:even")` sähe folgendermaßen aus, weil über die Elternelemente hinaus selektiert wird und in der Dokumentreihenfolge ab Index 0 gezählt wird:

```
<ul>
  <li>erster Listeneintrag</li>
  <li>zweiter Listeneintrag</li>
  <li>dritter Listeneintrag</li>
  <li>vierter Listeneintrag</li>
  <li>fünfter Listeneintrag</li>
</ul>
<ul>
```

```
  <li>noch eine Liste</li>
  <li>mit weiteren</li>
  <li>Listeneinträgen</li>
</ul>
```

Als Erstes stellen wir fest, dass `:even` mit dem Zähler 0 beginnt, im Gegensatz zu `:nth-child(even)`. Letzterer beginnt mit 1. Während `:even` einfach durch alle gefundenen Elemente iteriert, bezieht sich `:nth-child(even)` nur auf eine jeweilige Kindelementgruppe. Der Unterschied zwischen `:nth-child(odd)` und `:odd` ist analog.

Unterschiede zur W3C-Spezifikation

Das W3C hat für die CSS-Spezifikation weitere Child-Selektoren wie beispielsweise `:nth-last-child()` definiert. Nach Meinung der Autoren von jQuery sind dieser und weitere Child-Selektoren wenig praxisrelevant. Daher werden sie von jQuery nicht unterstützt.

4.4 Accessoren – Eigenschaften der Collection

Von einer erstellten Collection aus kann eine weitere Verarbeitung stattfinden. Die erste Gruppe von Methoden und Eigenschaften, die hier betrachtet werden soll, sind die *Object Accessors*. Diese Methoden und Eigenschaften verändern nicht die Collection (d. h. erweitern oder verschieben sie nicht), sondern machen entweder etwas mit den Elementen der Collection oder geben Informationen über die Collection zurück.

Methode	Erläuterung
`.context`	Gibt das Kontextobjekt (als Elementknoten) zurück, wenn ein solches an `$()` übergeben wurde; gibt ansonsten das `document`-Objekt zurück.
`.each(fn(i, elem))`	Führt die Funktion `fn` für jedes Element der Collection aus, wobei `fn` den Index `i` der Loop-Iteration übergeben bekommt und das aktuelle Element `elem` als Kontext verwendet.

`.get()`
 	
`.get(n)`
	Erstellt ein Array aus den DOM-Elementen der aktuellen Collection.
	Alternativ: Gibt den Elementknoten des Items der Collection zurück, das sich an der Indexposition `n` befindet.
	Anmerkung: Für `n < 0` wird ab dem letzten Item rückwärts gezählt.

Tabelle 4.13 jQuery-Methoden: Object Accessors

Methode	Erläuterung

`.index(sel)`
`.index(elem)`
 	
`.index()`
	Gibt den Index (Basis 0) des ersten Elements in der aktuellen Collection zurück, das durch den Selektor `sel` oder ein DOM-Element `elem` bezeichnet wird. Gibt `-1` zurück, wenn kein entsprechendes Element gefunden wird.
	Alternativ: Ohne Parameter gibt `.index()` die Position des ersten Items der Collection unter den Kindknoten seines Parents zurück.

`.is(sel)`	Gibt `true` oder `false` zurück, je nachdem, ob mindestens ein Element der aktuellen Collection dem Selektor `sel` entspricht.
`.length`	Enthält eine Ganzzahl (die Anzahl der Items in der aktuellen Collection).
`.selector`	Gibt den der aktuellen Collection zugrunde liegenden Selektor zurück.
`.size()`	Gibt die Anzahl der DOM-Elemente in der aktuellen Collection zurück.
`.toArray()`	Gibt die Elemente der Collection als Array aus DOM-Knoten zurück.

Tabelle 4.13 jQuery-Methoden: Object Accessors (Forts.)

Betrachten wir nun die wichtigsten Methoden und Eigenschaften der Object Accessors im Detail.

Die Methode .each(callback)

Diese Methode führt eine Funktion `callback` im Kontext jedes einzelnen gefundenen Elements eines jQuery-Objekts aus. Dabei iteriert `.each(callback)` über alle Elemente der Collection. Das bedeutet, dass für jeden Absatz eine Funktion `callback` ausgeführt wird, wenn mit einem Selector `div p` eine Anzahl von Absätzen gefunden wurde:

```
$(document).ready(function () {
   $("#box p").each(

     // Funktion wird auf alle Collection-Items angewandt:
      function(i) {
          var inc = i + 1;
        // Funktion bildet eigene Collection:
          $(this).text(" Dies ist der " + inc + ". Absatz");
        }

     );
});
```

Wenn die Funktion ausgeführt wird, wird ihr automatisch ein Argument mit auf den Weg gegeben, das die aktuelle Position innerhalb der jQuery-Collection zurückgibt. Das Argument repräsentiert den Index des aktuellen Elements. Da hier mit diesem Index gearbeitet werden soll, wird der Funktion ein Eingabeparameter `i` zur Verfügung gestellt. (Ansonsten kann der Übergabeparameter weggelassen werden, falls er nicht gebraucht wird. Dass an Callback-Funktionen Argumente weitergereicht werden, ist ein häufiger Fall bei jQuery. Es steht Ihnen stets frei, diese Argumente aufzufangen und zu nutzen oder nicht.)

Normalerweise verarbeitet `.each()` automatisch in einer Schleife die gesamte Collection. Der Vorgang kann abgebrochen werden, indem Sie der Callback-Funktion `false` zurückgeben lassen, was Sie sinnvollerweise an eine passende Bedingung binden sollten. Gibt die Callback-Funktion `true` (oder keinen Wert) zurück, läuft die Schleife bis zum Ende.

Kein .each() für die Anwendung von jQuery-Methoden nötig

Wenden Sie eine jQuery-Methode auf eine Collection an, geschieht dies stets in einer impliziten Schleife. Wollten Sie in alle Absätze des vorigen Beispiels denselben Text schreiben, ginge dies auch einfacher:

```
$("#box p").text(" Dies ist ein Absatz");
```

Der Clou an `.each()` ist jedoch, dass es keine jQuery-Methode ist, die auf die Items der Collection wirkt, sondern ein anonymes Funktionsobjekt, das beliebigen Inhalt besitzen kann (und im vorigen Beispiel mit `$(this)` jeweils seine eigene Collection aus dem aktuell verarbeiteten Element bildet).

Die Methoden .get() und .get(index)

Die `.get()`-Methode ohne Parametereingabe gibt die gesamten Items der Collection als Array aus DOM-Elementen zurück:

```
var images = $("#box img").get();
alert(images.src);
```

Beachten Sie, dass die Methode selbst kein jQuery-Objekt erzeugt! An einen `.get()`-Aufruf können daher keine weiteren jQuery-Methoden angehängt werden. Die `.get()`-Methode gehört damit zu den terminierenden Methoden. Allerdings stehen für das DOM-Array die herkömmlichen DOM-Methoden und Eigenschaften zur Verfügung (was ja auch genau erwünscht ist).

Rufen Sie die Methode mit einem Parameter, genauer einer Ganzzahl `index` größer gleich 0 auf, gibt sie ein einziges, nämlich das mit `index` spezifizierte DOM-Element zurück. Diesem stehen keine jQuery-Methoden zur Verfügung. Versuchen Sie daher, mit einer jQuery-Methode auf ein durch `.get(0)` zurückgegebenes Element zuzugreifen,

```
// schlägt fehl:
alert($("#box p").get(0).attr("id"));
```

wird (in der Fehlerkonsole des Firefox) folgende Fehlermeldung erzeugen:

```
Fehler: $("#box p").get(0).attr is not a function
```

Die jQuery-Methode wird als ungültig in diesem Kontext erkannt. Dagegen gibt

```
alert($("#box p").get(0).id);
```

das Ergebnis ohne Fehlermeldung aus: Die hier aufgerufene Eigenschaft `id` ist eine DOM-Eigenschaft, auf die nun zugegriffen werden kann.

Alternative zu .get() – eckige Array-Klammern

Ebenfalls ein DOM-Element erhalten Sie aus einer Collection, indem Sie sie wie ein Array behandeln. Anstatt `.get(0)` können Sie einfach `[0]` schreiben:

```
alert($("#box p")[0].id);
```

Dieser Aufruf hat dieselbe Wirkung wie der in der davor stehenden Zeile dargestellte Aufruf: `alert($("#box p").get(0).id);`

Die Methode .index(subject)

`.index(subject)` gibt die Position eines einzelnen Elements innerhalb eines jQuery-Objekts an. Als Argument `subject` wird das Objekt angegeben, nach dem gesucht werden soll. Hier wird im Rahmen einer `.each()`-Schleife das jeweils aktuelle Objekt über `this` an `.index()` übergeben:

```
var obj = $("#box p");
obj.each( function() {
   $(this).text("Index: " + (obj.index(this)));
});
```

Die Methode .size()

Die Methode `size()` gibt die Anzahl an Elementen zurück, die sich in einer jQuery-Collection befinden. Diese Methode entspricht im Prinzip der Eigenschaft `.length` des jQuery-Objekts, die den gleichen Wert enthält. Da sie eine Zahl und kein jQuery-Objekt zurückgibt, zählt sie zu den terminierenden (nicht verkettbaren) Methoden:

```
$(document).ready(function () {
   // obj ist ein jQuery-Objekt:
   var obj = $("#box p")
      obj.each(function() {
      $(this).text("obj hat " + obj.size() + " Elemente");
```

```
    });
});
```

Tipp: Besser .length als .size() einsetzen

Zwar ist die Methode `.size()` derzeit noch gültig, die Autoren von jQuery raten aber dazu, stattdessen die Eigenschaft `.length` zu verwenden, da der Zugriff auf die Länge der Collection über sie performanter ist. Es gibt bereits Überlegungen, die Methode `.size()` irgendwann ganz abzuschaffen.

Die Eigenschaft .length

Die Eigenschaft `.length` ermöglicht Ihnen den direkten Zugriff auf die Anzahl der Elemente, die sich in einem jQuery-Objekt befinden:

```
$(document).ready(function () {
    var obj = $("#box p")
        obj.each(function() {
        $(this).text("obj hat " + obj.length + " Elemente");
    });
});
```

Die Eigenschaften .selector und .context

Die Eigenschaft `.selector` gibt einen String zurück, der den Selektor enthält, mit dem ein Element gefunden wurde; `.context` gibt den Kontext zurück, in dem sich das aktuelle von jQuery selektierte Element befindet:

```
$(document).ready(function () {
    var obj = $("#box p")
        obj.each(function() {
        $(this).text("Selektor: " + obj.selector);
        $(this).append("Context: " + $(this).context.nodeName);
    });
});
```

Diese Eigenschaften sind hauptsächlich für Plugin-Entwickler interessant, um die Position von Elementen zu bestimmen. Mit anderen Worten: Sie können hiermit abfragen, in welchem Kontext eine Funktion gerade ausgeführt wird.

Die Methode .toArray()

Die Methode `.toArray()` gibt ein Array aus DOM-Knoten aus den in einem jQuery-Objekt enthaltenen Elementen zurück. Die Methode gehört zu den terminierenden Methoden, da sie kein jQuery-Objekt zurückgibt. Ein Beispiel:

```
// Zeigt, dass aus der Collection ein DOM-Array wird:
alert($('p').toArray());
```

Die einzelnen Objekte werden als Array zurückgegeben.

Auf das DOM-Array können zwar keine jQuery-Methoden angewendet werden, jedoch stehen alle Methoden für DOM-Arrays zur Verfügung (bzw. die meisten der Array-Methoden von JavaScript). So könnte die Reihenfolge der Knoten im Array umgekehrt werden:

```
// Achtung: reverse() ist eine DOM-Methode:
alert($('p').toArray().reverse());
```

Eine jQuery-Methode würde an dieser Stelle einen Fehler verursachen, eine DOM-Methode ist problemlos anwendbar.

Anmerkung

`.toArray()` ist im Grunde genommen identisch mit `.get()`, mit dem Unterschied, dass kein Argument übergeben werden kann.

Die Methode .is()

Die Methode `.is()` gibt einen booleschen Wert zurück, und zwar `true`, wenn der übergebene Selektor auf den aktuellen Knoten der Collection zutrifft, ansonsten `false`. Da sie kein jQuery-Objekt zurückgibt, zählt sie zu den terminierenden Methoden (nicht verkettbar). Man verwendet sie häufig zum Formulieren von Bedingungen:

```
$('div').each( function() {
   if($(this).is('#box')) {
      $(this).text('Dieses Div hat den ID "box".');
   } else {
     $(this).text('Dies ist ein Div wie jedes andere.');
   }
});
```

4.5 Traversieren – ausgehend von Collections

Eine nächste Gruppe von Methoden verändert die aktuelle Collection, indem sie entweder weitere Elemente hinzufügt oder – ausgehend von den aktuellen Elementen – einen Schritt auf einer der DOM-Achsen vornimmt. Dies wird als *Traversieren* bezeichnet. Der Schritt kann hierbei in der gleichen hierarchischen Ebene (Sibling-Achse) hin zu den Geschwisterelementen, aber auch zu den Kindknoten (Child- und Descendant-Achse) oder in Richtung des Elternknotens (Parent- und Ancestor-Achse) erfolgen.

4.5.1 Was versteht man unter »Traversieren«?

Eine Bewegung im DOM-Baum, das Traversieren, ist dann erforderlich, wenn der zu selektierende Knoten nicht auf direktem Weg erreicht werden kann. Manchmal ist es lediglich möglich, den Eltern- oder einen der Kindknoten des eigentlichen Zielknotens zu fassen zu bekommen. In diesem Fall wird von diesem aus über eine entsprechende DOM-Eigenschaft eine Traverse vorgenommen.

Dies kann in verschiedenen Richtungen geschehen, die im DOM als *Achsen* bezeichnet werden. Die eindeutigste Achse ist die **Parent-Achse**:

```
// adressiert den Elternknoten des Knotens #meinID:
var elem = document.getElementById("meinID").parentNode;
```

Die Eigenschaft `parentNode` besitzt jeder Elementknoten. Sie enthält eine Referenz auf den Elternknoten (als DOM-Knoten). Da jeder Elementknoten über genau einen Elternknoten verfügt, ist dies eindeutig.

Gehört der gewünschte Knoten zum Inhalt des erreichbaren Knotens, finden Sie ihn auf der **Child-Achse**. Allerdings kann die Ergebnismenge aus beliebig vielen Knoten bestehen (u. a. sowohl Text- als auch Elementknoten), je nach Struktur des Inhalts. Ein Schritt auf der Child-Achse gibt daher eine arrayähnliche »Collection« (hier ist *keine* jQuery-Collection gemeint) zurück:

```
// adressiert die Kindknoten des Knotens #meinID:
var elems = document.getElementById("meinID").childNodes;
```

Um entweder den ersten oder den letzten Kindknoten eines Bezugselements zu erreichen, dienen die Eigenschaften `firstChild` und `lastChild`, die bequeme Aliase von `childNodes[0]` und `childNodes[childNodes.length]` darstellen.

Beim horizontalen Traversieren bewegen Sie sich innerhalb eines Elementinhalts auf der Ebene der Geschwisterknoten (Sibling-Achse). Dies ist in zwei Richtungen möglich – vorhergehende Geschwisterknoten (preceding siblings) und folgende Geschwisterknoten (*following siblings*). Hierzu stehen Ihnen die Eigenschaften `previousSibling` und `nextSibling` zur Verfügung.

4.5.2 jQuery-Methoden zur Achsen-Traverse

jQuery bietet, aufbauend auf den zuvor nur kurz angerissenen DOM-Eigenschaften, eigene Methoden, die wieder jQuery-Objekte zurückgeben. Eine erste Gruppe von Methoden kann als Entsprechung der DOM-Eigenschaften gesehen werden. Sie dient dazu, Kindknoten, Elternknoten oder Geschwisterknoten ausgehend von der aktuellen Collection zu selektieren und diese dann für die weitere Verarbeitung zur neuen Collection zu machen.

Methode	Erläuterung
`.children()` `.children(sel)`	Holt die Kindelemente jedes Elements der Collection. (Nimmt optional einen Selektor `sel` als Filterkriterium entgegen.)
`.contents()`	Erstellt eine Collection aus allen Kindknoten (inklusive Textknoten) der Elemente der aktuellen Collection.
`.parent()` `.parent(sel)`	Erzeugt eine neue Collection aus den Elternknoten jedes Elements der aktuellen Collection. **Optional:** Der Selektor `sel` reduziert die neue Collection auf diejenigen Elternknoten, auf die der Selektor passt.
`.next()` `.next(sel)`	Erzeugt ein neues jQuery-Objekt aus den unmittelbar folgenden Geschwisterknoten der Elemente der aktuellen Collection. **Optional:** Ein Folgeknoten wird nur dann der Collection hinzugefügt, wenn er dem Selektorausdruck `sel` entspricht.
`.prev()` `.prev(sel)`	Erzeugt ein neues jQuery-Objekt aus den unmittelbar vorangehenden Geschwisterknoten der Elemente der aktuellen Collection. **Optional:** Ein Vorgängerknoten wird nur dann der Collection hinzugefügt, wenn er dem Selektorausdruck `sel` entspricht.

Tabelle 4.14 jQuery-Traversierungsmethoden (DOM-Achsen)

Ausgehend von folgendem HTML-Fragment

```
<div id="box1">Dies ist Box 1.
   <p id="p1">Der erste Textabsatz in div#box1.</p>
   <p id="p2">Der zweite Textabsatz in div#box1.</p>
   <div id="d1">
      <p id="p3">Dies ist ein Div-Container
         in div#box1, der einen Textabsatz enthält.
      </p>
   </div>
</div>
```

sollen jetzt einige dieser Methoden demonstriert werden.

Die Methode .children()

Zunächst wird aus dem `<div>`-Container `#box1` die primäre Collection gebildet und ein grüner Rahmen (`2px, dashed`) und ein Padding hinzugefügt. Danach wird eine Collection der Kindelemente von #box1 zusammengestellt, die ihrerseits einen roten Rahmen (2px, solid) erhalten:

```
$(document).ready(function() {
  $('#box1')
    .css({border:'2px dashed green',padding:'15px'})
    .children().css({border:'2px solid red'})
});
```

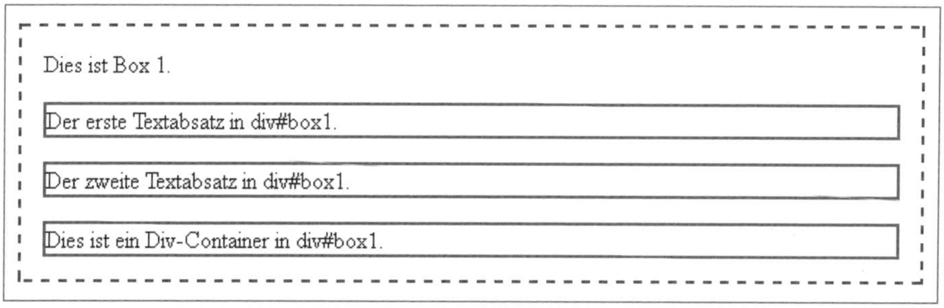

Abbildung 4.2 04_children.html

Beachten Sie, dass der unmittelbare Textinhalt von #box1 keinen Rahmen erhält. *Textknoten* werden von der .children()-Methode nicht erfasst. Der <p>-Container und der innere Div werden umrahmt. Sollen nur die <p>-Tags einen Rahmen bekommen, können Sie noch zusätzlich einen Selektor als Filterkriterium an .children() übergeben:

```
$(document).ready(function() {
  $('#box1')
    .css({border:'2px dashed green',padding:'15px'})
    .children('p').css({border:'2px solid red'})
});
```

Hierbei wird der im inneren Div liegende <p>-Container nicht erfasst, da er nicht zu den Kindknoten von div#box1 gehört.

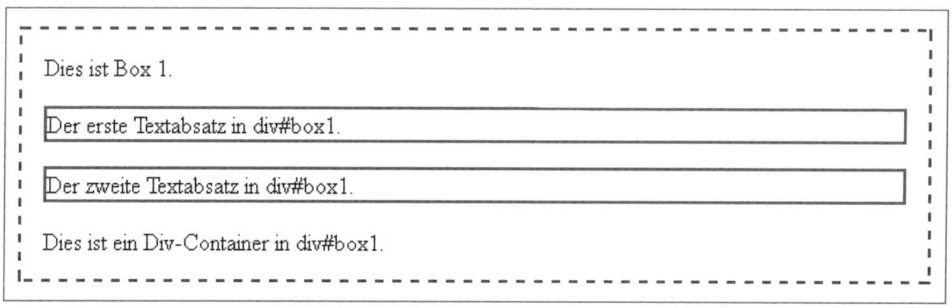

Abbildung 4.3 04_children2.html

Die Methode .contents()

Die Methode `.contents()` selektiert, im Gegensatz zu `.children()`, auch Textknoten. Allerdings beinhaltet dies auch leere Textknoten, wie sie typischerweise zwischen Elementknoten auftreten. Auf den Inhalt von `div#box1` angewendet, bildet `.contents()` eine Collection aus sieben Items, von denen drei Element- und vier Textknoten sind. Der erste Textknoten ist der String »Dies ist Box 1.«:

```
$(document).ready(function() {
  alert($('#box1').contents().length) //-> 7
});
```

Die Methode .parent()

Mit der `.parent()`-Methode wird eine Collection der Parentknoten der aktuellen Collection zusammengestellt. Hier ist dies der Knoten `div#box1`, ausgehend vom Container `p#p1`, der in dessen Inneren liegt:

```
$(document).ready(function() {
  $('#p1')
    .css({border:'2px solid red'})
    .parent()
    .css({border:'2px dashed green',padding:'15px'})
});
```

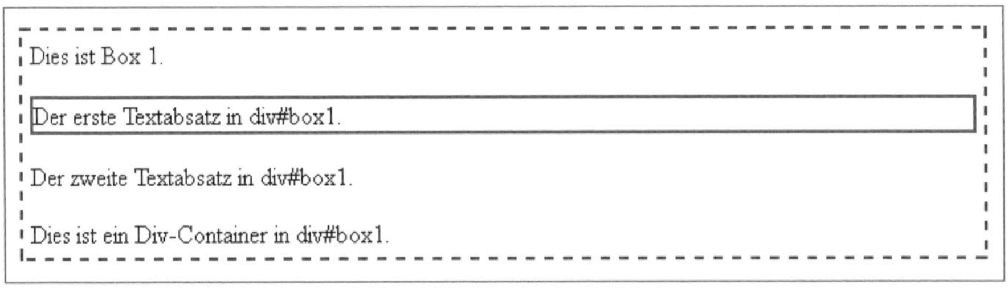

Abbildung 4.4 04_parent.html

Möchten Sie einen Parentknoten nur dann selektieren, wenn er bestimmte Eigenschaften besitzt, können Sie dies durch einen Selektor ausdrücken, den Sie der Methode übergeben.

Die Methode .next()

Die Methode `.next()` wählt für alle Elemente der primären Collection den jeweils folgenden Elementknoten in Quelltextreihenfolge aus und bildet aus ihm die neue Collection:

```
$(document).ready(function() {
  $('#p1')
```

```
    .css({border:'1px solid red'})
    .next()
    .css({border:'1px solid green'})
});
```

Hier erhält der auf p#p1 folgende Tag p#p2 einen grünen Rahmen.

Die Methode prev()

Analog wählt .prev() den vorangehenden Knoten aus:

```
$(document).ready(function() {
  $('#p2')
    .css({border:'2px solid red'})
    .prev()
    .css({border:'2px dashed green'})
});
```

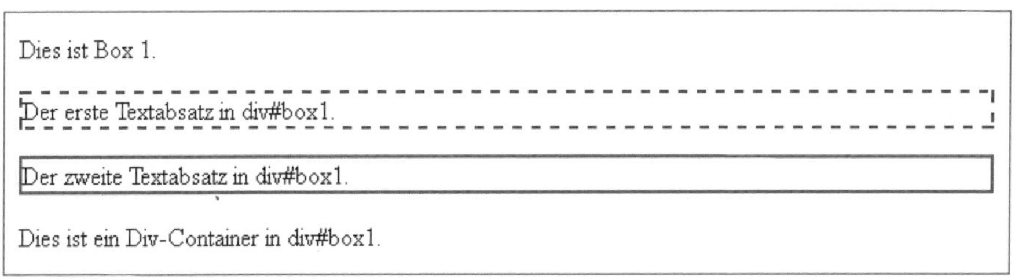

Abbildung 4.5 04_prev.html

Die Auswahl reicht immer genau einen Knoten weit. Um alle Geschwisterelemente auf der Preceding- oder Following-Achse auszuwählen, verwenden Sie .nextAll() oder .prevAll(). Diese Methoden werden gleich noch besprochen.

4.5.3 jQuery-Methoden zur erweiterten Achsen-Traverse

Neben den Pendants zu den gewöhnlichen DOM-Traversierungen stellt jQuery weitere zur Verfügung, die ausgehend von der aktuellen Collection weitere Selektionen in Richtung verschiedener Achsen vornehmen. Im Gegensatz zu den eben vorgestellten Methoden ist die Reichweite des Auswahlvorgangs auf der gewählten Achse jedoch unbegrenzt.

Methode	Erläuterung
`.closest(sel)` `.closest(sel, cont)`	Selektiert das erste auf den Selektor `sel` passende Element auf der Ancestor-Achse. (Nimmt als optionalen zweiten Parameter den Kontext `cont` entgegen.)
`.find(sel)`	Bildet auf der Decendant-Achse der Elemente der aktuellen Collection eine neue Collection aus Elementen, die dem übergebenen Selektor `sel` entsprechen.
`.parents()` `.parents(sel)`	Erzeugt eine neue Collection aus allen Elementen auf der Ancestor-Achse jedes Elements der aktuellen Collection. **Optional:** Der Selektor `sel` reduziert die neue Collection auf diejenigen Ancestor-Knoten, auf die der Selektor passt.
`.parentsUntil(sel)` `.parentsUntil()`	Erzeugt ein neues jQuery-Objekt aus den Elementen der Ancestor-Achse der Elemente der aktuellen Collection bis unmittelbar *vor* (d. h. nicht inklusive) der Ebene des ersten Elements, auf das der Selektor `sel` passt. **Optional:** Wird kein Selektor übergeben (oder tritt kein Match auf), verhält sich die Methode analog zu `.parents()`.

Tabelle 4.15 Erweiterte jQuery-Traversierungsmethoden (Ancestors und Descendants)

Wir gehen erneut vom bereits zuvor verwendeten HTML-Fragment aus:

```
<div id="box1">Dies ist Box 1.
   <p id="p1">Der erste Textabsatz in div#box1.</p>
   <p id="p2">Der zweite Textabsatz in div#box1.</p>
   <div id="d1">
      <p id="p3">Dies ist ein Div-Container
         in div#box1, der einen Textabsatz enthält.
      </p>
   </div>
</div>
```

Die Methode .find()

Die Methode `.find()` selektiert auf der Descendant-Achse ausgehend von der aktuellen Collection, trifft also eine Auswahl unter allen Abkömmlingen in beliebiger Hierarchietiefe. Sinnvollerweise erhält sie ein Selektorargument, das die Auswahl auf bestimmte Knotengruppen beschränkt. Hier werden ausgehend von `div#box1` alle `<p>`-Container ausgewählt:

```
$(document).ready(function() {
  $('#box1')
    .css({border:'2px solid red'})
    .find('p')
```

```
    .css({border:'2px dashed green'})
});
```

Gefunden werden die beiden unmittelbar in `div#box1` liegenden `<p>`-Container, aber auch derjenige, der sich *im Inneren* des auf diesen folgenden Divs befindet.

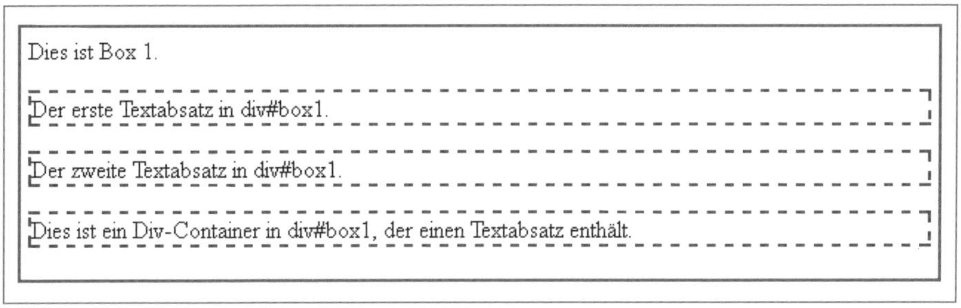

Abbildung 4.6 04_find.html

Die Methode .parents()

Ähnlich wie `.find()` auf der Descendant-Achse arbeitet auch die Methode `.parents()` auf der Ancestor-Achse. Hier sollen, ausgehend vom innersten Textabsatz `p#p3`, die ihn umgebenden `<div>`-Container gefunden werden. Es sind genau zwei, nämlich `div#d1` und `div#box1`:

```
$(document).ready(function() {
  $('#p3')
    .css({border:'2px solid red'})
    .parents('div')
    .css({border:'2px dashed green'})
});
```

Ließen Sie den Selektor weg, würden auch der Body- und der HTML-Container ausgewählt (im Falle des Letzteren brächte das allerdings nicht viel).

Die Methode .parentsUntil()

Wollen Sie auf der Ancestor-Achse zwar zunächst alle Elemente aufsammeln, dann aber an einem bestimmten Punkt haltmachen, bietet sich dafür die Methode `.parentsUntil()` an:

```
$(document).ready(function() {
  $('#p3')
    .css({border:'2px solid red'})
    .parentsUntil('#box1')
    .css({border:'2px dashed green'})
});
```

In diesem Fall wird nur der direkt um `p#p3` liegende `<div>`-Container erfasst (in diesem Fall also der direkte Parent). Der Container `div#box1` ist *nicht* mehr Teil der Collection, da er dem Filterkriterium entspricht.

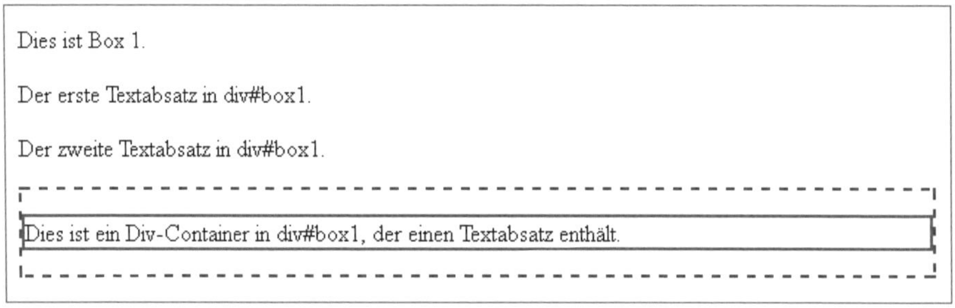

Abbildung 4.7 04_parentsUntil.html

Die Methode .closest()

Wollen Sie auf der Ancestor-Achse suchen, aber nur den Knoten erfassen, der hierarchisch am nächsten liegt (dies kann, muss aber nicht, auch der eigentliche Parent sein), setzen Sie die Methode `.closest()` ein. Hier findet der Befehl, ausgehend von `p#p3`, den diesen umgebenden `<div>`-Container (in diesem Fall wieder identisch mit dem Parent):

```
$(document).ready(function() {
  $('#p3')
    .css({border:'2px solid red'})
    .closest('div')
    .css({border:'2px dashed green'})
});
```

Methode	Erläuterung
`.nextAll()` `.nextAll(sel)`	Erzeugt ein neues jQuery-Objekt aus allen folgenden Geschwisterknoten der Elemente der aktuellen Collection. **Optional:** Von den Folgeknoten werden nur diejenigen der Collection hinzugefügt, die dem Selektorausdruck `sel` entsprechen.
`.nextUntil(sel)` `.nextUntil()`	Erzeugt ein neues jQuery-Objekt aus allen folgenden Geschwisterknoten der Elemente der aktuellen Collection jeweils bis unmittelbar *vor* das erste Element (d. h. *nicht inklusive*), auf das der Selektor `sel` passt. **Optional:** Wird kein Selektor übergeben (oder tritt kein Match auf), verhält sich die Methode analog zu `.nextAll()`.

Tabelle 4.16 Erweiterte jQuery-Traversierungsmethoden (Preceding und Following)

Methode	Erläuterung
`.prevAll()` `.prevAll(sel)`	Erzeugt ein neues jQuery-Objekt aus allen vorangehenden Geschwisterknoten der Elemente der aktuellen Collection. **Optional:** Von den Vorgängerknoten werden nur diejenigen der Collection hinzugefügt, die dem Selektorausdruck `sel` entsprechen.
`.prevUntil(sel)` `.prevUntil()`	Erzeugt ein neues jQuery-Objekt aus allen vorangehenden Geschwisterknoten der Elemente der aktuellen Collection jeweils bis unmittelbar *vor* das erste Element (d. h. *nicht inklusive*), auf das der Selektor `sel` passt. **Optional:** Wird kein Selektor übergeben (oder tritt kein Match auf), verhält sich die Methode analog zu `.prevAll()`.
`.siblings()` `.siblings(sel)`	Bildet eine Collection aus *allen* Geschwisterknoten der Elemente der aktuellen Collection. **Optional:** Der Selektor `sel` reduziert die Collection auf die Geschwisterelemente, die diesem Selektor entsprechen.

Tabelle 4.16 Erweiterte jQuery-Traversierungsmethoden (Preceding und Following) (Forts.)

Die Methode .nextAll()

Die `.nextAll()`-Methode selektiert alle Folgeelemente, ausgehend von den Elementen der aktuellen Collection. Hier werden der auf `p#p1` folgende Textabsatz und auch der diesem folgende `<div>`-Container gewählt und eingerahmt:

```
$(document).ready(function() {
  $('#p1')
    .css({border:'2px solid red'})
    .nextAll()
    .css({border:'2px dashed green'})
});
```

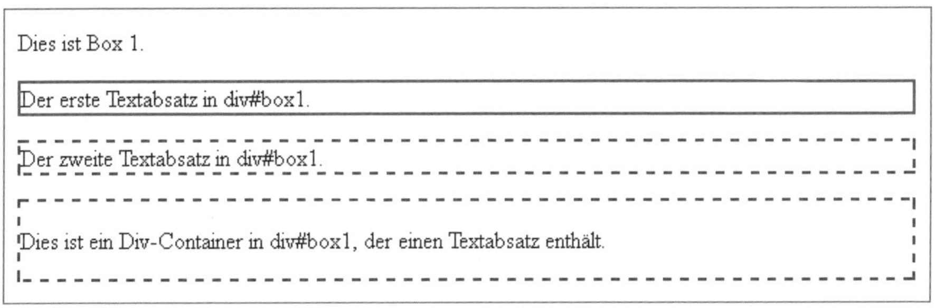

Abbildung 4.8 04_nextAll.html

Bei Bedarf können Sie die Auswahl wieder durch Übergabe eines Selektors beschränken. Auf gleiche Weise arbeitet `.prevAll()`.

Die Methode .nextUntil()

Die Methode `.nextUntil()` versteht sich wie `.nextAll()` mit »eingebautem Haltesignal«: Es kann ein Selektor übergeben werden, der den Endpunkt der Selektion beschreibt. So können Sie bewirken, dass nur diejenigen Geschwisterknoten bis zum Auftreten eines bestimmten Knotens ausgewählt werden sollen:

```
$(document).ready(function() {
  $('#p1')
    .css({border:'2px solid red'})
    .nextUntil('div')
    .css({border:'2px dashed green'})
});
```

Hier wird noch der auf `p#p1` folgende Textabsatz ausgewählt, der diesem folgende `<div>`-Container (und auch eventuell auf diesen folgende Geschwisterknoten) jedoch nicht mehr, da er dem Filterkriterium entspricht. Die Methode `.prevUntil()` funktioniert analog, nur in die andere Richtung.

Die Methode .siblings()

Wollen Sie einfach nur die Geschwisterknoten eines Elements auswählen, um sich um dessen Position in der Hierarchieebene keine Gedanken machen zu müssen, ist `.siblings()` die Methode der Wahl. Sie selektiert ausgehend vom Ursprungselement in beide Richtungen, stellt also eine Synthese aus `.nextAll()` und `.prevAll()` dar:

```
$(document).ready(function() {
  $('#p2')
    .css({border:'2px solid red'})
    .siblings()
    .css({border:'2px dashed green'})
});
```

Hier wurden, ausgehend vom zweiten Textabsatz, dessen Vorgängerabsatz `p#p1` und der folgende `<div>`-Container `div#d1` ausgewählt und gerahmt.

Eine Collection durch Traversierung erweitern

Die bisher vorgestellten Traversierungen ersetzen die bis dahin aktuelle Collection durch eine neue. Mithilfe zweier weiterer Methoden, `.add()` und `.andSelf()`, kann jQuery die Elemente der Ausgangs-Collection beibehalten und mittels Traversierungsmethoden durch weitere Items erweitern.

Methode	Erläuterung
`.add(sel)`	Fügt der aktuellen Collection diejenigen weiteren Elemente hinzu, auf die der Selektor `sel` passt.
`.add(sel, context)`	Fügt der aktuellen Collection diejenigen weiteren Elemente hinzu, auf die der Selektor `sel` passt. Nimmt als optionalen zweiten Parameter den Kontext `context` entgegen.
`.add(elems)`	Fügt übergebene DOM-Elemente `elems` der aktuellen Collection hinzu.
`.add`(HTML-String)	Bildet ein Element aus einem übergebenen HTML-String und fügt dieses der aktuellen Collection hinzu.
`.andSelf()`	Fügt die ursprüngliche Collection der aktuellen Collection hinzu, wenn eine Traversierungsmethode aufgerufen wurde.

Tabelle 4.17 Methoden zur Erweiterung der Collection

Die Methode .add()

Die Methode `.add()` existiert in verschiedenen Signaturen, die jeweils andere Argumenttypen erwarten. Alle folgenden Beispiele basieren auf diesem einfachen HTML-Code:

```
<div id="box1">
   <p id="p1">Klick für Add-Test</p>
   <p id="p2">Beide Absätze färben sich rot.</p>
</div>
```

Mit `.add()` kann eine bestehende Collection erweitert werden. Hierbei werden ihr die mit dem Selektor in `.add()` festgelegten Elemente hinzugefügt. Etwaige angehängte jQuery-Methoden werden dann auf die vergrößerte Collection angewendet:

```
$(document).ready(function() {
   $('#p1').click( function() {
         alert(this.id);
         $('#p1').add("#p2")
         .css({color:'red'})
  });
});
```

Der Selektor von `.add()` arbeitet kontextabhängig. Liegt der Kontext auf dem Dokument selbst, arbeiten die Selektoren wie erwartet. Liegt der Kontext wie im folgenden Beispiel auf einem anderen Knoten (hier ist es der angeklickte `<p>`-Container), können Sie als zweites Argument den gewünschten *Kontext* nennen:

```
$(document).ready(function() {
   $('#p1').click( function() {
          alert(this.id);
          $(this).add("#p2",document)
          .css({color:'red'})
   });
});
```

Anstelle eines jQuery-Selektors kann auch ein *DOM-Element* übergeben werden. Hier ist es eine Referenz, die in einer Variablen `absatz2` abgelegt wurde:

```
$(document).ready(function() {
   var absatz2 = document.getElementById('p2');

   $('#p1').click( function() {
      alert(this.id);
      $(this).add(absatz2)
       .css({color:'red'})
   });
});
```

Ein an `.add()` übergebener *HTML-String* wird in einen Elementknoten umgewandelt, der dann ins Dokument eingehängt werden kann. Hier wird zu dem ausgewählten `<p>`-Container ein weiterer erzeugt, und beide werden an das Ende des Dokumentinhalts angehängt (der Container `p#p1` wird dabei von seiner Originalposition entfernt):

```
$(document).ready(function() {
$('#p1').click( function() {
      alert(this.id);
      $(this).add('<p>Ich bin neu!</p>')
             .appendTo(document.body).css({color:'red'})
   });
});
```

Die Methode .andSelf()

Beim Anwenden von Traversierungsmethoden verschiebt sich die Collection auf die Elemente, auf die sich die Traversierung richtet. Möchten Sie traversieren, aber gleichzeitig auch die ursprüngliche Collection erhalten, können Sie dies über `.andSelf()` vornehmen:

```
$(document).ready(function() {
   $('#box1')
   .children('p')
   .andSelf()
```

```
    .css({border:'2px dashed green'})
});
```

Ausgehend von `div#box1`, wird zuerst eine Collection aus deren `<p>`-Children zusammengestellt (also traversiert). Anschließend wird die primäre Collection über `.andSelf()` wieder hinzugefügt. Im Ergebnis erhalten sowohl `div#box1` als auch ihre Textabsätze einen grünen Rahmen.

4.5.4 Filtern von Collections

Anstatt eine Collection wie im Falle der Traversierung zu verschieben oder die Zahl der Elemente zu erweitern, kann jQuery auch das Gegenteil tun, nämlich einen Filterausdruck auf die Collection anwenden, um nur solche Elemente zu belassen, die einer Bedingung entsprechen.

Methode	Erläuterung
`.clone()` `.clone(mitEvents)`	Erstellt eine Kopie (`Clone`) der aktuellen Collection. (Der optionale boolesche Parameter `mitEvents` bestimmt, ob dabei Event-Bindings mitkopiert werden.)
`.eq(n)`	Reduziert die aktuelle Collection auf die Elemente, die innerhalb der Collection den übergebenen Index `n` besitzen. **Anmerkung:** Für `n < 0` wird ab dem letzten Item rückwärts gezählt.
`.filter(sel)` `.filter(fn(i))`	Reduziert die aktuelle Collection auf diejenigen Elemente, die dem übergebenen Selektor `sel` entsprechen. **Alternativ:** Reduziert die Collection auf die Elemente, die den Test der Prüffunktion `fn` bestehen (die Funktion erhält den Index `i` des geprüften Elements als Parameter).
`.first()`	Reduziert die aktuelle Collection auf ihr erstes Element.
`.has(sel)`	Reduziert die aktuelle Collection auf Elemente, die auf der Descendant-Achse Nachfahren besitzen, auf die der Selektor `sel` passt.
`.last()`	Reduziert die aktuelle Collection auf ihr letztes Element.
`.map(fn(i, elem))`	Wendet auf alle Elemente der Collection die Funktion `fn` an, die die Indexposition `i` und den DOM-Knoten `elem` des aktuellen Elements übergeben bekommt. Erzeugt ein *jQuery-Objekt* aus allen Rückgabewerten. **Anmerkung:** `this` bezieht sich in `fn` auf den DOM-Knoten des aktuellen Items.

Tabelle 4.18 Methoden zum Filtern der Collection

Methode	Erläuterung

`.not(sel)`
`.not(elems)`
`.not(fn(i))`
	Entfernt alle Elemente aus der aktuellen Collection, die dem Selektor `sel` entsprechen.
	Alternativ: Entfernt die Elemente aus der aktuellen Collection, die dem DOM-Knoten `elems` entsprechen.
	Oder: Filtert anhand einer Funktion `fn`, die den Collection-Index `i` erhält und pro Item `true` (entfernen) oder `false` (behalten) zurückgibt.

`.slice(start, ende)` `.slice(start)`	Reduziert die aktuelle Collection auf diejenigen Elemente, deren Index durch `start` und `ende` begrenzt wird. Wird nur ein Parameter `start` übergeben, wird die Collection auf die Elemente ab dem entsprechenden Index reduziert.

Tabelle 4.18 Methoden zum Filtern der Collection (Forts.)

Die Methode .eq(index)

Diese Methode reduziert eine Menge von `n` jQuery-Elementen auf ein einziges Element mit dem Argument `index`:

```
$("#box p").eq(1).text("Nur dieses Element wird geändert");
```

Der Zähler beginnt bei `0` und endet bei `length-1`. Ein `index` größer als die Anzahl der tatsächlich vorhandenen Elemente (»out of range«) gibt ein leeres Objekt zurück.

Die Methode .filter()

Die `.filter()`-Methode reduziert die primäre Collection auf diejenigen Elemente, die dem Filterkriterium entsprechen. Hierfür werden alle Elemente der Collection in einer impliziten Schleife geprüft. Pro geprüftem Item gibt die Methode entweder `true` oder `false` zurück und behält das Element entsprechend in der Collection oder entfernt es.

Ausgehend von diesem Quelltext

```
<div id="box1">Dies ist Box 1.
  <p id="p1">Der erste Textabsatz in div#box1.</p>
  <p id="p2">Der zweite Textabsatz in div#box1.</p>
  <div id="d1">
     <p id="p3">Dies ist ein Div-Container in div#box1,
      der einen Textabsatz enthält.</p>
  </div>
</div>
```

sollen nur die `<p>`-Container ausgewählt werden, die einen bestimmten Textstring enthalten. Hierfür wird von einer Collection aus allen `<p>`-Containern ausgegangen, die anschließend gefiltert wird. Das Filterkriterium können Sie als beliebigen Selektor formulieren:

```
$(document).ready(function() {
   $('p')
   .filter(':contains(zweite)')
   .css({border:'2px dashed green'})
});
```

Hier wird p#p2 ausgefiltert und gerahmt, da nur dieser Absatz das Wort »zweite« enthält.

Als Filterargument kann auch eine Funktion eingesetzt werden, die einen booleschen Wert zurückgibt. Diejenigen Items, für die `true` zurückgegeben wird, verbleiben in der Collection:

```
$(document).ready(function() {
   $('p')
   .filter( function(){
      return $(this).parents('div').length < 2;
   } )
   .css({border:'2px dashed green'})
});
```

Die <p>-Container p#p1 und p#p2 werden gerahmt, der dritte, im verschachtelten Div liegende Absatz erhält keinen Rahmen, da er dem Filterkriterium nicht entspricht.

Die Methode .not()

Im Grunde kann man `.not()` als die Umkehrung von `.filter()` auffassen, wobei `.not()` neben Selektoren und Funktionen mit booleschem Rückgabewert auch *DOM-Elemente* als Argument entgegennimmt. Zunächst folgt eine Umsetzung der beiden vorangegangenen Beispiele mit `.not()` anstelle von `.filter()`, wobei vom gleichen Quelltext ausgegangen wird:

```
$(document).ready(function() {
   $('p')
   .not(':contains(zweite)')
   .css({border:'2px dashed green'})
});
```

Hier verbleiben die <p>-Container in der Collection, die den gesuchten Text *nicht* enthalten. Gerahmt werden also p#p1 und p#p3. Analog ist das Ergebnis des Aufrufs mit dem Funktionsargument exakt umgekehrt zu `.filter()`:

```
$(document).ready(function() {
   $('p')
   .not( function(){
      return $(this).parents('div').length < 2;
   } )
   .css({border:'2px dashed green'})
});
```

Diesmal wird `p#p3` selektiert, die anderen Textabsätze bleiben ohne Rahmen. Übergeben Sie `.not()` eine Referenz auf einen DOM-Knoten, entfernt die Methode das entsprechende Item aus der Collection:

```
$(document).ready(function() {
   var absatz2 = document.getElementById('p2');

   $('p')
   // DOM-Element als Argument:
   .not(absatz2)
   .css({border:'2px dashed green'})
});
```

Hier werden, wie zu erwarten war, der erste und der dritte Textabsatz gerahmt.

Die Methoden .first() und .last()

Soll aus einer Collection nur das erste bzw. das letzte Item verarbeitet werden, können Sie diese mittels `.first()` oder `.last()` herausfiltern. Hier wird nur der erste `<p>`-Container der primären Collection mit einem Rahmen versehen:

```
$(document).ready(function() {
   $('p')
   .first()
   .css({border:'2px dashed green'})
});
```

Die Methode `.last()` funktioniert analog.

Die Methode .slice()

Die `.slice()`-Methode greift aus einer Collection einen Indexbereich heraus, der durch das oder die übergebenen Argumente festgelegt wird. Der Index wird, wie üblich, ab 0 gezählt. Übergeben Sie der Methode nur ein Argument (eine Ganzzahl), belässt sie alle Items ab diesem Index (»inclusive«) in der Collection. Eine zweite Ganzzahl bezeichnet entsprechend eine Indexposition, bis zu der die Collection übernommen wird, wobei das als Endposition genannte Item selbst nicht mehr enthalten ist (»exclusive«):

```
$(document).ready(function() {
   $('p')
   .slice(1,2)
   .css({border:'2px dashed green'})
});
```

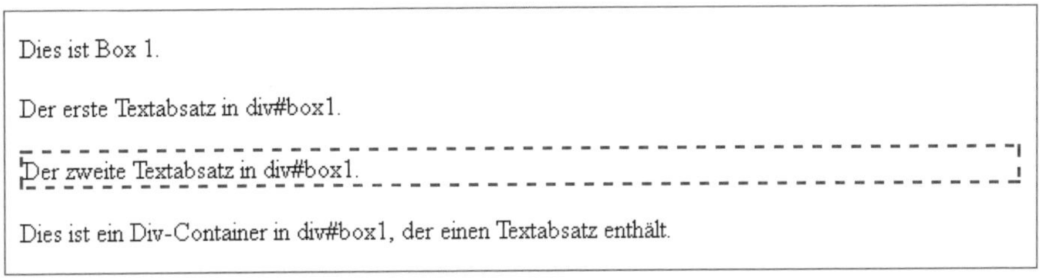

Abbildung 4.9 04_slice.html

Erläuterung

Der Wert `.slice(1)` behält demnach alle Items ab dem Item mit der Indexposition 1 (also ab einschließlich des zweiten Items). Im Beispiel bewirkt das zweite Argument in `.slice(1,2)`, dass Items mit einer Indexposition größer gleich 2 ausgefiltert werden.

Übergeben Sie ein einziges, *negatives Argument*, wird der Indexpunkt (Start des Slices) ab der Länge der Collection rückwärts berechnet: Der Aufruf `.slice(-1)` bei einer Länge der Collection von 3 wird interpretiert als `.slice((3-1))`, also als `.slice(2)`, und belässt daher das letzte Item in der Collection.

Die Methode .has()

Mit der Methode `.has()` können die Items einer Collection anhand ihres Elementinhalts gefiltert werden. Hierfür kann `.has()` ein gewöhnlicher Selektor übergeben werden. In diesem Beispiel wird zunächst eine Collection aus allen `<div>`-Containern des Dokuments zusammengestellt (das wären in diesem Fall zwei), die dann auf diejenigen Divs reduziert werden, die selbst einen Div enthalten:

```
$(document).ready(function() {
   $('div')
   .has('div')
   .css({border:'2px dashed green'})
});
```

Gewählt und umrahmt wird der äußere Div. Alternativ kann `.has()` auch eine DOM-Referenz übergeben werden, sofern Sie eine zur Hand haben. Hier ist dies eine Referenz auf den innersten `<p>`-Container `p#p3`. Diesmal wird die Ausgangs-Collection jedoch *nicht* reduziert, da beide Container das Kriterium erfüllen. Die Methode schaut nicht auf die Hierarchie, sondern nur darauf, ob das Vergleichselement in den untersuchten Containern »irgendwo« enthalten ist:

```
$(document).ready(function() {
   var absatz3 = document.getElementById('p3');
   $('div')
   .has(absatz3)
   .css({border:'2px dashed green'})
});
```

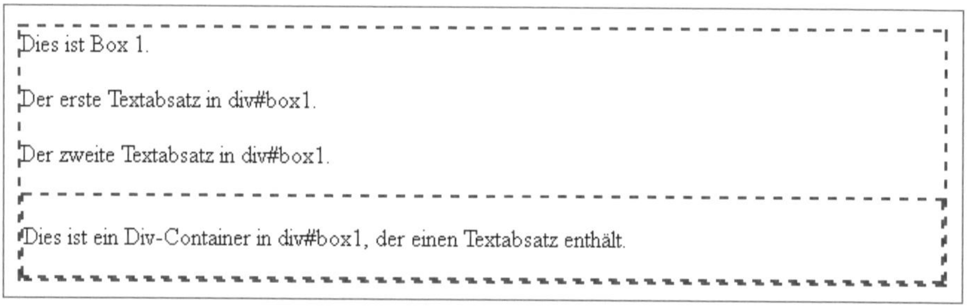

Abbildung 4.10 04_has2.html

4.5.5 Aufheben einer Filterung

Wollen Sie von einer gefilterten Collection zu deren Zusammensetzung vor der Filterung zurückgehen, setzen Sie die Methode `.end()` ein. Diese nimmt alle Filterungen zurück (auch mehrere hintereinander ausgeführte), die nach Erstellung der Basis-Collection vorgenommen wurden, und stellt die Basis-Collection wieder her.

Methode	Erläuterung
`.end()`	Macht den letzten auf die Collection angewendeten Filtervorgang rückgängig und kehrt zur Collection davor zurück.

Tabelle 4.19 Methode zur Rücknahme einer Filterung

Die Methode .end()

Die `.end()`-Methode hebt stets alle Filterungen auf und geht auf die Collection am Anfang der Kette zurück. Dies kann ohne Weiteres auch mehrmals geschehen.

In diesem einfachen Beispiel werden `.end()`, `.first()` und `.last()` auf diesem Weg miteinander kombiniert:

```
$(document).ready(function() {
  $('p')
   .first()
   .css({border:'2px dashed green'})
   .end()
   .last()
   .css({border:'2px solid red'})
   .end()
   .css({'font-style':'italic'})
});
```

Hier wird die erstellte Collection zweimal jeweils gefiltert und zurückgesetzt, um am Ende komplett nochmals mit einem Style belegt zu werden. Alle Absätze werden am Ende kursiv ausgegeben; der erste und der letzte erhalten (über `.first()` und `.last()`) zusätzlich verschiedene Rahmen.

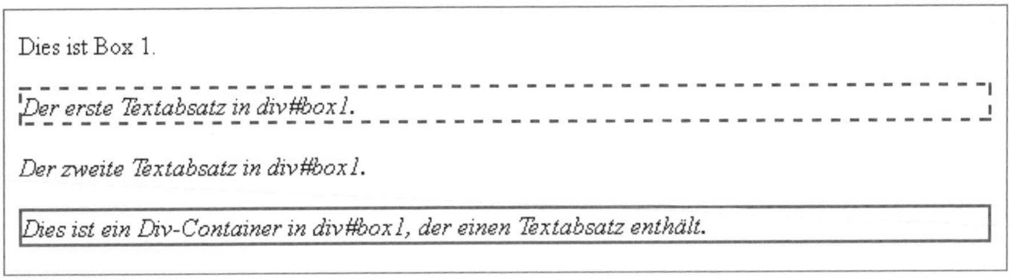

Abbildung 4.11 04_end.html

4.5.6 Kopieren einer Collection

Praktisch ist die Möglichkeit, Elemente einer Collection oder eine gesamte Collection kopieren zu können. Hierzu leistet die jQuery-Methode `.clone()` gute Dienste.

Methode	Erläuterung
`.clone()`	Erstellt eine Kopie (*Clone*) der aktuellen Collection.
`.clone(mitEvents)`	Der optionale boolesche Parameter `mitEvents` bestimmt, ob dabei Event-Bindings mitkopiert werden. Sinnvollerweise wird meist `true` übergeben.

Tabelle 4.20 Methode zum Kopieren einer Collection

Beachten Sie jedoch, dass die so erzeugten Collection-Items nicht automatisch Teil des Dokuments werden. Woher sollte jQuery auch wissen, an welcher Stelle sie benötigt werden? Für die folgenden Beispiele muss daher eine Methode vorweggenommen werden, die Elemente in das Dokument einfügt.

Die Methode .clone()

Verwendet wird wieder der bereits bekannte Quelltext:

```
<div id="box1">Dies ist Box 1.
   <p id="p1">Der erste Textabsatz in div#box1.</p>
   <p id="p2">Der zweite Textabsatz in div#box1.</p>
   <div id="d1">
      <p id="p3">Dies ist ein Div-Container in div#box1,
       der einen Textabsatz enthält.
      </p>
   </div>
</div>
```

Nun sollen alle existierenden `<p>`-Container geklont und in `div#d1` eingefügt werden. Dies soll nach dem dort bereits vorhandenen `p#p3` geschehen, und die neu eingefügten `<p>`-Container sollen (wie üblich) gerahmt werden. Im Grunde ist dies ganz einfach:

```
$(document).ready(function() {
 // Alle P-Container auswählen ...
   $('p')
 // ... und kopieren
   .clone()
 // Einen Rahmen für die Kopien:
   .css({border:'1px solid green'})
 // ... und in div#d1 einfügen:
   .appendTo('#d1')
});
```

Die geklonten `<p>`-Container erhalten einen grünen Rahmen und werden danach an das Ende der Inhalte von `div#d1` angehängt (eben dies bewirkt `.appendTo()`). Allerdings produzieren Sie hier nicht-validen Quellcode, da die `id`-Attribute mitkopiert werden und daher unerlaubterweise doppelt vergeben sind. Sie sollten also bei den geklonten Elementen entfernt werden. Dies können Sie mit `.removeAttr()` bewirken:

```
$(document).ready(function() {
   $('p')
      .clone()
      .removeAttr('id')
```

```
        .css({border:'1px solid green'})
        .appendTo('#d1')
});
```

Interessant wird es, wenn eine Event-Bindung an ein zu klonendes Element erfolgt ist. Um dies zu demonstrieren, erhalten alle Textabsätze einen Click-Event-Listener, der die Hintergrundfarbe eines angeklickten Absatzes auf Hellgrau ändert. Danach wird wieder, wie eben, geklont:

```
$(document).ready(function() {
   $('p')
   // Click-Event für alle existierenden P:
   .click( function(){
      $(this).css({'background':'#ddd'});
   })
   // Event-Bindung wird nicht mitkopiert!
   .clone()
   .removeAttr('id')
   .css({border:'1px solid green'})
   .appendTo('#d1')
});
```

Die geklonten <p>-Container zeigen beim Anklicken keine Wirkung. Dies ist normal, denn Event-Bindungen werden beim Klonen nicht automatisch mitkopiert. Über ein simples Flag-Argument (der `.clone()`-Methode wird der Wert `true` übergeben) können Sie dies jedoch veranlassen:

```
$(document).ready(function() {
   $('p')
   // Click-Event für alle existierenden P:
   .click( function(){
      $(this).css({'background':'#ddd'});
   })
   // Click-Event-Bindung mitkopieren:
   .clone(true)
   .removeAttr('id')
   .css({border:'1px solid green'})
   .appendTo('#d1')
});
```

4.6 Events und Event-Handling

Der Bereich Event-Handling nimmt im jQuery-Kern eine gewichtige Rolle ein. Nicht nur wird ein vereinheitlichtes Event-Objekt zur Verfügung gestellt, es finden sich auch Methoden zur browserübergreifenden Event-Bindung sowie eine Reihe von spezialisierten Methoden, die praktische Abkürzungen für oft benötigte Routinen bieten.

4.6.1 Das Event-Objekt in JavaScript

Ereignisse in einer HTML-Seite treten auf, wenn etwas mit beliebigen Elementen der Seite geschieht. Dies kann mit Nutzeraktionen zusammenhängen (wie dem Anklicken, Selektieren oder Ziehen von Objekten), aber auch mit Vorgängen (wie dem Laden oder Entladen des Dokuments). Damit ein Event sinnvoll behandelt werden kann, sind, salopp gesagt, drei Dinge von Bedeutung:

1. Das Ereignis muss überhaupt bemerkt werden.
2. Es muss bekannt sein, um was für ein Ereignis es sich handelt, an welchem Element und bei welchen Koordinaten es auftritt.
3. Eine Funktion muss mit dem Auftreten des Events verknüpft sein.

Für die Erfüllung von Punkt eins sorgt der Event-Listener, der mit dem Elementknoten verknüpft sein muss, an dem das Ereignis auftritt – vereinfacht gesagt (Sie werden gleich sehen, dass dies nicht ganz stimmt). Der Event-Listener kann über ein Attribut in den HTML-Code geschrieben oder per JavaScript nachträglich (also »unobtrusive«) hinzugefügt worden sein. Die Aufgabe des Listeners ist es, den sogenannten Event-Handler zu starten, ein Funktionsobjekt, das die JavaScript-Anweisungen enthält, die beim Eintritt des Ereignisses ausgeführt werden, auf das der Handler wartet. Dies erfüllt Punkt drei:

```
<p id="p1" onclick="alert('Ein Ereignis trat auf.')">
   Bitte hier klicken!</p>
```

Würde das Ereignis per Script gebunden, sähe dies etwa so aus (dies ist wirkungsgleich zur eben gezeigten Inline-Variante):

```
var meinP = document.getElementById('p1');

meinP.addEventListener('click', function() {
        alert('Ein Ereignis trat auf.');
        }, false);
```

Das Event-Objekt

Welche Informationen sind über das Ereignis bekannt – sprich, was ist mit Punkt zwei der eben angeführten Liste? Klar ist, dass es sich um ein Ereignis vom Typ »Klick« handelte, das an einem <p>-Container auftrat, den man deshalb als Target bezeichnet. Der Klick fand auch an bestimmten Koordinaten (genannt »pageX«

und »pageY«) innerhalb des Textabsatzes statt, die vielleicht interessant sein könnten.

Praktischerweise fasst JavaScript eben diese Informationen (und noch mehr) zusammen und stellt sie als Objekt zur Verfügung, das deshalb als Event-Objekt bezeichnet wird. Ein solches Event-Objekt wird bei jedem auftretenden Ereignis gebildet. Bevor Sie zu überlegen beginnen, wie Sie an dieses Objekt herankommen, um es zu verwenden – hierfür ist bereits gesorgt: Das Event-Objekt wird stets dem Event-Handler übergeben.

An dieser Stelle ist es nötig, zu präzisieren, *was genau* der Event-Handler eigentlich ist – und zwar ist dies die an das Ereignis gebundene *Funktion*. Einfacher zu zeigen ist dies bei der Scriptbindung – die Funktion ist fett markiert:

```
meinP.addEventListener('click', function() {
      alert('Ein Ereignis trat auf.');
      }, false);
```

Ein Wert, der einer Funktion übergeben wird, muss auch in einem Übergabeparameter aufgefangen werden, sonst landet er im Datennirvana (bislang geschieht das noch mit dem Event-Objekt). Nennen Sie die Variable `e`, und nehmen Sie weiter an, dass das Event-Objekt tatsächlich dort landet. Sie können die Art des Ereignisses aus dem übergebenen Objekt dann wie folgt auslesen:

```
meinP.addEventListener('click', function(e) {
      alert('Ein ' + e.type + '-Ereignis trat auf.');
      }, false);
```

Eine analoge Methode ist für das Event-Handler-Attribut nicht möglich. Zwar wird *implizit* ebenfalls ein anonymes Funktionsobjekt um die Anweisungen im Attributwert gehüllt (Achtung – das Beispiel ist eine rein illustrative Verdeutlichung des Geschehens):

```
<!-- So kann man sich das vorstellen: -->
<p id="p1"
   onclick="function(){ alert('Ein Ereignis trat auf.') }">
   Bitte hier klicken!</p>
```

Da aber keine Möglichkeit besteht, den Wrap in ein Funktionsobjekt explizit vorzunehmen, kann kein Übergabeparameter bestimmt werden, der das Event-Objekt in den Anweisungsblock hineinreicht. Das ist aber nicht weiter schlimm, da Inline-Event-Handler sowieso möglichst wenig eingesetzt werden sollten.

Das Event-Objekt ist im Prinzip eine gute Sache. Leider ist auch dieser Aspekt nicht plattformübergreifend implementiert, und wie immer folgt der Internet Explorer nicht dem Standard und definiert das Event-Objekt als globales Objekt

– immerhin mit »weitestgehend« ähnlichen Eigenschaften. (Da die erste Implementierung durch Microsoft allerdings vor der Standardisierung stattfand, sei dies verziehen. Tatsache ist, dass so vom Programmierer einiges an Verrenkungen verlangt würde, um plattformübergreifenden Code zu schreiben.)

4.6.2 Das jQuery-Event-Objekt

jQuery bietet uns seine eigene Interpretation des Event-Objekts, die im Rahmen des Frameworks benutzt wird. Sowohl Eigenschaften als auch das Erreichen des Objekts für die jQuery-Event-Methoden ist *im Sinne des W3C vereinheitlicht* und steht so allen Browsern in identischer Form zur Verfügung. Es lohnt sich also eine kurze Beschäftigung damit durchaus.

Eigenschaften des Ereignisses

Das jQuery-Event-Objekt stellt die Eigenschaften zur Verfügung, die in Tabelle 4.21 aufgeführt sind.

Property	Erläuterung
`event.currentTarget`	Das DOM-Element, das während der Bubbling-Phase Ziel des Ereignisses ist
`event.data`	Die Daten, die für das aktuelle Ereignis an `jQuery.fn.bind` übergeben werden, sofern vorhanden
`event.namespace`	Der Namensraum des Events, sofern einer existiert
`event.pageX`	Mausposition relativ zum linken Rand des Dokuments
`event.pageY`	Mausposition relativ zum oberen Rand des Dokuments
`event.relatedTarget`	Ein anderes DOM-Element, das am Ereignis beteiligt ist, falls vorhanden; sonst `null`
`event.result`	Der letzte Rückgabewert eines Event-Handlers, sofern dieser nicht `undefined` war
`event.target`	Das DOM-Element, an dem das Ereignis stattfand
`event.timeStamp`	Zeitstempel des Ereignisses (Zahl der Millisekunden seit dem 1. Januar 1970)
`event.type`	Die Art des Ereignisses
`event.which`	Die Keyboard-Taste oder Maustaste, die betätigt wurde

Tabelle 4.21 Eigenschaften des jQuery-Event-Objekts

Das Target-Element und das »currentTarget«

Im Rahmen des Event-Objekts sind zwei Informationen über den Listener erreichbar, der aktuell »feuert«, also den Event gerade verarbeitet. Hierbei enthält der Wert `target` stets eine DOM-Referenz auf das Element, an dem die User-Aktion stattfindet, während `currentTarget` das Element wiedergibt, das in der Event-Kette (Capture- oder Bubbling-Phase, dazu im Anschluss mehr) aktuell den Event wahrnimmt. (Das `currentTarget` ist dabei auch das Objekt, auf das sich das `this` in der dann ausgelösten Handler-Funktion beziehen wird.)

```
$("*").click(function(e){
   alert('Klick an: ' + e.target +
   ', erkannt an: ' + e.currentTarget);
});
```

Das »relatedTarget«

Bestimmte Events treten (beinahe) stets mit einem gegensätzlichen Event gemeinsam auf. So bedeutet ein Focus-Ereignis an Element A ein Blur-Ereignis an Element B, wenn Letzteres vorher den Focus besessen hat. Analog ist ein *Mouseover*-Event mit einem *Mouseout*-Event mit demjenigen Element verbunden, über dessen Bereich sich der Mauszeiger zuvor befand.

Jenes Element wird, ausgehend von demjenigen, an dem der erfasste Event auftritt, als *relatedTarget* bezeichnet. Folglich nennt sich auch die Eigenschaft des Event-Objekts `relatedTarget`, über die Sie eine DOM-Referenz des betreffenden Knotens erhalten:

```
$('input#test').bind('mouseover', function(e){
   alert('Mouseover an: ' + e.target +
   ', Mouseover erkannt an: ' + e.relatedTarget);
});
```

Existiert kein `relatedTarget`, ist der Wert der Eigenschaft `undefined`.

Die Koordinaten eines Ereignisses

Mittels der Eigenschaften `pageX` und `pageY` des Event-Objekts lassen sich die Koordinaten eines Ereignisses auslesen – beispielsweise die eines Klicks auf den Dokumentkörper:

```
$('body').bind('click', function(e){
    var position = e.pageX + 'px, ' + e.pageY + 'px';
    alert('Klick auf ' + e.target  + ' an ' + position);
});
```

Der Zeitpunkt eines Ereignisses

Über die `timeStamp`-Eigenschaft können Sie den Zeitpunkt eines Ereignisses erkennen. Die Eigenschaft gibt einen Zeitstempelwert in Millisekunden zurück, den Sie als Argument eines `Date`-Objekts einsetzen können:

```
$("a.zeitmelder").click(function(e){
  var zeitstempel =Date(e.timeStamp);
  alert('Ressource angefordert am: ' + zeitstempel);
});
```

Art und Trigger eines Ereignisses

Über die `type`-Eigenschaft lesen Sie die Art des Ereignisses aus, falls mehrere Events an einem Element auftreten können. Auch die Art des Triggerings (per Maus oder Tastatur) können Sie hiermit erkennen. Dies erfolgt über die Eigenschaft `which`, die einen numerischen Wert zurückgibt:

```
$('body').bind('mousedown mouseup', function(e){
   alert(e.type + ' mit ' + e.which );
});
```

Wird ein Mausereignis aufgefangen, gibt `which` für die linke Maustaste die 1, für die mittlere die 2 und für die rechte Maustaste die 3 zurück.

```
$('body').bind('keydown ', function(e){
   alert(e.type + ' mit ' + e.which );
});
```

Analog arbeitet `which` auch mit Tastaturereignissen zusammen. Tabelle 4.22 enthält die wichtigsten Tasten.

Taste	Code	Taste	Code
0–9	48–57	a–z	65–90
[←]	8	[↹]	9
[↵]	13	[⇧]	16
[Strg]	17	[Alt]	18
[⇩]	20	[Esc]	27
Leertaste	32	[Bild↑]	33
[Bild↓]	34	[←]	37
[↑]	38	[→]	39
[↓]	40	[Entf]	46

Tabelle 4.22 Tastaturcodes für Keyboard-Events (»event.which«-Property)

Anmerkung

Die `keyCode`-Eigenschaft, die ansonsten zum Erkennen der Taste eines Keyboard-Events verwendet wird, ist in jQuery nicht ausdrücklich implementiert, scheint aber meist zu funktionieren und gibt denselben Wert zurück.

Behandlung des Weitertragens von Events

Damit Sie die jQuery-Methoden zur Ereignisbehandlung wirklich verstehen, ist es erforderlich, ein wenig mehr über das *Weitertragen von Events* im DOM-Baum zu wissen. Dies ist vom Prinzip her einfach, von den Konsequenzen her jedoch unübersichtlich.

Tritt irgendwo im DOM-Baum ein Ereignis auf, beginnt seine (mögliche) Erfassung stets an der DOM-Wurzel. Von dort aus wandert das Ereignis ins Innere des Baums bis zum sogenannten *Target*, dem eigentlichen Ort, an dem das Ereignis stattgefunden hat. An jedem Knoten, der dabei passiert wird (der als *Observer* bezeichnet wird), kann das Ereignis über einen Listener erfasst werden. Diese Phase der Ereignisbehandlung ist die *Capture-Phase*.

In Abbildung 4.12 tritt am Link (dem Target) ein Klick auf, der während der Capture-Phase jedoch zuerst am Body, dann an einem Div und schließlich am `<p>`-Container, der den Link umgibt, erkannt werden kann.

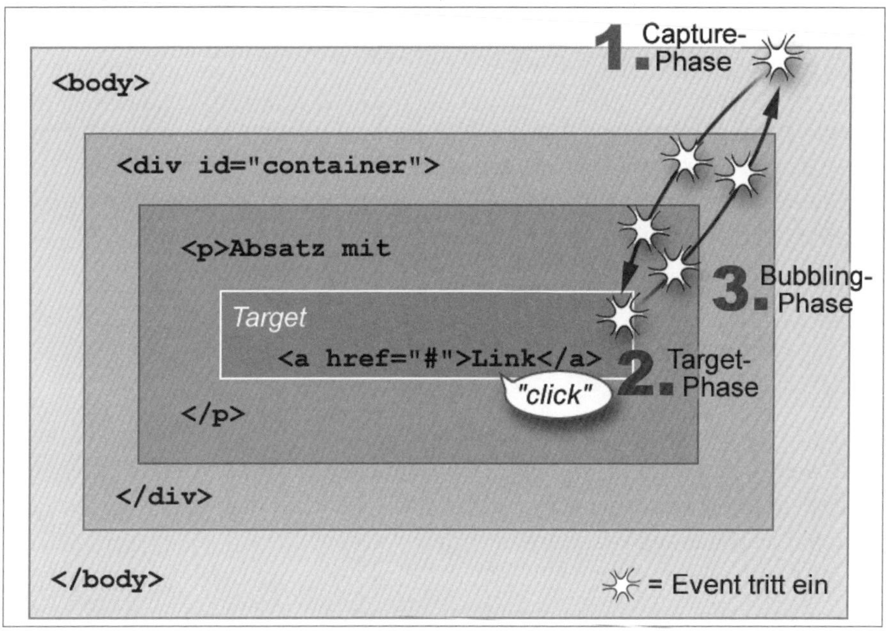

Abbildung 4.12 Capturing und Bubbling von Events

Anschließend feuert der Event am Target selbst (Phase 2, die *Target-Phase*) und wandert dann von dort den Baum wieder nach oben (daher *Bubbling*) zum Elternknoten, dessen Elternknoten und schließlich, durch alle Instanzen, bis zur Dokumentwurzel (dem HTML-Tag). Dies ist die dritte Phase, die Bubbling-Phase. Auch hier kann ein Ereignis an jedem Punkt des Weges über einen Listener erkannt und mit einem Handler verarbeitet werden.

In welcher der Phasen ein Ereignis erkannt wird, hängt davon ab, wie der Listener definiert worden ist. Am Target selbst tritt das Ereignis nur einmal auf, nämlich vor dem Beginn der Bubbling-Phase.

Soll ein Event-Listener für die Capture-Phase definiert werden, bekommt der dritte Parameter der `.addEventListener()`-Methode den Wert `true`:

```
document.body.addEventListener('click', function(){
      alert('Klick am Body erfasst (Capture)!');
   }, true);
```

Der Witz dabei ist, dass in der Capture-Phase das Ereignis am Body erfasst wird, *bevor* es das eigentliche Target erreicht hat. Dort kann es natürlich ebenfalls aufgefangen werden. Anschließend beginnt die Bubbling-Phase. Ist ein zweiter Listener für den Body definiert, kann das Ereignis auf dem Rückweg ein zweites Mal aufgefangen werden. Der dritte Parameter ist `false`:

```
document.body.addEventListener('click', function(){
      alert('Klick am Body! (Bubbling)');
   }, false);
```

Es ist wichtig, zu verstehen, dass die Weitergabe des Ereignisses (die auch *Propagation* genannt wird) das Standardverhalten ist. Es ist jedoch möglich, die Weitergabe zu unterbinden. So können Sie dem Event-Listener im Body für die Capturing-Phase befehlen, den Event nicht weiterzuleiten:

```
// Fängt den Event für confirm=true ab:
document.body.addEventListener( 'click', function(e){
      if(confirm('Capture anhaltent?')) e.stopPropagation();
   }, true );
```

Halten Sie den Event durch `stopPropagation()` in der Capture-Phase auf, kann er an weiter innen im Baum liegenden Elementen nicht mehr erfasst werden.[3] Eine Weitergabe kann aber auf gleiche Art auch erst auf dem Rückweg, vor oder während der Bubbling-Phase unterbrochen werden.

3 Ein eventueller Bubbling-Listener im Body erfasst das Ereignis jedoch ein zweites Mal: Das Ereignis wird nicht »weggefangen«, sondern kehrt nur »auf der Stelle« um.

Methode	Erläuterung
`event.isImmediatePropagationStopped()`	Speichert den Aufruf von `event.stopImmediatePropagation()`.
`event.isPropagationStopped()`	Speichert den Aufruf von `event.stopPropagation()`.
`event.stopImmediatePropagation()`	Verhindert das Feuern weiterer Event-Handler der gleichen Registrierungsgruppe.
`event.stopPropagation()`	Verhindert die Weitergabe des Ereignisses an folgende Observer.

Tabelle 4.23 jQuery-Methoden für Event-Propagation

Existiert ein Link im Inneren eines Textabsatzes, der ebenfalls auf ein Klickereignis reagiert, wird durch Bubbling der `<p>`-Handler im Anschluss an den `<a>`-Handler ausgelöst:

```
<p id="p3" onclick="alert('Der Absatz wurde geklickt.')">
   Externer Link: <a class="extern" href="#">Ein Link</a>
</p>
```

Dies lässt sich über `.stopPropagation()` verhindern:

```
$("a.extern").click(function(e){
   e.stopPropagation();
});
```

Die Behandlung des Defaultverhaltens

Bestimmte HTML-Elemente besitzen ein Defaultverhalten gegenüber bestimmten Ereignistypen. Ein `<a>`-Element beispielsweise erkennt einen Click-Event am Link und reagiert, indem es das Neuladen der Seite anhand des ihm übergebenen URL vornimmt. Dies können Sie verhindern, indem Sie die Methode `event.preventDefault()` für das Event-Objekt dieses Ereignisses aufrufen.

Property/Methode	Erläuterung
`event.isDefaultPrevented()`	Gibt den Zustand von `event.preventDefault()` als `true` oder `false` wieder.
`event.preventDefault()`	Verhindert die Defaultaktion, die mit dem Ereignis verbunden ist.

Tabelle 4.24 jQuery-Methoden zur Steuerung des Event-Defaultverhaltens

Der an das Element gebundene Handler wird stets ausgelöst, bevor das Defaultverhalten in Aktion tritt. So können Sie das Ausführen eines Links in einer Linkliste unterbinden und stattdessen eine Meldung ausgeben, wenn seine

Gültigkeit zweifelhaft ist (hier wird dies über die an den Link gebundene CSS-Klasse `inaktiv` entschieden):

```
$("a.inaktiv").click(function(e){
  alert('Link wird überprüft und ist derzeit deaktiviert');
  e.preventDefault();
});
```

Ob ein Ereignis das Standardverhalten auslöst oder nicht, können Sie über die Methode `event.isDefaultPrevented()` erkennen, die in diesem Fall `false` zurückgibt:

```
$("a.inaktiv").click(function(e){
  e.preventDefault();
  if(e.isDefaultPrevented())
  alert('Link wird überprüft und ist derzeit deaktiviert');
});
```

Eine andere Möglichkeit, das Defaultverhalten zu unterbinden, besteht darin, der Handler-Funktion den Rückgabewert `false` zurückzugeben:

```
$("a.inaktiv").click(function(e){
  alert('Link wird überprüft und ist derzeit deaktiviert');
  return false;
});
```

Dies ist jedoch nicht dasselbe, wie Sie in dieser Konfiguration sehen können:

```
<p id="p3" onclick="alert('Der Absatz wurde geklickt.')">
   Inaktiver Link: <a class="inaktiv" href="#">Ein Link</a>
</p>
```

Hier existiert am Textabsatz ein weiterer Listener für den Klick, der also in der Bubbling-Phase dort aufgefangen und erkannt würde. Die Rückgabe von `false` im Click-Handler unterbindet neben dem Defaultverhalten auch das Bubbling, sodass das Ereignis nie am `<p>`-Container ankommt. Die Methode `event.preventDefault()` arbeitet subtiler und lässt anschließendes Bubbling des Events zu.

jQuery normalisiert die Methoden des Event-Objekts W3C-konform

Alle soeben beschriebenen Methoden des jQuery-Event-Objekts zur Event-Propagation und zum Defaultverhalten entsprechen den namensgleichen Methoden des W3C-Event-Objekts. Auch hier brauchen Sie also keinen Gedanken mehr an browserspezifische Implementierungen verschwenden (... und ja, hier ist der Internet Explorer gemeint!).

4.6.3 Allgemeine Methoden zu Event-Bindung

Das jQuery Framework kennt drei Methodenpärchen, die allgemein Event-Handler an Elemente binden können: `.bind()`, `.live()`, `.delegate()` und ihre Gegenparts `.unbind()`, `.die()` und `.undelegate()`. Hierbei müssen Sie zwischen einer Bindung an existierende Elementknoten und an – nennen wir dies »Bindung im Voraus« – durch jQuery zukünftig neu erzeugte Elementknoten unterscheiden.

Einfaches Binden von Events an die Collection

Die einfachste allgemeine Bindung geschieht durch die Methode `.bind()`.

Methode	Erläuterung
`.bind(typ, fn)` `.bind(typ,[data], fn)`	Bindet einen Handler `fn` an den Event `typ` (und nimmt optional Daten `data` als zweiten Parameter entgegen). `fn` bekommt das Event-Objekt übergeben.
`.bind(events)`	**Alternativ:** Nimmt ein Mapping aus Events `events` in Form eines Objekts entgegen.

Tabelle 4.25 Allgemeines Binden von Events

Im einfachsten Fall wird ein Event an alle Elemente einer Collection gebunden, indem `.bind()` der Event-Typ und die Handler-Funktion als Argumente übergeben werden. Hier erhalten alle `<p>`-Container einen Click-Event:

```
$("p").bind("click", function() {
  alert("Du hast mich angeklickt!");
});
```

Zwei (oder mehr) Events können gleichzeitig gebunden werden, indem die Event-Bezeichner durch Leerzeichen getrennt als ein Stringargument übergeben werden. Allen Events wird die gleiche Handler-Funktion zugewiesen:

```
$("p").bind("mouseenter mouseleave", function() {
  // bindet oder entfernt eine CSS-Klasse:
  $(this).toggleClass("hover");
});
```

Eine weitere, wesentlich flexiblere Möglichkeit zum gleichzeitigen Binden mehrerer Events über `.bind()` besteht darin, der Methode ein *JavaScript-Objekt* als Argument zu übergeben, das den Event-Namen und die zuständige Handler-Funktion als Eigenschaften enthält. Dies wird als *Event-Map* bezeichnet. Hier werden drei Events gebunden:

```
$("p").bind({
  mouseenter: function(){
    $(this).addClass("hover");
```

```
  },
  mouseleave: function(){
    $(this).removeClass("hover");
  },
  click: function(){
    $(this).addClass("clicked");
  }
});
```

Die Bindung wirkt leider nur auf diejenigen Elemente im DOM, die zum Zeitpunkt des Aufrufs der Bindung existieren. Hier werden alle Elemente der Klasse »klickbar« mit einem Click-Event-Handler versehen:

```
$('.klickbar').bind('click', function() {
   alert("Element wurde angeklickt."(;
});
```

Fügen Sie nun Elemente mit dieser Klasse nachträglich hinzu, erstreckt sich die Event-Bindung auf diese nicht automatisch:

```
$('body').append('<p class="klickbar">Nicht klickbar!</p>');
```

Ein erneuter Aufruf der `.bind()`-Methode wäre vonnöten. Um dies zu vermeiden, existieren Alternativmethoden zur Event-Bindung, die Bindungen für später hinzugefügte Elemente vormerken. Doch dazu gleich noch mehr.

Lösen von Events

Das Lösen von Events, die mittels `.bind()` gebunden wurden, geschieht durch die Methode `.unbind()`. Ein Ablösen eines Events ist dann notwendig, wenn dieses nicht, wie es sonst der Fall ist, bis zum Entladen der Seite an einem Element gültig bleiben soll.

Methode	Erläuterung
`.unbind()`	Entfernt alle Event-Bindungen von den Elementen der Collection.
`.unbind(typ)`	Wird an `.unbind()` ein Event-Typ `typ` übergeben, wird nur dieser Event-Typ entfernt.
`.unbind(typ, fn)`	Wird zusätzlich zum Typ `typ` eine Handler-Funktion `fn` übergeben, wird nur dieser Handler für den betreffenden Event entfernt.
`.unbind(e)`	**Alternativ:** Nimmt ein Event-Objekt `e` entgegen, das den zu entfernenden Event bezeichnet.

Tabelle 4.26 Allgemeines Lösen von Events

Meist wird `.unbind()` mit dem zu lösenden Event-Typ als Argument verwendet. Folgender Aufruf löst den Click-Event eines angeklickten <p>-Containers:

```
$("p").bind("click", function() {
  alert("Anklicken geht nur einmal!");
  $(this).unbind("click"); // kein weiterer Klick möglich
});
```

Dasselbe Ergebnis wäre einfacher mit dem Convenience-Event-Binder `.one()` zu erreichen gewesen. (Führen Sie einen zusätzlichen Counter ein, könnten Sie den Event-Handler so aber auch erst nach dem zweiten, dritten etc. Klick lösen.)

Binden von Events an zukünftige Elemente – .live()

Mit `.bind()` kann, wie vorhin erwähnt, eine Event-Bindung nur an bestehende Elemente des Dokuments erfolgen. Dies bedeutet, dass nachträglich hinzugefügten Bestandteilen der Seite (die beispielsweise per Ajax nachgeladen wurden), die entsprechenden Event-Handler fehlen.

Da es umständlich ist, nach jeder DOM-Manipulation die Event-Bindung nachzuholen, gibt es Methoden, die eine Event-Bindung an Elemente bestimmten Typs quasi »vormerken« und beim Erzeugen eines entsprechenden Containers automatisch vornehmen. Dies sind die Methoden `.live()` und `.delegate()`, für die jeweils die Pendants `.die()` bzw. `.undelegate()` zum Lösen der Bindungen existieren.

Methode	Erläuterung
`.live(typ, fn)` `.live(typ, data, fn)`	Bindet über einen Event `typ` eine Handler-Funktion `fn` an alle Elemente der Collection und zukünftig hinzugefügte Elemente, die demselben Selektor entsprechen. (Nimmt gemappte Daten `data` als optionalen zweiten Parameter entgegen, die an die Handler-Funktion weitergereicht werden.)

`.die()`
`.die(typ)`
`.die(typ, fn)`
	Entfernt über die Methode `.live()` gebundene Events. (Optional können der Event-Typ `typ` sowie der abzukoppelnde Handler `fn` übergeben werden.)

Tabelle 4.27 Binden und Lösen von Events für bestehende und zukünftig existierende Elemente

Die Methode `.live()` funktioniert nach außen analog zu `.bind()`. Die Bindung erfolgt unverzüglich an alle Elemente der Collection, die die Methode aufruft:

```
$('.klickbar').live('click', function() {
  alert("Element wurde angeklickt."(;
});
```

Ein nachträglich hinzugefügtes Element verfügt ebenfalls über die Bindung:

```
$('body').append('<p class="klickbar">Auch klickbar!</p>');
```

Diese Bindung ist allerdings nur eine scheinbare, da nicht wirklich die eigentlichen Target-Kandidaten mit dem Event belegt werden. Stattdessen wird das Ereignis am Ende seiner Bubbling-Phase am Root aufgefangen. Ist ein solcher Event über `.live()` registriert, wird nun geprüft, ob das Target-Element den Bindungskriterien entspricht. Ist das der Fall, wird der Handler ausgelöst.

Der Kontext für das Auswerten von `.live()` ist also in der Regel das gesamte Dokument. Dies kann eingeschränkt werden, indem die Bindung im Rahmen eines explizit definierten Kontexts erfolgt.

Hier ist dieser Kontext ein Element mit dem ID `inhalt`, innerhalb dessen Textabsätze auf Mouseover reagieren sollen:

```
$("#inhalt").each(function(){
  // #inhalt dient als Kontext für .live():
  $("p", this).live("hover", function(){
    $(this).toggleClass("hervorheben");
  });
});
```

Die Auswertung von `.live()` erfolgt auch hier während der Bubbling-Phase, allerdings wird diese bereits am Element `#inhalt` unterbrochen. Danach wird das Event-Target mit dem Selektorkriterium von `.live()` verglichen und gegebenenfalls der Handler mit am Target ausgeführt.

Anmerkung

Der hier gebundene `"hover"`-Event ist ein Synonym für die beiden Events `"mouseenter"` und `"mouseleave"`, die sonst einzeln gebunden werden müssten. Anders gesagt, das Argument `"hover"` entspricht dem Argument `"mouseenter mouseleave"`.

Ein Lösen von Events, die durch `.live()` gebunden wurden, kann nicht durch `.unbind()` erfolgen – wie bereits erwähnt, existiert gar keine »echte« Bindung am Target selbst. Stattdessen muss die Methode `.die()` aufgerufen werden:

```
$("p").live("click", function() {
  alert("Anklicken geht nur einmal!");
```

```
  $(this).die("click"); // kein weiterer Klick möglich
});
```

Binden von Events an zukünftige Elemente – .delegate()

Vergleichbar mit `.live()` arbeitet `.delegate()`, wobei mit `.delegate()` allerdings nicht an die aktuelle Collection und analoge Elemente gebunden wird. Stattdessen bringt `.delegate()` ein eigenes Selektorargument mit und verwendet die aktuelle Collection als Kontext der späteren Auswertung. Delegiert wird also ausgehend von der Collection an selektierte Nachfahren.

Methode	Erläuterung
`.delegate( sel, typ, [data, ] fn )`	Bindet den Handler `fn` über den Event `typ` an alle Elemente, auf die `sel` passt, wobei dies sowohl die aktuell existierenden als auch später hinzugefügte Elemente dieses Typs betrifft. (Nimmt optional als dritten Parameter Daten `data` entgegen, die dem Handler übergeben werden.)

`.undelegate()`
`.undelegate( sel, typ )`
`.undelegate( sel, typ, fn )`
	Entfernt alle durch `.delegate()` vorgenommenen Event-Bindungen von den Elementen der aktuellen Collection.
	Werden ein Selektor `sel` und ein Event-Typ `typ` übergeben, werden auch nur entsprechende Events an den durch `sel` bezeichneten Elementen der aktuellen Collection entfernt. Wird als dritter Parameter eine Handler-Funktion `fn` übergeben, wird nur dieser Handler für den betreffenden Event entfernt.

Tabelle 4.28 Binden und Lösen von Events für bestehende und zukünftig existierende Elemente

Ein analoges Beispiel finden Sie bei `.live()`. Auch hier wird an `<p>`-Container innerhalb von `#inhalt` ein Hover-Event-Handler »delegiert«, was auch später hinzugefügte Elemente erfasst. Da Sie hier den Kontext nicht bei der Bindung setzen müssen, sondern sich dieser aus der Collection ergibt, sparen Sie die `.each()`-Schleife in diesem Fall ein:

```
$("#inhalt").delegate("p", "hover", function(){
  $(this).toggleClass("hervorheben");
});
```

Ähnlich wie im Fall von `.bind()` und `.live()` können durch `.delegate()` gebundene Events nur durch eine eigene Methode gelöst werden, die sich `.undelegate()` nennt.

4.6.4 Spezielle Event-Bindungen (Convenience-Methoden)

Selbstverständlich lassen sich per `.bind()` auch komplexere Event-Situationen behandeln. Für bestimmte, häufig auftretende Fälle stellt jQuery drei spezialisierte Event-Bindungsmethoden zur Verfügung, die es Ihnen ersparen, lästiges Beiwerk zu schreiben. Alle drei Methoden können Sie jedoch nur auf existierende DOM-Elemente anwenden – Convenience-Pendants zu `.live()` und `.delegate()` gibt es nämlich nicht.

Methode	Erläuterung
`.hover(fnI, fnO)` `.hover(fnIO)`	Bindet die Callback-Funktion `fnI` an den Mouseenter-Event und die Callback-Funktion `fnO` an den Mouseleave-Event. Wird nur eine Callback-Funktion `fnIO` übergeben, wird diese an beide Events gebunden. An die Callback-Funktionen wird das Event-Objekt übergeben.
`.one(typ, fn(e))` `.one(typ, d, fn(e))`	Bindet zur *maximal einmaligen* Ausführung einen Handler `fn` an den Event `typ` (und nimmt optional Daten `data` als zweiten Parameter entgegen). `fn` bekommt das Event-Objekt übergeben.
`.toggle(fn1(e), fn2(e))` `.toggle(fn1(e), fn2(e) [ , ..., fnN(e)] )`	Bindet mindestens zwei Handler-Funktionen `fn1` und `fn2` an die Elemente der Collection und führt diese auf Klick *abwechselnd* aus. Werden weitere Handler `fn3`, ... `fnN` übergeben, werden alle gebundenen Handler auf Klick *nacheinander* ausgeführt, und es wird am Ende von vorn begonnen. Allen Funktionen wird das Event-Objekt `e` als Parameter übergeben.

Tabelle 4.29 Convenience-Methoden zur Event-Bindung

Die Methode .hover()

Mit der Methode `.hover()` lassen sich gleichzeitig der Mouseenter- und der Mouseleave-Event binden. Entsprechend nimmt die Methode zwei Callback-Funktionen als Argumente entgegen, die jeweils ausgelöst werden:

```
$("p").hover(
  // 1) Callback für Mouseenter:
  function () {
    $(this).addClass("hervorheben ");
  },
  // 2) Callback für Mouseleave:
  function () {
```

```
    $(this).removeClass("hervorheben ");
  }
);
```

Da es kein `.unhover()` gibt, muss `.unbind()` bemüht werden – wobei die beiden tatsächlich gebundenen Events auch genannt werden müssen:

```
// löst eine Event-Bindung durch .hover():
$("p").unbind("mouseenter mouseleave");
```

Die Methode `.one()` sorgt für eine einmalige Bindung eines Events. Sobald der Event an einem Target ausgelöst wurde, wird er automatisch (analog zu `.unbind()`) wieder entfernt, steht also nur ein einziges Mal zur Verfügung:

```
$("p").one("click", function() {
  alert("Anklicken geht nur einmal!");
});
```

Ein Lösen eines durch `.one()` gebundenen Events kann ebenfalls durch `.unbind()` vorgenommen werden, falls das erforderlich sein sollte – betroffen wären natürlich nur diejenigen Elemente mit Bindung, an denen der Event noch nicht aufgetreten ist.

Die Methode .toggle()

So wie `.hover()` eine Convenience-Bindung für Mouseenter und Mouseleave darstellt, arbeitet `.toggle()` mit dem Click-Event. Die Methode arbeitet verschieden, abhängig davon, welche und wie viele Argumente übergeben werden.

Meist erhält die Methode einfach zwei Callbacks, die dann auf Klick abwechselnd aufgerufen werden (und so praktisch eine »Ein/Aus-Funktion« darstellen):

```
$("p").toggle(
   function() {
      $(this).addClass("hervorheben ");
   },
   function() {
      $(this).removeClass("hervorheben ");
   }
);
```

Übergeben Sie weitere Callbacks, werden diese der Reihe nach ausgeführt. Auf diese Weise können beliebig viele Funktionen nacheinander ausgelöst werden (das Target merkt sich, welche als Nächste an der Reihe ist):

```
$("p").toggle(
   function() {
```

```
      $(this).addClass("rot");
   },
   function() {
      $(this).addClass("gelb");
   },
   function() {
      $(this).addClass("gruen");
   }
);
```

4.6.5 Erzeugen von Events

Ein Ereignis kann durch jQuery auch simuliert bzw. künstlich zu einem geeigneten Zeitpunkt erzeugt werden. Hierfür existieren zwei Methoden, die sich allerdings geringfügig unterscheiden.

Methode	Erläuterung
`.trigger(typ, arrPm)`	Triggert an den Elementen der Collection einen Event `typ` und übergibt gleichzeitig ein Array aus weiteren Parametern. (Dieses Array darf leer sein.)
`.triggerHandler (typ, arrPm)`	Triggert an den Elementen der Collection einen Event `typ`, ohne dabei das Defaultverhalten auszulösen, und übergibt gleichzeitig ein Array aus weiteren Parametern. (Dieses Array darf leer sein.)

Tabelle 4.30 Methoden zum Generieren von Events

Liegt an einer Collection von Elementen eine Event-Bindung wie hier vor

```
$('#inhalt p').bind('click', function() {
   alert($(this).text());
});
```

kann über die Methode `.trigger()` das Ereignis für alle Elemente ausgelöst werden – beispielsweise für Testzwecke.

```
$('#inhalt p').trigger('click');
```

Beachten Sie, dass hierbei das Defaultverhalten des Elements gegenüber dem getriggerten Ereignis ebenfalls ausgelöst sowie eine Bubbling-Phase ab dem Target eingeleitet wird. Möchten Sie dies nicht, können Sie alternativ die Methode `.triggerHandler()` einsetzen, die nur und ausschließlich die Handler-Funktion des Ereignisses startet:

```
$('a[title]').bind('click', function() {
   alert($(this).att('title'));
});
```

Um nicht den Link selbst auszulösen, sondern nur die Handler-Funktion zu starten, schreiben Sie:

```
$('a[title]').triggerHandler('click');
```

Allerdings hat diese Methode zwei Nachteile: Das Ereignis wird zum Ersten nur am ersten Element der Collection getriggert, und der Rückgabewert ist zum Zweiten kein jQuery-Objekt. Stattdessen wird der Wert zurückgegeben, den die Handler-Funktion erzeugt. Des Weiteren bleibt das Ereignis »vor Ort« – es gibt also keine anschließende Bubbling-Phase, in der ein Event-Handling durch Ancestor-Elemente erfolgen könnte.

Events triggern durch andere Methoden

Alle auf einen bestimmten Event-Typ gerichteten Event-Binder wie `.click()`, `.keydown()`, `.focus()` etc. dienen, ohne Argument eingesetzt, auch als Trigger für »ihren« Event. Sie müssen dafür lediglich von einer Collection ausgehend aufgerufen werden.

```
$('#beispiel').click();
```

ist demnach nur eine Abkürzung für:

```
$('#beispiel').trigger('click');
```

Eine Ausnahme bilden die Event-Binder-Methoden `.load()` und `.unload()`, die lediglich als Binder, aber nicht als Trigger arbeiten können.

4.6.6 Shortcut-Methoden für bestimmte Event-Typen

Natürlich könnten Bindungen für jede Art von Event durch allgemeine Methoden wie `.bind()` erfolgen. Da die Nennung des Event-Typs hierbei jedoch ein wenig Aufwand bedeutet, bietet jQuery für alle Event-Typen eigene, spezialisierte Bindungsmethoden an, die ihren Namen aus dem jeweiligen Event ableiten. So bindet die Methode `.click()` einen Click-Event, die Methode `.submit()` einen Submit-Event.

Ein Vorteil der spezialisierten Methoden ist ihre leichtere Handhabung. Allerdings müssen die Elemente, an die die Bindung erfolgt, bereits im Dokument existieren. Für »vorweggenommene« Bindungen müssen Sie auf die hierfür vorgesehenen allgemeinen Methoden `.live()` und `.delegate()` zurückgreifen. Auch das Lösen von spezialisierten Methoden muss durch `.unbind()` erfolgen, da es (beispielsweise) keine Methode wie `.unclick()` als Pendant zu `.click()` gibt.

Binden von Mouse-Events

Wollen Sie einen beliebigen Mouse-Event binden, können Sie dies natürlich immer per `.bind()` bewirken. Ähnlich wie im DOM Level 1 gibt es in jQuery allerdings auch hierfür Shortcuts, die den Event-Typ bereits festlegen. In diesen Fällen ist nur noch die Handler-Funktion zu übergeben.

Methode	Erläuterung
`.click(fn(e))` `.click()`	Bindet einen Handler `fn` an den Click-Event. `fn` bekommt das Event-Objekt übergeben. **Alternativ:** Triggert den Click-Event.
`.dblclick(fn(e))` `.dblclick()`	Bindet einen Handler `fn` an den Dblclick-Event. `fn` bekommt das Event-Objekt übergeben. **Alternativ:** Triggert den Dblclick-Event.
`.mousedown(fn(e))` `.mousedown()`	Bindet einen Handler `fn` an den Mousedown-Event. `fn` bekommt das Event-Objekt `e` übergeben. **Alternativ:** Triggert den Mousedown-Event.
`.mouseenter(fn(e))` `.mouseenter()`	Bindet einen Handler `fn` an den Mouseenter-Event. `fn` bekommt das Event-Objekt `e` übergeben. **Alternativ:** Triggert den Mouseenter-Event.
`.mouseleave(fn(e))` `.mouseleave()`	Bindet einen Handler `fn` an den Mouseleave-Event. `fn` bekommt das Event-Objekt `e` übergeben. **Alternativ:** Triggert den Mouseleave-Event.
`.mousemove(fn(e))` `.mousemove()`	Bindet einen Handler `fn` an den Mousemove-Event. `fn` bekommt das Event-Objekt `e` übergeben. **Alternativ:** Triggert den Mousemove-Event.
`.mouseout(fn(e))` `.mouseout()`	Bindet einen Handler `fn` an den Mouseout-Event. `fn` bekommt das Event-Objekt `e` übergeben. **Alternativ:** Triggert den Mouseout-Event.
`.mouseover(fn(e))` `.mouseover()`	Bindet einen Handler `fn` an den Mouseover-Event. `fn` bekommt das Event-Objekt `e` übergeben. **Alternativ:** Triggert den Mouseover-Event.
`.mouseup(fn(e))` `.mouseup()`	Bindet einen Handler `fn` an den Mouseup-Event. `fn` bekommt das Event-Objekt `e` übergeben. **Alternativ:** Triggert den Mouseup-Event.

Tabelle 4.31 Methoden zum Binden von Mouse-Events

Ein Click-Event wird über die `.click()`-Methode gebunden:

```
$('#inhalt p').click(function() {
   alert('Der Absatz wurde angeklickt.');
});
```

Dies ist eigentlich nichts anderes als eine Abkürzung für:

```
$('#inhalt p').bind('click', function() {
   alert('Der Absatz wurde angeklickt.');
});
```

Ohne Argument aufgerufen, triggert die Methode den jeweiligen Event.

Binden von Keyboard-Events

Ebenso wie für Mausereignisse gibt es Convenience-Methoden zur Bindung von Keyboard-Events. Die Verwendung ist analog zu der für Mouse-Events.

Methode	Erläuterung
`.keydown(fn(e))` `.keydown()`	Bindet einen Handler `fn` an den Keydown-Event. `fn` bekommt das Event-Objekt `e` übergeben. **Alternativ:** Triggert den Keydown-Event.
`.keypress(fn(e))` `.keypress()`	Bindet einen Handler `fn` an den Keypress-Event. `fn` bekommt das Event-Objekt `e` übergeben. **Alternativ:** Triggert den Keypress-Event.
`.keyup(fn(e))` `.keyup()`	Bindet einen Handler `fn` an den Keyup-Event. `fn` bekommt das Event-Objekt übergeben. **Alternativ:** Triggert den Keyup-Event.

Tabelle 4.32 Methoden zum Binden von Keyboard-Events

Ein Keydown-Event-Handler wird an ein Formular gebunden. Die Funktion nimmt das Event-Objekt entgegen und prüft, ob die [↵]-Taste betätigt wurde. In diesem Fall wird das Defaultverhalten, nämlich das Abschicken der Formulardaten, unterbunden. Der User muss hierfür den SUBMIT-Button einsetzen:

```
$('form').keydown(function(e) {
   if (e.which == '13') {
      event.preventDefault();
   }
});
```

Binden von Fenster-Events

Ereignisse in Zusammenhang mit dem Browserfenster können ebenfalls erfasst werden. Dies sind das Scrollen oder auch eine Größenveränderung des Fensters sowie das Entladen des aktuellen Dokuments. Auch für diese Ereignistypen existieren Bindungsmethoden.

Methode	Erläuterung
`.load(fn(e))`	Bindet eine Handler-Funktion `fn` an den Load-Event. Die Funktion bekommt das Event-Objekt `e` übergeben. **Anmerkung:** `.load()` (Ajax) und `.load()` (Event) werden nur anhand ihrer Parameter unterschieden.
`.resize(fn(e))` `.resize()`	Bindet einen Handler `fn` an den Resize-Event. `fn` bekommt das Event-Objekt `e` übergeben. **Alternativ:** Triggert den Resize-Event.
`.scroll(fn(e))` `.scroll()`	Bindet einen Handler `fn` an den Scroll-Event. `fn` bekommt das Event-Objekt `e` übergeben. **Alternativ:** Triggert den Scroll-Event.
`.unload(fn(e))`	Bindet eine Handler-Funktion `fn` an den Unload-Event. `fn` bekommt das Event-Objekt `e` übergeben.

Tabelle 4.33 Methoden zum Binden fensterbezogener Events

Der Event-Binder .load()

jQuery stellt für den Load-Event einen eigenen Event-Binder namens `.load()` zur Verfügung, der die ihm übergebene Callback-Funktion aufruft, sobald das entsprechend überwachte Objekt (dies kann das Dokument selbst sein, aber auch andere Objekte, wie beispielsweise Bilder) vollständig geladen wurde:

```
$('img.illustration').load( function() {
   alert("Illustration fertig geladen.");
});
```

Achtung – Namensgleichheit zur Ajax-Methode .load()

Eine Namensgleichheit, aber eigentlich keine Verwechselungsgefahr, besteht zur Methode `.load()`, die per Ajax eine Ressource ins Dokument lädt. Jene Methode besitzt eine vollständig andere Signatur (Zahl und Art der Argumente), sodass jQuery stets »erkennt«, welcher Aufruf gemeint ist.

Der Event-Binder .resize()

Der Resize-Event kann direkt an das `window`-Objekt gebunden werden. Hier wird er dazu verwendet, die jeweils neue Fenstergröße in `div#box1` auszugeben. In diesen DIV-Container werden beim Laden des Dokuments zunächst die in diesem Augenblick gültigen Fensterabmessungen geschrieben:

```
$(document).ready(function() {

   $('#box1').text('Fenstergröße:'
      + $(window).width() +'px, '
      + $(window).height() +'px.');

   $(window).resize(function() {
      $('#box1').text('Fenstergröße:'
      + $(window).width() +'px, '
      + $(window).height() +'px.');
   });

});
```

Der Event-Binder .scroll()

Der Scroll-Event kann in beliebigen Containern mit Scrollbalken aufgefangen werden. Der häufigste Fall wird jedoch das Scrollen des Fensters selbst sein. Hier wird der Scroll-Event erkannt und die Scrollposition mithilfe der Methode `.scrollTop()` in ein Div mit fixierter Position geschrieben (die erste Anweisung füllt das Dokument mit Textabsätzen, die zweite schreibt die Startposition in das Div):

```
$(document).ready(function() {
   for (var i=0;i<100;i++) {
      $('<p>Textabsatz</p>').appendTo(document.body);
   }

   $('#box1').text('Scrollposition:  '
      + $(window).scrollTop() + 'px von oben.');

   $(window).scroll( function() {
      $('#box1').text('Scrollposition:  '
      + $(window).scrollTop() + 'px von oben.');
   });
});
```

Der Event-Binder .unload()

Dieser Event-Binder stellt das Gegenteil des `.load()`-Event-Binders dar. Seine Callback-Funktion feuert, wenn die beobachtete Resource entladen (also aus dem Fenster entfernt) wird. Sinnvollerweise setzen Sie `.unload()` entweder auf das Dokument selbst oder auf das `window`-Objekt an:

```
$(window).unload(function() {
   // Versendet ein Formularobjekt beim Verlassen der Seite:
```

```
    $('form#tracking').submit();
});
```

4.6.7 Binden sonstiger Events

Eine eigene Event-Gruppe bildet das Error-Ereignis, das zum Erfassen von Fehlern im Zusammenhang mit dem Laden von Ressourcen (beispielsweise Bildern) oder von Scriptfehlern verwendet wird. Es wird über die `.error()`-Methode gebunden.

Methode	Erläuterung
`.error(fn(e))`	Bindet eine Handler-Funktion `fn` an das Error-Objekt. Der Funktion wird das Event-Objekt übergeben. **Anmerkung:** Die Methode entspricht `.bind('error', fn)`.

Tabelle 4.34 Methode zum Binden des Error-Events

4.7 Inhalte, Attribute, Datenspeicher

Das DOM bietet zum Auslesen oder Überschreiben des Inhalts eines Knotens mehrere Ansätze. Handelt es sich um einen Textknoten, kann entweder das `nodeValue`- oder das `data`-Property des Knotens verwendet werden. Ein Attributwert hingegen lässt sich über `getAttribute()` (oder ebenfalls `nodeValue`) auslesen und mit `setAttribute()` schreiben.

Komplizierter ist es mit Elementknoten – hier nämlich gibt die `nodeValue`-Eigenschaft den Wert `null` zurück, egal, ob Inhalte vorhanden sind oder nicht: Das DOM definiert, dass ein Element entweder weitere Elemente oder aber Textknoten enthält, deren Werte dann einzeln ausgelesen werden müssen.

Eine Eigenschaft, die den gesammelten Textinhalt eines Elements ausliest, fehlt (wie gesagt, ist laut DOM der Text im Textknoten, nicht im Element!) – immerhin existieren hierfür nicht standardisierte Eigenschaften wie `innerHTML`, `innerText` oder `textContent`, die allerdings browserspezifisch sind.

Auf dieser etwas disparaten Sachlage baut jQuery ein Gebäude aus Methoden auf, die das Auslesen und Manipulieren von Inhalten erstens vereinfachen und zweitens auch die browsertypischen Eigenheiten berücksichtigen. Es ist daher nicht erforderlich, dass Sie sich mit den DOM-Eigenschaften selbst befassen, solange Sie die infrage kommenden Knoten in einer jQuery-Collection zur Verfügung haben.

4.7.1 Lesen, Ändern und Entfernen von Attributen und DOM-Eigenschaften

Für das Lesen und Schreiben von HTML-Attributen bietet jQuery die `.attr()`-Methode. Der Unterschied zwischen dem Attribut eines Elements und der korrespondierenden DOM-Eigenschaft, die sich aus dem Attribut ableitet, ist unter bestimmten Umständen erheblich. So nennt im Falle des `checked`-Attributs der Attributwert nur den Initialwert beim Laden des Dokuments und muss nicht mit dem (späteren) Wert der DOM-Eigenschaft `checked` identisch sein, die sich aus der Interaktion mit dem User (oder mit Scripten) ergibt.

Will man definitiv nicht das *Attribut*, sondern die *DOM-Eigenschaft* (die sich namentlich nicht unterscheiden) ansprechen, so kann dies mit der jQuery-Methode `.prop()` geschehen, deren Pendant `.removeProp()` zum Entfernen dieser Eigenschaften dient.

Die `.attr()`-Methode macht beim Auslesen von Werten keinen Unterschied zwischen beiden Aspekten, was in jQuery-Versionen *vor* 1.6 zu Inkonsistenzen führte. Dies betraf prinzipiell alle booleschen Attribute. Auch wurden DOM-Eigenschaften des Window- bzw. Document-Objekts (die definitiv keine Attribute sind) von `.attr()` wie Attribute behandelt. Dieser Ansatz war zwar inkorrekt, hat sich jedoch wegen seiner Einfachheit etabliert.

Seit jQuery 1.6.1 bedient sich `.attr()`, um dieser Erwartungshaltung entgegenzukommen, in diesen Fällen transparent der `.prop()`-Methode, die speziell auf das Lesen und Schreiben von DOM-Eigenschaften ausgerichtet ist. Der Programmierer kann also, wie von früheren jQuery-Versionen gewohnt, weiterhin mit `.attr()` arbeiten, erhält nunmehr jedoch konsistente Ergebnisse.

Betrachten wir ein DOM-Element, das sich aus folgendem HTML-Markup ableitet:

```
<input type="checkbox" checked="checked" id="c1" />
```

Es wird eine Referenz in die Variable `cb` gespeichert.

```
var cb = document.getElementById("c1");
```

Wir erhalten folgende Ergebnisse beim Auslesen der `checked`-Eigenschaft:

Test-Code	Ergebnis	Gelesen wird
`cb.checked`	true (Boolean)	DOM-Eigenschaft
`$(cb).prop("checked")`	true (Boolean)	DOM-Eigenschaft
`cb.getAttribute("checked")`	`"checked"` (String)	Attributwert

Tabelle 4.35 Ergebnisse beim Auslesen der »checked«-Eigenschaft

Test-Code	Ergebnis	Gelesen wird
`$(cb).attr("checked")`	`"checked"` (String)	Attributwert (1.6+)
`$(cb).attr("checked")`	true (Boolean)	DOM-Eigenschaft (pre-1.6)

Tabelle 4.35 Ergebnisse beim Auslesen der »checked«-Eigenschaft (Forts.)

Gemäß den W3C-Spezifikationen handelt es sich beim `checked`-Attribut um ein boolesches Attribut. Sein DOM-Property ist daher `true`, sobald das Attribut gesetzt wird, unabhängig vom tatsächlichen Attributwert und selbst dann, wenn dies ohne Wertzuweisung oder mit dem leeren String geschehen ist.

Methode	Erläuterung
`.attr(name)`	Holt den Wert des bezeichneten Attributs `name` des ersten Elements der Collection.
`.attr(name, val)`	Schreibt den Wert `val` in das bezeichnete Attribut `name` des ersten Elements der Collection.
`.attr(map)`	Alternativ kann auch ein Objekt in Form eines Name-Value-Maps übergeben werden, um mehrere Attribute an einem Knoten gleichzeitig zu setzen.
`.attr(name, fn)`	Der Value des bezeichneten Attributs kann auch durch ein Funktionsobjekt `fn` erzeugt werden.
`.prop(name)`	Holt den Wert der bezeichneten DOM-Eigenschaft `name` des ersten Elements der Collection.
`.prop(name, val)`	Schreibt den Wert `val` in die bezeichnete DOM-Eigenschaft `name` des ersten Elements der Collection.
`.prop(map)`	Alternativ kann auch ein Objekt in Form eines Name-Value-Maps übergeben werden, um mehrere Eigenschaften an einem Knoten gleichzeitig zu setzen.
`.prop(name,fn)`	Der Value des bezeichneten Eigenschaften kann auch durch ein Funktionsobjekt `fn` erzeugt werden.
`.removeAttr(att)`	Entfernt das bezeichnete Attribut `att` aus allen Elementen der aktuellen Collection.
`.removeProp(prop)`	Entfernt eine DOM-Eigenschaft `prop` an einem Elementknoten, die mittels `.prop()` gesetzt wurde.

Tabelle 4.36 jQuery-Methoden für Attribute und DOM-Eigenschaften

Die Methode .attr()

Sie können nicht nur `class`-Atrribute hinzufügen, sondern beliebige Attribute. Mit der allgemeinen Methode `.attr()` können Sie auch Attribute abfragen, und – um noch mehr Verwirrung zu stiften – Sie könnten mittels `.attr()` selbstverständlich auch `class`-Attribute hinzufügen. Sie können mit der Methode `.attr()` auch lesend auf ein Attribut zugreifen. Diese Möglichkeiten wollen wir uns nun kurz einmal ansehen:

Der entsprechende HTML-Abschnitt sieht so aus:

```
<a href="#" title="Titel des Links">Link</a>
```

Und mit folgendem jQuery-Code greifen Sie lesend darauf zu:

```
$(document).ready(function() {
  $("a").click(function() {
    alert($(this).attr("title"));
  });
});
```

Wenn Sie den Wert eines Attributs setzen wollen, fügen Sie den Wert als zweiten Parameter hinzu, betrachten das vorige Beispiel und fügen folgende Zeile hinzu:

```
$(document).ready(function() {
$("a").attr("title","Der neue Titel des Links");
  $("a").click(function() {
    alert($(this).attr("title"));
  });
});
```

Wenn Sie mehrere Attribute übergeben wollen, können Sie auch eine Map in Form von Attributwertpaaren setzen:

```
$("a").attr({
             title : "Der Titel",
             alt : "Der Alternativtext",
});
```

Und wie bei anderen jQuery-Methoden können Sie auch hier eine anonyme Funktion übergeben:

```
$("a").attr("title",function() {
   return "Der Titel mit dem Index:" + $(this).index();
});
```

Die Methode .prop()

Die Methode `.prop()` liest oder setzt den Wert einer genannten DOM-Eigenschaft am ersten Knoten des aktuellen Sets. Um zu schreiben, muss neben dem Property-Namen auch ein Wert mitgeteilt werden.

Soll das Property für mehrere (bzw. alle) Elemente eines Sets gesetzt werden, so kann dies über eine Funktion geschehen, die als zweites Argument nach dem Property-Bezeichner übergeben wird. Diese Funktion gibt den jeweiligen Value der gesetzten Eigenschaft zurück und erhält als Parameter den Index des verarbeiteten Elements im Set und den alten Wert der überschriebenen Eigenschaft.

Hier sehen Sie ein Beispiel, bei dem ein Property erzeugt, ausgelesen und anschließend wieder entfernt wird:

```
var elem = $("div");

// ein Property erzeugen:
elem.prop("teilenummer", 1234);

// -> Die Teilenummer ist: 1234 .
console.log("Die Teilenummer ist: ",
   String(elem.prop("teilenummer")),". ");

// das Property entfernen:
elem.removeProp("teilenummer");

// -> Die Teilenummer ist: undefined.
console.log("Die Teilenummer ist: ",
   String(elem.prop("teilenummer")),". ");
```

Die Methode .removeAttr()

Sie können Attribute mittels `.removeAttr()` aus einem Element entfernen. Hier wird beispielsweise das `title`-Attribut aus einem Set von Anker-Elementen entfernt:

```
$("a").removeAttr("title");
```

Den Attributnamen als Parameter müssen Sie in jedem Fall übergeben.

Die Methode .removeProp()

Die Methode `.removeProp()` dient, analog zu `.removeAttr()`, zum Entfernen der namentlich übergebenen DOM-Eigenschaft. Bei bestimmten vordefinierten DOM-Eigenschaften von Elementknoten oder des Window-Objekts erzeugt der Versuch, diese zu entfernen, einen Fehler. jQuery löst dies, indem der Wert der Eigenschaft auf *undefined* gesetzt wird und anschließende Fehlermeldungen durch den Browser ignoriert werden. Allgemein betrachtet ist es allerdings sinnvoll, gegebenenfalls lediglich *diejenigen* DOM-Eigenschaften mittels `.removeProp()` an einem Knoten zu entfernen, die künstlich gesetzt worden sind (also mit `.prop()`).

Kein Property eines booleschen Attributs entfernen

Generell abzuraten ist von dem Versuch, das Property eines booleschen Attributs wie `checked`, `disabled` oder `selected` zu entfernen, da es anschließend nicht mehr verfügbar ist, um es neu mit einem Wert zu belegen. Stattdessen sollte es durch `.prop()` auf den Wert `false` gesetzt werden.

4.7.2 Manipulation von Text- und Elementinhalt

Methode	Erläuterung
`.html()`	Gibt den HTML-Inhalt des ersten Elements der aktuellen Collection zurück (entspricht `innerHTML`).
`.html(htmlString)`	Ersetzt den HTML-Inhalt aller Elemente der aktuellen Collection durch den übergebenen HTML-String `htmlString`.
`.html(fn(i, oHtml))`	Ersetzt den HTML-Inhalt aller Elemente durch den Rückgabewert der Funktion `fn`, die den Index `i` in der Collection und den alten Inhalt `oHtml` jedes Elements als Parameter erhält.
`.text()`	Gibt die in Dokumentreihenfolge verketteten Textknoten der Elemente der Collection und ihrer Kindelemente als Textstring zurück.
`.text(txt)`	Setzt den Textinhalt der Elemente der Collection auf den übergebenen Textstring `txt`.
`.text(fn(i, txtAlt))`	Nimmt eine Funktion `fn` entgegen, die den Textinhalt als Rückgabewert liefert. Die Funktion bekommt den Collection-Index `i` und den alten Textinhalt `txtAlt` übergeben.
`.empty()`	Entfernt den Inhalt (d. h. alle Kindknoten) aus den Elementen der Collection.

Tabelle 4.37 jQuery-Methoden zur Manipulation von Inhalten

Die Methode .html()

Mittels der Methode `.html()` können Elemente samt Inhalt gelesen und geschrieben werden. (Im Extremfall könnten Sie mit dieser Methode aus einer komplett leeren Seite, die nichts als ein leeres Grundgerüst enthält – und natürlich die `<script>`-Tags –, komplett dynamisch eine inhaltsreiche Seite zaubern.)

Fangen wir aber mit dem Lesen von Elementen an. Ohne Parameter gibt `.html()` den Inhalt des Selektors zurück:

```
$(document).ready(function() {
   alert($(".container").html());
});
```

Dies würde den kompletten Inhalt des Containers `<div id="container">... </div>` als String zurückgeben und in einer Alert-Box anzeigen.

Wichtig

Enthält der Selektor mehr als ein Element, wird nur das erste gefundene Element zurückgegeben.

Setzen Sie einen String als Parameter, den Sie der Methode übergeben, in das Element, wird dieser String in das Element geschrieben:

```
$(document).ready(function() {
  $(".container").html("<div><p>Ein Absatz</p></div>");
});
```

Wenn bereits Elemente und Inhalt in dem Container enthalten waren, werden diese komplett überschrieben. Im Gegensatz zu `.append()` oder `.prepend()` ersetzt diese Methode sämtliche eingeschlossenen Elemente.

Sie können `.html()` (wie auch der im Anschluss vorgestellten Methode `.text()`) ebenfalls eine anonyme Funktion als Parameter übergeben. Hier ein kurzes Exempel:

```
$(document).ready(function() {
  $('.target').html(function() {
    var str = '<strong>Diese Seite enthält '
            + $('p').length + ' Absätze</strong>';
    return str;
  });
});
```

Dieses Beispiel durchsucht das Dokument nach allen `<p>`-Elementen. Mit `.length` erhalten Sie die Anzahl der Elemente. Das Ergebnis wird an das Element mit dem ID `target` angefügt.

Die Methode .text()

Im Gegensatz zu `.html()` gibt die Methode `.text()` nur den Textinhalt eines Elements, d. h. ohne Kindelemente, zurück. Da der Rückgabewert ein String ist, ist die Methode terminierend, also nicht verkettbar. Nehmen Sie also nun den HTML-Code

```
<div class="container">
  <p>Absatz</p>
  <p>Ein weiterer Absatz</p>
</div>
```

```
<div class="target">
</div>
```

und wenden Sie folgende jQuery-Anweisung an:

```
$(document).ready(function() {
  $(".target").append(($(".container").text());
});
```

Sie sehen, wenn Sie den generierten Quelltext betrachten, dass die Anweisung nur den Textinhalt ohne umgebenden HTML-Code zurückgibt:

```
<div class="container">
   <p>Absatz</p>
   <p>Ein weiterer Absatz</p>
</div>
<div class="target">
   Absatz
   Ein weiterer Absatz
</div>
```

Hier wird mittels des Ausdrucks `$(".container").text()` ein String erzeugt und in ein Zielelement geschrieben. Interessant mag sein, dass auf den String alle Stringmethoden von JavaScript direkt anwendbar sind, beispielsweise die Methode `replace()`:

```
// Achtung: replace() ist eine Stringmethode:
$(".container").text().replace(/weiterer/ig,'anderer')
```

Wenden Sie dies in Zusammenhang mit dem vorigen Beispiel an, erhalten Sie:

```
$(document).ready(function() {
   $(".target")
   .append(($(".container")
   .text()
   // Stringmethode:
   .replace(/weiterer/ig,'anderer'));
});
```

Und als Ergebnis:

```
<div class="container">
   <p>Absatz</p>
   <p>Ein weiterer Absatz</p>
</div>
<div class="target">
   Absatz
```

```
    Ein anderer Absatz
</div>
```

Der Methode .text() kann, genauso wie .html(), auch wieder ein Stringparameter übergeben werden. Was aber passiert, wenn hierbei ein HTML-String übergeben wird, wie im folgenden Beispiel?

```
$(document).ready(function() {
    $(".target").text("<p>Ein Absatz</p>");
});
```

Der generierte Quelltext zeigt, dass die Tag-Klammern der HTML-Elemente durch Entitys ersetzt werden. Es werden keine Kindelemente erzeugt:

```
<div class="target">&lt;p&gt;Ein Absatz&lt;/p&gt;</div>
```

Die Methode .empty()

Ähnlich verhält es sich mit der Methode .empty(), die alle Inhalte eines selektierten Elements löscht. Ausgehend vom üblichen HTML-Gerüst

```
<div class="container">
  <p class="target">Absatz</p>
  <p>Ein weiterer Absatz</p>
</div>
```

und mit den Zeilen

```
$(document).ready(function() {
  $(".target").empty();
});
```

erhalten Sie folgendes Ergebnis:

```
<div class="container">
  <p class="target"></p>
  <p>Ein weiterer Absatz</p>
</div>
```

Es werden alle Inhalte und Elemente innerhalb des selektierten Elements gelöscht. Würden Sie innerhalb von <p class="target"> weitere verschachtelte DOM-Elemente vorfinden, würden auch diese gelöscht. (Im Gegensatz dazu entfernt .remove()alles, *inklusive* des selektierten Elements.)

Der Methode .empty() kann kein Parameter übergeben werden, der die Selektion weiter einschränkt. Aber genauso wie bei .remove() werden alle gebundenen Events und .data() gelöscht.

4.7.3 Daten in Objekten speichern

Mit der Methode `.data()` können Daten an ein jQuery-Objekt gebunden werden. Analog dient `.removeData()` dazu, derart gebundene Daten wieder zu entfernen.

Methode	Erläuterung

`.data(key, val)`
`.data(obj)`
`.data(key)`
`.data()`
	Speichert den Wert `val` unter dem Namen `key` an die Elemente der aktuellen Collection, nimmt alternativ ein Objekt `obj` aus Key-Value-Pärchen entgegen.
	Holt aus der aktuellen Collection den Wert des übergebenen `key` (wenn kein Wert `val`) übergeben wurde oder alle Key-Value-Pärchen als Objekt `obj`, wenn kein Parameter übergeben wurde.

`.removeData()` `.removeData(name)`	Entfernt *alle* durch jQuery an die Elemente der Collection gebundenen Datenwerte. **Optional:** Wird ein Bezeichner `name` übergeben, werden nur die entsprechend benannten Datenwerte entfernt.

Tabelle 4.38 jQuery-Methoden zur Datenbindung und -lösung

.data(name) und .data(name,value)

Mit `$(this).data("info","Der Index ist ...")` wird ein Wert unter dem Schlüsselbezeichner `info` an das aktuell verarbeitete Element der Collection (ein <p>-Container) gebunden. In der an den Click-Event desselben Elements gebundenen Funktion wird durch Aufruf des Schlüssels `$(this).data("info")` der gebundene Wert mit `$(this).append()`an den Elementinhalt angehängt:

```
$(document).ready(function() {
   var obj = $("#box p");
   obj.each(function() {
      // Daten binden (key, val):
      $(this).data("info"," Der Index ist: " +
        obj.index(this));
   });
   $("#box p").click(function() {
      // Daten auslesen (key)
      $(this).append($(this).data("info"));
   });
});
```

Aus dem Beispielcode

```
<div id="box">
   <p>Eins.</p>
```

```
    <p>Zwei.</p>
    <p>Drei.</p>
    <p>Vier.</p>
</div>
```

wird nach (einmaligem) Anklicken jedes Absatzes:

```
<div id="box">
    <p>Eins. Der Index ist: 0</p>
    <p>Zwei. Der Index ist: 1</p>
    <p>Drei. Der Index ist: 2</p>
    <p>Vier. Der Index ist: 3</p>
</div>
```

Enthält die jQuery-Collection, auf die `.data()` angewendet wird, mehrere Elemente, so werden die Daten nur an das erste Element gehängt.

Anmerkung

Nicht nur Metainformationen lassen sich an ein DOM-Element binden, auch über Ajax lassen sich Daten laden und an ein Element hängen, um später abgerufen zu werden. Die Erweiterung *jQuery UI* macht ausgiebig Gebrauch von diesem Ansatz.

.removeData(name)

Mit dieser Methode lassen sich gebundene Daten wieder entfernen:

```
// an p#p1 werden Daten unter zwei Schlüsseln gebunden:
$("p#p1").data("info","Wert");
$("p#p1").data("info2","Wert2");
```

Ein pauschaler Aufruf von `removeDate()` entfernt Daten von allen `<p>`-Containern. Hierdurch verliert `p#p1` beide gebundenen Informationen:

```
// alle gebundenen Daten werden entfernt:
$("p").removeData();
```

Möchten Sie subtiler arbeiten, können Sie den Schlüsselbezeichner der zu entfernenden Information übergeben. Nach dem folgenden Aufruf besitzt `p#p1` noch die mit `info2` benannten Daten:

```
// nur unter Key 'info' gebundene Daten werden entfernt:
$("p").removeData("info");
```

Data-Utilitys – jQuery.data() und jQuery.removeData()

Passend zur jQuery-Methode `.data()`, die Daten an DOM-Objekte bindet oder sie ausliest, existieren Utility-Methoden, die gleichfalls Daten lesen oder lösen können. Da dies ausgehend vom jQuery-Objekt geschieht (das also Kontextobjekt ist), muss das nach Daten zu untersuchende Objekt als Argument übergeben werden. Eine Datenbindung ist auf diesem Wege nicht möglich – dies geschieht ausschließlich für jQuery-Collections durch die `.data()`-Methode.

Utility	Erläuterung
`jQuery.data(obj)`	Liest alle gebundenen Daten aus einem übergebenen Objekt `obj`.
`jQuery.data(obj, key)`	Liest gebundene Daten mit dem Schlüssel `key` aus einem übergebenen Objekt `obj`.
`jQuery.removeData()`	Entfernt ein jQuery-Datenobjekt.

Tabelle 4.39 jQuery-Helferfunktionen für Datenbindungen an Objekte

4.8 Formulare verarbeiten mit jQuery

Zur Verarbeitung von Formulardaten bietet jQuery einige Erleichterungen, die einerseits Selektoren, andererseits Event-Handler und drittens Methoden zur Vorverarbeitung der eingegebenen Daten umfassen.

4.8.1 Filterausdrücke für Formularelemente

Formularselektoren und -filter lassen sich einsetzen, um Formulareingaben zu validieren und die Eingabemöglichkeiten benutzerfreundlich zu gestalten. Sie erhalten mit diesen Selektoren Zugriff auf alle Formularelemente, um ihre Werte zu validieren, bestimmte Elemente in Abhängigkeit von anderen ein- oder auszublenden oder bei bestimmten Benutzeraktionen hervorzuheben.

Filter für Input-Elemente

Selektor	Typ	Erläuterung
`:button`	Formulare	Selektiert `<button>` und `<input type="button"/>`.
`:checkbox`	Formulare	Selektiert `<input type="checkbox"/>`.
`:file`	Formulare	Selektiert `<input type="file"/>`.
`:image`	Formulare	Selektiert `<input type="image"/>`.
`:input`	Formulare	Selektiert alle Formularinputelemente (inklusive Textareas, Select-Feldern und Buttons).

Tabelle 4.40 jQuery-Formular-Filterselektoren (Inputelemente)

Selektor	Typ	Erläuterung
:password	Formulare	Selektiert `<input type="password"/>`.
:radio	Formulare	Selektiert `<input type="radio"/>`.
:reset	Formulare	Selektiert `<input type="reset"/>`.
:submit	Formulare	Selektiert `<input type="submit"/>`.
:text	Formulare	Selektiert `<input type="text"/>`.

Tabelle 4.40 jQuery-Formular-Filterselektoren (Inputelemente) (Forts.)

Für jeden Typ von Eingabeelement existiert in jQuery ein spezieller Filterselektor, der nach der allgemeinen Regel `:typname` benannt ist. Ausgenommen sind das Element `<select>` und die `<textarea>`, für die Sie herkömmliche Selektoren einsetzen müssen, wenn Sie sie gezielt erreichen wollen. Ansonsten lassen sie sich (dann aber ununterscheidbar von den »echten« Elementen vom Typ `<input>`) über den allgemeinen Filterselektor `:input` erreichen.

So selektieren Sie mit `:button` sowohl ein `<button>`-Element als auch `<input type="button"/>`. (Selbstverständlich können Sie auch einen Attributselektor und einen Typselektor kombinieren: `$('input[type=button], button')`.)

Analog selektiert `$("input:checkbox")` Elemente vom Typ `<input type="checkbox"/>` oder `$("input:file")` den File-Upload-Input `<input type="file"/>`.

Besser explizit mit Elementtyp

Selbstverständlich könnten Sie zur Selektion `$(":checkbox")` schreiben, und erhielten Ihr erwartetes Ergebnis. Dahinter steckt aber eigentlich der Ausdruck `$("*:checkbox")`. Das bedeutet, mittels des Universalselektors wird der gesamte DOM-Baum durchsucht. Da aber klar ist, dass ein *Input* gesucht wird, schreiben Sie besser (und performanter) direkt: `$("input:checkbox")`. Dies trifft auf alle Pseudoklassen zu, die hier vorgestellt werden.

:input etc. – Filter für Inputelemente

Sehr praktisch ist der *allgemeine Filterausdruck* `:input`, der aber nicht lediglich Elemente `<input>` selektiert (dies wäre der Selektorausdruck `"input"`, ohne vorangehenden Doppelpunkt), sondern alle in Formularen als Eingabeelemente fungierenden Elementtypen.

In folgendem Beispielformular sind insgesamt 14 Eingabeelemente versammelt:

```
<form id="formular" action="#">
  Textfeld:
```

```
  <input type="text"
         name="t1" id="t1"/><br/>
  Paswortfeld:
  <input type="password"
         name="text"name="p1" id="p1"/><br/>

  3 Checkboxen:
  <input type="checkbox"
         name="cb" id="cb1" value="cb1"/>
  <input type="checkbox"
         name="cb" id="cb2" value="cb1"/>
  <input type="checkbox"
         name="cb" id="cb3" value="cb1"/><br/>

  3 Radiobuttons:
  <input type="radio"
         name="rb" id="rd1" value="rd1"/>
  <input type="radio"
         name="rb" id="rd2"  value="rd2"/>
  <input type="radio"
         name="rb" id="rd3"  value="rd3"/><br/>

  (1 Verstecktes Feld)
  <input type="hidden"
         name="hd1" id="hd1" value="hd1"/><br/>

  Textarea:
  <textarea name="ta1" id="ta1"></textarea><br/>

  Selectbox:
  <select name="sl1" id="sl1">
    <option value="op1">Option 1</option>
    <option value="op2">Option 2</option>
  </select><br/>

  3 Buttons:
  <input type="reset" value="Zurücksetzen"/>
  <input type="submit" value="Abschicken" />
  <input type="button" value="Noch ein Button"/>
</form>
```

Wenn Sie den Ausdruck

```
$(document).ready(function() {
```

```
    // selektiert Eingabefelder jeden Elementtyps:
    alert($('#formular :input').length); //-> 14

});
```

anwenden, gibt die Message-Box den Wert 14 aus, was der Anzahl der Eingabeelemente entspricht (das versteckte Feld wird mitgezählt).

Vorsicht jedoch: Begrenzen Sie die Wirkung von `:input` auf den Elementtyp `<input>`, werden Selectbox und Textarea (wie eigentlich auch zu erwarten) ausgefiltert:

```
// Typselektor beschränkt auf Elementtyp <input>:
alert($('#formular input:input').length); //-> 12
```

Merke

Dem Filter `:input` sollten Sie besser keinen Typselektor hinzufügen.

Weitere Filter dienen dazu, gezielt Eingabefelder eines bestimmten Untertyps herauszugreifen: `:text`, `:password`, `:radio`, `:checkbox`, `:submit`, `:image`, `:reset`, `:file` und `:button`.

So erhalten Sie beispielsweise die Anzahl der Checkboxen:

```
// suboptimal: Filter ohne Typselektor:
alert($('#formular :checkbox').length); //-> 3
```

Dabei ist es diesmal ökonomischer (aus Sicht von jQuery jedenfalls), den Typselektor dem Filter beizugeben. Das Framework ist so nicht gezwungen, alle Elemente mit dem Filter zu überprüfen, wo es dies doch nur mit den Inputs machen müsste:

```
// besser: Filter mit Typselektor:
alert($('#formular input:checkbox').length); //-> 3
```

4.8.2 Filter für Zustände von Formularinputs

Interessant ist die Möglichkeit, einen Input anhand seines aktuellen *Zustands* auswählen zu können. Hierzu dienen die Zustandsfilter, die in Tabelle 4.41 aufgelistet sind.

Selektor	Erläuterung
`:checked`	Selektiert alle Inputs, deren `checked`-Property `true` ist (Radiobuttons und Checkboxen).
`:disabled`	Selektiert alle Formularelemente, deren `disabled`-Property den Wert `true` hat.
`:enabled`	Selektiert alle Formularelemente, deren `enabled`-Property den Wert `true` hat.
`:selected`	Selektiert alle Option-Elemente, deren `selected`-Property den Wert `true` hat (für Radiobuttons, Checkboxen siehe `:checked`).

Tabelle 4.41 jQuery-Formular-Filterselektoren (Zustände von Inputelementen)

Die Filter :enabled und :disabled

Allgemein reagieren die Filterausdrücke `:disabled` und `:enabled` auf den Wert der `disabled`-Eigenschaft, die durch JavaScript gesetzt worden sein kann oder über das `disabled`-Attribut festgelegt wurde.

Für das folgende Beispiel wird ein einfaches Formular eingesetzt. Das Textinputfeld soll über zwei Buttons alternativ aktiviert und deaktiviert werden. Der aktuelle Zustand wird in einen (anfangs leeren) Textabsatz geschrieben:

```
<form>
   <input type="text" name="" id="inpBeispiel" value="Test"/>
   <input type="button" id="butDisable" value="Disable"/>
   <input type="button" id="butEnable" value="Enable"/>
</form>
<p id="message"></p>
```

Um die Aktion durchzuführen, wird an jeden Button ein Click-Event-Handler gebunden, innerhalb dessen Callback-Funktion der Textinput jeweils aktiviert bzw. deaktiviert wird (alles innerhalb des `.ready()`-Blocks):

```
// Deaktivieren
$('#butDisable').click( function(){
      if($('#inpBeispiel').is(':enabled')) {
         $('#inpBeispiel').attr('disabled', 'disabled');
      }
      $('#message').html('Textinput inaktiv geschaltet.');
});
$('#butEnable').click( function(){
      if($('#inpBeispiel').is(':disabled')) {
         $('#inpBeispiel').removeAttr('disabled');
      }
      $('#message').html('Textinput aktiv geschaltet.');
});
```

Das Deaktivieren geschieht über das Hinzufügen des `disabled`-Attributs, was Sie mit der Methode `.attr()` bewirken. Für das Reaktivieren wird das Attribut über `.removeAttr()` wieder entfernt. Um diese Aktionen nicht überflüssigerweise vorzunehmen, prüfen Sie vorher mit einer Bedingung, ob der Input möglicherweise bereits im angestrebten Zustand ist. Hierfür werden die Zustandsfilter `:disabled` und `:enabled` von jQuery in Zusammenhang mit der Methode `.is()` eingesetzt, die einen booleschen Wert zurückgibt:

```
// true, wenn der Input disabled ist:
($('#inpBeispiel').is(':disabled')
// true, wenn der Input enabled ist:
$('#inpBeispiel').is(':enabled')
```

Achtung

Beachten Sie, dass die Werte deaktivierter Felder beim Datenversand nicht berücksichtigt werden!

Der Filter :checked

Für Checkboxen und Radiobuttons ist es außerdem von Bedeutung, zu erfahren, ob diese durch den User ausgewählt wurden, um entsprechend zu reagieren. Hierzu findet der Filter `:checked` Anwendung, der das `checked`-Property als Kriterium nutzt.

Im folgenden Beispiel soll sich der User entscheiden, ob er für seine Bestellung eine Pizza mit allen verfügbaren Belägen ordert oder eine Einzelauswahl bevorzugt. Die Wahl zwischen Einzelauswahl und Gesamtauswahl wird über zwei Radiobuttons vorgenommen. In Abhängigkeit von der Wahl werden Checkboxen für die Beläge selektiert.

Hier ist der relevante Ausschnitt aus dem HTML:

```
<form>
<fieldset>
<legend>Auswahl</legend>
   <input type="radio" name="auswahl"
     id="a1" /> Alles<br/>
   <input type="radio" name="auswahl"
     id="a2" checked="checked"/> Einzelauswahl<br/>
</fieldset>

<fieldset>
<legend>Belag</legend>
   <input type="checkbox" name="belag"
     id="b1" />Tomaten<br/>
```

```
    <input type="checkbox" name="belag"
      id="b2" />Zwiebeln<br/>
    <input type="checkbox" name="belag"
      id="b3" />Paprika<br/>
    <input type="checkbox" name="belag"
      id="b4" />Sardellen<br/>
    <input type="checkbox" name="belag"
      id="b5" />Pilze
</fieldset>
</form>
<p id="message"></p>
```

Hier soll nun zweierlei erreicht werden. Beim Wählen der Option ALLES sollen automatisch alle Checkboxen für Pizzabelag auf `checked` gesetzt werden. Es soll nur möglich sein, eine Checkbox individuell zu betätigen, wenn die Option EINZELAUSWAHL gewählt ist. Ein leerer Textabsatz dient zur Ausgabe einer Nachricht. Dies geschieht über folgende Funktionen (die wiederum in einem `ready()`-Block enthalten sind):

```
// wenn Option "alles" gewählt wird:
$('#a1').click( function(){
  // alle Belag-Checkboxen auf "checked" setzen:
   $('input[type=checkbox]').attr('checked', 'checked');
  // Nachricht ausgeben:
   $('#message').html('Sie haben alle Beläge gewählt.');
});
```

Wenn explizit EINZELAUSWAHL gewählt wird, wird lediglich eine andere Nachricht ausgegeben. Der Zustand der Checkboxen bleibt unverändert:

```
$('#a2').click( function(){
   $('#message').html('Sie haben Einzelauswahl gewählt.');
});
```

Wenn eine Checkbox betätigt wird, wird zunächst geprüft, ob die Option ALLES gewählt ist. In diesem Fall soll zunächst auf EINZELAUSWAHL gewechselt werden (hierzu erfolgt eine Alert-Meldung). Das Abwählen der Checkbox wird durch das Statement `return false` in der Funktion verhindert:

```
// eine Checkbox wird betätigt:
$('input[type=checkbox]').click( function(){
  // ist die Option "alles" gewählt?
   if($('#a1').is(':checked')) {
     // ... dann Meldung ausgeben:
      alert("Bitte wählen Sie zunächst Einzelauswahl!");
     // ...und Aktion abbrechen:
```

```
        return false;
    }
});
```

Ist die Option ALLES nicht gewählt, lässt sich jede Checkbox problemlos an- und abwählen (wie es sich bei einer Einzelauswahl ja auch gehört).

Der Filter :selected

Für die Optionen innerhalb von Auswahlboxen `<select>` muss der `:selected`-Filter verwendet werden, da eine Option kein `checked`-Property besitzt. Um zu überprüfen, ob eine `<option>` angeklickt wurde, schreiben Sie also `$("option:selected")`. Im folgenden Beispiel werden die Werte aller selektierten Optionen eines Auswahlfelds zu einem String zusammengestellt und in einen Textabsatz ausgegeben.

Zunächst sehen Sie hier wieder das zugrunde liegende HTML-Fragment:

```
<form id="meinFormular">
  <select name="blumen" id="blumen"
          multiple="multiple" size="5">
     <option value="Rosen">Rosen</option>
     <option value="Tulpen">Tulpen</option>
     <option value="Nelken">Nelken</option>
     <option value="Veilchen">Veilchen</option>
     <option value="Margeriten">Margeriten</option>
  </select>
  <input type="submit" value="Selektion ausgeben"/>
</form>
<p id="message"></p>
```

Für das Script (wieder im `.ready()`-Block) bilden Sie zunächst mit dem Ausdruck `$('select option:selected')` eine Collection aus allen selektierten Optionselementen. Über diese läuft eine `.each()`-Schleife, die über die Methode `.val()` den Wert extrahiert und in einem String zusammenfasst (ist der String nicht leer, d.h., enthält er nach dem ersten Schleifendurchlauf bereits einen Wert, werden noch ein Komma und ein Leerzeichen angefügt):

```
// Erinnerung: e ist das Event-Objekt:
$('#meinFormular').submit( function(e){
  // wir wollen keine Daten versenden:
   e.preventDefault();
   var auswahl = '';
   $('select option:selected').each(
      function(){
       if(auswahl) {
```

```
            auswahl += ", ";
            }
        auswahl += $(this).val();
      });

   $('#message').html('Sie haben '+ auswahl + ' gewählt.');
});
```

Die Methode `.val()`, die hier vorweggenommen wird, dient zum Extrahieren des Inhalts des `value`-Attributs eines Eingabeelements. Sie wird im weiteren Verlauf noch häufiger vorkommen.

4.8.3 Binden von Events an Formularelemente

Für Formulare und ihre Verarbeitung müssen bestimmte Ereignisse überwacht werden, die an Eingabefeldern auftreten oder beim Versenden der Formulardaten ausgelöst werden. Für diese Events bietet jQuery entsprechende Methoden zur Bindung an.

Methode	Erläuterung
`.blur(fn(e))` `.blur()`	Bindet einen Handler `fn` an den Blur-Event. `fn` bekommt das Event-Objekt übergeben. **Alternativ:** Triggert den Blur-Event (z. B. an einem Formularinput).
`.change(fn(e))` `.change()`	Bindet einen Handler `fn` an den Change-Event. `fn` bekommt das Event-Objekt übergeben. **Alternativ:** Triggert den Change-Event (z. B. an einem Formularinput).
`.focus(fn(e))` `.focus()`	Bindet einen Handler `fn` an den Focus-Event. `fn` bekommt das Event-Objekt übergeben. **Alternativ:** Triggert den Focus-Event (z. B. an einem Formularinput).
`.focusin(fn(e))`	Bindet einen Handler `fn` an den FocusIn-Event. `fn` bekommt das Event-Objekt übergeben. **Anmerkung:** Der FocusIn-Event geht dem Focus-Event unmittelbar voraus, wenn ein Element den Focus erhält.
`.focusout(fn(e))`	Bindet einen Handler `fn` an den FocusOut-Event. `fn` bekommt das Event-Objekt übergeben. **Anmerkung:** Der FocusOut-Event geht dem Blur-Event unmittelbar voraus, wenn ein Element den Focus verliert.

Tabelle 4.42 Methoden zum Binden formularbezogener Events

Methode	Erläuterung
`.select(fn(e))` `.select()`	Bindet einen Handler `fn` an den Select-Event. `fn` bekommt das Event-Objekt `e` übergeben. **Alternativ:** Triggert den Select-Event.
`.submit(fn(e))` `.submit()`	Bindet einen Handler `fn` an den Submit-Event. `fn` bekommt das Event-Objekt `e` übergeben. **Alternativ:** Triggert den Submit-Event (z. B. an einem Formularobjekt).

Tabelle 4.42 Methoden zum Binden formularbezogener Events (Forts.)

Die Anwendung der Methoden ist im Prinzip selbsterklärend und kann Tabelle 4.42 entnommen werden. Als Beispiel wird hier eine Funktion an den *Change*-Event eines Inputs gebunden und ausgeführt, sobald der User nach einer erfolgten Änderung den Cursor aus dem betreffenden Eingabefeld nimmt. Diese kleine Routine entfernt führenden und folgenden Whitespace aus Texteingaben (das hier verwendete Utility `$.trim()` wird später noch vorgestellt):

```
$(document).ready(function() {
   $('input#i1').change( function() {
        // Manipuliert wird die DOM-Eigenschaft:
         this.value = $.trim(this.value);
   });
});
```

4.8.4 Serialisierung von Formulardaten

Die Daten, die in ein Formular eingegeben werden, werden beim Versand automatisch vom Browser in eine gebrauchsfertige Form umgewandelt. Dies kann jedoch auch abseits des regulären Versands erforderlich sein, beispielsweise, wenn Sie Formulardaten im Rahmen eines Ajax-Requests als Nutzdaten benötigen oder wenn Sie sie zur Konstruktion eines JSON-Objekts verwenden möchten. Für beide Fälle stellt jQuery eigene Methoden zur Verfügung.

Methode	Erläuterung
`.serialize()`	Serialisiert die Werte aus Formularelementen der aktuellen Collection als URL-encodierten Textstring.
`.serializeArray()`	Serialisiert die Werte aus Formularelementen der aktuellen Collection als JavaScript-Array. **Anmerkung:** Dient gewöhnlich als Vorstufe eines JSON-Objekts.

Tabelle 4.43 Methoden zur Serialisierung von Formulardaten

Die Methode .serialize()

Die Methode `.serialize()` dient dazu, die Nutzdaten des Formulars in Zusammenhang mit den `name`-Bezeichnern der Inputs, die die Daten enthalten, zu serialisieren. Hierbei werden nur die Daten derjenigen Inputs verwendet, die als *successful* gewertet werden,[4] was bedeutet, dass sie

1. ein `name`-Attribut mit gültigem Bezeichner besitzen,
2. nicht deaktiviert (*disabled*) sind,
3. die `checked`-Eigenschaft auf `true` steht (für Radiobuttons und Checkboxen) und
4. die `selected`-Eigenschaft auf `true` steht (für Optionen in Select-Feldern).

Diese Methode kann, als jQuery-Methode natürlich auf jede beliebige Collection angewendet werden, die aus Formularinputs besteht. Üblich ist es allerdings, sie direkt auf das betreffende Formularobjekt anzuwenden, das hierfür in eine Collection geladen wird:

```
$('#meinFormular').submit(function() {
   // Formulardaten serialisiert über Alert ausgeben:
   alert($(this).serialize());
   // Datenversand unterbinden:
   return false;
});
```

Die Ausgabe der `.serialize()`-Methode besteht in einem üblichen Querystring. Für das in einem der vorigen Beispiele verwendete Formular mit der Multi-Select-Box

```
<form id="meinFormular">
  <select name="blumen" id="blumen"
          multiple="multiple" size="5">
     <option value="Rosen">Rosen</option>
     <option value="Tulpen">Tulpen</option>
     <option value="Nelken">Nelken</option>
     <option value="Veilchen">Veilchen</option>
     <option value="Margeriten">Margeriten</option>
  </select>
  <input type="submit" value="Selektion ausgeben"/>
</form>
<p id="message"></p>
```

4 Mehr Informationen hierzu finden Sie unter *http://www.w3.org/TR/html401/interact/forms.html#successful-controls*.

ergibt sich mit folgendem Script (auch hier wird wieder das Event-Objekt zur Unterbindung des eigentlichen Datenversands eingesetzt)

```
$('#meinFormular').submit( function(e){
   e.preventDefault();
   var auswahl =$(this).serialize();
   $('#message').html('Sie haben '+ auswahl + ' gewählt.');
});
```

im Ausgabeabsatz ein Querystring wie:

```
blumen=Rosen&blumen=Nelken&blumen=Margeriten
```

Achtung – Option stets mit value-Attribut verwenden

Die Optionen besitzen im Beispiel ein `value`-Attribut, sodass dessen Wert für die Konstruktion des Querystrings eingesetzt wird. Standardmäßig wird bei Abwesenheit des `value`-Attributs hierfür der Textinhalt des `<option>`-Containers verwendet. Eine Select-Box der Form

```
<select name="blumen" id="blumen"
        multiple="multiple" size="5">
     <option >Rosen</option>
     <option>Tulpen</option>
     <option>Nelken</option>
     <option>Veilchen</option>
     <option>Margeriten</option>
</select>
```

würde eigentlich das gleiche Ergebnis erzeugen. Vorsicht ist allerdings bei einigen Versionen des Internet Explorers geboten, der hier einen Fehler auslöst. Als Faustregel sollte man grundsätzlich einem Option-Element ein `value`-Attribut zuweisen, auch wenn dessen Inhalt dem Textinhalt des Elements entspräche.

Die Methode .serializeArray()

Mit der `.serializeArray()`-Methode wird aus den Daten eines verarbeiteten Formularobjekts ein Array erzeugt, das seinerseits Objekte enthält, die jeweils ein Eingabeelement repräsentieren. Hierbei werden nur diejenigen Inputs berücksichtigt, die als *successful* angesehen werden.

Für das bereits bekannte Formular

```
<form id="meinFormular">
  <select name="blumen" id="blumen"
          multiple="multiple" size="5">
     <option value="Rosen">Rosen</option>
     <option value="Tulpen">Tulpen</option>
     <option value="Nelken">Nelken</option>
     <option value="Veilchen">Veilchen</option>
```

```
    <option value="Margeriten">Margeriten</option>
  </select>
  <input type="submit" value="Selektion ausgeben"/>
</form>
<p id="message"></p>
```

ergibt sich mit diesem Script

```
$('#meinFormular').submit( function(e){
   e.preventDefault();
   var auswahl =$(this).serializeArray();
   $.each(auswahl, function(i, item){
       $("#message").append(i +
         ". " + item.name +
         ": " + item.value + "; ");
   });
});
```

beispielsweise folgendes Ausgabeergebnis (drei Optionen gewählt):

```
0. blumen: Tulpen; 1. blumen: Nelken; 2. blumen: Veilchen;
```

Intern ist das durch `.serializeArray()` erzeugte Datenarray folgendermaßen organisiert – gehen wir dafür von den gewählten drei Optionen aus:

```
[{name:"blumen",value:"Tulpen"},
{name:"blumen",value:"Nelken"},
{name:"blumen",value:"Veilchen"}]
```

Es existiert also für jede gewählte Option (hätte das Formular mehr Elemente, würden Sie sehen, dass dies für jedes *erfolgreiche* Eingabefeld gilt) ein Objekt mit einem `name`- und einem `value`-Property. Dies ist die Grundlage für die Datenextraktion, die im Beispiel mittels einer `$.each()`-Schleife vorgenommen wird:

```
$.each(auswahl, function(i, item){
    $("#message").append(i +
      ". " + item.name +
      ": " + item.value + "; ");
});
```

4.8.5 Extraktion von Formularfeldwerten

Regelmäßig ergibt sich die Notwendigkeit, Einzelwerte von Eingabefeldern zu lesen oder zu schreiben. Dies könnte zwar über das `value`-Property des entsprechenden DOM-Knotens erfolgen, allerdings existiert dieses nicht für alle Eingabeelemente bzw. arbeitet nicht konsistent. Mit `.val()` stellt jQuery eine Methode zur Verfügung, die allen Erwartungen entspricht. Die Methode ist *terminierend*, da sie einen String (in manchen Fällen auch ein Array) zurückgibt. Sie steht daher stets am Ende einer jQuery-Kette.

Methode	Erläuterung
`.val()`	Die Methode wird vor allem für Formularinputs eingesetzt. Sie extrahiert den `value` des ersten Elements der aktuellen Collection.
`.val(wert)`	Setzt den `value` aller Elemente der aktuellen Collection auf den übergebenen Wert `wert`.
`.val(fn(i, oVal))`	Setzt den `value` aller Elemente der aktuellen Collection über den Rückgabewert der Funktion `fn`. Diese erhält den Collection-Index `i` und den alten Value `oVal` als Parameter.

Tabelle 4.44 Methoden zur Extraktion von Formularfeldwerten

Die Methode .val()

Die Methode `.val()` wird vorwiegend zum Auslesen des Wertes eines Eingabefelds eingesetzt, kann diesen bei Bedarf aber auch schreiben. Eine dritte Einsatzmöglichkeit von `.val()` besteht im Auswählen von Checkboxen, Radiobuttons oder Optionen eines Select-Felds. Aber nun besser der Reihe nach ...

Um den Wert eines Formularelements *auszulesen*, wird `.val()` einfach auf eine Collection angewendet, die aus dem gewünschten Eingabeelement besteht:

```
// holt den 'value' eines Inputs beliebigen Typs:
var meinWert = $("#meinInput").val();
```

Dies ist prinzipiell für alle Arten von Eingabeelementen möglich, wobei auf das `value`-Attribut zugegriffen wird (bzw. das `value`-Property, in dem sich der User-Input befindet). Der aus dem Input geholte Wert ist in allen Fällen ein String.

Es können sowohl statische Values (beispielsweise einer Checkbox oder eines Hidden Fields) ausgelesen werden wie auch dynamisch gesetzte Werte (wie in einem Text-Input). Hierbei sind Sie jedoch nicht auf Elemente beschränkt, die explizit ein `value`-Attribut besitzen. Auch der Text in `<textarea>`-Elementen kann per `.val()` gelesen werden:

```
var textfeldWert = $('textarea').val();
```

Ist in der Collection mehr als ein Formularelement enthalten, wird nur der Wert des *ersten* von ihnen ausgelesen.

Wenn Sie aus den drei Checkboxen

```
<input type="checkbox" name="cb" id="cb1" value="check1"/>
<input type="checkbox" name="cb" id="cb2" value="check2"/>
<input type="checkbox" name="cb" id="cb3" value="check3"/>
```

eine Collection bilden und `.val()` unmittelbar anwenden, erhalten Sie nur den Wert von `#cb1`:

```
alert($("input[name=cb]").val()); // gibt check1 aus
```

Es bleibt also nur die Möglichkeit, die Collection Item für Item abzuarbeiten, was mit der `.each()`-Methode geht – hier werden in der Callback-Funktion die Werte per `alert()` ausgegeben:

```
$("input[name=cb]").each( function() {
  // diese innere Collection hat nur ein Item:
   alert($(this).val());
})
```

Sie können also nicht per `.val()` auf alle Werte eines Checkbox-Verbunds gleichzeitig zugreifen. Anders ist die Lage bei Select-Feldern. Wird `.val()` auf ein Select-Element mit gesetzter `multiple`-Eigenschaft angewendet, gibt die Methode ein Array zurück, das die Werte aller selektierten Optionen enthält (es wird wieder das Formular aus dem Beispiel zu `.serialize()` verwendet):

```
$('#meinFormular').submit( function(e){
   e.preventDefault();
  // erzeugt ein Array:
   var auswahl =$('#blumen').val(); var ausgabe = '';
  // iteriert durch das Array:
   $.each(auswahl, function(i){
      if(ausgabe) {
         ausgabe += ', ';
      }
      ausgabe += auswahl[i];
   });
   $("#message").append(ausgabe);
});
```

Eine Option ist immer unmittelbar eine der Array-Methoden, die JavaScript anbietet, um sie auf das ausgegebene Array anzuwenden. Hier wird exemplarisch mit `.join()` aus den Items des Arrays ein String gebildet (ein Schönheitsfehler gegenüber dem vorangegangenen Beispiel ist das Komma am Ende, dafür ist es allerdings sehr einfach):

```
// Anmerkung: .join() ist eine Array-Methode:
var auswahl =$('select').val().join(', ');
$('#message').html('Sie haben '+ auswahl + ' gewählt.');
```

Die Methode `.val()` ist umgekehrt auch in der Lage, einen Wert zu schreiben. Hierzu müssen Sie ihr lediglich einen entsprechenden Wert übergeben (oder eine Callback-Funktion, die den gewünschten Wert erzeugt):

```
Texteingabe:
<input type="text" name="meinInput" id="meinInput" />
Textausgabe:
<input type="text" name="meinOutput" id="meinOutput" />
```

Um die Eingabe aus dem Feld `#meinInput` in das Ausgabetextfeld `#meinOutput` zu schreiben, genügen die Zeilen

```
var meinWert = $("#meinInput").val();
$("#meinOutput").val(meinWert);
```

Sinnvoller ist dies natürlich, wenn die zu übertragenden Werte von Checkboxen, Radiobuttons oder versteckten Feldern dynamisch zur Laufzeit bestimmt werden sollen.

Betrachten wir nochmals die Testkonstellation aus den drei Checkboxen:

```
<input type="checkbox" name="cb" id="cb1" value="check1"/>
<input type="checkbox" name="cb" id="cb2" value="check2"/>
<input type="checkbox" name="cb" id="cb3" value="check3"/>
```

Der Wert einer Checkbox lässt sich überschreiben:

```
$("#cb3").val('checkX');
alert($("#cb3").val()); // gibt checkX aus
```

Übergeben Sie den bereits als `value` vorliegenden Wert, ändert sich nichts:

```
$("#cb2").val('check2');
alert($("#cb2").val()); // gibt check2 aus
```

Interessant ist aber, was geschieht, wenn Sie `.val()` ein Array übergeben, das den momentanen Value einer Checkbox enthält:

```
// setzt #cb2 auf "checked":
$("#cb2").val(['check2']);
```

Ein Array triggert das `checked`-Property desjenigen Inputs, dessen Value es enthält – dies gilt für Checkboxen, Radiobuttons oder Select-Felder, die im Multiple-Modus definiert sind. Dies lässt sich zeigen, wenn die Collection mehrere Checkboxen enthält:

```
// setzt #cb2 und #cb3 auf "checked":
$("input[name=cb]").val(['check2', 'check3']);)
```

Auf das Blumen-Auswahlfeld angewendet:

```
<select name="blumen" id="blumen"
        multiple="multiple" size="5">
   <option value="Rosen">Rosen</option>
   <option value="Tulpen">Tulpen</option>
   <option value="Nelken">Nelken</option>
   <option value="Veilchen">Veilchen</option>
   <option value="Margeriten">Margeriten</option>
</select>
```

Hier erreichen Sie die Auswahl von Rosen und Nelken, indem Sie Folgendes anordnen (dies richtet sich auf das `value`-Attribut der Optionen):

```
$("#blumen").val(['Rosen', 'Nelken']);
```

4.9 DOM-Manipulation

Meist soll das Dokument – oder anders ausgedrückt, das DOM – während der Lebensdauer der Seite nicht unverändert bestehen bleiben; man möchte Inhalte (beispielsweise Elementknoten) hinzufügen oder löschen können. Das Erzeugen von Knoten obliegt dem `document`-Objekt höchstpersönlich. Es besitzt eigene Methoden, um Element-, Attribut- oder Textknoten »herzustellen«. Auf diese Funktionen greift jQuery letztendlich zwar ebenfalls zurück, »verpackt« die eher spartanischen DOM-Funktionen aber zum einfachen Gebrauch durch den Programmierer als handliche, praktische Helferfunktionen.

Erläuternd wollen wir zunächst einen Blick auf die DOM-Methode zur Erzeugung von Elementen werfen. So wird beispielsweise ein `<div>`-Element erzeugt:

```
// erzeugt: <div></div>
var neuesDiv = document.createElement("div");
```

Der neue Elementknoten wird vorübergehend in eine Variable abgelegt und kann nun ein Attribut erhalten, das mittels der Elementmethode `setAttribute()` gleich auch mit einem Wert gefüllt werden kann:

```
// erzeugt: <div align="center"></div>
neuesDiv.setAttribute("align", "center");
```

Ein Textknoten muss separat über `createTextNode()` erzeugt werden. Er kann anschließend über `appendChild()` als Kindknoten in den frisch erzeugten Div-Knoten eingefügt werden:

```
var textinhalt = document.createTextNode("Textinhalt");
// erzeugt: <div align="center">Textinhalt</div>
neuesDiv.appendChild(textinhalt);
```

Das neu erzeugte Div ist im Moment immer noch nicht mehr als eine Referenz auf einen Elementknoten, die sich in einer Variable befindet – das Element ist noch nicht Teil des DOM. Um es in den Baum, sprich ins Dokument, zu integrieren, muss es dort *eingehängt* werden.

Hierfür kann neben der bereits bekannten Methode `appendChild()`, die einen Inhalt stets als letzten Kindknoten eines Zielknotens einfügt, auch eine weitere Methode eingesetzt werden: `insertBefore()`.

Angenommen, irgendwo im Dokument befindet sich ein Div mit `id="ziel"`:

```
<div>
  <div id="ziel">Der Zielknoten</div>
</div>
```

Nun kann das vorhin erzeugte Div *vor* diesem ins Dokument eingefügt werden. Die DOM-Methode `insertBefore()`arbeitet nur ausgehend vom Elternknoten desjenigen Knotens, vor dem der Inhalt erscheinen soll. Dies ist dadurch etwas unhandlich in der Handhabung (jQuery verspricht hier Abhilfe):

```
var ziel = document.getElementById("ziel");
ziel.parentNode.insertBefore(ziel, neuesDiv);
```

Das Ergebnis sieht wie folgt aus:

```
<div>
  <div align="center">Textinhalt</div>
  <div id="ziel">Der Zielknoten</div>
</div>
```

Das Löschen eines Knotens funktioniert analog von dessen Elternknoten aus – die dazugehörige Anweisung lautet `removeChild()`. Hier soll der Knoten `#ziel` entfernt werden:

```
var ziel = document.getElementById("ziel");
ziel.parentNode.removeChild(ziel);
```

Nach der Operation ist nur noch der vorher eingefügte Div im Container:

```
<div>
  <div align="center">Textinhalt</div>
</div>
```

jQuery und DOM-Manipulation

Das nachträgliche Erstellen, Einfügen oder Löschen von Dokumentteilen ist in der aktuellen Webprogrammierung unabdingbar (beispielsweise in Zusammenhang mit Ajax-Aktionen). Leider sind die Standardmethoden des DOM unhandlich und lückenhaft – z. B. fehlt ein Pendant `.insertAfter()` zu `.insertBefore()`. jQuery füllt diese Lücken und bietet zu den DOM-Methoden einfacher zu handhabende und mächtigere Pendants.

Betrachten wir nun die Alternativen, die jQuery zu den DOM-Methoden zur Verfügung stellt. Einige von ihnen sind beinahe namensgleich zu ihren »offiziellen« Varianten, was im Sinne der Selbsterklärbarkeit durchaus gewünscht ist. Auffällig ist, dass Methoden zur expliziten Erzeugung von Knoten hier zu fehlen scheinen. Der Grund hierfür ist, dass dies bereits Aufgabe der `$()`-Funktion selbst ist – erinnern Sie sich dabei an das Übergeben eines HTML-Strings an `$()`. Auch im Rahmen der DOM-Manipulation wird die Knotenerzeugung quasi »nebenbei« erledigt.

4.9.1 Methoden zum Einfügen von Knoten

Generierte Knoten in den DOM-Baum einzuhängen ist mit den Standardmethoden eine komplizierte, manchmal durchaus auch heikle Aktion. Die jQuery-Methoden, die dem gleichen Zweck dienen, erweisen sich im täglichen Gebrauch als wesentlich einfacher zu handhaben.

Methode	Erläuterung
`.after(inhalt)` `.after(fn(i))`	Fügt den durch den Parameter `inhalt` bestimmten Inhalt nach jedem Element der Collection in den DOM-Baum ein. **Alternativ:** Nimmt eine Funktion `fn` entgegen, die den Inhalt erzeugt und die Indexposition `i` des aktuellen Elements der Collection erhält.
`.append(inhalt)` `.append(fn(i,old) )`	Fügt den durch den Parameter `inhalt` bestimmten Inhalt an das Ende des Elementinhalts jedes Element der Collection ein. **Alternativ:** Nimmt eine Funktion entgegen, die den Inhalt erzeugt und den Collection-Index `i` des aktuellen Elements sowie dessen alten Inhalt `old` als Parameter erhält.
`.appendTo()`	Fügt alle Elemente der Collection an das Ende des Elementinhalts des Zielelements ein.
`.insertAfter(elem)`	Hängt alle Elemente der aktuellen Collection *hinter* das Target-Element `elem` in den DOM-Baum ein.

Tabelle 4.45 jQuery-Methoden zur DOM-Manipulation (Einfügen von Knoten)

Methode	Erläuterung
`.insertBefore(elem)`	Hängt alle Elemente der aktuellen Collection *vor* das Target-Element `elem` in den DOM-Baum ein.
`.prepend(inhalt)` `.prepend(fn(i,old))`	Fügt den durch den Parameter `inhalt` bestimmten Inhalt *am Anfang* des Elementinhalts jedes Elements der Collection ein. **Alternativ:** Nimmt eine Funktion entgegen, die den Inhalt erzeugt und die Indexposition `i` des aktuellen Elements der Collection sowie den alten Inhalt `old` als Parameter erhält.
`.prependTo()`	Fügt alle Elemente der Collection am Anfang des Elementinhalts des Zielelementsein.

Tabelle 4.45 jQuery-Methoden zur DOM-Manipulation (Einfügen von Knoten) (Forts.)

Die Methode .after()

Die Methoden `.after()` und `.insertAfter()` bewältigen die gleichen Aufgaben, nur die Syntax ist unterschiedlich. Die Aufgabe ist, nach einem bestimmten Element Inhalt oder Inhalt mit enthaltenen HTML-Elementen einzusetzen.

Hier folgen ein paar Beispiele, zunächst eines, das mit `.after()` ausgeführt wurde. Zunächst sehen Sie wieder erst einmal den relevanten HTML-Ausschnitt:

```
<h1 class="target">Überschrift</h1>
```

Und nun kommt der jQuery-Code:

```
$(document).ready(function() {
  $('.target').after('<p>Absatz</p>');
 });
```

Sie fügen an jedes selektierte Element mit dem Selektor `.target` einen Absatz an, also hinter das schließende Tag `</h1>`. Betrachten wir jetzt den generierten Code:

```
<h1 class="target">Überschrift</h1><p>Absatz</p>
```

Sie können auch Elemente, die Sie in einem Dokument vorfinden, an ein anderes hängen. Sie verändern damit den HTML-Aufbau:

```
<h1>Überschrift</h1>
<p class="target">Absatz</p>
```

Der jQuery-Aufbau sieht dann folgendermaßen aus:

```
$(document).ready(function() {
  $('.target').after($('h1'));
 });
```

Und der generierte Quellcode präsentiert sich so:

```
<p class="target">Absatz</p>
<h1>Überschrift</h1>
```

Die Überschrift wurde nun an das Zielobjekt angehängt. Im Unterschied zum ersten Beispiel verpacken Sie in der Methode `.after()` nur einen weiteren Selektor `$('h1')` und sortieren ihn nur an einer anderen Stelle wieder ein. Sie bemerken vielleicht, dass dieses `<h1>`-Element nicht kopiert, sondern ausgeschnitten und an anderer Stelle wieder eingefügt wurde.

Die Methode .insertAfter()

Nun soll das gleiche Ergebnis mit `.insertAfter()` erzielt werden:

```
$(document).ready(function() {
  $('<p>Absatz</p>').insertAfter('.target');
 });
```

Das Ergebnis wird dasselbe sein: Es wird an ein Element mit der CSS-Klasse `target` ein Absatz an das selektierte Element eingefügt.

Einen wichtigen Unterschied zwischen `.after()` und `.insertAfter()` müssen Sie allerdings stets bedenken: Sie können der Methode `.after()` eine anonyme Funktion übergeben, `.insertAfter()` bietet das nicht:

```
$(document).ready(function() {
  var count = 0;
  $('.target').after(function() {
    count++;
    return '<p>Absatz mit dem Index: '+ count +'</p>';
  });
 });
```

Den HTML-Abschnitt erweitern Sie um eine Zeile (oder, wenn Sie wollen, um mehrere):

```
<h1 class="target">Überschrift</h1>
<h2 class="target">Subline</h2>
```

In diesem Beispiel lassen Sie sich nun die Anzahl der eingefügten Absätze anzeigen. Der Zähler `count` wird bei jeder Iteration über das Element mit der CSS-Klasse `target` um eins erhöht. Diese Variable lassen Sie sich anschließend als Inhalt des `<p>`-Elements ausgeben.

Die Methode .clone()

Gesetzt den Fall, Sie wollen nun erreichen, dass das Element, das Sie herauslösen und an anderer Stelle wieder einfügen wollen, nicht ausgeschnitten und eingefügt, sondern dupliziert und eingefügt werden soll, dann verwenden Sie die Methode `.clone()`, die bereits als Accessor-Methode vorgestellt wurde. Hier ein Beispiel:

```
$(document).ready(function() {
  $('.target').clone().after($('h1'));
 });
```

Der generierte Output sieht so aus:

```
<h1>Überschrift</h1>
<p class="target">Absatz</p>
<h1>Überschrift</h1>
```

Es werden alle Daten, die z. B. mit `.data()` an dieses Element angehängt wurden, und alle Event-Handler mitkopiert. Falls Sie dies nicht wünschen, können Sie den optionalen Parameter `withDataAndEvents` auf `false` setzen. Dieser optionale boolesche Wert sorgt dafür, dass Sie entscheiden können, ob die »unsichtbaren« Daten und Events mitkopiert werden oder nicht.

Die Methoden .before() und .insertBefore()

Für `.after()` und `.insertAfter()` gibt es die Pendants `.before()` und `.insertBefore()`. Wie Sie richtig erahnen werden, fügen diese Methoden vor einem selektierten Element einen Inhalt mit oder ohne neue Elemente hinzu. Beide Methoden verhalten sich analog zu den eingangs beschriebenen Methoden, daher können wir uns hier mit einem kurzen Beispielfragment begnügen:

```
$('.target').before('<p>Absatz</p>');
```

Und das Ganze mit `.insertBefore()`:

```
$('<p>Absatz</p>').insertBefore('.target');
```

Sie können auch analog zu `.after()` für `.before()` eine anonyme Funktion übergeben; für `.insertBefore()` geht das nicht.

Die Methode .append()

Mit der Methode `.append()` können Sie an ein selektiertes Element weitere Elemente oder auch Inhalt anhängen. Haben Sie diese Beschreibung nicht eben schon gehört? Worin besteht nun der Unterschied zu `.after()` oder `.insertAfter()`? Sehen wir uns dazu wieder ein Beispiel an:

```
<div class="target">
  <p>Absatz</p>
</div>
```

Und nun der dazugehörige Scriptteil:

```
$(document).ready(function() {
  $('.target').append('<p>Ein weiterer Absatz</p>');
});
```

Der generierte Code sieht dann folgendermaßen aus:

```
<div class="target">
  <p>Absatz</p>
  <p>Ein weiterer Absatz</p>
</div>
```

Der Absatz wird an das letzte Kind innerhalb des oder der selektierten Elemente angehängt. Mit `.after()` hingegen würde der Absatz nach dem `<div>`-Container angehängt werden.

An `.append()` können Sie genauso wie an `.after()` eine anonyme Funktion übergeben. Wir modifizieren das Beispiel, das wir bereits von `.after()` kennen:

```
$(document).ready(function() {
  var count = 0;
  $('.target').append(function() {
    count++;
    return '<p>Absatz mit dem Index: '+ count +'</p>';
  });
});
```

Die HTML-Ausgabe sparen wir uns an dieser Stelle. Sehen Sie es als kleine Herausforderung an, das Beispiel selbst zu komplettieren – im Kopf oder mit Ihrem Editor.

Weitere Methoden

Wie systematisch John Resig und sein jQuery-Team hier vorgegangen sind, sehen Sie an den Methoden: `.append()`, `.appendTo()`, `.prepend()` und `.prependTo()`. Wir können voraussagen, dass sich `.append()` zu `.appendTo()` genauso verhält wie `.before()` zu `.insertBefore()` und `.prepend()` zu `.prependTo()`. Vergleichen wir:

```
$('.target').after('<p>Absatz</p>');
$('<p>Absatz</p>').insertAfter('.target');
```

```
$('.target').append('<p>Absatz</p>');
$('<p>Absatz</p>').appendTo('.target');
```

Die Beispiele führen jeweils zu denselben Ergebnissen, also `.after()` und `.insertAfter()` einerseits, `.append()` und `.appendTo()` andererseits.

Das Beispiel mit `.prepend()` und `.prependTo()` probieren Sie wieder selbst aus, es folgt dem vorigen Muster. Eine Bemerkung vielleicht noch: `.prepend()` und `.prependTo()` hängen den übergebenen Parameter an das erste Kind innerhalb des selektierten Elements an und nicht an das letzte Kind, aber das dachten Sie sich wahrscheinlich schon.

Sie können auch an `.prepend()` eine anonyme Funktion übergeben, hingegen an `.prependTo()` nicht.

4.9.2 Entfernen von Knoten

Das Entfernen von Knoten ist mittels der regulären DOM-Funktionen möglich, aber gelegentlich knifflig. jQuery weiß auch hier wieder Rat und hält zudem unterschwellige Verbesserungen für diese Standardaktionen bereit.

Methode	Erläuterung
`.remove()` `.remove(sel)`	Entfernt die Elemente der aktuellen Collection (mit Inhalten, gebundenen Daten und Events) aus dem DOM. **Optional:** Entfernt die Elemente der aktuellen Collection aus dem DOM, auf die der übergebene Selektor `sel` passt.
`.detach()` `.detach(sel)`	Entfernt alle Elemente der aktuellen Collection aus dem DOM, behält aber deren Datenbindungen, falls sie in das DOM zurückgeschrieben werden (anders als `.remove()`). (Nimmt optional einen Selektor `sel` entgegen, der die aktuelle Collection filtert.)

Tabelle 4.46 jQuery-Methoden zur DOM-Manipulation (Entfernen von Knoten)

Die Methode .remove()

Die Methode `.remove()` entfernt erwartungsgemäß DOM-Elemente, zuerst wieder das DOM-Gerüst:

```
<div class="container">
  <p class="target">Absatz</p>
  <p>Ein weiterer Absatz</p>
</div>
```

Und hier die entsprechende jQuery-Anweisung:

```
$(document).ready(function() {
  $(".target").remove();
});
```

Sie erwarten nun sicherlich, dass der Absatz, der mit der CSS-Klasse `target` versehen war, nun entfernt wird. Wir können Ihnen versichern, dass das auch eintrifft. Wären in diesem `<p>`-Element weitere Elemente verschachtelt, würden sie ebenfalls entfernt werden. Alternativ können Sie auch folgende Syntax verwenden:

```
$(document).ready(function() {
  $("p").remove(".target");
});
```

Dies führt zum selben Ergebnis. Beachten Sie dabei, dass auch gebundene Events und über `.data()` gebundene Daten mitgelöscht werden.

Die Methode .detach()

Es existiert noch eine weitere Methode, um Elemente aus dem DOM-Baum zu entfernen: `.detach()` entfernt zwar das oder die Elemente, hält aber dieses Objekt für eine weitere Verwendung im Speicher, sodass Sie es zu einem späteren Zeitpunkt wieder einfügen und weiterverwenden können. Die Elemente werden zwar aus dem Baum entfernt, selbst Events und `.data()` bleiben aber gebunden. Fügen wir die Elemente später wieder ein, bleiben auch Zustände erhalten. War ein Element über `.toggle()` angeklickt, ist dieser Status auch nach der `.detach()`-Operation vorhanden. Schauen wir uns dazu wieder ein Beispiel an, in dem wir zunächst dem HTML-Gerüst noch einen Button hinzufügen:

```
<button>Entfernen/Hinzufügen</button>
...
<div class="container">
  <p class="target">Ein Absatz</p>
  <p>Ein weiterer Absatz</p>
</div>
```

Im jQuery-Teil werden wir nun zwei `.toggle()` verwenden, um hin- und herschalten zu können:

```
$(document).ready(function() {
  var hold  = $(".container");
  $("button").toggle(function(){
    hold.detach();
  }, function() {
    hold.appendTo("body");
  });
  $("p").toggle(function() {
```

```
    $(this).css("background-color","#FF0000");
  },function() {
    $(this).css("background-color","#CCCCCC");
  });
});
```

Das erste `.toggle()`-Event löscht mit `.detach()` das Element und fügt das selektierte Element mit `.append()` wieder ein. Mit dem zweiten Element schalten Sie eine Hintergrundfarbe für jedes `<p>`-Element ein und wieder aus. Probieren Sie dieses Beispiel aus. Sie werden sehen, dass der gelöschte Container die Hintergrundfarbe zeigt, die zuletzt eingeschaltet wurde.

4.9.3 Ersetzen von Knoten

Ergänzend zum Löschen oder Hinzufügen von Knoten fungiert deren Ersetzung. Diese ist zwar auch mit Standard-DOM-Methoden möglich, jQuery setzt jedoch, wie üblich, in Bezug auf Handhabung und Kompatibilität noch einen obendrauf.

Methode	Erläuterung
`.replaceAll(target)`	Ersetzt die Elemente, die durch den Selektor `target` bestimmt werden, durch die aktuelle Collection.
`.replaceWith(cont)` `.replaceWith(fn)`	Ersetzt die Elemente der aktuellen Collection durch `cont` (DOM-Knoten, HTML-String oder jQuery-Objekt). **Alternativ:** Ersetzt die Elemente der aktuellen Collection durch den Rückgabewert einer Funktion `fn` (einen HTML-String).

Tabelle 4.47 jQuery-Methoden zur DOM-Manipulation (Ersetzen von Knoten)

Die Methode .replaceAll()

Mittels der Methode `.replaceAll()` wird ein in einer Collection selektiertes Element ersetzt. Diese Methode führt prinzipiell zum selben Ergebnis wie `.replaceWith()`, lediglich die Syntax ist umgekehrt. Betrachten wir dazu ein Beispiel mit dem bereits bekannten HTML-Fragment. Zunächst der jQuery-Befehl:

```
$(document).ready(function() {
  $("<h1>Neue Überschrift</h1>").replaceAll(".target");
});
```

Es sollen also alle Elemente der Klasse `target` durch die aktuelle Collection ersetzt werden, die aus dem übergebenen HTML-String gebildet wurde. Aus

```
<div class="container">
  <p class="target">Ein Absatz</p>
```

```
  <p>Ein weiterer Absatz</p>
</div>
```

wird daher.

```
<div class="container">
  <h1>Neue Überschrift</h1>
  <p>Ein weiterer Absatz</p>
</div>
```

Wie Sie es bereits von `.insertBefore()` oder `.insertAfter()` kennen, steht das neue Element in einem frisch erzeugten jQuery-Objekt am Beginn der Kette. Das Ziel hingegen, also das zu ersetzende Element, befindet sich als zu übergebender Parameter in der Replace-Anweisung.

Die Methode .replaceWith()

Die Methode `.replaceWith()` ist vom Handling her ein wenig anders als `.replaceAll()`, erzielt aber auf Wunsch dasselbe Ergebnis. Um dies zu demonstrieren, modifizieren wir die jQuery-Anweisung ein wenig, indem wir die Methode austauschen:

```
$(document).ready(function() {
  $(".target").replaceWith("<h1>Neue Überschrift</h1>");
});
```

Und wir erhalten dasselbe Ergebnis. Der Methode kann auch ein jQuery-Objekt übergeben werden:

```
$(document).ready(function() {
  $(".target").replaceWith( $("div p:last") );
});
```

Hierbei werden die beiden `<p>`-Elemente vertauscht. Der Quelltext sieht anschließend so aus:

```
<div class="container">
  <p>Ein weiterer Absatz</p>
  <p class="target">Ein Absatz</p>
</div>
```

Anders als bei `.replaceAll()` kann `.replaceWith()` wieder eine Funktion übergeben werden. Ein abstraktes Beispiel schriebe sich wie folgt:

```
$(document).ready(function() {
  $(".target").replaceWith( function() {
      // Den Ersatzstring erzeugen ...
      // und zurückgeben:
```

```
        return ersatzstring;
    } );
});
```

4.9.4 Wrapping-Methoden

Mit den hier folgenden Methoden können Sie vorhandene, im Rahmen einer Collection selektierte Elemente innen, außen oder in Gesamtheit mit generierten Inhalten umschließen. Im Gegenzug besteht auch die Möglichkeit, ausgehend von einem selektierten Element dessen umschließende Elemente zu entfernen.

Methode	Erläuterung
`.wrap(wElem)`	Umgibt die Elemente der aktuellen Collection durch die HTML-Struktur, die sich aus dem Ausdruck `wElem` ergibt. (Hierbei kann `wElem` ein HTML-Fragment, ein Selektorausdruck, ein jQuery-Objekt oder ein DOM-Element sein.)
`.wrap(wFn)`	Ist das Argument eine Funktion `wFn`, generiert diese die Wrap-Struktur aus ihrem Rückgabewert.
`.wrapAll(wElem)`	Umgibt die Elemente der aktuellen Collection *in ihrer Gesamtheit* durch die HTML-Struktur, die sich aus dem Ausdruck `wElem` ergibt. (Hierbei kann `wElem` ein HTML-Fragment, ein Selektorausdruck, ein jQuery-Objekt oder ein DOM-Element sein.)
`.wrapInner(wElem)`	Umgibt *den Inhalt* der Elemente der aktuellen Collection durch die HTML-Struktur, die sich aus dem Ausdruck `wElem` ergibt. (Hierbei kann `wElem` ein HTML-Fragment, ein Selektorausdruck, ein jQuery-Objekt oder ein DOM-Element sein.)
`.wrapInner(wFn)`	Ist das Argument eine Funktion `wFn`, generiert diese die Wrap-Struktur aus ihrem Rückgabewert.
`.unwrap()`	Entfernt die Parents der Elemente der aktuellen Collection aus dem DOM, belässt Letztere aber an Ort und Stelle.

Tabelle 4.48 jQuery-Methoden zum Wrappen selektierter Elemente

Die Methode .wrap()

Beginnen wir mit der grundlegenden Methode `.wrap()`, und betrachten wir zunächst das bekannte HTML-Gerüst:

```
<div class="container">
  <p>Ein Absatz</p>
  <p class="target">Ein weiterer Absatz</p>
</div>
```

Dies sind die wirksamen jQuery-Anweisungen:

```
$(document).ready(function() {
  $("p").wrap("<div class='wrap' />");
});
```

Diese Zeilen bescheren folgendes Ergebnis:

```
<div class="container">
  <div class="wrap">
    <p>Ein Absatz</p>
  </div>
  <div class="wrap">
    <p class="target">Ein weiterer Absatz</p>
  </div>
</div>
```

Im Ergebnis wird jedes einzelne der selektierten Elemente mit dem neuen Element `<div class="wrap">` umhüllt.

Die Methode .wrapAll()

Im Gegensatz zu `.wrap()`, die sich einzeln auf jedes Item der Collection bezieht, wird die Methode `.wrapAll()` alle selektierten Elemente gemeinsam umhüllen. Zunächst sehen Sie hier den jQuery-Code:

```
$(document).ready(function() {
  $("p").wrap('<div class="wrap" />');
});
```

und dann das generierte Ergebnis:

```
<div class="container">
  <div class="wrap">
    <p class="target">Ein Absatz</p>
    <p>Ein weiterer Absatz</p>
  </div>
</div>
```

Es gibt noch einen Unterschied zwischen den beiden Methoden: Nur `.wrap()` können Sie auch eine Funktion als Parameter übergeben. Dies sieht in Kurzform folgendermaßen aus:

```
$(document).ready(function() {
  $("p").wrap(function() {
    return "irgendwas"; //Anweisung hier
  });
});
```

Die Methode .wrapInner()

Eine weitere Variante der Umhüllung können Sie ebenfalls nutzen – die Methode `.wrapInner()`. Wie der Name schon andeutet, umhüllt sie innerhalb der Selektion alle eingeschlossenen Elemente mit einem Element. Gleiches HTML-Gerüst, aber modifizierte jQuery-Anweisung:

```
$(document).ready(function() {
  $(".container").wrapInner('<div class="wrap" />');
});
```

Und hier das generierte Ergebnis:

```
...
<div class="container">
  <div class="wrap">
    <p>Ein Absatz</p>
    <p class="target">Ein weiterer Absatz</p>
  </div>
</div>
...
```

Der neue Container `<div class="wrap">` wird nun innerhalb des selektierten Elements eingefügt, umschließt aber alle `<p>`-Elemente der Collection in der Gesamtheit. Auch hier könnte eine anonyme Funktion übergeben werden; ein Syntaxbeispiel wurde im Vorfeld bereits gezeigt.

Die Methode .unwrap()

Als letzte zu betrachtende Methode bleibt noch `.unwrap()`, das umschließende Elemente entfernt. Als Beispiel dient folgendes HTML-Fragment:

```
<div class="container">
  <div class="wrap">
    <p>Ein Absatz</p>
  </div>
  <div class="wrap">
    <p class="target">Ein weiterer Absatz</p>
  </div>
</div>
```

Hier ist der jQuery-Code (die Methode nimmt keinen Parameter entgegen):

```
$(document).ready(function() {
  $("p").unwrap();
});
...
```

Das Ergebnis sieht wie folgt aus (es entspricht, wie Sie sehen, dem Code, von dem wir ursprünglich ausgegangen sind):

```
<div class="container">
  <p>Ein Absatz</p>
  <p class="target">Ein weiterer Absatz</p>
</div>
```

Alle die selektierten `<p>`-Elemente jeweils unmittelbar umgebenden Container `<div class="wrap">` sind nun verschwunden.

4.10 CSS und Styleeigenschaften

Ein wichtiges Gebiet, auf dem jQuery tätig wird, ist die Manipulation der CSS-Eigenschaften von Seitenelementen. Dies geschieht auf Grundlage einer Collection, die aus den zu bearbeitenden Elementen zusammengestellt wurde. Zur Stylebearbeitung bietet jQuery eine Reihe von Methoden, die auf das `class`-Attribut zugreifen oder direkt das `style`-Property eines Knotens adressieren.

Es existieren verschiedene Verfahren, um bestimmte, ansonsten schwer fassbare CSS-Werte auszulesen – wie die aktuelle Breite oder Position eines Elements im Layout. Mit herkömmlichen Ansätzen ist dies oft nur schwer möglich, da solche Eigenschaften vom Browser während des Renderingvorgangs erst berechnet werden (z. B. als *computed height*).

4.10.1 Methoden für das class-Attribut

Verschaffen wir uns zunächst eine Übersicht über die Methoden des jQuery-Objekts, die auf das `class`-Attribut einwirken. Es ist wichtig, feststellen zu können, ob eine bestimmte Klasse einem Element zugewiesen ist.

Eine Klasse mit .hasClass() überprüfen

Methode	Erläuterung
`.hasClass(class)`	Gibt für jedes Element der aktuellen Collection `true` oder `false` zurück, je nachdem, ob es die CSS-Klasse `class` besitzt oder nicht.

Tabelle 4.49 Methode zur Prüfung, ob eine Klasse existiert

Die Methode `.hasClass()` gibt `true` zurück, falls eine entsprechende Klasse in einem Element gefunden wurde. Wenn Sie beispielsweise

```
<div id="d1" class="container"> ... </div>
```

mit

```
$('#d1').hasClass('container');
```

prüfen, erhalten Sie, wie erwartet, den Rückgabewert `true`. Dies gilt auch, wenn mehrere Klassen zugewiesen sind, darunter die geprüfte:

```
<div id="d1" class="container test"> ... </div>
```

Auch für diesen Fall ergibt dieser Test den Wert `true`: jQuery prüft nämlich den Wert des `class`-Attributs dahingehend, ob es den übergebenen Prüfstring als Teilstring enthält.

Als problematisch erweist sich dieser Umstand, sobald mehrere Klassen gleichzeitig getestet werden sollen. So gibt der Ausdruck

```
$("ul").hasClass("class-1 class-2");
```

nur dann `true` zurück, wenn beide Klassen in dieser Reihenfolge als Teilwert des Klassenattributs vorkommen:

```
<ul class="class-1 class-2">
```

Für diesen Fall gäbe der Ausdruck `$("ul").hasClass("class-2 class-1")` allerdings `false` zurück! Eine Reihung von `.hasClass()`, also das Prüfen zweier Klassen gleichzeitig, ist nicht möglich. Statt dies über eine boolesche Verknüpfung zweier `.hasClass()`-Aufrufe zu versuchen (das wäre möglich), ist es sinnvoller, auf eine andere Methode auszuweichen, die einen CSS-Selektor anstatt eines Klassennamens akzeptiert:

```
$("ul").is(".class-2.class-1") // gibt true zurück
```

Dieser Ausdruck erzeugt ebenfalls einen booleschen Wert, kann also analog zu `.hasClass()` eingesetzt werden, sofern Sie einen Class-Selektor übergeben.

Nicht jede jQuery-Methode gibt ein jQuery-Objekt zurück

Es ist zu beachten, dass der gesamte Ausdruck durch `.hasClass()` einen booleschen Wert ergibt. In diesem Fall entsteht also *kein jQuery-Objekt*. Das hat zur Folge, dass an die Methode `.hasClass()` keine weitere jQuery-Methode angehängt werden kann!

Methode	Erläuterung
`.addClass(class)`	Fügt allen Elementen der aktuellen Collection die betreffende(n) Klasse(n) hinzu.

Tabelle 4.50 jQuery-Methoden zur Behandlung von CSS-Klassen

Methode	Erläuterung
`.addClass(fn(i,oCl))`	Fügt eine Klasse per Funktion hinzu, die die Indexposition `i` des aktuellen Elements der Collection und die alte Klasse `oCl` als Parameter erhält.

`.removeClass(cls)`
`.removeClass()`
`.removeClass(fn(i, oCls))`
	Entfernt die übergebene(n) CSS-Klasse(n) `cls` von allen Elementen der aktuellen Collection.
	Entfernt *alle* CSS-Klassen von den Elementen der Collection, solange kein Parameter übergeben wird.
	Alternativ: Nimmt eine Funktion `fn` entgegen, die zu entfernende Klassen als Rückgabewert liefert. Die Funktion bekommt den Collection-Index `i` und den alten `class`-Wert `oCls` übergeben.

`.toggleClass(cls)`
`.toggleClass(cls, s)`
`.toggleClass(fn(i, clsAlt))`
`.toggleClass(fn(i, oCls), s)`
	Entfernt eine vorhandene Klasse `cls` von den Elementen der Collection oder fügt sie hinzu, wenn sie fehlt.
	Wird als zweiter Parameter ein boolescher Ausdruck `s` übergeben, bedeutet `true` *hinzufügen* und `false` *entfernen*.
	Alternativ: Nimmt eine Funktion `fn` entgegen, die zu toggelnde Klassen als Rückgabewert liefert. Die Funktion bekommt den Collection-Index `i` und den alten `class`-Wert `oCls` übergeben.
	Wird als zweiter Parameter ein boolescher Ausdruck `s` übergeben, bedeutet `true` *hinzufügen* und `false` *entfernen*.

Tabelle 4.50 jQuery-Methoden zur Behandlung von CSS-Klassen (Forts.)

Eine Klasse mit .addClass() hinzufügen

Um eine Klasse zu einem Element hinzuzufügen, verwenden Sie die Methode `.addClass()`. Im Folgenden sehen Sie ein kleines Beispiel. Beginnen Sie wieder mit dem HTML-Gerüst. HTML-, Head- und Body-Elemente werden hier weggelassen, wobei Sie im `<head>` noch folgenden Stil notieren:

```
.container {
    width:300px;
    height:150px;
    background-color:#CCCCCC;
}
```

Im Body befindet sich ein `<div>`-Container mit beliebigem Inhalt:

```
<div>
  <p>Ullique volori in eiciliqui aut rehenduciet
```

```
    asitio occae ped cipsunti.</p>
</div>
```

Im Scriptteil notieren wir:

```
$(document).ready(function() {
  $("div").addClass("container");
}
```

Wir erwarten nun keine Überraschungen, wenn wir das Ergebnis im Browser betrachten. Wenn Sie im Firefox den generierten Quelltext der Seite über das *Web Developer*-Plugin ansehen, stellen Sie fest, dass das Attribut tatsächlich hinzugefügt wurde:

```
<div class="container"> ... </div>
```

Seit der Version 1.4 besitzt diese Methode noch die Möglichkeit, eine anonyme Funktion zu übergeben:

```
$(document).ready(function() {
  $("li").addClass(function(index,class) {
    if (class != selected) {
      return "list-element-" + index;
    }
  });
}
```

Diese Funktion übergibt zwei Argumente: den Namen einer Klasse, der vielleicht schon eingesetzt wurde, und den Index des Elements. Nehmen wir einmal an, wir haben eine unsortierte Liste:

```
<ul>
  <li>Punkt 1</li>
  <li class="selected">Punkt 2</li>
  <li>Punkt 3</li>
</ul>
```

So erhalten wir in der Ausgabe des generierten Quelltexts Folgendes:

```
<ul>
  <li class="list-element-0">Punkt 1</li>
  <li class="selected">Punkt 2</li>
  <li class="list-element-2">Punkt 3</li>
</ul>
```

Sie können damit jedem der einzelnen Listenelemente eine eigene Klasse zuweisen, die natürlich in Ihrem Stylesheet definiert werden muss.

Eine Klasse mit .removeClass() entfernen

Dementsprechend können Sie mit der Methode `.removeClass()` eine oder mehrere Klassen auch wieder entfernen.

```
$("div").removeClass("container");
```

entfernt die Klasse `container`. Dagegen entfernt

```
$("div").removeClass("container","selected");
```

die Klassen `container` und `selected`; und `$("div").removeClass();`, also ohne Parameter, entfernt alle Klassen eines Elements. Auch `.removeClass()` bietet seit der Version 1.4 die Möglichkeit, eine anonyme Funktion zu übergeben.

Sinnvoll ist es auch, beide Methoden miteinander zu verketten:

```
$("div").removeClass().addClass("new");
```

So entfernen Sie erst alle Klassen eines Elements, um anschließend eine neue Klasse hinzuzufügen.

Eine Klasse an- und abschalten mit .toggleClass()

Mit `.toggleClass()` können Sie per Mouse-Event eine Klasse hinzufügen und wieder entfernen. Schauen wir uns dazu ein Beispiel an:

```
$(document).ready(function() {
  $("p").click(function () {
    $(this).toggleClass("clicked");
  });
});
```

Im `<head>` des Dokuments notieren Sie die nötigen Stilangaben. Beachten Sie dabei, dass für `<p>` das Aussehen des Cursors geändert wurde, um zu signalisieren, dass der Container angeklickt werden kann:

```
<style type="text/css">
.clicked {
   background-color:#CCCCCC;
}
p {
   margin:10px 50px 0 10px;
   padding:5px;
   cursor:pointer;
}
</style>
```

Und der relevante HTML-Teil:

```
<p>Schalt mich um.</p>
<p>Schalt mich auch um.</p>
<p>Und mich auch!</p>
```

Haben Sie einen Absatz angeklickt, erscheint die jeweilige Zeile hervorgehoben. Klicken Sie erneut auf denselben Absatz, verschwindet dessen Hervorhebung; die Klasse ist gelöscht.

Zusätzlich zum Parameter `Klassenname` kann der Methode `toggle()` ein zweiter Parameter vom Datentyp *Boolean* übergeben werden. Meist ist dies, anstelle eines konkreten booleschen Wertes, ein Ausdruck, der von einer Eingangsgröße abhängig ist und im Ergebnis entweder `true` oder `false` ergibt. Im folgenden Beispiel ist es ein Vergleichsausdruck, der von einem Zähler `i` abhängt (im Code fett hervorgehoben):

```
$(document).ready(function() {
  var i = 0;
  $("p").click(function () {
    i++;
    $(this).toggleClass("clicked", (i % 3 == 0));
    $(this).html(" Jeder dritte Klick: " + (i % 3 == 0));
  });
});
```

Werden die Absätze der Reihe nach angeklickt, bekommt nur der dritte Absatz die Hintergrundfarbe zugewiesen. Zuerst wurde eine Variable `i = 0` deklariert, zu deren Wert bei jedem Click-Event 1 hinzugezählt wird: `i++`.

Der Ausdruck `(i % 3 == 0)` gibt `true` zurück, sobald die Variable `i` geteilt durch 3 keinen Rest ergibt, das Ergebnis der Operation also `0` ist. Der Operator `%`, der hier verwendet wird, nennt sich *Modulo*. Er gibt den ganzzahligen Rest einer Division zurück und wird daher auch als *Restwertoperator* bezeichnet. Die Klasse `clicked` wird hinzugefügt, wenn der Ausdruck `true` zurückgibt – im betrachteten Fall bei jedem dritten Klick.

Des Weiteren bietet Ihnen `toggleClass()` die Möglichkeit, eine anonyme Funktion zu übergeben. (Auch hier könnte optional ein zweiter Parameter `switch` übergeben werden.) Ein allgemeines Beispiel:

```
$("p").click(function() {
  $(this).toggleClass(function() {
    return "classname-" + $(this).index();
  });
});
```

Sanftes Überblenden zwischen zwei Klassen

Eigentlich ist `toggleClass()` nur zu einem harten Umschalten zwischen der einen und der anderen Klasse fähig. Binden Sie jedoch die Erweiterungen von *jQuery UI* ein, kann die Methode als weiteren Parameter eine Zeitdauer entgegennehmen. Diese bestimmt, wie lange ein sanftes Überblenden zwischen den CSS-Eigenschaften beider Klassen dauert. (Ein Beispiel hierzu finden Sie im Praxisteil.)

4.10.2 CSS-Eigenschaften manipulieren

Die Methode `.css()` bietet gleich zweierlei. Zum einen kann sie beliebige, für ein Element gültige CSS-Eigenschaften auslesen, diese bei Bedarf aber auch schreiben. Als wichtigste Rahmenbedingung ist zu beachten, dass die Methode immer nur das erste Element einer jQuery-Collection erfasst, sowohl beim Lesen als auch beim Schreiben. Die Methode besitzt mehrere Signaturen, richtet ihre Arbeitsweise also nach Zahl und Art der übergebenen Argumente.

Methode	Erläuterung
`.css(prop)`	*Holt* den Wert der CSS-Eigenschaft `prop` aus dem *ersten* Element der Collection.
`.css(prop, val)`	*Setzt* den Wert der CSS-Eigenschaft `prop` aus dem *ersten* Element der Collection auf den Wert `val`.
`.css(prop, fn(i, oVal))`	*Setzt* den Wert `val` für `prop` durch eine Funktion `fn`, die die Indexposition `i` des aktuellen Elements der Collection und den alten Wert `oVal` von `prop` übergeben bekommt.
`.css({ prop1:val1, ...., propN:valN })`	Nimmt ein *Objekt* (Map) entgegen, das mehrere CSS-Eigenschaften und deren Werte enthält, und setzt diese alle gleichzeitig.

Tabelle 4.51 jQuery-Methode zum Lesen und Schreiben von CSS-Eigenschaften

Zum Lesen einer Eigenschaft müssen Sie lediglich den Namen der infrage kommenden Eigenschaft (als String) übergeben:

```
$("div").click(function () {
   // Hintergrundfarbe auslesen:
   var color = $(this).css("background-color");
   alert("Dieser Div hat die Hintergundfarbe "+ color);
});
```

Um eine Eigenschaft zu setzen, wird als *zweites Argument* am einfachsten direkt der gewünschte Wert übergeben:

```
$("div").click(function () {
    // Schriftfarbe auf Orange setzen:
    $(this).css("color","#ff9900");
 });
```

Der zu setzende Wert kann auch aus dem Rückgabewert einer Funktion entnommen werden. Beispielsweise können Sie die Schriftfarbe eines Containers mit der Schriftfarbe eines anderen steuern, indem Sie deren Wert auslesen und übergeben:

```
$("div").click(function () {
 // Schriftfarbe auf Schriftfarbe von #p1 setzen:
 $(this).css("color", function(){
        // Schriftfarbe von #p1 auslesen und zurückgeben:
         return $("#p1").css("color");
      });
});
```

Sollen *mehrere CSS-Eigenschaften* gleichzeitig gesetzt werden, geschieht dies durch ein an die Methode übergebenes JavaScript-Objekt. In jQuery wird dies als *Map* bezeichnet, also als eine Reihe von Werten, die einzelnen Eigenschaften zugewiesen sind. Hier bekommt ein Container gleichzeitig Hintergrundfarbe, Textfarbe und den Fettegrad »bold« zugewiesen:

```
$("div").click(function () {
    // Drei Eigenschaften über ein Objekt setzen:
    $(this).css( {"color":"#ff9900",
                  "background-color":"black",
                  "font-weight":"bold"} );
});
```

Die CSS-Eigenschaftsnamen müssen hierbei nur dann unbedingt in *Anführungszeichen* übergeben werden, wenn sie gegen die Konvention für JavaScript-Bezeichner verstoßen. Dies gilt für alle Eigenschaftsnamen, die Bindestriche enthalten. Im vorigen Beispiel sind dies `"background-color"` und `"font-weight"`. Der Bezeichner `"color"` wäre erlaubt und dürfte daher im Prinzip auch ohne Anführungszeichen stehen. Allerdings ist eine konsequent durchgehaltene Schreibweise anzuraten.

Eine Alternative besteht im Ausweichen auf konforme Aliase der CSS-Eigenschaften in JavaScript-Binnengroßschreibung (*camel caps*). In diesem Fall können die Anführungszeichen entfallen (müssen dies jedoch nicht):

```
$(document).ready(function() {
 $("div").click(function () {
    // Drei Eigenschaften über ein Objekt setzen:
```

```
    $(this).css( { color:"#ff9900",
                   backgroundColor:"black",
                   fontWeight:"bold"} );
 });
});
```

Setzen einer einzigen Eigenschaft – Caveats

Beachten Sie, dass es zwei Wege gibt, mit der Methode `.css()` eine einzelne Eigenschaft zu setzen: Sie verwenden entweder zwei Argumente (Bezeichner und Wert) oder übergeben ein Objekt (nur ein Argument). Hier ein Vergleich:

```
// zwei Argumente:
$(this).css( "color", "#ff9900" );
// ein Argument (Objekt):
$(this).css( {color:"#ff9900"} );
```

Beliebte Fehler sind das Vergessen der Objektklammern und der Versuch, den Wert mit einem Doppelpunkt innerhalb eines Strings zuzuweisen.

4.10.3 Abmessungen von Containern

Die Breite und vor allem die Höhe von Containern im Layout sind zum Teil schwer vorherzusagen und hängen von zahlreichen Randbedingungen ab. In der Regel werden sie vom Browser erst beim Rendering der Seite bestimmt (*computed height, computed width*). jQuery bietet verlässliche Methoden, um diese in manchen Browsern nicht greifbaren Größen auszulesen.

Methode	Erläuterung
`.height()`	Gibt eine Ganzzahl zurück, die dem Pixelwert der Innenhöhe (ohne Padding und Border) in der Viewport-Darstellung des ersten Elements der Collection entspricht (*computed height*).
`.innerHeight()`	Gibt eine Ganzzahl zurück, die dem Pixelwert der Innenhöhe inklusive Padding der Viewport-Darstellung des ersten Elements der Collection entspricht (*computed height*).
`.innerWidth()`	Gibt eine Ganzzahl zurück, die dem Pixelwert der Innenbreite inklusive Padding der Viewport-Darstellung des ersten Elements der Collection entspricht (*computed width*).
`.outerHeight()`	Gibt eine Ganzzahl zurück, die dem Pixelwert der Außenhöhe inklusive Padding und Border der Viewport-darstellung des ersten Elements der Collection entspricht (*computed height*).

Tabelle 4.52 jQuery-Methoden zum Auslesen von Containerabmessungen

Methode	Erläuterung
.outerWidth()	Gibt eine Ganzzahl zurück, die dem Pixelwert der Außenbreite inklusive Padding und Border der Viewport-Darstellung des ersten Elements der Collection entspricht (*computed width*).
.width()	Gibt eine Ganzzahl zurück, die dem Pixelwert der Innenbreite (ohne Padding und Border) der Viewport-Darstellung des ersten Elements der Collection entspricht (*computed width*).

Tabelle 4.52 jQuery-Methoden zum Auslesen von Containerabmessungen (Forts.)

Die ausgegebenen Breiten und Höhen betreffen die Innenbreite des Containers (*width*) oder dessen Innenbreite inklusive Padding (*innerWidth*). Was jQuery als Außenbreite bezeichnet, entspricht der Innenbreite zuzüglich Padding und Rahmenbreite (*outerWidth*). Das Margin, das laut Boxmodell auch zur Gesamtbreite des Objekts zählt, wird in keinem Fall berücksichtigt. Analog ist die Interpretation der Containerhöhen zu verstehen.

Anhand des folgenden HTML-Codes werden die Methoden zur Bestimmung der Abmessungen demonstriert:

```
<div id="box1">
   <p id="p1"></p>
   <p id="p2">Lorem ipsum ...</p>
   <p id="p3">Lorem ipsum ...</p>
   <p id="p4">Lorem ipsum ...</p>
</div>
```

Die Ergebnisse der Methodenanwendung auf `div#box1` werden in den ersten (anfangs noch leeren) `<p>`-Container geschrieben:

```
$(document).ready(function() {
$('p').text(
'Box1 hat eine width() von ' +  $('#box1').width() +
'px und eine .innerWidth() von ' + $('#box1').innerWidth() +
'px. Ihre Höhe height() beträgt ' +  $('#box1').height() +
'px, ihre innerHeight()' + $('#box1').innerHeight() +
'px. Die outerWidth() ist ' +  $('#box1').outerWidth() +
'px, die outerHeight()' + $('#box1').outerHeight() + 'px.');
});
```

4.10.4 Position von Containern

Ähnlich wie Breiten und Höhen bestimmt sich die Position von Containern (seien diese im Flow oder positioniert bzw. gefloatet) erst beim Rendering der Seite durch den Browser. Oft werden Sie dabei jedoch auf die Koordinaten eines Elements zugreifen müssen, um entsprechend reagieren zu können. Auch für diese Anforderung bietet jQuery einige Hilfsmittel in Form eigener Methoden.

Methode	Erläuterung
`.offset()`	Gibt relativ zum Dokument die Koordinaten des ersten Elements der aktuellen Collection zurück.
`.offset(coords)`	Verschiebt alle Elemente der aktuellen Collection an die übergebenen Koordinaten `coords` relativ zum Dokument.
`.offset(fn(i,coords))`	Verschiebt alle Elemente der aktuellen Collection an die Koordinaten relativ zum Dokument, die durch die Funktion `fn` erzeugt werden. Diese Funktion erhält jeweils den Collection-Index `i` des Elements und dessen ursprünglichen Koordinaten `coords` als Parameter. Die Methode `.position()` gibt hingegen die Koordinaten relativ zum `offset parent` zurück.
`.offsetParent()`	Durchsucht die Ancestor-Achse und gibt das erste gefundene positionierte Element zurück.
`.position()`	Gibt die Koordinaten des ersten Elements der Collection zurück, relativ zum ersten positionierten Element auf dessen Ancestor-Achse (`offset parent`). **Vergleich:** Die Methode `.offset()` gibt hingegen die Koordinaten relativ zum Dokument zurück.

Tabelle 4.53 jQuery-Methoden zur Bestimmung von Containerpositionen

Der HTML-Quellcode dieses Beispiels besteht aus drei ineinander verschachtelten <div>-Containern, die zum Teil relativ, zum Teil absolut positioniert sind:

```
<div id="wrap">
   <div id="box1">Dies ist Box 1.
      <div id="box2">
         Dies ist Box 2 in div#box1.
      </div>
   </div>
</div>
```

Das hierfür verwendete CSS lautet wie folgt:

```
div#wrap {
   margin:30px; padding:10px;
   height: 200px; width:500px;
   border:1px solid #aaa;
   background-color:#eee;
```

```
}

div#box1 {
   position:relative;
   height: 120px; width:250px; margin:20px;
   border:1px solid #aaa;
   background-color:#ddd;
}

div#box2 {
   position:absolute;
   top:65px; left:180px;
   height: 70px; width:200px;
   border:1px solid #aaa;
   background-color:#bbb;
}
```

Das Wrapper-Div `#wrap` dient nur als allgemeiner Rahmen und stellt Margin und Padding zur Verfügung. Box 1 ist *relativ* positioniert, aber nicht verschoben und dient so als Koordinatenursprung für Box 2, die *absolut* positioniert ist. Die Koordinaten sind `top:65px` und `left:180px`.

Dem Webdesigner stellt sich jetzt die Frage, an welcher *Koordinatenposition* sich denn nun ein Element in der Seite befindet und welchem Element es gegenüber positioniert ist. Die erste Frage beantwortet jQuery wahlweise mit `.offset()` oder `.position()`, die zweite mit der Methode `.offsetParent()`, die den Bezugspunkt nennt.

Die Methode .offset()

Die `.offset()`-Methode gibt ein Objekt zurück, das in den Eigenschaften `top` und `left` die Koordinaten des übergebenen Objekts enthält. Hier wird der Rückgabewert zwischengespeichert und anschließend über ein Alert ausgegeben:

```
$(document).ready(function() {
 $("div#box2").click(function () {
    var myOffset = $(this).offset();
    alert('Box 2: offset() ist ' +
       myOffset.left + 'px left, ' +
    myOffset.top + 'px top.');
 });
});
```

Die im Beispiel ausgegebenen Koordinaten sind `top:127px` und `left:250px`. Wie Sie beim Vergleich mit der Positionierung in CSS sehen, sind dies offenbar *nicht* die Koordinaten gegenüber Box 1, sondern *gegenüber dem Dokumentursprung*. Dies ist auch tatsächlich der Fall und kann somit auch genau die gewünschte Information sein.

Unübersichtlicher wird die Lage, wenn ein Element mittels `offset()` verschoben werden soll. Hierfür wird ein JavaScript-Objekt übergeben, das dem Rückgabewert des vorigen Beispiels gleicht, also zwei benannte Koordinatenwerte enthält. Hier wird Box 2 an die Koordinaten `top:150px` und `left:300px` verschoben, was wiederum gegenüber dem Dokumentursprung zu verstehen ist:

```
$(document).ready(function() {
   $("div#box2").click(function () {
      $(this).offset( {top:150, left:300} );
      var myOffset = $(this).offset();
      alert('Box 2: offset() ist ' +
               myOffset.left + 'px left, ' +
               myOffset.top + 'px top.');
   });
});
```

Um den Offset anschließend auszugeben, wurde er nach Zuweisung nochmals in `myOffset` gespeichert. Feste Koordinaten zu übergeben ist nicht unbedingt notwendig. Sie können auch die `.offset()`-Funktion als Quelle für die aktuelle Position heranziehen, um das Objekt anschließend um einen bestimmten Betrag zu verschieben:

```
$(document).ready(function() {
   $("div#box2").click(function () {
      var myOffset = $(this).offset();
      $(this).offset({  top: myOffset.top+50,
                        left: myOffset.left+50 });
      var myOffset = $(this).offset();
      alert('Box 2: offset() ist ' +
                  myOffset.left + 'px left, ' +
                  myOffset.top + 'px top.');
   });
});
```

Der Container rückt bei jedem Klick um 50 Pixel nach rechts und unten. Die Methode `.offset()` wird hier dreimal aufgerufen, um die Position erst zu bestimmen, dann zu ändern und schließlich erneut auszulesen.

Die Methode .offsetParent()

Die Methode `.offsetParent()` gibt den Bezugscontainer, bei dem es sich um den nächsten positionierten Container nach oben innerhalb der Dokumenthierarchie handelt, als jQuery-Objekt zurück:

```
$(document).ready(function() {
    $("div#box2").click(function () {
        var myOffsetParent = $(this).offsetParent();
        myOffsetParent.css({border:'2px dashed #555'});
        alert('Box 2: offsetParent() ist ' +
                myOffsetParent.attr('id') + ''
            );
    });
});
```

Hier erfahren Sie, dass Box 2 gegenüber Box 1 positioniert ist.

Die Methode .position()

Die Methode `.position()` ähnelt der Methode `.offset()`, kann jedoch die Koordinaten nur auslesen und nicht verändern. Anders als mit `.offset()` wird die Entfernung der linken oberen Eckkoordinate von der des `offsetParent` ausgegeben (`.offset()` bezieht sich, wie gesagt, auf den Dokumentursprung). Analog zum vorigen Beispiel angewendet, gibt `.position()` exakt die Werte aus, mit denen `div#box2` laut CSS absolut gegenüber `div#box1` positioniert wurde:

```
$(document).ready(function() {
    $("div#box2").click(function () {
        var myPosition = $(this).position();
        alert('Box 2: position() ist ' +
                myPosition.left + 'px left, ' +
                myPosition.top + 'px top.');
    });
});
```

Die ausgegebenen Koordinaten sind `top:65px` und `left:180px`.

4.10.5 Scrollen und Scrollposition

Ist der Viewport kleiner als das Layout, können sich Seitenbestandteile außerhalb des Sichtbereichs befinden, entweder in horizontaler oder vertikaler Richtung. Sie möchten das Dokument dergestalt scrollen können, dass das betreffende Element sichtbar wird. In Form von `.scrollLeft()` und `.scrollTop()` bietet jQuery zwei Methoden, die diesbezüglich alle Wünsche erfüllen.

Methode	Erläuterung
`.scrollLeft()` `.scrollLeft(integer)`	Gibt den Pixelwert der horizontalen Scrollposition des ersten Elements der Collection als Ganzzahl zurück. **Alternativ:** Scrollt das erste Element der Collection horizontal an die Position, die dem Wert `integer` entspricht.
`.scrollTop()` `.scrollTop(integer)`	Gibt den Pixelwert der vertikalen Scrollposition des ersten Elements der Collection als Ganzzahl zurück. **Alternativ:** Scrollt das erste Element der Collection vertikal an die Position, die dem Wert `integer` entspricht.

Tabelle 4.54 jQuery-Methoden zum Bestimmen von Scrollpositionen

Beachten Sie, dass `.scrollTop()` und `.scrollLeft()` nicht die Position eines Elements gegenüber dem Viewport auslesen, sondern die Scrollposition *innerhalb* eines Elements (z. B. des Body-Elements). Eine Positionsbestimmung eines Elements im Layout erfolgt mit `.offset()` (oder gegebenenfalls `.position()`).

Betrachten wir nun folgenden Testaufbau, um das Scrollen des Dokuments auszuprobieren:

```
<div id="box1">
   <b>Scrollposition:</b>
   <div><!-- Ausgabe --></div>
   <a href="javascript:jump()">
      Spring zu Box 2</a>
</div>
<div id="box2"></div>
```

Im Dokument befinden sich zwei `<div>`-Container, von denen der eine (`div#box1`) fixiert positioniert ist und dazu dient, die Scrollposition auszugeben. Der andere (`div#box2`) ist absolut außerhalb des Viewports positioniert. Der Body ist per CSS-Angabe auf eine ausreichende Größe gebracht worden. Hier ist der relevante Ausschnitt aus dem CSS (die weggelassenen Passagen sind rein dekorativer Natur):

```
body {
   width:5000px;
   height:5000px;
}

#box1{
   position:fixed;
   top:10px;
   right:10px;
   ...
```

```
}

#box2{
   position:absolute;
   top:350px;
   left:1200px;
   ...
}
```

Mithilfe von jQuery wurde eine Funktion geschrieben, die den Body (hier interagieren Sie eigentlich mit dem `window`-Objekt) zur Position von Box 2 scrollt. Hierfür werden zunächst per `.offset()` deren Koordinaten ausgelesen. Die ermittelten Werte werden als `.scrollLeft()` und `.scrollTop()` übergeben und über `$(window)` auf das `window`-Objekt angewendet:

```
function jump() {
  // Position von Box 2 bestimmen:
   var sTop =  $('#box2').offset().top;
   var sLeft = $('#box2').offset().left;
  // zur ausgelesenen Position scrollen:
   $(window).scrollTop(sTop);
   $(window).scrollLeft(sLeft);
}
```

Anmerkung

Andere potenzielle Kandidaten für das Scrolling wären das Dokument und der Body bzw. der HTML-Container, was als `$(document).scrollTop(sTop)`, `$('html').scrollTop(sTop)` oder `$('body').scrollTop(sTop)` geschrieben würde. Dies würde jedoch in den jeweils verschiedenen Browsern nicht wie erwartet funktionieren.

Die Bestimmung der aktuellen Scrollposition geschieht ebenfalls über `.scrollLeft()` und `.scrollTop()`, diesmal jedoch ohne Argument. Die Ausgabe erfolgt in einen Div innerhalb des fixierten `<div>`-Containers:

```
$(document).ready(function() {
   $(window).scroll( function() {
      $('#box1 div').html($(window).scrollTop() +
         'px vertikal,<br/>' + $(window).scrollLeft() +
         'px horizontal.');
   });
});
```

Um die Position des Scrollbalkens innerhalb eines Elements zu bestimmen (oder auch, um dort eine Scrollposition anzusteuern) können diese Methoden ebenfalls eingesetzt werden. In Abwandlung des vorigen Quelltexts bekommt `div#box2` in diesem Fall die Eigenschaft `overflow:scroll` und wird mit einer Reihe von Textabsätzen gefüllt.

Im CSS steht (stark gekürzt) nun Folgendes:

```
#box2{
   position:absolute;
   top:10px;
   left:50px;
   ...
   overflow:scroll;
}
```

Im Scriptblock fügt jQuery zunächst die Textabsätze in Box 2 ein und verwendet hierfür die Methode `.html()`. Die Scrollposition wird wieder in der fest positionierten Box 1 ausgegeben, deren Inhalt anfangs initialisiert wird. An `div#box2` wird (mit `.scroll()`) ein Scroll-Event-Handler gebunden, der über `.scrollTop()` die vertikale Scrollposition ermittelt und in Box 1 schreibt:

```
$(document).ready(function() {
// Textabsätze in Box 2 schreiben:
   for (var i=0;i<100;i++) {
      $('<p>Textabsatz</p>').appendTo('#box2');
   }

// Ausgabebox initialisieren:
   $('#box1 div').html('<b>Scrollposition:</b><br/>'
      + $('#box2').scrollTop() + 'px vertikal');

// beim Scrollen von Box 2 neue Position in Box 1 schreiben:
   $('#box2').scroll( function() {
      $('#box1 div').html('<b>Scrollposition:</b><br/>'
      + $('#box2').scrollTop() + 'px vertikal');
   });
});
```

4.10.6 Eigene Style-Utilitys mit jQuery.cssHooks

Mit dem `cssHooks`-Utility können mittels jQuery eigene Funktionen zum Setzen von CSS-Eigenschaften erstellt werden. Diese haben dann Vorrang vor den entsprechenden internen jQuery-Methoden. So kann beispielsweise eine speziell konfigurierte Methode des Setzens von CSS3-Eigenschaften unter besonderer Berücksichtigung von Vendor-Prefixes definiert werden.

Das Grundprinzip ist folgendes – es wird eine Getter-Funktion zum Extrahieren einer übergebenen Eigenschaft definiert – und analog eine Setter-Funktion, die die Eigenschaft neu schreibt.

Dies hier ist ein leerer CSS-Hook:

```
(function($){
   //werden cssHooks auch unterstützt?
   if ( !$.cssHooks ){
   //falls nicht, Fehler auslösen:
   alert("Wir brauchen mindestens jQuery 1.4.3!");
   return;
   }

// Objektschreibweise: $.cssHooks.eineCSSEigenschaft = { ... }
   $.cssHooks['eineCSSEigenschaft'] = {
      get: function(elem, computed, extra){
            //hier wird der Wert geholt
            },
      set: function(elem, value){
            //hier wird der Wert gesetzt
            }
   };
})(jQuery);
```

Als Beispiel für den Einsatz von CSS-Hooks kann die Normalisierung des Setzens der CSS3-Eigenschaft »border-radius« dienen. Es wird ein Div-Element erzeugt, an dem das Borderradius-Verhalten getestet werden soll.

```
var div = document.createElement( "div" );
```

Nun wird die Unterstützung der CSS-Eigenschaft getestet. Hierbei hilft `jQuery.support`. Es wird auf das Vorhandensein der leeren Eigenschaft unter verschiedenen Vendor-Namen und dem W3C-Namen geprüft, um zu erschließen, welcher Bezeichner verwendet werden soll:

```
$.support.borderRadius =
   div.style.WebkitBorderRadius === ''? 'WebkitBorderRadius':
   (div.style.MozBorderRadius   === ''? 'MozBorderRadius'   :
   (divStyle.MsBorderRadius     === ''? 'MsBorderRadius'    :
   (divStyle.OBorderRadius      === ''? 'OBorderRadius'     :
   (div.style.borderRadius === ''? 'borderRadius'  :  false));
```

Andernfalls ist die Eigenschaft im aktuellen Browser nicht unterstützt. Dieser Test wird nun im Rahmen eines CSS-Hooks eingesetzt:

```
(function($){
 if ( !$.cssHooks ){
    alert("Wir brauchen mindestens jQuery 1.4.3!");
    return;
 }

 // hier der Test auf die Eigenschaft:
 var div = document.createElement( "div" );
 $.support.borderRadius =
   div.style.WebkitBorderRadius === ''? 'WebkitBorderRadius':
   (div.style.MozBorderRadius   === ''? 'MozBorderRadius'   :
   (divStyle.MsBorderRadius     === ''? 'MsBorderRadius'    :
   (divStyle.OBorderRadius      === ''? 'OBorderRadius'     :
   (div.style.borderRadius === ''? 'borderRadius'  :  false));

   // div nullen, da es nicht mehr gebraucht wird:
   div = null;

   // cssHook wird nur für Vendor-Prefix-Browser benötigt:
   if ( $.support.borderRadius &&
        $.support.borderRadius !== "borderRadius" ){
      // jetzt wird der CSS-Hook definiert:
      $.cssHook.borderRadius = {
         get: function( elem, computed, extra ){
            return $.css( elem, $.support.borderRadius );
         },
         set: function( elem, value){
            elem.style[$.support.borderRadius] = value;
         }
      };
   }
})(jQuery);
```

Der Name des CSS-Hooks wird stets in Camel-Case-Schreibweise gesetzt. Für den Aufruf verwendet man die gewohnte CSS-Schreibweise mit Bindestrich. Der CSS-Hook `borderRadius` kann nun wirksam wie folgt eingesetzt werden:

```
$("#element").css("border-radius", "20px");
```

Wird zum faktischen Auslesen oder Setzen der Eigenschaft ein Vendor-Prefix benötigt, stellt der CSS-Hook dieses nun automatisch zur Verfügung. Andernfalls wird unmittelbar `border-radius` als Eigenschaft angesprochen.

Verfügbare CSS-Hooks

Der jQuery-Spezialist *Brandon Aaron* stellt bei GitHub eine Reihe von CSS-Hooks zum Download zur Verfügung; unter anderem einen Hook für Border-Radius, der auch in IE6 funktioniert, weitere für Textshadow und Boxshadow, zur Definition von Gradienten, aber auch für mehrspaltigen Textsatz mit CSS3-Columns.

Link: *https://github.com/brandonaaron/jquery-cssHooks*

4.11 Animationen mit jQuery

Bereits im Rahmen des Sprachkerns stellt jQuery eine Reihe von Methoden (Effects) zur Verfügung, die für grundlegende Animationen wie Ein- und Ausblenden, Zeigen und Verstecken oder Fades eingesetzt werden können.

4.11.1 Zeigen und Verstecken

Einfache Animationsmethoden müssen nicht über Plugins oder das jQuery UI-Tool aufgerufen werden, sondern gehören als »Grundbedürfnis« zum jQuery-Core.

Die erste hier vorgestellte Gruppe ist für das Sichtbarmachen bzw. Verstecken von Seitenelementen zuständig. Ihre genaue Arbeitsweise ist, wie üblich, abhängig von der Art und Anzahl der ihr übergebenen Argumente.

Methode	Erläuterung
`.hide()`	Setzt die Elemente der Collection auf `display:none` und speichert dabei den ursprünglichen Display-Wert.
`.hide(d)`	Sobald eine Dauer *d* übergeben wird, fadet `.hide()` die Elemente der Collection über Reduzierung der Abmessungen und Opacity aus und setzt sie dann auf `display:none`.
`.hide(e)`	Optional (auch in Kombination mit Dauer und Callback) kann ein Easing-Parameter *e* übergeben werden (derzeit nur *linear* und *swing*).
`.hide(d, fn)`	Sobald eine Dauer *d* übergeben wird, fadet `.hide()` die Elemente der Collection über Reduzierung der Abmessungen und Opacity aus und setzt sie dann auf `display:none`. Ruft anschließend die Callback-Funktion *fn* auf.
`.show()`	Macht versteckte Elemente der Collection sichtbar und verwendet dabei den ursprünglichen Display-Wert.

Tabelle 4.55 jQuery-Methoden zum Zeigen und Verstecken

Methode	Erläuterung
`.show(d)`	Sobald eine Dauer *d* übergeben wird, fadet `.show()` die Elemente der Collection über Vergrößerung der Abmessungen und Opacity ein und setzt sie dann auf die ursprüngliche Display-Eigenschaft.
`.show(e)`	Optional (auch in Kombination mit Dauer und Callback) kann ein Easing-Parameter *e* übergeben werden (derzeit nur *linear* und *swing*).
`.show(d, fn)`	Sobald eine Dauer *d* übergeben wird, fadet `.show()` die Elemente der Collection über Vergrößerung der Abmessungen und Opacity ein und setzt sie dann auf die ursprüngliche Display-Eigenschaft. Ruft anschließend die Callback-Funktion *fn* auf.
`.toggle()`	Werden ihr keine Argumente übergeben, so wendet `.toggle()` die Methoden `.show()` und `.hide()` auf die Elemente der Collection an.
`.toggle(d)`	Wird ihr eine Animationsdauer *d* übergeben, so wendet `.toggle()` die Methoden `.show()` und `.hide()` mit dieser Dauer auf die Elemente der Collection an.
`.toggle(e)`	Optional (auch in Kombination mit Dauer und Callback) kann ein Easing-Parameter *e* übergeben werden (derzeit nur *linear* und *swing*).
`.toggle([d,][e,] fn)`	Wird ihr eine Callback-Funktion *fn* übergeben, so wendet `.toggle()` die Methoden `.show()` und `.hide()` auf die Elemente der Collection an und ruft anschließend die Callback-Funktion auf. Optional können zusätzlich eine Animationsdauer *d* und ein Easing-Parameter *e* übergeben werden.
`.toggle(ShowHide)`	Wird ein boolescher Ausdruck *ShowHide* übergeben, so wird für `true` die Methode `.show()` angewandt, für `false` die Methode `.hide()`.

Tabelle 4.55 jQuery-Methoden zum Zeigen und Verstecken (Forts.)

Die Methoden .show() und .hide()

Wie die Namen bereits implizieren, dient `.show()` zum Einblenden, `.hide()` hingegen zum Verstecken eines Elementcontainers. Eine dritte Methode, `.toggle()`, wirkt als Kombination beider Grundmethoden: Sie versteckt sichtbare Elemente und blendet dafür im Gegenzug versteckte ein. Die Methoden werden einfach auf eine Collection angewendet und bearbeiten alle deren Items gleichzeitig.

Dies ermöglicht es, einfache Funktionen zu schreiben, die einen Container aus- bzw. einblenden:

```
function hide1() {
   $('#box1').hide();
}

function show1() {
   $('#box1').show();
}
```

Die Methode .toggle()

Die Methode `.toggle()` wertet die Sichtbarkeit des bearbeiteten Elements aus und zeigt oder versteckt es entsprechend:

```
function toggle1() {
   $('#box1').toggle();
}
```

Hierbei wird der betroffene Container praktisch schlagartig (also ohne Verzögerung) versteckt oder gezeigt. Dies entspricht der Anwendung von `display:none`, der Container wird also aus dem Flow entfernt. Diese Funktionen wären (äußerlich) wirkungsgleich:

```
function wegDisplay() {
   $('#box1').css({'display':'none'});
}
function herDisplay() {
   $('#box1').css({'display':'block'});
}
```

Die Dauer einer Animation festlegen

Interessanter wird es schon, wenn man weiß, dass man den jQuery-Methoden einen Parameter übergeben kann, der die Zeitdauer des Ein- und Ausblendens steuert. Hierbei kann es sich um einen Zahlenwert handeln, der als Dauer in Millisekunden verstanden wird, oder um ein Schlüsselwort wie »slow« oder »fast«:

```
function hide2() {
   $('#box1').hide('fast');
}
function show2() {
   $('#box1').show('slow');
}
```

Oder, mit Zeitangabe von drei Sekunden (als Zahl, nicht als String!):

```
function show2() {
   // keine Anführungszeichen um den ms-Wert:
```

```
    $('#box1').show(3000);
}
```

Zeitdauerangabe	Dauer in Millisekunden
'fast'	200
(ohne)	400 (Default)
'slow'	600
positive Ganzzahl, größer oder gleich 0	Übergebener Wert als ms

Tabelle 4.56 Mögliche Werte zur Angabe der Dauer

Als möglicher zweiter Parameter dient ein Funktionsobjekt, das die Rolle eines Callbacks besitzt, also nach Abschluss des Vorgangs ausgelöst wird:

```
function hide3() {
   $('#box1').hide('fast', function() {
         $('#box2').html("Box 1 ist dann mal weg...");
   });
}
function show3() {
   $('#box1').show('slow', function() {
         $(this).html("Bin wieder da.");
         $('#box2').html("Box 2");
   });
}
```

Diese Funktionen schreiben beim Ausblenden eine Nachricht in eine benachbarte Box und beim Einblenden in die animierte Box (wobei in der zweiten Box der ursprüngliche Inhalt wiederhergestellt wird).

4.11.2 Slides – Zeigen und Verstecken mit Animation

Wie Sie bei den zeitgesteuerten Varianten von `.show()` und `.hide()` sehen konnten, erfolgen das Verbergen und Zeigen über die Manipulation zweier Größen, nämlich der Abmessungen (Breite und Höhe) und der Transparenz (Opacity).

Manchmal wirkt dies zu aufdringlich, sodass man auf Varianten ausweichen möchte, die nur entweder die Abmessungen oder die Transparenz manipulieren. Die erste Gruppe alternativer Methoden, die hier vorgestellt wird, beschränkt sich auf eine *Animation der Abmessungen*: `.slideDown()`, `.slideUp()` und `.slideToggle()`.

Methode	Erläuterung

`.slideDown()`
`.slideDown(d)`
`.slideDown(e)`
`.slideDown(d, e)`
`.slideDown(d, fn)`
	Blendet versteckte Elemente der Collection durch Vergrößern der vertikalen Abmessung ab der Oberkante des Elements nach unten ein.
	Die Defaultdauer der Animation beträgt 400 ms, wenn keine Dauer `d` als Parameter übergeben wurde. Optional kann außerdem ein Easing-Parameter `e` übergeben werden (derzeit nur *linear* und *swing*).
	(Ruft anschließend eine optionale Callback-Funktion `fn` auf.)

`.slideUp()`
`.slideUp(d)`
`.slideUp(e)`
`.slideUp(d, e)`
`.slideUp(d, fn)`
	Versteckt die Elemente der Collection durch Verringern der vertikalen Abmessung; setzt sie dann auf `display:none`.
	Die Defaultdauer der Animation beträgt 400 ms, wenn keine Dauer `d` übergeben wurde. Optional kann ein Easing-Parameter `e` übergeben werden.
	(Ruft anschließend eine optionale Callback-Funktion `fn` auf.)

`.slideToggle()`
`.slideToggle(d)`
`.slideToggle(e)`
`.slideToggle(d,e)`
`.slideToggle(d,fn)`
	Blendet Elemente der Collection durch Animation der vertikalen Abmessung des Elements abwechselnd ein oder aus.
	Die Defaultdauer der Animation beträgt 400 ms, wenn keine Dauer `d` übergeben wurde. Optional kann ein Easing-Parameter `e` übergeben werden.
	(Ruft anschließend eine optionale Callback-Funktion `fn` auf.)

Tabelle 4.57 jQuery-Methoden zum Zeigen und Verstecken (Animation)

Die Methoden .slideDown() und .slideUp()

Mittels `.slideDown()` wird ein auf `display:none` gesetzter Container eingeblendet, und mittels `.slideUp()`wieder versteckt. Im folgenden Beispiel werden drei Boxen unmittelbar nach dem Laden des Dokuments per SlideDown sichtbar gemacht. Die oberste Box `div#box1` erhält per `.toggle()` einen Click-Event-Handler zugewiesen, der zwischen zwei Funktionen alterniert. Die erste Funktion slidet die mittlere Box aus der Sicht und schreibt per Callback eine Nachricht in die dritte Box. Die zweite Funktion blendet die Box per Slide wieder ein und ändert wiederum den Text in Box 3. Dieser Vorgang lässt sich beliebig wiederholen:

```
$(document).ready(function() {

  // Boxen per Slide einblenden:
   $('#box1, #box2, #box3').slideDown(1000);
```

```
  // Box 2 aus- oder einsliden (Klick auf Box 1):
  $('#box1').toggle(
      function() {
        // Verstecken mit Callback:
        $('#box2').slideUp('slow', function() {
          $('#box3').html("Die gr&uuml;ne Box ist weg.");
        })
      },
      function() {
        // Einblenden mit Callback:
        $('#box2').slideDown('slow', function() {
          $('#box3').html("...und wieder da!");
        })
      }
  );
});
```

Die HTML-Struktur ist einfach – der umliegende Div `div#wrap` ist lediglich für die Gesamtbreite zuständig. Alle drei inneren Container sind auf `display:none` gesetzt, um sie beim Laden einfahren zu können:

```
<div id="wrap">
  <div id="box1">Bitte hier klicken!</div>
  <div id="box2"></div>
  <div id="box3"></div>
</div>
```

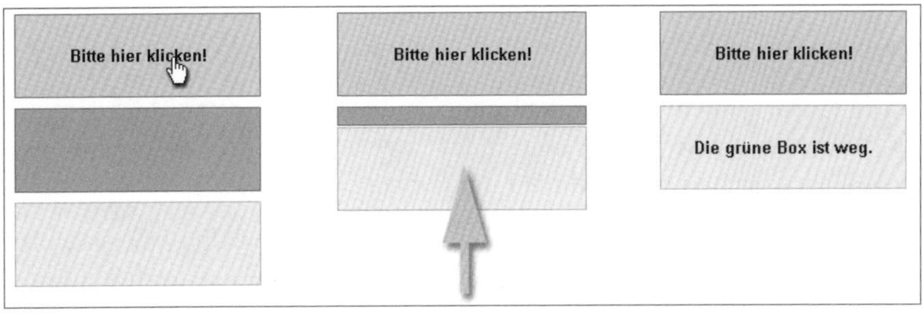

Abbildung 4.13 Animation mit SlideDown

Die Methode .slideToggle()

Wollen Sie einen Container per Slide abwechselnd ein- und ausblenden, können Sie anstelle der Methoden `.slideDown()` und `.slideUp()` auch die Methode `.slideToggle()` einsetzen, die sich in ihrer Arbeitsweise nach den augenblicklichen Display-Eigenschaften des Elements richtet: Ist es ausgeblendet (`display:none`), wird ein SlideDown ausgeführt, ansonsten ein SlideUp.

Das Ein- und Ausblenden der mittleren Box aus dem vorigen Beispiel ließe sich mit .slideToggle() grundsätzlich genauso gestalten, wobei dann aber nur eine Callback-Funktion zur Verfügung stünde (auf die Textänderung wurde daher verzichtet):

```
// Box 2 ein- oder ausslíden:
$('#box1').click( function() {
   // Zeigen oder Verstecken:
   $('#box2').slideToggle('slow');
})
```

Mithilfe der Methode .slideToggle() können Sie aber auch leicht ein Mini-Akkordeonpanel bauen, bei dem durch Klick auf eine Überschriftenleiste abwechselnd zwei Inhaltsbereiche auf- und zugeschoben werden.

Der Quelltext ist von der Struktur her einfach – es werden nur ein paar verschachtelte <div>-Container benötigt:

```
<div id="wrap">

   <!-- Panel 1 -->
   <div id="panelhead1">Alice I</div>
   <div id="panel1">Dies war grade nicht sehr...</div>

   <!-- Panel 2 -->
   <div id="panelhead2">Alice II</div>
   <div id="panel2">Der Eingang zum Kaninchenbau lief...</div>

</div>
```

Der Div div#wrap dient nur zur Festlegung der Gesamtbreite. Das Wichtigste ist, dass div#panel2 (der Textbereich des zweiten Panels) zu Beginn mit display:none versteckt ist, während der Container div#panel1 sichtbar ist. Im CSS wurde ihm zur Verdeutlichung explizit display:block zugewiesen:

```
#panel1 {
   display:block;
}

#panel2 {
   display:none;
}
```

Die Scriptbefehle, die die Animation beschreiben, sind dank jQuery wieder sehr einfach. Die Grundidee ist, stets zwei Container parallel bearbeiten zu können. Zunächst bekommt die Collection aus beiden Panel-Headern `div#panelhead1` und `div#panelhead2` einen Click-Event-Handler zugewiesen, der das Aus- und Einfahren der Panels triggert.

Dies geschieht über die Click-Callback-Funktion, die `.slideToggle()` auf eine Collection aus `div#panel1` und `div#panel2` anwendet. Da von diesen beiden Containern immer der eine unsichtbar ist, während der andere gezeigt wird, bewirkt dies ein abwechselndes Bewegen beider Panels:

```
$(document).ready(function() {
   $('#panelhead1,#panelhead2').click( function () {
      $('#panel1,#panel2').slideToggle(400);
   });
});
```

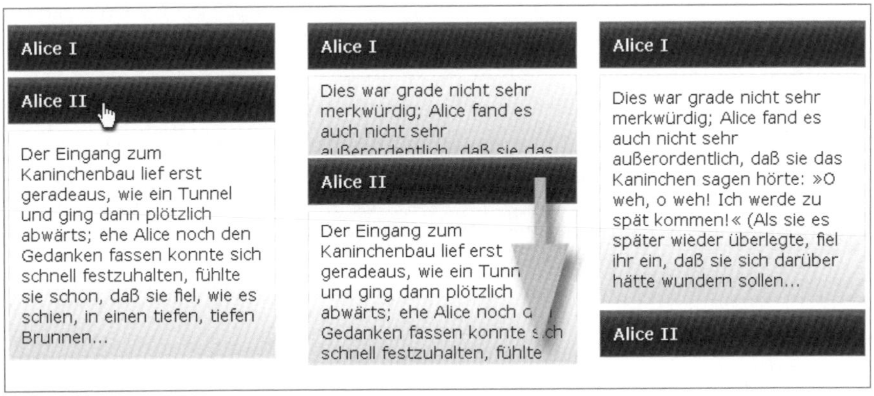

Abbildung 4.14 Mini-Akkordeon mit »slideToggle()«

Ein ausführlicheres Beispiel zum Bau von Akkordeonpanels finden Sie in Abschnitt 5.1.3, »Das Akkordeon«.

4.11.3 Fades – Zeigen und Verstecken über Opacity

So wie die Slide-Funktionen eine Variante von Show und Hide darstellen, die sich auf die Animation der Abmessungen beschränkt, so arbeiten die Fade-Methoden mit der Manipulation der Transparenz. Im Hintergrund untersucht jQuery den Browser und wendet beispielsweise im Internet Explorer den Alpha-Filter an; in Browsern, die dies unterstützen, findet die CSS3-Eigenschaft `opacity` Verwendung. Summa summarum arbeiten `.fadeIn()`, `.fadeOut()`, `.fadeTo()` und `.fadeToggle()` damit browserübergreifend.

Methode	Erläuterung

`.fadeIn()`
`.fadeIn(d)`
`.fadeIn(e)`
`.fadeIn(d, e)`
`.fadeIn(d, fn)`
`.fadeIn(d, e, fn)`
	Blendet (versteckte) Elemente der aktuellen Collection durch Erhöhung der Opacity auf den Wert 1 ein.
	(Akzeptiert optional Parameter zu Dauer `d` des Einblendevorgangs, einen Easing-Parameter `e` sowie sowie eine Callback-Funktion `fn`, die nach Ende des Vorgangs aufgerufen wird.)

`.fadeOut()`
`.fadeOut(d)`
`.fadeOut(e)`
`.fadeOut(d, e)`
`.fadeOut(d, fn)`
`.fadeOut(d, e, fn)`
	Versteckt (sichtbare) Elemente der aktuellen Collection durch Verringerung der Opacity bis zum Wert 0.
	(Akzeptiert optional Parameter zu Dauer `d` des Ausblendevorgangs, einen Easing-Parameter `e` sowie eine Callback-Funktion `fn`, die nach Ende des Vorgangs aufgerufen wird.)

`.fadeTo(d, op)`
`.fadeTo(d, op, e)`
`.fadeTo(d, op, fn)`
`.fadeTo(d,op,e,fn)`
	Verändert die Opacity der Elemente der aktuellen Collection über die Dauer `d` hin zum Opacity-Wert `op`.
	(Akzeptiert optional einen Easing-Parameter `e` sowie eine Callback-Funktion `fn`, die nach Ende des Vorgangs aufgerufen wird.)

`.fadeToggle()`
`.fadeToggle(d)`
`.fadeToggle(e)`
`.fadeToggle(d, e)`
`.fadeToggle(fn)`
`.fadeToggle(d,fn)`
`.fadeToggle(d,e,fn)`
	Fadet Elemente der Collection durch Animation der Opacity des Elements *abwechselnd* ein oder aus.
	Die Defaultdauer der Animation beträgt 400 ms, wenn keine Dauer `d` als Parameter übergeben wurde. Optional kann außerdem ein Easing-Parameter `e` übergeben werden ohne Einbindung des UI-Frameworks – derzeit nur *linear* und *swing*.
	Nach Beenden des Fades kann eine optionale Callback-Funktion `fn` aufgerufen werden.

Tabelle 4.58 jQuery-Methoden zum Zeigen und Verstecken (Fades)

Die Fade-Methoden arbeiten analog zu den bisher vorgestellten Grundanimationen. In Anlehnung an das Akkordeonbeispiel, das sich auf `.slideToggle()` stützt, soll ein vergleichbares Szenario durch Überblenden zweier Inhalte erreicht werden. Dies soll mit `.fadeOut()` und `.fadeIn()` geschehen. Hierbei soll zwischen zwei Inhalten durch Klick auf denselben Panel-Header gewechselt werden. Dieser muss also bei jedem zweiten Klick sein Vorgehen ändern – mit einer normalen Klickbindung geht dies nicht. Wir nehmen also die bereits vorgestellte `.toggle()`-Event-Bindung zu Hilfe, die pro Klick zwischen zwei oder mehr Funktionen alternieren kann.

Zunächst werfen wir einen Blick auf das HTML (selbstverständlich gekürzt):

```
<div id="wrap">
   <div id="panelhead">Fading Alice</div>
```

```
    <!-- Panel 1 -->
    <div id="panel1">Dies war grade nicht sehr...</div>
    <!-- Panel 2 -->
    <div id="panel2">Der Eingang zum Kaninchenbau lief...</div>
</div>
```

Das CSS ist nicht weiter bemerkenswert. Wichtig ist nur, `div#wrap` zu positionieren (hier mit `position:relative`), damit die beiden Inhaltspanels an deckungsgleiche Positionen gebracht werden können (dies geschieht hier durch absolute Positionierung). Panel 2 ist dabei »vorbeugend«, gewissermaßen routinemäßig, über `display:none` ausgeblendet:

```
div#wrap {
    ...
    position:relative;
}

#panelhead {
    height:20px;
    ...
    cursor:pointer;
}

#panel1, #panel2 {
    ...
    position:absolute;
    top:40px;
}

#panel1 {
    display:block;
}

#panel2 {
    display:none;
}
```

Das Script ist, typisch für jQuery, wieder sehr einfach. An den Panel-Header werden mittels `.toggle()` »onclick« zwei Funktionen gebunden, die alternierend getriggert werden. Beide blenden jeweils das eine oder das andere Panel aus und dessen Gegenpart ein:

```
$(document).ready(function() {
    $('#panelhead').toggle(
        function () {
                $('#panel2').fadeIn(1100);
```

```
            $('#panel1').fadeOut(600);
        },
        function () {
            $('#panel1').fadeIn(1100);
            $('#panel2').fadeOut(600);
        }
    );
});
```

Beachten Sie, dass die Ein- und Ausblendzeiten nicht gleich sind! Es ist sinnvoll, das Einblenden im Verhältnis etwas zu verzögern, um nicht eine verwirrende optische Überlagerung beider Inhalte zu erzielen (wie in der Darstellung der Übergangsphase in Abbildung 4.15).

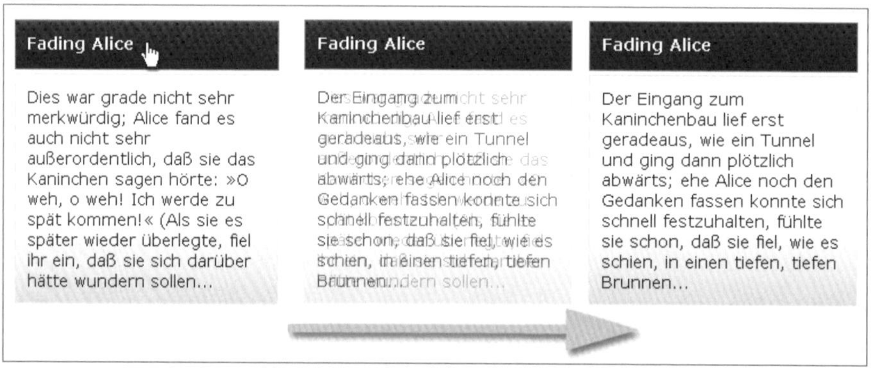

Abbildung 4.15 Übergang mit »fadeOut()« und »fadeIn()«

4.11.4 Utility-Methoden für Animationen

Um die Ihnen nun bekannten Animationen weiter zu steuern, bietet jQuery zwei Hilfsmethoden, die sich in verkettete Aufrufe von Animationsmethoden einreihen können. Die erste bewirkt eine Verzögerung der anschließenden Animation, die zweite löscht die aktuell laufende Animation, um sofort zur folgenden überzugehen.

Methode	Erläuterung
`.delay(d [, name])`	Nimmt einen Wert `d` als Verzögerungszeit für folgende Items der aktuellen Event-Kette entgegen. (Der optionale Parameter `name` nennt den Namen einer alternativen Event-Kette.)

Tabelle 4.59 jQuery-Utility-Methoden für Animationen

Methode	Erläuterung

`.stop()`
`.stop(bCQ)`
`.stop(bCQ, bCSS)`
	Beendet augenblicklich die Animationen von Elementen der aktuellen Collection.
	Wird für den booleschen Parameter `bCQ` der Wert `true` übergeben, wird die Event-Kette gelöscht (`clear queue`). Default ist `false`.
	Wird für den booleschen Parameter `bCSS` der Wert `true` übergeben, springen die CSS-Eigenschaften des Elements auf die für das Animationsende vorgesehenen Werte (`jumpToEnd`). Default ist `false`.

Tabelle 4.59 jQuery-Utility-Methoden für Animationen (Forts.)

Die Methode .delay()

Zwei oder mehr Animationsfunktionen können verkettet, also auf die gleiche Collection angewendet werden. Üblicherweise wartet jQuery, bis die erste Animation vollständig abgeschlossen ist, und beginnt dann unverzüglich mit der Abarbeitung des nächsten Effekts. Sie können, in Anlehnung an ein vorangegangenes Beispiel, eine Reihe von Containern per Slide ein- und dann gleich wieder ausblenden:

```
$('#box1, #box2, #box3').slideDown(1000).slideUp(1000);
```

Dies geschieht jedoch in vielen Fällen ungewollt zügig. Soll jQuery eine »Denkpause« einlegen, bauen Sie ein »Verzögerungsglied« in die Kette mit ein. Hierzu dient die Methode `delay()`, die eine *Verzögerungszeit* als Parameter erwartet. So wird das Ausblenden per Slide um zwei Sekunden verschoben:

```
$(document).ready(function() {
  // alle Boxen per Slide einblenden:
   $('#box1, #box2, #box3')
    .slideDown(1000)
   // zwei Sekunden abwarten:
    .delay(2000)
   // und per Slide wieder ausblenden:
    .slideUp(1000);
});
```

Anmerkung
Außer Zahlenwerte für Millisekunden können an `.delay()` auch die Keywords `fast` und `slow` übergeben werden. Diese repräsentieren dann jeweils Verzögerungszeiten von (respektive) 200 und 600 Millisekunden. Einen Defaultwert gibt es jedoch nicht (oder treffender gesagt: Er ist gleich 0) – ein Aufruf von `.delay()` ohne Argument bewirkt rein gar nichts.

Die Methode .stop()

Mit der Methode `.stop()` können Sie eine Animation für das aktuelle Element abbrechen. Dies ist jedoch nicht ganz so simpel, wie es zunächst erscheint, wie sich aus dem vorigen Beispiel herleiten lässt. Beginnen wir damit, im `.ready()`-Block noch eine weitere Anweisung zu hinterlegen, die alle animierten Boxen klickbar macht – in der Absicht, den SlideUp nach einem Klick auf eine (beliebige) von ihnen abzubrechen. Gewünschtes Ergebnis: Die Boxen sollen dann *nicht* wieder per Slide versteckt werden:

```
$('#box1, #box2, #box3').click(function(){
   $(this).stop();
});
```

Dies ist im Prinzip zwar korrekt geschrieben, jedoch entspricht das Ergebnis nicht den Erwartungen – alle Container werden (meistens jedenfalls) dennoch weggeslidet, der angeklickte verschwindet dabei (unter Umständen jedenfalls) sogar früher! Erratisch? Scheinbar. Was ist also die Ursache?

Nochmals: Die Methode `.stop()` löscht die *aktuelle Animation* des *Kontextelements*. Wenn Sie sich dies auf der Zunge zergehen lassen, so wird klar, dass deshalb, erstens, nur das angeklickte Element betroffen ist (alle anderen werden stur nach Vorschrift weiter animiert!) und dass, zweitens, nur die zum Zeitpunkt des Aufrufs der `.stop()`-Methode aktive Animationsmethode relevant ist.

Okay, wenn dies nun aber `.delay()` ist? In diesem Fall wird die *Verzögerung* gelöscht und *sofort* zur folgenden Animation der Kette (den Begriff *Kette* sollten Sie sich merken) gesprungen. Da dies das SlideUp ist, slidet das Element *augenblicklich* außer Sicht. Sollten Sie zufällig erst *nach* den zwei Sekunden Verzögerung geklickt haben,[5] wird stattdessen das SlideUp gelöscht und der Container bleibt Ihnen (wenigstens teilweise) erhalten.

Was ist zu tun? Nehmen wir die zwei potenziellen Argumente zu Hilfe, die `.stop()` akzeptiert. Beide sind boolesche Werte (der Defaultwert ist in beiden Fällen `false`, sodass es nichts macht, wenn kein Argument übergeben wird), wobei der erste (`clear queue`) aussagt, dass die aktuelle Animationskette komplett gelöscht werden soll.

Das bedeutet, dass die gerade laufende Animation, aber auch alle, die auf sie folgen, gestoppt werden. Unterm Strich läuft dies darauf hinaus, dass es egal ist, ob Sie während der Delay-Animation oder während der SlideUp-Animation eines

5 Allerdings – ein schneller zweiter Klick löscht auch die Folgeanimation. Sagten wir nicht etwas wie »erratisch«?

Elements klicken (... nun ja, mit eventuell halb weggeslideten Containern müssten Sie dann leben). Der Code wird jedenfalls wie folgt modifiziert:

```
$('#box1, #box2, #box3').click(function(){
   $(this).stop(true);
});
```

Nach wie vor müssen *alle drei* Container angeklickt werden, um sie zu erhalten: Das Löschen der Kette betrifft *nur* das Kontextelement. Hier hilft Ihnen der zweite Parameter (`jumpToEnd`) auch nicht weiter, denn er bestimmt lediglich, dass durch eine Methode animierte CSS-Eigenschaften umgehend auf den Zielwert gesetzt werden. (Wir kommen später noch darauf zurück.)

Die Lösung im betrachteten Fall liegt in der Modifikation des Selektors: Es kann nicht mit `$(this)` gearbeitet werden, weil dann nicht die gesamte animierte Collection betroffen ist, sondern eben nur das angeklickte Element. Schreiben Sie also:

```
$('#box1, #box2, #box3').click(function(){
   $('#box1, #box2, #box3').stop(true);
});
```

Warum geht dies nun, obwohl nach wie vor nur ein Element angeklickt wird? Weil innerhalb der Funktion eine neue Collection gebildet wird, die aus allen animierten Elementen besteht (welch Zufall), sodass zuverlässig die Animationsketten jedes beteiligten Containers gestoppt werden. Eine etwas ökonomischere Methode, dies zu schreiben, könnte etwa so lauten:

```
var anim = $('#box1, #box2, #box3');

anim.click(function(){
   anim.stop(true);
});
```

Warum sollte man Collections speichern?

Es kann sich durchaus lohnen, eine mehrfach verwendete Collection in eine Variable zu referenzieren. Sie sollten dabei aber nicht vergessen, dass der Aufruf der jQuery-Funktion mit einem Selektor bedeutet, dass das gesamte Dokument nochmals durchsucht wird. Dies sollten Sie nicht leichtfertig veranlassen, wenn Sie sich das Ergebnis einer solchen Operation auch einfach »merken« können.

4.11.5 Animation mehrerer CSS-Parameter

Die Methode `.animate()` ist jQuerys »eierlegende Wollmilchsau« bzw. seine »Geheimwaffe« bezüglich Animationen. Die unscheinbar benannte Methode bietet bei genauem Hinsehen enorme Möglichkeiten, die (zunächst leider prinzipbedingt nur in Ansätzen) hier unbedingt vorgestellt werden sollten.

Methode	Erläuterung
`.animate(p[,d,e,fn])`	Ermöglicht die gleichzeitige Animation verschiedener CSS-Eigenschaften `p`. (Nimmt optionale Parameter zu Dauer `d`, Easing `e` und eine Callback-Funktion `fn` entgegen.)

Tabelle 4.60 Allgemeine jQuery-Methode für Animationen

Sie könnten sich jetzt auf den Standpunkt stellen, dass die bisher vorgestellten Animationsmethoden für das Ein- und Ausblenden, Slides und Fades nur Spezialfälle darstellen, die ebenso durch `.animate()` abgedeckt werden könnten. Das ist im Prinzip zwar richtig, macht jedoch die anderen Methoden aufgrund ihrer einfacheren Anwendung nicht überflüssig. Die Methode `.animate()` als allgemeiner Ansatz jedoch verdient hier eine ausführlichere Abhandlung.

Zunächst stellen wir Ihnen die vier Argumente vor, die die Methode akzeptiert. Das erste *muss* vorhanden sein, die folgenden drei sind optional, dürfen also entfallen (es gibt demnach Defaultwerte, bzw. die Parameter können schlicht übergangen werden). In dieser Reihenfolge übergeben Sie:

1. **CSS-Eigenschaften** (obligatorisch)
   Die zu animierenden Eigenschaften nebst deren Zielwerten. Diese werden stets als ein JavaScript-Objekt übergeben, das `property-value`-Pärchen enthält.
2. **Zeitdauer**
   Die Dauer der angeordneten Animation in Millisekunden (als Zahl). Die Keywords `slow` und `fast` werden im Rahmen eines alternativ möglichen Duration-Objekts (das auch noch mehr kann) ebenfalls akzeptiert.
3. **Easing**
   Soll die Animation nicht gleichmäßig erfolgen, beispielsweise schnell beginnen, aber langsam auslaufen, wird dieser Parameter übergeben.
4. **Callback-Funktion**
   Ein Funktionsobjekt (oder eine Referenz darauf), das wie üblich getriggert wird, sobald die Animation beendet ist.

Nun aber genauer und der Reihe nach.

Die Property-Map – zu animierende CSS-Eigenschaften

Der erste und wichtigste Parameter ist eine Eigenschafts-Map, wie jQuery ein zu diesem Zweck verwendetes JavaScript-Objekt nennt. Einiges hierzu (wie beispielsweise die gelegentliche Übergabe der Eigenschaftsnamen als String) wurde bereits bei der Vorstellung der Methode `.css()` gesagt.

Stellen wir zunächst fest, dass nicht einfach eine »irgendwie« zu animierende Eigenschaft genannt wird, sondern deren Name und deren Zielwert. Dies könnten die Höhe und die Breite eines zu animierenden Containers sein:

```
// eine "Map" ist immer ein Objektliteral:
{ height:'300px', width:'600px' }
```

Maßeinheit übergeben oder nicht?

Für Pixelwerte kann auf die Angabe einer Maßeinheit verzichtet werden. jQuery nimmt von sich aus an, dass es sich um Pixel handelt, wenn das Property eine Abmessung beschreibt. Andere Einheiten (%, em, pt etc.) müssen jedoch angegeben werden.

In diesem Fall wird also von den aktuell für das Objekt gültigen Abmessungen ausgegangen, die über den Zeitraum der Animation (dazu gleich noch mehr) auf den Zielwert gebracht werden. Besitzt eine der angesprochenen Eigenschaften des animierten Objekts bereits den Zielwert, passiert in diesem Fall nichts. Es können beliebig viele Eigenschaften im Objekt beschrieben werden, die während der Animation alle gleichzeitig bearbeitet werden:

```
$('p').animate({height:'300px', width:'600px'});
```

Vorsicht – obwohl das Argument auf den ersten Blick aussieht wie eine CSS-Regel (geschweifte Klammern außen, Doppelpunkt zwischen Name und Wert), bei der man den Selektor weggelassen hat, ist die Schreibweise im Detail anders – die Eigenschaften werden nicht mit einem Semikolon beendet, sondern (es ist ja ein JavaScript-Objekt) durch Kommata getrennt.[6]

Animation von Farbwerten

Sollen Farbwerte mit jQuery animiert werden, übersteigt dies die Möglichkeiten des jQuery-Core. Entsprechende Anfragen (sei es für `color` oder `backgroundColor`) werden also ignoriert. Jedoch kann eine Farbanimation erfolgen, wenn *jQuery UI* oder hierfür konzipierte Plugins, wie *Color Animations6*, eingebunden sind. Ein vertiefendes Beispiel dazu finden Sie im Praxisteil.

6 Nähere Informationen finden Sie unter *http://plugins.jquery.com/project/color.*

Duration – Dauer der Animation

Eine Animation läuft auch ohne Angabe einer Zeitdauer. In diesem Fall wird einfach von einer Defaultzeitdauer von 400 ms ausgegangen. Expliziter wird es, sobald ein Wert übergeben wird, der den Zeitrahmen setzt. Gehen wir für den Anfang davon aus, dass es sich bei der Duration um einen einfachen Zahlenwert handeln wird, beispielsweise 1300 für »1300 Millisekunden«. Das ist selbsterklärend. Aber was geschieht nun »intern«?

Nehmen wir an, es soll die Left-Position eines Containers animiert werden, der sich bei `left:0` befindet und nach `left:1000px` bewegt werden soll. Das Framework kennt nun Anfangs- und Endposition und weiß, wie lange es sich zum Erreichen der Endposition Zeit zu nehmen hat:

```
$('p').animate( {left:'100px'}, 1300 );
```

Damit eine Animation erzeugt wird, müssen Zwischenpositionen errechnet werden (Tweening) – bezeichnen wir diese als *Keyframes*. jQuery arbeitet hierfür mit einer fest eingestellten Schrittdauer von 13 ms. Eine Dauer von 1300 ms bedeutet also 100 Schritte bzw. Keyframes. Diese Anzahl wird verwendet, um die Zwischenwerte der CSS-Eigenschaften zu errechnen. Bei einer Strecke von 1000 px, die der Beispielcontainer zurücklegen soll, kommen wir damit auf 10 px pro Schritt.

Anmerkung

Anstelle eines Zahlenwerts für Millisekunden können auch die Keywords `slow` und `fast` übergeben werden. Dies muss jedoch (was es komplizierter macht), im Rahmen eines Optionsobjekts geschehen.

Hier ist ein Anschauungsbeispiel, das wir im Anschluss allerdings nicht weiterverfolgen werden:

```
$('p').animate( {left:'100px'}, {duration:'slow'} );
```

Easing – Verlaufskurve der Animation

Was tun Sie aber, wenn Sie nun keinen gleichmäßigen Ablauf der Animation haben möchten, wie er sich durch das Erzeugen der Keyframes im regelmäßigen Abstand von 13 ms ergibt? In diesem Fall wird nicht der Abstand der Keyframes verändert (diese bleiben gleichmäßig verteilt), sondern die in jedem Keyframe gespeicherten Eigenschaftswerte werden durch eine Funktion neu gewichtet (verkleinert oder vergrößert, je nachdem). Die Funktion, die dies vornimmt, bezeichnet man als *Easing-Funktion*.

Um Ihnen dies zu verdeutlichen, werden hier die Wertänderung (vom Ausgangswert zum Zielwert) und der Zeitablauf (vom Start bis zum Ende der Animation) in einem Graph gegeneinander aufgetragen. In der angenommenen Ausgangskonfiguration ergibt dies eine gerade Linie (siehe Abbildung 4.16, links).

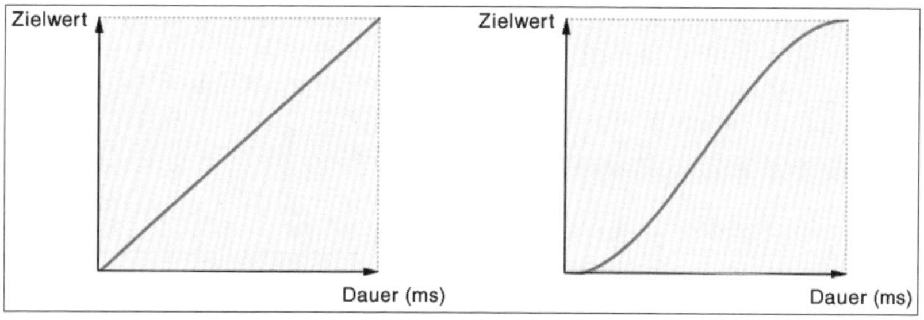

Abbildung 4.16 Lineares und Sinus-Easing (»Swing-Kurve«)

Verändern Sie den Wert nun nicht gleichmäßig, sondern anfangs pro Schritt etwas weniger, dann stärker und gegen Ende wieder etwas weniger, erhalten Sie eine Kurve wie in Abbildung 4.16, rechts. Eine solche Kurve lässt sich von einer Sinus-Funktion ableiten, und in der Tat geschieht genau dies. jQuery bezeichnet diese Kurve, die eine Animation sachte beginnt, dann steigert und schließlich sanft auslaufen lässt, als Swing-Kurve. Es handelt sich hier um eine der eingebauten Easing-Funktionen, die zur Steuerung der Animationen zur Verfügung stehen.

Genauer gesagt handelt es sich bei Swing sogar um die Default-Easing-Funktion: Wird kein Easing-Parameter übergeben, wird automatisch diese Kurve der Animation zugrunde gelegt. Die (vorläufig) einzige Alternative, die vorhanden ist, besteht im anfangs hergeleiteten Verlauf, den jQuery als linear bezeichnet. So ergeben sich die beiden zulässigen Werte für Easing: `'swing'` (Default) und `'linear'`. Eigentlich, wie eben konstatiert, müsste der Wert `'swing'` gar nicht extra übergeben werden – hier aber zur Demonstration:

```
$('p').animate( {left:'100px'}, 1300, 'swing' );
```

Wenn Sie es explizit »linear« möchten, müssen Sie dies auch sagen:

```
$('p').animate( {left:'100px'}, 1300, 'linear' );
```

Weitere Easing-Funktionen benötigt?

Werden spezielle Animationskurven benötigt, beispielsweise eine, die schnell beginnt und langsam ausläuft, oder eine, bei der sich das Objekt elastisch um die Zielposition einpendelt (Bouncing), kann einfach ein zusätzliches Plugin bemüht werden, das solche (und viele weitere) Easing-Methoden zur Verfügung stellt: das *jQuery Easing-Plugin*.

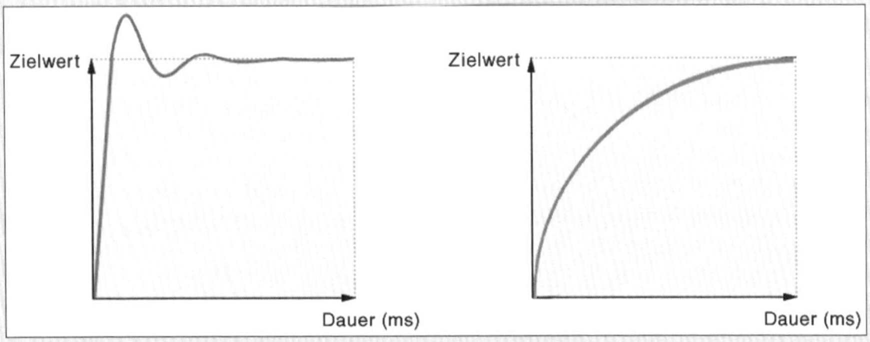

Abbildung 4.17 Zwei Easing-Kurven aus dem Easing-Plugin

Mithilfe dieses Plugins verfügen Sie über fast drei Dutzend weitere Animationsverläufe, die unter »bouncing«, »elastic« oder »exponential« firmieren und jeweils in den Varianten »Ease-In«, »Ease-Out« bzw. »Ease-InOut« vorliegen. (Reicht Ihnen das nicht, können Sie immer noch eigene Easing-Methoden schreiben.) Das Plugin ist Teil von *jQuery UI*. Auf das Einbinden und den Einsatz gehen wir in Abschnitt 5.7.7 näher ein, in dem Sie auch weitere Hintergründe zu Easing-Funktionen erfahren.

Callback – was passiert danach?

Das letzte optionale Argument, das `.animate()` entgegennimmt, ist eine Callback-Funktion. Diese wird nach Abschluss der Animation ausgelöst:

```
$('p').animate(
   {left:'100px'},
   1300,
   'linear' ,
   function() {
      alert("Mission abgeschlossen! Bin am Ziel.")
   }
);
```

Nachdem der theoretische Teil hiermit abgedeckt wurde, geht es jetzt »in medias res« – versuchen wir uns an ein paar einfachen Beispielen zu `.animate()`.

Die Methode .animate()

Animiert werden sollen mehrere `<div>`-Container, die der Einfachheit halber alle mit denselben CSS-Eigenschaften belegt sind (hier leicht gekürzt):

```
#box1, #box2, #box3, #box4, #box5 {
   padding:10px;
   height:50px;
   width:250px;
```

```
    margin-bottom:10px;
    border:1px solid #ccc;
    ...
}
```

Animiert werden sollen Höhe, Breite und Transparenz (wobei Letztere nicht angegeben ist – wir gehen hier vom Defaultwert `opacity:1.0` aus). Jede Animation (bis auf die letzte) soll per Klick auf den jeweiligen Container gestartet werden. Zunächst sollen für die ersten zwei Boxen `div#box1` und `div#box2` jeweils Breite und Höhe animiert werden. Beide Abschnitte stehen im `.ready()`-Block, der hier der Übersichtlichkeit wegen weggelassen wurde:

```
$('#box1').click(function() {
   $(this)
   .animate( { width:'500px' }, 1000)
   .animate( { height:'150px'}, 1000) ;
});
$('#box2').click(function() {
   $(this)
   .animate( { width:'500px',
               height:'150px' }, 1000);
});
```

Obwohl hier zweimal die gleichen Größen mit gleichen Zielwerten und Dauern animiert werden, geschieht nicht dasselbe. Bei Box 1 werden einzeln nacheinander zuerst die Breite und anschließend die Höhe animiert. Bei Box 2 geschieht die Manipulation beider Größen gleichzeitig. Es findet also eine Kettenbildung statt, die der Reihenfolge der aneinandergehängten Animationsaufrufe entspricht. Im Grunde ist dies naheliegend (aber nicht in Stein gemeißelt, wie im weiteren Verlauf noch gezeigt wird). An Box 3 werden die Höhe und die Transparenz geändert, um die Box auszublenden. Dies soll aber nicht mit dem üblichen Swing-Easing geschehen, sondern »linear«, weshalb ein entsprechendes Easing-Argument übergeben wurde. Eine Callback-Funktion meldet den Abschluss der Animation:

```
$('#box3').click(function() {
   $(this)
   .animate( {opacity:'0',height:'0'},
             1500,
             'linear',
             function(){
                alert('Bin dann mal weg!');
             }
   );
});
```

Betrachten wir eine Animation von Box 4, um tiefer in das Eigenschaftsobjekt und seine Möglichkeiten einzusteigen. Sie brauchen nämlich keinen konkreten Zielwert anzugeben. Da jQuery den Startwert ohnehin ausliest, können Sie diesen auch zur Grundlage einer Zielwertberechnung machen:

```
$('#box4').click(function() {
   $(this)
   .animate(
         {width:'+=50px'},
         500
         );
});
```

Hier wird die Breite pro Animation um 50 px vergrößert – der Zielwert berechnet sich aus `zielwert = (startwert + aenderung)`. Analog ist auch eine Verringerung über `-=` möglich. (Eine Multiplikation oder Divison mit einem Faktor gibt es jedoch nicht.)

Eine andere Art der Kettenbildung lernen Sie über folgendes Beispiel kennen. Über Box 5 soll gehovert werden können, wobei sich die Box bei Mouseover ausdehnt und bei Mouseout wieder in den Ausgangszustand zurückfährt. Dies wird mit dem Convenience-Event-Binder `.hover()` erreicht, der zwei Callbacks als Argumente erhält. Beide enthalten eine Animation:

```
$('#box5').hover(
   function() {
      $(this).animate(
         {width:'500px'},
         500
      )},
   function() {
      $(this).animate(
         {width:'250px'},
         500
      )}
);
```

Dies funktioniert so weit sehr gut. Hovern Sie jedoch mehrmals kurz hintereinander über dem Element, indem Sie den Mauszeiger schnell darüber hinein- und wieder hinausbewegen, sehen Sie, dass sich die Box dies »merkt«. Alle angestoßenen Hovers werden der Reihenfolge nach ausgeführt – die Animation »läuft nach«. Auch dies ist wieder eine Animationskette – die auszuführenden Funktionen werden sozusagen auf einen »Stack« gelegt und abgearbeitet.

Betrachten wir nun abschließend eine Möglichkeit, die Verkettung auszuhebeln, bevor wir uns Mittel verschaffen, sie korrekt zu steuern. Gehen wir zum ersten Beispiel zurück:

```
$('#box1').click(function() {
   $(this)
    .animate( { width:'500px' }, 1000)
   .animate( { height:'150px'}, 1000);
});
```

Diese Methoden werden nacheinander ausgeführt, so wie sie nacheinander zugewiesen wurden. Möchten Sie dies anders haben, können Sie veranlassen, dass eine Animation nicht zu dem Zeitpunkt ausgeführt wird, der ihrer Einbindung entspricht, sondern gleich zu Beginn – und zwar zusätzlich und gleichzeitig mit der ersten Animation.

De facto wird diese »aus der Reihe« geholte Animation zur ersten Animation »addiert«. Hierzu benötigen Sie das Optionsobjekt, das wir vorhin kurz erwähnt haben. Dieses kann neben `duration` noch eine Eigenschaft `queue` enthalten, die bestimmt, ob sich eine Animation in die Kette einreiht (`queue:true`) oder nicht (`queue:false`). Folgende kleine Manipulation lässt beide Animationen plötzlich synchron starten:

```
$('#box1').click(function() {
   $(this)
   .animate( {width:'500px'}, 1000)
   .animate( {height:'150px'},
             {duration:1000, queue:false}
   );
});
```

Nehmen wir noch eine weitere Animation hinzu, die die Transparenz auf 30% reduziert, und linken wir diese an zweiter Stelle ein:

```
$('#box1').click(function() {
   $(this)
   .animate( { width:'500px' }, 1000)
   .animate( {opacity:'0.3'}, 1500)
   .animate( {height:'150px'},
             {duration:1000, queue:false}
   );
});
```

Die Reduktion der Transparenz wird erst zum Schluss vorgenommen, da die beiden anderen Animationen gleichzeitig starten. Auch die Transparenzänderung könnte nun aus der Kette genommen werden, um sie gleichzeitig mit den anderen zu starten. Da sie aber eine andere Dauer hat, läuft sie nach Abschluss der anderen beiden Animationen noch weiter. Sie können die Konfiguration von Einzelanimationen mit dem Optionsobjekt dabei noch weiter treiben:

```
$('#box1').click(function() {
   $(this)
   .animate( { width:'500px' }, 1000
   )
   .animate( {opacity:'0.3'},
            {duration: 2000,
             queue: false,
             complete: function(){
                alert('Habe fertig!');
             }}
    )
   .animate( {height:'150px'},
            {duration: 1500,
             queue: false,
             easing:'linear'}
   );
});
```

Das Optionsobjekt kann sogar noch mehr, wobei an dieser Stelle eine noch ausführlichere Erläuterung den Rahmen sprengen würde. Wir möchten daher in diesem Fall ausnahmsweise auf die offizielle Dokumentation verweisen. Da jetzt aber bereits seit einiger Zeit von der Animationskette *Queue* die Rede war, sollen jetzt endlich ein paar bislang vernachlässigte Hintergründe dazu aufgezeigt werden.

4.11.6 Die Queue – Warteschlange für Effekte

In den vorangegangenen Abschnitten wurde deutlich gemacht, dass eine Reihe von Animationen, die einer Collection zugewiesen werden, eine Kette bildet. Dies gilt auch für an einem Objekt getriggerte Animationen, die über Event-Handler gestartet werden – auch diese werden in der Reihenfolge der Triggerung auf einen Stapel gelegt und entsprechend abgearbeitet.

In der Summe bezeichnet jQuery die an einem Objekt abzuarbeitenden Animationen als Queue (Kette) und bietet uns auch drei Methoden, in diese Verarbeitungskette einzugreifen. Es sind dies die Methode `.queue()`, die mit drei Signaturen auftritt, sowie die Methoden `.clearQueue()` und `.dequeue()`.

Methode	Erläuterung
`.queue()` `.queue(name)`	Gibt die Default-Effektkette (Queue) `fx` der Items der Collection zurück. Wird ein Bezeichner `name` übergeben, wird stattdessen die entsprechend benannte Effektkette zurückgegeben.
`.queue(newQ)` `.queue(name, newQ)`	Ersetzt die Default-Effektkette `fx` durch ein Array aus neuen Funktionen. Wird als erster Parameter ein Bezeichner `name` übergeben, wird die entsprechend benannte Effektkette ersetzt.
`.queue(fn(next))` `.queue(name, fn(next))`	Setzt die Funktion `fn` an das Ende der Effektkette und führt sie dann als Callback aus. Wird als erster Parameter ein Bezeichner `name` übergeben, wird die Funktion `fn` an die entsprechend benannte Effektkette gesetzt.
`.clearQueue()` `.clearQueue(name)`	Entfernt alle noch nicht abgearbeiteten Items aus der Default-Event-Kette von `fx` (oder der durch `name` benannten Event-Kette).
`.dequeue()` `.dequeue(name)`	Führt die nächste Funktion der Verarbeitungskette für die Elemente der Collection aus. (Nimmt optional einen Namen `name` einer benannten Verarbeitungskette entgegen.)

Tabelle 4.61 jQuery-Methoden zur Beeinflussung der Effektkette »Queue«

jQuery arbeitet Effekte wie `.show()`, `.fadeOut()` oder `.animate()` nacheinander ab, wenn sie entsprechend verkettet sind. Dies bezeichnet man als Animationskette oder Queue – der Begriff wurde bei der Beschreibung zu `.stop()` eingeführt. Das Prinzip der Verkettung und potenzielle Gegenmaßnahmen wurden vorhin bereits angerissen. Betrachten wir es aber erneut, um es anschließend vertiefen zu können.

Folgende Animationen laufen hintereinander, wobei die letzte ein Callback namens `animateBox` startet:

```
$("#moveable")
   .show("slow")
   .animate({left:'+=200'},2000)
   ...
   .animate({left:'+=-200'},200)
   .fadeOut("slow", animateBox);
```

Dieselbe Wirkung erzielen Sie übrigens auch, wenn pro Animation eine neue Collection gebildet wird. Die Animationsketten werden nämlich nicht den jeweiligen Collections zugewiesen (dann könnten sie unabhängig voneinander sein), sondern den Elementen, die die Collections enthalten. Da dies hier stets das gleiche Element #moveable ist, addieren sich die Animationen implizit ebenfalls zu einer einzigen Kette:

```
$("#moveable").show("slow");
$("#moveable").animate({left:'+=200'},2000);
...
$("#moveable").animate({left:'+=-200'},200);
$("#moveable").fadeOut("slow", animateBox);
```

Nach der Regel, dass diejenige Funktion, die zuerst in die Animationskette (Queue) gelangt, auch zuerst wieder aus ihr entfernt wird (»first in, first out«), werden die einzelnen Funktionen in einem *Stack* (genauer gesagt, einem Array) abgelegt. Auf dieses Array müssen Sie zunächst einmal überhaupt zugreifen können. Selbstverständlich gibt Ihnen jQuery hierzu eine Möglichkeit.

.queue([name])

Die Methode `.queue()` gibt eine Referenz auf die in einer Warteschlange angemeldeten Funktionen zurück. Hierfür wird zunächst eine Collection gebildet, die ein animiertes Objekt enthält. In diesem Fall ist es #moveable. Der Rückgabewert besitzt Array-Charakter, daher kann mittels der Eigenschaft `length` festgestellt werden, wie viele Animationsschritte in der aktuellen Queue des betrachteten Objekts enthalten sind:

```
$(document).ready(function() {
   $("p").click(function(e) {
     // Die Queue wird in Variable abgelegt:
      var value = $("#moveable").queue("fx");
     // val.length ist die Länge der Queue:
      $(this).text("Anzahl: " + value.length);
   });
   function animateBox() {
      $("#moveable").show("slow")
      .animate({left:'+=200'},2000)
      .animate({left:'+=-200'},200)
      .fadeOut("slow", animateBox);
   }
   animateBox();
});
```

Das Argument `name` ist optional und hätte in diesem Fall auch entfallen. können, da der hier für die Queue übergebene Bezeichner `fx` auch der Defaultbezeichner für die Kette ist. Wollen Sie allerdings nicht die Standard-Queue, sondern eine andere betrachten, müssen Sie natürlich deren Namen übergeben.

.queue([name],Callback) und .dequeue()

Als zweites Argument kann eine Callback-Funktion übergeben werden, die zu den bereits gültigen Animationen noch weitere hinzufügt. Das erste Argument, der Bezeichner der Queue, kann aber auch (wie hier) problemlos entfallen, da jQuery ein übergebenes Funktionsobjekt stets als Callback behandeln wird:

```
$(document).ready(function() {
   $("#moveable").show("slow");
   $("#moveable").animate({left:'+=200'},2000);
   $("#moveable").queue(function() {
      // zwei zusätzliche Animationsschritte:
      $(this).animate({opacity:0.5},1000);
      $(this).animate({opacity:1},100);
      // forciert den Schritt zur Folgeanimation:
      $(this).dequeue();
   });
   $("#moveable").animate({left:'+=-200'},200);
   $("#moveable").fadeOut("slow", animateBox);
   }
});
```

Fügen Sie als letztes Glied der Callback-Funktion noch die Anweisung `.dequeue()` hinzu. Diese Methode bewirkt die Fortführung der Warteschleife mit der nächstfolgenden Animation. Dies ist hier erforderlich, da die beiden durch das Callback hinzugefügten Animationsschritte außerhalb der regulären Queue-Sequenz stehen. (Für ein »normales« Glied der Queue wird `.dequeue()` quasi implizit aufgerufen, sodass Sie sich nicht extra darum zu kümmern brauchen.)

.queue([name],queue)

Mit dieser Methode können Sie eine Warteschlange entfernen oder eine neue setzen:

```
var newQueue = function() {
   $("#moveable")").show("fast");
   $("#moveable")").hide("slow");
}
$("#moveable").queue("fx", [newQueue] );
```

Mit dem Aufruf der Funktion `newQueue` wird eine alte Warteschlange `fx` durch eine neue ersetzt. Mit einem leeren Array wird die alte Warteschlange gelöscht:

```
$("#moveable").queue("fx",[]);
```

4.11.7 Vollständiges Beispiel zu .queue()

Um das Thema Warteschlange im Zusammenhang zu erläutern, betrachten wir nun ein Beispiel als Ganzes. Es wird ein `div#moveable` animiert, indem es horizontal hin- und herbewegt wird, und seine Transparenz (Opacity) wird auf 50 % herabgesetzt. Nach einem Klick auf den Button RICHTUNGSWECHSEL soll sich das Objekt in der Vertikalen bewegen. In dieser zweiten Kette unterbleibt die Änderung der Opacity. Der HTML-Teil sieht folgendermaßen aus:

```
<html>
<head>
   <title>jQuery - Beispiel 5</title>
   <link rel="stylesheet"
    href="styles.css" type="text/css"/>
   <script type="text/javascript"src="jquery-1.4.js"></script>
   <script type="text/javascript"src="queue.js"></script>
</head>
<body>
   <div id="moveable"></div>
   <button id="change">Richtungswechsel</button>
   <button id="reset">Zum Ausgangspunkt</button>
   <div>
      <span></span>
   </div>
</body>
</html>
```

Listing 4.1 Queue – komplettes Beispiel, HTML-Gerüst

Es wird noch ein Stylesheet mit dem Namen *styles.css* benötigt:

```
div#moveable {
   position:absolute;
   width:50px;
   height:50px;
   left:10px;
   top:100px;
   background:green;
   display:none;
}
```

Listing 4.2 Queue – komplettes Beispiel, CSS

Die Funktionen werden in die Datei *queue.js* ausgelagert:

```
$(document).ready(function() {
   // Event
   $("button").toggle(function() {
      $("#moveable")
      .queue("fx",[newQueue]);
      }, function() {
      $("#moveable")
      .queue("fx",[moveRectangle]);
   });

   $("button#reset").click(function() {
      $("#moveable")
      .stop(true)
      .css({left:'10px',top:'100px'});
      moveRectangle();
   });

   // Erste Funktion, die eine Warteschlange erzeugt
   function moveRectangle() {
      $("#moveable").fadeIn("slow")
      .animate({left:'+=200'},2000)
      .animate({opacity:0.5},1000)
      .animate({opacity:1},1000)
      .animate({left:'+=-200'},2000)
      .fadeOut("slow", moveRectangle);
      message();
   }
   moveRectangle();
   // Zweite Funktion, die eine Warteschlange erzeugt
   function newQueue() {
      $("#moveable").fadeIn("slow")
      .animate({top:'+=200'},2000)
      .animate({top:'+=-200'},2000)
      .fadeOut("slow",newQueue);
      message();
   }

   // Hilfsfunktion zur Anzeige der Meldung
   function message() {
      var queueLength = $("#moveable").queue("fx").length;
      $("span").text("Es befinden sich " + queueLength);
      $("span").append(" Funktionen in der Queue");
   }
});
```

Listing 4.3 Queue – komplettes Beispiel, jQuery-Code

Innerhalb der Event-Funktion `.toggle()` tauschen Sie die Warteschlangen aus:

```
.queue("fx",[newQueue]);
```

wobei `newQueue` eine Funktion aufruft, in der Sie den grünen Kasten vertikal bewegen. Innerhalb dieser Funktion wird eine Warteschlange angelegt und abgearbeitet. Klicken Sie erneut auf den Button, wird mit

```
.queue("fx",[moveRectangle]);
```

wieder die ursprüngliche Funktion aufgerufen und `newQueue` überschrieben. Mit der Funktion `message` wird mit `$("#moveable").queue("fx").length` die Anzahl der gerade in der Pipe befindlichen Funktionen in das Element `<span>` geschrieben.

Der Button RESET setzt die Warteschlange zurück. (Die Methode `stop()` wird in Abschnitt 4.11.4, »Utility-Methoden für Animationen«, besprochen.)

4.11.8 Helferfunktionen für Queue und Animationen

Neben den auf Collections anwendbaren jQuery-Methoden existieren zusätzlich noch globale Helferfunktionen (Low-Level-Methoden), die direkt vom jQuery-Objekt aus eingesetzt werden können.

Der Einsatz dieser Low-Level-Methoden ist analog zu den vorhin vorgestellten regulären Methoden, abgesehen davon, dass hier ein DOM-Element übergeben werden muss, an das die betrachtete oder zu bearbeitende Queue gebunden ist.

Utility	Erläuterung
`jQuery.queue(elem)` `jQuery.queue(elem, name)`	Zeigt die Funktionen der aktuellen Verarbeitungskette `fx` für das übergebene DOM-Element `elem`. Nimmt optional einen Queue-Namen `name` entgegen.
`jQuery.queue(elem,name, newQ)`	Überschreibt die Verarbeitungskette `name` für das übergebene DOM-Element `elem` durch die neue Kette `newQ`.
`jQuery.queue(elem, name, fn)`	Fügt der aktuellen Verarbeitungskette `fx` für das übergebene DOM-Element `elem` über die Callback-Funktion `fn` weitere Animationsschritte hinzu.
`jQuery.dequeue(elem)` `jQuery.dequeue(elem, name)`	Springt zur folgenden Funktion in der Verarbeitungskette `fx` für das übergebene DOM-Element `elem`. Nimmt optional einen Queue-Namen `name` entgegen.

Tabelle 4.62 jQuery-Helferfunktionen für Animationen und Queue

jQuery.fx.off

Interessant sind jedoch die Möglichkeiten, global alle Animationen zu stoppen. Hierzu dient die Eigenschaft `jQuery.fx.off`, die auch kürzer als `$.fx.off` geschrieben werden kann.

Utility	Erläuterung
`jQuery.fx.off`	Boolescher Wert. Deaktiviert bzw. stoppt für `false` allgemein alle Animationen.

Tabelle 4.63 jQuery-Utility zum Stoppen aller Animationen

Diese Eigenschaft erhält einen booleschen Wert – per Default ist sie `true`, sodass alle anstehenden Animationen auch ausgeführt werden. Setzen Sie die Eigenschaft künstlich auf `false`, so werden sämtliche Animationen augenblicklich angehalten:

```
$("button").click( function(){
    // schaltet den Wert von $.fx.off hin und her:
    $.fx.off = !$.fx.off;
});
```

4.12 Deferreds und ihre Verwendung

Das Konzept der »zurückgestellten Aktion«, der sogenannten »Deferreds«, wurde in jQuery mit der Version 1.5 eingeführt. Einfach ausgedrückt, handelt es sich dabei um ein Verfahren, mit dem Abläufe (wie beispielsweise ein Ajax-Request) von anderen Abläufen (wie dessen Callbacks) entkoppelt werden können. Mithilfe eines Deferred-Objekts lassen sich (auch nachträglich) Ketten aus Callback-Funktionen bilden, die entsprechend der Entwicklung am beobachteten Objekt (Erfolg oder Fehler) feuern.

Konstruktor	Erläuterung
`$.Deferred();`	Gibt ein Deferred-Objekt zurück.

Tabelle 4.64 Der Konstruktor für Deferred-Objekte

Ein *Deferred-Objekt* kann entweder direkt über einen Konstruktor erstellt werden, oder es entsteht mittelbar, beispielsweise in Zusammenhang mit einem Ajax-Request. Damit es nicht erforderlich ist, unmittelbar mit dem Deferred-Objekt zu interagieren, implementiert dieses noch ein Interface nach außen, ein sogenanntes *Promise-Objekt*. Das Promise eines Deferred verhält sich wie ein

Proxy, reicht also an ihm erfolgende Methodenaufrufe an das Deferred durch (nicht alle jedoch) und schirmt es ansonsten ab.

Per Konstruktor erzeugen Sie ein Deferred-Objekt so:

```
var def = $.Deferred();
```

Zugriff auf sein Promise-Interface erhalten Sie, indem Sie die Methode `.promise()` auf das Deferred anwenden. Salopp gesagt, erzeugen wir so das »Promise-Objekt des Deferreds«:

```
var prm = def.promise();
```

Das Promise-Objekt verhält sich nach außen exakt wie »sein« Deferred, kann also Auskunft über dessen momentanen Zustand geben, und man kann darüber Callbacks an das Deferred binden. Eine *Änderung* des Zustands des Deferreds – und dies ist essenziell – ist über das Promise hingegen nicht möglich: Benötigt man ein Deferred in quasi »feindlicher Umgebung«, in der es geschützt werden muss, so schirmt man es ab, indem man stattdessen auf sein Promise zurückgreift. Am besten lässt sich dies an einem Beispiel erläutern.

Nehmen wir an, eine Animation soll ein Callback aufrufen, sobald sie beendet ist. Solange man nur ein Callback benötigt, kann die Bindung unmittelbar erfolgen:

```
function zeigen(){
  $('#beispiel2').fadeIn( 1000,
      // Callback als zweites Argument
      function(){
        console.log('Animation beendet!');
      });
}
```

Die Funktion `zeigen()` meldet sich, sobald sie aufgerufen wurde, nach Abschluss ihrer Animation an der Konsole. So weit, so gut.

Möchte man aber auch zu einem späteren (oder im Vorfeld unbestimmbaren) Zeitpunkt Callbacks binden können, so ist dies auf dem bisher beschrittenen Weg nicht möglich.

Um dieses Feature zu gewährleisten, kann man ein Deferred-Objekt zu Hilfe nehmen, genauer gesagt, dessen Promise. Hierfür wird zunächst ein Deferred-Objekt lokal in der Funktion erzeugt und lediglich sein Promise-Objekt nach außen zurückgegeben (wir erreichen damit, dass das Deferred in der Funktion gekapselt ist und von außen nicht beeinflusst werden kann – es verhält sich »immutable«, was seinen Zustand angeht):

```
function zeigen(){
    var def = $.Deferred();
    $('#beispiel').fadeIn( 1000, def.resolve );
    return def.promise();
}
```

An dieser Stelle muss gesagt werden, dass ein Deferred zum Zeitpunkt seines Entstehens grundsätzlich den *Status* »unresolved« (nicht aufgelöst) besitzt. Dieser Status wechselt, wenn die beobachtete Aktion erfolgreich abgeschlossen ist, zu »resolved« (aufgelöst); schlägt die Aktion hingegen fehl, wechselt der Status zu »rejected« (zurückgewiesen). Weitere Optionen gibt es nicht. Ein Umschalten von »resolved« zu »rejected« oder umgekehrt ist nicht möglich.

Status	Statusänderung	Test des Status
»unresolved«	-	-
»resolved«	`def.resolve()`	`def.isResolved()`
»rejected«	`def.reject()`	`def.isRejected()`

Tabelle 4.65 Status und statusbezogene Methoden des Deferreds

Entsteht ein Deferred als »Nebenprodukt« beispielsweise eines Ajax-Requests, so muss man sich um die Statusänderung nicht kümmern. Diese geschieht automatisch (implizit mit Abarbeiten des Requests).

Im vorliegenden Fall, wo das Deferred »künstlich« erzeugt wurde, muss man selbst Sorge tragen, dass der Status zu »resolved« wechselt. Hierfür dient der Aufruf der Methode `.resolve()` des Deferred, der hier als Callback-Bindung der Animation (daher ohne Funktionsklammern!) vorgenommen wird:

```
function zeigen(){
    var def = $.Deferred();
    $('#beispiel').fadeIn( 1000, def.resolve );
    return def.promise();
}
```

Analog ist auch (man wird dafür eine Fallunterscheidung vornehmen) ein Zurückweisen des Deferred möglich, indem darauf die Methode `.reject()` angewandt wird.

Erinnern wir uns daran, dass, sobald die Funktion läuft, das Promise-Objekt des Deferreds als Rückgabewert nach außen gegeben wird. Es dauert nun noch 1000 ms, bis das Deferred auf »resolved« gesetzt wird:

```
// Das Promise dient als Referenz auf das gekapselte Deferred:
var meinPromise = zeigen();
```

In der Zwischenzeit können an das Promise-Objekt Callbacks gebunden werden. Hierfür stehen verschiedene Methoden zur Verfügung, die allesamt Callback-Chains erzeugen können. Verwenden wir die Methode `.done()`, die zum Binden von Success-Callbacks dient. Diese feuern, sobald das Deferred auf »resolved« umschaltet:

```
meinPromise.done(function(){
        console.log('Fertig!');
    });
```

Wird nun die Funktion aufgerufen, setzt der Callback der Animation das Deferred auf »resolved«, sobald die Animation abgeschlossen ist. Der Done-Callback feuert, und der Eintrag »Fertig« erscheint in der Konsole.

Bisher ist noch nichts geschehen, was man nicht hätte einfacher erreichen können. Setzen wir noch eins drauf, und binden wir eine weitere Callback-Funktion an die Promise-Variable, die ja noch immer zur Verfügung steht:

```
// dies geschieht irgendwann später:
meinPromise.done(function(){
        console.log('Ein zweiter Callback.');
    });
```

Tatsächlich wird dieser Callback unmittelbar nach dem ersten ausgeführt: Das Deferred richtet (mithilfe des Promise) eine Callback-Chain ein. Es ist dabei unerheblich, *wann* die Bindung erfolgt. Sobald das Deferred auf »resolved« steht, werden alle Callbacks nach dem Prinzip »first-in, first-out« der Reihe nach ausgeführt.

Folge: Auch *nachdem* das Deferred bereits auf »resolved« steht, können noch Callbacks gebunden werden (wir brauchen also keine Rücksicht zu nehmen): In diesem Fall feuert jener Callback unmittelbar.

4.12.1 Methoden des Deferred-Objekts: Bindung von Callbacks

Das Deferred-Objekt besitzt eine Reihe von Methoden, die zum Binden von Callbacks dienen, die je nach Übergang in den Resolved- oder Rejected-Zustand feuern.

Alle diese Methoden stehen auch dem Promise-Interface des Deferreds zur Verfügung. Werden sie auf das Promise angewandt, so hat dies dieselbe Wirkung wie ein Aufruf am Deferred selbst.

Methode	Erläuterung
`deferred.always()`	Fügt dem Deferred Callbacks hinzu, die feuern, wenn das Objekt entweder in den Resolved- oder in den Rejected-Zustand wechselt.
`deferred.done()`	Fügt dem Deferred Callbacks hinzu, die feuern, wenn das Objekt in den Resolved-Zustand wechselt.
`deferred.fail()`	Fügt dem Deferred Callbacks hinzu, die feuern, wenn das Objekt in den Rejected-Zustand wechselt.
`deferred.then()`	Fügt dem Deferred zwei Callback-Ketten hinzu, die alternativ feuern, wenn das Objekt entweder in den Resolved- oder in den Rejected-Zustand wechselt.

Tabelle 4.66 Bindung von Callbacks an das Deferred-Objekt

Die Methode deferred.always(alwaysCallbacks)

Die Methode `.always()` akzeptiert ein einzelnes Funktionsobjekt, das als Callback gebunden wird, oder ein Array, das aus mehreren Funktionen besteht. Die Always-Callbacks werden in jedem Fall aufgerufen, sobald das Deferred einen der beiden Endzustände »resolved« oder »rejected« erreicht. Hierbei erhalten die Always-Callbacks das jeweilige Argument entweder der `.resolve()`- oder der `.reject()`-Methode des Deferreds.

Die Methode `.always()` gibt ihr Deferred-Objekt zurück (ist also verkettbar), sodass weitere Deferred-Methoden, darunter auch `.always()` selbst, eingesetzt werden können, um Callback-Ketten zu bilden. Werden über `.always()` weitere Callbacks gebunden, nachdem das Objekt bereits »resolved« oder »rejected« ist, so werden diese unmittelbar ausgeführt.

Eine beispielhafte Anwendung bietet das *jqXHR-Objekt*, das in jQuery den Rückgabewert eines Ajax-Requests darstellt (mehr dazu später): Dieser Objekttyp ist vom Deferred-Objekt abgeleitet und hat daher die Bindemethoden für Callback-Ketten, darunter auch `.always()`, zur Verfügung:

```
$.get("beispiel.php").always( function() {
  console.log("Request mit $.get beendet oder abgebrochen.");
});
```

Die Methode deferred.done(doneCallbacks, [doneCallbacks])

Die Methode `.done()` akzeptiert ein oder mehrere Funktionsobjekte, die als Callback gebunden werden, oder beliebige Arrays, die aus mehreren Funktionen bestehen. Die Done-Callbacks werden in der Reihenfolge ihrer Bindung aufgerufen, sobald und nur, wenn das Deferred den Endzustand »resolved« erreicht, und sie erhalten dabei das Argument, das der `.resolve()`-Methode des Deferred übergeben wurde.

Die Methode `.done()` gibt, analog zu `.always()`, ihr Deferred-Objekt zurück, sodass weitere Deferred-Methoden, darunter auch `.done()` selbst, eingesetzt werden können, um Callback-Ketten zu bilden. Werden über `.done()` weitere Callbacks gebunden, nachdem das Objekt bereits »resolved« ist, so werden diese unmittelbar ausgeführt.

Wird das Deferred mittels der Methoden `.resolve()` oder `.resolveWith()` unter Übergabe eines Arguments in den Resolved-Zustand versetzt, so bekommen die Done-Callbacks dieses Argument übergeben.

```
var def = $.Deferred();

def.done(
   function(res){
    console.log("Erfolg. Die Antwort ist: " + res);
   },
  [function(res){
    console.log("Zweiter Callback. Die Antwort ist: " + res);
   },
   function(res){
    console.log("Dritter Callback. Die Antwort ist: " + res);
   }]
);

def.resolve(42);
```

Die Methode deferred.fail(failCallbacks, [failCallbacks])

Analog zu `.done()` akzeptiert die Methode `.fail()` ein oder mehrere Funktionsobjekte, die als *Errback* gebunden werden, oder beliebige Arrays, die aus mehreren Funktionen bestehen. Die Fail-Callbacks werden »first-in, first-out« in der Reihenfolge ihrer Bindung aufgerufen, sobald und nur, wenn das Deferred den Endzustand »rejected« erreicht. Sie erhalten das Argument, das der `.reject()`-Methode des Deferred übergeben wurde.

Wie alle anderen Callback-Binder gibt `.fail()` ihr Deferred-Objekt zurück, sodass mit weiteren Deferred-Methoden, darunter auch `.fail()` selbst, die Callback-Ketten erweitert werden können. Bindet man über `.fail()` weitere Callbacks, nachdem das Objekt bereits »rejected« ist, so werden diese unmittelbar ausgeführt.

```
var def = $.Deferred();

def.fail(
    function(err){
      console.log("Fehlgeschlagen. Fehlerursache: " + err);
    },
   [function(err){
      console.log("Zweiter Errback. Fehler: " + err);
   },
   function(err){
      console.log("Dritter Errback. Fehler: " + err);
   }]
);

def.reject("unbekannt");
```

Die Methode deferred.then(doneCallbacks, failCallbacks)

Die Methode `.then()` des Deferred-Objekts nimmt zwei Funktionen bzw. zwei Arrays aus Funktionen entgegen. Die erste Funktion oder das erste Array dient als Success-Callback, die zweite Funktion oder das zweite Array als Error-Callback. Welche der beiden Funktionen oder Funktionsketten ausgeführt wird, entscheidet sich je nachdem, ob das Deferred aufgelöst (»resolved«) oder zurückgewiesen (»rejected«) wird. Die Methode `.then()` steht auch am Promise-Objekt zur Verfügung.

Soll die Success- oder die Error-Kette in `.then()` leer bleiben, so muss anstelle des entsprechenden Arguments der Wert `null` übergeben werden. Alternativ könnte dann jedoch auch `.done()` oder `.fail()` verwendet werden. Die Methode gibt ihr Deferred- oder Promise-Objekt zurück, kann also wie gehabt verkettet werden.

Hier ein Beispiel, das darauf beruht, dass ein Ajax-Request einen Deferred-Objekttyp zurückgibt, also unmittelbar mit der `.then()`-Methode zwei Callback-Ketten erhalten kann:

```
$.get("beispiel.php").then(
   [ function(){
      console.log("Success-Callback 1");
   },function(){
      console.log("Success-Callback 2");
   }],
    [ function(){
      console.log("Error-Callback 1");
   },function(){
```

```
        console.log("Error-Callback 2");
    }]
);
```

4.12.2 Methoden des Deferred-Objekts: Auflösen und Zurückweisen

Vier weitere Methoden dienen der Zustandsänderung eines Deferreds. Sie sind ausschließlich dem Deferred selbst vorbehalten und stehen dem Promise nicht zur Verfügung.

Methode	Erläuterung
`deferred.reject()`	Forciert das Umschalten des Deferreds aus dem Ausgangszustand »unresolved« in den Rejected-Zustand und ruft so die Fail-Callback-Kette auf. Akzeptiert ein Argument, das an die Callbacks weitergegeben wird.
`deferred.rejectWith()`	Schaltet das Deferred aus dem Ausgangszustand »unresolved« in den Rejected-Zustand. Ruft die Fail-Callback-Kette mit einem übergebenen Kontext und Argument auf.
`deferred.resolve()`	Forciert das Umschalten des Deferreds aus dem Ausgangszustand »unresolved« in den Resolved-Zustand und ruft so die Done-Callback-Kette auf. Akzeptiert ein Argument, das an die Callbacks weitergegeben wird.
`deferred.resolveWith()`	Schaltet das Deferred aus dem Ausgangszustand »unresolved« in den Resolved-Zustand und ruft die Done-Callback-Kette mit einem übergebenen Kontext und Argument auf.

Tabelle 4.67 Zustandsänderung des Deferred-Objekts

Die Methode deferred.reject( )

Die Methode `.reject()` schaltet ein Deferred-Objekt vom Zustand »unresolved« in den Rejected-Zustand um. Dieser Zustand ist anschließend permanent und kann nicht mehr verändert werden (zurückgesetzt oder nach »resolved« umgeschaltet). An einem Promise-Objekt steht die Methode nicht zur Verfügung.

Sobald der Zustand des Objekts auf »rejected« geschaltet wurde, werden die gebundenen Err-Callbacks aufgerufen. Werden nach dem Erreichen des Rejected-Zustandes weitere Err-Callbacks gebunden (dies ist vollkommen legal), so werden diese umgehend, d.h. unmittelbar nach der Bindung, ausgeführt.

```
var def = $.Deferred();
def.reject();
```

```
def.fail( function(err) {
   console.log("Abbruch!");
});
```

Beim Aufruf kann `.reject()` ein Argument übergeben werden, das an die Fail-Callbacks weitergegeben wird:

```
var def = $.Deferred();
def.reject("Fehler");

def.fail(  function(err) {
   console.log("Abbruch mit Argument: " + err);
});
```

Die Methode deferred.rejectWith()

Die Methode `.rejectWith()` schaltet, genau wie `.reject()`, ein Deferred-Objekt vom Zustand »unresolved« in den Rejected-Zustand um. Sie nimmt dafür als ersten Parameter ein Objekt entgegen, das den Kontext der Err-Callbacks festlegt, also deren `this`-Objekt bestimmt. Als zweiter, optionaler Parameter kann ein Array aus Argumenten an die Callbacks weitergereicht werden.

An einem Promise-Objekt steht diese Methode nicht zur Verfügung.

Nehmen wir an, im Dokument seien zwei Container, in die Fehlermeldungen ausgegeben werden sollen:

```
<div id="a1">Kontext a1: Nichts passiert</div>
<div id="a2">Kontext a2: Nichts passiert</div>
```

Welcher Container zur Ausgabe verwendet wird, entscheidet der Abbruchkontext, der `.rejectWith()` als erstes Argument übergeben wird. Das zweite Argument muss ein Array sein, auch wenn es, wie in diesem Fall, lediglich ein Item enthält:

```
// Referenzen zur Kontextübergabe
var a1 = $("#a1")[0];
var a2 = $("#a2")[0];

var def = $.Deferred();

// Abbruch im Kontext a1:
def.rejectWith(a1, ["a1"]);

// Alternativ:
// Abruch im Kontext a2:
// def.rejectWith(a2, ["a2"]);
```

```
def.fail(function(err){
   console.log(this);
   this.innerHTML = "Abbruch in Kontext: " + err;
});
```

Nach dem Zurückweisen des Deferreds sieht das HTML wie folgt aus:

```
<div id="a1">Abruch im Kontext: a1</div>
<div id="a2">Kontext a2: Nichts passiert</div>
```

Die Methode deferred.resolve( )

Die Methode `.resolve()` schaltet ein Deferred-Objekt vom Zustand »unresolved« in den Resolved-Zustand um. Dieser Zustand ist anschließend permanent und kann nicht mehr verändert werden (zurückgesetzt oder nach »rejected« umgeschaltet).

An einem Promise-Objekt steht diese Methode nicht zur Verfügung.

Sobald der Zustand des Objekts auf »resolved« geschaltet wurde, werden die gebundenen Success-Callbacks aufgerufen. Werden nach dem Erreichen des Resolved-Zustandes weitere Success-Callbacks gebunden, so werden diese unmittelbar nach der Bindung ausgeführt.

```
var def = $.Deferred();
def.resolve ();

def.done(  function(err){
console.log("Abbruch!");
});
```

Beim Aufruf kann `.resolve()` ein Argument übergeben werden, das an die Success-Callbacks weitergegeben wird:

```
var def = $.Deferred();

def.resolve("Erfolg");

def.done(  function(success){
   console.log("Abbruch mit Argument: " + success);
});
```

Die Methode deferred.resolveWith(context, [args])

Die Methode `.resolveWith()` schaltet ein Deferred-Objekt, ebenso wie `.resolve()`, vom Zustand »unresolved« in den Resolved-Zustand um. Sie nimmt dafür als ersten Parameter ein Objekt entgegen, das den Kontext der Success-Callbacks festlegt, also deren `this`-Objekt bestimmt. Als zweiter, optionaler Parameter kann ein Array aus Argumenten an die Callbacks weitergereicht werden.

An einem Promise-Objekt steht diese Methode nicht zur Verfügung.

Ein prinzipielles Beispiel finden Sie bei der Beschreibung von `.rejectWith()`.

4.12.3 Methoden des Deferred-Objekts: Test des Zustands

Mit zwei Methoden, die sowohl dem Deferred-Objekt, als auch seinem Promise zur Verfügung stehen, kann der augenblickliche Zustand des Deferreds in Erfahrung gebracht werden.

Methode	Erläuterung
`deferred.isRejected()`	Gibt `true` zurück, wenn das betreffende Deferred-Objekt sich im Rejected-Zustand befindet, ansonsten `false`.
`deferred.isResolved()`	Gibt `true` zurück, wenn das betreffende Deferred-Objekt sich im Resolved-Zustand befindet, ansonsten `false`.

Tabelle 4.68 Abfrage des Zustands des Deferred-Objekts

Die Methode deferred.isRejected()

Die Testmethode `.isRejected()` gibt `true` zurück, wenn das betrachtete Deferred-Objekt den Zustand »rejected« einnimmt, und `false`, wenn das Deferred entweder noch »unresolved« oder bereits »resolved« ist. Der Rejected-Zustand bedeutet, dass die Error-Callbacks der Fail-Kette bereits aufgerufen wurden oder gerade abgearbeitet werden. Diese Methode ist auch dem Promise eines Deferreds zugänglich.

Die Methode deferred.isResolved()

Die Testmethode `.isResolved()` gibt `true` zurück, wenn das betrachtete Deferred-Objekt den Zustand »resolved« einnimmt, und `false`, wenn das Deferred noch »unresolved« oder wenn es »rejected« ist. Der Resolved-Zustand bedeutet, dass die Callbacks der Done-Kette bereits aufgerufen wurden oder gerade abgearbeitet werden. Diese Methode ist ebenfalls dem Promise eines Deferreds zugänglich.

4.12.4 Methoden des Deferred-Objekts: Helferfunktionen für Deferreds

Mit den Methoden `.promise()` und `.pipe()` können Promise-Objekte eines Deferreds erzeugt werden oder die Argumente der Done- und Fail-Callbacks gefiltert weitergegeben werden. Beide Methoden stehen auch dem Promise-Objekt zur Verfügung.

Methode	Erläuterung
`deferred.pipe()`	Gibt die Resolve- oder Reject-Argumente eines Deferreds gefiltert an weitere Callbacks oder ein anderes Deferred-Objekt weiter.
`deferred.promise()`	Gibt eine Referenz auf das Promise-Objekt eines Deferreds zurück, um das eigentliche Deferred abzuschirmen.

Tabelle 4.69 Utility-Methoden des Deferred-Objekts

Die Methode deferred.pipe()

Mittels der `.pipe()`-Methode können indirekt weitere Done- und Fail-Callback-Ketten an ein Deferred gebunden werden, denen ein durch eine Funktion gefiltertes Resolve- oder Reject-Argument übergeben wird.

Hierfür wird ein *Promise-Objekt* erzeugt, an das die neuen Callbacks gebunden werden. Der `.pipe()`-Methode werden optional ein oder zwei Funktionsobjekte übergeben, die als *Filter* für die Resolve- respektive Reject-Argumente fungieren und durch die die entsprechenden Argumente durchgeschleust werden.

Wird keine Resolve- oder keine Reject-Filterfunktion vereinbart, wird das entsprechende Argument unverändert an die entsprechende Callback-Kette des Promise weitergegeben.

Hier sehen Sie ein Beispiel mit einem Filter für das Resolve-Argument:

```
var def = $.Deferred();

var piped = def.pipe(function(arg) {
      // der Filter verarbeitet das Argument irgendwie:
      return "Gefiltert: " + arg;
});

def.resolve("Test");

piped.done(function(arg) {
  // -> Gefiltert: Test
  console.log(arg);
});
```

Und nun ein Beispiel mit einem Filter für das Reject-Argument:

```
var def2 = $.Deferred();
```

```
// Reject-Filter muss als zweites Argument übergeben werden:
var piped2 = def2.pipe(null, function(arg) {
      // der Filter verarbeitet das Argument irgendwie:
      return "Gefiltert: " + arg;
});

def2.reject("Fehler");

piped2.fail(function(arg) {
     // -> Gefiltert: Fehler
    console.log(arg);
});
```

Das Setzen von Filtern in beiden Ketten geschieht analog, indem entsprechend zwei Funktionsobjekte übergeben werden. Welcher Filter in Kraft tritt, hängt davon ab, ob das Deferred am Ende aufgelöst oder zurückgewiesen wird.

Die Methoden `.resolve()` und `.reject()` können jedoch nicht (weder absichtlich noch versehentlich) am Pipe-Objekt angewandt werden, da dieses kein vollständiges Deferred, sondern nur ein Promise-Objekt ist. Es lassen sich daran also beliebig Callback-Ketten binden (alle einschlägigen Methoden stehen zur Verfügung); die zu beobachtende Zustandsänderung *muss* jedoch über das Original-Deferred erfolgen:

```
var def3 = $.Deferred();

var piped3 = def3.pipe(function(arg) {
      // der Filter verarbeitet das Argument irgendwie:
      return "Gefiltert: " + arg;
});

// Fehler; diese Methode ist an piped3 nicht verfügbar:
piped3.resolve("Test");
```

Über das Promise kann jedoch der Zustand des Originals abgefragt werden:

```
//-> false
console.log("piped3 resolved?" + piped3.isResolved());

// jetzt das Original auflösen:
def3.resolve("Test");

//-> true
console.log("def3 resolved?" + def3.isResolved());

//-> true
console.log("piped3 resolved?" + piped3.isResolved());
```

Die Methode deferred.promise()

Die `.promise()`-Methode leitet von einem Deferred ein Promise-Objekt ab, an das stellvertretend für das Deferred Callback- und Errback-Ketten gebunden werden können. Hierfür stehen am Promise die Methoden `.done()`, `.fail()`, `.always()`, `.then()` und `.pipe()` sowie die Tests `.isResolved()` und `.isRejected()` zur Verfügung.

Das Promise-Objekt ist besonders als Rückgabewert einer Funktion interessant, innerhalb derer das beobachtete Deferred existiert, da es selbst die Methoden `.resolve()` und `.reject()` *nicht* zur Verfügung stellt, also das beobachtete Deferred von äußeren Einflüssen abschirmt.

```
function wettrennen(){
    var def = new jQuery.Deferred();
    setTimeout(function(){
        def.resolve("Geschafft!");
    }, Math.floor(Math.random()*1000));
    setTimeout(function(){
        def.reject("Gescheitert.");
    }, Math.floor(Math.random()*1000));
    return def.promise();
}
```

Das Promise-Objekt wird an `$.when()` (siehe dort) weitergereicht, das Callback-Ketten für Done und Fail hinzufügt:

```
$.when( wettrennen() ).then(
    function(resolve){
        alert( resolve + ' Es ging gut aus.' );
    },
    function(reject){
        alert( reject + '  Diesmal hat es nicht geklappt.' );
    }
);
```

Die Methode deferred.promise(target)

Soll nicht das ausführende Deferred, sondern ein anderes Objekt die Callback-Ketten erhalten, so kann dieses Objekt als Target übergeben werden.

```
// Ein Objekt mit einer Methode:
var gruss = {
  halloSagen: function(name) {
    alert("Guten Tag, " + name);
  }
}
```

```
// Ein Deferred erstellen
var def = $.Deferred();

// Jetzt wird das Objekt in ein Promise verpackt:
def.promise(gruss);

// Das Deferred auflösen:
def.resolve("Maximilian");

// Jetzt ist das Objekt in ein Promise verpackt:
gruss.done(function(arg) {
  // es wird das Argument des Resolve verwendet:
  this.halloSagen(arg); // -> "Guten Tag, Maximilian"
}).halloSagen("Frank"); // -> " Guten Tag, Frank"
```

4.12.5 Deferreds und $.when()

Es ist mit Hilfe von Deferreds auch möglich, eine oder mehrere Aktionen zu »beobachten« und im Falle (»when«) des Abschlusses entsprechend Success- oder Error-Callbacks zu feuern. Nehmen wir an, es gäbe zwei Ajax-Requests, die in Funktionen gekapselt sind:

```
function request1() {
   return $.get('anfrage1.html');
}

function request2() {
   return $.get('anfrage2.html');
}
```

Der Rückgabewert dieser Funktionen besteht jeweils aus dem Deferred-Objekt des Requests. Mit diesen Deferred-Objekten werden wir nun arbeiten.

In Zusammenhang mit den Deferreds existiert eine Utility-Funktion des jQuery-Objekts namens `jQuery.when()` (kurz: `$.when()`), der Deferred-Objekte übergeben werden. Die beiden eben eingeführten Hilfsfunktionen reichen ihre Deferreds direkt an `$.when()`, um beide Requests überwachen zu lassen.

In unserem Falle geht dies so:

```
$.when( request1(), request2() );
```

Nützlich wird dies erst, sobald Callbacks an `$.when` gebunden werden. Dies kann mit der Methode `.then()` geschehen, die sowohl Success- als auch Error-Callbacks feuern kann:

```
$.when( request1(), request2() )
   .then(
   // Success-Callback(s) von then:
   function(){
      console.log( 'Beide Requests erfolgreich beendet!' );
   },
   // Error-Callback(s) von then
   function(){
      console.log( 'Es gab einen Fehler!' );
   });
```

Zur Bindung von Callbacks stehen drei Methoden für `$.when()` zur Verfügung: `.then()`, `.done()` und `.fail()`. Salopp gesagt, verhält sich `$.when` also selbst wie ein Deferred-Objekt.

4.13 Deferreds und Ajax

Beginnen wir mit der Feststellung, dass die Ajax-Request-Methoden von jQuery stets ein Objekt zurückgeben, das als *jqXHR-Objekt* bezeichnet wird. Dieses Objekt implementiert das Promise-Interface, verhält sich also wie ein *Deferred-Objekt*. Legt man dieses Objekt in eine Variable ab, kann es sehr nutzbringend verwendet werden.

Hier sehen Sie ein Beispiel mit `$.get()`:

```
// $.get gibt ein Deferred-Objekt zurück:
var meinDeferred = $.get('beispiel.html');
```

Eine Bindung von Success- und Error-Callbacks kann selbstverständlich bereits beim Aufruf von `$get()` geschehen. Unsere Beispiel-Callbacks schreiben in die Firebug-Konsole (schalten Sie also Firebug in Ihrem Browser ein). Sie feuern, sobald der asynchrone Request abgearbeitet ist:

```
// $.get gibt ein Deferred-Objekt zurück:
var meinDeferred = $.get('beispiel.html')
   .success( function(response) {
      // was bei Erfolg passieren soll:
      console.log("Callback 1 sagt: Erfolg!");
   })
   .error( function() {
      // was im Fehlerfall passieren soll:
      console.log("Errback 1 sagt: Schade!");
   });
```

Sobald die obigen Zeilen verarbeitet sind, wird der Request eingeleitet und ist (Gedankenexperiment), während Sie dies hier lesen, möglicherweise bereits beendet.

Vielleicht fällt Ihnen jetzt aber ein, dass für den Erfolgsfall noch ein weiterer Callback gebunden werden sollte. Kann dies zu einem späteren Zeitpunkt noch erfolgen? Ja, denn die gespeicherte Referenz auf den Request verhält sich wie ein Deferred-Objekt.

Es dürfen jederzeit – und hierin besteht das Feature eines Deferreds – noch beliebig viele weitere Funktionen den Callback-Chains hinzugefügt werden. Dies geht einfach, beinahe intuitiv:

```
meinDeferred.success( function(response) {
   // und noch eine Aktion im Erfolgsfall
   console.log("Callback 2 sagt: Erfolg!")
});
```

Der neue Success-Callback gliedert sich in die Reihe der bereits gebundenen Success-Callbacks ein. Die Reihenfolge der Bindung, wie immer diese lautet, wird auch beim Abarbeiten der Funktionen eingehalten, sodass wir eine »first-in-first-out«-Kette erhalten, ohne dass besondere Verwaltungsarbeit geleistet werden müsste (Ähnlichkeiten mit `$.queue()` sind nicht zufällig). Im vorliegenden Fall sehen wir nacheinander die Log-Einträge von Callback 1 und Callback 2.

4.14 Ajax & JSON

Aus dem aktuellen Webdesign ist Ajax nicht mehr wegzudenken. Zu sehr hat man sich daran gewöhnt, dass Webseiten nach einer Interaktion Daten nachladen und dass diese dann flüssig in die Seite eingebaut werden. Im früheren, »statischen« Seitenmodell war dies anders – der Server lieferte HTML und CSS, und der Client stellte dies dar. Eine gewisse Dynamik war möglich, aber nur, wenn die dafür erforderlichen Daten (Scripte, Informationen, Bilder) bereits clientseitig vorhanden waren. Eine erneute Anfrage des Browsers bedeutete stets, eine komplette Seite anzufordern und diese dann neu im Viewport aufzubauen (siehe Abbildung 4.18, oben).

Mit dem in JavaScript implementierten Ajax-Objekt `XMLHttpRequest` wurde es möglich, aus einer dargestellten Seite heraus, gewissermaßen an den üblichen Kanälen des Browsers vorbei, separate HTTP-Anfragen zu starten, mittels derer auch nachträglich Informationen geholt werden konnten (die aus einer Datenbankabfrage stammen können.

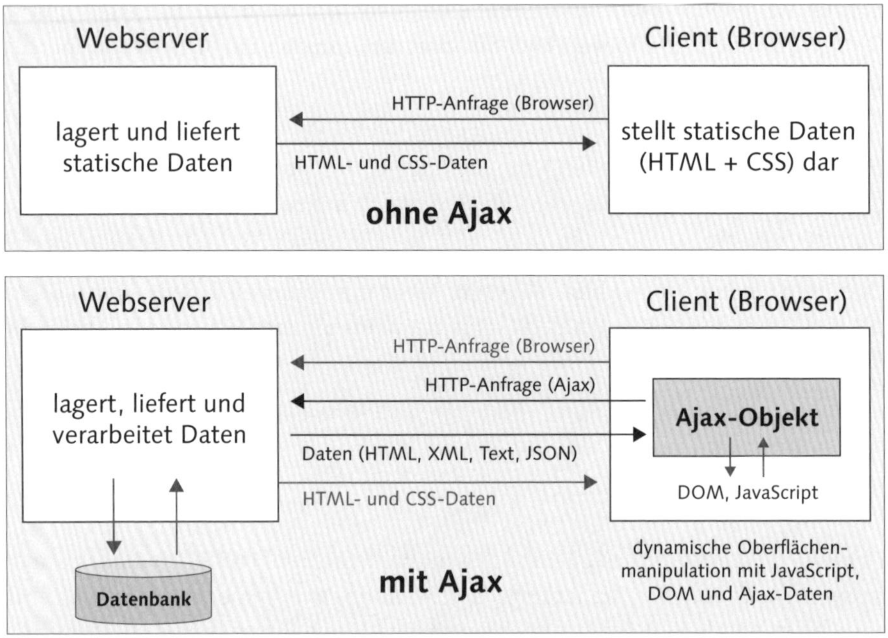

Abbildung 4.18 Statisches Web (oben) und Ajax-Web (unten) im Vergleich

Dies geschieht obendrein »asynchron«, d.h., noch während eine Anfrage läuft, können Scripte weiterverarbeitet werden. Das Ajax-Objekt sendet und empfängt Daten, bemerkt und meldet also, wenn die gewünschten Informationen eingetroffen sind. Diese werden dann durch JavaScript in das DOM des Dokuments eingebaut und erscheinen somit in der Seite (siehe Abbildung 4.18, unten).

4.14.1 Grundlagen zu Ajax

Prinzipiell ist eine Ajax-Anfrage keine besonders komplexe Sache – der Teufel steckt (wie üblich) im Detail, sprich, es gibt eine aktuelle standardisierte Implementierung und mehrere ältere von Microsoft.[7]

Eine Ajax-Anfrage kann in vier Schritte unterteilt werden:

1. Ajax-Objekt erzeugen
2. Verbindung zum Server definieren
3. Daten abfragen (d.h., die Anfrage schicken, gegebenenfalls mit Parametern)
4. Antwort (oder Fehlermeldung) des Servers entgegennehmen

7 Hier trägt Microsoft als Vorreiter und Miterfinder der Technologie keine Schuld. Neuere Internet Explorer ab Version 7 implementieren ebenfalls den Standard.

Schritt 1:

Per JavaScript muss ein Objekt generiert werden, das die HTTP-Anfrage vornimmt und die Daten entgegennimmt. Das Objekt wird traditionell `xhr` genannt. Die standardisierte Methode (und für Internet Explorer ab 7.0), ein XHR-Objekt zu erzeugen, funktioniert so:

```
var xhr = new  XMLHttpRequest();
```

Schritt 2:

Das erzeugte Objekt muss eine Verbindung zum Server aufnehmen. Hierfür dient die Methode `open()` des `XMLHttpRequest`-Objekts. Die Methode erwartet drei Parameter:

```
xhr.open(HTTP-Methode, Zieladresse, Request-Methode);
```

Parameter 1 – die HTTP-Methode:

Die Methode wird als String übergeben. Wie bei Formularen, muss hier entweder »GET« oder »POST« angegeben werden. Groß- und Kleinschreibung sind hier irrelevant – eingebürgert hat sich die Großschreibung:

```
xhr.open("POST", ..., ...); // nehmen wir mal POST
```

Parameter 2 – die Zieladresse:

Die Adresse wird als String übergeben. Dieser bezeichnet (eventuell mit Pfad) den URL der Datei, die angefordert wird, bzw. die Ressource, die die Daten erzeugt, die verwendet werden sollen:

```
xhr.open("POST", "beispiel.html", ...);
```

Parameter 3 – die Request-Methode:

Der dritte Parameter ist ein boolescher Wert. Er wird daher ohne Anführungszeichen übergeben und lautet entweder `true` oder `false`.

- `false`: Die Scriptausführung wird angehalten, bis der Server die Daten zurückliefert (synchron).
- `true`: Die Scriptausführung läuft weiter; die HTTP-Anfrage wird im Hintergrund ausgeführt (asynchron).

Eine synchrone Abfrage wählt man nur, wenn die angeforderten Daten für das korrekte Weiterverarbeiten der Seiten unerlässlich sind – dies kann (eher selten) bei der Formularverarbeitung erforderlich sein. Für eine asynchrone Abfrage (die Regel) steht daher `true`:

```
xhr.open("POST", "beispiel.html", true);
```

Das Problem, auf das man nun stößt, liegt auf der Hand: Das Eintreffen der Daten nach erfolgreicher Anfrage muss natürlich erkannt werden – und dies, obwohl das Script gleichzeitig weiterläuft. Glücklicherweise besitzt das XHR-Objekt eine Eigenschaft, die hierfür abgefragt werden kann: `xhr.readyState`.

readyState	Bedeutung	Erläuterung
0	Nicht initialisiert (*unsent*)	Das XHR-Objekt existiert, aber noch war nichts los.
1	Initialisiert (*opened*)	Die `open()`-Methode wurde erfolgreich aufgerufen.
2	Kontaktiert (*headers received*)	Der Server hat mit allen erforderlichen HTTP-Headern geantwortet.
3	Daten kommen (*loading*)	Die Antwort wird geladen.
4	Fertig (*done*)	Das Laden der Antwort wurde erfolgreich abgeschlossen (bzw. durch Abbruch beendet – in diesem Fall wurde ein Error-Flag gesetzt).

Tabelle 4.70 Die vier Zustände von »xhr.readyState«

Den Zustandswechsel von `readystate` müssen Sie erkennen und behandeln (d.h., eine Funktion wird gestartet). Hierzu können Sie den Event-Handler `onreadystatechange` einsetzen – und zwar ebenfalls am XHR-Objekt (als Event-Listener):

```
xhr.onreadystatechange = handler;  //-> Handler referenziert
```

Damit die Funktion `handler()` gestartet wird, müssen Sie diese an den Zustandswechsel binden – in diesem Fall als Referenz, weswegen *keine* Funktionsklammern verwendet werden dürfen.

Schritt 3: Daten abschicken

Die `send()`-Methode des Objekts sendet die Daten an den Server. Sie erwartet bei `POST` einen Parameter, nämlich die `name-value`-Pärchen der Daten (als Querystring; beispielsweise: `"wert1=xxx&wert1=yyy"`):

```
xhr.send(); // keine Parameter übergeben (leerer String)
```

Aufruf von send() bei GET-Übertragung

Achtung – wenn Daten per GET übertragen werden, muss der `send()`-Methode der Wert `null` übergeben werden!

```
var xhr = null;         // erst mal Variable erzeugen
if (window.XMLHttpRequest) {
   xhr = new XMLHttpRequest();
} else if (window.ActiveXObject) {
   xhr = new ActiveXObject("MSXML2.XmlHttp.3.0");
}
if (xhr != null)      // ist auch nichts schiefgegangen?
{
   xhr.open("POST", "beispiel.html", true);
   xhr.onreadystatechange = auswerten;   // Funktion binden
   xhr.send();          // und los (keine Daten diesmal)
}
```

Die Funktion `auswerten()` überprüft bei *jedem* Statuswechsel, ob der erreichte Zustand den Wert 4 hat:

```
function auswerten() {
   // es interessiert jedoch nur Zustand 4:
   if (xhr.readyState == 4) {
      // wenn die Daten da sind, was machen...
      alert("Hey, es sind frische Daten da!");
   }
}
```

Schritt 4 – Wo sind die Daten?

Die empfangenen HTML-Daten befinden sich ebenfalls im XHR-Objekt, und zwar sind sie in den meisten Fällen als Textstring im Property `responseText` gespeichert. Sie können sie »provisorisch« einfach per `alert()` ausgeben:

```
function auswerten() {
   // sind wir "fertig"?
   if (xhr.readyState == 4) {
       // zusätzlich wird der Response-Status geprüft:
       if( xhr.status >= 200 && xhr.status < 300) {
          // wenn also brauchbare Daten da sind, reagieren:
          alert(xhr.responseText);
       }
       else {
          // es ist was schiefgegangen
       }
   }
}
```

Vom Server bekommt das XHR-Objekt auch eine Statusmeldung, die in dessen Eigenschaft `status` landet und ausdrückt, ob die Anfrage letztendlich erfolgreich war oder nicht: Es hilft wenig, wenn das `responseText`-Property lediglich eine Fehlermeldung enthält (deshalb sagt es nichts aus, wenn es »nicht leer« ist).

Statusmeldung des Servers – Erfolg oder Fehler?

Eine *HTTP-Statusmeldung* wird vom Server in Form einer dreistelligen Ziffer gemeldet. Generell lässt sich sagen, dass eine Zahl zwischen 200 und 299 als *Erfolg* sowie alle Zahlen ab einschließlich 300 als *Fehler* zu werten sind. Am bekanntesten sind die Werte 200 für »Erfolg« und 404 für »Resource nicht gefunden«. Jedoch ist es sicherer, anstatt auf exakte Werte auf Bereiche zu prüfen (es sei denn, Sie kennen Ihren Server persönlich).

Per `alert()` geben Sie die Daten natürlich nicht aus. Sie sollen ja in die HTML-Seite geschrieben werden. Hierfür bereiten Sie z. B. einen Container vor, der ein ID erhält:

```
<div id="ausgabe">
</div>
```

Dieser kann nun über DOM angesprochen werden

```
document.getElementById("ausgabe") ...
```

und seinen Inhalt verändern

```
document.getElementById("ausgabe").innerHTML ...
```

indem der Dateninhalt des XHR-Objekts zugewiesen wird:

```
document.getElementById("ausgabe").innerHTML =  xhr.responseText;
```

Das Ergebnis sieht so aus:

```
<div id="ausgabe">
<h2>Dies ist ein AJAX-Test</h2>
<p>Dieser Text steht in der angeforderten Datei.</p>
<p>Es k&ouml;nnte nat&uuml;rlich auch eine Datenbankabfrage
stattfinden...</p>
</div>
```

Offizielle Ressourcen

The XMLHttpRequest Object (W3C Working Draft 19. November 2009):
www.w3.org/TR/XMLHttpRequest

4.14.2 Daten und Datentypen für Ajax

Grundsätzlich geht es bei einer Ajax-Anfrage darum, dass der Server den Client mit Daten versorgt. Der Datentyp kann intern explizit festgelegt werden, was über die anschließende Verarbeitung entscheidet. Zu diesem Zweck existiert eine Eigenschaft `dataType`, die in jQuery bei der Konfiguration des Requests gesetzt werden kann (dazu kommen wir gleich). Sie kann die Werte »text«, »html«, »script«, »json«, »jsonp« oder »xml« annehmen, wobei nur XML gesondert behandelt wird. Wird kein Datentyp festgelegt oder vom Server mitgeteilt, erschließt das XHR-Objekt den Typ aus den empfangenen Daten (»educated guess«) – es existiert für `dataType` daher kein fester Defaultwert.

Textdaten

Der einfachste Fall ist, dass die Daten einfach in Form einer Zeichenkette übertragen werden. Diese kann beispielsweise anschließend als Inhalt in irgendeinen Tag-Container im Dokument geschrieben werden. Die innere Struktur der Daten ist entweder nicht relevant, oder es existiert gar keine. Solche Daten landen generell in der `responseText`-Eigenschaft des XHR-Objekts.

HTML

Eine Variante von Textdaten sind HTML-Daten. Eigentlich wird auch hier nur eine Zeichenkette übertragen, die allerdings aus HTML-Quellcode besteht (in Form eines HTML-Fragments oder eines mit HTML angereicherten Textstrings). Auch HTML-Daten landen in `responseText` (es wird also im Grunde nicht zwischen HTML und Text unterschieden) und können, entweder über die Eigenschaft `innerHTML` oder die jQuery-Methode `.html()`, in ein Element geschrieben werden.

Anschließend sorgt der Browser dann für die Interpretation des Codes. Es ist wichtig zu wissen, dass in den HTML-String eingebettete JavaScript-Befehle (in Form von Scriptblöcken) ausgeführt werden, *bevor* der HTML-Inhalt eingefügt wird.

JavaScript

Auch JavaScript-Daten können als Serverantwort geschickt werden. Ihnen wird der `dataType` »script« zugewiesen. JavaScript-Daten werden nach Eintreffen interpretiert und dann in Textform in `responseText` abgelegt.

JSON

Das JSON-Format erfreut sich aufgrund seiner Kompaktheit in Zusammenhang mit Ajax inzwischen großer Beliebtheit. Das Akronym steht für »JavaScript

Object Notation«. JSON verpackt strukturierte Datenbeschreibungen in Objektliterale, die als Zeichenketten übertragen werden.

Diese Zeichenketten (es muss natürlich bekannt sein, dass es sich um JSON handelt) müssen, nachdem sie empfangen wurden, noch geparst werden, um in echte JavaScript-Objekte umgewandelt werden zu können. Hierfür existieren als *JSON-Parser* bezeichnete Hilfsanwendungen, die auch in jQuery implementiert sind. Das Format kann daher in jQuery-gestützten Anwendungen ganz unbefangen eingesetzt werden. Auch JSON-Daten werden in das `responseText`-Property abgelegt.

JSONP

Bei JSONP (»JSON with Padding«) handelt es sich um ein erweitertes JSON-Format, bei dem dem Server über einen GET-Querystring eine Callback-Funktion mitgeteilt wird, die als Wrapper von JSON-Daten verwendet werden soll. Hintergrund dieses Formats ist die Überwindung der Cross-Domain-Schranke, die auftritt, sobald Daten in Form von JavaScript von einem weiteren Server bezogen werden müssen. Das Prinzip von JSONP besteht darin, dem JSON-String durch den Server einen beliebigen Textstring voranzustellen und ihn in runde Klammern setzen zu lassen. Auf diese Weise kann er clientseitig als Funktionsaufruf mit einem Argument, nämlich dem JSON-String, interpretiert werden.

XML

Das Datenformat, dem Ajax zum Teil seinen Namen verdankt, ist XML. Grundsätzlich ist XML konzipiert, um strukturierte Daten zu beschreiben. Damit ist es vergleichbar mit JSON – allerdings besitzen beide Formate Stärken und Schwächen. Die Stärke von XML besteht in der beliebig komplexen Natur der Daten. Erschwert wird die Nutzung von XML-Daten durch die Art, wie die Information aus dem XML extrahiert wird. XML muss nämlich erst in einen DOM-Baum umgewandelt werden, während geparstes JSON unmittelbar als zugängliches JavaScript-Objekt vorliegt.

Praktischerweise werden XML-Daten gleich als fertiger DOM-Baum in der Eigenschaft `responseXML` abgelegt. Dies erfordert jedoch, dass der Server beim Datenversand über den MIME-Typ (beispielsweise `text/xml`) darauf hinweist, dass es sich um XML-Daten handelt. Um das XML-DOM auszuwerten, können anschließend sämtliche jQuery-Selektormethoden eingesetzt werden.

4.14.3 jQuery und Ajax

Das jQuery Framework bügelt einerseits – wie nicht anders zu erwarten – alle Unterschiede zwischen den Ajax-Implementierungen aus. Zum anderen stellt es eine Fülle an Utility- und Convenience-Methoden zur Verfügung, die es einfach machen, Ajax-Anwendungen zu schreiben. So genügt beispielsweise der Aufruf `.load(url)` als Methode des jQuery-Objekts, um eine externe Ressource per Ajax anzusprechen und in ein Objekt zu laden. Dies wird noch im Praxisteil zur Genüge durchexerziert werden. An dieser Stelle soll deshalb eine Übersicht über diejenigen Methoden folgen, die sonst zu kurz kämen, und natürlich zudem eine Grundlage für späteres Verständnis geschaffen werden.

4.14.4 Low-Level-Ajax-Ultilitys

Obwohl die Dinge durchaus einfach sein können – manchmal sind sie es eben doch nicht. Das heißt, man muss sich neben allen bequemen Abkürzungen auch den »dornigen Weg« offenhalten, der bedeutet, alles in Einzelheiten selbst festzulegen. Hierzu dienen die Low-Level-Ajax-Helferfunktionen und Methoden, die jQuery in Ajax-Belangen zur Verfügung stellt. Sie sind zwar umständlicher in der Handhabung als die später vorgestellten Convenience-Methoden, bieten aber den Vorteil, dass Sie alle Parameter explizit setzen können.

Utility	Erläuterung
`jQuery.ajax(url)`	**Seit jQuery 1.5:** Startet allgemein einen Ajax-Request an die als String übergebene Adresse.
`jQuery.ajax(obj)`	Startet allgemein einen Ajax-Request, dessen Parameter über das Konfigurationsobjekt `obj` bestimmt werden.
`jQuery.ajax(url, obj)`	**Seit jQuery 1.5:** Startet einen Ajax-Request an die als String übergebene Adresse. Zusätzlich können Parameter über ein Konfigurationsobjekt `obj` bestimmt werden.
`jQuery.ajaxSetup(obj)`	Nimmt ein Objekt `obj` entgegen, das als Defaultkonfiguration für später vorzunehmende Ajax-Requests `jQuery.ajax(obj)` dient.

Tabelle 4.71 Low-Level-Helferfunktionen für Ajax-Requests

Die Low-Level-Methode $.ajax()

Ein vollständig parametrisierbarer Ajax-Request kann über die Low-Level-Methode `jQuery.ajax()` bzw. `$.ajax()` gestartet werden. Hierbei kann dem Aufruf eine Parameterliste in Form eines JavaScript-Objekts übergeben werden, das den Request konfiguriert. Die möglichen Eigenschaften dieses Konfigurationsobjekts sind in den folgenden Tabellen beschrieben – sie sind sämtlich optional (gegebenenfalls existieren Defaultwerte), können also beliebig zusammengestellt werden.

Minimal jedoch muss beim Aufruf unmittelbar der URL der per Ajax-Request anzusprechenden Ressource angegeben werden. Dies geschieht in Form eines (dann einzigen) String-Parameters.

Alternativ kann dasselbe im Rahmen des Konfigurationsobjekts mit dessen Eigenschaft `url` vorgenommen werden (sofern Sie nicht mit einem externen Setup über `$.ajaxSetup()` arbeiten – doch dazu gleich mehr). Auch eine Kombination aus URL-String und Konfigurationsobjekt ist seit jQuery 1.5 erlaubt.

Hier sehen Sie zunächst den einfachsten Aufruf mit einer URL-Angabe in Stringform:

```
$.ajax( "beispiel.html" );
```

Mit gleicher Wirkung kann der URL als Teil des Konfigurationsobjekts übergeben werden (die Variante aus älteren jQuery-Versionen):

```
$.ajax( { url: "beispiel.html" } );
```

Normalerweise werden jedoch mehr Angaben eingesetzt. Hier wird zusätzlich zur Ressource der Kontext (`context`) auf den Body-Tag des ausführenden Dokuments gelegt. Auf diesen Kontext beziehen sich die Callback-Funktionen des Ajax-Requests. In diesem Fall zeigt das `this` in der an `success` gebundenen Funktion daher auf den `<body>`, an den bei erfolgreichem Abschluss eine CSS-Klasse gebunden wird:

```
$.ajax( { url: "beispiel.html",
          success: function(){
               $(this).addClass("fertig");
          },
          context: document.body
        } );
```

Warum ein Objekt zum Festlegen der Konfiguration?

Der Vorteil bei der Übergabe eines Konfigurationsobjekts gegenüber einem Array oder einer Werteliste besteht darin, dass jeder Wert als Objekteigenschaft einen Namen besitzt. Sie brauchen daher weder auf eine Reihenfolge zu achten, noch müssen Sie zwangsweise nicht benötigte Werte setzen.

Defaultkonfiguration mit $.ajaxSetup()

In der Regel muss eine ganze Reihe von Parametern beim Request mit `$.ajax()` explizit gesetzt werden. Müssen mehrere oder viele ähnliche Requests erfolgen, ist es praktisch, bestimmte konstant zu setzende Werte (für Defaultwerte ist dies natürlich überflüssig) zentral festzulegen, damit dies nicht – was ja fehlerträchtig ist – bei jedem Einzel-Request aufs Neue geschehen muss. Hierzu dient das `$.ajaxSetup()`-Utility, das gleichfalls ein Konfigurationsobjekt entgegennimmt:

```
$.ajaxSetup( { url: "adressen.php",
              success: function(){
                 $(this).addClass("fertig");
              },
              context: document.body,
              type: "POST"
            });
```

Ein Aufruf von `$.ajax()` bindet automatisch das in `$.ajaxSetup()` definierte Konfigurationsobjekt ein und fügt die ihm unmittelbar übergebenen Eigenschaften hinzu. In diesem Fall sind es Daten, die für diesen speziellen Aufruf übertragen werden sollen:

```
$.ajax( { data: {'vorname':'Peter', 'nachname':'Panter'} });
```

Das Konfigurationsobjekt für allgemeine Ajax-Requests – Basic Options

Von besonderem Interesse in Zusammenhang mit den Methoden sind natürlich das Konfigurationsobjekt und seine Eigenschaften. Da die Optionen zahlreich sind, wurden sie für diese Übersicht auf mehrere Tabellen verteilt. Betrachten wir zunächst die wichtigsten Grundeinstellungen, die vorgenommen werden können, von denen `url` und `context` bereits in den vorangegangenen Beispielen erläutert wurden.

Eigenschaft	Defaultwert	Typ
`type`	'GET'	string
`url`	URL der aktuellen Seite	string
`contentType`	'application/x-www-form-urlencoded'	string
`context`	–	object

Tabelle 4.72 Konfigurationsobjekt für jQuery.ajax() – Basic Options

type-Eigenschaft

Grundsätzlich erfolgt ein Request als GET-Request, solange nichts anderes festgelegt wird. Wird Datenversand mit POST gewünscht, muss die `type`-Eigenschaft entsprechend gesetzt werden. POST-Daten werden UTF-8-kodiert an den Server geschickt.

url-Eigenschaft
Die Adresse der Ressource, von der die Daten als URI-String bezogen werden. Wird kein `url`-Wert übergeben, dient Adresse des Dokuments als Defaultziel.

contentType-Eigenschaft
Der MIME-Type, der vom Server als Antwort auf einen Request im HTTP-Header mitgesendet wird. Per Default ist dies, wie auch bei Formulardaten üblich, »application/x-www-form-urlencoded«.

context-Eigenschaft
Legt per Objektreferenz einen DOM-Knoten als Kontext fest, der für die Callback-Funktionen des Requests verwendet werden soll.

Das Konfigurationsobjekt für allgemeine Ajax-Requests – Basic Options (Data)

Weitere Eigenschaften aus der Basic-Gruppe sind für das Datenhandling des Requests zuständig.

Eigenschaft	Defaultwert	Typ
`data`	–	object | string
`dataType`	xml | json | script | html	string
`processData`	true	boolean

Tabelle 4.73 Konfigurationsobjekt für jQuery.ajax() – Basic Options (Data)

data-Eigenschaft
Diese Eigenschaft enthält die Daten, die im Rahmen des Requests an den Server geschickt werden. Dies kann eine Zeichenkette in Form eines Querystrings sein oder ein JavaScript-Objekt, das die `key-value`-Pärchen als Propertys enthält (dies wird als Map bezeichnet). Liegt der Wert in `data` als Map vor, wird er vor Verschicken der Daten in einen Querystring umgewandelt, sofern die Eigenschaft `processData` nicht Gegenteiliges anordnet.

dataType-Eigenschaft
Die `dataType`-Eigenschaft bezeichnet den Typ der vom Server geschickten Daten als »text«, »html«, »script«, »json«, »jsonp« oder »xml«. Für die Typen »text« und »xml« werden die Daten unverändert aus den `responseText` bzw. `responseXML` ausgelesen und der Funktion übergeben, die als `success`-Handler festgelegt ist.

processData-Eigenschaft

Mit `processData` wird das Verhalten gegenüber Daten-Maps im `data`-Property bestimmt. Normalerweise werden Daten-Maps vor Versenden in einen Querystring umgewandelt. Ist dies nicht erwünscht, setzt man `processData` auf `false`.

Das Konfigurationsobjekt für allgemeine Ajax-Requests – Callbacks

Auch Callbacks können im Konfigurationsobjekt festgelegt werden. Hier handelt es sich im Prinzip um Funktionsobjekte, die an eine bestimmte Phase während des Requests gebunden sind und dann ausgeführt werden. An das Funktionsobjekt werden Daten als Parameter übergeben (siehe die Funktionssignaturen in der folgenden Tabelle).

In den meisten Fällen ist dies u.a. eine Referenz auf das XHR-Objekt, das den Request repräsentiert. Das bedeutet, dass die Callback-Funktionen beispielsweise Zugriff auf dessen `responseText` oder `responseXML` haben, also auf die vom Server geschickten Daten.

Callback-Property	Signatur des Funktionsobjekts
`beforeSend`	`function(XHR)`
`error`	`function(XHR, status, errorThrown)`
`dataFilter`	`function(data, type)`
`success`	`function(data, status, XHR)`
`complete`	`function(XHR, status)`

Tabelle 4.74 Konfigurationsobjekt für jQuery.ajax() – Bindung von Callbacks

Der Aufruf der Callbacks der vorangegangenen Tabelle wird bei der Verarbeitung eines individuellen XHR-Requests in folgender Reihenfolge eingetaktet.

beforeSend-Callback

Diese Funktion ist in der Lage, ein XHR-Objekt vor der Auslösung seiner `send()`-Methode noch kurzfristig zu modifizieren, wie beispielsweise den Request mit einem anderen Header auszustatten. Hierfür bekommt die Callback-Funktion das XHR-Objekt als (einziges) Argument übergeben. Über den Rückgabewert `false` ist es dem Callback möglich, den Request notfalls zu canceln:

```
$.ajax({
   beforeSend: function(xhr){
     // alles, was vor Abschicken des Requests zu tun ist
     }
   });
```

error-Callback

Schlägt ein Request fehl, wird das Error-Ereignis ausgelöst, das diesen Callback triggert. Die Funktion erhält das XHR-Objekt als ersten Parameter sowie einen String, der die Art des Fehlers bezeichnet. Wird eine Exception geworfen, steht als dritter Parameter ein entsprechendes Objekt zur Verfügung:

```
$.ajax({
  error: function(xhr, error){
    // alles, was im Fehlerfall zu tun ist
    }
  });
```

dataFilter-Callback

Eine Sonderstellung nimmt der `dataFilter`-Callback ein, der beim Eintritt des Success-Ereignisses ausgelöst wird (jedoch vor dem `success`-Callback selbst!). Hier handelt es sich um eine bei Bedarf zu definierende Callback-Funktion, die die Daten vorbereitet, die im XHR-Objekt bei Erfolg in `responseText` abgelegt wurden, um sie anschließend an den `success`-Callback weiterzureichen. Die Funktion kann beispielsweise dafür sorgen, dass die Daten tatsächlich dem als zweiten Parameter übergebenen Typ entsprechen. Die vorbereiteten (und gegebenenfalls veränderten) Daten müssen von der Funktion als Rückgabewert wieder zur Verfügung gestellt werden:

```
$.ajax({
  dataFilter: function(data, status){
    // Daten für success-Callback vorbereiten
    // ... und verarbeitet zurückgeben:
    return data;
    }
  });
```

Definieren Sie kein `dataFilter`-Callback (dies ist durchaus kein Muss), werden die Daten unmittelbar an den `success`-Callback weitergegeben.

success-Callback

Die Funktion des `success`-Callbacks wird bei Erfolg des Requests ausgelöst (wobei vorher, falls definiert, gegebenenfalls der `dataFilter`-Callback abgearbeitet wird). Die Funktion nimmt als ersten Parameter die beim Request erhaltenen Daten entgegen, als weitere Argumente stehen der Success-Code (als String) und das XHR-Objekt selbst zur Verfügung:

```
$.ajax({
  success: function(data, success, xhr){
    // alles, was bei Erfolg des Requests zu tun ist
    }
  });
```

complete-Callback

Der `complete`-Callback wird aufgerufen, wenn der XHR-Request abgeschlossen ist. Dies findet also im Anschluss an den Aufruf der `success`- und `error`-Callbacks statt (sofern diese definiert sind). Der Callback-Funktion wird als erstes Argument das XHR-Objekt übergeben. Als zweites Argument dient ein String, der den Status des Requests beschreibt:

```
$.ajax ({
   complete: function(xhr, status){
     // alles, was nach Abschluss des Requests zu tun ist
     }
   });
```

Konfigurationsobjekt für allgemeine Ajax-Requests – JSONP-Aspekte

Für den Datentyp JSONP gibt es zwei Werte im Konfigurationsobjekt

Eigenschaft	Defaultwert	Typ
`jsonp`	'callback'	string
`jsonpCallback`	(generierter Bezeichner)	string

Tabelle 4.75 Konfigurationsobjekt für jQuery.ajax() – JSONP-Aspekte

jsonp-Eigenschaft

Die Eigenschaft `jsonp` erhält eine Zeichenkette, die den Bezeichner der Callback-Funktion darstellt, der im Rahmen eines Requests mit JSONP-Daten verwendet werden soll. Defaultwert ist der String `callback`, was aus dem Teilstring `'callback=?'` innerhalb des Querystrings des URL resultiert.

Soll die Callback-Funktion einen anderen Namen erhalten, ist er hier zu nennen. Übergibt man an `jsonp` beispielsweise den Wert `'onJsonPLoad'`, ergibt dies im URL den Teilstring `'onJsonPLoad=?'`.

jsonpCallback-Eigenschaft

Im Unterschied zur Eigenschaft `jsonp`, die nur den String nennt, der im URL als Callback-Bezeichner eingesetzt werden soll, nennt `jsonpCallback` den wirklichen Bezeichner der Callback-Funktion, die für den aktuellen *jsonp*-Request eingesetzt werden soll. Dies kann das Cache-Verhalten des Browsers für derartige Requests verbessern, wenn sie per `GET` erfolgen. Ansonsten generiert jQuery selbstständig einen Bezeichner, was in den meisten Fällen die bessere (und einfachere) Lösung darstellt.

Das Konfigurationsobjekt für allgemeine Ajax-Requests – Advanced Options

Weitere Eigenschaften des Konfigurationsobjekts werden als *Advanced Options* bezeichnet. Sie werden entsprechend seltener benötigt.

Eigenschaft	Defaultwert	Typ
`async`	`true`	boolean
`cache`	`true`	boolean
`global`	`true`	boolean
`ifModified`	`false`	boolean
`password`	–	string
`timeout`	–	num
`username`	–	string
`scriptCharset`	–	string

Tabelle 4.76 Konfigurationsobjekt für jQuery.ajax() – Advanced Options

async-Eigenschaft

Die Eigenschaft `async` legt fest, ob der betreffende Request synchron (`false`) oder asynchron (`true`, Default) erfolgen soll. Den Request synchron verlaufen zu lassen, bedeutet, dass alle anderen Scripte während der Verarbeitung des Requests angehalten werden. Dies kann erforderlich sein, falls ohne die Daten, die der Request liefern soll, kein sinnvolles Fortfahren möglich ist (beispielsweise wenn es darum geht, ein Formular während einer Eingabe zu modifizieren). Die Gefahr besteht allerdings, dass der Request kein Ergebnis bringt und so die Scriptverarbeitung insgesamt abbricht.

cache-Eigenschaft

Die `cache`-Eigenschaft steuert das Verhalten des Browsers gegenüber der angefragten Ressource. Für den Defaultwert `true` wird diese durch den Browser gecacht und im Falle der Wiederholung des Requests aus dem Cache statt von der Quelle bezogen. Möchten Sie dies nicht, setzen Sie diesen Wert auf `false`.

Die Eigenschaft steht standardmäßig auf `true`, außer für Daten von Typ JSONP und Script, die grundsätzlich nicht gecacht werden (hier immer `false`).

global-Eigenschaft

Mit den `global`-Eigenschaften bestimmen Sie, welche Callbacks durch den betreffenden Request zu verwenden sind. Im Defaultfall (`true`) werden die globalen eingesetzt. Möchten Sie den Request bezüglich Callbacks auf die lokal vereinbarten Funktionen beschränken und die globalen Handler übergehen, setzen Sie `global` auf `false` (siehe auch Abschnitt 4.14.6, »Globale Handler-Methoden«).

ifModified-Eigenschaft

Der Server schickt einer Ressource stets einen Header *lastModified* voraus, der aussagt, wann die Ressource das letzte Mal modifiziert wurde. Wird der `ifModified`-Eigenschaft der Wert `true` zugewiesen, legt dies fest, dass ein Request nur dann als erfolgreich gewertet wird, wenn die angefragte Ressource seit dem letzten auf sie erfolgten Request erneuert (d. h. geändert) wurde. Der Defaultwert der Eigenschaft ist `false`, sodass es im Allgemeinen irrelevant ist, ob eine angefragte Ressource verändert wurde.

username-Eigenschaft, password-Eigenschaft

Mancher HTTP-Request ist auf eine passwortgeschützte Ressource gerichtet. In diesem Fall wird der Username des zu nutzenden Accounts in der `username`-Eigenschaft das zu verwendende Passwort in der `password`-Eigenschaft abgelegt. Einen Defaultwert gibt es für beide Eigenschaften nicht.

timeout-Eigenschaft

Mit der `timeout`-Eigenschaft kann eigens für den konfigurierten Request ein lokaler Timeout eingerichtet werden. Anderenfalls wird (sofern festgelegt) der globale Timeout verwendet, der in `$.ajaxSetup` vereinbart sein könnte. Der übergebene Zahlenwert wird als Zeitdauer in Millisekunden interpretiert. Liefert der Request während der Timout-Periode kein Ergebnis, wird er mit Fehlermeldung abgebrochen. Einen Defaultwert für diese Eigenschaft gibt es nicht.

scriptCharset-Eigenschaft

Die `scriptCharset`-Eigenschaft wird nur für Requests benötigt, die ein Ergebnis vom Datentyp »jsonp« oder »script« erwarten und per `GET` vorgenommen werden. In diesem Fall dient die Eigenschaft dazu, dass das Ergebnis der Anfrage als in dem übergebenen Zeichensatz vorliegend interpretiert wird. Dies ist jedoch nur dann zwingend erforderlich, wenn dieser Zeichensatz sich von dem der einbettenden Ressource unterscheidet.

Callback	Erläuterung
`xhr`	zur Erstellung des Objekts des aktuellen Requests

Tabelle 4.77 Konfigurationsobjekt für jQuery.ajax() – XHR-Callback

xhr-Eigenschaft

An diese Eigenschaft kann eine Callback-Funktion gebunden werden, die die Erstellung des XHR-Objekts vornehmen soll. Dies ist nur sinnvoll, wenn Sie die eigene Funktion von jQuery zur Erstellung des XHR-Objekts nicht nutzen möchten, weil Sie eigene Wege gehen wollen. Ansonsten wird per Default ein `XMLHttpRequest`-Objekt erzeugt, in dem dies implementiert ist, anderenfalls (dies betrifft einige Versionen des Internet Explorers) ein ActiveXObject.

4.14.5 Helferfunktionen und Convenience-Methoden

Bequemlichkeit ist Trumpf, auch für Programmierer. Daher freut man sich, für bestimmte Standard-Requests auf eigens definierte Methoden zurückgreifen zu können, die quasi vorkonfigurierten `$.ajax()`-Aufrufen entsprechen. Eine solche Methode wird direkt vom `$`-Objekt (bzw. dem `jQuery`-Objekt) zur Verfügung gestellt, sie kann also als als globales Utility bezeichnet werden.

Methode	Erläuterung
`jQuery.get()`	Setzt einen HTTP-GET-Request an den Server ab.
`jQuery.post()`	Setzt einen HTTP-POST-Request an den Server ab.
`jQuery.getJSON()`	Holt JSON-encodierte Daten über einen GET-Request.
`jQuery.getScript()`	Holt ein JavaScript über einen GET-Request und führt es aus.
`jQuery.param()`	Serialisiert ein übergebenes Objekt oder Array für die Verwendung als URL-Parameter oder im Rahmen eines Ajax-Requests.

Tabelle 4.78 jQuery-Utility-Methoden für HTTP-Requests

jQuery.get()

Die Methode `jQuery.get()`, die meist kürzer als `$.get()` geschrieben wird, holt eine externe Ressource per GET-Request. Sie benötigt mindestens den URL der anzusprechenden Ressource als Argument. Optionale weitere Parameter bestehen in einem Datenobjekt und einer Callback-Funktion, die im Erfolgsfall (*success*) ausgelöst werden soll. Als vierter, ebenfalls optionaler Wert kann eine Angabe des Datentyps übergeben werden, der für das Ergebnis erwartet wird.

Eine Anfrage mit `$.get()` kann exemplarisch wie folgt aussehen (hier wurde auf den zweiten Parameter verzichtet, nämlich die Nutzdaten, die der Server beim Request übermittelt bekommt):

```
$.get('beispiel.html', function(ergebnis) {
  // hat der Server Daten geliefert?
   if (ergebnis) {
```

```
      // dann ins Dokument einfügen:
       $('#ausgabe').html(ergebnis);
    }
});
```

Wie Sie an dem Beispiel ablesen können, bekommt die Callback-Funktion die vom Server übermittelten Daten übergeben. Hier werden sie in einem Parameter `ergebnis` aufgefangen und anschließend mittels der jQuery-Methode `.html()` in einen Container `#ausgabe` eingefügt. Über zwei weitere (hier nicht verwendete) Argumente erhält die Callback-Funktion Zugriff auf den Statusstring und das XHR-Objekt selbst.

Vielleicht einmal als Vergleich – hätten Sie den gleichen Request mittels der Basisroutine `$.ajax()` durchgeführt, hätte der Code so gelautet:

```
$.ajax({
   url: 'beispiel.html',
   success: function(ergebnis) {
              if (ergebnis) {$('#ausgabe').html(ergebnis);}
            }
});
```

Das ist zwar nicht nennenswert länger, aber etwas unhandlicher, weil Sie die Objektschreibweise verwenden müssen.

Sie können `$.get()` auch gut in Zusammenhang mit Formularen einsetzen, die in diesem Fall als Datenlieferanten dienen. Allerdings müssen die Formulardaten in eine für Ajax verwendbare Form gebracht werden. Hierzu dient die Methode `.serialize()`, die bereits in Zusammenhang mit Formularen vorgestellt wurde. Gehen wir von einem einfachen Formular aus, das in einem `<div>`-Container liegt, das auch gleich für die Ausgabe des Ergebnisses eingesetzt wird:

```
<div id="umfrage">
   <form id="meinFormular" action="umfrage.php">
     <label for="fw">Ihr Lieblingsframework?</label>
     <input type="text" name="fw" id="fw" />
     <input type="submit" value="Umfrage" />
   </form>
</div>
```

Der User soll wie gewohnt auf den SUBMIT-Button klicken können. Anstatt das Formular zu verschicken, wird dabei jedoch ein Ajax-Request angestoßen. Hierfür wird `$.get()` verwendet. Zunächst muss jedoch verhindert werden, dass die Formulardaten den normalen Weg gehen – hierfür wird mit `.preventDefault()` der Submit unterbunden. Dazu verwenden Sie das Event-Objekt, das die Callback-Funktion von `.submit()` übergeben bekommt (hier mit `e` bezeichnet).

Anschließend werden aus dem Formular die nötigen Daten geholt, die die anzusprechende Ressource und ein Callback für die Weiterverarbeitung der geholten Daten festlegen. Letztere besteht darin, dass diese Daten per `.html()` ins Dokument geschrieben werden:

```
$('#meinFormular').submit( function(e) {
   // Daten nicht auf normalem Weg abschicken:
   e.preventDefault();

   // $(this) ist das Formular:
   var url = $(this).attr('action');

   // Daten serialisieren für Ajax-Verwendung:
   var meineDaten = $(this).serialize();

   // vom Server wird HTML erwartet, also:
   var datentyp = 'html';

   // die Ajax-Antwort ins Dokument einbauen
   var verarbeiten = function(antwort){
      // Formular löschen, Antwort in Container schreiben:
      $('#umfrage').html(antwort)
   };

   // den GET-Request absetzen:
   $.get(url, meineDaten, verarbeiten, datentyp);
});
```

Die `$.get()`-Methode bekommt hier lediglich Variablen übergeben, was die Funktion universeller macht. In diesem Beispiel könnte die `url` auch direkt übergeben werden. Die Variable `meineDaten` wird über die `.serialize()`-Methode befüllt. Sie enthält dann einen Querystring, der beispielsweise (je nachdem, was Sie eingeben) die Form `fw=jQuery` haben kann. Ist das Formular komplexer, spiegelt sich das im Querystring entsprechend wider, wobei sich nur diejenigen Eingabefelder wiederfinden, die die `successful`-Kriterien erfüllen (mehr dazu erfahren Sie in Abschnitt 4.8, »Formulare verarbeiten mit jQuery«).

jQuery.post()

Die Methode `jQuery.post()` arbeitet analog zu `$.get()`, jedoch mit einem POST-Request. Auch hier ist der einzige obligatorisch zu übergebende Wert der URL der angefragten Ressource. Optional können als zweites Argument wiederum ein Datenobjekt, als drittes eine Callback-Funktion und drittens der erwartete Datentyp übergeben werden. Die Callback-Funktion erhält als ihre drei

Eingangsparameter die Request-Daten, den Statusstring und das XHR-Objekt. So weit ist das nichts Neues.

Eine Anfrage mit `$.post()` könnte beispielsweise so aussehen:

```
$.post('beispiel.html', function(ergebnis) {
  // hat der Server Daten geliefert?
   if (ergebnis) {
     // dann ins Dokument einfügen:
      $('#ausgabe').html(ergebnis);
   }
});
```

Auch hier werfen wir einen Blick auf einen analogen Request per `$.ajax()`. Hier muss, anders als bei der Nachbildung von `$.get()`, der Typ `type` des Requests explizit auf `POST` gesetzt werden (davor war dies nicht nötig, da ein Request automatisch mit `GET` erfolgt, solange nichts anderes gesagt wird):

```
$.ajax({
   type: 'POST',
   url: 'beispiel.html',
   success: function(ergebnis) {
              if (ergebnis) {$('#ausgabe').html(ergebnis);}
            }
});
```

Zwischen `$get()` und `$.post()` gibt es im Handling, wie Sie sehen, für den jQuery-Programmierer keinen Unterschied. Da für `$.post()` eventuelle Nutzdaten per `POST` übertragen werden, ist die hier potenziell zu übergebende Datenmenge größer.

jQuery.getJSON()

Die globale Methode `$.getJSON()` offenbart ihren Zweck bereits im Namen – sie erzeugt einen GET-Request, auf den der Server mit Daten im JSON-Format antworten soll. Die Methode bringt bereits Mittel zur Verarbeitung der JSON-Daten mit. Wo diese herkommen, ist im Rahmen der Erläuterung des Prinzips eigentlich nicht weiter wichtig. Es kann sich um statische Dateien im JSON-Format handeln oder um Ergebnisse einer Transaktion auf dem Server (wie eine Datenbankabfrage). Für dieses Beispiel wird ein einfaches statisches JSON-File eingesetzt (*blumen.json*):

```
{ "blumen1":"Rosen",
  "blumen2":"Tulpen",
  "blumen3":"Nelken" }
```

Achtung: Die JSON-Syntax ist strikter als die von JavaScript

Entgegen den sonst in JavaScript üblichen Gepflogenheiten müssen Strings in JSON-Daten stets mit *doppelten Anführungszeichen* umgeben werden. Ärgerlicherweise schlägt `$.getJSON()` im Falle von Syntaxfehlern der Datenquelle fehl, ohne eine verwertbare Fehlermeldung auszugeben! Vorsicht also mit »von Hand geschriebenem« JSON.

Die Werte der Eigenschaften des JSON-Objekts sollen als Listenelemente in eine (derzeit noch leere) Liste mit ID "`ausgabe`" geladen werden:

```
<ul id="ausgabe"></ul>
```

Die bereits vorgestellte JSON-Datei wird nun über die Methode `$.getJSON()` asynchron geladen. Eine Callback-Funktion sorgt dafür, dass die Daten nach ihrem Eintreffen verarbeitet werden, und bekommt diese dafür als Argument übergeben. Als optional verwertbares zweites Argument können Sie auf den Statustext zugreifen (im Beispiel unterbleibt dies). Folgender Code steht im `ready()`-Block:

```
$.getJSON('blumen.json', function(ergebnis){
   $.each(ergebnis, function(i, val){
      $('<li>' + val + '</li>').appendTo('#ausgabe');
   });
});
```

Die Utility-Funktion `$.each()` iteriert durch das JSON-Objekt. Seine Callback-Funktion besitzt zwei Argumente – `i` nimmt den Namen der Objekt-Eigenschaft an (es wird in der Ausgabe nicht berücksichtigt), `val` enthält den Wert, der anschließend mit `<li>`-Tags umgeben und in die Ausgabe geschrieben wird.

jQuery.getScript()

Analog zu `$.getJSON()` dient `$.getScript()` dazu, per `GET` eine JavaScript-Datei zu holen, die anschließend unverzüglich ausgeführt wird. Die Datei kann beliebiges JavaScript enthalten, das auch Bezug auf jQuery-Funktionen nehmen kann. In folgendem Beispiel wird eine externe Datei dazu verwendet, auf die HTML-Seite einzuwirken. Dafür soll sie nicht sofort geladen werden – das wäre reizlos –, sondern erst nach dem Klick auf einen Button. Der relevante Ausschnitt der HTML-Seite sieht so aus:

```
<div>
   <button>Klicken, um Absätze klickbar zu machen</button>
</div>
<p>Diese Absätze sind nicht klickbar.</p>
```

```
<p>Diese Absätze sind nicht klickbar.</p>
<p>Diese Absätze sind nicht klickbar.</p>
```

Im lokalen Scriptblock stehen lediglich ein paar Zeilen, um dem Button den Click-Event zuzuweisen und bei einem Klick das externe Script zu laden. Die Beschriftung des Buttons wird geändert, sobald der User ihn betätigt hat:

```
$('button').click( function(){
   $.getScript('getScript.js');
   $(this).text('Danke sehr!');
});
```

Das externe Script ändert zunächst die Hintergrundfarbe der Textabsätze von Grau auf Gelb. In einer `.each()`-Schleife wird der Text aller Absätze geändert, und zum Schluss wird jedem Absatz ein Click-Handler zugewiesen, der die Hintergrundfarbe eines geklickten Absatzes auf Rot setzt:

```
/* ------------- getScript.js ------------- */
 // alert("Externes Script geladen");

 $('p').css({'backgroundColor':'#ff9'})
       .each( function() {
          $(this).text('Absatz kann jetzt geklickt werden.')
        })
       .click( function() {
          $(this).css({'backgroundColor':'#f99'});
        });
/* ----------- Ende getScript.js ----------- */
```

Dieses Manöver kann eingesetzt werden, um Scriptmodule nachträglich (oder nur bei Bedarf) zu laden. Die Scripte werden stets im globalen Kontext ausgeführt und können daher auf alle bereits in diesem Kontext vorhandenen Daten und Objekte zugreifen – namentlich auf das jQuery-Objekt selbst.

jQuery.param()

Das Utility `$.param()` nimmt ein Objekt entgegen und formt dieses in einen Querystring um. Vorsicht ist geboten, wenn das Objekt eine innere Hierarchie besitzt, d. h., wenn die Objekteigenschaften ihrerseits Objekte oder Arrays darstellen. Das Ergebnis der Serialisierung ist in diesem Fall nicht über alle Versionen von jQuery konstant.

Geht man von einem Objekt wie diesem aus

```
var obj = { "blumen1":"Rosen",
            "blumen2":"Tulpen",
            "blumen3":"Nelken" };
```

ergibt der Aufruf

```
var seralized = $.param(obj);
```

folgenden Querystring.

```
blumen1=Rosen&blumen2=Tulpen&blumen3=Nelken
```

Die Daten werden automatisch URL-encodiert, was deutlich wird, wenn man ein komplexeres Objekt übergibt. Hier besteht der Wert der einzigen Objekt-Eigenschaft aus einem Array:

```
var obj1 = {"blumen":[ "Rosen", "Tulpen", "Nelken" ]};
```

Dies ergibt URL-encodiert:

```
blumen%5B%5D=Rosen&blumen%5B%5D=Tulpen&blumen%5B%5D=Nelken
```

und entsprechend dekodiert:

```
blumen[]=Rosen&blumen[]=Tulpen&blumen[]=Nelken
```

Eine Array-Eigenschaft wird also durch Wiederholung des Bezeichners mit angehängten (leeren) eckigen Klammern umgesetzt. Im Querystring müssen die Array-Klammern enkodiert werden. Bei Objekten, deren Eigenschaften wiederum Objekte sind, stellt sich die Lage wie folgt dar:

```
var obj2 = { "blumen1":{sorte:"Rosen",farbe:"rot"},
  "blumen2":{sorte:"Tulpen",farbe:"gelb"},
  "blumen3":{sorte:"Nelken",farbe:"weiss"} };
```

Das Objekt wird URL-encodiert in dieser Weise serialisiert (die Zeilenumbrüche wurden der Lesbarkeit halber eingefügt):

```
blumen1  %5Bsorte%5D=Rosen&blumen1  %5Bfarbe%5D=rot
&blumen2  %5Bsorte%5D=Tulpen&blumen2  %5Bfarbe%5D=gelb
&blumen3  %5Bsorte%5D=Nelken&blumen3  %5Bfarbe%5D=weiss
```

Auch dies stellt sich dekodiert etwas lesbarer dar:

```
blumen1[sorte]=Rosen&blumen1[farbe]=rot
&blumen2[sorte]=Tulpen&blumen2[farbe]=gelb
&blumen3[sorte]=Nelken&blumen3[farbe]=weiss
```

Vorsicht – nicht abwärtskompatibel

Mit älteren Versionen von jQuery ergibt der Methodenaufruf zum Teil andere Serialisierungen. So erzeugt *jQuery 1.2.6* aus `obj1` folgenden String:

```
blumen=Rosen&blumen=Tulpen&blumen=Nelken
```

Aus `obj2` resultiert folgendes Ergebnis (dekodiert):

```
blumen1=[object+Object]
&blumen2=[object+Object]
&blumen3=[object+Object]
```

Die Kompatibilitätsprobleme werden derzeit in der Community diskutiert. Wir raten dazu, ausführlich zu testen, ob es wirklich unumgänglich ist, mit `$.param()` zu arbeiten, und ob die Scripts mit mehreren jQuery-Versionen lauffähig sein müssen.

Methode	Erläuterung
`.load(url)` `.load(url [,d] [,fn])`	Lädt die mit dem URL `url` bezeichnete Ressource per HTTP vom Server und fügt sie als HTML in das durch die Collection bestimmte Zielelement ein. (Nimmt optional weitere Parameter für Request-Daten `d` und eine Callback-Funktion `fn` entgegen.) **Anmerkung:** `.load()` (Ajax) und `.load()` (Event) werden nur anhand ihrer Parameter unterschieden.

Tabelle 4.79 jQuery-Convenience-Methoden für HTTP-Requests

Die Methode .load()

Sollen Daten vom Server geholt und einer Collection zur Verfügung gestellt werden, ist die `.load()`-Methode der einfachste Weg, dies zu bewerkstelligen. Sie arbeitet, anders als die bislang vorgestellten Ajax-Methoden, nicht im globalen Kontext. Unter den globalen Ajax-Helferfunktionen ist ihr die Methode `$.get()` am ähnlichsten, die allerdings (anders als `.load()`) eine explizite Callback-Funktion für den erfolgreichen Datentransferabschluss `success` aufruft. Die Methode `.load()` begnügt sich im Erfolgsfall hingegen damit, den HTML-Inhalt der Collection-Items stillschweigend durch die erhaltenen Daten zu ersetzen.

Um es einfach auszudrücken: Die Methode `.load()` holt eine externe Ressource und lädt diese, sobald (und nur wenn) sie eingetroffen ist, beispielsweise in einen Container, der durch die Collection bestimmt wurde:

```
$('#ausgabe').load('beispiel.html');
```

Mehr als das braucht in vielen Fällen nicht geschrieben zu werden. Es ist nicht nötig, sich mit weiteren Details, wie dem XHR-Status oder Callbacks auseinanderzusetzen.

Same Domain Policy – kein Load externer Ressourcen

Beachten Sie, dass aufgrund der Sicherheitsbeschränkungen keine Dokumente aus fremden Domains per `load()` geladen werden können. Dies gilt grundsätzlich für Ajax-Requests. Liegt das anfragende Dokument in *www.meinedomain.de*, scheitert

z. B. folgender Aufruf:
`$('#ausgabe').load('http://www.anderswo.de/beispiel.html');`
Eine Fehlermeldung erfolgt nicht – es werden lediglich keine Daten übermittelt.

Ein einfacher Fall besteht im Laden eines Textdokuments in einen Container. Es könnte sich auch um ein HTML-Fragment handeln, also Markups enthalten. Hier sehen Sie einen Ausschnitt aus dem HTML-Dokument, das die Inhalte lädt:

```
<div id="wrap">
   <p id="trigger">Bitte erzähl von Alice...</p>
   <div id="ausgabe"></div>
</div>
```

In den Container `div#ausgabe` sollen per `.load()` externe Inhalte geladen werden. Dies wird durch einen Klick auf den Textabsatz `p#trigger` veranlasst. Das Script hierzu ist sehr einfach:

```
$(document).ready(function() {
   $('#trigger').click(function(){
      $('#ausgabe').load('load_alice.txt');
   });
});
```

Ja, reicht denn das? Tut es! Wirklich. Aber da ist noch mehr. Natürlich kann auch anstelle eines Textdokuments eine HTML-Seite adressiert werden. Nehmen wir an, diese sei wie folgt strukturiert (wobei hier nur ein Blick in den Body erfolgt):

```
<body>
  <div id="kap1">
     <p>Alice schloß die Thür auf ...</p>
  </div>
  <div id="kap2">
     <p>Es schien ihr ganz unnütz, ... </p>
  </div>
  <div id="kap3">
     <p>Denn sie hatte mehre hübsche Geschichten...</p>
  </div>
...
</body>
```

Jetzt wäre es natürlich schön, nicht stets das gesamte HTML-Dokument in den Ausgabecontainer pressen zu müssen. Wie wäre es, wenn man nur einen Abschnitt laden könnte? Das geht – und hier handelt es sich um ein »Extra-Feature« der `.load()`-Methode, die »regulären« Ajax-Requests nicht zur Verfügung steht.

Wie schon gezeigt, erwartet `.load()` als ersten Parameter (es gibt noch mehr) einen URL, die auf die Ressource zeigt. Diese wird als String übergeben. Nun erlaubt jQuery in diesem String zusätzlich auch die Übergabe eines Selektors, der ins Innere des Dokuments verweist.

Zwischen Dokument-URI und Selektor muss ein trennendes Leerzeichen stehen:

```
$('#ausgabe').load('url selector');
```

Vorsicht: Wenn Sie das Leerzeichen vergessen, wird der gesamte Inhalt des Body-Elements des externen Dokuments in den Ausgabecontainer eingefügt:

```
// Achtung: Dies funktioniert nicht (lädt ganzes Dokument):
$('#ausgabe').load('load_alice2.html#kap2');
```

Dies wäre korrekt, um über den Fragment-Identifier den entsprechenden Absatz anzusprechen, taugt jedoch nicht als Filterkriterium für jQuery. Um nur den Textabsatz in `div#kap1` in die Ausgabe zu holen, schreiben Sie vielmehr korrekterweise:

```
// Dies lädt, wie gewünscht, nur den einen Containerinhalt:
$('#ausgabe').load('load_alice2.html #kap1');
```

Da bekannt ist, dass in diesem Dokument fünf entsprechende Abschnitte `#kap1`, `#kap2`, `#kap3` etc. sind, wird ein Zähler eingesetzt, um durch Klicken auf `p#trigger` zum nächsten Absatz weiterzugehen. (Bevor Sie fragen: Ja, das Argument von `.load()` kann tatsächlich auf diese Art dynamisch erstellt werden!)

```
$(document).ready(function() {
   var zaehler = 1;
   $('#trigger').click( function(){
      $('#ausgabe').load('load_alice2.html #kap' + zaehler);
         zaehler++;
         if (zaehler > 5) zaehler = 1;
   });
});
```

Was für ein Selektor kann übergeben werden?

Frei nach Radio Eriwan: Im Prinzip jeder formulierbare jQuery-Selektor. Wenn Sie möchten, können Sie im Rahmen des URL-Arguments von `.load()` also einen regelrechten Drilldown ins Dokument vornehmen. Angenommen, Sie wollten den Inhalt aller `<span>`-Elemente im vierten `<div>`-Container des Dokuments auslesen und in Ihre Ausgabe schreiben, ginge dies wie folgt:

```
$('#ausgabe').load('load_alice2.html div:eq(3) span');
```

Sie können also nach IDs, Klassen und Dokumentstruktur filtern, um per `.load()` eine HTML-Quelle anzuzapfen. Mehr darüber erfahren Sie im Praxisteil.

Die Methode `.load()` nimmt noch ein oder zwei weitere Parameter entgegen, die wahlweise übergeben werden. Der zweite Parameter ist ein JavaScript-Objekt, das dazu dient, dem Server im Rahmen des Requests Daten übergeben zu können. Dies kann der Fall sein, wenn über `.load()` eine Datenbankabfrage angestoßen werden soll:

```
// Prinzip einer load()-Anfrage mit Daten-Argument:
$('#out').load('db.php',{param1:'wert1',param2:'wert2'});
```

Das Datenargument kann ersatzlos entfallen (dies ist sogar eher die Regel). Dennoch kann auch in diesem Fall ein weiteres (eigentlich sonst drittes) Argument übergeben werden, da dieses sich vom Typ her unterscheidet und daher keine Verwechslungsgefahr besteht: Dieses dritte Argument ist ein Funktionsobjekt, das als Callback dient, wenn der Ladevorgang abgeschlossen ist.

Die Funktion kann beliebige Anweisungen enthalten, die nach Abschluss des Requests ausgeführt werden:

```
$('#ausgabe').load('load_alice.html', function() {
   alert("Alice fertig geladen!");
});
```

Nützlich ist jedoch, dass die Funktion stets auch Parameter übergeben bekommt. Es steht Ihnen frei, sie in Übergabeparametern »aufzufangen« oder nicht. Die Signatur lautet:

```
function(response, status, xhr) {...}
```

Dies bedeutet, dass die Callback-Funktion stets drei Argumente übergeben bekommt. Der erste Parameter `response` wird stets aus dem `responseText`-Property des Request-Objekts befüllt, sprich, er enthält den vom Server erhaltenen Antworttext. Der zweite Parameter `status` hat bei erfolgreicher Anfrage den Wert »success« oder »notmodified«, im Fehlerfall den Wert »error«.

Nur über Webserver

Obwohl `.load()` in Ansätzen auch aus dem File-System (über direkten Dateizugriff) funktioniert, muss das `status`-Property von einem Server geliefert werden. Um die Beispiele in ihrer ganzen Funktionalität nachzuvollziehen, müssen Sie sie über einen (auch lokalen) Webserver aufrufen.

Bliebe noch zu klären, wie jQuery damit umgeht, wenn das für `.load()` geforderte Dokument nicht existiert bzw. nicht ausgeliefert werden kann: In diesem Fall sendet der Server, der die Anfrage erhielt, eine Fehlermeldung, die über den status-Parameter der Callback-Funktion abgefragt werden kann. Dies geschieht folgendermaßen:

```
// das angeforderte Dokument existiert nicht:
$("#ausgabe").load('load_aliceXXX.html',
       function(response, status, xhr) {
          if (status == "error") {
            $("#ausgabe").html("Alice hat heute frei...");
       }
});
```

4.14.6 Globale Handler-Methoden

Anstatt die Handler für bestimmte Punkte in der Ajax-Request-Kette im Konfigurationsobjekt des betreffenden Requests zu definieren, legt man auch gerne globale Handler an, die sich auf alle zur Laufzeit ausgeführten Requests beziehen. Diejenigen Requests, die mit Convenience-Methoden wie .get(), .post() oder .load() erzeugt werden, haben die Möglichkeiten eines Konfigurationsobjekts ohnehin nicht.

Methode	Erläuterung
.ajaxStart(fn)	Ajax-Ereignis; legt eine Callback-Funktion fn für den Beginn des Ajax-Requests fest.
.ajaxSend(fn)	Ajax-Ereignis; startet eine Callback-Funktion fn vor dem Absenden des Ajax-Requests.
.ajaxError(fn)	Ajax-Ereignis; legt eine Callback-Funktion fn für den mit einer Fehlermeldung beendeten Ajax-Request fest.
.ajaxSuccess(fn)	Ajax-Ereignis; startet eine Callback-Funktion fn, wenn der Ajax-Requests erfolgreich beendet wurde.
.ajaxComplete(fn)	Ajax-Ereignis; legt eine Callback-Funktion fn für den erfolgreich beendeten Ajax-Request fest.
.ajaxStop(fn)	Ajax-Ereignis; startet eine Callback-Funktion fn, sobald der letzte Ajax-Request beendet ist.

Tabelle 4.80 Globale jQuery-Handler für Ajax-Requests

Die Callbacks werden in der Reihenfolge der Tabelle getriggert, zuerst also ajaxStart und dann ajaxSend. Der ajaxError-Callback wird nur im Fehlerfall aufgerufen, wobei der Callback für ajaxSuccess unterbleibt. In jedem Fall wird anschließend ajaxComplete und zuletzt der ajaxStop-Callback aufgerufen.

.ajaxStart()

Der Callback für einen `ajaxStart`-Event wird getriggert, wenn das Script vor Beginn der Ausführung eines Requests »merkt«, dass aktuell keine weiteren Requests ausgeführt werden – mit anderen Worten wird der Callback nur vor dem allerersten Request aufgerufen bzw. wenn alle bisherigen Requests beendet wurden (also `.ajaxStop()` aufgerufen wurde). Von einer Gruppe von Requests triggert also nur der erste die Callbacks für `ajaxStart`.

.ajaxSend()

Ein `ajaxSend`-Ereignis findet individuell zu Beginn jedes Requests statt. Die entsprechenden Callbacks werden also durch jeden Request getriggert.

.ajaxSuccess()

Ist ein Request erfolgreich, hat er also ein Ergebnis gebracht, tritt für diesen Request das `ajaxSuccess`-Ereignis ein, und die entsprechenden Callbacks werden getriggert.

.ajaxError()

Ist ein einzelner Request nicht erfolgreich, tritt für diesen anstelle seines *ajaxSuccess*-Ereignisses ein *ajaxError*-Ereignis ein, und dessen Callbacks werden ausgelöst.

.ajaxComplete()

Nach Abschluss eines Requests, egal, ob erfolgreich oder nicht, wird ein `ajaxComplete`-Event getriggert und werden dessen Callbacks gestartet.

.ajaxStop()

Dieses Ereignis ist das Pendant zu `.ajaxStart()`. Es wird getriggert, wenn der letzte Request einer Gruppe beendet ist und keine weiteren Requests mehr laufen. Von einer Gruppe von Requests triggert der zuletzt beendete Request die Callbacks.

Um die Callbacks testweise aufzurufen, wird folgender HTML-Testaufbau eingesetzt, der aus einem leeren Div besteht, in den das Request-Ergebnis (in diesem Fall ein einfacher Text) und ein leeres `<ol>`-Element eingefügt wird:

```
<div id="ausgabe"></div>
<ol id="protokoll"></ol>
```

In Letzterem wird mittels der Ajax-Callbacks jeweils ein Listenelement eingefügt. Dies geschieht in der Reihenfolge der Callback-Aufrufe (siehe Abbildung 4.19). Folgender Code steht im `ready()`-Block:

```
// Binden der Callback-Funktion für ajaxStart:
$('#protokoll').ajaxStart(function(e, xhr) {
   $(this).append(
     '<li> Callback ajaxStart aufgerufen.</li>');
});

// Binden der Callback-Funktion für ajaxSend:
$('#protokoll').ajaxSend(function(e, xhr, settings) {
   $(this).append(
     '<li> Callback ajaxSend aufgerufen für "' +
     settings.url + '".</li>');
});

// Binden der Callback-Funktion für ajaxSend:
$('#protokoll').ajaxError(function(e, ajaxError) {
   $(this).append(
     '<li>Callback ajaxError aufgerufen.</li>');
});

// Binden der Callback-Funktion für ajaxSuccess:
$('#protokoll').ajaxSuccess(function(e, xhr, settings) {
   $(this).append(
     '<li> Callback ajaxSuccess aufgerufen für "' +
     settings.url + '".</li>');
});

// Binden der Callback-Funktion für ajaxComplete:
$('#protokoll').ajaxComplete(function(e, xhr, settings) {
   $(this).append(
     '<li>Callback ajaxComplete aufgerufen für "' +
     settings.url + '".</li>');
});

// Binden der Callback-Funktion für ajaxStop:
$('#protokoll').ajaxStop(function(e, xhr) {
   $(this).append(
     '<li>Callback ajaxStop aufgerufen.</li>');
});

// last, not least: der Ajax-Request
$.get('get_alice.txt', function(ergebnis){
   $('#ausgabe').html(ergebnis);
});
```

Listing 4.4 Ajax – jQuery-Ausschnitt

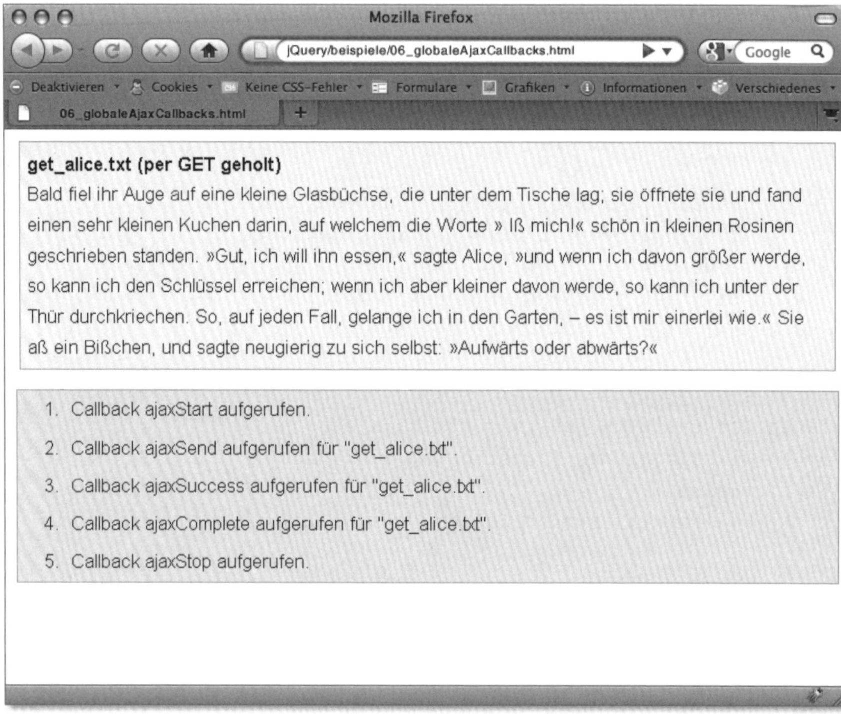

Abbildung 4.19 Globale Ajax-Callbacks im Testbett

Die Reihenfolge der Bindungen im Script spielt keine Rolle. Da die Methoden jeweils ein jQuery-Objekt zurückgeben, wären sie auch anreihbar. Sie könnten daher die hier als Einzelaufrufe geschriebenen Callback-Bindungen auch zusammenfassen (was im Endeffekt nicht unbedingt übersichtlicher wäre).

Der vereinbarte Callback für `.ajaxError()` wird in diesem Beispiel nie getriggert, da beim Holen der Ressource kein Fehler auftritt. Wenn Sie ihn bei der Arbeit sehen wollen, ändern Sie einfach den Ressourcenaufruf auf eine nicht existente Ressource.

4.15 jQuery-Helferfunktionen – praktisches Dies und Das

Eine Reihe von Eigenschaften und Methoden – einige davon wurden bereits zum jeweils passenden Zeitpunkt vorgestellt – wird nicht auf Collections angewendet, sondern steht unabhängig von diesen direkt als »Angebot« des jQuery-Basisobjekts `$` zur Verfügung. Wir bezeichnen diese Eigenschaften und Methoden (vielleicht etwas unscharf) als »Utilities« , da sie eher Werkzeugcharakter besitzen.

Ein jQuery-Utility wird also allgemein wie folgt angesprochen:

```
jQuery.utility();
```

Da `jQuery` ein Alias für `$` ist, können Sie jederzeit auch kürzer schreiben:

```
$.utility()
```

Im Rahmen der Dokumentation haben wir uns entschieden (in den meisten Fällen jedenfalls), das explizitere `jQuery` anstelle von `$` einzusetzen. Sie sollten sich aber stets vergegenwärtigen, dass die andere Schreibweise ebenso gilt.

Helferfunktionen werden nicht auf Collections angewendet

Ist eine Methode oder Eigenschaft so definiert, dass sie direkt auf das jQuery-Basisobjekt angewendet werden soll, kann sie nicht für die Verarbeitung von Collections verwendet werden:

Korrekt ist `$.utility()` – aber nicht: `$(selector).utility()`.

In einigen Fällen existieren gleichnamige Methoden für beide Gebiete – wie im Fall von `jQuery.data()` und `.data()` –, die dann allerdings in verschiedenen Kontexten arbeiten. Die Namensgleichheit ist gerechtfertigt, da die Aufgaben identisch sind. Pauschal kann man sagen, dass die Collection-Methoden stets in einem Kontext arbeiten (dem ihrer Collection), während Utility-Methoden kontextfrei sind. Sie müssen also ihren Arbeitskontext entweder künstlich erhalten (als Argument) oder arbeiten im Kontext des `window`-Objekts.

4.15.1 Konfliktvermeidung mit anderen Frameworks

Der Fall ist denkbar, dass jQuery zusätzlich zu einem anderen Framework eingesetzt werden muss, das gleichfalls eine Funktion mit dem Namen `$()` definiert hat (dies trifft beispielsweise für »Prototype« zu).

Ohne vorbeugende Maßnahmen wird es JavaScript-Fehlermeldungen geben, da einerseits die jQuery-Methoden auf dieses »andere« `$()`-Objekt natürlich nicht anwendbar wären bzw. weil andererseits jQuery die fremde `$()`-Funktion eventuell wiederum mit seinem eigenen `$()`-Objekt überschreibt. jQuery stellt ein nützliches Utility zur Verfügung, das in dem einen oder anderen Fall Schaden abwendet.

Utility	Erläuterung
`jQuery.noConflict()`	Gibt den `$`-Bezeichner frei (z. B. für die Benutzung durch ein anderes, parallel eingesetztes Framework)

Tabelle 4.81 jQuery-Utility zur Konfliktvermeidung

jQuery vor Fremdframework eingebunden

Ist jQuery als Framework zuerst eingebunden, braucht eigentlich nichts weiter unternommen werden. Sie müssen lediglich darauf achten, dass `$()` durch das Fremdframework überschrieben wurde, die jQuery-Methoden für jQuery also nur über das Alias `jQuery()` aufzurufen sind:

```
<!-- 1) jQuery definiert seine $()-Funktion -->
<script src="../js/jquery-1.4.1.js"></script>

<!-- 2) Prototype überschreibt $() durch seine Version -->
<script src="../pt/prototype.js"></script>

<script type="text/javascript">

  // Achtung: $() gehört hier Prototype!
  function absaetzeZaehlen() {
    // hier muss jQuery() statt $() stehen:
    alert(jQuery('p').length);
  }

  // Anweisungen, die nach dem Laden ausgeführt werden:
  jQuery(document).ready( function(){
     // auch hier gehört $() Prototype!
     alert(jQuery('p').length);
  });
</script>
```

Damit ließe sich leben. Sie können sich aber einiges an Umbenennungen ersparen und `$()` ad hoc zumindest innerhalb des `.ready()`-Blocks für jQuery »retten« – beispielsweise um anderswo bereits geschriebenen Code für diesen Bereich zu recyceln. Außerhalb von `.ready()` stünde `$()` aber noch immer ausschließlich für Prototype zur Verfügung.

Hintergrund ist, dass die anonyme Funktion in `.ready()` stets das jQuery-Objekt übergeben bekommt – es steht Ihnen frei, es in einem Parameter aufzufangen. Sie diesen `$`, kann das jQuery-Objekt wieder über `$()` adressiert werden – wie gesagt, das gilt dann nur innerhalb von `ready()`:

```
<!-- 1) jQuery definiert seine $()-Funktion -->
<script src="../js/jquery-1.4.1.js"></script>

<!-- 2) Prototype überschreibt $() durch seine Version -->
<script src="../pt/prototype.js"></script>

<script type="text/javascript">
```

```
  // Achtung: $() gehört hier Prototype!
  function absaetzeZaehlen() {
    // hier muss jQuery() statt $() stehen:
    alert(jQuery('p').length);
  }

  // Anweisungen, die nach dem Laden ausgeführt werden:
  jQuery(document).ready( function($){
      // jetzt gehört $() hier drinnen wieder jQuery!!
      alert($('p').length);
  });
</script>
```

Ein Konflikt zwischen dem »inneren« und dem »äußeren« `$` kann hierbei nicht auftreten – alles, was sich in der `.ready()`-Methode abspielt, befindet sich dank einer Closure in einem eigenen Gültigkeitsbereich. Ähnliches gilt aber auch für den Rest des Codes. Hierfür wird ein kleiner Trick verwendet, nämlich eine anonyme, »vor Ort« ausgeführte Funktion. Das Prinzip ist dieses:

```
(function(){
   // Code, der sofort ausgeführt wird
})();
```

Achten Sie auf die runden Klammern am Ende des Ausdrucks (die Parameterklammern) – diese bewirken die augenblickliche Ausführung. Das zweite Paar runder Klammern um das Funktionsobjekt selbst ist notwendig, da die Parameterklammern nicht unmittelbar auf die schließende geschweifte Klammer folgen dürfen (Syntaxfehler).

Übergeben Sie der Funktion einen Wert, sind Sie auch schon fertig – es bietet sich das Objekt namens `jQuery` an, das (unabhängig davon, was mit `$` passiert ist) in jedem Fall existiert. Das übergebene Objekt gelangt (wie voraussehbar!) über einen Parameter namens `$` ins Innere der Funktion:

```
(function($){
   // Code, der sofort ausgeführt wird
   // hier ist $ nun Synonym für jQuery
})(jQuery);
```

Schreiben Sie das vorangegangene Beispiel mit dieser Erweiterung neu, erhalten Sie:

```
<!-- 1) jQuery definiert seine $()-Funktion -->
<script src="../js/jquery-1.4.1.js"></script>
```

```
<!-- 2) Prototype überschreibt $() durch seine Version -->
<script src="../pt/prototype.js"></script>

<script type="text/javascript">

  // Achtung: $() gehört hier Prototype!

 // aber nicht in diesem Funktionsobjekt
(function($){

  function absaetzeZaehlen() {
    // hier kann nun auch $() stehen:
    alert($('p').length);
  }

})(jQuery);

  // Anweisungen, die nach dem Laden ausgeführt werden:
  jQuery(document).ready( function($){
      // jetzt gehört $() hier drinnen wieder jQuery!!
      alert($('p').length);
  });
</script>
```

Im Grunde wird nun mit zwei Closures gearbeitet – die eine davon im `.ready()`-Block, die andere im anonymen Funktionsobjekt. Beide schirmen jQuerys `$` vor Fremdeinwirkungen ab und erlauben, dass der Bezeichner außerhalb der Closures durch ein anderes Framework verwendet wird. Beachten Sie jedoch, dass die Kommunikation zwischen beiden Closures nicht trivial ist – beispielsweise, wenn Sie eine Funktion, die im anonymen Closure-Block definiert ist, im `.ready()`-Block aufrufen möchten.

Bislang bestand also keine Notwendigkeit für weitere Maßnahmen. Der Fall kann aber auch anders liegen, wie jetzt geschildert werden soll.

Fremdframework vor jQuery eingebunden

Wird das fremde Framework vor jQuery eingebunden, überschreibt jQuery wiederum dessen `$()` durch sein eigenes. Anweisungen an das andere Framework werden unwirksam. Diesem Umstand gehen Sie aus dem Weg, indem Sie an den Anfang Ihres eigenen Scripts die Anweisung `jQuery.noConflict();` setzen. jQuery gibt nun `$()` für das Fremdframework frei und verwendet nur noch das Alias `jQuery()`:

```
<!-- 1) Prototype definiert seine $()-Funktion -->
<script src="../pt/prototype.js"></script>

<!-- 2) jQuery überschreibt $() durch seine Version -->
<script src="../js/jquery-1.4.1.js"></script>

<script type="text/javascript">
  // Prototypes $() wird reaktiviert:
  jQuery.noConflict();

  // Achtung: $() gehört hier Prototype!
  function absaetzeZaehlen() {
    // hier muss jQuery() statt $() stehen:
    alert(jQuery('p').length);
  }

  // Anweisungen, die nach dem Laden ausgeführt werden:
  jQuery(document).ready( function(){
     // auch hier gehört $() Prototype!
     alert(jQuery('p').length);
  });
</script>
```

Beim diesem Einsatz von `jQuery.noConflict()` müssen Sie anschließend alle Verweise auf die jQuery-Funktion von `$(...)` `jQuery(...)` umbenennen. Betroffen sind logischerweise alle Aufrufe von `$()`, die außerhalb der `ready()`-Methode stattfinden, beispielsweise innerhalb globaler Funktionen.

Auch innerhalb seiner `ready()`-Methode erkennt jQuery die `$()`-Funktion zunächst nicht mehr. Über den Übergabeparameter lässt sich `$` jedoch, wie gehabt, für den Bereich reaktivieren:

```
<script src="../pt/prototype.js"></script>
<script src="../js/jquery-1.4.1.js"></script>
<script type="text/javascript">
  jQuery.noConflict();

  // Achtung: $() gehört hier Prototype!
  function absaetzeZaehlen() {
    // hier muss jQuery() statt $() stehen:
    alert(jQuery('p').length);
  }

  // Anweisungen, die nach dem Laden ausgeführt werden:
  jQuery(document).ready( function($){
```

```
    // jetzt gehört $() hier drinnen wieder jQuery!!
    alert($('p').length);
  });
</script>
```

Für den restlichen Bereich bleibt Ihnen natürlich auch hier die Option mit dem anonymen Funktionsobjekt, dem, wie im Vorfeld beschrieben, das jQuery-Objekt als Parameter übergeben wird.

Wie funktioniert jQuery.noConflict()?

Eigentlich ganz simpel: Beim Laden prüft jQuery, ob `$` bereits definiert ist. Ist dies der Fall, wird jenes `$` unter einem anderen Namen »beiseitegeschafft«, also gespeichert. Der Bezeichner `$` gehört damit nun jQuery. Die Instruktion `jQuery.noConflict()` veranlasst, dass jQuerys `$` im Anschluss wieder durch die »gebunkerte« Kopie des ehemaligen `$` überschrieben und so der ursprüngliche Zustand vor dem Laden von jQuery wiederhergestellt wird. Das Alias `jQuery` ist hiervon nicht betroffen und kann weiterverwendet werden.

Ein neues Alias für $()

Des Weiteren kann `.noConflict()` ein weiteres Alias zu `$()` und `jQuery()` erzeugen – die Methode gibt nämlich das jQuery-Objekt zurück, das einfach in eine Variable gespeichert werden kann:

```
<script src="../pt/prototype.js"></script>
<script src="../js/jquery-1.4.1.js"></script>
<script type="text/javascript">
  var Galileo = jQuery.noConflict();

  // statt $() kann nun auch Galileo() stehen:
  function absaetzeZaehlen() {
    alert(Galileo('p').length);
  }

  // nach wie vor kann auch jQuery() geschrieben werden:
  jQuery(document).ready( function(){
      // hier darf Galileo() und jQuery() stehen
  });
</script>
```

Zusätzlich auch jQuery() substituieren

Für den seltenen Fall, dass selbst diese Konfliktlösung nicht ausreicht, bietet sich die extreme-Variante des Konfliktmanagements an, die sowohl `$()` als auch `jQuery()` durch ein Alias ersetzt. Dies ist nur dann erforderlich, wenn jQuery in einem Konflikt mit sich selbst steht, beispielsweise aufgrund von Versionsinkompatibilitäten. Dies ist aber selten der Fall.

Utility	Erläuterung
`jQuery.noConflict(true)`	Gibt den `$`-Bezeichner *und* den jQuery-Bezeichner frei und erzeugt eine Referenz auf das ursprüngliche jQuery-Objekt.

Tabelle 4.82 jQuery-Utility zur Konfliktvermeidung (»Extreme«-Variante des Aufrufs)

Der `.noConflict()`-Methode muss bei der Erzeugung des Alias lediglich der boolesche Wert `true` übergeben werden, um den Extreme-Modus der Konfliktvermeidung für jQuery in Kraft zu setzen. Sowohl `$()` als auch `jQuery()` sind nun nicht zugänglich:

```
<script type="text/javascript">
  var Galileo = jQuery.noConflict(true);

  // statt $() darf nur noch Galileo() stehen:
  function absaetzeZaehlen() {
    alert(Galileo('p').length);
  }

  // auch hier darf nicht mehr jQuery() geschrieben werden:
  Galileo(document).ready( function(){
      // hier darf nur noch Galileo() verwendet werden
  });
</script>
```

Selbstverständlich könnte auch dieses Szenario durch die Übergabe von `$` als Parametername an die anonyme Funktion in `.ready()` »gemildert« werden.

Vorsicht mit dem Extreme-Modus

Seien Sie mit dem *Extreme*-Modus aber *extrem* vorsichtig, besonders, wenn Sie Erweiterungen einsetzen. Alle Plugins, die intern auf den Funktionsnamen `jQuery()` verweisen, werden nicht mehr funktionieren!

4.15.2 Browser und Feature Detection

Gelegentlich mag es von Interesse sein, herauszufinden, welche Eigenschaften die aktuelle Laufzeitumgebung hat, in der das Script ausgeführt wird. Hierzu wurden früher Browsererkennungen vorgenommen, oder es wurde, weil dies der am häufigsten zu berücksichtigende Fall war, unmittelbar geprüft, welches CSS-Boxmodell aktuell eingesetzt wird. Beides kann direkt als jQuery-Eigenschaften `jQuery.browser` und `jQuery.boxModel` abgefragt werden. Diese Vorgehensweise gilt jedoch gegenüber einer Feature-Überprüfung mit `jQuery.support` als veraltet oder zumindest als nicht unproblematisch. Speziell `jQuery.boxModel` ist lediglich aus historischen Gründen (noch) implementiert.

Utility	Erläuterung
`jQuery.boxModel`	Veraltet. Prüft, ob das aktuell im Browser verwendete Boxmodell dem W3C-Box-Modell entspricht. **Anmerkung:** Diese Eigenschaft ist aus Gründen der Abwärtskompatibilität in jQuery 1.4 enthalten. Es wird empfohlen, stattdessen auf die Feature Detection mittels `jQuery.support` auszuweichen.
`jQuery.browser`	Enthält Flags (`true`/`false`) für erkannten Browser (unterscheidet Webkit/Safari, Opera, MSIE, Mozilla) und die jeweilige Versionsnummer. **Anmerkung:** Wenn möglich, sollten Sie auf `jQuery.support` ausweichen, da `jQuery.browser` anfällig gegen Spoofing oder Maskierung durch den User Agent ist. Die Eigenschaft wird jedoch langfristig zur Verfügung stehen.
`jQuery.support`	Enthält Eigenschaften, anhand derer der aktuelle Browser und seine Features erschlossen werden können.

Tabelle 4.83 jQuery-Helferfunktionen zur Browser und Feature Detection

Die Eigenschaft jQuery.support

Bei der Eigenschaft `jQuery.support` handelt es sich um ein Objekt, aus dem eine Reihe interessanter Eigenschaften der Laufzeitumgebung ausgelesen werden können – u. a. auch das verwendete Boxmodell. Ein paar der Eigenschaften möchten wir hier auflisten (weitere sind eher für Plugin-Entwickler von Interesse als für den alltäglichen Gebrauch):

- `jQuery.support.boxModel`
  Hat den Wert `true`, wenn das W3C-Boxmodell gilt (ist `false` in MSIE, sofern dieser im Quirks-Mode arbeitet).
- `jQuery.support.opacity`
  Hat den Wert `true`, wenn die CSS-Eigenschaft `opacity` unterstützt wird (ist `false` in MSIE, bei dem stattdessen Alpha-Filter eingesetzt werden müssen).
- `jQuery.support.style`
  Hat den Wert `true`, wenn (wie nach DOM Level 2) die Inline-Style-Eigenschaften eines Elements über die `style`-Eigenschaft ausgelesen werden können (`false` in MSIE, wo stattdessen die Eigenschaft `cssText` verwendet wird).

Den Browsertyp oder die Version direkt auszulesen wird als unnötig erachtet. Eine entsprechende Eigenschaft ist daher in `jQuery.support` nicht implementiert. Weichen Sie, wenn diese Information unbedingt erforderlich ist, auf `jQuery.browser` aus.

4.15.3 Helferfunktionen zur Array-Verarbeitung

Speziell für die Verarbeitung von Arrays (hier sind nicht jQuery-Collections gemeint, bei denen es sich technisch nicht um Arrays handelt) stellt jQuery dem Webprogrammierer eine Reihe nützlicher Tools an die Seite. Diese sind teilweise vergleichbar mit Iterations- und anderen Hilfsmethoden, wie sie in den neueren Versionen von JavaScript (ab 1.6) bereits enthalten sind, aber noch nicht in allen Browsern implementiert wurden. Die jQuery-Methoden hingegen stehen browserübergreifend zur Verfügung und sind weitestgehend selbsterklärend.

Utility	Erläuterung
`jQuery.each()`	Iteriert durch ein Array oder Objekt bzw. eine jQuery-Collection.
`jQuery.grep()`	Durchsucht ein Array anhand eines Filterkriteriums, ohne das Originalarray zu beeinträchtigen.
`jQuery.inArray()`	Gibt die Indexposition eines Elements in einem Array zurück.
`jQuery.makeArray()`	Wandelt ein »array-ähnliches Objekt« in ein echtes JavaScript-Array um.
`jQuery.map()`	Schreibt den Inhalt eines Arrays oder array-ähnlichen Objekts in ein neues Array.
`jQuery.merge()`	Verbindet die Inhalte zweier übergebener Arrays in das erste der übergebenen Arrays.
`jQuery.unique()`	Erstellt eine Kopie eines übergebenen Arrays `arr` aus dem DOM-Knoten, aus dem aber doppelt auftretende Knoten entfernt wurden. **Achtung:** Es muss sich um ein DOM-Array handeln.

Tabelle 4.84 jQuery-Helferfunktionen für die Array-Verarbeitung

jQuery.each()

Diese Utility-Methode `$.each()` arbeitet analog zur jQuery-Methode `.each()`, wobei sie nicht an eine Collection angereiht wird, sondern ihr eine Collection als Argument übergeben werden muss. Außer Collections nimmt `$.each()` aber auch »normale« Arrays oder JavaScript-Objekte entgegen und arbeitet diese in einer Schleife ab. Man könnte also vereinfachend sagen, dass `$.each()` der

Anwendung einer `for`-Schleife auf ein Array bzw. der Anwendung einer `for-in`-Schleife auf ein Objekt gleicht:

```
var arr = ['Montag',
'Dienstag',
'Mittwoch',
'Donnerstag',
'Freitag',
'Samstag',
'Sonntag'];
// Inhalte der Array-Fächer landen als Absätze im Dokument:
$.each(arr, function(i, val){
   $('<p>' + (i +1) + '. ' + val + '</p>').appendTo('body');
});
```

Hierbei bekommt die Callback-Funktion einen Parameter `i` übergeben, in den der Index des aktuell verarbeiteten Array-Items abgelegt wird. Im Inneren der Funktion dient der Index zum Nummerieren der Ausgabe. Der zweite nutzbare Parameter `val` der Callback-Funktion enthält den Wert des verarbeiteten Items als String (der alternativ über das Keyword `this` ebenfalls zugänglich wäre).

Dasselbe geht analog auch mit einem Objekt. In diesem Fall nimmt ein hier ebenfalls übergebenes `i` keinen numerischen Indexwert an, sondern den Property-Namen der aktuell verarbeiteten Eigenschaft des Eingabeobjekts. In `val` wird wieder der Wert des Items abgelegt:

```
var obj = { Fach1:'Biologie',
            Fach2:'Physik',
            Fach3:'Geschichte'};
$.each(obj, function(i, val){
   $('<p>' + i + ': ' + val + '</p>').appendTo('body');
});
```

jQuery.merge()

Die Utility-Methode `$.merge()` verschmilzt zwei übergebene Arrays und gibt ein Ergebnisarray zurück. Bei der Verarbeitung wird das erste übergebene Array durch das Ergebnis überschrieben – die Methode arbeitet also *destruktiv*. Verwenden Sie ein leeres Array-Literal als erstes Argument, kann das Utility auch zum Kopieren eines Arrays eingesetzt werden:

```
// Grundrezept und zwei Zutatenlisten :
var grundrezept = ['Zucker','Eier','Mehl','Salz'];
var zutaten1 = ['Hefe','Wasser'];
var zutaten2 = ['Backpulver','Wasser'];
// Grundrezept + erste Zutatenliste :
```

```
$.merge(grundrezept, zutaten1);
// Array grundrezept wurde überschrieben:
$('<p>'+ grundrezept.toString() + '<p>').appendTo('body');
```

Ein Array wird kopiert, indem ein leeres Array als erstes Argument übergeben und der Rückgabewert der Methode in einer Variablen aufgefangen wird:

```
var rezeptkopie = $.merge([], grundrezept);
```

Auf gleichem Wege kann auch ein temporäres erstes Eingabeargument für einen Merge-Prozess erzeugt werden, wodurch das Original-Array erhalten bleibt.

Hier werden aus dem Grundrezept und den Zutatenlisten zwei neue Rezept-Arrays erzeugt. Das Array `grundrezept` bleibt dabei unverändert:

```
var rezept1 = $.merge( $.merge([], grundrezept), zutaten1);
var rezept2 = $.merge( $.merge([], grundrezept), zutaten2);
$('<p>'+ rezept1.toString() + '<p>').appendTo('body');
$('<p>'+ rezept2.toString() + '<p>').appendTo('body');
```

jQuery.unique()

Die Utility-Methode `$.unique()` arbeitet ausschließlich mit DOM-Arrays (die auch als HTML-Collections bezeichnet werden) und filtert aus diesen doppelt referenzierte Knoten aus. Die Methode arbeitet *destruktiv*, überschreibt also das Eingabe-Array. (Das veränderte Array ist gleichfalls als Rückgabewert verfügbar.)

Für das Beispiel gehen wir von einem Dokument aus, das fünf Textabsätze enthält, von denen zwei über einen ID verfügen:

```
<p id="p1">...</p>
<p id="p2">...</p>
<p>...</p>
<p>...</p>
<p>...</p>
```

Der Weg zu einem DOM-Array, das Duplikate enthält, erscheint etwas forciert – vergleichbare Arrays können in der Praxis aber durchaus spontan auftreten, wonach es dann möglicherweise Duplikate zu entfernen gilt. Zunächst wird ein DOM-Array aufgrund des Tag-Namens erstellt, anschließend eines auf Grundlage der IDs. Beide Arrays werden über `$.merge()` verschmolzen:

```
var domArray = $('p').get();
var domArray2 = $('#p1, #p2').get();
domArray = $.merge(domArray, domArray2);
```

Ein kleiner Test zeigt, dass das Array nun tatsächlich sieben Knotenreferenzen enthält, also zwei Duplikate (wie wir wissen, da wir den Quelltext kennen):

```
alert("Vor $.unique: " + domArray.length); //-> 7
```

Nun werden die Duplikate mittels `$.unique()` ausgefiltert:

```
$.unique(domArray);
```

Eine neue Längenprüfung zeigt, dass die Duplikate entfernt wurden:

```
alert("Nach $.unique: " + domArray.length); // -> 5
```

jQuery.grep()

Das Utility `$.grep()` nimmt als erstes Argument ein Array entgegen und gibt ein Array zurück, das aus all denjenigen Items besteht, die den Kriterien einer als zweites Argument übergebenen Filterfunktion gerecht werden. Die Methode arbeitet *nicht destruktiv*, erhält also das Original-Array der Eingabe. Die Filterfunktion bekommt den Wert `val` und den Index `i` des betrachteten Items übergeben:

```
var zahlen = [1,2,4,5,6,12,15,17,22,23,24,30,31];
var zahlen_odd = $.grep(zahlen, function(val,i){
    return (val%2 == 1); // true für ungerade Zahlen
});
// zahlen_odd: [1,5,15,17,23,31]
```

Aus dem Eingabe-Array sucht `$.grep()` die ungeraden Zahlen heraus, für die die Filterfunktion den Wert `true` zurückgibt. Das Array `zahlen` wird nicht angetastet und kann als Argument eines weiteren Greps verwendet werden, der diesmal ein Array aus den geraden Zahlen erzeugt:

```
var zahlen_even = $.grep(zahlen, function(val,i){
    return (val%2 == 0); // true für gerade Zahlen
});
// zahlen_even: [2,4,6,12,22,24,30]
```

Ein optionaler dritter Parameter (`invert`) von `$.grep()` kehrt die Wirkung des Filters um, wenn für ihn `true` übergeben wird. Beachten Sie, dass die Filterfunktion nun das Gegenteil von dem tut, was das Ergebnis erwarten lässt:

```
var zahlen_odd2 = $.grep(zahlen, function(val,i){
    return (val%2 == 0); // true für gerade Zahlen
}, true);
// zahlen_odd2: [1,5,15,17,23,31]
```

jQuery.map()

Die Utility-Methode `$.map()` iteriert durch das Eingabe-Array und gibt jedes Item nach Verarbeitung durch die als zweites Argument übergebene Funktion in ein neues Array aus. Die Methode arbeitet *nicht destruktiv*, belässt also das Eingabe-Array so, wie es ist:

```
var zahlen = [1,2,4,5,6,12,15,17];
var zahlen_mod = $.map(zahlen, function(val,i){
   return (val%2 == 1);
});
// zahlen_mod: [true,false,false,true,false,false,true,true]
```

Die Callback-Funktion erhält zwei Argumente, nämlich den Wert `val` und den Index `i` des verarbeiteten Items des Eingabe-Arrays:

```
var zahlen_doppelt = $.map(zahlen, function(val,i){
   return val * 2;
});
// zahlen_doppelt: [2,4,8,10,12,24,30,34]
```

Der Index kann in die Berechnung des Ergebniswerts mit einbezogen werden:

```
var zahlen_index = $.map(zahlen, function(val,i){
   return val * i;
});
// zahlen_index: [0,2,8,15,24,60,90,119]
```

jQuery.inArray()

Die Methode `$.inArray()` überprüft, ob ein Wert, der der Methode als erstes Argument übergeben wird, dem eines Items des Arrays entspricht, das als zweites Argument übergeben wurde. Ist dies der Fall, wird der Index `i` des betreffenden Items zurückgegeben, für das eine Übereinstimmung auftritt. Wird keine Übereinstimmung gefunden, gibt die Methode den Wert –1 zurück. Hierin verhält sie sich analog zur JavaScript-Methode `indexOf()`:

```
var werte = ['Peter','Kurt',7,100,'77'];
```

Die Zahl 7 wird an dritter Stelle gefunden:

```
var erg1 = $.inArray(7,werte);
// erg1: 2
```

Der String »Peter« wird am Anfang des Arrays (Position 0) gefunden:

```
var erg2 = $.inArray('Peter',werte);
// erg2: 0
```

Der String »Pete« wird nicht gefunden. Teilübereinstimmungen werden von `$.inArray()` also nicht erkannt:

```
var erg3 = $.inArray('Pete',werte);
// erg3: -1
```

4.15.4 Utility zur Stringverarbeitung

Das Stringobjekt von JavaScript bietet zwar von Haus aus so allerhand – ein Utility zur Normalisierung bzw. zum Entfernen von vorausgehenden und folgenden Whitespace-Zeichen aus einer Zeichenkette fehlt jedoch. Diese Lücke wird durch jQuery geschlossen. Als weiteres Utility zur Stringverarbeitung bietet jQuery eine Methode an, die aus einem String in Form wohlgeformten XMLs einen XML-Baum parst, der anschließend weiterverarbeitet werden kann.

Utility	Erläuterung
`jQuery.parseXML()`	Parst einen übergebenen String zu einem XML-Baum.
`jQuery.trim()`	Entfernt Whitespace von Anfang und Ende eines übergebenen Strings `str`.

Tabelle 4.85 jQuery-Helferfunktionen zur Stringbearbeitung

jQuery.parseXML()

Das Utility nimmt einen String entgegen, der aus wohlgeformtem XML bestehen muss, und gibt ein geparstes DOM-Fragment zurück. Dieses kann anschließend von jQuery weiterverarbeitet werden, also mit Traversierungsmethoden durchsucht werden, wobei Knoteninhalte ausgelesen oder verändert werden können:

```
var xmlStr="<test><name>Sinn</name><value>42</value></test>";
console.log(jQuery.isXMLDoc(xmlStr));      // false (String!)

var xmlTree = $.parseXML(xmlStr);
console.log(jQuery.isXMLDoc(xmlTree));     // true (XML)

var xmlObject = $(xmlTree);
var meinWert = xmlObject.find("value");

$(document).ready(function(){
// den Wert auslesen und ins Dokument schreiben
$("#beispiel").append( meinWert.text() );
// den Wert ändern
meinWert.text( "43" );
// neu auslesen
$("#beispiel2").append( meinWert.text() );
});
```

jQuery.trim()

Für diesen Zweck bietet jQuery das Utility `jQuery.trim()` an, das störende Leerzeichen von Anfang und Ende eines Strings entfernen kann:

```
$(document).ready(function() {
    // String mit überflüssigem Leerraum:
    var string1 = "     viel Nichts um Lärm     ";
    alert(string1.length); //-> 27
    string1 = jQuery.trim(string1);
    alert(string1.length); //-> 19

    // String mit internem Leerraum:
    var string2 = "viel     Nichts     umLärm";
    alert(string2.length); //-> 27
    string2 = jQuery.trim(string2);
    alert(string2.length); //-> 27
});
```

Es findet dabei jedoch ausschließlich eine Entfernung von »leading«- und »trailing«-Whitespace statt (siehe `string1`). Eine echte Normalisierung, d. h. das Zusammenfassen mehrerer aufeinanderfolgender Leerzeichen, ist mit `trim()` nicht möglich (siehe `string2`). Auch verändert die Funktion nicht den Originalstring, sondern gibt eine bearbeitete Kopie zurück (dies wird hier dazu verwendet, um das Original zu überschreiben).

4.15.5 Helferfunktionen für die DOM-Knotenverarbeitung

Spezielle Utility-Methoden von jQuery nehmen DOM-Knoten als Argumente entgegen. Dies kann im Rahmen einer Strukturprüfung erfolgen (»Enthält Knoten A den Knoten B?«) oder um die übergebenen Knoten als jQuery-Objekt weiterverarbeiten zu können. Es sind dies `$.contains()` und `$.pushStack()`.

Utility	Erläuterung
`jQuery.contains(elem1, elem2)`	Prüft, ob ein DOM-Knoten `elem1` einen DOM-Knoten `elem2` enthält.
`jQuery.pushStack(elems)`	Legt eine Sammlung von DOM-Elementen auf den jQuery-Verarbeitungsstack.

Tabelle 4.86 jQuery-Helferfunktionen für DOM-Knoten

jQuery.contains()

Die Methode `$.contains()` prüft, ob zwei DOM-Knoten in Relation zueinander stehen, indem der zweite übergebene Knoten Teil des Elementinhalts des ersten ist. In folgendem HTML-Fragment befindet sich `p#p2` im Inneren von `div#box1`, der Container `div#box2` dagegen nicht:

```
<div id="box1">
   <p id="p1">Eins.</p>
   <p id="p2">Zwei.</p>
   <p id="p3">Drei.</p>
   <p id="p4">Vier.</p>
</div>
<div id="box2">Box2</div>
```

Dies kann nun auch geprüft werden:

```
$(document).ready(function() {
  var box1 = document.getElementById('box1');
  var p2 = document.getElementById('p2');
  var box2 = document.getElementById('box2');

  if(jQuery.contains(box1,p2)) {
     alert("p2 ist in box1");         // Ausgabe
  }
  else {
     alert("p2 ist nicht in box1");
  }

  if(jQuery.contains(box1,box2)) {
     alert("box2 ist in box1");
  }
  else {
     alert("box2 ist nicht in box1"); // Ausgabe
  }
});
```

Beachten Sie, dass der Methode *zwei DOM-Knoten* übergeben werden müssen. Mit jQuery-Objekten funktioniert der Vergleich nicht.

jQuery.pushStack()

Die `$.pushStack()`-Methode nimmt DOM-Knoten als Array entgegen und bildet aus diesen ein neues jQuery-Objekt, das weiterverarbeitet werden soll. Das Prinzip ist wie folgt:

```
var col = jQuery([]).pushStack(DOM-Array);
```

oder, mit `$()` anstelle von `jQuery()` geschrieben:

```
var col = $([]).pushStack(DOM-Array);
```

Zunächst muss über die jQuery-Factory-Funktion eine leere Collection gebildet werden, auf die die `jQuery.pushStack()`-Methode angewendet wird. Hierzu wird ihr ein leeres Array-Literal übergeben (ein direkter Aufruf als `jQuery.pushStack()` oder `$.pushStack()` scheitert!): `jQuery([])`. Die `jQuery.pushStack()`-Methode bekommt ein Array aus DOM-Knoten übergeben. Dies kann direkt aus einer DOM-Methode wie `getElementsByTagName()` stammen oder künstlich als Array-Literal erstellt werden. Betrachten wir nun im Folgenden beide Möglichkeiten.

Aus dem bereits vorhin verwendeten Quelltext

```
<div id="box1">
   <p id="p1">Eins.</p>
   <p id="p2">Zwei.</p>
   <p id="p3">Drei.</p>
   <p id="p4">Vier.</p>
</div>
<div id="box2">Box2</div>
```

werden ein Array aus allen `<p>`-Containern sowie Einzelreferenzen auf `p#p1`, `p#p2` und `div#box2` gebildet. Sie sollen über `jQuery.pushStack()` in eine Collection `col` überführt und klickbar gemacht werden. Zunächst für das DOM-Array:

```
$(document).ready(function() {
   var alleP = document.getElementsByTagName('p');

   var col = jQuery([]).pushStack(alleP);
   col.click(function(){
      $(this).css({border:'1px solid red'});
   });
});
```

Die `<p>`-Container sind klickbar und erhalten bei einem Klick einen roten Rahmen. Nun soll dasselbe nur für die ersten beiden Absätze, aber auch für den folgenden `<div>`-Container geschehen. Es werden diesmal Referenzen auf Einzelknoten erzeugt, die dann als Array-Literal übergeben werden müssen:

```
$(document).ready(function() {
   var p1 = document.getElementById('p1');
   var p2 = document.getElementById('p2');
   var b2 = document.getElementById('box2');

   var col = jQuery([]).pushStack([p1,p2,b2]);
   col.click(function(){
      $(this).css({border:'1px solid red'});
   });
});
```

Schwieriger wird es, wenn das DOM-Array zusammen mit einer oder mehreren Einzelreferenzen verwendet werden soll, da die Methode `jQuery.pushStack()` nur ein Array und keine gemischten Argumente entgegennimmt. Aufrufe wie `jQuery([]).pushStack(alleP,[b2])` oder Ähnliches scheitern.

Hilfe bringt das jQuery-Utility `$.merge()`, das zwei Arrays zusammenfasst und so das Argument in die benötigte Form bringt:

```
$(document).ready(function() {
   var b2 = document.getElementById('box2');
   var alleP = document.getElementsByTagName('p');

   var col = jQuery([]).pushStack(jQuery.merge(alleP,[b2]));
   col.click(function(){
      $(this).css({border:'1px solid red'});
   });
});
```

Anschließend sind alle Textabsätze und auch der `<div>`-Container klickbar.

4.15.6 Helferfunktionen für den jQuery-Core

Zwei Utility-Funktionen von jQuery steuern direkt das Core-Verhalten bzw. erzeugen eine Kopie des jQuery-Objekts in Form eines unabhängig modifizierbaren Alias.

Utility	Erläuterung
`jQuery.holdReady()`	Stoppt den Ready-Event, bis der übergebene boolesche Wert `false` wird.
`jQuery.sub()`	Erzeugt eine Kopie des jQuery-Objekts und gibt diese zurück.

Tabelle 4.87 jQuery-Helferfunktionen für den jQuery-Core

Die Methode jQuery.holdReady()

Die Utility-Funktion `jQuery.holdReady()`, kurz `$.holdReady()`, nimmt einen booleschen Wert entgegen, der festlegt, ob der Ready-Event des jQuery-Objekts feuern soll oder (obwohl die Seite komplett aufgebaut ist) noch ausgesetzt werden soll.

Solange der HoldReady-Wert auf `true` steht, wird abgewartet. Erst mit Übergabe des Wertes `false` wird die Abarbeitung des Ready-Blocks in Angriff genommen. Beachten Sie, dass mit dem Utility kein nachträgliches Anhalten des Ready-

Events möglich ist: `$.holdReady()` muss also stets im Vorfeld aufgerufen werden.

Ein üblicher Einsatz des Helferfunktionen besteht darin, die weitere Verarbeitung bis nach dem sicheren Laden eines benötigten Scripts zu verzögern. Das Laden des Scripts kann beispielsweise per Ajax mit `$.getScript()` erfolgen. Die Callback-Funktion des Ajax-Laders dient zum Umschalten des HoldReady-Schalters:

```
// Abarbeiten des Ready-Blocks zunächst aussetzen:
$.holdReady(true);

$.getScript("wichtig.js", function() {
   // Callback feuert nach erfolgreichem Laden:
   $.holdReady(false);
});

$(document).ready(function(){
  // all dies hier geschieht erst, wenn wichtig.js geladen ist!
});
```

Die Methode jQuery.sub()

Die Utility-Methode `jQuery.sub()` oder kurz `$.sub()` erzeugt eine Kopie des jQuery-Objekts, deren Methoden anschließend angepasst, erweitert oder überschrieben werden können, ohne dass die Eigenschaften des Originalobjekts verändert werden müssten.

So ist es möglich, für bestimmte Zwecke das kopierte und modifizierte jQuery-Objekt einzusetzen und gleichzeitig noch das unveränderte, gewohnte jQuery-Objekt einzusetzen. Kontextabhängig kann eine jQuery-Methode dann parallel in zwei Varianten genutzt werden. Die Kopie arbeitet hierbei als Proxy und leitet Methodenaufrufe, soweit dies nicht modifizierte Bereiche betrifft, an das Originalobjekt weiter.

Beispiel – ein Ersatz-Objekt mit einer zusätzlichen Methode ausstatten

Mithilfe des Einsatzes von `$.sub()` gelingt es, die Funktionspalette des jQuery-Objektes zu ergänzen, ohne dieses Objekt selbst zu modifizieren. Hierfür wird über `$.sub()` eine Kopie erstellt, die unabhängig vom Original erweitert werden kann:

```
(function(){
    // zunächst wird das jQuery-Objekt kopiert:
    var jQErsatz = jQuery.sub();
```

```
    // ... und die Kopie erweitert:
    jQErsatz.fn.spezialMethode = function(){
    // macht was Tolles:
    console.log("Ich mache jetzt was Tolles!");
    };

    // jQErsatz hat alle jQuery-Methoden zur Verfügung:
    jQErsatz(document).ready(function() {
    // ... und natürlich .spezialMethode()
    jQErsatz('div').spezialMethode(); // macht was Tolles
  });
})();

    // Original jQuery-Objekt kennt .spezialMethode nicht:
    typeof jQuery('div').spezialMethode // undefined
```

Beispiel – jQuery-Methoden an einem Ersatz-Objekt überschreiben

Soll eine jQuery-Methode in einem bestimmten Kontext verändert werden, so ist es nicht angebracht, mit dem original jQuery-Objekt zu arbeiten, da andere Kontexte (z. B. Plugins) vielleicht auf die unmodifizierte Methode zugreifen müssen. Man erstellt stattdessen ein Substitut und modifiziert dessen Methode. Hier ist gewünscht, dass beim Entfernen eines DOM-Knotens ein »remove«-Event getriggert wird, was jQuery normalerweise nicht tut:

```
(function() {
  var jQErsatz = jQuery.sub();
  // die Methode .remove() von jQuery wird überschrieben:
  jQErsatz.fn.remove = function() {
    // mit der Methode .trigger() ein Remove-Event feuern lassen:
    console.log("Triggere Remove. Macht jQuery sonst nicht!");
    this.trigger("remove");
    // Die Original-Methode .remove muss trotzdem arbeiten.
    // Deshalb wird sie vom ursprünglichen jQuery-Objekt abgerufen,
    // wobei aber jQErsatz ein Kontextobjekt ist und die
    // aktuellen Argumente verwendet werden:
    return jQuery.fn.remove.apply( this, arguments );
  };

  // Nun kann die modifizierte Methode eingesetzt werden:
  jQErsatz(function($) {
    $(".menu").click(function() {
      jQErsatz(this).find(".submenu").remove();
    });
    // Da jetzt ein Remove-Event verfügbar ist,
    // kann an ihn ein Callback gebunden werden.
```

```
    // Hier kann wieder das "normale" jQuery-Objekt herangezogen
    // werden:
    $(document).bind("remove", function(e) {
      $(e.target).parent().hide();
    });

});
})();
```

Aus diesem Menü wird das Untermenü eines angeklickten Hauptmenüpunktes entfernt und dieser selbst dann versteckt:

```
<ul>
   <li class="menu">Hauptmenu
      <ul class="submenu">
         <li>Submenu</li>
         <li>Submenu</li>
         <li>Submenu</li>
      </ul>
   </li>
...
</ul>
```

Ein Plugin soll ein Objekt mit pluginspezifischen Methoden zurückgeben

Normalerweise sollen Methoden, auch die durch Plugins zur Verfügung gestellten, verkettbar sein. Hierfür gibt jedes Plugin ein jQuery-Objekt zurück. Soll dies für ein Plugin geschehen, ohne das jQuery-Objekt selbst zu erweitern und in jedem Fall mit den Plugin-Methoden auszurüsten, so kann das Plugin mit einer modifizierten Kopie von `$` arbeiten:

```
(function() {
  // Erst mal wird wieder eine Kopie von jQuery erstellt:
  var jQplug = jQuery.sub();
  // Diese Kopie wird um die Methoden .open() und .close()
  // erweitert, die nur über das Plugin, nicht aber über das
  // normale jQuery-Objekt zugänglich sein sollen:
  jQplug.fn.extend({
    open: function() {
      console.log("Element wird geöffnet.");
      // eigentlich ist .open() ein Alias von .show():
      return this.show();
    },
    close: function() {
      console.log("Element wird geschlossen.");
      // eigentlich ist .close() ein Alias von .hide():
      return this.hide();
```

```
    }
  });
  // Das Plugin zum original jQuery-Objekt hinzufügen
  jQuery.fn.openClose = function() {
    // Anstelle des Original-jQuery wird die Kopie zurückgegeben:
    return jQplug(this);
  };
})();
$(document).ready(function() {
  // Über das Plugin kann die .close()-Methode auf ein jQuery-Objekt
  // angewendet werden:
  $('#beispiel').openClose().close();
  // Der direkte Aufruf $("#beispiel").close(); wäre undefiniert.
});
```

4.15.7 Helferfunktionen für Funktionsaufrufe

Einige Helferfunktionen von jQuery erleichtern die Lösung von Standardproblemen im Zusammenhang mit Funktionen, Scripts und Scopes. Beispielsweise erzeugt `jQuery.noop` ein leeres Funktionsobjekt, das eingesetzt werden kann, wenn ein funktionsloser Platzhalter für eine Callback-Funktion benötigt wird.

Utility	Erläuterung
`jQuery.globalEval()`	Führt übergebenen JavaScript-Quellcode im globalen Scope aus.
`jQuery.noop`	Ein leeres Funktionsobjekt
`jQuery.proxy()`	Nimmt ein Funktionsobjekt entgegen und gibt es mit dem gewünschten Scope zurück.

Tabelle 4.88 jQuery-Helferfunktionen für Funktionsobjekte

jQuery.globalEval(code)

Die Hilfsmethode `jQuery.globalEval()` führt übergebenen Code im globalen Scope aus. Dies geschieht, entgegen dem Namen, nicht über die `eval()`-Routine von JavaScript, sondern vielmehr, indem als erstes Kindelement des `<head>` ein `<script>`-Block erzeugt und sofort ausgeführt wird. Als Demonstration soll hier eine globale Variable erzeugt und von einer globalen Funktion aus angesprochen werden (dies klappt!). Eine im `.ready()`-Block definierte Variable hingegen ist in einer Closure verborgen und kann nicht angesprochen werden:

```
$(document).ready(function() {
   var p1 = document.getElementById('p1');
   var test1 = "Unerreichbar für externe Funktion";
```

```
    jQuery.globalEval('var test2 = "Erreichbar
        für externe Funktion"');

    $('#p1').click(function(){
        test();
    });
});

function test() {
    // test1 ist hier 'undefined':
    if ((typeof test1)!='undefined') {
        alert(test1);
    } else {
        alert("test1 ist nicht erreichbar!");
    }
   // test2 ist global deklariert:
    if((typeof test2)!='undefined'){
        alert(test2);
    } else {
        alert("test2 ist nicht erreichbar!");
    }
}
```

jQuery.proxy()

Das Utility `$.proxy()` verschiebt den Kontext, in dessen Zusammenhang eine Funktion ausgeführt wird, auf ein beliebiges anderes Objekt. Hier wird durch Klick auf einen Textabsatz ein anderer Textabsatz mit einem CSS-Style versehen (zugegeben, hierfür gäbe es andere, näherliegende Lösungen):

```
$(document).ready(function() {
    var p1 = document.getElementById('p1');
    var p2 = document.getElementById('p2');

    $('#p1').click( $.proxy( function() {
            // meldet: 'p2':
             alert(this.id);
            // färbt Text in p2 rot:
             $(this).css({color:'red'});
             }, p2)
    );
});
```

Die Methode erhält als erstes Argument eine Callback-Funktion, die in neuem Kontext auszuführen ist, und als zweites Argument eine Referenz auf den Kontext, in dem dies zu geschehen hat (hier ein DOM-Knoten in der Variable p2). Das zugrunde liegende HTML sieht wie folgt aus (Ausschnitt):

```
<div id="box1">
  <p id="p1">Klick für proxy-Test</p>
  <p id="p2">Dieser Absatz färbt sich rot.</p>
</div>
```

4.15.8 Objektverarbeitung und Erweiterung von jQuery

Im Rahmen der jQuery-Helferfunktionen findet sich auch die Low-Level-Methode `$.extend()`. Die Methode dient, je nach Art und Zahl der übergebenen Argumente, verschiedenen Zwecken. Zum einen kann `$.extend()` zwei oder mehr ihr übergebene Objekte in ein Objekt zusammenführen. Dieses »Zielobjekt« (`target`) wird hierbei um die Eigenschaften eines weiteren »Quellobjekts« (oder weiterer Quellobjekte) erweitert, das als zweites Argument übergeben wird (bzw. die in weiteren Argumenten übergeben werden).

Vorsicht
Hierbei werden die Property-Werte des Targets bei gleichem Property-Namen durch die Werte der Quellobjekte ersetzt!

jQuery.extend(target, obj)

Die Methode wird, wenn sie Objekte verschmelzen soll, mit zwei oder mehr Argumenten angewendet. Zwei übergebene Objekte werden verschmolzen, wobei das `target`-Objekt überschrieben wird. Ist bei (mindestens) drei Argumenten das erste ein boolescher Wert, findet die Verschmelzung der als Argument zwei und drei übergebenen Objekte rekursiv statt (als `Deep`-Copy), sofern der Wert `true` ist.

Utility	Erläuterung
`jQuery.extend(target, obj)`	Vereinigt den Inhalt eines Target-Objekts `target` mit dem Inhalt eines zweiten Objekts `obj` (oder mehrerer übergebener Objekte `obj1, ..., objN`).
`jQuery.extend(deep, target, obj)`	Vereinigt den Inhalt eines Target-Objekts `target` mit dem Inhalt eines zweiten Objekts `obj` (oder mehrerer übergebener Objekte `obj1, ..., objN`). Führt dies als `Deep`-Copy aus, wenn für `deep` der Wert `true` übergeben wird.

Tabelle 4.89 Utility zum Merging von Objekten

Sind beide Objekte nicht hierarchisch, funktioniert die Verschmelzung problemlos. Die Werte gleichnamiger Eigenschaften werden überschrieben, Eigenschaften aus den Source-Objekten, die im Target nicht existieren, werden dort eingefügt:

```
$(document).ready(function() {
   // Objekt 1 (target):
   var obj1 ={b1:'Rosen',b2:'Tulpen',b3:'Nelken'};
   // Objekt 2 (source):
   var obj2 ={b2:'Lilien',b4:'Petunien'};

   alert(obj1.toSource());
//-> {b1:'Rosen',b2:'Tulpen',b3:'Nelken'}

   jQuery.extend(obj1, obj2);

   alert(obj1.toSource());
//-> ({b1:'Rosen', b2:'Lilien', b3:'Nelken', b4:'Petunien'})
});
```

Die Lage verändert sich, sobald die Objekteigenschaften selbst Objekte sind. In diesem Fall verhält sich die Methode zunächst gleich, ersetzt also gleichnamige Eigenschaften in Targets durch jene aus der Source:

```
$(document).ready(function() {
   // Objekt 1 (target)
   var obj1 ={strauss:{b1:'Rosen',b2:'Tulpen',b3:'Nelken'}};
   // Objekt 2 (source)
   var obj2 ={strauss:{b2:'Lilien',b4:'Petunien'}};
   alert(obj1.toSource());
//-> {strauss:{b1:'Rosen',b2:'Tulpen',b3:'Nelken'}}

   jQuery.extend(obj1, obj2);

   alert(obj1.toSource());
//-> {strauss:{b2:'Lilien',b4:'Petunien'}}
});
```

Es findet also *kein* rekursives Verschmelzen von Unterobjekten statt – stattdessen wird ein `target`-Unterobjekt durch ein gleichnamiges `source`-Unterobjekt einfach überschrieben. Wollen Sie ein rekursives Merging auf allen Unterebenen erreichen, müssen Sie der Methode `jQuery.extend()` als erstes Argument den Wert `true` (für Rekursivität, also *Deep-Copy*) übergeben:

```
$(document).ready(function() {
   // Objekt 1 (target)
```

```
   var obj1 ={strauss:{b1:'Rosen',b2:'Tulpen',b3:'Nelken'}};
   // Objekt 2 (source)
   var obj2 ={strauss:{b2:'Lilien',b4:'Petunien'}};
   alert(obj1.toSource());
//-> {strauss:{b1:'Rosen',b2:'Tulpen',b3:'Nelken'}}

   jQuery.extend(true, obj1, obj2);

   alert(obj1.toSource());
//-> {strauss:{b1:"Rosen", b2:"Lilien", b3:"Nelken",
          b4:"Petunien"}}
});
```

Die Methode `jQuery.extend()` überschreibt stets das Target-Objekt, arbeitet also *destruktiv*. Wollen Sie dies nicht bzw. sollen beide ursprünglichen Objekte `obj1` und `obj2` nach der Operation unverändert weiterbestehen, verwenden Sie ein leeres Objekt als Target.

Da die Methode das erweiterte Objekt als Rückgabewert ausgibt, kann es einfach in eine neue Variable `obj3` abgelegt werden:

```
$(document).ready(function() {
   // Objekt 1 (jetzt ebenfalls source!)
   var obj1 ={strauss:{b1:'Rosen',b2:'Tulpen',b3:'Nelken'}};
   // Objekt 2 (zweite source)
   var obj2 ={strauss:{b2:'Lilien',b4:'Petunien'}};
   alert(obj1.toSource());
//-> {strauss:{b1:'Rosen',b2:'Tulpen',b3:'Nelken'}};

   var obj3 = jQuery.extend(true, {}, obj1, obj2);

   // bleibt unverändert:
   alert(obj1.toSource());
//-> {strauss:{b1:'Rosen',b2:'Tulpen',b3:'Nelken'}}
   alert(obj3.toSource());
//-> {strauss:{b1:"Rosen", b2:"Lilien", b3:"Nelken",
          b4:"Petunien"}}
);
```

Okay, es gilt: Nach wie vor wird das Target überschrieben. Da es sich jetzt jedoch um ein leeres »Wegwerfobjekt« handelt, macht dies nichts. Die restlichen Source-Objekte bleiben (wie bislang auch immer) unverändert.

jQuery.extend(obj)

Mit anderer Signatur erweitert `jQuery.extend()` direkt das jQuery-Objekt: Wird nur ein Argument (ein Objekt) übergeben, nimmt jQuery an, dass das `target`-Argument entfallen ist, und wendet die Methode auf das jQuery-Objekt selbst an, das nun als Target dient.

Utility	Erläuterung
`jQuery.extend(obj)`	Erweitert, wenn nur ein Argument `obj` übergeben wird, das jQuery-Objekt um die Eigenschaften des übergebenen Objekts.

Tabelle 4.90 Utility zur Erweiterung von jQuery (Teil 1)

Die Methode kann mit dieser Signatur eingesetzt werden, um Funktionen in den jQuery-Namensraum einzufügen, und so das jQuery-Objekt selbst erweitern.

Im folgenden Beispiel wird der Methode `jQuery.extend()` ein Objekt übergeben, in dem eine anonyme Funktion an eine Eigenschaft `isEven` gebunden wird. Dieses Objekt wird durch `extend()` in das jQuery-Objekt integriert, dem `isEven` anschließend als Methode zur Verfügung steht:

```
jQuery.extend({
   isEven: function(m) {
      var b = false;
      if ((m % 2) == 0) {     b = true; };
      return b; }
});
```

Diese neue jQuery-Methode – im Grunde handelt es sich trotz aller Kürze um eine »Erweiterung« – lässt sich nun einfach über `jQuery.isEven(int)` oder `$.isEven(int)` aufrufen.

jQuery.fn.extend(obj)

Vergleichbar arbeitet auch `jQuery.fn.extend()`. Diese Methode eignet sich besonders, um Plugins zu programmieren.

Utility	Erläuterung
`jQuery.fn.extend(obj)`	Erweitert das jQuery-Objekt über die Prototype-Kette um die Eigenschaften des übergebenen Objekts `obj`.

Tabelle 4.91 Utility zur Erweiterung von jQuery (Teil 2)

Plugins zu erstellen bedeutet, eigene Methoden zu definieren, die später einfach an ein jQuery-Objekt angehängt werden können. Die Anwendung geschieht nach folgendem Muster (`.galileo()` und `.design()` sind hierbei Plugin-Methoden):

```
$("#container").galileo(true).design("#009900");
```

Der Code des Plugins verwendet `jQuery.fn.extend()`, um die neuen Methoden an das jQuery-Objekt zu binden. Dies geschieht über die Prototype-Chain (hierbei ist `jQuery.fn` nur ein »handlicheres« Alias für `jQuery.prototype`):

```
jQuery.fn.extend({
   galileo: function(bool) {
      if (bool) {
         this.append("Galileo würde jQuery mögen");
      }else {
         this.append("Leider kein Kommentar");
      }
      return this;
   },
   design: function(farbe) {
      if (farbe) {
         $(this).css({ color: farbe });
      }
   return this;
   }
});
```

Der Plugin-Code wird zur Wiederverwendbarkeit in einer JS-Datei gespeichert und (hier als *plugin.js* in einem Ordner *plug01*) in das HTML-Dokument eingebunden, in dem die Plugin-Funktionalität benötigt wird. Achtung – dies muss stets *nach* dem Einbinden des Frameworks selbst geschehen:

```
...
<script src="../js/jquery-1.6.2.nein.js"></script>
<script src="../js/plug01/plugin.js"></script>
<script type="text/javascript">
   $(document).ready( function(){
      // Aufruf von Plugin-Methoden:
      $("#container").galileo(true).design("#009900");
   });
</script>
</head>
<body>
<div id="container"></div>
```

```
</body>
...
```

Mehr als Bezeichner und eventuelle Argumente des Methodenaufrufs braucht der Anwender eines Plugins nicht zu wissen. Hier gilt also: Hinter dem Aufruf `.galileo(bln)` verbirgt sich die Anweisung, dass eine bestimmte Zeichenkette in ein Element geschrieben werden soll. Die Methode `.design(farbe)` hingegen setzt die Schriftfarbe des selektierten Elements auf die übergebene Farbe. Um die eigentlichen internen Abläufe muss sich der Anwender nicht kümmern.

4.15.9 Test-Utilities

Die Möglichkeiten, die in JavaScript implementiert sind, um Objekte und ihre genauen Eigenschaften einfach zu erkennen, sind in vielen Fällen unzureichend. Der hierfür vorgesehene Operator `typeof` gibt sehr oft die pauschale Information `Object` zurück, wo man es gern etwas genauer hätte – ist der betrachtete Gegenstand ein Array, eine Funktion oder ein »gewöhnliches« Objekt?

jQuery kann hier weiterhelfen, indem es spezialisierte Test-Utilities zur Verfügung stellt. Diese bekommen das zu untersuchende Objekt übergeben und geben daraufhin einen Typbezeichner als String (für `jQuery.type()`) oder einen booleschen Wert (alle anderen) zurück.

Utility	Erläuterung
`jQuery.type()`	Gibt den Datentyp eines übergebenen Werts oder Objekts zurück.
`jQuery.hasData()`	Prüft, ob an den übergebenen DOM-Knoten Daten per `jQuery.data()` gebunden worden sind.
`jQuery.isArray()`	Prüft, ob es sich beim Eingabeargument um ein Array handelt.
`jQuery .isEmptyObject()`	Prüft, ob das übergebene Objekt leer ist.
`jQuery.isFunction()`	Prüft, ob das übergebene Objekt ein Funktionsobjekt ist.
`jQuery .isPlainObject()`	Prüft, ob das übergebene Objekt ein echtes Objekt ist (als Literal `{}` oder über Konstruktor `new Object` erzeugt).
`jQuery.isXMLDoc()`	Prüft, ob ein DOM-Knoten Teil eines XML-Dokuments ist (oder ob es sich um den Document Node eines XML-Dokument handelt).
`jQuery.isWindow()`	Prüft, ob es sich beim übergebenen Objekt um ein Window-Objekt handelt.

Tabelle 4.92 jQuery-Helferfunktionen für Tests von Daten und Objekten

Die Methode jQuery.type()

Gibt den Typ eines der Utility-Methode übergebenen Objekts als String zurück. Handelt es sich beim übergebenen Wert nicht um ein Objekt, sondern um einen primitiven Typ oder den Wert `undefinded` bzw. `null`, so wird der entsprechende Typ oder der String »undefined« bzw. »null« zurückgegeben. Wird ein Objekt übergeben, so wird der Name des Objekttyps zurückgegeben. In allen Fällen bis auf den in der folgenden Tabelle aufgelisteten, ist dies der Wert »object«.

Objekttyp	Rückgabewert	Beispiel
Funktion	`"function"`	`function(){}`
Array	`"array"`	`[]`
Date	`"date"`	`new Date()`
RegExp	`"regexp"`	`/test/`

Tabelle 4.93 Rückgabewert der Methode jQuery.type()

Die Methode jQuery.hasData()

Die Utility-Funktion nimmt ein Element in Form eines DOM-Knotens entgegen und prüft, ob an dieses Element Daten gebunden sind, die per `jQuery.data()` hinzugefügt wurden. Achtung: Die Funktion erkennt dabei keine Werte, die als `data-*`-Attribute am Element vorliegen!

```
<div id="beispiel" data-meine-daten="42"></div>
```

Die Funktion gibt zunächst `false` zurück, weil das `data-*`-Attribut *nicht* zu den gebundenen Daten gerechnet wird. Erst, nachdem tatsächlich per `$.data()` ein Datenobjekt am Element erzeugt wurde, ist der Test erfolgreich:

```
var testDiv = $("#beispiel")[0];
console.log($.hasData(testDiv));     // false

$.data(testDiv, "testDaten", 43);
console.log($.hasData(testDiv));     // true
```

Die Methode jQuery.isArray()

Die Methode untersucht ein übergebenes Objekt und gibt `true` zurück, wenn es sich um ein JavaScript-Array handelt. Ist es »nur« ein array-ähnliches Objekt (beispielsweise eine jQuery-Collection), gibt die Methode `false` zurück:

```
$(document).ready(function() {
   // jQuery-Collection (array-ähnlich):
   var col = $("#box p");
```

```
    alert(col.length);        // -> 4

    // echtes Array:
    var arr =['Rosen','Tulpen','Nelken'];
    alert(arr.length);        // -> 3

    alert(jQuery.isArray(col)); //-> false
    alert(jQuery.isArray(arr)); //-> true
});
```

Die Methode jQuery.isEmptyObject()

Die Testmethode `jQuery.isEmptyObject()` erkennt, ob ein ihr übergebenes Objekt Eigenschaften besitzt oder nicht. Sie reagiert allerdings »falsch positiv« auch auf andere leere Eingangsgrößen, wie den booleschen Wert `false`, leere Strings und die Zahl 0. Auch der Wert `null` oder der leere Rückgabewert eines ohne Erfolg angewendeten DOM-Knoten-Accessors wie `getElementById()` ergibt `true`. Leere Collections hingegen werden als `false` erkannt (ein jQuery-Objekt besitzt ja stets Eigenschaften):

```
$(document).ready(function() {
    var num = 0;                 // Zahl 0
    var nll = null;              // Wert null
    var str = "";                // leerer String
    var col = $("#unbekannt"); // leere Collection

    // nicht leeres Objekt:
    var obj1 ={'b1':'Rosen','b2':'Tulpen','b3':'Nelken'};
    // leeres Objekt:
    var obj2 ={};

    // nicht existentes DOM-Element:
    var elem = document.getElementById('unbekannt');

    alert(jQuery.isEmptyObject(num)); //-> true
    alert(jQuery.isEmptyObject(nll)); //-> true
    alert(jQuery.isEmptyObject(str)); //-> true
    alert(jQuery.isEmptyObject(col)); //-> false
    alert(jQuery.isEmptyObject(obj1)); //-> false
    alert(jQuery.isEmptyObject(obj2)); //-> true
    alert(jQuery.isEmptyObject(elem)); //-> true
});
```

Die Methode jQuery.isPlainObject()

Mit der Utility-Methode `jQuery.isPlainObject()` können »echte« Objekte, d. h. solche, die regulär entweder als Literal vorliegen oder mittels Konstruktor erzeugt wurden, von »objektähnlichen« Gegenständen, wie jQuery-Collections oder DOM-Knoten, unterschieden werden. Auch andere an die Testroutine übergebene Typen, wie Zahlen, Strings oder boolesche Werte, geben `false` zurück:

```
$(document).ready(function() {
   // nicht leerer String
   var str = "Ich bin kein Objekt!";

   // nicht leere Collection:
   var col = $("#box p");

   // echtes Objekt:
   var obj ={'b1':'Rosen','b2':'Tulpen','b3':'Nelken'};

   // existierendes DOM-Element:
   var elem = document.getElementById('box');

   alert(jQuery.isPlainObject(str)); //-> false
   alert(jQuery.isPlainObject(col)); //-> false
   alert(jQuery.isPlainObject(obj)); //-> true
   alert(jQuery.isPlainObject(elem)); //-> false
});
```

Die Methode jQuery.isFunction()

Die Utility-Methode `jQuery.isFunction()` überprüft, ob es sich bei dem ihr übergebenen Argument um ein Funktionsobjekt handelt. Sie gibt entsprechend `true` zurück, wenn dies der Fall ist, ansonsten `false`. Praktisch kann dieses Utility sein, wenn Sie feststellen müssen, ob es sich bei einem Argument wirklich um eine Callback-Funktion handelt, bevor dieses übergeben wird:

```
var meineFunktion = function(){
   alert("Ich bin eine Funktion!");
}
function zweiteFunktion() {
   alert("Ich bin auch eine Funktion!");
}
var keineFunktion = ['nur','ein','Array'];
$(document).ready(function() {
  // direkt übergebenes Funktionsobjekt: true
   alert(jQuery.isFunction( function(){
         alert('Nun?')
```

```
    })); //-> true

  // Variable mit Funktionsreferenz: true
   alert(jQuery.isFunction(meineFunktion)); //-> true

  // übergebener Funktionsname: true
   alert(jQuery.isFunction(zweiteFunktion)); //-> true

  // kein Funktionsobjekt, sondern Array: false
   alert(jQuery.isFunction(keineFunktion)); //-> true
});
```

Die Methode jQuery.isWindow()

Prüft, ob es sich bei dem übergebenen Objekt um ein Window-Objekt handelt. Dies ist gelegentlich interessant, wenn getestet werden muss, ob das Kontextobjekt ein Window-Objekt ist, wie beispielsweise im Zusammenhang mit einem IFrame.

```
$.isWindow(window) // gibt "true" zurück
```

»As someone with a background in computer science, I find it quite surprising that so many designers and nonprogrammers find jQuery to be compelling.« – John Resig

5 jQuery – der Praxiseinsatz

Willkommen im Praxisteil! Im Folgenden werden Sie den vorgestellten Sprachschatz, der in Kapitel 4, »jQuery – die Übersicht«, detailliert aufgearbeitet wurde, in komplexen Zusammenhängen einsetzen. Sie werden sehen, was Sie mit jQuery in der Praxis alles anstellen können, und wie jQuery das Entwicklerleben erleichtern bzw. das Designerleben vielfältiger gestalten kann.

Vielleicht haben Sie sich entschlossen, den Referenzteil zu überspringen und direkt an dieser Stelle des Buchs anzusetzen. Gut so, Sie werden trotzdem zurechtkommen. Möglicherweise werden Sie an bestimmten Stellen zurückblättern, um Hintergrundinformationen zu den angewendeten Methoden zu erhalten. Auf entsprechende Erklärungen wurde hier weitestgehend verzichtet, um den Informationsfluss nicht zu stören. Eine gewisse Redundanz mancher Passagen ließ sich dennoch nicht vermeiden – wir bitten dies schon jetzt zu entschuldigen.

Über die vorgestellten Beispiele

Viele der Beispiele sind auf das Notwendige reduziert. Einerseits sollen diese Bausteine die Herangehensweise verdeutlichen, wie jQuery-Anwendungen aufgebaut werden können, andererseits sollen sie dazu anregen, eigene Scripte zu generieren, sie weiter zu verfeinern und mit eigenen Ideen zu erweitern. Für viele der angerissenen Anwendungen gibt es bis ins Detail ausgearbeitete Plugins, weitere finden sich im Web mit einem anderen Lösungsweg.

Manchmal schlagen Entwickler einen komplizierten Weg ein und versehen eine Anwendung mit einem Funktionsumfang, den Sie im Moment gar nicht benötigen, obwohl der Kern sehr klar überlegt ist. Auch dann ist es oft einfacher, sich an ein eigenes Konzept zu wagen, als ein vorhandenes Script zu vereinfachen.

In diesem Teil des Buches werden Sie einen Einblick gewinnen, wie die Logik von jQuery-Scripten aufgebaut ist. Auf viele dieser Funktionalitäten sind Sie bereits als Anwender im Netz gestoßen, und Sie haben sich vielleicht gefragt, wie das eine oder andere aufgebaut ist.

Unser Ziel ist es, in diesem Teil einmal die Motorhaube aufzuklappen und den Motor auszubauen und zu betrachten, um zu erkennen, wie solche Scripte grundsätzlich aufgebaut sind, also mit welcher Denkweise Sie ein Script angehen können. Es obliegt Ihrer Kreativität, diese Einzelteile zu etwas Eigenem auszubauen, zu verfeinern oder als Anregung zu verwenden, um einen vielleicht ganz anderen Programmieransatz zu wählen.

5.1 Schönere Navigationen

Als Erstes werden Sie sich dem Aufbau von Navigationen widmen. Noch vor wenigen Jahren waren FlyOut-Navigationen, Akkordeon-Navigationen oder allgemein gesprochen dynamische Navigationen ein Abenteuer für die Betreiber von Webseiten. Gut gemeinte dynamische Scripte, ambitioniert eingesetzt, wurden schnell wieder zurückgezogen, da sie nur unzuverlässig und nicht browserübergreifend funktionierten, geschweige denn barrierefrei waren.

Allerdings – gerade in den letzten Jahren hat die Entwicklung der Browserhersteller enorme Fortschritte gemacht. Selbst der Hersteller aus Redmond verspricht, sich zukünftig an Standards zu halten, und seit der Version 8 des Internet Explorers hat sich einiges getan – die nächste Version 9 lässt sich sehr vielversprechend an. So können Webentwickler guten Gewissens Funktionen implementieren, die vor einigen Jahren noch undenkbar waren.

Selbstredend war die Mozilla Foundation mit Firefox immer daran interessiert, die Standards, die das W3C, respektive die *HTML Working Group*, vorschlägt, genau umzusetzen. Das gilt auch für Projekte wie *Webkit* oder den Hersteller des Opera-Browsers. Heute können wir uns darauf verlassen, dass wenigstens die wichtigsten Spezifikationen für CSS 2 in allen modernen Browsern eingehalten werden, das hilft gerade bei dynamischen Navigationen enorm viel.

Einschränkend muss betont werden, dass gerade Unternehmen den Umstieg auf neue Systeme scheuen, nicht zuletzt aus Kostengründen. Es bleibt der bittere Beigeschmack, dass Webentwickler sich zähneknirschend noch um ältere Browser kümmern müssen. Es geistern noch immer Versionen bestimmter Browser durch die Weblandschaft, und Entwickler befinden sich daher in der misslichen Lage, zu entscheiden, ob sie diese noch zu berücksichtigen gedenken oder nicht – selbst wenn eine plattform- und browserübergreifende Bibliothek wie jQuery eingesetzt wird.

Sie als Designer oder Entwickler möchten mit der Entwicklung von Websites nicht Kunden mittels raffiniert ausgetüftelter, aber nur eingeschränkt nutzbarer Technologie verschrecken, sondern Sie wollen Ihren Besuchern eine intuitive Weboberfläche kreieren, mit der Sie durch die Technologie einen Mehrwert für den Nutzer schaffen. Dabei helfen Ihnen einige Grundkonzepte, die Sie bei der Entwicklung moderner Sites einhalten sollten. Sie werden diese Konzepte, namentlich *unobtrusive*, also »unaufdringliches« JavaScript und *progressive Erweiterung*, anhand von anschaulichen Beispielen kennenlernen.

5.1.1 Die FlyOut-Navigation

Die Anforderung ist, eine Navigation über zwei Ebenen zu realisieren, von der zunächst nur die erste Ebene angezeigt wird. Alle Menüpunkte der ersten Ebene werden horizontal angeordnet, und die Menüpunkte der zweiten Ebene sind zunächst verborgen. Mittels Mouseover öffnet sich dann die zweite Ebene und schiebt sich dabei über einen möglicherweise darunterliegenden Inhalt.

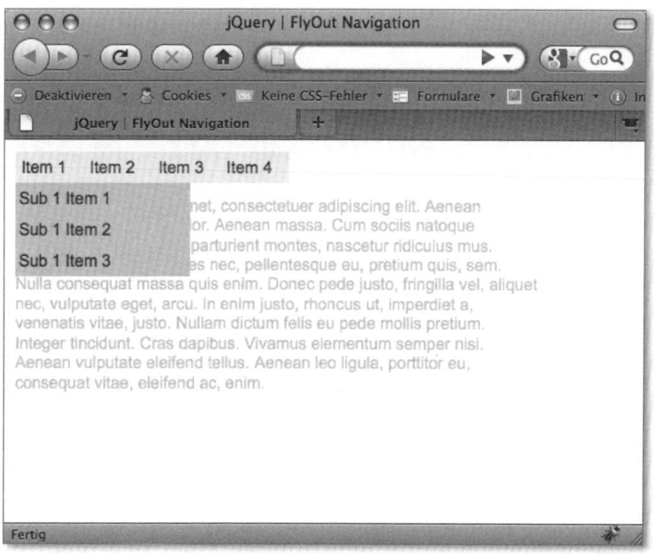

Abbildung 5.1 FlyOut-Navigation

Diskussion

Natürlich soll diese Navigation auch in anderen Ausgabemedien funktionieren – möglicherweise mit einem komplett anderen Stylesheet – oder soll vielleicht sogar von einem Screenreader verstanden werden. Um dieses Ziel zu erreichen, muss die HTML-Auszeichnung semantisch korrekt umgesetzt werden. Das ist vielleicht nicht das ganze Geheimnis, aber »die halbe Miete«.

»Semantisch« bedeutet in diesem Zusammenhang, dass Sie HTML-Elemente verwenden, die der Bedeutung des Inhalts entsprechen. Ein Absatz ist ein Absatz, ein <p>-Element. Eine Überschrift ist eine Überschrift, beispielsweise ein <h1>-Element. Es hat sich in der Praxis etabliert, Navigationen semantisch als unsortierte Liste zu verstehen, also <ul> und <li> zu verwenden. Allgemein formuliert: Navigationen sind nichts anderes als Listen aus Menüpunkten.

Schalten Sie versuchsweise das Stylesheet dieses Beispiels aus, um zu sehen, wie die Seite ohne Layout funktioniert.

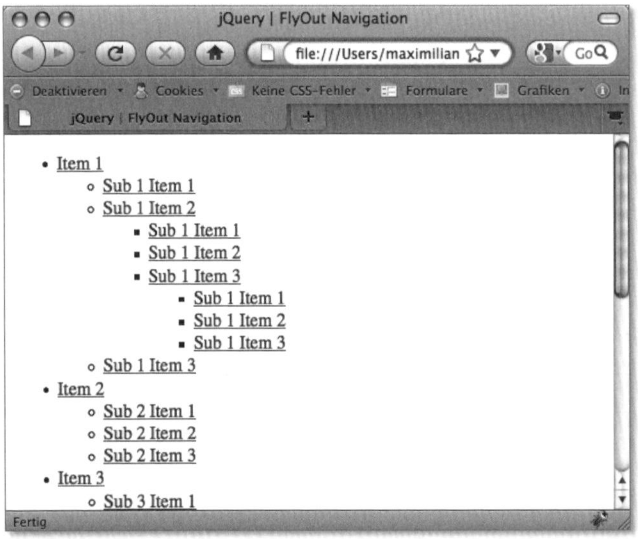

Abbildung 5.2 FlyOut-Navigation ohne CSS

Sie sehen eine zweistufige Navigation. Beide Ebenen sind sichtbar; die zweite Ebene ist eingerückt. Auf jeden Fall können Sie die Seite auch ohne Styles benutzen. Sie sieht zwar nicht schön aus, ist aber aufgeräumt und gut strukturiert.

Schalten Sie die Stylesheets wieder ein. Sie sehen, dass das Menü auch allein mit CSS, also ohne JavaScript, respektive jQuery, funktioniert. Seine Grundlage ist die Möglichkeit, an jedes HTML-Element eine Pseudo-Klasse `:hover` binden zu können.

Früher konnte man nur dem <a>-Element erfolgreich ein `a:hover` zuweisen. Dies war vielfach bewährt, um für Links beim Mouseover eine Änderung der Linkfarbe zu bewirken. In der Spezifikation von CSS war `:hover` zwar für alle HTML-Elemente zugelassen, allerdings beherrschte dies leider der seinerzeit am meisten verbreitete Browser (der Internet Explorer 6) nicht. Das `:hover` blieb in der Praxis auf <a>-Elemente beschränkt. In allen modernen Browsern können Sie diese

Pseudo-Klasse auch einem <li>-Element zuweisen und so ein FlyOut-Menü auch ohne JavaScript realisieren. Was soll das? Warum benötigt man dann noch jQuery, werden Sie fragen.

Erstens, um auch dem Internet Explorer 6, in dem die reine CSS-Lösung nicht funktioniert, diese Dynamik beizubringen. Zweitens, um das FlyOut-Menü in der bestmöglichen Eleganz strahlen zu lassen: Mittels CSS klappt das Untermenü knallhart auf und auch wieder zu. Mit jQuery können Sie es sanft einblenden oder aus- und einfahren. Der Fantasie sind hier keine Grenzen gesetzt. Auch Farbüberblendungen sind möglich, und Plugins wie *jQuery UI* ermöglichen sogar noch weitere Effekte. In diesem Beispiel beschränken wir uns jedoch aufs Wesentliche: auf das Aus- und Einfahren und Ein- und Ausblenden.

Der Internet Explorer 6 und das FlyOut-Menü

Die Verbreitung des Internet Explorers 6 beträgt zurzeit (Mitte 2011) etwa 2 bis 20 %. So manche Website muss diesen Browser noch unterstützen, so sehr es den Webentwicklern auch aufstoßen mag. Das im Anschluss betrachtete FlyOut-Menü wird im Internet Explorer 6 zwar nur mit JavaScript funktionieren. Die verschiedenen Browserwatch-Dienste haben jedoch festgestellt, dass nur 0,3 bis 5 % aller Internetnutzer JavaScript abgeschaltet haben. Unter diesen werden wohl auch einige Internet Explorer 6-Nutzer sein.

Jeder Webentwickler muss an dieser Stelle entscheiden, ob er es verantworten kann oder nicht, dass jene Internet Explorer 6-Nutzer die Navigation nicht benutzen können. Es hängt von individuellen Faktoren eines bestimmten Projekts ab, ob im Einzelfall von solchen Scripts Abstand genommen werden muss.

Das Beispiel

Beginnen Sie als Erstes damit, das HTML-Gerüst aufzubauen. Hier sehen Sie die funktionsfähige gesamte Notation:

```
<!DOCTYPE html>
<html>
<head>
  <style type="text/css">
    @import url("Listing-5-3.css");
  </style>
  <script src="js/jquery-1.6.2.js"></script>
  <script src="Listing-5-4.js"></script>
</head>
<body class="use-hover">
  <ul>
    <li><a href="#">Item 1</a>
      <ul>
```

```
      <li><a href="#">Sub 1 Item 1</a></li>
      <li><a href="#">Sub 1 Item 2</a></li>
      <li><a href="#">Sub 1 Item 3</a></li>
    </ul>
  </li>
  <li><a href="#">Item 2</a>
    <ul>
      <li><a href="#">Sub 1 Item 1</a></li>
      <li><a href="#">Sub 1 Item 2</a></li>
      <li><a href="#">Sub 1 Item 3</a></li>
    </ul>
  </li>
  <li><a href="#">Item 3</a></li>
  <li><a href="#">Item 4</a></li>
</ul>
</body>
</html>
```

Listing 5.1 HTML-Gerüst – FlyOut-Navigation

Sie können jederzeit dieses Beispiel um eigene Menüs und Unterebenen erweitern; für unser Szenario reicht dieser Testaufbau.

Nun müssen wir einen kleinen Ausflug in die Welt der Cascading Style Sheets machen, um zu verstehen, wie das FlyOut-Menü funktioniert. Sie haben im `<head>` des HTML-Dokuments bereits eine Stylesheet-Datei (*Listing-5-3.css*) eingebunden. Betrachten wir nun die für dieses Beispiel wichtigsten CSS-Anweisungen. Anweisungen, die das Layout betreffen, sind hier weitgehend weggelassen (Sie finden sie aber in den mit dem Buch mitgelieferten Beispieldateien):

```
* {
  padding:0;
  margin:0;
}
```

Zuerst setzen Sie global alle Außenabstände und Innenabstände auf 0 zurück. Dieser Ansatz mit dem Universalselektor reicht für dieses Beispiel:

```
ul {
  list-style-type:none;
  margin:10px;
}
```

Sie schalten mit `list-style-type:none;` für die unsortierte Liste und für alle darin verschachtelten Listen die störenden Bulletpunkte aus. Es handelt sich, wie beim 10px-Margin, um eine rein kosmetische Operation.

```
ul ul {
  display:none;
  position:absolute;
  width:150px;
  margin:0;
  left:0px;
  top:26px;
}
```

Als Nächstes entfernen Sie mit `display:none;` das Untermenü der zweiten Ebene. Sie machen es nicht nur unsichtbar, sondern entfernen es komplett aus dem Anzeigebereich. Es nimmt in der Darstellung des Dokuments keinen Platz mehr ein. Damit sich diese Unterebene über darunterliegende Inhalte legt, »heben« Sie sie mit `position:absolute` aus dem Dokumentfluss heraus. Mit `top:26px` ordnen Sie sie direkt unterhalb der ersten Ebene an. Voraussetzung ist, dass die erste Ebene auch exakt diese `26px` hoch ist. (Gegebenenfalls müssen Sie in Ihrem selbst gebauten Beispiel diesen Wert anpassen.)

```
li {
  float:left;
  position:relative;
  padding:5px 15px 5px 5px;
  background-color:#EEEEEE;
}
```

Die einzelnen Listenelemente, vor allem die der ersten Ebene, positionieren Sie mit `position:relative` als Ankerpunkt für die verschachtelten `<ul>`-Elemente. Die Hintergrundfarbe setzen Sie, damit Sie sehen, wie sich die Navigation vom Rest des Dokuments abhebt. Fühlen Sie sich frei, hier mit Rahmen oder anderen Hintergrundfarben zu experimentieren. Mit `float:left` sorgen Sie dafür, dass sich die Menüpunkte der ersten Ebene horizontal anordnen.

Einen Bezugspunkt für position:absolute setzen

Wenn Sie probeweise die Zeile mit `position:relative` weglassen oder auskommentieren, werden Sie sehen, dass sich das mit `position:absolute` versehene Untermenü komplett unabhängig von seinem Elternelement ganz an den oberen linken Rand des Browserfensters hängt. Erst durch die Eigenschaft `position:relative` dient das List-Item als Bezugspunkt für »seine« Unterliste.

```
li li {
  float:none;
  background-color:#CCCCCC;
}
```

Für die Listenelemente der zweiten Ebene setzen Sie `float:none`. Das bedeutet nicht etwa, dass die Float-Umgebung aufgehoben wird. Sie sind damit jedoch sicher, dass für die untergeordneten Listenelemente kein Float gesetzt ist. Diese sollen sich ja vertikal anordnen.

Die eigentliche Dynamik steckt hinter diesem Selektor:

```
.use-hover li:hover ul {
  display:block;
}
```

Hier soll erreicht werden, dass einem in einem `<li>`-Listenpunkt verschachtelten `<ul>`-Block (die zweite Ebene des Menüs) bei der Mausaktion `:hover` die Eigenschaft `display:block` zugewiesen wird. Zur Erinnerung: Zuvor hatten Sie diese zweite Ebene noch auf `display:none` gesetzt. Diese Mausaktion wird aber nur wirksam, wenn sie innerhalb der Klasse `use-hover` ausgeführt wird. Diese Klasse haben wir weiter oben dem `<body>`-Element zugewiesen. Später werden wir diese Klasse mit jQuery löschen, damit uns die CSS-Hover-Eigenschaft nicht bei unserer jQuery-Manipulation in die Quere kommt und unseren schönen *SlideDown*-Effekt mit einem plumpen `display:block` überdeckt. Das bedeutet, der Hover-Effekt wird nur dann benötigt, wenn kein JavaScript im Browser aktiviert wurde, dann benötigen wir eine CSS-Navigation. Wenn jQuery wirken soll, schalten wir den Hover-Effekt aus, indem wir die Klasse `use-hover` entfernen.

Nun setzen Sie die innere Liste auf die Eigenschaft BLOCKELEMENT. Damit wird sie sichtbar und nimmt Raum im Dokument ein. Dies geschieht aber nicht im Rahmen des Dokumentflusses, was dazu führt, dass Inhalte, die »im Fluss« sind, gegebenenfalls verdeckt werden.

Nun wird das Ganze mit jQuery gewürzt. Hier folgt der komplette jQuery-Code:

```
function menu(obj){
  if (!obj.length) return;
  $("body").removeClass("use-hover");
  $(obj).hover(function(){
    $(this).find('ul').slideDown(300,function(){
      $(this).css({
        overflow: "visible"
      });
    });
  },function(){
    $(this).find('ul').slideUp(300);
  });
}
```

```
$(document).ready(function(){
  menu($("ul li"));
});
```

Listing 5.2 JavaScript-Code – FlyOut-Navigation

Die paar Zeilen reichen? Ja, mehr brauchen Sie auch nicht, um der Navigation die nötige Eleganz zu verleihen und dem Sorgenkind aller derzeit gebräuchlichen Browser auf die Beine zu helfen.

Im `$(document).ready(fn)`-Abschnitt rufen Sie nun die Funktion `menu()` mit dem Parameter des jQuery-Objekts auf, das Sie als Navigation manipulieren wollen.

Die Anweisung `if (!obj.length) return` stellt sicher, dass die Funktion nur ausgeführt wird, wenn das jQuery-Objekt Elemente gespeichert hat und nicht unnötige Rechenleistung verschlingt, wenn kein Element gefunden wurde.

Die Anweisung `$("body").removeClass("use-hover")` wird nun, sozusagen als erste Amtshandlung, entfernt. Damit werden der Selektor und die dazugehörige Anweisung `.use-hover li:hover ul` außer Kraft gesetzt. Und nun übernimmt nicht die CSS-Eigenschaft, sondern das jQuery-Script das Regiment.

Als Nächstes folgt der eigentliche Effekt mit dem Event-Handler: `$(obj).hover()` erwartet zwei Funktionen als Argumente, eine für *Mausdrüber* und eine für *Mausraus*. In der ersten Funktion gehen Sie von dem Element aus, auf dem sich die Maus gerade befindet. Der Ausdruck `$(this)` bezieht sich auf das gerade überflogene `<li>`-Element, mit `.find("ul")` wird das unsichtbare, verschachtelte `<ul>`-Element gefunden und mit dem Effekt `.slideDown()` nach unten gefahren. Die zweite Funktion, `.slideUp()`, übernimmt demgemäß die Aufgabe, den Submenüblock wieder nach oben zu ziehen.

Was Ihnen vielleicht auffällt: Dem Script wurde eine Callback-Funktion übergeben, mit der Sie mittels der Methode `.css()` die Eigenschaft `overflow` auf `visible` setzen. Eigentlich sollte dies das jQuery-Framework im Hintergrund für uns erledigen. Warum muss diese Eigenschaft explizit gesetzt werden? Na, da wäre unser Spezialkandidat IE6, der Probleme hat, den Wert `visible` zu setzen. In der Tat, wenn man die jQuery-Methode `.slideDown()` (in der Version 1.6.2 ab Zeile 8485 in der unkomprimierten Datei) analysiert, wird man feststellen, dass der SlideDown-Effekt am Anfang der Ausführung `overflow` auf `hidden` setzt und am Ende diese Zuweisung zurücknimmt, also wieder auf `visible` schaltet. Nur der IE6 macht hier nicht mit. Aus diesem Grunde zwingen wir ihn durch die Anweisung in der Callback-Funktion, diese Eigenschaft ein weiteres Mal zu setzen.

Was ist eine Callback-Funktion?

Mit einer Callback-Funktion wird einer Funktion eine weitere Funktion übergeben und unter bestimmten Bedingungen ausgeführt. jQuery verwendet sehr häufig das Konstrukt einer Callback-Funktion: Ist eine Animation vollständig abgelaufen, wird eine übergebene Callback-Funktion ausgeführt. Im Falle von `.slideDown()` wird ein HTML-Element kontinuierlich in seiner gesamten Höhe sichtbar gemacht. Ist die maximal vorhandene Höhe eines Elements erreicht, können weitere, individuelle Anweisungen ausgeführt werden.

Wird die Anweisung durch unseren Callback zum zweiten Mal ausgeführt, funktioniert das Script im IE6. In allen anderen Browsern fällt diese Anweisung gar nicht weiter auf. Also sparen Sie sich eine Browserabfrage (sie ist ohnehin nicht gerne gesehen) und wählen diesen Weg. Alternativ können Sie auch jQuery in der Version 1.4.2 einsetzen. Hier arbeitet das Script ohne die Callback-Funktion. Mit jQuery 1.4.3 wurde nahezu das gesamte CSS-Modul umgeschrieben, und Effekte wie `.slideDown()` wurden vor dieser Version ohne Hilfe von `overflow` animiert.

Was bedeutet overflow?

`overflow` ist eine CSS-Anweisung, die die Art und Weise beschreibt, wie mit dem Inhalt bzw. einem HTML-Element umgegangen werden soll, das größer ist als das Element, das es umgibt. Mögliche Werte sind:

- `visible` (der Inhalt ist einfach sichtbar, dies ist die Default-Einstellung des Browsers),
- `hidden`, d.h., übergroßer Inhalt wird verborgen, oder
- `auto`, bei Übergröße wird ein Scrollbalken gezeigt.

Das war's ... – noch nicht ganz! Wenn Sie die Navigation ausprobieren und ein wenig wild mehrfach über die erste Ebene hin- und herfahren, werden Sie bemerken, dass das Script sich genau »merkt«, dass Sie bereits zwanzigmal darübergewischt haben. Es fährt, wie ihm geheißen, zwanzigmal auf und ab. Das sieht zwar lustig aus, ist aber nicht zweckmäßig, da Sie vielleicht weiternavigieren wollen, während die Navigation fröhlich zu Ende zappelt. Das verdanken Sie der Eigenheit, dass jQuery für Effekte eine Warteschlange, die *Queue*, abarbeitet, nach der Regel »first in, first out«, bis alle gespeicherten Aufrufe durchlaufen sind.

Als Abhilfe modifizieren Sie das Script mit

```
...
$(this).find('ul').stop(true,true).slideDown(300);
...
```

```
$(this).find('ul').stop(true,true).slideUp(300);
...
```

und fügen die fett hervorgehobene Methode `stop()` für beide Anweisungen hinzu. Die Callback-Funktion für den IE6 wurde hier der Übersichtlichkeit halber weggelassen. Im kompletten Script werden Sie sie wiederfinden.

Die beiden Argumente bedeuten `clearQueue=true` und `jumpToEnd=true`. Sie geben also die Anweisung, bei jedem erneuten Hover zuerst die laufende Animation anzuhalten, die Queue zu löschen und zum Ende der Animation zu springen. Damit unterbrechen Sie den unerwünschten Nebeneffekt und stellen sicher, dass die Animation nur ausgeführt wird, wenn der Benutzer sie benötigt.

Sie können sich noch ein wenig mit dem Beispiel aufhalten und ausprobieren, wie das Menü mit einem anderen Effekt funktioniert:

```
...
$(this).find('ul').stop(true,true).fadeIn(300);
...
$(this).find('ul').stop(true,true).fadeOut(300);
...
```

Das wären 300 Millisekunden für den FadeIn-Effekt. Hier benötigen Sie übrigens für den IE6 keine Callback-Funktion. Um das Menü hingegen einfach nur hart einzublenden, brauchen Sie das Script lediglich für den Internet Explorer 6. Sie können das Script so ändern:

```
...
$(this).find('ul').show();
...
$(this).find('ul').hide();
...
```

Wenn nur der Internet Explorer 6 bedient werden soll, setzen Sie die Script-Tags in Conditional Comments. Das tun Sie natürlich nur, falls Sie jQuery nicht noch für andere Zwecke verwenden wollen:

```
...
<!--[if IE 6]>
  <script src="jquery-1.6.2.js"></script>
  <script src="flyout.js"></script>
<![endif]-->
...
```

Zur Erläuterung: Conditional Comments (CC) sind eine Erweiterung der HTML-Kommentarsyntax, die ausschließlich der Internet Explorer ab der Version 5 unterstützt. Es sind, streng genommen, gewöhnliche HTML-Kommentare, nur dass sie Steuerzeichen enthalten, die dem Internet Explorer sagen, was er zu tun hat. HTML-Kommentare zeichnen sich eigentlich dadurch aus, dass sie eben nicht ausgewertet werden. Dies ist bei Conditional Comments anders, jedoch nur im Internet Explorer: Andere Browser behandeln sie wie normale Kommentare.

Die CC besitzen ein übersichtliches Vokabular, wenn man denn überhaupt von Vokabular sprechen kann. Hier ein Beispiel:

```
<!--[if IE6]>
irgendein Text oder HTML-Elemente
<[endif]-->
```

Was sind Conditional Comments?

So schwierig sich der Internet Explorer manchmal gebärdet, so leicht lässt sich über das Werkzeug Conditional Comments ein Sonderweg für diesen widerspenstigen Browser eröffnen. Die HTML-Auszeichnung bleibt dabei valide. Ein Conditional Comment ist nach der Spezifikation ein sauberer HTML-Kommentar und somit eine praktische Browserweiche. Es hat sich durchgesetzt, auf diese Weise Scripte oder Stylesheets einzubinden, die dann nur für den besagten Browser zuständig sind. Das funktioniert stabil und zuverlässig. Ein Beispiel für einen sinnvollen CC wäre:

```
<!--[if lt IE7]>
<link rel="stylesheet" type="text/css" href="ie6.css" />
<[endif]-->
```

Das Stylesheet mit dem Dateinamen *ie6.css* wird nur geladen, wenn der anfordernde Browser (bei dem es sich um einen Internet Explorer handeln muss, da er sonst die Anweisung nicht »sehen« würde) eine Versionsnummer niedriger (`lt` steht für »kleiner als«) als 7 besitzt. Weitere Operatoren sind `!` für »nicht«, `gt` für »größer als«, `lte` für »kleiner gleich« und `gte` für »größer gleich«.

Hier ist noch ein Trick, um die Browserversion mittels Conditional Comments und jQuery zu ermitteln: Eigentlich sollen Sie per jQuery ermitteln, ob ein Feature für einen Browser vorhanden ist, und demnach einzelne Features unterstützen oder nicht. In der Theorie klingt das logisch und konsequent. In der Praxis müssen wir uns aber manchmal mit Browserbugs herumschlagen. Wenn Sie `jQuery.browser` nicht benutzen wollen, legen Sie in der HTML-Seite folgenden Conditional Comment an:

```
<!--[if IE 6]><div id="ie6"></div><![endif]-->
```

Sie müssen noch im CSS-Teil das Element auf `display:none` setzen. Anschließend können Sie in Ihrem JavaScript-Block mit jQuery darauf zugreifen:

```
var ie6 = $("#ie6").length;
```

Damit haben Sie eine jQuery-IE6-Browserabfrage, die nicht auf das trügerische Navigator-Objekt baut. Übergangsweise, also solange Sie den IE6 noch unterstützen müssen, mag dieser Trick eine praktikable Lösung sein.

Die Navigation um zusätzliche Ebenen erweitern

Damit haben Sie einige Möglichkeiten durchgespielt, die sich Ihnen mit diesem Menü bieten. Was passiert aber, wenn Sie das Menü noch um zusätzliche Ebenen erweitern wollen? Schauen wir uns das einfach mal an.

Lassen Sie uns die Navigation um eine, vielleicht noch zwei weitere Ebenen erweitern. Dazu sind im Wesentlichen nur ein paar CSS-Anweisungen hinzuzufügen. Auch das Script muss um eine Methode ergänzt werden:

```
...
$(this).find('ul').first().stop(true,true).fadeIn(300);
...
$(this).find('ul').first().stop(true,true).fadeOut(300);
...
```

Damit beim `.hover()` nicht alle Untermenüs aufklappen, schränken Sie das `.find("ul")` mit `.first()` auf das erste gefundene Element ein. Nun müssen Sie per CSS noch bestimmen, dass die nächste Ebene nach *rechts* öffnet und nicht nach *unten*:

```
ul ul ul {
  left:150px;
  top:0;
}

li li li {
  float:left;
  background-color:#CCCCCC;
}
```

Eines dürfen Sie nicht übersehen: Das Menü muss auch ohne JavaScript funktionieren. Daher müssen Sie noch die Pseudo-Klasse `:hover` anpassen:

```
.use-hover li:hover ul ul {
  display:none;
}
.use-hover li:hover ul {
  display:block;
}
.use-hover li li:hover ul {
  display:block;
}
```

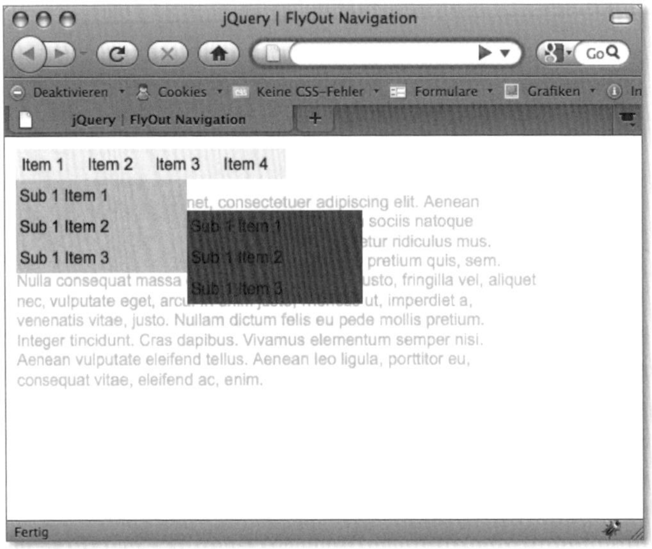

Abbildung 5.3 FlyOut-Navigation mit einer weiteren Ebene

Zur Übersicht folgt hier noch mal das gesamte Beispiel, beginnend mit der CSS-Datei namens *Listing-5-3.css*. Am HTML-Gerüst haben Sie keine Veränderung vorgenommen, es wird an dieser Stelle übergangen. Ebenso werden allgemeine Stilangaben ausgelassen, die nichts mit der Funktionalität zu tun haben:

```
...
ul {
  width:450px;
  list-style-type:none;
  margin:10px;
}
ul ul {
  display:none;
  position:absolute;
  width:150px;
  margin:0;
  left:0px;
  top:26px;
}
ul ul ul {
  left:150px;
  top:0;
}
li {
  float:left;
```

```
  position:relative;
  padding:5px 15px 5px 5px;
  background-color:#EEEEFF;
}
li li {
  float:none;
  background-color:#CCCCCC;
  padding:0;
}
li li li {
  background-color:#CCCCCC;
}
li li li a {
  background-color:#666666;
}
li li a {
  width:147px;
  margin:0 0 0 0;
  padding:3px 0 3px 3px;
  line-height:20px;
  display:block;
}
.use-hover li:hover ul ul {
  display:none;
}
.use-hover li:hover ul {
  display:block;
}
.use-hover li li:hover ul {
  display:block;
}
```

Listing 5.3 CSS-Styles – FlyOut-Navigation

Zum Abschluss ist noch der Inhalt der JavaScript-Datei *Listing-5-4.js*:

```
function menu(obj){
  if (!obj.length) return;
  $("body").removeClass("use-hover");
  $(obj).hover(function(){
    $(this).find('ul')
      .first()
      .stop(true, true)
      .slideDown(300,function(){
        $(this).css({
```

```
            overflow: "visible"
          });
      });
    },function(){
      $(this).find('ul').first().stop(true, true).slideUp(300);
    });
}
$(document).ready(function(){
  menu($("ul li"));
});
```

Listing 5.4 JavaScript-Code – FlyOut-Navigation

Das Superfish-Plugin

Wie soll es auch anders sein, Sie sind nicht der Erste, der versucht, ein solches Menü zusammenzubauen.

Das Suckerfish-Menü

Die bekanntesten Vertreter, die sich Gedanken zu CSS-Menüs gemacht haben, sind Patrick Griffith und Dan Webb. Sie erläuterten bereits 2003, wie man ein solches Menü, hauptsächlich auf Basis von CSS, entwickelt. Sie nannten es *Suckerfish-Menü*. Ein Tutorial dazu finden Sie hier: *http://www.alistapart.com/articles/dropdowns/*.

Später gab es auch Entwickler, die solche Menüs als jQuery-Plugins bereitgestellt haben. Ein bekanntes jQuery-Plugin ist das sogenannte *Superfish-Menü*, das ich vom berühmten Suckerfish-Menü ableitet. Das Plugin können Sie unter *http://users.tpg.com.au/j_birch/plugins/superfish/* herunterladen. Sie finden es auch auf der Begleit-DVD. Ebenfalls auf der DVD befindet sich ein Beispiel, auf das Sie hier zurückgreifen können. Die HTML-Seite besteht wieder aus dem obligatorischen HEAD mit der Einbindung der CSS- und JavaScript-Dateien:

```
...
<style type="text/css">
  @import url("plugins/superfish/superfish.css");
</style>
...
<script type="text/javascript" src="js/jquery-1.6.2.js"></script>
<script type="text/javascript"
    src="plugins/superfish/superfish.js"></script>
...
```

Listing 5.5 Beispiel Superfish-Menü (Auszug)

Im BODY befindet sich eine unsortierte Liste, der eine Klasse `.sf-menu` zugewiesen wurde. Das jQuery-Script, dass das Plugin aufruft, ist denkbar einfach:

```
...
<script type="text/javascript">
  $(document).ready(function() {
            $('ul.sf-menu').superfish({
      animation:{opacity:'show',height:'show'}
    });
        });
</script>
...
```

Dieses Script krankt an derselben Stelle wie das oben beschriebene FlyOut-Script: Es funktioniert seit der jQuery-Version 1.4.3 nicht im Internet Explorer 6, wenn Sie `height` animieren wollen. Fügen Sie einfach auch hier eine Callback-Funktion hinzu, und es funktioniert:

```
...
<script type="text/javascript">
$(document).ready(function() {
          $('ul.sf-menu').superfish({
    animation:{opacity:'show',height:'show'},
                  onShow:function(){
      $(this).css("overflow","visible");
                              }
          });
        });

</script>
...
```

Listing 5.6 Das Superfish-Menü, Aufruf der Methode »superfish()«

Dieses Plugin stellt eine große Anzahl an Optionen bereit. Es ist weit verbreitet und wird gerne verwendet, aber Sie müssen entscheiden, ob Sie diesen Funktionsumfang benötigen oder ob Sie mit dem weiter oben beschriebenen FlyOut-Menü zurechtkommen. Die Funktionalität ist im Grunde genommen sehr simpel, sodass so mancher Webentwickler beschließt, auf das Superfish-Menü zu verzichten und die paar Zeilen selbst zu schreiben.

5.1.2 Die Tabs: Karteireiter

Gerade auf Websites der großen Tageszeitungen können Sie oft eine *Karteireiter-Navigation* antreffen: sogenannte *Tabs*, in der bestimmte Schwerpunktthemen herausgehoben werden. Der Vorteil besteht darin, dass Sie mit einem Klick auf einen der Reiter keine neue Seite aufrufen, sondern nur die Ansicht zwischen einzelnen Blöcken wechseln. Jene Blöcke wurden bereits als `<div>`-Elemente geladen und mit `display:none` aus dem Dokumentfluss entfernt und versteckt.

Abbildung 5.4 zeigt eine einfache Version von Tabs.

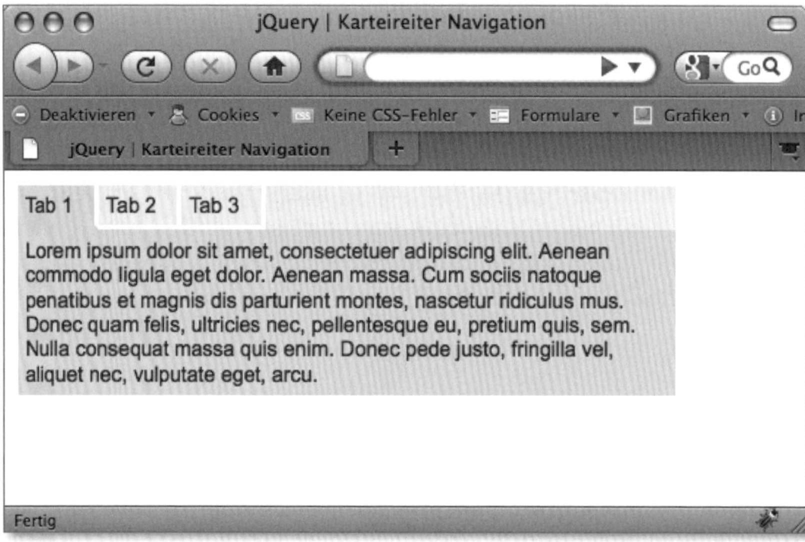

Abbildung 5.4 Tab-Navigation

Später werden Sie sehen, dass es für diese Funktionalität ein eigenes Plugin gibt. Manchmal reicht aber so eine einfache Variante, zumal Sie sie über CSS gut noch weitergestalten können.

Der Leitgedanke ist wieder der, dass Sie »unaufdringlich« arbeiten. Diese Seite soll auch ohne JavaScript funktionieren. Obendrein soll das Script nicht in das Markup eingreifen und ungültigen Code erzeugen.

Das Gerüst wird lediglich drei Inhaltsblöcke zeigen; der Rest wird dynamisch erzeugt. Fangen Sie auch hier wieder mit dem HTML-Gerüst an:

```
<!DOCTYPE html>
<html>
<head>
<title>jQuery | Karteireiter Navigation</title>
<script type="text/javascript" src="js/jquery-1.6.2.js"></script>
<script type="text/javascript" src="Listing-5-8.js"></script>
</head>
<body>
```

```
  <div id="tab-1" class="tabs" title="Tab 1">
  ... Inhalt hier ...
  </div>
  <div id="tab-1" class="tabs" title="Tab 2">
  ... Inhalt hier ...
  </div>
  <div id="tab-1" class="tabs" title="Tab 3">
  ... Inhalt hier ...
  </div>
</body>
</html>
```

Listing 5.7 HTML-Gerüst – Karteireiter (Tabs)

Sie setzen drei `<div>`-Blöcke untereinander und füllen sie mit Inhalt. Wenn Sie das Ergebnis ohne Scripteinbindung betrachten, sehen Sie nichts anderes als drei Textblöcke.

Doch zurück zu den Vorarbeiten. Die `<ul>`-Listen können Sie über CSS formatieren und zusätzliche Styles für die Tab-Navigation vorbereiten:

```
ul {
  width:450px;
  list-style-type:none;
  margin:10px 0 0 10px;
  background-color:#EEEEEE;
  overflow:hidden;
}
```

Da Sie die Menüpunkte horizontal anordnen wollen, geben Sie den Listeneinträgen ein `float:left` mit auf den Weg. Sie verzichten bei diesem Beispiel auf einen `<a>`-Tag, der standardmäßig den Mauszeiger auf `pointer` setzt. Aus diesem Grund fügen Sie dem LI-Element den Style `cursor:pointer` hinzu:

```
li {
  float:left;
  cursor:pointer;
}
```

Hier setzen Sie für einen Status CURRENT, also für das gerade angeklickte Element einen hervorgehobenen Style:

```
li.current {
  background-color:#DDDDDD;
  border-bottom:3px solid #DDDDDD;
}
```

Für die Standardansicht, also ohne JavaScript, setzen Sie die Breite und Außenabstände der Tabs:

```
div.tabs {
  width:450px;
  margin: 0 0 10px 10px;
}
```

Wenn Sie gleich mittels jQuery die Tabs aktivieren, werden Sie den Divs die Klasse `dyn-tabs` dynamisch hinzufügen:

```
div.dyn-tabs {
  width:440px;
  padding:5px;
  height:100px;
  overflow:auto;
  background-color:#DDDDDD;
  display:none;
}
```

Die Tabs werden hierdurch ein anderes Aussehen bekommen. Der Hintergrund wird eingefärbt, und es werden alle Inhaltscontainer auf `display:none` gesetzt.

Das nun folgende Script ist zwar nicht sehr aufwendig, generiert aber immerhin sogar die Beschriftung der Tab-Navigation (also die Menüpunkte TAB 1, TAB 2 etc.):

```
function tabs(pages) {
  if (!pages.length) return;
  pages.addClass("dyn-tabs");
  pages.first().show();
  var tabNavigation =
        $('<ul id="tabs" />').insertBefore(pages.first());
  pages.each(function() {
    var listElement = $("<li />");
    var label = $(this).attr("title")
                ? $(this).attr("title")
                : "Kein Label";
    listElement.text(label);
    tabNavigation.append(listElement);
  });
  var items = tabNavigation.find("li");
  items.first().addClass("current");
  items.click(function() {
    items.removeClass("current");
    $(this).addClass("current");
```

```
    pages.hide();
    pages.eq($(this).index()).fadeIn("slow");
  });
}

$(document).ready(function(){
  tabs($("div.tabs"));
});
```

Listing 5.8 JavaScript-Code – Karteireiter (Tabs)

Die erste Anweisung innerhalb der Funktion stellt die Frage, ob keine Div-Blöcke mit der Klasse `tabs` gefunden wurden (`pages.length` ist dann 0). In diesem Fall wird das Script hier beendet. Das Argument `pages` übergibt ein jQuery-Objekt. In ihm sind alle Textblöcke gespeichert. Der Selektor `"div.tabs"` selektiert alle entsprechenden Elemente.

Anschließend folgt die Initialisierung: Es wird als Erstes die Klasse `"dyn-tabs"` hinzugefügt und der erste `<div>`-Block mit `pages.first().show();` sichtbar gemacht.

Mit der Zeile

```
var tabNavigation =
$('<ul id="tabs" />').insertBefore(pages.first());
```

wird einerseits vor dem ersten Textblock ein `<ul>`-Element erzeugt und andererseits dieses UL als jQuery-Objekt in der Variablen `tabNavigation` gespeichert.

Im Folgenden wird über das jQuery-Objekt `pages` mit `.each(fn)` iteriert und für jeden Textblock, der im Dokument gefunden wurde, ein Listenelement LI angelegt (`listElement = $("<li />");`) und an das generierte `<ul>`-Element angehängt (`tabNavigation.append(listElement);`). Die Bezeichner, die Label der Tab-Navigation, wurden im HTML-Gerüst als `title`-Attribut angelegt. Falls Sie vergessen sollten, das `title`-Attribut anzugeben, existiert eine Fallback-Lösung: Es wird der String »kein Label« angehängt.

In der Variablen `item` werden alle Listenelemente in einem jQuery-Objekt abgelegt, und es wird ein Event-Handler `.click(fn)` hinzugefügt.

Was bei jedem Mausklick passiert:

- Es werden alle Klassen `current` entfernt.
- Es wird beim angeklickten Element die Klasse `current` hinzugefügt.

- Es werden alle Textblöcke ausgeblendet.
- Es wird der zum angeklickten `<li>`-Element gehörige Textblock eingeblendet.

Dazu ist zu sagen, das Script liest den zum LI-Element gehörenden `.index()` aus, also die Position, an der dieses Element in der Liste steht, und benutzt diesen, um mit `pages.eq($(this).index())` den entsprechenden Textblock auszuwählen und mit `.fadeIn()` anzuzeigen. Sie können selbstredend auch `.slideDown` oder `.show()` verwenden.

Wir haben zwar die ganze Zeit von »Textblöcken« geredet, aber Sie können natürlich Inhalte jeglicher Art einfügen – durchaus auch Bilder oder Flash-Filme. Ebenfalls vorstellbar ist es, beim Klick auf einen Tab Inhalte per Ajax nachzuladen. Wie das geht, werden Sie noch erfahren. Versprochen!

5.1.3 Das Akkordeon

Nein, wir machen jetzt keine Musik! Für eine bestimmte Art der Navigation hat sich der Begriff *Akkordeon-Navigation* etabliert. Hier werden Querbalken gezeigt, die eine Überschrift oder einfach einen Begriff zeigen, der beim Anklicken gleich einer Ziehharmonika Inhalt freigibt. Klicken Sie einen anderen Balken an, schließt sich der erste, und der neue Inhalt öffnet sich.

Der Grundgedanke ist wieder der, dass diese Seite auch ohne JavaScript funktionieren kann. Hat der Benutzer das Scripting abgeschaltet, soll eine scheinbar einfache Seite erscheinen, die nur aus Überschriften und Textblöcken besteht.

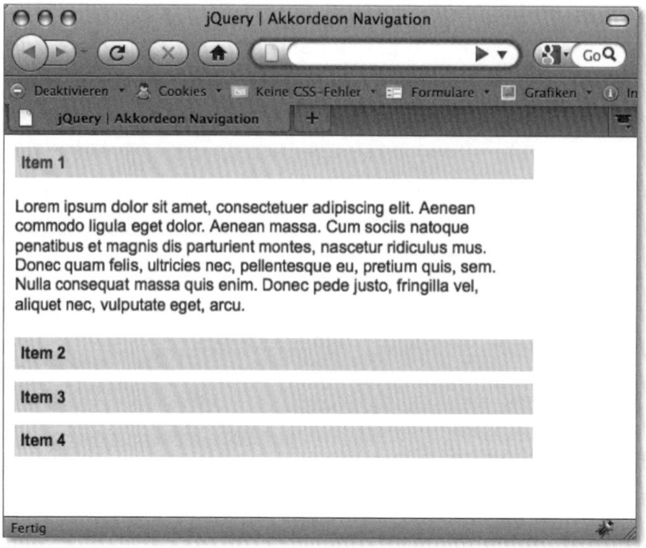

Abbildung 5.5 Akkordeon-Navigation

Dies wird deutlich, wenn wir uns das HTML-Gerüst ansehen:

```
<!DOCTYPE html>
<html>
<head>
<title>jQuery | Akkordeon Navigation</title>
<script type="text/javascript" src="js/jquery-1.6.2.js"></script>
<script type="text/javascript" src="Listing-5-10.js"></script>
</head>
<body>
<h1 class="bar">Item 1</h3>
<div class="content">
   <p>...Inhalt kommt hier ...</p>
</div>
<h1 class="bar">Item 2</h3>
<div class="content">
   <p>...Inhalt kommt hier ...</p>
</div>
<h1 class="bar">Item 2</h3>
<div class="content">
   <p>...Inhalt kommt hier ...</p>
</div>
...
</body>
</html>
```

Listing 5.9 HTML-Gerüst – Akkordeon-Navigation

Auf einfache `<h1>`-Überschriften (es könnten aber auch beliebige andere Elemente sein) folgen `<div>`-Container, in denen »irgendetwas« enthalten ist, sei es Text, Bilder, Tabellen oder etwas anderes. Beachten Sie die Klassennamen `bar` und `content`, mittels derer von jQuery aus die HTML-Elemente gesteuert werden (Sie können natürlich auch andere Klassennamen verwenden).

Bei den CSS-Stilen gibt es keine Besonderheiten zu beachten. Werfen Sie einen kurzen Blick auf die wichtigsten Klassen:

```
.bar {
  background-color:#DDDDDD;
  cursor:pointer;
}
```

Dem Klickbalken wird eine Hintergrundfarbe mit der Klasse `.bar` gegeben. Da kein `<a>`-Tag verwendet wird, um einen klickbaren Bereich zu erzeugen, fügen Sie noch `cursor:pointer` hinzu:

```
.current {
  color:#CC0000;
}
```

Die Klasse .current wird später dynamisch hinzugefügt, um den Status ANGEKLICKT zu markieren. Den Content gestalten Sie so, wie Sie wollen – dies sei hier nur mit dem Innenabstand angedeutet:

```
.content {
  padding:10px;
}
```

Und nun das Script:

```
function bandoneon(content,bar) {
  if (!content.length || !bar.length) return;
  content.hide();
  bar.click( function() {
    bar.removeClass("current");
    content.not(":hidden").slideUp('slow');
    var current = $(this);
    $(this).next()
      .not(":visible")
      .slideDown('slow',function() {
        current.addClass("current");
      });
  });
}
$(document).ready( function() {
  bandoneon( $(".content"), $(".bar") );
});
```

Listing 5.10 JavaScript-Code – Akkordeon-Navigation

Sie erzeugen (im .ready()-Block) als Argumente innerhalb des Funktionsaufrufs bandoneon() zwei jQuery-Objekte: einmal für alle Content-Container $(".content") und einmal für alle Balken $(".bar").

In der Funktion bandoneon wird die Seite zunächst initialisiert, indem alle Content-Container unsichtbar geschaltet werden (content.hide();). Zu sehen sind nun nur die Balken, sonst nichts.

Als Nächstes fügen Sie den Event-Handler .click() zu den Balken .bar hinzu. Es folgen zwei Anweisungen, mit denen Sie vorhergehende Zustände zurücksetzen, also eine Art *Reset* durchführen: Das Script löscht alle Klassen .current. Diese markieren, wie bereits erwähnt, den angeklickten Zustand. Danach werden sämtliche Container vom Script durchlaufen, und es wird nur der offene Container nach oben geschoben und damit geschlossen:

```
content.not(":hidden").slideUp('slow');
```

Der Aufruf `$(this).next()` führt zum direkt unterhalb des angeklickten Balkens liegenden Content-Container. Dieser wird animiert und ausgefahren.

Die Methode mit dem Argument `.not(":visible")` schließt diejenigen Container aus, die bereits geöffnet sind. Das ist dann der Fall, wenn ein Balken bereits angeklickt wurde und der Benutzer ein zweites Mal darauf klickt. Dem Effekt `.slideDown()` geben Sie noch eine Callback-Funktion mit auf den Weg; ihr fügen Sie die schon erwähnte Klasse `.current` hinzu.

Es wirkt eleganter, wenn die Schrift im Balken erst am Ende der Animation den Status ändert. Die Variable `current` haben Sie außerhalb der Callback-Funktion angelegt. Sie wird benötigt, um auf den Wert von `$(this)` innerhalb der Funktion zuzugreifen. (Achtung, `$(this)` würde sich innerhalb der Funktion auf den selektierten Container beziehen und nicht auf den angeklickten Balken!)

Wer dies nicht mag, kann folgende Alternative verwenden:

```
function bandoneon(content,bar) {
  if (!content.length || !bar.length) return;
  content.hide();
  bar.click( function() {
    bar.removeClass("current");
    content.not(":hidden").slideUp('slow');
    $(this).next()
           .not(":visible")
           .slideDown('slow')
           .prev()
           .addClass("current");
    });
  });
}
$(document).ready( function() {
  bandoneon($(".content"),$(".bar"));
});
```

Listing 5.11 Alternativer JavaScript-Code – Akkordeon-Navigation

An die Kette wird nach `.slideDown()` noch die Methode `.prev()` angehängt, und die Callback-Funktion verschwindet. Wobei die Variable `.current` wegfällt.

Alternative: ein jQuery-UI-Widget

Später wird gezeigt, dass es ein jQuery-UI-Widget für die Akkordeon-Funktionalität gibt, das auf einfache Weise einzubinden ist. Es ist mit reichlich Optionen ausgestattet und kann für viele Zwecke angepasst werden. Oftmals bieten solche Plugins jedoch weit mehr Funktionalitäten, als Sie benötigen, abgesehen von der zusätzlichen Ladezeit. So werden Sie erwägen, eigene einfachere Scripte zu erstellen, die nur das machen, was sie sollen – nicht mehr und nicht weniger.

5.1.4 Die Spaltennavigation

Im nächsten Beispiel können Sie sich dem Beispiel der Spaltennavigation zuwenden. Beim Start der Seite sehen Sie eine Spalte mit den Listenelementen dieser Spalte; alle anderen Ebenen sind verdeckt. Klicken Sie ein Element an, blendet sich die nächste Ebene ein. Die Ebenen werden nebeneinander geöffnet.

Sie definieren eine maximale Höhe der Navigation. Wenn Sie mehr Navigationseinträge zeigen wollen, als es die definierte Gesamthöhe zulässt, erscheint für die jeweilige Spalte ein Scrollbalken. Bei einem einfachen Klick öffnet sich die nächste Ebene, und mit einem Doppelklick öffnet sich der Link, der hinter jedem Listenelement liegt. Die Spaltennavigation eignet sich dann, wenn sehr viele Ebenen und Elemente dargestellt werden müssen; vielleicht findet sie sogar Anwendung in einer Art Sitemap.

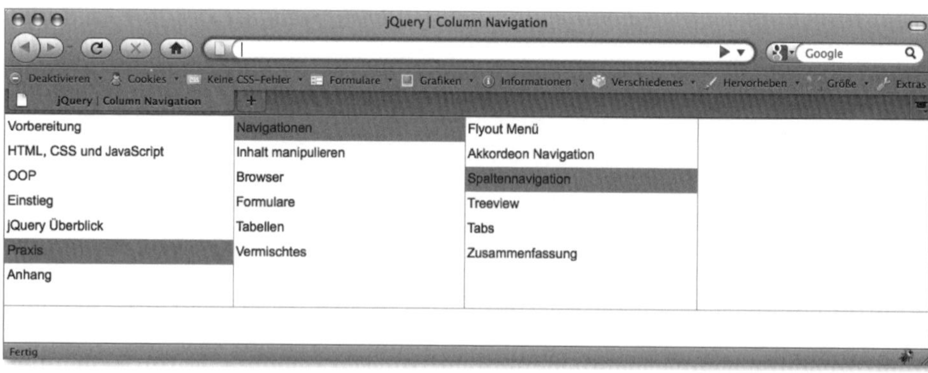

Abbildung 5.6 Spaltennavigation

Unser Ausgangspunkt ist wieder eine verschachtelte `<ul>`-Liste:

```
<!DOCTYPE html>
<html>
<head>
<title>jQuery | Column Navigation</title>
<script type="text/javascript" src="js/jquery-1.6.2.js"></script>
```

```
<script type="text/javascript" src="jquery.replace-1.0.js"></script>
<script type="text/javascript" src="Listing-5-13.js"></script>
</head>
<body>
<ul id="menu">
  <li><a href="#">Vorbereitung</a>
    <ul>
      ...
    </ul>
  </li>
  <li><a href="#">HTML, CSS und JavaScript</a>
    <ul>
      ...
    </ul>
  </li>
  <li><a href="#">jQuery Überblick</a>
    <ul>
      <li><a href="#">jQuery Core</a>
        <ul>
          ...
        </ul>
      </li>
      <li><a href="#">Selektoren</a>
        <ul>
          ...
        </ul>
      </li>
    </ul>
  </li>
  ...
  <li><a href="#">Anhang</a></li>
</ul>
</body>
</html>
```

Listing 5.12 HTML-Gerüst – Spaltennavigation

Im `<head>` des Dokuments sehen Sie neben der Einbindung des jQuery-Frameworks noch die Datei *jquery.replace-1.0.js*. Dieses Plugin benötigen Sie, um bestimmte Elemente durch andere zu ersetzen. Es beinhaltet die Methode `.replaceElements()`, die Sie gleich kennenlernen werden. Zur Benutzung von Plugins schlagen Sie in Kapitel 4, »jQuery – die Übersicht«, nach, aber im Grunde genommen reicht es, zu wissen, dass Sie im `<head>` eine Datei einbinden und die Methoden und Eigenschaften, die das Plugin bereitstellt, benutzen können. Prinzipiell ist das der gleiche Weg, den Sie mit dem jQuery-Framework selbst beschreiten, nur dass ein Plugin dessen Funktionalitäten erweitert, ohne dass Sie den jQuery-Namensraum verlassen. Das Plugin finden Sie auf dem Begleitmedium und in Abschnitt 5.6, »Plugin-Entwicklung«.

Kommen wir nun zum HTML-Code des Body. Die `<ul>`-Liste kann, ja soll sogar, richtig umfangreich sein. Sie sollte bis zu vier Ebenen in die Tiefe gehen und viele Listenelemente beinhalten, damit Sie genug Futter zum Testen haben.

Sie sollten wieder den Gedanken im Hinterkopf haben, was passieren soll, wenn ein Nutzer JavaScript ausgeschaltet haben sollte. In diesem Fall wird einfach eine unsortierte Liste angezeigt.

Um eines vorwegzunehmen: Diese Liste, so wie wir sie erstellt haben, wird nicht als Spaltennavigation darstellbar sein. Sie müssen um eine verschachtelte `<ul>`-Liste noch ein Element setzen, das die Gesamthöhe begrenzt und bei Bedarf einen Scrollbalken zeigt. Die Auszeichnung sähe dann etwa so aus:

```
...
<ul>
  <div>
    <li>Item
      <ul>
        <div>
          <li>Item
          ...
          </li>
        </div>
      </ul>
    </li>
  </div>
</ul>
...
```

Dieser Code ist, um es klar zu sagen, nicht valide. In `<ul>`-Listen sind nur und ausschließlich `<li>`-Elemente erlaubt, keine `<div>`-Container. Dieser Aufbau mag zwar in dem einen oder anderen Browser funktionieren, vielleicht aber in zukünftig auf dem Markt erscheinenden Browsern nicht mehr. Sie würden sich mit dieser Lösung in höchst unberechenbaren Gefilden bewegen. Diesen Weg sollten Sie nicht beschreiten, sondern Sie sollten sich stets an ein sauberes und valides Markup halten – ohne Wenn und Aber. Welche Lösungen bieten sich an dieser Stelle aber denn nun eigentlich an?

Sie könnten den HTML-Baum als valide `<ul>`-Liste aufbauen und mit jQuery `<div>`-Container mit `.wrap()` umschließen. Der dynamisch generierte Code wäre allerdings wiederum nicht valide.

Nächste Möglichkeit: Sie könnten von Hause aus keine Listenelemente verwenden, sondern verschachtelte <div>-, <p>- und <span>-Container. Dann sähe das Gerüst so aus:

```
...
<div>
  <p>Item</p>
    <span>
      <div>
        <p>Item</p>
        ...
      </div>
    </span>
</div>
...
```

Das hat den Vorteil, dass der Code valide ist. Er wird uneingeschränkt funktionieren, aber aus Sicht der semantischen Auszeichnung ist das nicht befriedigend. <ul>- und <li>-Elemente entsprechen der Bedeutung der Inhalte. Was tun? Sie nehmen das Beste beider Welten und verwenden für die HTML-Auszeichnung Listenelemente. Mit jQuery werden Sie anschließend jedes einzelne <ul>-Element durch ein <div> ersetzen; <li>-Elemente werden zu <p>. Nach der Ersetzung fügen Sie noch die benötigten <span>-Elemente hinzu, und so können Sie sich alle Wünsche erfüllen: Der Aufbau ist valide, semantisch korrekt, und der durch jQuery dynamisch erzeugte Umbau der Elemente funktioniert einwandfrei.

Also, es gilt weiterhin der eingangs gezeigte Code, ein tief verschachtelter Baum, der aus Listenelementen besteht. Für diese Liste benötigen Sie gesonderte CSS-Styles für die *Noscript*-Benutzerfraktion, die Sie an dieser Stelle unberücksichtigt lassen – bis auf eine Bemerkung, die noch gestattet sei: Sie tun sich in diesem Fall leicht, Stile für beide Fälle in einem Stylesheet festzulegen, da Sie alle Elemente mithilfe von jQuery ersetzen. Sie fügen die Styles für <ul id="menu"> wie für <div id="menu"> ein, und Sie benötigen keine zusätzlichen Noscript-Abfragen.

Einen Einwand könnten Sie noch hegen: Man darf einen ID nur ein einziges Mal innerhalb eines Dokuments verwenden, trifft das nicht zu? Doch, es wird nur der Elementtyp ersetzt und hierdurch der DOM-Baum verändert. Es bleibt `id="menu"` weiterhin eindeutig, nur im Stylesheet wird die ID zweimal (für Div und UL) definiert, dagegen ist nichts zu sagen.

Um zu verdeutlichen, wie die einzelnen Container positioniert werden, müssen Sie sich vorstellen, wie die Boxen angeordnet werden, was es also bedeutet, wenn verschachtelte Container länger sind als der sichtbare Bereich:

Abbildung 5.7 Spaltennavigation – verschachtelte Container

Damit diese Grafik nicht unübersichtlich wird, wurde ein Container unterschlagen, und zwar derjenige, der entscheidet, ob der Scrollbalken generiert wird: `div#wrapper span`. Merken Sie sich einfach, dass jede Spalte noch einen umschließenden Container besitzt, der steuert, ob ein Scrollbalken gezeigt wird oder nicht.

Wenden Sie sich nun den für unsere Spaltenansicht benötigten Stilen zu:

```
...
#wrapper {
  position:relative;
  width:1001px;
  height:200px;
  border:1px solid #B2B2B2;
  overflow-x:auto;
  overflow-y:hidden;
}
...
```

Sie positionieren den äußersten Container `<div id="wrapper">` relativ, damit darin verschachtelte Container mit einer absoluten Positionierung den `wrapper` als »Anker« verwenden. Also wird dieser Container zum Bezugspunkt gemacht, von dem aus sich darin verschachtelte Boxen aus dem Dokumentfluss herausheben können, ihre Position aber über das Elternelement finden. Mit `overflow-x:auto` wird bestimmt, dass in dem Fall, dass die Liste an Elementen länger wird, als es der sichtbare Container zulässt, ein Scrollbalken gezeigt wird. Einen waagerechten Scrollbalken unterbinden Sie mit `overflow-y:hidden`

```
...
div#wrapper div {
```

```
  position:absolute;
  width:250px;
  height:100%;
  border-right:1px solid #B2B2B2;
}
...
```

Für die einzelnen Ebenen definieren Sie eine Breite von 250px, die Höhe müssen Sie auf 100 % setzen. Diese Höhe bezieht sich auf das Elternelement; hier ist es `div#wrapper`. Die Erklärungen beziehen sich jeweils auf den vorangehenden Style, nicht auf den folgenden:

```
...
div#wrapper #menu div {
  left:250px;
  top:0;
  display:none;
}
...
```

Für alle `<div>`-Elemente ab der zweiten Ebene definieren Sie einen Abstand von links und von oben. Jeder untergeordnete Container wird mit 250px Abstand neben seinem Elternelement geöffnet, und alle Boxen werden auf einer Schulterlinie bei 0px aufgereiht.

```
...
div#wrapper span {
  display:block;
  height:100%;
  overflow-x:hidden;
  overflow-y:auto;
}
...
```

Hier folgt das zuvor bereits erwähnte `<span>`-Element; seine Höhe soll 100 % der Gesamthöhe des äußeren Containers `<div id="wrapper">` betragen, und ein senkrechter Scrollbalken soll bei Bedarf angezeigt werden.

```
...
p:hover {
  background-color:#EFEFEF;
}
...
```

Zur Verfeinerung verpassen Sie jedem Absatz eine Hintergrundfarbe, wenn der Benutzer mit der Maus über einen Menüpunkt fährt.

```
...
div#wrapper a {
  color:#323232;
  outline:none;
  width:100%;
  padding:3px 3px 5px 3px;
  display:block;
}
...
```

Und jeder <a>-Link innerhalb von `div#wrapper` erhält ein Styling.

```
...
a.select {
  color:#FFFFFF;
  background-color:#999999;
}
...
```

Die Klasse `a.select` wird dynamisch bei jedem Klick mittels jQuery eingefügt, um die aktuell ausgewählte Ebene zu markieren, und sie wird auch wieder entfernt, wenn ein anderer Listenpunkt ausgewählt wird. Damit wären wir beim eigentlichen Script:

```
function columnnav(obj) {
  if (!obj.length) return;
  obj.wrap('<div id="wrapper"></div>');
  var wrapper = obj.parent();
  $(wrapper).find("div").wrapInner("<span></span>");
  $(wrapper).find("a").click( function(e){
    e.preventDefault();
    var parent = $(this).parent();
    parent.siblings().find("div").fadeOut("slow");
    parent.siblings().find("a").removeClass("select");
    parent.find("div:first")
          .fadeIn("slow")
          .find("span")
          .animate({scrollTop:0}, 400);
    $(this).addClass("select");
  });
  $(wrapper).find("a").dblclick( function() {
    window.location = $(this).attr("href");
  });
}
$(document).ready(function(){
  $("#menu").replaceElements({},function() {
```

```
    columnnav($("#menu"));
  });
});
```

Listing 5.13 JavaScript-Code – Spaltennavigation

Ganz unten beginnt das Script zu laufen. `$(document).ready()` wartet wieder, bis der DOM-Baum geladen ist, und erst in diesem Moment folgt der Aufruf des Plugins. Sie werden das Beispiel in Abschnitt 5.6, »Plugin-Entwicklung«, näher kennenlernen. Die Methode `.replaceElements()` ist ein kleines Tool, das die gewünschten DOM-Elemente ersetzt, so wie es bereits besprochen wurde. Als Callback-Argument wird eine anonyme Funktion mit dem Aufruf von `columnnav()` übergeben. Der Callback wird erst dann ausgeführt, wenn die Anweisungen des Plugins `.replaceElements()` beendet sind, also erst dann, wenn alle `<ul>`- und `<li>`- Elemente in `<div>` und `<p>` umgewandelt wurden.

Die Funktion columnnav()

Die Methoden `.wrap()` und `.wrapInner()` fügen die im CSS-Teil besprochenen Elemente `<div id="wrapper">` und `<span>` in den Navigationsbaum ein.

Es folgen zwei Event-Handler. Der erste steuert mit `.click()` den gesamten Navigationsbaum, der zweite, `.dblclick()`, liest das `href`-Attribut aus und übergibt es an die JavaScript-Eigenschaft `window.location`. Der Link wird daraufhin geöffnet.

Wenden Sie jetzt den Blick zum `.click()`-Event. Jedem `<a>`-Element innerhalb der gesamten Navigation wird dieser Event zugewiesen. Die anonyme Funktion übergibt Ihnen das Event-Objekt `e`. Es wird benötigt, um die ursprüngliche Ausführung des `<a href="#">`-Klicks mit `e.preventDefault()` zu unterbinden.

Es stellt sich jetzt die Frage, welche Funktionalitäten Sie bei der Auslösung des Click-Events benötigen.

Es sind sowohl das Ein- und Ausblenden der jeweils nächsten Ebene als auch die Hervorhebung des angeklickten `<a>`-Elements.

Zunächst müssen Sie, ausgehend vom getriggerten `<a>`-Element, die nicht benötigten Ebenen ausblenden und Markierungen aufheben:

```
...
parent.siblings().find("div").fadeOut("slow");
parent.siblings().find("a").removeClass("select");
...
```

Danach wird die Markierung gesetzt, indem eine Klasse `select` zum <a>-Element hinzufügt wird und die nächste Unterebene, sofern vorhanden, einblendet wird:

```
...
parent.find("div:first")
        .fadeIn("slow")
        ....
    $(this).addClass("select");
  });
...
```

Das war's eigentlich. Wenn der User auf einer Unterebene durch eine lange Liste scrollt, anschließend an eine andere Stelle navigiert, um später wieder auf die Liste mit dem gescrolltem Inhalt zu stoßen, wird er feststellen, dass diese Position mit

```
...
.find("span").animate({scrollTop:0}, 400);
...
```

im Hintergrund gespeichert wurde. Sorgen Sie dafür, dass die Scrollposition stets zurückgesetzt wird, und zwar mit einer Animation. Wenn Ihnen das nicht zusagt, können Sie die Methode `.scrollTop()` auch direkt aufrufen:

```
...
.find("span").scrollTop(0);
...
```

5.1.5 Von der Spaltennavigation zum Drill-Menü

Stellen Sie sich vor, Sie sehen nicht alle Spalten der Spaltennavigation nebeneinander, sondern stets nur die aktuelle Ebene. Wählt der User eine andere Ebene aus, fährt eine Unterebene von rechts nach links in den sichtbaren Bereich. Die Elternebene bewegt sich zugleich von rechts nach links aus dem sichtbaren »Fenster« heraus.

Dazu müssen Sie nur das Menü aus dem vorigen Beispiel etwas modifizieren. Im Prinzip passiert nichts weiter, als dass Sie den äußeren Container `#wrapper` in der Gesamtbreite auf eine Spaltenbreite reduzieren – in diesem Fall auf 250px. Die dahinter, oder besser darin, verschachtelten Container werden als Ganzes nach links bewegt, sobald der User eine Ebene tiefer navigiert, und nach rechts, wenn er eine Ebene höher navigiert. Für die Elternebene wird noch ein Menüpunkt Zurück eingefügt.

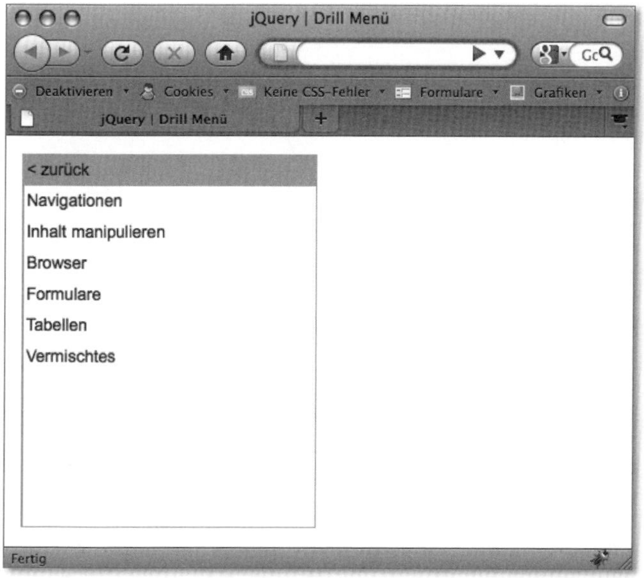

Abbildung 5.8 Drill-Menü

Gegenüber dem letzten Beispiel ändert sich im Wesentlichen nur der Block für das Div-Element mit dem ID `wrapper`:

```
#wrapper {
  position:relative;
  width:250px;
  height:310px;
  overflow:hidden;
}
```

Und dem Zurück-Menüpunkt können Sie auch noch eine CSS-Klasse geben:

```
a.back {
  background-color:#B2B2B2;
}
```

Alle anderen Anweisungen bleiben unverändert. Blicken Sie nun auf die Scriptdatei:

```
function drillmenu(obj) {
  if (!obj.length) return;
  obj.wrap('<div id="wrapper"></div>');
  var wrapper = obj.parent();
  $(wrapper).find("div").wrapInner("<span />");
  var str =  '<p><a class="back" '
           + 'href="#">&lt; zurück</a></p>';
```

```
    obj.find("span").not(":eq(0)").prepend(str);
    var distance = 0;
    obj.find("a").click( function(e){
      e.preventDefault();
      var parent = $(this).parent();
      parent.siblings().find("div").hide();
      obj.find("a").removeClass("select");
      parent.find("div:first").show().find("span").scrollTop(0);
      $(this).not(".back").addClass("select");
      if($(this).parent().index() != 0) {
        if (!$(this).parent().find("div").length) return;
        distance += -250;
      }
      else {
        if ($(this)
              .parent().parent().parent()
              .attr("id") == obj.attr("id")) return;
          distance += 250;
        }
     obj.animate({left: distance + "px"    });
    });
    $(wrapper).find("a").dblclick( function() {
      window.location = $(this).attr("href");
    });
}
$(document).ready(function(){
  $("#menu").replaceElements({},function() {
    drillmenu($("#menu"));
  });
});
```

Listing 5.14 JavaScript-Code – Drill-Menü

Zunächst müssen Sie den ZURÜCK-Menüpunkt in jeder Ebene (außer der obersten) einfügen. Dies geschieht mit der Methode `.prepend()`.

Wie im Spaltennavigationsmenü müssen alle nicht benötigten Ebenen aus der Anzeige entfernt werden. Sie werden mit der Methode `.hide()` ausgeschaltet.

Die `if`-Anweisung `($(this).parent().index() != 0)` stellt sicher, dass der erste Menüpunkt ausgeschlossen wird. Dieser wird nur benötigt, wenn der User wieder eine Ebene höher navigieren will, was in der `else`-Anweisung definiert wird. Die innere `if`-Anweisung stellt sicher, dass keine Verschiebung nach links stattfindet, wenn der User auf der untersten Ebene angelangt ist. Wenn beide Bedingungen zutreffen, wird der Abstand zur Nullkoordinate um 250px hinzuaddiert.

Das heißt, der ganze Container wird jeweils um 250px nach links verschoben, wenn Sie auf eine Unterebene navigieren, und `(else)` um 250px nach rechts, wenn Sie sich wieder Richtung Root bewegen. Die Animation erfolgt weiter unten mit `obj.animate({left: distance + "px"});`.

Bliebe nur noch die Abgrenzung auf der ersten Ebene, dass damit das Menü nicht aus dem Bild läuft, wenn Sie auf den ersten Menüpunkt klicken. Das bewältigen Sie mit der `if`-Anweisung innerhalb der `else`-Anweisung. Sie fragt ab, ob sich der User in der Ebene mit dem ID des Root-Knotens befindet: `obj.attr("id")`.

Nicht zu vergessen ist der Event-Handler `.dblclick()`, der entweder Inhalte lädt oder auf eine neue Seite führt. Aber das kennen Sie ja bereits aus dem Beispiel der Spaltennavigation.

5.1.6 Das Tree Menu

Im vorletzten Beispiel wurden die Mac-Freunde mit der Finder-ähnlichen Spaltennavigation bedacht, jetzt soll eine einfache Version eines *Tree Menu* ausprobiert werden, wie man es aus der Windows-Welt kennt. Abbildung 5.9 zeigt, wie das Beispiel aussehen wird.

Beim Klick auf einen Menüpunkt wird die Unterebene freigegeben, und die darunterliegenden Menüpunkte verschieben sich nach unten. Das Plus-Icon verwandelt sich in ein Minus-Symbol, als Zeichen, dass das Menü geöffnet ist. Befinden sich keine Kindelemente an einzelnen Menüpunkten, wird kein Icon gezeigt. Beim Klick auf einen geöffneten Teilbaum schließt er sich wieder.

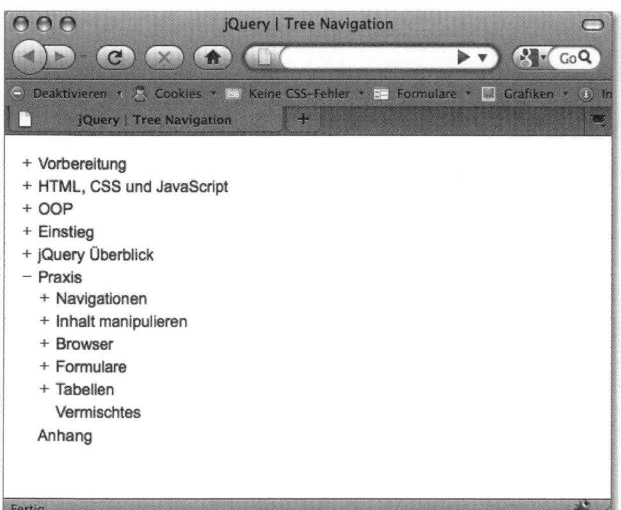

Abbildung 5.9 Tree-Navigation

Beim Doppelklick wird eine Aktion ausgeführt. Das kann der Verweis auf eine neue Seite sein oder das Laden neuer Inhalte via Ajax.

Sie können auch denselben HTML-Baum verwenden, den Sie im letzten Beispiel verwendet hatten; Sie müssen auch keine andere Klassen hinzufügen, Sie müssen einfach nur ein anderes Script einhängen und eine andere CSS-Datei einbinden:

```
...
<title>jQuery | Tree Navigation</title>
<link rel="stylesheet" href="Listing-5-15.css" type="text/css" />
<script type="text/javascript" src="js/jquery-1.6.2.js"></script>
<script type="text/javascript" src="Listing-5-16.js"></script>
...
```

Auch die Element-Ersetzung mit `.replaceElements()` müssen Sie nicht vornehmen: Der Baum ist so, wie er ist, geeignet. Fangen Sie mit dem Stylesheet an:

```
* {
  padding:0;
  margin:0;
  font-family:Arial, Helvetica, sans-serif;
  color:#333333;
  font-size:14px;
  line-height:18px;
}
#menu a {
  display:block;
  padding:0 0 0 15px;
  outline:none;
  text-decoration:none;
  background-image:url(images/icon-plus.png);
  background-repeat:no-repeat;
  background-position:0 4px;
}
#menu li {
  margin:0;
  display:block;
  border:1px solid #FFFFFF;
}
#menu a.selected {
  background-image:url(images/icon-minus.png);
}
#menu a.leaf {
  background-image:none;
}
```

```
#menu {
  width:250px;
  margin:15px 0 0 15px;
  list-style-type:none;
}
#menu ul {
  padding:0 0 0 15px;
  list-style-type:none;
}
```

Listing 5.15 CSS-Styles – Tree-Navigation

Das Stylesheet ist vergleichsweise einfach aufgebaut: Die Unterebenen `#menu ul` werden von links jeweils um 15 px eingerückt, damit die Unterebenen gut strukturiert erkennbar sind. Später werden Sie beim `click()` bzw. `toggle()`-Event die Klasse `.selected` hinzufügen, die ein Icon für den Status GEÖFFNET als Hintergrundbild zeigt. Und Sie benötigen noch die Klasse `leaf`, um die `<a>`-Elemente, die am Ende des Baumes stehen (also bildlich gesprochen die Blätter des virtuellen Baumes bilden), mit dieser Klasse zu versehen. Sie sorgt dafür, dass kein Icon angezeigt wird. Nun können Sie zur Scriptdatei übergehen:

```
function treemenu(obj) {
  if (!obj.length) return;
  obj.find("ul").each(function() {
    $(this).css("display", "none");
  });
  $("li:not(:has(ul))").find("a").addClass("leaf");
  obj.find("a").toggle(function(e) {
    e.preventDefault();
    $(this).parent().find("ul:first").slideDown(400);
    classManager($(this));
  },function(e) {
    e.preventDefault();
    $(this).parent().find("ul:first").slideUp(400);
    classManager($(this));
  });
  obj.find("a").dblclick( function() {
    window.location = $(this).attr("href");
  });
}
function classManager(obj) {
  if (!obj.hasClass("leaf")) {
    obj.toggleClass("selected");
  }
}
```

```
$(document).ready(function() {
  treemenu($("#menu"));
});
```

Listing 5.16 JavaScript-Code – Tree-Navigation

Zuerst werden alle `<ul>`-Elemente unterhalb des Root-Elements mit dem ID `#menu` auf `display:none` geschaltet. Nur die erste Ebene ist sichtbar. Als Nächstes werden alle Knoten gesucht, die das Ende des Baumes bilden, und es wird die Klasse `leaf` hinzugefügt. Mit der Anweisung `$("li:not(:has(ul))")` wird befohlen: »Suche alle `<li>`-Elemente, die keine Kindelemente mit dem Elementnamen `<ul>` haben.«

An diese Aktion werden Events an jedes `<a>`-Element gebunden. Die Methode `.toggle()` ermöglicht ein Hin- und Herschalten der `selected`-Klassen und das Ein- und Ausfahren der `<ul>`-Kindelemente. Im Einzelnen:

- `e.preventDefault()` verhindert, dass die standardmäßige Aktion eines `<a href="#">` ausgeführt wird, der Verweis auf eine andere Seite. Dies wollen wir in diesem Beispiel durch den Event-Handler `.dblclick()` erreichen.
- `$(this).parent().find("ul:first").slideDown(400)` sorgt dafür, dass ausgehend von `$(this)`, also dem angeklickten `<a>`-Element, das `<ul>`-Kindelement vom `<li>`-Elternelement ausgefahren wird.
- `classManager($(this))` ruft eine kleine Hilfsfunktion auf, die die Klasse `selected` hinzufügt, wenn das gefundene Element kein `leaf` ist. Der Hintergrund ist der, dass die Grafiken mit den Plus- und Minuszeichen am Ende des Baumes nichts zu suchen haben.

5.1.7 Kleines Helferlein: Die dynamische Sitemap

Manchmal werden Sitemaps einfach nur lang. Mit Content-Management-Systemen werden Seiten über Seiten erzeugt. Manchmal wünscht man sich, dass eine Sitemap eine Ebene weniger anzeigt, und manchmal wünscht man sich auch den Gesamtüberblick über alle Seiten. Mit jQuery können Sie beides erreichen. Sie können einen Button mit einem Click-Event versehen, bei dem die dritte Ebene aus- und wieder eingeblendet werden kann.

Für das folgende kleine Beispiel verwenden Sie wieder die bereits zum Einsatz gekommene `<ul>`-Liste. Der jQuery-Code sieht so aus:

```
function sitemap(obj) {
  if (!obj.target.length) return;
  $("body").prepend('<a id="toggle-sitemap" href="#">'
```

```
                        + obj.textMapOpen + '</a>');
  $("a#toggle-sitemap").toggle(function() {
    obj.target.find("ul:visible").slideUp("slow");
    $(this).html(obj.textMapClosed);
  },function () {
    obj.target.find("ul:hidden").slideDown("slow");
    $(this).html(obj.textMapOpen);
  });
}
jQuery(document).ready(function(){
  var obj = {
    target : $("ul#menu ul"),
    textMapClosed : "Sitemap erweitern",
    textMapOpen : "Sitemap reduzieren"
  };
  sitemap(obj);
});
```

Listing 5.17 jQuery-Code – dynamische Sitemap

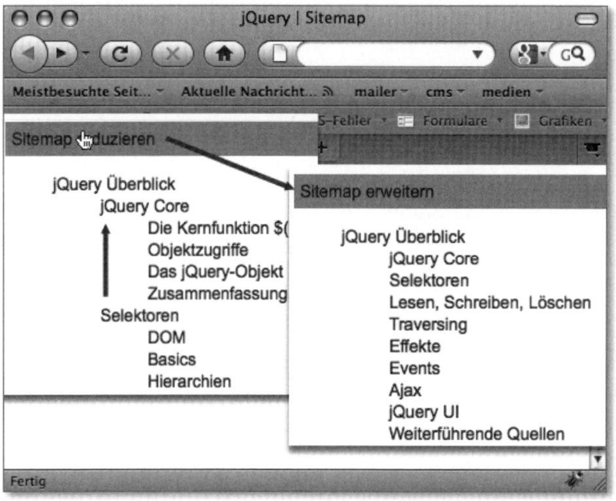

Abbildung 5.10 Dynamische Sitemap

Dem Event-Handler `.toogle()` werden zwei Funktionen zugewiesen: eine für das Ausfahren und eine für das Einfahren. Entscheidend sind dabei die Zeilen

```
...
obj.target.find("ul:visible").slideUp("slow");
 $(this).html(obj.textMapClosed);
...
```

und:

```
...
obj.target.find("ul:hidden").slideDown("slow");
 $(this).html(obj.textMapOpen);
...
```

Der Selektor wählt die jeweils dritte Ebene aus; diese lassen Sie animieren. Mit der Methode `.html()` übergeben Sie einen Inhalt, der innerhalb des `<a>`-Tags eingefügt wird: einmal »Sitemap reduzieren«, einmal »Sitemap erweitern«, und je nach Zustand wird dieser Linktext ausgewechselt. Sie gehen wieder vollkommen *unobtrusive* vor: Bei der Initialisierung des Scripts wird der gesamte Link (auch ein Button-Element wäre möglich) über die Methode `.prepend()` erzeugt. Falls JavaScript deaktiviert sein sollte, wird die Sitemap statisch angezeigt. Nur der Button zum Ein- und Ausklappen wird in diesem Fall gar nicht gezeigt:

```
...
$("body").prepend('<a id="toggle-sitemap" href="#">'
                    + obj.textMapOpen + '</a>');
...
```

5.1.8 Zusammenfassung

Alle Beispiele dieses Kapitels bauen auf unsortierten Listen, `<ul>`- und `<li>`-Elementen auf. Sie haben hier auf bemerkenswerte Weise sehen können, dass ein und derselbe HTML-Baum vollkommen unterschiedliche Darstellungen annehmen kann. Zum einen wird das grundsätzliche Design mittels Stylesheets festgelegt, zum anderen bietet jQuery die Freiheit, die Darstellung zu manipulieren, zu animieren oder vollkommen umzubauen, ohne die Grundsätze von validem HTML-Code, der Trennung von Layout und Struktur, von unaufdringlichem Scripting und semantischer Auszeichnung zu verletzen.

5.2 Von Tooltips bis Sprites

5.2.1 Tooltips

Tooltips kennen Sie: Wenn `<a>`-Elemente oder Imagemaps das `title`-Attribut tragen, werden die meisten Browsertypen gelbe Fähnchen zeigen, die Bedienhilfen oder Zusatzinfos beinhalten. Schade nur, dass man das Layout dieser gut gemeinten Browserhilfen nicht beeinflussen kann. Mit jQuery können Sie nun eigene Tooltips aus diesen `title`-Attributen generieren, die Sie wunderschön mittels CSS gestalten können. Außerdem können Sie ihr Erscheinen nach Belieben gestalten. Einblenden, einfahren – die ganze Palette an jQuery-Möglichkeiten steht Ihnen zur Verfügung.

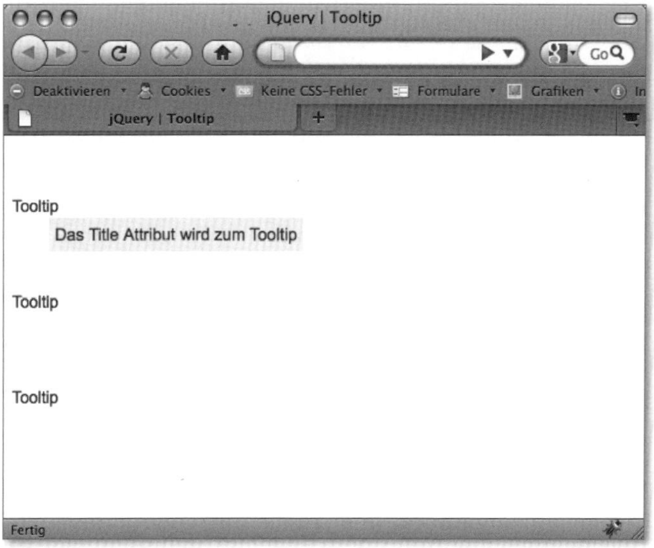

Abbildung 5.11 Tooltip

Blicken Sie zunächst einmal wieder auf den HTML-Baum: Sie binden im Kopf des Dokuments die externen Dateien ein, und im Body können Sie mehrere <a>-Tags anlegen. Wir begnügen uns im Moment mit einem einzigen:

```
<!DOCTYPE html>
<html>
<head>
<title>jQuery | Tooltip</title>
<script type="text/javascript" src="js/jquery-1.6.2.js"></script>
<script type="text/javascript" src="Listing-5-19.js"></script>
</head>
<body>
  <p>
    <a href="#"
       class="tooltip"
       title="Das Title Attribut wird zum Tooltip">Tooltip
    </a>
  </p>
...
```

```
</body>
</html>
```

Listing 5.18 HTML-Gerüst – Tooltips

Die Idee ist, dass jedem `<a>`-Tag, das einen Custom-Tooltip erhalten soll, eine Klasse mit auf den Weg gegeben wird. Anhand der Klasse wird selektiert, und danach wird mit `$(".tooltip")` ein jQuery-Objekt erzeugt. Zudem wird später in der Funktion dynamisch ein `<div>`-Container generiert, der absolut positioniert und mittels Abfrage der Mausposition stets als Tooltip an die gewünschte Stelle beordert wird. Dem `<div>`-Container müssen Sie einige CSS-Anweisungen zuordnen:

```
div#tooltip  {
  display:none;
  position:absolute;
  z-index:1000;
}
```

Nach den wenigen Vorarbeiten können Sie geschwind zum jQuery-Teil übergehen:

```
function tooltip(obj) {
  if (!obj.length) return;
  $("body").append('<div id="tooltip" />');
  var tooltip = $("#tooltip");
  var title;
  obj.hover(function() {
    title = $(this).attr("title") ?
            $(this).attr("title") :
             "No Title";
    $(this).attr("title","");
    tooltip.html(title);
    tooltip.stop(true,true)
           .delay(50)
           .fadeIn("slow")
           .dequeue();
  },function() {
    $(this).attr("title",title);
    tooltip.stop(true,true).fadeOut("slow");
  }).mousemove(function(e) {
      tooltip.animate({
        top:e.pageY + 10,
        left:e.pageX + 10
      },200);
```

```
  });
}
jQuery(document).ready(function(){
  tooltip($(".tooltip"));
});
```

Listing 5.19 JavaScript-Code – Tooltips

Mit der Methode .append() hängen Sie den Tooltip-Container an das <body>-Element an. Per CSS haben Sie zuvor bestimmt, dass dieser Container zunächst nicht dargestellt wird. Als Nächstes wird mit .hover() der Event-Handler initialisiert. Er wird an jedes selektierte Element angehängt. Der anonymen Funktion wird das Objekt übergeben, mit dem alle Tooltip-Klassen abgefragt werden. Sie müssen sich darüber im Klaren sein, dass jQuery das gesamte HTML-Dokument durchsucht, da Sie über eine Klasse selektieren und nicht über einen ID. Das kostet bei aufwendigen HTML-Seiten Rechenzeit. Sie können den Selektor ein wenig optimieren, wenn Sie ihn spezifizieren, beispielsweise über $("a.tooltip"). In modernen Browsern verhält sich dieser Selektor performanter. Allerdings schließt dies Tooltips in anderen Elementtypen aus; es könnte ja schließlich notwendig sein, auch ein <li>-Element mit einem Tooltip zu versehen.

Im nächsten Schritt wird der Wert des title-Attributs in der Variablen title gespeichert. Es wird über den Conditional-Operator abgefragt, ob ein title-Attribut vorhanden ist. Wenn nicht, wird der Defaultwert »No Title« gespeichert. Die Variable wird umgehend mit tooltip.html(title) im Tooltip-Container abgelegt.

Jetzt wird der Effekt .fadeIn() gesetzt; wiederum wird die .stop()-Methode vorangestellt, die bei mehrmaligem Mouseover verhindert, dass der Tooltip wild herumflackert. Interessant ist zudem noch die Methode .dequeue(): Im Folgenden werden Sie sehen, dass noch eine Methode .animate() eingesetzt wird. Es soll aber auf jeden Fall verhindert werden, dass diese Methoden nacheinander ausgeführt werden. Sie sollen zwar verzögert durch das .delay() starten, dann aber parallel laufen. Es soll erreicht werden, dass der Tooltip zum einen eingeblendet wird, zum anderen soll eine sanfte Bewegung zur Mausposition stattfinden.

Der zweite Event, .mousemove(), wird benötigt, um die Mausposition bei jeder Bewegung abzufragen und damit den Tooltip an der richtigen Stelle zu animieren. Dieser Event wird nur ausgeführt, wenn sich die Maus über einem Element mit der Klasse tooltip bewegt.

5.2.2 Links sammeln, im Footer ausgeben

Stellen Sie sich vor, Sie haben eine Seite mit vielen Quellenangaben in einem Fließtext, und die Quellenangaben verweisen auf andere Seiten im Netz. Nun wollen Sie mittels CSS eine Druckansicht anbieten. Die Links sind in der Druckausgabe normalerweise nicht sichtbar. Sie können aber mittels jQuery alle Links in einer Seite sammeln und deren URL am Ende der Seite im Footer auflisten:

```
function collectLinks(obj) {
  if (!obj.length) return;
  var label = "<h4>Verwendete Links:</h4> \n";
  var content = label;

  var dateAndTime = new Date();
  var day = formatDate(dateAndTime.getDate());
  var month = formatDate(dateAndTime.getMonth() + 1);
  var year = dateAndTime.getFullYear();
  var hours = formatDate(dateAndTime.getHours());
  var minutes = formatDate(dateAndTime.getMinutes());
  var dateString = "<p> </p><p>Erzeugt am: "
               +  day+"."+month+"."+year+" um "
               + hours + ":"+minutes+"</p> \n";

  var links = obj.find("a");
  links.each(function() {
    content += "<p><strong>"
            + $(this).text()
            + ": </strong>"
            + $(this).attr("href")
            + "</p> \n";
  });
  $("#footer").html(content);
  content +=dateString;

}
$(document).ready(function() {
  collectLinks($("#content"));
});
function formatDate(d) {
  if (d < 10)    d = "0" + String(d);
  return d;
}
```

Listing 5.20 JavaScript-Code – Links sammeln und ausgeben

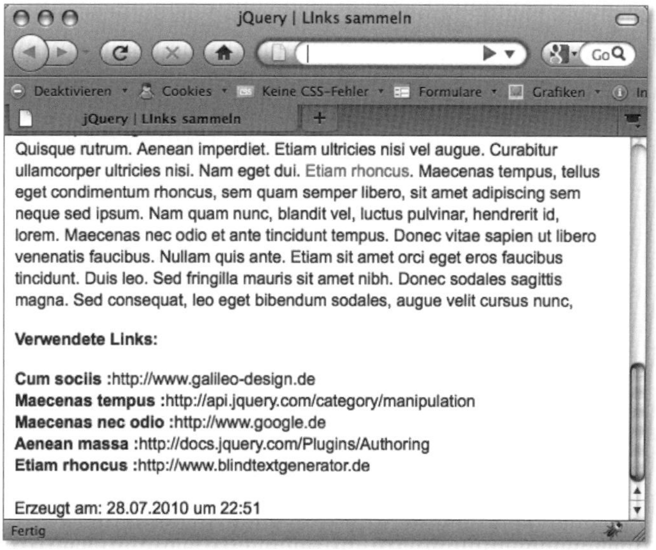

Abbildung 5.12 Links am Seitenende anzeigen

Die Zeile »Erzeugt am: ...« wird mit dem JavaScript-`Date()`-Objekt generiert. Es ist pures JavaScript. jQuery wird zum Selektieren der `<a>`-Elemente verwendet. Sind sie erst einmal gesammelt, werden sie über `.each()` iteriert und mit der Methode `.html()` dynamisch am Seitenende an das Element mit dem ID `footer` angefügt.

5.2.3 Die Kobolde auf meinem Bildschirm

In der Computerwelt werden schon lange Elemente, die frei über den Bildschirm schweben, als *Sprites* (dt. *Kobolde*) bezeichnet. Im Webdesign bezeichnet man mit *Sprites* das Verfahren, dass per CSS ein Ausschnitt definiert wird und ein dahinterliegendes Bild, das größer als der sichtbare Ausschnitt ist, per CSS-Angaben verschoben wird. Dadurch können einfach Animationen ablaufen, vorausgesetzt, die Objekte werden per JavaScript verschoben. Diesem Verfahren werden Sie später in Abschnitt 5.7, »jQuery UI«, noch einmal begegnen. Dort werden die Bilder aber nicht animiert. In diesem Beispiel soll es darum gehen, Grafikelemente zu animieren und quer über den Bildschirm zu schieben. Das erinnert an frühe Versionen von Flash-Animationen. Es ist aber nach wie vor eine nette Spielerei, vor allem, weil es dank jQuery ein Leichtes ist, solche Experimente browserübergreifend umzusetzen. Es gibt ein reizendes jQuery-Plugin, das für Webentwickler die Aufgabe der aufwendigen Animation übernimmt. Es soll Ihnen hier nicht vorenthalten bleiben.

Sie können das Plugin unter *http://spritely.net/* ausprobieren und herunterladen. Es befindet sich auch auf der Begleit-DVD dieses Buches.

Abbildung 5.13 Die Startseite von »spritely.net«

Das Beispiel auf der Website der Entwickler zeigt eine Idylle vom Land. Zwei Vögel bewegen ihre Flügel, und per Zufallsgenerator fliegen sie an verschiedenen Positionen auf der Bühne vorbei. Der Hintergrund wird einer Theaterkulisse gleich von rechts nach links animiert. Er besteht aus mehreren Ebenen: aus zwei Hügelebenen und einer Wolkenebene. Das Flugziel der Vögel können Sie mit Mausklicks verändern. Wenn Sie irgendwo innerhalb des Browserfensters klicken, wird Ihnen einer der beiden Vögel folgen.

Die Animation erfolgt dadurch, dass der Vogel als Hintergrundbild mit seinen drei Flügelschlagphasen, die in einem einzigen Bild zusammengefasst sind, mittels JavaScript von einem Frame zum nächsten verschoben wird.

Abbildung 5.14 Sprites – die drei Phasen einer Animation

Was wäre dieses Buch, wenn Sie die Beispiele, die mit diesem Plugin mitgeliefert werden, einfach nur nachstellen würden. Nein, Sie werden im Folgenden ein eigenes Beispiel kennenlernen – zugegebenermaßen ein recht sinnfreies. Wenn Sie aber experimentierfreudig sind und Ihren Spieltrieb kultivieren wollen, kommen Sie sicher auf Ihre Kosten.

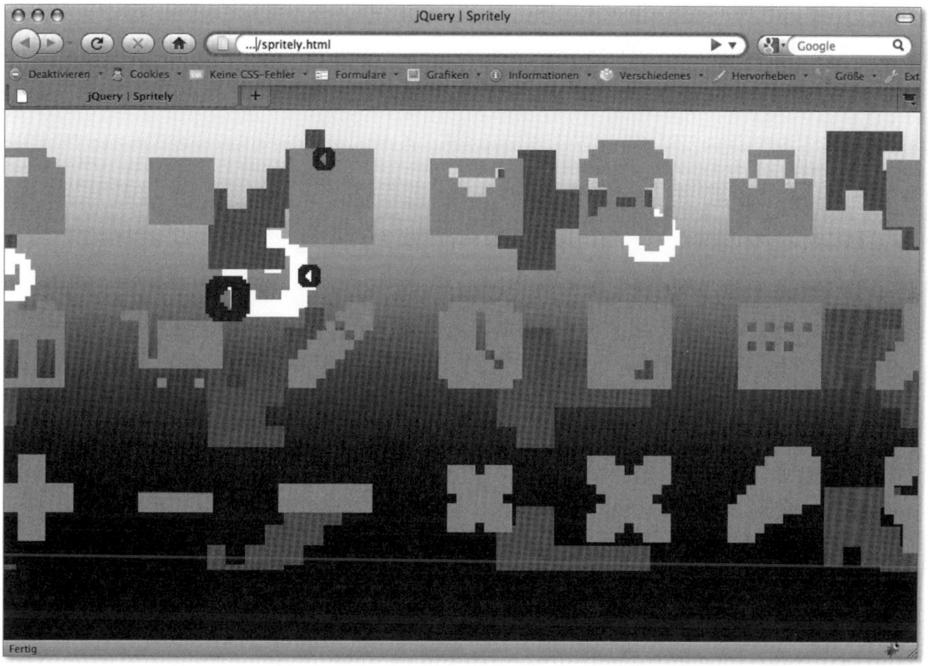

Abbildung 5.15 jQuery-Icons vergrößert und animiert

Dieses vogelwilde Durcheinander sind Icons, die dem jQuery-UI-CSS-Framework entnommen wurden. Sie sind mittels Bildbearbeitung vergrößert und farblich verändert worden. Lassen Sie uns mit dem Vordergrund beginnen. Statt Vögeln werden hier eine Reihe von Icons animiert, die sich abwechseln oder die durchs Bild fliegen. Abbildung 5.16 zeigt die Bilddatei dazu.

Abbildung 5.16 Sprites – Icons als einzelne Phasen einer Animation

Die Hintergründe bestehen aus vier Ebenen; ganz hinten liegt ein Verlauf – er wird nicht animiert –, und dann kommen drei Ebenen mit vergrößerten Icons, die in verschiedenen Richtungen und verschiedenen Geschwindigkeiten laufen. Dies geschieht in einer Endlosschleife, d. h., sie wird automatisch wiederholt. Die

Geschwindigkeit wird über die Mausposition gesteuert. Befindet sich die Maus links, laufen die zwei vorderen Hintergrundebenen langsamer; bewegen Sie die Maus nach rechts, werden sie schneller. Im Vordergrund schwirren drei Sprites: zwei kleinere, ein größeres. Sie können die Sprites per Drag & Drop über den Bildschirm schieben oder irgendwo innerhalb des Fensters klicken. Dann wird eines der Sprites dem Klick folgen.

Setzen Sie nun das HTML-Gerüst auf:

```
<!DOCTYPE html>
<html>
<head>
  <title>jQuery | Spritely</title>
  <link rel="stylesheet"
        type="text/css" href="Listing-5-22.css" />
  <!--[if lte IE 6]>
    <link rel="stylesheet" type="text/css" href="css/ie6.css" />
  <![endif]-->
  <script src="js/jquery-1.6.2.js" type="text/javascript">
  </script>
  <script src="js/jquery-ui-1.8.13.custom.js"
          type="text/javascript">
  </script>
  <script src="plugins/jquery.spritely-0.5.js" type="text/JavaScript">
  </script>
  <script src="js/Listing-5-23.js" type="text/javascript">
  </script>
</head>
<body>
  <div id="container">
    <div id="stage" class="stage">
      <div id="bg" class="stage"></div>
      <div id="level1" class="stage"></div>
      <div id="level2" class="stage"></div>
      <div id="level3" class="stage"></div>
    </div>
    <div id="icons1"></div>
    <div id="icons2"></div>
    <div id="icons3"></div>
  </div>
</body>
</html>
```

Listing 5.21 HTML-Gerüst – Spritely-Animation

Sie benötigen zusätzlich zum Spritely-Plugin noch das jQuery-UI-Framework. Wie Sie das zusammenstellen und herunterladen, erfahren Sie in Abschnitt 5.7, »jQuery UI«. Um Ihnen einen Schnelleinstieg an dieser Stelle zu ermöglichen: Auf der Begleit-DVD zu diesem Buch finden Sie im Ordner für dieses Beispiel auch eine Version des Plugins, das Sie einfach einbinden und verwenden können.

Sie müssen noch eine Browserweiche mittels Conditional Comments einrichten, um dem Internet Explorer 6 eine adäquate Darstellung zu ermöglichen. Sie werden für das Spritely-Experiment PNG-Grafiken mit Alpha-Transparenz verwenden. Das beherrscht der Internet Explorer 6 leider nicht, daher muss hier dem Browser eine andere Darstellung angeboten werden. Zusätzlich binden Sie noch die Datei *Listing-5-22.css* ein, in der Sie die notwendigen Styles notieren:

```
#stage {
  top: 0px;
  left: 0px;
  z-index: 100;
}
.stage {
  position: absolute;
  top: 0;
  left: 0;
  width: 100%;
  min-width: 900px;
  height: 480px;
  overflow: hidden;
}
#bg {
  background: #CCCCCC url(../images/background.png) 0 0
              repeat-x;
}
#level1 {
  background: transparent
              url(../images/level-1.png) 305px 102px repeat-x;
 }
#level2 {
  background: transparent url(../images/level-2.png);
}
#level3 {
  background: transparent url(../images/level-3.png) 0 10px
              repeat-x;
}
#icons1 {
```

```
  background: transparent url(../images/sprite-1.png) 0 0
              no-repeat;
  position: absolute;
  top: 150px;
  left: 65px;
  width: 32px;
  height: 32px;
  z-index: 2000;
  cursor: pointer;
}
#icons2 {
  background: transparent url(../images/sprite-2.png) 0 0
              no-repeat;
  position: absolute;
  top: 20px;
  left: 150px;
  width: 64px;
  height: 64px;
  z-index: 2002;
}
#icons3 {
  background: transparent url(../images/sprite-1.png) 0 0
              no-repeat;
  position: absolute;
  top: 200px;
  left: 300px;
  z-index: 2002;
}
```

Listing 5.22 CSS-Styles – Spritely-Animation

In der Stylesheet-Datei werden die `<div>`-Container, soweit notwendig, absolut positioniert, damit die einzelnen Ebenen übereinandergestapelt werden. Für die Sprites werden Sie sehr hohe `z`-Indizes vergeben, um sicherzustellen, dass die Sprites auch an oberster Stelle zu liegen kommen; sie sind ja schließlich die Hauptdarsteller und sollen klar sichtbar sein. Woran erkennt eigentlich das Plugin, wie viele Einzelbilder solch ein Sprite besitzt? Sie definieren es mit den Höhen- bzw. Breitenangaben. Dadurch, dass Sie dieses Sprite auf 32x32 px setzen, berechnet das Script, dass es das Hintergrundbild mit den 14 Icons in 32er-Schritten zum nächsten Bild bewegen muss. Das zweite Sprite, das Sie hier integrieren können, besitzt die Dimensionen 64x64 px.

Nun zum JavaScript-Code:

```
$(document).ready(function() {
  $('#icons1')
    .sprite({fps: 9, no_of_frames: 12})
    .spRandom({top: 50, bottom: 200, left: 300, right: 320})
    .isDraggable()
    .activeOnClick()
  $('#icons2')
    .sprite({fps: 9, no_of_frames: 12})
    .spRandom({top: 0, bottom: 400, left: 30, right: 620})
    .isDraggable()
    .activeOnClick()
    .active();
  $('#icons3')
    .sprite({fps: 9, no_of_frames: 6})
    .spRandom({top: 50, bottom: 20, left: 0, right: 620})
    .isDraggable()
    .activeOnClick()
  $('html').flyToTap();
  $('#level1')
    .pan({fps: 30, speed: 0.7, dir: 'left', depth: 10});
  $('#level2').pan({fps: 30, speed: 2, dir: 'left', depth: 30});
  $('#level3').pan({fps: 30, speed: 3, dir: 'left', depth: 70});
  $('#level2, #level3, #level1').spRelSpeed(8);
  $("#container").mousemove(function(event) {
    var newSpeed = Math.round(event.pageX / 100);
    $('#level2').spSpeed(newSpeed);
    $('#level3').spSpeed(newSpeed * -1);
  });
});
```

Listing 5.23 JavaScript-Code – Spritely-Animation

Im Grunde genommen gibt es für die Animationen nur zwei essenzielle Methoden, nämlich `.sprite()` und `.pan()`. Mit der Methode `.sprite()` lassen sich Objekte selbst animieren, und mit der Methode `.pan()` animieren Sie Hintergründe. Der ersten Methode geben Sie die Option `fps` für »Frames per Second« mit. Damit steuern Sie die Geschwindigkeit, und mit der Option `no_of_frames` für »Number of Frames« steuern Sie, wie viele Frames abgespielt werden sollen. Wenn ein Sprite nicht endlos animiert werden soll, können Sie mit der Option `play_frames` einen numerischen Wert für die Anzahl an abzuspielenden Frames angeben; danach stoppt das Sprite. Letztere Option wird in unserem Beispiel nicht verwendet. Mit der Methode `.spRandom()` initiieren Sie, dass sich die Sprites nach einem Zufallsmuster, aber innerhalb bestimmter Grenzen bewegen sollen. Die Grenzen legen Sie mit den Optionen `top`, `bottom`, `left` und `right` fest.

Mit `.isDraggable()` initiieren Sie die Möglichkeit, das Sprite mit der Maus zu ziehen. Die Methode `.activeOnClick()` ermöglicht es, ein Sprite zu markieren, damit es aktiviert wird, um an die Stelle zu fliegen, die Sie innerhalb des Fensters anklicken. Mit `.active()` aktivieren Sie ein Sprite bei der Initialisierung. Sie können nur ein einziges Sprite aktivieren, aber alle Sprites auf `.activeOnClick()` setzen.

Die Methode `.pan()` besitzt die Optionen `fps` und `speed`, um die Geschwindigkeit zu regeln. Mit `.sprite()` können Sie die Option `speed` nicht verwenden. Sie können allerdings der Option `dir` die Werte `left` und `right` übergeben. Damit bestimmen Sie die Laufrichtung der Animation. Mit `depth` legen Sie eine Art Tiefenwirkung fest, die bei der Animation die Geschwindigkeit angleicht, um einen räumlichen Effekt zu erzielen. Ähnliches erreicht die Methode `$('#level2, #level3, #level1').spRelSpeed(6)`, die die Geschwindigkeit relativ zu allen im Selektor angegebenen Elementen herstellt. Schließlich aktivieren Sie die Sprite-zu-Maus-Aktion mit der Methode `$('html').flyToTap()`.

Innerhalb des `.mousemove()`-Events fragen Sie die aktuelle Mausposition ab, um die Geschwindigkeit zu regeln. Sie haben zwar bei der Initialisierung des Scripts jede Menge Geschwindigkeiten festgelegt, aber mit der Methode `.spSpeed(newSpeed)` können Sie sie jederzeit ändern. Sie tun das für die Elemente `#level-1` und `#level-2`, wobei Sie für `#level-2` die Richtung mit `* -1` umkehren.

Zum Abschluss noch ein Wort zur Performance: Dieses Script beansprucht auf einem halbwegs modernen Rechner bereits einen beträchtlichen Anteil an Prozessorleistung. Bedenken Sie, dass die Animation nicht nur bei der Initialisierung eine Lastspitze erreicht. Die Rechenkerne werden hier kontinuierlich belastet. Sie sollten dieses Plugin mit Bedacht einsetzen, zum Experimentieren aber lädt es auf jeden Fall ein.

5.3 Spiel mit Bildern

Wenn Sie Bildergalerien mit mehreren oder vielen Bildern einrichten wollen, müssen Sie zuerst überwachen, ob die Bilder in den Browser geladen wurden, und dann die Bilder zeigen und vielleicht erst bei einem Status GELADEN eine Animation ablaufen lassen. Nichts einfacher als das, möchte man meinen. Schauen Sie sich dazu einen Scriptabschnitt an, der uns zunächst ganz logisch erscheint:

```
$(document).ready(function(){
  var images = $("div.load img");
  images.hide();
  images.parent().addClass("loading");
```

```
  images.each(function() {
    $(this).load(function() {
      $(this).parent().removeClass("loading");
      $(this).fadeIn(400);
    });
  });
});
```

Listing 5.24 JavaScript-Code: Bilder laden (nicht lauffähig)

Man kann diese Zeilen folgendermaßen übersetzen: »Finde alle `<img>`-Elemente, und verstecke sie. Anschließend blende die Bilder langsam ein, wenn sie mittels des Event-Handlers `.load()` geladen wurden.« Wenn Sie noch dazu einen `<div>`-Container außerhalb des oder der Bilder mit einer festen Bildhöhe versehen müssen und diese dynamisch aus der Höhe des Bildes auslesen wollen, werden Sie in einigen Browsern eine Überraschung erleben.

Wenn Sie dieses Script einsetzen, ohne diesen Text weiterzulesen, werden Sie wahrscheinlich mindestens eine schlaflose Nacht damit verbringen, herauszufinden, warum die Bilder zwar beim ersten Aufruf erscheinen, wenn Sie die Seite allerdings erneut laden, die Callback-Funktion mit `.fadeIn()` nicht mehr ausgeführt wird.

Achtung

Wenn Bilder bereits im Cache des Browsers liegen, werden sie vom `.load()`-Event ignoriert. Das betrifft den Internet Explorer bis Version 8, Opera bis Version 10.x und den Firefox 3.x. Webkit bzw. Safari scheinen davon nicht betroffen zu sein.

Eine Möglichkeit, das Problem zu lösen, besteht darin, diese Anweisungen mit folgendem Event-Handler aufzurufen:

```
$(window).load(function() {
  var images = $("div.load img");
  if (!images.length) return;
  images.parent().addClass("loading");
  obj.hide();
  obj.each(function() {
    $(this).parent().removeClass("loading");
    $(this).fadeIn(400);
  });
;
});
```

Listing 5.25 JavaScript-Code – Bilder laden

Wenn am `window`-Objekt der Event-Handler `.load()` aufgerufen wird (dies ist ein Fallback auf den JavaScript-Event-Handler `window.onload`), wartet die Anwendung, bis alle abhängigen Dateien geladen wurden. Sie ersetzen also `$(document).ready()` durch `$(window).load()`.

Der Handler `.load()`, den Sie an die IMG-Objekte angehängt hatten, fällt weg; alle anderen Anweisungen aus dem vorangegangenen Beispiel bleiben erhalten. Das scheint in allen Browsern zu funktionieren.

Es gibt noch eine andere Lösung, die hier kurz vorgestellt wird. Sie hat ein paar Vorteile gegenüber der globalen Lösung. Wenn Sie Bilder dynamisch nachladen, bleibt `$(window).load()` wirkungslos. Zudem ist die im Folgenden vorgestellte Lösung universell einsetzbar. Da Sie nicht der Einzige sind, der auf dieses Problem stoßen wird, und es schon vorher Webentwickler gab, die mit diesem Problem konfrontiert wurden, werden Sie im Internet schnell fündig. Es gibt zahlreiche Plugins, die dieses Manko beheben wollen. Paul Irish, ein prominentes Mitglied der jQuery Community, hat mit Andreé Hansson ein Plugin veröffentlicht, das genau diese Schwäche behebt und den `load()`-Event mit einem Trick erweitert. Dieses Plugin macht nichts anderes, als die `src` eines Bildes, also die Referenz auf das Bild, zurückzusetzen und dann neu zu setzen. Anschließend wird eine Callback-Funktion ausgeführt.

Plugin für das Cached-Image-Problem

http://github.com/paulirish/jquery.imgloaded

Das Plugin finden Sie auch auf der Begleit-DVD zu diesem Buch.

Das Plugin wird folgendermaßen verwendet: Zuerst inkludieren wir es im `<head>`-Element der Seite:

```
...
<script type='text/javascript' src='js/jquery-1.6.2.js'>
</script>
<script type='text/javascript'
       src='plugins/jquery.imagesloaded.js'>
</script>
<script type='text/javascript' src='load.js'></script>
...
```

Im Scriptteil rufen wir die Methode auf:

```
$(document).ready(function(){
  var images = $(".load img");
  images.parent().addClass("loading");
  images.hide();
```

```
  images.imagesLoaded(function() {
    $(this).each(function() {
      $(this).fadeIn(400,function() {
        $(this).parent().removeClass("loading");
      });
    });
  },true);
});
```

Listing 5.26 JavaScript-Code – Bilder laden mit Plugin

Es wird ein neues jQuery-Objekt mit dem Selektor `'.load img'` instanziiert, und das Plugin wird mit der Methode `.imagesLoaded()` aufgerufen. Als Parameter geben wir ihr eine anonyme Funktion mit auf den Weg, die in unserem Fall die geladenen Bilder einblendet und die Klasse `.loading` entfernt. Als zusätzliches Argument können Sie noch angeben, ob die Callback-Funktion einmalig, nachdem alle Bilder geladen wurden, ausgeführt werden soll (`true`) oder bei jedem Bild (`false`). Dieses Plugin scheint im Moment die sicherste Methode zu sein, das `.load()`-Problem zu umgehen. Dies mag sich mit einer neuen Version von jQuery ändern, aber zum jetzigen Stand, Mitte 2011, können wir diese Methode empfehlen.

5.3.1 Galerie I: Einfache Slideshow

Nachdem Sie das grundsätzliche Vorgehen des Ladeprozesses von Bildern mit Unterstützung von jQuery untersucht haben, können Sie dieses Wissen nutzen, um eine einfache Slideshow zu bauen. Die Diashow zeigt ein Bild, und im Hintergrund, unsichtbar, sind weitere Bilder geladen und warten darauf, eingeblendet zu werden. Beim Start der Seite passiert das automatisch. Zusätzlich haben Sie eine kleine Navigation zur Verfügung, mit der der Benutzer die Slideshow steuern kann. Die Funktionen sind *Abspielen, Stoppen, ein Bild vorwärts, ein Bild rückwärts*.

Sie müssen zunächst sicherstellen, dass alle Bilder geladen werden, um im Anschluss eine kleine Animation anzustoßen, die die einzelnen Bilder ein- und ausblendet (siehe Abbildung 5.17).

Beginnen Sie zuerst wieder mit dem HTML-Teil:

```
<!DOCTYPE html>
<html>
<head>
  <title>jQuery | Load Images</title>
  <style type="text/css" media="screen">
```

```
    @import url("Listing-5-28.css");
  </style>
  <script type='text/javascript' src='js/jquery-1.6.2.js'>
  </script>
  <script type='text/javascript' src='plugins/
jquery.imagesloaded.js'>
  </script>
  <script type='text/javascript' src='Listing-5-29.js'>
  </script>
</head>
<body>
  <div id="container">
    <div class="slideshow">
      <img src="images/bild-1.jpg" />
      <img src="images/bild-2.jpg" />
      <img src="images/bild-3.jpg" />
      <img src="images/bild-4.jpg" />
    </div>
  </div>
</body>
</html>
```

Listing 5.27 HTML-Gerüst – Slideshow

Abbildung 5.17 Slideshow

Der dazugehörige CSS-Teil sieht so aus:

```
div.slideshow {
  position:relative;
  margin:15px;
  width:500px;
  min-height:150px;
  padding:10px;
  background-color:#CCCCCC;
}
div.slideshow img {
  position:absolute;
/*  display:none; */
}
.loading {
  background-image:url(loading.gif);
  background-repeat:no-repeat;
  background-position:50% 50%;
}
```

Listing 5.28 CSS-Styles – Slideshow

Die Idee ist, alle Bilder in einen Container zu legen und mit `position:absolute` übereinanderzustapeln. Mittels jQuery werden nach dem vollständigen Laden die einzelnen IMG-Elemente gesteuert.

Hier sei noch auf einen interessantes Phänomen hingewiesen: Wenn Sie ein `<img>`-Element im CSS-Teil auf `display:none` setzen, wird im Opera (Version 9.5) der `.load()`-Event-Handler nicht gefeuert. Sie dürfen nicht im CSS-Stylesheet die Bilder verbergen, sondern Sie müssen im Scriptteil mit der Methode `.hide()` alle Bilder verstecken, um sie nacheinander einzublenden:

```
$(document).ready(function(){
  var images = $(".slideshow img");
  images.parent().addClass("loading");
  images.hide();
  images.imagesLoaded(function() {
    slideShow($(this),3000);
  },true);
});

function slideShow(obj,speed) {
  if (obj.length <= 1) return;
  var array = [];
  var fn = {
```

```
        loop: function() {
             fn.blend();
             setTimeout(fn.loop, speed );
        },
        blend: function() {
              var current = obj.filter(".current")
                                .fadeOut("slow")
                                .removeClass("current");
              current = (current.next().length) ?
                         current.next() : obj.first();
              current.fadeIn("slow").addClass("current");
        },
        getLargest: function(array) {
         return Math.max.apply( Math, array );
        }
      }
      obj.hide();
      obj.each(function() {
        array.push($(this).height());
      });
      obj.parent().animate({height:fn.getLargest(array)},"fast");
      obj.parent().removeClass("loading");
      obj.first().fadeIn("slow",function() {
        setTimeout(fn.loop, speed );
      }).addClass("current");
    }
```

Listing 5.29 JavaScript-Code – Slideshow

Im Grunde genommen ist dieses Beispiel eine Erweiterung des letzten Scripts. Sie lagern den relevanten Code in eine neue Funktion namens `slideShow` aus.

Zuerst fügen Sie wieder die Klasse `loading` hinzu, verbergen alle Bilder mit `hide()` und rufen anschließend die Methode `.imagesLoaded()` des Plugins aus dem letzten Beispiel auf. Darin finden Sie als Callback den Funktionsaufruf `slideShow()`.

Blicken wir nun auf die Funktion `slideShow()`. Da die Bilder übereinandergelegt werden (Sie erinnern sich, mittels CSS haben Sie sie innerhalb des Selektors `div.slideshow img` mit `position:absolute` versehen), nehmen Sie sie aus dem Dokumentfluss heraus. Ein nachfolgender Textcontainer würde von unseren absolut positionierten Bildern überdeckt werden, Sie müssen dem umgebenden Container eine Höhe mit auf den Weg geben. Sie könnten natürlich bei einem kleinen statischen Projekt diese Höhe fest vergeben. Was passiert aber, wenn Sie mit einem Content-Management-System arbeiten? Hier wissen Sie unter Umständen die Höhe erst beim Laden der Bilder. Sie ermitteln das Bild mit der größten Höhe. Sie legen dazu die einzelnen height-Werte in einem Array ab, und mit der Funktion ermitteln Sie den Maximalwert:

```
getLargest: function (array){
    return Math.max.apply( Math, array );
}
```

Anschließend setzen Sie entweder mit der Methode `.css()` diesen Maximalwert oder – wie in unserem Beispiel – mit `.animate({height:fn.getLargest(array)},"fast")`.

Da alle Bilder geladen sind, kann nun die Klasse `loading` entfernt und das erste Bild der Reihe eingeblendet werden:

```
obj.first().fadeIn("slow",function() {
    setTimeout(fn.loop, speed );
  }).addClass("current");
```

Als Callback-Funktion wird die Funktion `loop()` aufgerufen, allerdings mit einer zeitlichen Verzögerung.

Die eigentliche Schleife zur Animation der Bilder wird mit der Funktion `fn.loop()` erzeugt:

```
loop: function() {
          fn.blend();
          setTimeout(fn.loop, speed );
    },
```

Diese Funktion ist für das automatische Aufrufen der Funktion `fn.blend()` zuständig. Die Funktion `fn.loop()` wird zeitverzögert über `.setTimeout()` rekursiv aufgerufen.

Der eigentliche Mechanismus läuft in der Funktion `fn.blend()` ab. Mit der folgenden Zeile wird das Element gefiltert, das die Klasse `current` enthält:

```
var current = obj.filter(".current")
                 .fadeOut("slow")
                 .removeClass("current");
```

Die CSS-Klasse wird innerhalb einer Reihe von Bildern nur einmal vergeben. Das so gefilterte jQuery-Objekt blendet jenes Element aus und entfernt die Klasse `current`.

Die Variable `current` wird mit folgender Struktur verändert:

```
current = (current.next().length) ?
          current.next() : obj.first();
```

Es wird abgefragt, ob es ein <img>-Element current.next() gibt. Solange diese Bedingung true zurückgibt, wird die Variable current auf das nächste Element in der Reihe von Bildern gesetzt, und wenn die Bedingung false zurückgibt, .next() also beim letzten Element angelangt ist, wird das erste <img>-Element in der Variablen gespeichert. Anschließend wird das nächste Bild (oder das erste) eingeblendet. Wird diese Funktion in Schleifen aufgerufen, erhalten Sie eine Loop, in der ein Bild nach dem anderen aufgerufen wird.

Uns fehlt noch eine Steuerung, denn bisher läuft die Animation automatisch ab. Sie werden im nächsten Schritt einen STOP/PLAY-Button sowie VOR- und ZURÜCK-Buttons einbauen.

Dazu müssen Sie den HTML-Teil erweitern. Sie könnten diese Elemente auch via jQuery erzeugen, das wäre weit mehr unobtrusive, aber der Einfachheit halber fügen Sie die Schaltelemente direkt in den HTML-Code ein, und zwar hinter den Slideshow-Container:

```
...
<div class="controls">
  <a href="#" class="back">&lt;</a>
  <a href="#" class="start-stop">Stop</a>
  <a href="#" class="forward">&gt;</a>
</div>
...
```

Sie können jetzt das Script erweitern (die neu hinzugefügten Zeilen sind wieder fett hervorgehoben):

```
$(document).ready(function(){
//keine Veraenderung
...
});
function slideShow(obj,speed) {
  if (obj.length <= 1) return;
  var array = [];
  var auto = true;
  var direction = "forward";
  var fn = {
    loop: function() {
      if (!auto) return;
      fn.blend();
      setTimeout(fn.loop, speed );
    },
```

```
  blend: function() {
    var current = obj.filter(".current")
                     .fadeOut("slow")
                     .removeClass("current");
    if (direction == "forward") {
      current = (current.next().length) ?
                current.next() :
                obj.first();
    }
    if (direction == "back") {
      current = (current.prev().length) ?
                 current.prev() :
                 obj.last();
                 }
    current.fadeIn("slow").addClass("current");
  },
  getLargest: function(array){
    return Math.max.apply( Math, array );
  }
}
obj.hide();
obj.each(function() {
  array.push($(this).height());
});
obj.parent().animate({height:fn.getLargest(array)},"fast");
obj.parent().removeClass("loading");
obj.first().fadeIn("slow",function() {
  setTimeout(fn.loop, speed );
}).addClass("current");
$(".controls a.start-stop").click(function(e) {
  e.preventDefault();
  obj.stop(true,true);
  auto = auto ? false : true;
  direction = "forward";
  if (auto) {fn.loop(); $(this).html("Stop"); }
  else { $(this).html("Play"); }
});
$(".controls a.forward").click(function(e) {
  e.preventDefault();
    obj.stop(true,true);
    auto = false;
    direction = "forward";
    $(this).parent().find("a.start-stop").html("Play");
    fn.blend();
});
```

```
  $(".controls a.back").click(function(e) {
    e.preventDefault();
    obj.stop(true,true);
    auto = false;
    direction = "back";
    $(this).parent().find("a.start-stop").html("Play");
    fn.blend();
  });
}
```

Listing 5.30 JavaScript-Code – Slideshow erweitert

Sie fügen im Wesentlichen in den schon bekannten Code eine Variable `auto` ein. Wenn sie auf `true` gesetzt ist, wird die Funktion `fn.loop()` rekursiv ausgeführt. Wenn die Variable auf `false` gesetzt ist, wird die Schleife unterbrochen. Fertig ist zumindest schon einmal der STOP-Button. Mit der Variablen `direction` steuern Sie die Laufrichtung, Sie wollen schließlich auch einen ZURÜCK-Button einbauen. Wenn die Variable `direction` auf »back« gesetzt wurde, ändert sich die Selektion des nächsten Elements. Nun wird nach dem vorhergehenden Element, `.prev()`, gesucht:

```
current = (current.prev().length) ?
                    current.prev() :
                    obj.last();
```

Ist `current.length` größer 0, also `true`, gehen Sie zum vorhergehenden IMG-Element, wenn nicht, dann selektieren Sie das letzte Element der Bilderreihe.

Bleiben nur noch die Schaltflächen, Buttons bzw. die Event-Handler, mit denen Sie die Aktionen START/STOP, VOR und ZURÜCK aufrufen. Eigentlich sind es keine Buttons, sondern `<a>`-Elemente; sie werden hier der Einfachheit halber aber generell Buttons genannt.

Alle `.click()`-Events versehen Sie mit `e.preventDefault()` und verhindern dadurch, dass die dem `<a>`-Element zugrunde liegende Aktion `href` ausgeführt wird. Ebenso soll bei allen Handlern erreicht werden, dass die Animation zunächst auf `.stop()` gesetzt wird. Die Parameter, die übergeben werden, bewirken erstens, dass die `Queue` geleert wird (erstes Argument), und zweitens, dass die Animation zum Endzustand springt.

Es wird damit verhindert, dass die Animation in Zwischenzuständen stehen bleibt. Indem sie zum Endpunkt springt, ist gewährleistet, dass die Deckkraft der Bilder bei jeder Stopp-Aktion 100 % beträgt. An dieser Stelle enden die Gemeinsamkeiten aller Buttons. Betrachten Sie nun den START/STOP-Button, mit der Zeile:

```
auto = auto ? false : true;
```

Mit jedem Klick wechselt die Variable `auto` den Wert von `true` auf `false` und umgekehrt. Enthält die Variable `auto` den Wert `false`, wird `fn.loop()` unterbrochen, und die Bedingung `if (auto) fn.loop()` ist nicht erfüllt. Wird beim nächsten Klick `auto` wieder auf `true` gesetzt, startet `fn.loop()` erneut. Daneben gibt es noch die kosmetischen Anweisungen, dem Button entweder den Text »Play« oder »Stop« hinzuzufügen: `$(this).html("Play")`. Um die Richtung festzulegen, wird dem Event-Handler noch die richtige *direction* mit auf den Weg gegeben. Den Vor- und Zurück-Buttons geben Sie ebenfalls die entsprechende *direction* mit auf den Weg und rufen mit `fn.blend()` die nächste bzw. vorherige Seite in Einzelschritten auf.

5.3.2 Galerie II: Imagebox

Mittlerweile kennen die meisten Webnutzer die berühmte Lightbox. Vor ein paar Jahren hat sie ein findiger Webentwickler, Lokesh Dhakar, ganz ohne JavaScript-Framework aufgebaut. Sie können das Originalscript unter

http://www.huddletogether.com/projects/lightbox2/

herunterladen und ausprobieren. Die Lightbox findet Verwendung in unzähligen Projekten. Sie wurde als Standardmodul in viele CMS integriert, es gibt Plugins für WordPress, TYPO3, und es gibt unzählige Nachbauten. Es gibt Greyboxen, Shadowboxen, Thickboxen, Fancyboxen und unzählige weitere Varianten.

Allen gemeinsam ist, dass sich nach dem Klick auf eine Bildvorschau ein abgedunkelter Layer über die Seite legt, und darüber wird eine Box mit der Vergrößerung des Vorschaubilds angezeigt. Meist kann man mehrere Bilder zusammenfassen, und mittels Vor- und Zurück-Buttons zwischen ihnen hin- und herschalten.

Es existieren ziemlich ausgearbeitete Versionen der Lightbox. Seien Sie sich darüber im Klaren, dass das Script, das hier vorgestellt wird, vergleichsweise wenig Funktionsumfang und wenige Parameter zur Konfiguration besitzt. Es wird Ihnen überlassen bleiben, damit herumzuexperimentieren und es auszubauen. Sie werden im weiteren Verlauf auch ein bekanntes jQuery-Plugin kennenlernen, das die hier vorgestellten Funktionen abbildet, aber zuerst wird hier ein eigenes einfaches Script vorgestellt.

Abbildung 5.18 Eine Art Lightbox

Zur Funktionsweise: Das Script sucht sich sämtliche <a>-Elemente, die einen bestimmten Klassennamen, beispielsweise `.lightpopup`, enthalten, und fügt sie zu einer Gesamtgalerie zusammen. Klicken Sie auf ein Vorschaubild, öffnet sich die Vollansicht des Bildes, und mit den Vor- und Zurück-Buttons navigieren Sie zwischen mehreren Bildern. Wollen Sie die Box schließen, klicken Sie in den grauen Abdecker. Wollen Sie eine andere Navigation realisieren, so sei Ihnen das überlassen. Beispielsweise könnten Sie in die Fußzeile der Imagebox noch einen Schliessen-Button integrieren, Metainformationen einblenden oder eine Slideshow ablaufen lassen, analog zum letzten Beispiel. Es gibt auch noch keine Abfrage in diesem Script, die Vor- und Zurück-Buttons auszublenden, wenn nur ein einziges Bild gefunden wurde. Wird JavaScript deaktiviert, wird über das `href`-Attribut des Thumbnails das Vollbild geladen.

Für unsere Zwecke soll dieser Versuchsaufbau genügen. Fangen wir mit der Basis an, dem HTML-Gerüst:

```
<!DOCTYPE html>
<html>
<head>
  <title>jQuery Galerie</title>
  <!--[if lte IE 6]>
    <link href="galerie-ie6.css" rel="stylesheet"
    type="text/css" media="all" />
  <![endif]-->
```

```
  <script type="text/javascript" src="jquery-1.6.2.js"></script>
  <script type='text/javascript'
  src='plugins/jquery.imagesloaded.js'>
  </script>
  <script type="text/javascript"
        src="Listing-5-32-40.js"></script>
</head>
<body>
  <div id="overlay"></div>
  <div id="imgContainer">
    <div id="imgBox"></div>
    <div id="controls">
      <a href="#" class="back">&lt;</a>
      <a href="#" class="forward">&gt;</a>
    </div>
  </div>
  <h1>Galerie mit jQuery</h1>
  <div class="thumbs">
    <a class="lightpopup" href="images/bild-1.jpg">
      <img src="images/thumb-bild-1.jpg" title="Bild 1" />
    </a>
    <!-- weitere Bilder -->
    ...
  </div>
</body>
</html>
```

Listing 5.31 HTML-Gerüst – LightPopUp

Der fett hervorgehobene Teil des Listings sind die Elemente, die Sie für den Abdecker #overlay, die eigentliche Box für das große Bild #imgContainer bzw. #imgBox und den Container #controls für die Vor- und Zurück-Buttons benötigen. Wenn Sie das Script zur Perfektion treiben wollen, lassen Sie diese Elemente später mittels jQuery erzeugen. Aber um das Script so übersichtlich wie möglich zu halten, soll es genügen, die paar Zeilen in das HTML-Dokument zu notieren.

Der untere Block, der auch fett hervorgehoben ist, beherbergt die Vorschaubilder, die Thumbnail-Bilder. Sie werden im jQuery-Teil mit einem Selektor alle Bilder selektieren, die die Klasse .lightpopup besitzen, und das Attribut href als Quelle für das Hauptbild auslesen. Mehr passiert hier nicht.

Der CSS-Teil enthält eine kleine Besonderheit: Es soll erreicht werden, dass der Abdecker, unser <div>-Element mit dem ID overlay, über das gesamte Browserfenster reicht und mit der Eigenschaft position:fixed immer über der gesamten

HTML-Seite zu schweben scheint. Ebenso das Bild für die Vollansicht. Selbst wenn Sie die darunterliegende Seite scrollen, soll das Fenster immer im Vordergrund fixiert stehen bleiben. Ganz einfach, sagen Sie? Nein, nicht ganz. Der Internet Explorer 6 weiß mit dem Wert `position:fixed` nämlich nichts anzufangen. Hier können Sie sich eines Tricks bedienen und mittels Conditional Comments diesem Browser ein eigenes Stylesheet verpassen:

```
html {
  overflow-y: hidden;
}
body {
  height: 100%;
  overflow: auto;
}
div#overlay {
  position:absolute;
}
div#imgContainer {
  position:absolute;
}
```

Es wird unterhalb des Gesamt-Stylesheets eingebunden und überschreibt die von uns benötigten Stellen. Die Anweisung `overflow-y: hidden` im HTML-Element bewirkt, dass sich kein zweiter Scrollbalken zeigt, da für das Body-Element `overflow:auto` gesetzt wurde. Jetzt müssen Sie noch die Höhe auf 100 % setzen, damit, falls das Dokument länger als das Browserfenster wird, ein Scrollbalken erzwungen wird. Mit der absoluten Positionierung wird erreicht, dass der benötigte Container im Browserfenster fixiert wird. Sie können anhand dieses CSS-Tricks ein `position:fixed` für den Internet Explorer 6 erzwingen. Inwieweit dieser Trick mit anderen CSS-Stilen, beispielsweise `float`-Umgebungen, in besagtem Browser kollidiert, kann an dieser Stelle nicht hundertprozentig abgeschätzt werden. Bei unseren Tests hat dieser Trick tadellos funktioniert, aber bei solchen Hacks gilt immer: Testen Sie sehr ausführlich.

Doch nun zum Stylesheet für alle Browser. Dem `<div>`-Container `#overlay` wird die Eigenschaft `position:fixed` sowie eine Hintergrundfarbe gegeben, deren Deckkraft später per Script ein wenig herabgesetzt wird:

```
div#overlay {
  display:none;
  position:fixed;
  top:0;
  left:0;
  width:100%;
```

```
  height:100%;
  background-color:#C1C1C1;
  z-index:1000;
}
```

Der andere wichtige `<div>`-Container ist der mit dem ID `#imgContainer`, der später das Bild in der Hauptansicht halten wird:

```
div#imgContainer {
  display:none;
  position:fixed;
  overflow:hidden;
  z-index:1001;
}
```

Wichtig ist noch ein hoher `z`-Index, damit sichergestellt wird, dass die beiden Schichten immer ganz oben zu liegen kommen, wobei `#imgContainer` logischerweise noch etwas höher liegen muss. Sie sollten nicht vergessen, die innen liegenden `<img>`-Elemente noch absolut zu positionieren:

```
#imgBox img {
  position:absolute;
}
```

Nun können Sie zum jQuery-Teil übergehen. Einige Erkenntnisse aus vorangegangenen Beispielen können Sie hier übernehmen. So ist auch das Plugin *jquery.imagesloaded.js* von Nutzen. Es stellt sicher, dass auch Bilder, die bereits im Browsercache liegen, den `.load()`-Event auslösen. Dieses Beispiel ist ein wenig umfangreicher ausgefallen, bleiben Sie aber dennoch am Ball:

```
function lightPopUp(obj) {

// Wenn keine Vorschaubilder gefunden wurden
if (!obj.length) return;

//Default Werte
var defaults = {
slowSpeed:400,
fastSpeed:200,
fasterSpeed:100,
maxOpacity:0.8 }

// benoetigte)) jQuery-Objekte
var objects = {
imgContainer :  $('#imgContainer'),
imgBox :  $('#imgBox'),
controls :  $('#controls'),
```

```
overlay : $("#overlay")
}

// Variablen, deren Werte  auch nach Ausfuehrung der Funktion
//justifyImgBox erhalten bleiben
var imgHeight = 1;
var imgWidth = 1;
...
```

Listing 5.32 JavaScript-Code – LightPopUp (Teil 1)

Am Anfang werden Variablen bzw. Objekte angelegt, die im Verlauf der Funktion `lightPopUp()` noch benötigt werden. Die jQuery-Objekte werden hier einmalig als Eigenschaften des Objekts `objects` abgelegt. Dies wird deshalb gemacht, um nur ein einziges Mal alle notwendigen Elemente des DOM-Baums zu selektieren (zumindest die, die sich nicht verändern werden), um im weiteren Verlauf immer auf die in der Variablen gespeicherten Objekte zugreifen zu können. Das bedeutet einen klaren Performancevorteil. Auf die Variablen `imgHeight` und `imgWidth` wird noch im weiteren Verlauf eingegangen:

```
...
// Variablen, die margin, padding und border speichern
var diffWidth =
    objects.imgContainer.outerWidth(true) -
    objects.imgContainer.width();
var diffHeight =
    objects.imgContainer.outerHeight(true) -
    objects.imgContainer.height();
...
```

Listing 5.33 JavaScript-Code – LightPopUp (Teil 2)

Es soll erreicht werden, dass sich das Bild gleichmäßig zentriert im Browserfenster anordnet. Es gibt zwei unbekannte Werte, die nicht vorausberechnet werden können: zum einen die Bildgröße (sie muss nach dem Laden des Bildes dynamisch berechnet werden), zum anderen die Außen- und Innenabstände der Imagebox. Diese Werte sollen allein über CSS gesteuert werden. Deshalb werden die Breite `.width()` und Höhe `.height()` des noch leeren `#imgContainers` von der Höhe und Breite einschließlich der Abstände `.outerWidth()` und `.outerHeight()` abgezogen. Das Ergebnis wird gleich als Variable in die Positionierungsberechnungen mit einfließen:

```
...
// alle Funktionen in einem Objekt
var fn = {
```

```
  //loading laedt ein Bild und ruft das Plugin imagesLoaded auf
  //@ param String Bildquelle
  loadImg: function(src) {
    var findImg = objects.imgBox.find("img");
    (findImg.length) ?
    findImg.fadeOut(100,function() {loading()    }) :
    loading();
    function loading() {
      var img = new Image();
      img.src = src;
      $(img).imagesLoaded(function() {
        fn.openImgBox($(this));
      },true);
    }
  },
...
```

Listing 5.34 JavaScript-Code – LightPopUp (Teil 3)

Alle Funktionen werden im Objekt `fn` gekapselt. Betrachten Sie jetzt die Funktion `fn.loadImg()`. Sie ist dafür zuständig, die Bilder zu laden und als Callback die Funktion `fn.openImgBox()` aufzurufen. Es wird an dieser Stelle das Plugin `.imagesLoaded()` aus dem vorigen Beispiel aufgerufen. An dieser Stelle könnten Sie eine Abfrage einbauen, um festzustellen, ob das Plugin gefunden wurde, und bei Bedarf eine Warnmeldung ausgeben. Es ist aber nicht zwingend notwendig. Betrachten Sie dies als Ihre Aufgabe. Wir gehen hier davon aus, dass das Plugin ordnungsgemäß eingebunden wurde:

```
...
  //openImgBox oeffnet imgBox
  openImgBox: function(obj) {
  objects.imgBox.html(obj);
  objects.imgBox.find("img").hide();
  objects.overlay
         .fadeTo(defaults.fastSpeed,
                 defaults.maxOpacity,
                 function() {
                   fn.formatImgBox();
                 });
  },
...
```

Listing 5.35 JavaScript-Code – LightPopUp (Teil 4)

Die Funktion `fn.openImgBox()` speichert mit der Methode `.html()` das geladene Bild und verbirgt es sofort mit der Methode `.hide()`. Anschließend wird der Container `#overlay` eingeblendet, und als Callback-Funktion wird `fn.formatImgBox()` aufgerufen:

```
...
  // formatImgBox formatiert imgBox
  formatImgBox: function() {
    objects.imgContainer.css({
      display:"block"})
      .find('img').css({    display:"block"});
    var locHeight = objects.imgBox.find("img").height();
    var locWidth = objects.imgBox.find("img").width();
    objects.imgBox
            .find("img")
            .css({height:imgHeight,width:imgWidth});
    imgHeight = locHeight;
    imgWidth = locWidth;
    objects.imgBox
            .find("img")
            .animate({
                      opacity:1,
                      height:imgHeight,
                      width:imgWidth
            },defaults.slowSpeed);
    objects.imgBox
            .animate({
                      height:imgHeight,
                      width:imgWidth},
                      defaults.slowSpeed
            );
    fn.justifyImgBox(true,defaults.slowSpeed);
  },
...
```

Listing 5.36 JavaScript-Code – LightPopUp (Teil 5)

Betrachten Sie jetzt die Funktion `fn.formatImgBox()`. Zuerst setzen Sie die CSS-Eigenschaft `display:block` des IMG-Containers. Täten Sie das nicht, würden in einigen Browsern die `.height()`- und `.width()`-Angaben nicht korrekt ausgelesen werden. Zusätzlich muss noch das Bild selbst auf `display:block` gesetzt werden.

In den Variablen `imgHeight` und `imgWidth`, die Sie außerhalb dieser Funktion, aber innerhalb des Scopes der Funktion `lightPopUp()` deklariert haben, ist der jeweils vorhergehende Wert der Bildgröße gespeichert. Stellen Sie sich vor, Sie haben bereits ein Bild geladen und klicken auf den Button VORWÄRTS. Die Werte des bereits geladenen Bildes verwenden Sie, um das neue Bild und damit automatisch den #imgContainer auf die Größe des vorhergehenden Bildes zu setzen. Anschließend werden die Größenwerte neu ausgelesen und in die lokalen Variablen locHeight und locWidth gespeichert. Mit diesen Werten wird das neu geladene Bild animiert, und es wird auf die tatsächlichen Dimensionen vergrößert oder verkleinert. Betrachten Sie das Ergebnis im Browser. Verwenden Sie Bilder mit unterschiedlichen Größen, und Sie werden sehen, dass das Bild nicht hart in die Fläche gesetzt wird, sondern sich von einer Größe X auf Größe Y sanft ändert. Zuerst wird das Bild animiert, anschließend der Container #imgBox:

```
...
  // justifyImgBox richtet imgBox aus
  //@ dist bestimmt, ob Bildgroesse mit berechnet wird
  justifyImgBox: function(dist,speed) {
    var include = {
        height:0,
        width:0
    }
    if (dist) {
      include.height = imgHeight + diffHeight;
      include.width = imgWidth + diffWidth;
    }
    var top =
        Math.round(($(window).height() - include.height) / 2 );
    var left =
        Math.round(($(window).width() - include.width) / 2 );
    objects.imgContainer
           .animate({
                    top:top,
                    left:left
           },speed);
  },
...
```

Listing 5.37 JavaScript-Code – LightPopUp (Teil 6)

Die Funktion justifyImgBox richtet den #imgContainer, respektive die #imgBox, neu aus. Das Bild mit den neuen Dimensionen wird innerhalb des Browserfensters neu ausgerichtet, und die top- und left-Werte für den #imgContainer werden neu gesetzt. Diese Funktion wird jedes Mal aufgerufen, wenn ein neues Bild geladen wird, aber auch, wenn sich die Fenstergröße ändert. Der Parameter dist bestimmt, ob Außenabstände, Ränder oder Innenabstände mit einbezogen werden sollen:

```
...
  //changeImg aehnlich der Slideshow,
  //sucht das naechste/vorherige Bild
  // @param direction: Richtung, in die gesucht wird
  changeImg: function(direction) {
    var current = obj.filter(".current");
    current.removeClass("current");
    if (direction == "forward") {
      current = current.next().length ?
                current.next() :
                obj.first();
    }
    if (direction == "back") {
      current = current.prev().length ?
                current.prev() :
                obj.last();
    }
    current.addClass("current");
    return current;
  }
}
...
```

Listing 5.38 JavaScript-Code – LightPopUp (Teil 7)

Dem aufmerksamen Leser wird auffallen, dass die Logik der Funktion `fn.changeImg()` dem letzten Beispiel entnommen wurde. Sie geht stets von einem Element `current` aus und selektiert das folgende Element mit der Methode `.next()`, solange eines vorhanden ist. Wenn nicht, wird das erste Element gewählt – vorausgesetzt, die Richtung stimmt. Die hatten Sie in der Slideshow mit dem Parameter `direction` bestimmt, und das tun wir auch hier. Soll das vorhergehende Bild angezeigt werden, wird das Element mit der Methode `.prev()` selektiert. Ist die Methode fündig geworden, weist sie die CSS-Klasse `current` zu.

Eine Anregung sei noch erlaubt: Wir haben gerade davon gesprochen, dass diese Logik dem Beispiel der Slidesshow entnommen wurde. Versuchen Sie daher doch einmal, hier diesen automatischen Ablauf einzubauen. Alle Codeelemente, die Sie dazu benötigen, kennen Sie bereits, wenn Sie die vorhergehenden Beispiele angesehen haben. Eine schöne Aufgabe für einen verregneten Winterabend.

```
...
//Event-Handler
//
// Klick auf Thumb
```

```
// @param Event
obj.click(function(e) {
e.preventDefault();
var imgSrc = $(this).attr("href")
$(this).addClass("current");
fn.loadImg(imgSrc);
});

// Klick auf Abdecker
// @param Event
objects.overlay.click(function(e) {
var obj = $(this);
objects.imgContainer.fadeOut(defaults.fastSpeed,function() {
obj.fadeOut(defaults.fastSpeed);
});
});

//Klick auf grosses Bild, naechstes wird aufgerufen
objects.imgBox.click(function() {
fn.loadImg(fn.changeImg("forward").attr("href"));
});

//Klick auf Button vorwaerts, naechstes wird aufgerufen
// @param Event
objects.controls.find("a.forward").click(function(e) {
e.preventDefault();
fn.loadImg(fn.changeImg("forward").attr("href"));
});
//Klick auf Button zureck, vorheriges wird aufgerufen
// @param Event
objects.controls.find("a.back").click(function(e) {
e.preventDefault();
fn.loadImg(fn.changeImg("back").attr("href"));
});
// bei jedem resize wird imgContainer ausgerichtet
$(window).resize(function() {
  if(!objects.imgContainer.filter(":visible").length) return;
  fn.justifyImgBox(true,defaults.fasterSpeed);
});
  // justifyImgBox  wir beim Start aufgerufen
  fn.justifyImgBox(false,defaults.fastSpeed);
}
...
```

Listing 5.39 JavaScript-Code – LightPopUp (Teil 8)

Mit den Event-Handlern steuert der Benutzer das Verhalten unserer Anwendung. Im Wesentlichen wird mit den Click-Events die Methode `fn.loadImg()` aufgerufen. Mit einem Klick auf das Objekt `objects.overlay` wird der graue Schleier geschlossen. Mit dem Funktionsaufruf `fn.justifyImgBox()` ganz am Ende wird die Anfangsposition des `#imgContainers` festgelegt. Diese Box wird nicht nur bei jedem Aufruf dynamisch neu ausgerichtet, sondern auch bei jeder Änderung des Browserfensters mit dem Event-Handler `$(window).resize()`. Damit der `#imgContainer` beim ersten Start nicht von `top:0, left:0`, also von oben links ins Bild fliegt, sondern sich schon beim Start der Seite mittig ausrichtet, werden als Letztes wiederum mit dem Aufruf `fn.justifyImgBox()` der `top`- und der `left`-Wert festgelegt:

```
...
// Wenn DOM geladen
$(document).ready(function() {
  // LightPopUp
  // @param jQuery-Objekt mit allen Vorschaubildern
  lightPopUp($("a.lightpopup"));
 });
```

Listing 5.40 JavaScript-Code – LightPopUp (Teil 9)

Zuletzt wird innerhalb des Handlers `$(document).ready()` die Funktion `lightPopUp()` aufgerufen. Das Verfahren kennen Sie bereits aus anderen Beispielen aus diesem Buch. Es wird ein jQuery-Objekt mit allen `<a>`-Elementen mit der CSS-Klasse `lightpopup` erzeugt und der Funktion als Argument übergeben.

Fügen Sie nun die hier abgebildeten JavaScript-Codeblöcke zu einem einzigen Script zusammen, und experimentieren Sie. Das vollständige Beispiel finden Sie, wie immer, auf der Begleit-DVD zu diesem Buch.

5.4 Ausgewählte Plugins

Dass Sie das Ziel auf einem leichteren Weg erreichen können, haben wir weiter oben bereits angedeutet. Dieses Versprechen soll im Folgenden eingelöst werden.

Fancybox

Sie werden nun ein fertiges Lightbox-Derivat namens *Fancybox* kennenlernen. Es gibt viele andere Plugins, die ähnliche Funktionen haben, aber die Fancybox zeichnet sich durch eine umfangreiche API aus, viele Konfigurationsmöglichkeiten und ist unter der MIT- und GPL-Lizenz verfügbar. Laden Sie zuerst das Paket unter *http://fancybox.net* herunter. Der Autor Janis Skarnelis würde sich übrigens über eine kleine Spende freuen, wenn Sie das Script einsetzen.

Neben seinem eigenen Plugin verwendet das Script noch weitere Plugins, die ebenfalls im Downloadpaket enthalten sind. Wenn Sie das Downloadpaket entpacken, sehen Sie neben den Dateien *ajax.txt*, *index.html* und *styles.css* die Ordner *example* und *fancybox*. Kopieren Sie den Ordner *fancybox* in Ihr Projektverzeichnis. Legen Sie eine neue HTML-Seite an.

Verwenden Sie im Folgenden das leicht modifizierte HTML-Gerüst, das Sie bereits im vorangegangenen Beispiel kennengelernt haben, und binden Sie folgende Dateien ein:

```
...
<link rel="stylesheet"
  href="plugins/fancybox/jquery.fancybox-1.3.4.css" />
<script type="text/javascript" src="js/jquery-1.6.2.js">
</script>
<script type="text/javascript"
  src="plugins/fancybox/jquery.fancybox-1.3.4.js">
</script>
<script type="text/javascript"
  src="js/jquery-ui-1.8.13.custom.js">
</script>
<script type="text/javascript"
  src="plugins/fancybox/jquery.mousewheel-3.0.4.pack.js">
</script>
<script type="text/javascript" src="Listing-5-41.js">
</script>
...
```

Listing 5.41 HTML-Gerüst – Fancybox (Ausschnitt 1)

Das Body-Element enthält folgende Elemente:

```
...
<a rel="lightpopup" href="images/bild-1.jpg" title="Titel...">
  <img src="images/thumb-bild-1.jpg" title="Bild 1" />
</a>
...
```

Listing 5.42 HTML-Gerüst – Fancybox (Ausschnitt 2)

Statt des Klassennamens wird hier das Attribut `rel` verwendet, wenn der Benutzer eine Gruppe von Bildern durchblättern will. Der Einfachheit halber ist hier nur ein Bild notiert; listen Sie am besten mehrere Bilder auf:

```
$(document).ready(function() {
function formatTitle(title,
                     currentArray,
                     currentIndex,
                     currentOpts) {
  return  '<div id="custom-title">'
          + (title && title.length ? '<b>'+title+'</b>' : '' )
          + '|  Bild ' + (currentIndex + 1) + ' von '
          + currentArray.length + '</div>'; }
  $("a[rel=lightpopup]").fancybox( {
    'padding' : 0,
    'transitionIn':'elastic',
    'transitionOut':'elastic',
    'speedIn':600,
    'speedOut':200,
    'overlayShow':true,
    'overlayOpacity':0.8,
    'hideOnContentClick':false,
    'titleFormat':formatTitle
 });
});
```

Listing 5.43 JavaScript-Code – Initialisierung von Fancybox

Die Funktion `.formatTitle()` zeigt sehr schön, wie Sie die Fancybox individuell gestalten können. Mit dieser Funktion legen Sie fest, wie Sie eine Bildunterschrift, die Sie aus dem `title`-Attribut des `<a>`-Elements herauslesen, formatieren können und unterhalb des Bildes öffnen werden. Die Funktion wird beim Pluginaufruf an die Aliasmethode `'titleFormat'` gebunden.

Der eigentliche Aufruf der Fancybox wird mit der Methode `$(selector).fancybox()` erledigt. Wie Sie sehen können, rufen wir sie mit ein paar Argumenten auf. Hier zeigt sich die Stärke des Plugins, nämlich, dass Sie eine ganze Reihe von Einstellungen vornehmen können.

Mehr über die Fancybox

Eine Dokumentation der API finden Sie auf der Website der Fancybox unter *http://fancybox.net/api*. Alle Optionen und Methoden hier abzubilden, würde den Rahmen des Kapitels sprengen.

Wenn Sie, wie in diesem Beispiel, das Plugin *jquery.mousewheel-3.0.4.pack.js* inkludiert haben, können Sie mit dem Mausrad zwischen den einzelnen Bildern blättern. Das Plugin *jquery.easing-1.3.pack.js* ist dafür zuständig, dass die Animationen eleganter ablaufen, indem die Animation beispielsweise langsam beginnt und am Ende mit einer Beschleunigung endet. Beachten Sie, dass die Easing-Funktionen mittlerweile in den Core des jQuery-UI-Frameworks integriert wurden. Deshalb inkludieren Sie an dieser Stelle das jQuery-UI-Framework mit der Datei *jquery-ui-1.8.13.custom.js*.

Die Fancybox und der IE

Im unteren Teil der Datei *jquery.fancybox-1.3.4* im Verzeichnis *plugins/fancybox* müssen Sie noch die Pfade an Ihr Projekt anpassen. Sie müssen die relativen Pfade zum HTML-Dokument angeben, beispielsweise *plugins/fancybox/fancy_close.png*. Es sind einige Pfade unterhalb des Kommentars `/* IE6 */` bis zum Ende des Dokumentes anzupassen.

Zusammenfassung

Eigentlich bemerkenswert – mit ungefähr hundert Zeilen JavaScript (und nicht zu vergessen: jQuery!) gelingt es Ihnen, eigenhändig eine Lightbox von Grund auf zu erstellen. Mit fünf nicht allzu komplexen Funktionen, ein paar Event-Handlern und einigen Variablen lässt sich zumindest der Grundstock einer anständigen Bildergalerie schreiben: Bild laden, öffnen, formatieren, ausrichten, nächstes Bild auswählen, anzeigen, schließen.

Sie können auf diese Basis aufbauen, beispielsweise die Navigation erweitern, `title`-Attribute aus dem Link des Vorschaubilds extrahieren und als Bildunterschrift für die Vollansicht ausgeben.

Wenn Sie einen größeren Funktionsumfang benötigen, werden Sie auf eines der im Web verfügbaren Plugins zurückgreifen. Wenn diese allerdings ein Feature nicht zur Verfügung stellen, das in einem Projekt gefordert wird, mag es vielleicht eine Option sein, ein eigenes Plugin zu entwerfen, das genau diese Anforderungen erfüllt. Das ist manchmal leichter, als ein viele Hundert Zeilen umfassendes Script nachzuvollziehen und dafür eine Erweiterung zu schreiben.

5.5 Ajax mit jQuery einsetzen

Vor ein paar Jahren war Ajax das »Buzz Word«. Alle sprachen über »die Innovation, die User Interfaces revolutionieren« würde. Heute ist nur noch wenig von Ajax die Rede, nicht, weil es aus der Mode gekommen ist, sondern weil es Teil des Weballtags geworden ist. Selbst als Ajax in Mode kam, war es eigentlich nur dieses Akronym, was neu war. Die Technik gab es bereits Jahre zuvor. Das JavaScript-Objekt `XMLHttpRequest` wurde von Microsoft bereits in den Internet Explorer 5.0 integriert, und andere Browser übernahmen dieses Konzept. Mittlerweile verstehen alle modernen Browser diese Schnittstelle.

Ajax steht für *Asynchronous JavaScript and XML*, also für die asynchrone Dateiübertragung zwischen Server und Browser. »Asynchron« bedeutet, dass der Browser eine Anfrage an den Server per Script stellt und nicht auf eine Antwort des Servers warten muss, sondern andere Anweisungen ausführen kann. In der Praxis bedeutet das, dass Sie eine HTML-Seite in dem Browser öffnen können, und in diese Seite werden weitere Daten nachgeladen. Diese Daten können aus kompletten HTML-Seiten oder aus HTML-Fragmenten ohne Head- und Body-Elemente oder auch aus sonstigen XML-Dokumenten bestehen. Auch JSON-Objekte können geladen werden. Zu JSON erhalten Sie im weiteren Verlauf noch mehr Informationen.

Lassen Sie uns als Erstes beim Thema »HTML nachladen« bleiben. Nun kann man nicht davon ausgehen, dass das `XMLHttpRequest`-Objekt in allen Browsern einheitlich umgesetzt wurde, es ist auch (noch) kein endgültig verabschiedeter Standard des W3C. Hier ist es wieder jQuery, das die Arbeit erleichtert und im Hintergrund die verschiedenen Implementierungen berücksichtigt sowie eine einfache Programmierschnittstelle zur Verfügung stellt.

jQuery-Ajax-Datentypen

- **HTML-Dokumente und HTML-Fragmente**
  HTML-Dokumente können als Gesamtes in eine bereits geladene Seite integriert werden, wobei man aus der Gesamtseite einzelne DOM-Knoten extrahieren kann, um sie in eine geladene Seite einzufügen. HTML-Fragmente sind der einfachste Weg, externe Daten zu laden. Kein DOM-Traversing ist notwendig; die Daten werden so, wie sie sind, in ein bereits existierendes DOM-Element eingehängt.
- **Textdokumente**
  können als `plain`-Text geladen werden.
- **XML**
  ist das mächtigste Austauschformat. Zudem hat es sich als eine allgemein anerkannte und weit verbreitete Sprache etabliert. Allerdings werden die XML-Datenstrukturen langsamer verarbeitet als andere Formate, was sich allerdings erst bei großen Datenmengen bemerkbar macht.
- **JavaScript**
  JavaScript-Dateien können nachgeladen werden. Dies macht in seltenen Fällen Sinn, wenn man bestimmte Funktionen nur in ausgewählten Anwendungsfällen benötigt.

- **JSON (JavaScript Object Notation)**
  ist ein simples Austauschformat, das im Wesentlichen aus Name-Wert-Paaren besteht. Es ist einfach zu generieren und leicht zu verarbeiten.
- **JSONP**
  ist eine Erweiterung von JSON, die es ermöglicht, über Domaingrenzen hinweg Daten zu laden. Das »P« steht hier für »Padding«.

5.5.1 Laden von HTML-Elementen

Stellen Sie sich vor, Sie wollen eine HTML-Seite erstellen. Die Navigation soll stets im Viewport an derselben Stelle stehen, und sie soll nicht bei jedem Aufruf einer neuen Seite neu geladen werden. Nur die Inhalte werden ersetzt. Der Status des angeklickten Menüpunkts soll mit einer CSS-Anweisung markiert werden.

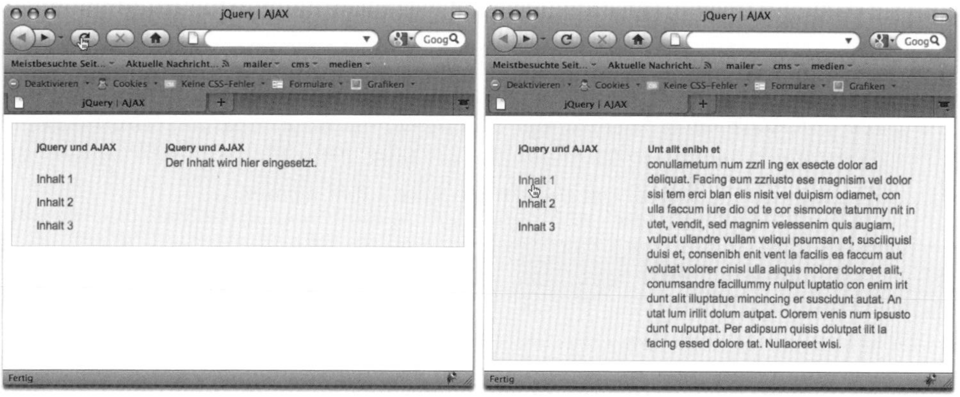

Abbildung 5.19 Laden von Inhalten mit Ajax

Was wird benötigt? Dazu zählt Folgendes:

- eine HTML-Seite
- mehrere HTML-Seiten mit Inhalten
- CSS- und JavaScript-Dateien

Als Erstes legen Sie die HTML-Startseite an:

```
<!DOCTYPE html>
<html>
<head>
<title>jQuery | AJAX</title>
<script type='text/javascript' src='js/jquery-1.6.2.js'>
</script>
<script type='text/javascript' src='Listing-5-46.js'></script>
</head>
```

```
<body>
  <div id="container">
    <div id="col-1">
      <ul>
        <li><a href="content-1.html">Inhalt 1</a></li>
        <!-- weitere Listenelemente -->
        ...
      </ul>
    </div>
    <div id="col-2">
      <p>Der Inhalt wird hier eingesetzt.</p>
    </div>
  </div>
</body>
</html>
```

Listing 5.44 HTML-Gerüst – HTML mit Ajax laden

Die CSS-Angaben beinhalten nur Standards, Fonts, Farben und Dimensionen (letztere werden an dieser Stelle übergangen). Betrachten Sie als Nächstes die HTML-Snippets, die wir per Ajax in die Seite laden werden:

```
<div>
  <h1>Unt alit enibh et</h1>
  <p>
    conullametum num zzril ing ex esecte
    ...
  </p>
</div>
```

Listing 5.45 HTML-Gerüst – zu ladende HTML-Fragmente

Beachten Sie, dass wir lediglich einen HTML-Ausschnitt verwenden. Das reicht für diese Zwecke vollkommen. Aus XML-Sicht ist dieses Dokument wohlgeformt; Elemente werden geöffnet und wieder geschlossen. Ein XML-Parser wird an diesem Dokument nichts auszusetzen haben.

Das jQuery-Script ist sehr übersichtlich gehalten:

```
function loadPage(obj,target) {
  if (!obj.length || !target.length) return;
    obj.click(function(e) {
      e.preventDefault();
      var url = $(this).attr("href");
      obj.removeClass("current");
      $(this).addClass("current");
```

```
      target.fadeOut("slow",function() {
        target.load(url,function() {
          target.fadeIn("slow");
        });
      });
    });
  }
// Wenn DOM geladen
$(document).ready(function() {
  loadPage($("ul a"),$("#col-2"));
});
```

Listing 5.46 JavaScript-Code – HTML mit Ajax laden

Nachdem abgefragt wurde, ob die jQuery-Objekte auch wirklich vorhanden sind, wird der `.click()`-Event an die einzelnen Links der Navigation gebunden. Mit `$(this).attr("href")` wird die Referenz der zu ladenden Datei ausgelesen. Um den Menüpunkt als gesetzt zu markieren, wird bei jedem Klick eine Klasse `current` gesetzt. Zunächst werden aber erst einmal alle `current`-Klassen entfernt, die vielleicht vorher angeklickt wurden. Die Navigation wird sozusagen von der Klasse `current` bereinigt. Sofort danach wird sie dann für den aktuell angeklickten Menüpunkt gesetzt.

Jetzt wird der eigentliche Ladeprozess eingeleitet: Zuerst wird die Content-Spalte `#col-2` ausgeblendet, und als Callback-Funktion wird die Methode `.load()` übergeben, die das HTML-Fragment in die Inhaltsspalte lädt. In diese Methode ist wiederum eine Callback-Funktion verschachtelt; wenn also das HTML-Fragment geladen wurde, wird die Content-Spalte `#col-2` wieder mit `.fadeIn()` eingeblendet.

Achtung

Die hier verwendete `.load()`-Methode ist nicht zu verwechseln mit der bereits beschriebenen gleichnamigen Event-Methode `.load()`. Wenn man mindestens das Argument `.load(url)` verwendet, wird eine externe Datenquelle geladen, wenn man hingegen `.load(callbackFunktion)` verwendet, ist der Event-Handler gemeint. Sie können selbstverständlich auch der Ajax-Methode `.load(url,callbackFunktion)` eine Callback-Funktion übergeben.

Die Methode `.load()` ist eine Kurzform des Interfaces `jQuery.ajax()`. In vielen Fällen reicht uns die Methode `.load()`.

Im nächsten Schritt wird das Beispiel um ein Feature erweitert. Es wird lediglich ein Bereich eines DOM-Baums verwendet, und hierfür soll eine komplette HTML-Seite und kein Fragment mehr geladen werden.

Bereiche einer HTML-Seite laden

Das kann durchaus sinnvoll sein. Wenn Sie die Prinzipien des »unobtrusive« JavaScript beibehalten wollen, sollte die Beispielseite auch ohne JavaScript funktionieren. Es werden schließlich `<a>`-Elemente mit `href`-Attributen verwendet, die ohne JavaScript wie gewohnt funktionieren würden:

```
<a href="content-1.html">Inhalt 1</a>
```

Wäre das Zieldokument ein vollständiges HTML-Dokument, hätten Sie das Ziel erreicht, und genau das wird in diesem Beispiel realisiert. Zusätzlich können Sie noch eine Navigation in *content-1.html* integrieren. Dann hätten Sie auch das Problem mit Google & Co. gelöst, denn schließlich könnten die Zieldokumente auch von Suchmaschinen indiziert und von ahnungslosen Besuchern gefunden werden. So können Sie auf jeder Unterseite eine Navigation anbieten. Egal, welche Unterseite vom User als Erstes angesteuert wird, er findet sich stets zurecht und kann navigieren. Wenn man diesen Gedanken zu Ende denkt, wird jede Seite, die zuerst aufgerufen wird, zur Hauptseite für alle anderen Seiten – je nachdem, welche man zuerst öffnet. Der Vorteil einer solchen Ajax-Lösung liegt auf der Hand. Die Navigation würde niemals neu geladen werden, und neue Inhalte könnten weich ein- und ausgeblendet werden. Das freut den Designer und sorgt für eine elegante Erscheinung.

Kommen wir nun zu unserem Code. Die Codefragmente müssen Sie zu einem kompletten validen HTML-Dokument erweitern. Bis auf die unterschiedlichen Inhalte gibt es keinen Unterschied mehr zur Startseite. An der Startseite selbst müssen Sie keine Änderungen vornehmen, nur der jQuery-Code muss modifiziert werden, und zwar nur an einer einzigen Stelle:

```
target.load(url + " #col-2 > *",function(){
```

Es muss nur der String innerhalb der `.load()`-Methode geändert werden. Der String, der in der Variablen `url` steckt, wird um [Leerzeichen][Selektor] erweitert. Der Selektor gibt die Anweisung, alle beliebigen Elemente innerhalb des Elements mit der ID `#col-2` an das Element zu hängen, das im jQuery-Objekt `target` selektiert wurde. Alle anderen Elemente werden ignoriert.

Wie kommt eine HTML-Seite in die Imagebox?

Versuchen Sie, Inhalte per Ajax zu laden und in die Imagebox aus dem Beispiel Galerie II einzufügen. Es fehlt nicht viel, es muss im Wesentlichen nur an einer Stelle eine Änderung des Scripts erfolgen.

Wie Sie sich denken können, erfolgt diese Änderung hauptsächlich in der Funktion `loadImg()`. Zuerst deklarieren Sie in der Funktion `loadImg()` die Variable `ajax`, etwa in der Nähe der Variablen `imgWidth`:

```
...
var imgHeight = 1;
var imgWidth = 1;

var ajax = false;
...
```

Listing 5.47 JavaScript-Code – Imagebox und Ajax (Teil 1)

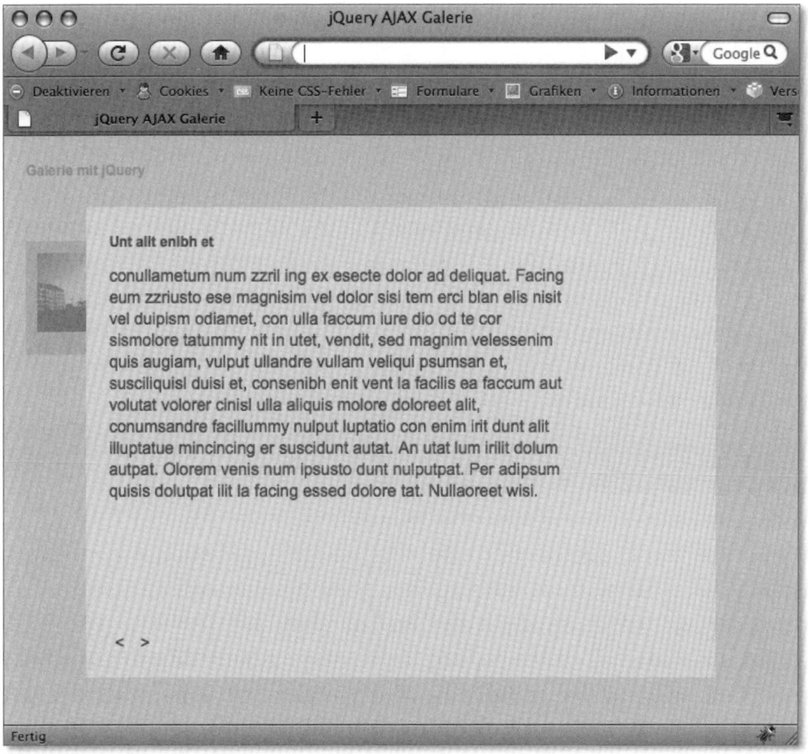

Abbildung 5.20 Text mit Ajax in die Imagegalerie laden

Um in der Funktion `loadImg` die hauptsächlichen Änderungen durchzuführen (Sie sollten an dieser Stelle überlegen, sie in `loadAssets` umzubenennen), führen Sie folgenden Code aus:

```
...
loadImg: function(src) {
  var types = ['xml','txt','html','htm'];
  ajax = false;
  var type = src.slice(src.indexOf(".")+1);
  for (i in types) {
```

```
    if (type == types[i])    ajax = true;
  }
  // wenn es sich um HTML-Dateien handelt
  if (ajax) {
    var url = $(this).attr("href");
    objects.imgBox.load(src + " #col-2 > *",function(){
      fn.openImgBox(false);
    });
    return;
  }
  var findImg = objects.imgBox.find("img");
  (findImg.length) ?
  findImg.fadeOut(100,function() {loading()}) :
  loading();
  function loading() {
    var img = new Image();
    img.src = src;
    $(img).imagesLoaded(function() {
      fn.openImgBox($(this));
    },true);
  }
},
...
```

Listing 5.48 JavaScript-Code – Imagebox und Ajax (Teil 2)

Als Erstes definieren Sie die Dateiformate, die von der Applikation erwartet werden, in einem Array. Sie können dieses Array nach eigenen Bedürfnissen erweitern, wenn Sie weitere Formate laden wollen. Mit der JavaScript-Methode `.slice()` extrahieren Sie die Dateiendung. In der `for-in`-Schleife wird abgefragt, ob eine der Endungen in der zu ladenden Datei vorkommt. Wenn dies der Fall sein sollte, wird die Variable `ajax` auf `true` gesetzt. In der nun folgenden `if`-Anweisung wird mit der Methode `.load()`, die Sie bereits in den vorigen Beispielen kennengelernt haben, die HTML-Datei geladen. Als Callback-Funktion wird die Funktion `fn.openImgBox(false)` aufgerufen:

```
...
openImgBox: function(obj) {
  if (obj.length) {
    objects.imgBox.html(obj);
    objects.imgBox.find("img").hide();
  }
  objects.overlay
        .fadeTo(defaults.fastSpeed,
```

```
                defaults.maxOpacity,function() {
                  fn.formatImgBox();
                });
},
...
```

Listing 5.49 JavaScript-Code – Imagebox und Ajax (Teil 3)

Das Argument `false` übergeben wir, um der Funktion mitzuteilen, dass es sich nicht um ein Bild handelt, das wir geladen haben. Innerhalb der Funktion `openImgBox()` fragen wir ab, ob der Parameter ein jQuery-Objekt enthält, also ein IMG-Element. Wenn das nicht der Fall ist, wird die Methode `.html()` übersprungen, wir wollen ja nicht, dass die HTML-Datei, die wir mit `.load()` in die `#imgBox` geladen haben, mit etwas anderem überschrieben würde:

```
...
formatImgBox: function() {
  objects.imgContainer.css({
  display:"block"}).find('img').css({display:"block"});
  var locHeight = objects.imgBox.find("img").height() ?
              objects.imgBox.find("img").height() :
              332;
  var locWidth = objects.imgBox.find("img").width() ?
             objects.imgBox.find("img").width() :
             500;
  objects.imgBox
         .find("img")
         .css({height:imgHeight,width:imgWidth});
  if (ajax) {
   objects.imgBox.css({height:imgHeight,width:imgWidth});
  }
  imgHeight = locHeight;
  imgWidth = locWidth;
  objects.imgBox
         .find("img")
         .animate({
                 opacity:1,
                 height:imgHeight,
                 width:imgWidth
         },defaults.slowSpeed);
  objects.imgBox
         .animate({
                 height:imgHeight,
                 width:imgWidth
         },defaults.slowSpeed);
```

```
  fn.justifyImgBox(true,defaults.slowSpeed);
},
...
```

Listing 5.50 JavaScript-Code – Imagebox und Ajax (Teil 4)

Sie können mit der Methode `.find("img")` nicht die Dimensionen der HTML-Seite ermitteln. Wenn diese Angaben also nicht möglich sind, setzen Sie feste Werte, in diesem Fall 550 x 332 px. Sie können überlegen, die Dimensionen der HTML-Seite auszulesen, wenn diese vorhanden sind, und die Imagebox dementsprechend automatisch skalieren lassen, wenn es die Anforderungen erforderlich machen. In diesem Beispiel werden Sie das nicht erfahren, es soll sich auf das Wichtigste beschränken. Ein einsamer Winterabend sollte reichen, um diese Erweiterung zu schreiben.

Sie müssen aber überlegen, welche Konsequenzen das haben kann, wenn sich innerhalb einer HTML-Seite mit einer Breite von 1024 px eine per Ajax geladene Seite von ebenfalls 1024 px öffnet. Ob es nicht besser ist, ein kleines Infofenster wie in unserem Fall mit einer festen Größe zu verwenden? Die `#imgBox` können Sie mit der CSS-Eigenschaft `overflow:auto` versehen. Wenn der Inhalt größer wird als die `#imgBox`, werden automatisch Scrollbalken angezeigt.

Zum Abschluss sehen Sie hier das gesamte Script im Zusammenhang:

```
function lightPopUp(obj) {
  // Wenn kein Vorschaubilder gefunden wurden
  if (!obj.length) return;
  //Default Werte
  var defaults = {
    slowSpeed:400,
    fastSpeed:200,
    fasterSpeed:100,
    maxOpacity:0.8
  }
  // benoetigte jQuery-Objekte
  var objects = {
    imgContainer :  $('#imgContainer'),
    imgBox :  $('#imgBox'),
    controls :  $('#controls'),
    overlay : $("#overlay")
  }
  // Variablen, deren Werte  auch nach Ausführung
  // der Funktion justify... erhalten bleiben
  var imgHeight = 1;
  var imgWidth = 1;
```

```
var ajax = false;
// Variablen, die margin, padding und border speichern
var diffWidth =  objects.imgContainer.outerWidth(true) -
                 objects.imgContainer.width();
var diffHeight = objects.imgContainer.outerHeight(true) -
                 objects.imgContainer.height();
// alle Funktionen in einem Objekt
var fn = {
  //loading laedt Bild und ruft Plugin imagesLoaded auf
  //@ param String Bildquelle
  loadImg: function(src) {
    var types = ['xml','txt','html','htm'];
    ajax = false;
    var type = src.slice(src.indexOf(".")+1);
    for (i in types) {
      if (type == types[i]) ajax = true;
    }
    // wenn ajax = true
    if (ajax) {
      var url = $(this).attr("href");
      objects.imgBox.load(src + " #col-2 > *",function(){
        fn.openImgBox(false);
      });
      return;
    }
    var findImg = objects.imgBox.find("img");
    (findImg.length) ?
      findImg.fadeOut(100,function() {loading() }) :
      loading();
    function loading() {
      var img = new Image();
      img.src = src;
      $(img).imagesLoaded(function() {
        fn.openImgBox($(this));
      },true);
    }
  },
  //openImgBox oeffnet imgBox
  openImgBox: function(obj) {
    if (obj) {
      objects.imgBox.html(obj);
      objects.imgBox.find("img").hide();
    }
    objects.overlay.fadeTo(
      defaults.fastSpeed,
      defaults.maxOpacity,function() {
```

```
    fn.formatImgBox();
  });
},
// formatImgBox richtet imgBox aus
formatImgBox: function() {
  objects.imgContainer
    .css({    display:"block"})
    .find('img').css({    display:"block"});
  var locHeight = objects.imgBox.find("img").height() ?
    objects.imgBox.find("img").height() : 332;
  var locWidth = objects.imgBox.find("img").width() ?
    objects.imgBox.find("img").width() : 500;
  objects.imgBox
        .find("img")
        .css({height:imgHeight,width:imgWidth});
  if (ajax) {
    objects.imgBox.css({height:imgHeight,width:imgWidth});
  }
  imgHeight = locHeight;
  imgWidth = locWidth;
  objects.imgBox
        .find("img").animate({opacity:1,
                              height:imgHeight,
                              width:imgWidth},
                              defaults.slowSpeed);
  objects.imgBox.animate({height:imgHeight,
                         width:imgWidth},
                         defaults.slowSpeed);
  fn.justifyImgBox(true,defaults.slowSpeed);
},
// justifyImgBox richtet imgBox aus
//@ dist bestimmt, ob Bildgroesse mit berechnet wird
justifyImgBox: function(dist,speed) {
  var include = {height:0,width:0};
  if (dist) {
    include.height = imgHeight + diffHeight;
    include.width = imgWidth + diffWidth;
  }
  var top =
    Math.round(($(window).height() - include.height) / 2 );
  var left =
    Math.round(($(window).width() - include.width) / 2 );
  objects.imgContainer
        .animate({top:top,left:left },speed).dequeue();
},
```

```
    //changeImg aehnlich der Slideshow,
    //sucht das naechste/vorherige Bild
    // @param direction: Richtung, in die gesucht wird
    changeImg: function(direction) {
      var current = obj.filter(".current");
      current.removeClass("current");
      if (direction == "forward") {
        current =
          current.next().length ? current.next() : obj.first();
      }
      if (direction == "back") {
        current =
          current.prev().length ? current.prev() : obj.last();
      }
      current.addClass("current");
      return current;
    }
  }
  //Event-Handler
  //
  // Klick auf Thumb
  // @param Event
  obj.click(function(e) {
    e.preventDefault();
    var imgSrc = $(this).attr("href");
    $(this).addClass("current");
    fn.loadImg(imgSrc);
  });
  // Klick auf Abdecker
  // @param Event
  objects.overlay.click(function(e) {
    var obj = $(this);
    objects.imgContainer.fadeOut(defaults.fastSpeed,function() {
      obj.fadeOut(defaults.fastSpeed);
    });
  });
  //Klick auf grosses Bild, naechstes wird aufgerufen
  objects.imgBox.click(function() {
    fn.loadImg(fn.changeImg("forward").attr("href"));
  });
  //Klick auf Button vorwaerts, naechstes wird aufgerufen
  // @param Event
  objects.controls.find("a.forward").click(function(e) {
    e.preventDefault();
    fn.loadImg(fn.changeImg("forward").attr("href"));
  });
```

```
    //Klick auf Button zurueck, vorheriges wird aufgerufen
    // @param Event
    objects.controls.find("a.back").click(function(e) {
      e.preventDefault();
      fn.loadImg(fn.changeImg("back").attr("href"));
    });
    // bei jedem resize wird imgContainer ausgerichtet
    $(window).resize(function() {
      if(!objects.imgContainer.filter(":visible").length) return;
      fn.justifyImgBox(true,defaults.fasterSpeed);
    });
    // justifyImgBox  wir beim Start aufgerufen
    fn.justifyImgBox(false,defaults.fastSpeed);
  }
  // Wenn DOM geladen
  $(document).ready(function() {
    // LightPopUp
    // @param jQuery-Objekt mit allen Vorschaubildern
    lightPopUp($("a.lightpopup"));
  });
```

Listing 5.51 JavaScript-Code – Imagebox und Ajax (das gesamte Script)

5.5.2 Laden von JSON

JSON (*JavaScript Object Notation*) ist ein Datenaustauschformat, das für Mensch und Maschine lesbar ist, und wird in reiner Textform übermittelt. Verglichen mit XML ist es ein sehr kompaktes Datenformat. Wie der Name bereits vermuten lässt, handelt es sich um valides JavaScript. Es ist nichts anderes als ein JavaScript-Objekt. Wenn keine komplizierte Datenstruktur vorliegt, ist es XML vorzuziehen. JSON eignet sich besonders, um die zu übergebenden Daten serverseitig maschinell erzeugen zu lassen, beispielsweise per PHP oder Java. PHP und andere Programmiersprachen bringen von Haus aus Methoden zur Generierung von JSON-Objekten mit. Im Falle von PHP sorgt die Methode `json_encode($array)` dafür, dass das JSON-Objekt automatisch erzeugt wird.

Im Folgenden wird ein Beispiel vorgestellt, das Daten per JSON lädt und als HTML-Tabelle darstellt.

Sie werden eine HTML-Seite andeuten, in der Sie eine Tabelle über jQuery-Methoden anzeigen lassen können. Mit den Links METHODEN A, METHODEN B … werden jeweils einzelne JSON-Dateien geladen und in einen `<div>`-Container mit der Methode `.append()` eingefügt. Man kann alle Tabellendaten mit DATEN LÖSCHEN entfernen und anschließend wieder von vorn anfangen.

Zunächst soll das JSON-Format vorgestellt werden. Das JavaScript-Objekt wird mit den beiden geschweiften Klammern `{}` deklariert. In diesen Klammern werden Schlüssel-Wert-Paare gebildet: `{"Schlüssel":"Wert","Schlüssel":"Wert", ...}`. Sie können als Werte auch Arrays einsetzen: `{"Schlüssel":["Wert1", "Wert2", ...]}`.

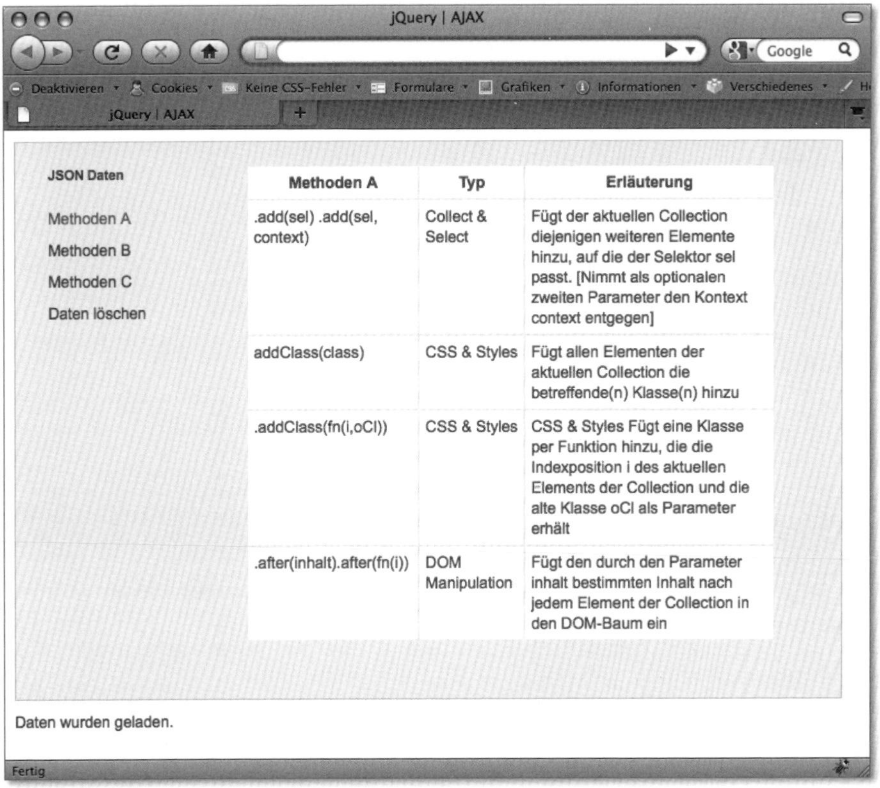

Abbildung 5.21 Laden von JSON-Daten in eine HTML-Tabelle

Wichtig

Seit der Version 1.4 verwendet jQuery dort, wo es in die Browser implementiert ist, die nativen JSON-Parser. Das bedeutet, dass die JSON-Dateien strikt die definierte Notation einhalten müssen. Versuchen Sie beispielsweise, 'Schlüssel':'Wert'-Paare in einfachen Hochkommata einzuschließen, erhalten Sie eine Fehlermeldung. Sie müssen, um valides JSON zu erhalten, laut Definition doppelte Anführungszeichen verwenden. Mehr Informationen zu JSON erhalten Sie unter *http://www.json.org*. Um Ihre JSON-Notation zu validieren, können Sie Ihre Konstruktion unter *http://www.jsonlint.com* testen.

Neben Strings als Werten können Sie Zahlen, boolesche Werte sowie `null` verwenden. Betrachten Sie einen Ausschnitt aus der hier verwendeten JSON-Datei:

```
{
    "header": [
         [
             "Methoden A",
             "Typ",
             "Erläuterung"
         ]
    ],
    "data": [
        [
            ".add(sel) .add(sel, context)",
             "Collect & Select",
             "Fügt der aktuellen ..."
        ],
        [
         ...
        ]
     ]
}
```

Listing 5.52 Beispiel JSON-Datei

Nun folgt der obligatorische Blick auf das HTML-Gerüst, das hier wieder verkürzt wiedergegeben wird:

```
<!DOCTYPE html>
<html>
<head>
<title>jQuery | AJAX</title>
<script type="text/javascript" src="js/jquery-1.6.2.js">
</script>
<script type="text/javascript" src="Listing-5-52-54.js">
</script>
</head>
<body>
<div id="container">
<div id="col-1">
<ul>
<li><a class="load" href="data-1.json">Methoden A</a></li>
...
<a class="reset" href="data-3.json">Daten löschen</a></li>
</ul>
</div>
```

```
<div id="col-2"></div>
</div>
<div id="msg"></div>
</body>
</html>
```

Listing 5.53 HTML-Gerüst – Laden von JSON-Dateien

Sie versehen die `<a>`-Elemente, mit denen Sie JSON-Daten laden wollen, mit der CSS-Klasse `load`. Den Löschlink versehen Sie mit der Klasse `reset`. Über die Klassen wird später selektiert und der Event-Handler an das entsprechende `<a>`-Element gebunden. Die geladenen Daten werden in eine HTML-Tabelle verpackt und in den Container `#col-2` eingesetzt.

Das Styling der Elemente wird an dieser Stelle vernachlässigt. Betrachten Sie daher nun die Scriptdatei:

```
$(document).ready(function() {
  var $objects = {
                load: $("ul a.load"),
                reset: $("ul a.reset"),
                target: $("#col-2"),
                msg: $("#msg")
              }
 $objects.load.click(function(e) {
    e.preventDefault();
    if (!$(this).not(".current").length) return;
    var lastTable = $objects.target.find("table").last();
    var url = $(this).attr("href");
    $(this).addClass("current");
    loadTableData($objects,url,function(){
      (lastTable.next().length) ?
       lastTable.next().hide().fadeIn("slow") :
       $objects.target.find("table").hide().fadeIn("slow");
    });
  });
  $objects.reset.click(function(e) {
    e.preventDefault();
    $objects.load.removeClass("current");
    $objects.msg.empty();
    $objects.target.empty();
  });
});
...
```

Listing 5.54 JavaScript-Code – Laden von JSON-Dateien (Teil 1)

In Listing 5.54 sehen Sie die Event-Handler. Der für dieses Script wichtigste Handler ist der `.click()`-Handler, der an alle `<a>`-Elemente gebunden ist, die die Klasse `load` besitzen: Im Objekt `$objects.load` sind sie alle über `$("ul a.load")` selektiert.

In diesem Handler wird im Wesentlichen die Funktion `loadTableData()` mit einem Callback aufgerufen. Dort werden die JSON-Daten geladen, anschließend wird die neu erzeugte HTML-Tabelle mit `.fadeIn()` eingeblendet.

```
...
function loadTableData(obj,url,callback) {
  var Data = {
    dataToTable: function(obj, url) {
      var table = $('<table/>');
      $.getJSON( url, function( jsonObj ){
        if (jsonObj.header) {
          $.each( jsonObj.header, function(i, data) {
            Data.dataToRow(data, table, true);
          });
        }
        if (jsonObj.data) {
          $.each( jsonObj.data, function(i, data) {
            Data.dataToRow( data, table, false);
          });
        }
        obj.target.append( table );
        if($.isFunction(callback)){
          callback.call(this);
        }
      });
...
```

Listing 5.55 JavaScript-Code – Laden von JSON-Dateien (Teil 2)

In Listing 5.55 werden die JSON-Dateien geladen. Die Anweisung `if (jsonObj.header)` fragt ab, ob ein Header-Objekt vorhanden ist. Wenn dies der Fall ist, soll ein HTML-Table-Header mit `<th>`-Elementen erzeugt werden. Diese Zeile wird die Tabellenüberschrift bilden. Innerhalb der Anweisung `if (jsonObj.data)` werden die eigentlichen Tabellendaten in eine HTML-Tabelle gepackt. Dies bewirkt die Funktion `Data.dataToRow()`. Diese Funktion (siehe Listing 5.56) generiert jeweils eine Tabellenzeile. Sind alle Daten durchlaufen und sämtliche Tabellenzeilen erzeugt, wird die gesamte Tabelle mit `.append()` an das Zielobjekt, hier den Container `#col-2`, angehängt. Mit der Callback-Funktion werden die erzeugten Tabellen eingeblendet.

```
...
      obj.msg.ajaxError(function(e, xhr, settings, exception) {
        $(this).text("Fehler: " + exception);
      });
      obj.msg.ajaxSuccess(function() {
        $(this).text('Daten wurden geladen.');
      });
    },
    dataToRow: function(data, table,isHeader) {
      var tr = $("<tr/>");
      var cell = isHeader ? "<th/>" : "<td/>";
      $.each(data, function(i) {
        var td = $(cell);
        td.append(data[i] );
        tr.append(td);
      });
      table.append(tr);
    }
  }
  Data.dataToTable(obj,url);
}
```

Listing 5.56 JavaScript-Code – Laden von JSON-Dateien (Teil 3)

Die ersten beiden Methoden in Listing 5.56 `.ajaxError()` und `.ajaxSuccess()` sind optional; sie geben den jeweiligen Status wieder. Wichtiger ist die Funktion `dataToRow()`: In ihr werden die einzelnen Tabellenzeilen erzeugt.

Sie konnten sehen, dass in diesem Beispiel »pure« Daten geladen und in einer anderen Form wieder zusammengesetzt wurden. Sie sollten JSON-Daten maschinell erzeugen, beim manuellen Schreiben solcher Notationen sind die Fehlerquellen doch sehr erheblich. Mächtig ist dieses Format dann, wenn Sie eine große Menge Daten laden wollen. Mittels einer Logik müssen Sie anschließend die reinen Daten in eine Form bringen und in HTML-Elemente verpacken.

Cross-Domain-Bremse für JSON

Es gibt allerdings eine Einschränkung: Sie können nicht ohne Weiteres JSON-Daten über Domaingrenzen hinweg laden. Sie müssen sie aus derselben Domain laden, über die auch die HTML-Seite geladen wurde. Aus Sicherheitsgründen wurde das XHR-Objekt so ausgelegt, dass das nicht möglich ist.

5.5.3 Laden von JSONP

Es gibt dennoch einen Weg, um diese Grenze zu überschreiten. Textdateien, XML-Dateien oder HTML-Dateien dürfen zwar nicht über eine andere Domain geladen werden, JavaScript-Dateien hingegen schon.

Diesen Umstand nutzt die JSON-Erweiterung JSONP aus. Man kann sie auch als *Remote JSON* bezeichnen. Das »P« steht dabei für »Padding«, wobei hier – im Gegensatz zur CSS-Eigenschaft »padding« (Innenabstand) – eine »Umhüllung« oder »Einbettung« der JSON-Daten in eine Callback-Funktion gemeint ist.

Es wird also das JSON-Objekt in einen Funktionsaufruf eingebettet. Man kann auf diese Weise Daten mit einem Cross-Domain-Request laden – wie gesagt, bei Scriptdateien besteht die Sicherheitsbeschränkung nicht. Im Folgenden wird kurz ein JSONP-Beispiel angerissen.

Es soll eine JSONP-Datei von einer Domain geladen werden, die außerhalb der Domain liegt, von der die führende HTML-Seite geladen wurde. Die JSONP-Ressoure wird ein kleines PHP-Script sein, das den Parameter empfängt und als Funktionsaufruf zurückgibt. Sie benötigen also für dieses Beispiel Grundkenntnisse in PHP sowie eine Serverumgebung, die PHP ausführen kann. Sie können, wie in Kapitel 1, »jQuery kennenlernen«, beschrieben wurde, eine XAMPP- oder MAMP-Installation benutzen und über *localhost* auf die *jsonp.php*-Datei zuzugreifen.

Informationen zu PHP

Weitere Informationen zu PHP finden Sie auf dem englischsprachigen Portal *http://www.php.net/*, und die deutschsprachige Dokumentation unter *http://www.php.net/manual/de/* hält ebenfalls interessante Hinweise für Sie bereit.

```
...
<script type="text/javascript" src="jquery-1.6.2.js">
</script>
<script type="text/javascript">
$(document).ready(function() {
  $.ajax({
    dataType: 'jsonp',
    jsonp: 'overwriteCallback',
    url: 'http://www.domain.de/jsonp.php',
    success: function (data) {
      $("#msg").append(data.Kiwis);
    },
  });
});
```

```
</script>
...
```

Listing 5.57 Laden von JSONP-Daten (Teil 1)

Dazu verwenden Sie die Low-Level-Methode `$.ajax()`. Als Datentyp wird `jsonp` eingesetzt. Als `jsonp`-Parameter setzen Sie einen eigenen Begriff `overwrite-Callback` ein und überschreiben den standardmäßig gesetzten Parameter `callback`. Sie könnten ebenso `.getJSON()` verwenden:

```
...
var url = 'http://www.domain.de/jsonp.php';
$.getJSON( url, 'callback=?', function( data ){
  $("#msg").append(data.Kiwis);
});
```

Listing 5.58 Laden von JSONP-Daten (Teil 2)

Der Parameter wird einfach als String als `data`-Argument übergeben. (Allerdings scheint es so, dass dieser Parameter nicht wie vorgesehen überschrieben wird. Sie müssen also wohl stets `callback=?` verwenden.)

Serverseitig wird ein PHP-Script verwendet, das das JSONP-Objekt erzeugt, das den Parameter als Funktionsaufruf zurückgibt. Zuerst wird eine Routine entwickelt, die die Daten enthält. In einer praktischen Anwendung würde hier sicherlich eine Datenbank als Datenquelle verwendet, in diesem Fall begnügen wir uns mit einem einfachen Array:

```
<?php
   $namen = array(
        'Birnen'    => 10,
        'Bananen'   => 20,
        'Kiwis'      => 30
  );
  $data = json_encode($namen);
  echo   $_GET['callback']
         . '(' . $data . ');';
  /* output: callback({
                              "Birnen":10,
                              "Bananen":20,
                              "Kiwis":30
                             });
  */
?>
```

Listing 5.59 PHP-Code – Laden von JSONP-Daten

Der PHP-Kommentar gibt den Output wieder, den Sie erhalten, wenn das Script ausgeführt wird. Hier wird deutlich, dass die JSON-Daten in einen JavaScript-Funktionsaufruf gepackt werden.

5.5.4 Zusammenfassung

Mit Ajax können Sie nicht nur XML-Daten laden, sondern auch andere Datentypen wie JSON oder zusätzlichen JavaScript-Code. jQuery stellt den vollen Ajax-Funktionsumfang zur Verfügung. Mit den hier vorgestellten Funktionen und Methoden können Sie auf einfache Weise Daten nachladen, ohne die zuerst geladene HTML-Seite neu aufrufen zu müssen. Aus Sicherheitsgründen ist es in den Browsern implementiert, dass Sie Inhalte ausschließlich über die gleiche Domain wie die führende HTML-Seite laden können. Wenn Sie diese Restriktion umgehen müssen, verwenden Sie JSONP. Ajax bietet umfangreiche Möglichkeiten, innovative Webanwendungen zu entwickeln, die früher nur mithilfe von Browser-Plugins wie Adobe Flash umsetzbar waren.

5.6 Plugin-Entwicklung

Sie werden in diesem Praxisteil immer wieder Plugins einsetzen oder aus den besprochenen Beispielen Plugins erstellen wollen. Wie Sie Plugins einbinden, haben Sie bereits erfahren. Wie Sie selbst Plugins bereitstellen und mit welchem Muster Sie das tun, erfahren Sie hier.

5.6.1 Eigene Plugins entwickeln

Das jQuery-Objekt kann um selbst definierte Methoden und Eigenschaften erweitert werden. Warum aber sollten Sie das tun? Sie könnten doch auch entsprechende Einzelfunktionen schreiben und diese ausführen lassen, wie es bislang oft geschehen ist? Wollen Sie aber jQuery um häufig benötigte Aufgaben erweitern, ohne immer wieder in den Code hineinsehen zu müssen, sollten Sie für Ihren Zweck ein Plugin entwickeln.

- Die Wiederverwendbarkeit und ein modularer Aufbau sind der Garant dafür, mit der Zeit ein umfangreiches Archiv mit verschiedensten Erweiterungen aufbauen zu können, das die Entwicklung von Websites enorm erleichtert. Sie sollten gleichfalls die Community unterstützen und Ihre selbst geschriebenen Plugins im jQuery Repository anbieten. Dieses Archiv erleichtert allen Webentwicklern dadurch das Leben, dass Lösungen zu stetig wiederkehrenden Aufgaben nicht immer neu erfunden werden müssen, sondern dass auf vorhandene Ressourcen zurückgegriffen werden kann.

- Man kapselt die einzelnen Anweisungen und kann dann über Methoden und Eigenschaften der Erweiterung darauf zugreifen und muss sich nicht mehr mit den einzelnen Anweisungen herumschlagen.
- Jede Plugin-Methode sollte immer auch das jQuery-Objekt selbst zurückgeben, sodass eigene Methoden und jQuery-Methoden nahtlos aneinandergehängt werden können (*Chaining*). Die eigenen Methoden werden so ein erweiterter Bestandteil des Frameworks.
- Plugins sollten so weit parametrisiert werden, dass die Erweiterung möglichst universell einsetzbar ist.

Im Folgenden werden Sie ein Plugin entwickeln, dass Elemente in einem HTML-Baum ersetzt. Angenommen, Sie haben eine unsortierte Liste `<ul>` mit `<li>`-Listenelementen. Und nehmen wir einmal an, dass Sie aus irgendeinem Grund diese Struktur in `<div>`- und `<p>`-Elemente umwandeln wollen.

Aus der Liste

```
<ul>
  <li><a href="#">Item 1</a></li>
  ...
</ul>
```

wird folgende Verschachtelung:

```
<div>
  <p><a href="#">Item 1</a></p>
  ...
</div>
```

Als Erstes müssen Sie eine neue JavaScript-Datei anlegen. Sie sollte genauso heißen wie die Methode, die Sie im nächsten Schritt definieren werden. Nach folgendem Muster wird die Datei abgespeichert:

```
jquery.namedermethode[-Version].js
```

In unserem Beispiel sieht das Verlinken des neuen Plugins folgendermaßen aus:

```
<script type="text/javascript"
        src="jquery-1.6.2.js"></script>
<script type="text/javascript"
        src="plugins/jquery.replaceelements-1.0.js">
</script>
```

Der Kern eines Plugins ist die Methode, um die das jQuery-Objekt erweitert wird. Dies geschieht immer über das Objekt `$.fn`:

```
$.fn.replaceElements = function() {
  // Anweisungen
};
```

Der Webdeveloper, der das Plugin nutzt, wird das Plugin mit folgendem Aufruf einsetzen:

```
$(document).ready(function(){
  $('#menu').replaceElements();
});
```

Sie müssen daran denken, dass das jQuery-Objekt `n` Elemente enthalten kann: keines, eines oder mehrere. Sie können nicht erwarten, dass es immer nur ein Element zurückgibt; es besteht durchaus die Möglichkeit, dass Sie es mit einer größeren Menge an Elementen zu tun haben. Deshalb wird als Erstes das übergebene jQuery-Objekt mit `.each()` iteriert:

```
$.fn. replaceElements = function() {
  return this.each(function(){
    //Anweisungen
  });
};
```

`this` ist das an das Plugin übergebene jQuery-Objekt. Als Rückgabewert der Iteration werden Sie wiederum ein jQuery-Objekt mit `return this.each()` erzeugen. Damit stellen Sie sicher, dass Sie weitere Methoden an unsere Methode anfügen können und unser Plugin nahtlos in das Framework integriert wird.

Im nächsten Schritt werden die standardmäßigen Optionen, die `defaults`, bestimmt. Das Plugin wird dadurch auch funktionieren, wenn keine Optionen nach dem Muster

```
$('#menu').replaceElements('{li:span}');
```

übergeben wurden. Sie legen dazu die standardmäßigen Werte im Plugin selbst fest:

```
var defaults = {
  ul: 'div',
  li: 'p'
 };
```

Das Plugin selbst verändern Sie, indem Sie das Argument `arg` angeben und im weiteren Verlauf die Variable `options`:

```
$.fn. replaceElements = function(arg) {
  var defaults = {
    ul: 'div',
```

```
    li: 'p'
  };
  var options = $.extend(defaults, arg);
  return this.each(function(){
    //Anweisungen z. B.:
    $("body").prepend("<p>options: " + options.ul + "</p>");
  });
}
```

In diesem Beispiel wird unsere Variable `defaults` mit den Werten des Arguments `arg` überschrieben. Der Aufruf sieht so aus:

```
$(document).ready(function(){
  $("#menu").replaceElements({ul:"span"});
});
```

Jetzt können Sie die Variable `defaults` noch etwas verbessern. Sie werden aus der Variablen eine Eigenschaft von `replaceElements` machen:

```
$.fn.replaceElements.defaults = {
  ul: 'div',
  li: 'p'
};
```

Diese Eigenschaft ist öffentlich, *public*, dadurch kann man von außerhalb der Funktion `replaceElements` aufrufen. Der Aufruf von außen würde dann folgendermaßen aussehen:

```
$(document).ready(function(){
   ...
   $.fn. replaceElements.defaults.ul = 'span';
   ...
});
```

Außerdem müssen Sie noch die Argumente der Methode `$.extend()` ändern:

```
var options = $.extend({}, $.fn.replaceElements.defaults, arg);
```

Was auffällt, ist, dass Sie mit `arg` nicht allein die Eigenschaft `$.fn.replaceElements.defaults` verarbeiten können; Sie übergeben als ersten Parameter ein leeres Objekt `{}`. Täten Sie das nicht, würde bei einem neuerlichen Aufruf der Methode `.replaceElements()` ein veränderter Default-Wert vorgefunden. Hier ein Beispiel:

```
$(document).ready(function(){
  $("#menu")
          .replaceElements({ul:"span"})
```

```
            .replaceElements();
});
```

Sie sollen ja beliebige Methoden miteinander verketten können, auch zwei oder mehrmals dieselbe Methode. Das Ergebnis sähe bei

```
var options = $.extend($.fn.replaceElements.defaults, arg);
```

folgendermaßen aus – betrachten Sie den generierten Code:

```
...
<body>
  <p>options: span</p>
  <p>options: span</p>
...
```

Im Falle von

```
var options = $.extend({}, $.fn.replaceElements.defaults, arg);
```

würde der generierte Code hingegen so aussehen:

```
...
<body>
  <p>options: div</p>
  <p>options: span</p>
...
</body>
...
```

Tipp:

Übergeben Sie `$.extend()` als erstes Argument ein leeres Objekt `{}`, bleibt der Defaultwert erhalten. Wird ein Objekt beim ersten Aufruf überschrieben, wird bei einem neuerlichen Aufruf ohne Optionen der ursprüngliche Defaultwert verwendet.

Es kann sehr hilfreich sein, eine Funktion vor der Außenwelt zu schützen. Sie dient ausschließlich der internen Verarbeitung, um unser Plugin zu strukturieren, Redundanzen zu vermeiden oder um eine Funktion rekursiv aufzurufen. Innerhalb des Namensraums `replaceElements` platzieren Sie einfach eine Funktion:

```
$.fn. replaceElements = function() {
...
  function private() {
    // Anweisung
  };
};
```

Zu guter Letzt werden Sie die Plugin-Methode noch in eine Closure verpacken, um Kollisionen mit anderen Methoden oder anderen Frameworks zu vermeiden:

```
;(function($) {
  $.fn.replaceElements = function() {
    return this.each(function(){
      //Anweisungen
    });
  };
})(jQuery);
```

Sie umschließen die Methode mit einer anonymen Funktion. Ihr übergeben Sie einen Parameter, in dem Fall `$`. Eigentlich sollten Sie im Plugin auf die Variable `$` verzichten, da andere Frameworks diese ebenso verwenden und es daher zu Konflikten kommen könnte. Aber durch die Closure stellen Sie sicher, dass dieser Bezeichner außerhalb des Scopes der anonymen Funktion nicht sichtbar ist. Wenn Sie mit dem Konzept der Closures nicht vertraut sind, sollten Sie einen Blick in Kapitel 1, »jQuery kennenlernen«, werfen; dort wird das Thema angerissen. Nun aber zurück zu dem Beispiel.

Hinweis

Ihnen ist vielleicht das *Semikolon* am Anfang des Scripts aufgefallen. Dieser Trick (eine leere Anweisung) kann verwendet werden, um ein Script, das außerhalb des Plugins eingefügt wurde, an dieser Stelle abzubrechen. Wenn Sie ein Plugin als *minified*-Version ausliefern wollen, ist dieses Verfahren sogar unerlässlich, um JavaScript-Fehlermeldungen zu vermeiden.

Sie können auf diese Weise problemlos die Variable `$` für Plugin-Entwicklung verwenden und so diese Sprachkonventionen übernehmen. In der letzten Zeile, unmittelbar nach der anonymen Funktion, wird selbige umgehend mit dem Ausdruck `(jQuery)` aufgerufen. Auf diese Weise erreichen Sie einen gut und sauber strukturierten Aufbau eines Plugins. Sie sollten sich hier und zukünftig an dieses Entwicklungsmuster halten, um effiziente konfliktfreie Erweiterungen für jQuery zu schreiben.

Minified jQuery

jQuery wird seit der Version 1.4 mit dem Tool *Google Closure Compiler* optimiert. Diese Java-Applikation löscht beispielsweise Leerzeichen, Zeilenumbrüche und verkürzt Variablennamen aus JavaScript-Dateien, um so die Ladezeiten von JavaScript-Dateien zu optimieren. Es wird der komplette Quelltext analysiert und umgeschrieben. Für Webentwickler ist der generierte Code nicht mehr nachzuvollziehen.

Der Output sind weiterhin Textdateien, die aber durch viele Algorithmen auf ein Höchstmaß optimiert wurden. Das jQuery-Framework (1.6.2) in lesbarer Form besitzt eine Größe von 238 KB, aber die durch Google Closure Compiler optimierte *minified*-Version ist nur 94 KB groß.

Der Google Closure Compiler ist eine Java-Anwendung, die über die Kommandozeile ausgeführt wird. Dadurch, dass es sich um ein Java-Programm handelt, kann es auf Linux, Mac OS X und Windows ausgeführt werden.

Sie finden das Programm unter *http://code.google.com/intl/de-DE/closure/compiler/*. Dort gibt es auch eine Dokumentation. Wenn Sie das Plugin in diesem Kapitel verkleinern wollen, sieht der Kommandozeilenaufruf folgendermaßen aus:

```
java -jar compiler.jar --js jquery.replace-1.0.js --js_output_file
jquery.replace-1.0.min.js
```

Mit diesem kleinen Beispiel-Plugin ist das Verhältnis 2825 Byte (Originalgröße) zu 917 Byte (minifiziert) . Sie können sich vorstellen, wie groß der Nutzen bei umfangreichen Plugins sein wird.

Das Kommandozeilenfenster, um das Kommando einzugeben, finden Sie unter Windows, indem Sie im Startmenü auf den Befehl AUSFÜHREN gehen und dann »cmd« eingeben.

Unter Mac OS X finden Sie das sogenannte *Terminalprogramm* unter PROGRAMME/DIENSTPROGRAMME.

Linux-User wissen, was zu tun ist: Sie kennen nichts anderes als die Shell.

Im Terminalfenster müssen Sie sich mit dem Befehl `cd` (change directory) bis zu dem Verzeichnis durchhangeln, in dem Sie *compiler.jar* sowie die zu verkleinernde Datei abgelegt haben, und den soeben zitierten Befehl ausführen.

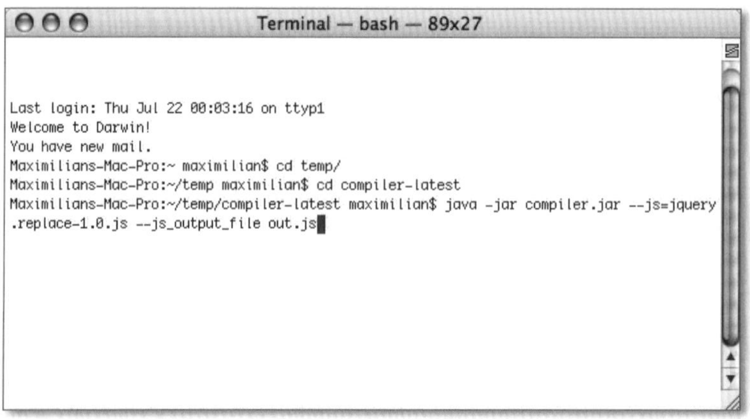

Abbildung 5.22 Erzeugen einer verkleinerten Version eines Plugins

Noch sind wir nicht ganz fertig mit unserer Aufgabe, ein Plugin zu schreiben, das `<ul>`- und `<li>`-Elemente ersetzt. Nachdem Sie nun grundsätzliche Bausteine der Plugin-Entwicklung kennengelernt haben, betrachten Sie abschließend das komplettierte Beispiel:

```
;(function($) {
  jQuery.fn.replaceElements = function(arg,callback) {
  var options = $.extend({},
           $.fn.replaceElements.defaults,
           arg,
           {callback:callback});
    return this.each(function() {
      replace(options,$(this).parent());
    });
  };
  function replace(opts,obj) {
    for (var i in opts) {
      $(obj).find(i).each(function() {
        var thisElement = $(this);
        thisElement.wrapInner("<"+ opts[i] +" />");
        if(thisElement.attr("id")) {
          thisElement.children()
                .attr("id",thisElement.attr("id"));
        }
        thisElement.children().unwrap();
      });
    }
    callFn(opts.callback);
  };
  function callFn(callback) {
    if($.isFunction(callback)){
      callback.call(this);
    }
  };
  $.fn.replaceElements.defaults = {
    ul: 'div',
    li: 'p'
  };
})(jQuery);
```

Listing 5.60 JavaScript-Code – das ReplaceElements-Plugin

Das eigentlich Neue findet in dem fett hervorgehobenen Abschnitt statt. Innerhalb der Methode `.each()` wird lediglich die private Funktion `replace()` aufgerufen, in der die Rechenoperationen erfolgen.

Die Idee ist, dass zuerst mit `.wrapInner()` innerhalb der im HTML-Baum vorhandenen Elemente das neue Element hinzugefügt wird und anschließend das neue Element mit `.children()` selektiert sowie das alte, nun äußere Element mit `.unwrap()` entfernt wird. Mit `.each()` werden alle Elemente innerhalb der Selektion durchforstet und wird die Ersetzung vorgenommen.

Nun gibt es noch Attribute. Die werden bei dieser Ersetzungsoperation automatisch entfernt. Es muss ein Weg gefunden werden, sie zu retten und wieder in die neu hinzugefügten Elemente einzusetzen. Um es einfach zu halten, werden in diesem Beispiel lediglich die `id`-Attribute gerettet. Mit der Anweisung

```
thisElement.children().attr("id",thisElement.attr("id"))
```

werden sie übernommen. Für unsere Zwecke ist das vollkommen ausreichend.

Tipp

An dieser Stelle könnten Sie das Plugin aufbohren und sämtliche Attribute finden und ersetzen. Hierzu gibt es bereits ein fertiges Plugin im offiziellen jQuery-Verzeichnis, das Sie hier mit verwenden könnten, um ein möglichst generisches Plugin zu schreiben:

http://plugins.jquery.com/project/getAttributes

Laden Sie das Plugin herunter, und binden Sie es in die HTML-Seite ein:

```
<script type="text/javascript" src="jquery-1.6.2.js"></script>
<script type="text/javascript" src="jquery.getAttributes.js">
</script>
<script type="text/javascript" src="jquery.replace-1.0.js">
</script>
```

Das zusätzliche Plugin würden Sie folgendermaßen benutzen. Statt

```
...
  if(thisElement.attr("id")) {
    thisElement.children().attr("id",thisElement.attr("id"));
  }
...
```

notieren Sie:

```
...
  var attr = jQuery.getAttributes(thisElement,true);
  if(attr) {
    thisElement.children().attr(attr);
  }
...
```

Damit würden zuerst alle Attribute, unabhängig davon, um welche es sich handelt, in das neue Element übernommen werden. Hier sehen Sie einen wichtigen Vorteil von Plugins in der Praxis: Sie können das Plugin blind verwenden und sich (in den meisten Fällen) darauf verlassen, dass es das tut, was von ihm verlangt wird. Sie müssen sich nicht mit seinem Innenleben auseinandersetzen, sondern nur damit, die richtigen Optionen zu setzen.

Zu guter Letzt betrachten wir noch das Argument `callback`. Sie wollen dieses Plugin so einsetzen, dass direkt nach dem Laden einer Seite die Ersetzung stattfindet. Anschließend soll irgendetwas ausgelöst werden; beispielsweise sollen Events an die neu erzeugten Elemente gebunden werden. Das können wir jedoch erst vollziehen, wenn die Ersetzung vorgenommen wurde. Dazu lassen wir eine Funktion erst dann starten, sobald die Ersetzung abgeschlossen ist.

Mit dem Aufruf

```
$(document).ready(function(){
  $("#menu").replaceElements({},function() {
    aFunction($("#menu"));
  });
});
```

übergeben wir als Callback eine anonyme Funktion und rufen darin eine beliebige Funktion auf.

Innerhalb des Plugins wird dieses Argument an die Funktion `replace` weitergereicht. Nachdem alle Objekte innerhalb der `for-in`-Schleife abgearbeitet wurden, erfolgt der Aufruf an die Funktion:

```
callFn(opts.callback);
```

Innerhalb der Funktion `callFN` stellen Sie sicher, dass es sich bei dem Argument um eine Funktion handelt. Wenn das der Fall ist, wird die Callback-Funktion ausgeführt:

```
function callFn(callback) {
  if($.isFunction(callback)) {
    callback.call(this);
  }
};
```

Dieses hier vorgestellte Plugin verwenden Sie in Abschnitt 5.1, »Schönere Navigationen«. Dort müssen Sie in der Tat `<ul>`- und `<li>`-Elemente ersetzen, damit das HTML-Gerüst valide, semantisch korrekt und unobtrusive bleibt.

Einen kleinen Nachteil hat dieses Plugin: Wenn die Zahl der zu ersetzenden Elemente größer wird, ist die Ausführungszeit recht hoch. Das Script verlangt Rechenleistung. Die Prozessorauslastung sollten Sie daher im Auge behalten, sofern Sie das Plugin für einen weit verzweigten und elementreichen HTML-Baum einsetzen.

5.6.2 Allgemeines Muster eines jQuery-Plugins

Als Resümee werden im Folgenden die Syntaxteile zusammengefasst, die das Grundgerüst eines jQuery-Plugins formen. Dieses Grundgerüst können Sie für ziemlich jede Ihrer Plugin-Entwicklungen einsetzen:

```
;(function($) {
  jQuery.fn.nameOfPlugIn = function(arg) {
    var options = $.extend({},$.fn.nameOfPlugIn.defaults,arg);
    return this.each(function() {
      //Anweisungen hier z. B.:
      $(this).html(options.nameN);
      private();
    });
  };
  function private() {
    // Anweisungen hier
  };
  $.fn.nameOfPlugIn.defaults = {
    name1: 'value1',
    name2: 'value2',
    nameN: 'valueN'
  };
})(jQuery);
```

Listing 5.61 JavaScript-Code – allgemeines Muster eines jQuery-Plugins

Allgemeine Regeln zum Erstellen eines Plugins

- Zwar sollte man nie das Dollarzeichen als Namespace für Plugins verwenden, wenn Sie aber über eine anonyme Funktion eine Closure konstruieren, können Sie das `$` als Shortcut für das jQuery-Objekt der inneren Methoden und Eigenschaften übergeben.
- Die Datei sollte einem festen Namensschema folgen: *jquery.namedesplugins-1.0.js*. Der Name entspricht dem Namensraum der Methode. Auch die öffentlichen Eigenschaften sollten dem entsprechen.
- Verwenden Sie Optionen, damit der Nutzer des Plugins das Verhalten ändern kann.
- Definieren Sie ein Defaultobjekt für die Konfiguration, in dem ein Verhalten vordefiniert werden kann; über Optionen kann es überschrieben werden.
- Alle Methoden und Funktionen sollten mit einem Semikolon (;) beendet werden. Bei der Komprimierung des Codes könnten sonst Laufzeitfehler auftreten. Außerdem können Sie am Anfang des Plugins ein Semikolon setzen, um auf alle Fälle an dieser Stelle fehlerhafte Scriptanweisungen zu beenden.

- Das Plugin sollte stets ein jQuery-Objekt zurückgeben.
- Es sollte die `each()`-Methode verwendet werden, um sicherzustellen, dass alle selektierten Elemente durchlaufen werden.
- Alle Methoden, die Sie neu schreiben, werden dem `jQuery.fn`-Objekt hinzugefügt, und alle Funktionen dem jQuery-Objekt .
- Innerhalb von Methoden sollte `this` als Referenz auf das aktuelle jQuery-Objekt verwendet werden.

5.7 jQuery UI

jQuery UI steht für *jQuery User Interface*. jQuery UI ist eine Erweiterung des jQuery-Frameworks, das einerseits erweiterte Interaktion wie Effekte, Drag & Drop, Easing und Farbanimationen bereitstellt, andererseits komplexe Oberflächen-Controls (Widgets) wie Datepicker, Navigationen und Dialogboxen zur Auswahl bietet.

jQuery UI umfasst eine Sammlung leicht individualisierbarer, einfach zu konfigurierender Plugins. Im Einzelnen unterscheidet man folgende Bereiche:

Interaktion	Drag & Drop, Größenänderungen, Auswahlen, Sortierungen
Widgets	Akkordeon, Autovervollständigung, Button, Datepicker, Dialog, Fortschrittsbalken, Schieberegler, Tabs
Helferfunktionen	Positionierung
Effekte	Die Methoden `effect()`, Farbanimationen mit `animate()`, `switchClass()`, Erweiterungen für Methoden `show()`, `hide()`, `toggle()`, `addClass`, `removeClass()`, `toggleClass`.

Tabelle 5.1 jQuery UI – Übersicht

Download von jQuery UI

Sie können die aktuelle Version des Pakets jQuery UI als Zip-Archiv unter dieser Adresse herunterladen:

http://jqueryui.com/download/

Sie finden es in der Version 1.8.13 ebenfalls auf der Begleit-DVD zu diesem Buch.

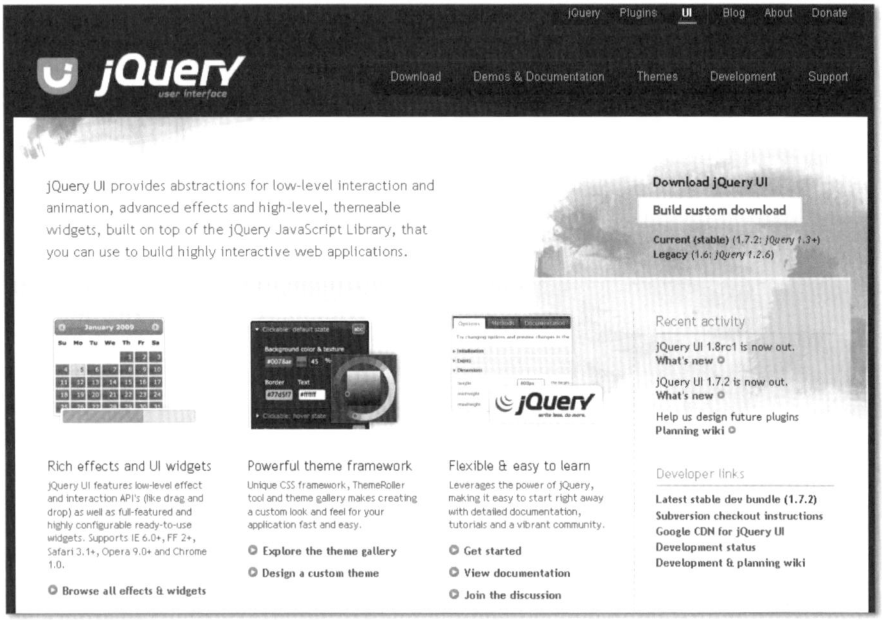

Abbildung 5.23 Website von jQuery UI

Sie können in Form einer einzigen JavaScript-Datei alle UI-Funktionen »en bloc« einbinden, wenn Sie dies wünschen. Allerdings handelt es sich hier um eine größere Datei, sodass Sie dies eher für Testzwecke in Betracht ziehen sollten als für eine Produktionsumgebung, bei der es auf Performance ankommt. Hierfür bietet das jQuery UI die Option, gezielt ein oder mehrere Pakete zusammenzustellen, die nur aus den wirklich benötigten UI-Elementen bestehen. Zunächst soll aber hier das komplette UI-Paket eingebunden werden, um mit ihm ein paar einfache Grundübungen zu vollziehen.

Wenn Sie Ihren Download konfiguriert und heruntergeladen haben, finden Sie alle Dateien in einer **.zip*-Datei verpackt auf Ihrer Festplatte vor. Der Dateiname lautet, abhängig von der Version, die Sie heruntergeladen haben, *jquery-ui-1.8.13.custom.zip*. Betrachten Sie nun bitte die Struktur des Pakets. Wenn Sie das Downloadpaket öffnen bzw. entpacken, sehen Sie drei Ordner:

- *[jquery-ui-ordner]/development-bundle/* beinhaltet Anwendungsbeispiele, zusätzliche Plugins, die Dokumentation, Lizenzbestimmungen und Themes. Zu Themes werden Sie im Folgenden noch mehr erfahren. Die für uns wichtigen Verzeichnisse sind *css* und *js*.
- In *[jquery-ui-ordner]/js/* befinden sich die Dateien des jQuery-Frameworks sowie die jQuery UI-Plugins, die in einer einzigen Datei zusammengefasst

sind – im Gegensatz zum *development-bundle*, dort liegen alle Plugins in Einzeldateien vor.

- Im Verzeichnis *[jquery-ui-ordner]/css/* finden Sie alle Dateien, die Sie benötigen, um den Widgets ein Layout zu verleihen oder das vorgegebene Aussehen zu verändern.

5.7.1 Themeroller

Entweder wagen Sie sich vor und ändern die Stylesheets sowie die grafischen Elemente per Hand, oder Sie verwenden den Themeroller, mit dem Sie Stileigenschaften, Farben und Abstände über einen Konfigurator leicht ändern können. Den Themeroller finden Sie unter:

http://jqueryui.com/themeroller/

Bevor Sie also die Komponenten, die Sie für Ihr Projekt benötigen, herunterladen, können Sie hier auch das Aussehen in einem »Theme« zusammenpacken und mit der gesamten UI-Bibliothek herunterladen.

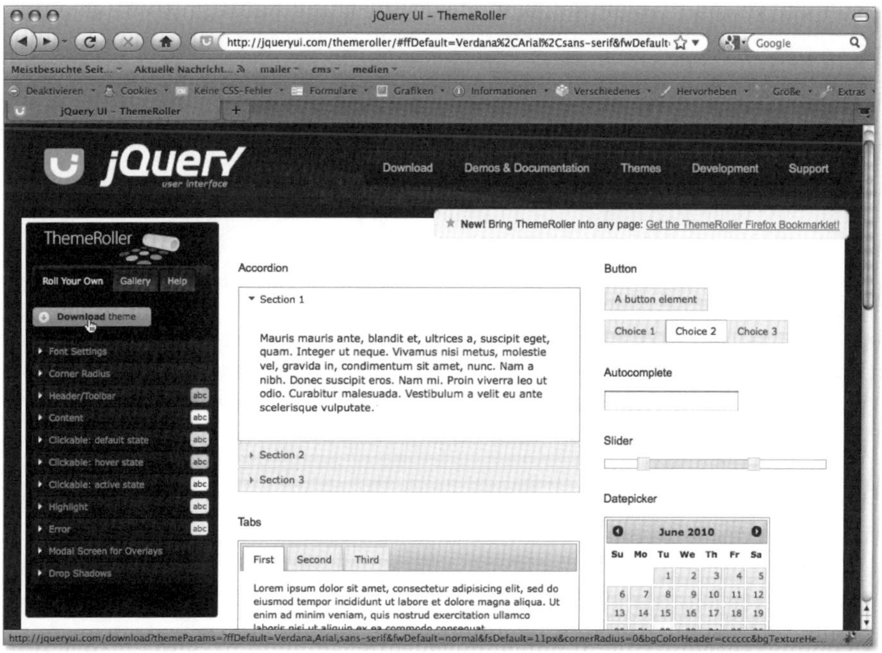

Abbildung 5.24 Der jQuery UI Themeroller

Neben eigenen Themes, die Sie selbst erstellen können, gibt es noch eine Reihe vorgefertigter Themes, die Sie auf der Downloadseite auswählen können.

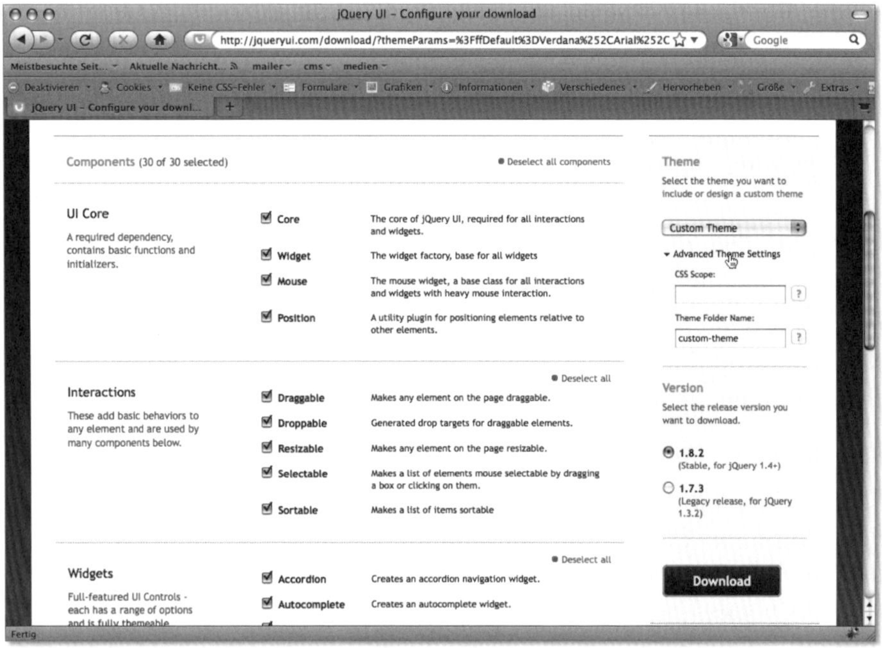

Abbildung 5.25 Der jQuery UI-Download-Konfigurator

Tipp

Falls Sie ein Theme über den Themeroller erstellt haben, können Sie es auch nachträglich noch einmal durch den Themeroller verändern. Im oberen Teil des CSS-Stylesheets am Ort *[jquery-ui-ordner]/css/jquery-ui-1.8.2.custom.css* finden Sie unterhalb des Copyright-Vermerks finden Sie einen URL mit recht vielen und langen Parametern. Er führt direkt zu Ihrem angepassten Theme. Sie können das Theme modifizieren und anschließend erneut herunterladen. Allerdings wird jedes Mal das Gesamtpaket aus ausgewählten Plugins und dem Theme zusammengepackt, Sie müssen nach dem Download das Theme manuell an den richtigen Ort kopieren.

5.7.2 Ein Theme manuell bearbeiten

Die Einstellungen, die Sie für die UI Widgets vornehmen können, sind sehr vielfältig. Es gibt allerdings auch Anforderungen – gerade wenn es darum geht, ein bestimmtes Corporate Design für ein bestimmtes Unternehmen webgerecht umzusetzen –, für die das jQuery-Standardaussehen nicht ausreicht. Gute Designer sind (zu Recht) oft hartnäckig, was die genaue Umsetzung eines Designs anbelangt. Oft sind vorgefertigte Designs zu starr angelegt, um eine bestimmte Designanforderung realisieren zu können. Manches Unternehmen hat seine eigene Icon-Sprache entwickelt, die auf die Widgets übertragen werden muss.

Die Lösung besteht darin, das Stylesheet und die Icons manuell umzuschreiben. Die Styles liegen zentral in einer einzigen CSS-Datei, in diesem Fall in *[jquery-ui-ordner]/css/jquery-ui-1.8.2.custom.css*.

Wenn Sie Icons modifizieren wollen, geht das auf denkbar einfachste Weise. Innerhalb des *css*-Verzeichnisses bzw. innerhalb des *theme*-Verzeichnisses finden Sie alle Icons in einer einzigen PNG-Datei zusammengefasst. Allerdings liegt diese Icon-Datei in vier verschiedenen Farbvarianten vor. Sie müssen nun einfach an den richtigen Positionen die Icons in dem Bildbearbeitungstool Ihrer Wahl verändern und an diesen Ort kopieren. Betrachten Sie nun eine Variante der Icon-Datei; verwenden Sie dazu die Datei *ui-icons_222222_256x240.png*, wobei 222222 für die Farbe der Icons steht.

Sie werden per CSS-Angaben an die richtige Stelle verschoben. Der Vorteil ist klar erkennbar, Sie müssen die Icons nur an einer zentralen Stelle bearbeiten. Dieses Verfahren nennt man auch *CSS-Sprites*. Abbildung 5.27 zeigt einen Ausschnitt aus der CSS-Datei.

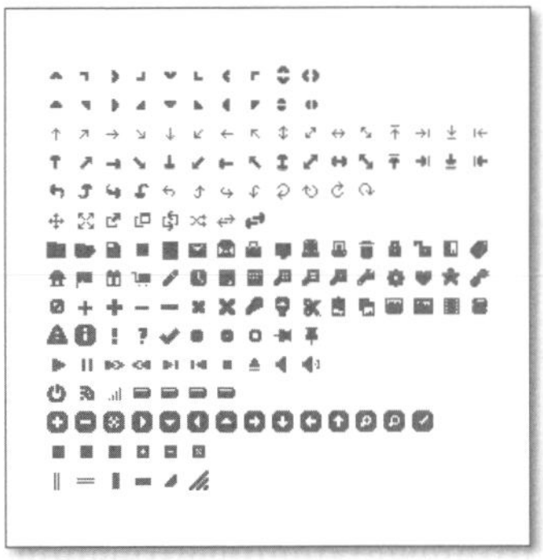

Abbildung 5.26 jQuery-UI-CSS-Framework: Icons als CSS-Sprites

```
/* positioning */
.ui-icon-carat-1-n { background-position: 0 0; }
.ui-icon-carat-1-ne { background-position: -16px 0; }
.ui-icon-carat-1-e { background-position: -32px 0; }
.ui-icon-carat-1-se { background-position: -48px 0; }
.ui-icon-carat-1-s { background-position: -64px 0; }
.ui-icon-carat-1-sw { background-position: -80px 0; }
.ui-icon-carat-1-w { background-position: -96px 0; }
.ui-icon-carat-1-nw { background-position: -112px 0; }
.ui-icon-carat-2-n-s { background-position: -128px 0; }
.ui-icon-carat-2-e-w { background-position: -144px 0; }
.ui-icon-triangle-1-n { background-position: 0 -16px; }
.ui-icon-triangle-1-ne { background-position: -16px -16px; }
.ui-icon-triangle-1-e { background-position: -32px -16px; }
.ui-icon-triangle-1-se { background-position: -48px -16px; }
.ui-icon-triangle-1-s { background-position: -64px -16px; }
.ui-icon-triangle-1-sw { background-position: -80px -16px; }
.ui-icon-triangle-1-w { background-position: -96px -16px; }
.ui-icon-triangle-1-nw { background-position: -112px -16px; }
.ui-icon-triangle-2-n-s { background-position: -128px -16px; }
.ui-icon-triangle-2-e-w { background-position: -144px -16px; }
.ui-icon-arrow-1-n { background-position: 0 -32px; }
.ui-icon-arrow-1-ne { background-position: -16px -32px; }
.ui-icon-arrow-1-e { background-position: -32px -32px; }
.ui-icon-arrow-1-se { background-position: -48px -32px; }
.ui-icon-arrow-1-s { background-position: -64px -32px; }
.ui-icon-arrow-1-sw { background-position: -80px -32px; }
.ui-icon-arrow-1-w { background-position: -96px -32px; }
```

Abbildung 5.27 jQuery-UI-CSS-Framework – Ausschnitt aus der CSS-Datei

Die Icon-Datei wird insgesamt in den Hintergrund eines Elements gelegt. Für jedes Icon wird die Position des Backgrounds um den entsprechenden Wert verschoben. So ist jeweils nur das gewünschte Icon sichtbar. Wenn Sie Ihre Modifikationen innerhalb dieses Rasters vornehmen, können Sie die Positionswerte der CSS-Angaben belassen. Sie können die Icons und das jQuery-UI-CSS-Framework übrigens auch ausschließlich ohne sonstige JavaScript-Nutzung verwenden:

```
<!DOCTYPE html>
<html>
<head>
  <title>jQuery | UI Beispiele</title>
  <link type="text/css"
        href="css/ui-lightness/jquery-ui-1.8.13.custom.css"
        rel="stylesheet" />
  <style type="text/css">
    #icons {margin: 0; padding: 0;}
    #icons a {margin: 2px; padding: 4px 0; float: left;}
    #icons span.ui-icon {float: left; margin: 0 4px;}
  </style>
</head>
<body>
  <div id="icons" class="ui-widget ui-helper-clearfix">
    <a href="#" class="ui-state-highlight ui-corner-all">
      <span class="ui-icon ui-icon-carat-1-n"></span>
    </a>
    ...
  </div>
</body>
</html>
```

Listing 5.62 HTML-Gerüst – jQuery-UI-CSS-Framework

5.7.3 Ein kleines Beispiel: Hintergrundfarbe animieren

Im Folgenden werden Sie weder den Quelltext der UI-Bibliothek analysieren noch alle Widgets und Effekte vorgestellt bekommen. Sie werden einige Plugins kennenlernen und deren Konfigurationsmöglichkeiten ausloten und versetzen sich so in die Lage, die Vorgehensweise auf alle Widgets zu übertragen.

Das erste Beispiel zeigt, wie Sie die Hintergrundfarbe einer HTML-Seite in einer Schleife langsam und kontinuierlich von einer Farbe in eine andere übergehen lassen, beispielsweise von der Farbe #484848 zu #FFFFFF und wieder zurück.

Der HTML-Code enthält hauptsächlich die Einbindung der jQuery-Dateien:

```
<!DOCTYPE>
<html>
  <head>
    <title>Farben animieren</title>
    <script type="text/javascript" src="js/jquery-1.6.2.js">
    </script>
    <script type="text/javascript"
            src="js/jquery-ui-1.8.13.custom.js">
    </script>
    <script type="text/JavaScript">
      $(document).ready(function(){
        function changeBGcolor() {
          var obj = $("body");
          $(obj).animate({ backgroundColor: "#48484C" },
                         15000)
                .animate({ backgroundColor: "#FFFFFF" },
                         15000,
                         function() {
                           changeBGcolor();
                         });
        }
      changeBGcolor();
      });
    </script>
  </head>
  <body>
  </body>
</html>
```

Listing 5.63 Ein erstes jQuery UI-Beispiel – Farbe animieren

Betrachten Sie die rekursive Funktion `changeBGcolor`, also eine Funktion, die sich selbst erneut aufruft. Im Grunde genommen wird die Ihnen bereits bekannte Methode `.animate()` mit den Argumenten für die Farbänderung und der Dauer von 15.000 Millisekunden aufgerufen. In der zweiten Methode wird ein Callback mit der Referenz auf `changeBGcolor` erzeugt. Das Ergebnis ist eine Endlosschleife. Alle Elemente dürften Ihnen bekannt vorkommen, nur, wenn Sie die jQuery UI-Plugins nicht einbinden, werden Sie eine CSS-Warnung erhalten, dass der Wert für die CSS-Eigenschaft `background-color` nicht verarbeitet werden kann.

Wenn Sie wirklich nur die Farbanimation in einer Produktivumgebung nutzen wollen, reicht es, nur den *Effects Core* auszuwählen, herunterzuladen und einzubinden. Hierzu benötigen Sie nicht das gesamte Set an Plugins.

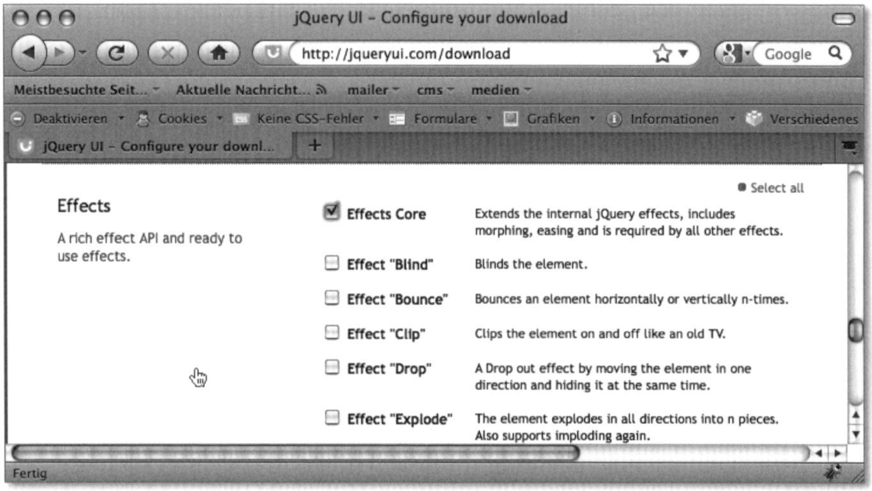

Abbildung 5.28 jQuery UI-Download des Effects Core

Neben Farbanimationen können Sie auch ganze CSS-Klassen animieren. Die zu animierenden Klasse kann auch verschiedene Farben beinhalten, genauso wie Abstände oder Breitenangaben. Darüber werden Sie im nächsten Beispiel noch mehr erfahren.

5.7.4 Klassen animieren

Im Folgenden werden wir einen Container, der simple Textbausteine enthält und der über verschiedene Eigenschaften wie Breite und Hintergrundfarbe verfügt, mit einer neuen Klasse überschreiben. Beim Überschreiben sollen die Eigenschaften nicht hart ausgetauscht werden, sondern ineinander übergehen. Betrachten Sie zuerst den HTML-Quelltext:

```
<!DOCTYPE>
<html>
<head>
  <title>jQuery UI | CSS Klasse animieren</title>
  <link type="text/css" href="Listing-5-65.css"
        rel="stylesheet" />
  <script type="text/javascript" src="js/jquery-1.6.2.js">
  </script>
  <script type="text/javascript"
               src="js/jquery-ui-1.8.13.custom.js">
  </script>
  <script type="text/JavaScript">
    $(document).ready(function(){
      $("#container").click(function() {
```

```
        $(this).toggleClass('secondClass', 1000);
      });
    });
  </script>
</head>
<body>
  <div id="container" class="oneClass">
    <h1>Container Inhalt</h1>
      <p>Lorem ipsum...</p>
    </div>
</body>
</html>
```

Listing 5.64 jQuery UI-Beispiel – CSS-Klassen animieren

Der jQuery-Code wurde direkt in die HTML-Seite gepackt, da er wirklich übersichtlich ist. Die CSS-Klassen wurden in der Datei *Listing-5-65.css* verortet. Hier sind die beiden Klassen `oneClass` und `secondClass` wichtig:

```
...
.oneClass {
  width:400px;
  padding:30px;
  background-color:#996600;
}
.secondClass {
  margin:100px;
  width:200px;
  padding:10px;
  background-color:#FF9900;
}
```

Listing 5.65 CSS-Styles – CSS-Klassen animieren

An dieser kleinen Spielerei sehen Sie, dass Sie komplexes CSS mit nur einer Zeile jQuery(UI)-Code erzeugen können. Mit der Methode `.toggleClass()`, die Sie aus dem jQuery-Framework kennen, schaffen Sie Übergänge zwischen verschiedensten Eigenschaften, sofern Sie das Argument `duration`, hier die Zahl 1000, also einen Integerwert, übergeben.

5.7.5 jQuery UI-Dialog

Im nächsten Beispiel werden Sie das User Interface für einen modalen Dialog kennenlernen. »Modal« bedeutet, dass der Benutzer auf das Dialogfenster reagieren muss, bevor er eine andere Aktion ausführen kann.

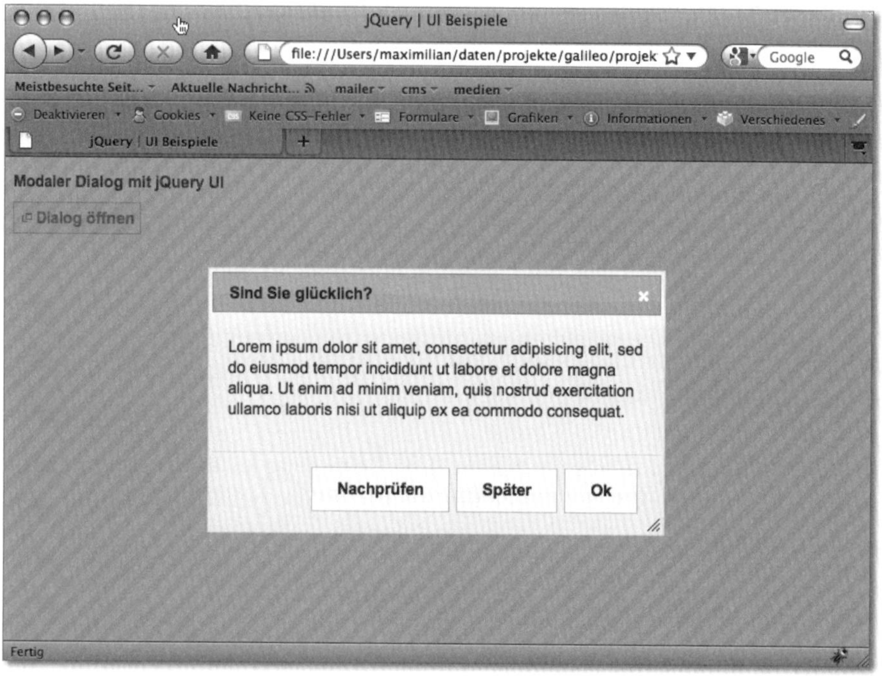

Abbildung 5.29 jQuery UI-Dialog

In diesem Beispiel verwenden Sie wie zuvor besprochen das gesamte jQuery UI-Paket. Während Sie sich im Entwicklungsprozess befinden, ist es einfacher, mit dem gesamten Paket zu programmieren. Erst wenn Sie Ihr Projekt veröffentlichen, können Sie das Paket optimieren und nur die benötigten Komponenten zusammenfassen.

Laden Sie das Paket herunter, falls Sie das noch nicht getan haben, und legen Sie es in Ihrem Projektordner ab. Im Verzeichnis *js* sollten sich die jQuery UI-JavaScript-Datei befinden sowie die Datei des jQuery-Frameworks: im Verzeichnis *css* zum einen eine CSS-Datei für dieses Projekt sowie zum anderen der Ordner des Themes, das Sie sich zusammengestellt oder ausgewählt haben (hier: `ui-lightness`). Zuerst betrachten Sie bitte wieder die HTML-Datei:

```
<!DOCTYPE>
<html>
<head>
  <title>jQuery | UI Beispiele</title>
  <link type="text/css"
        href="css/ui-lightness/jquery-ui-1.8.13.custom.css"
        rel="stylesheet" />
```

```
  <script type="text/javascript"
          src="js/jquery-1.6.2.js"></script>
  <script type="text/javascript"
          src="js/jquery-ui-1.8.13.custom.js"></script>
  <script type="text/javascript"
          src="Listing-5-67.js"></script>
</head>
<body>
  <h2 class="demoHeaders">Modaler Dialog mit jQuery UI</h2>
  <p>
    <a href="#" id="dialog_link"
               class="ui-state-default ui-corner-all">
      <span class="ui-icon ui-icon-newwin"></span>
      Dialog öffnen
    </a>
  </p>
  <div id="dialog" title="Sind Sie glücklich?">
    <p>Lorem ipsum...</p>
  </div>
</body>
</html>
```

Listing 5.66 HTML-Gerüst – jQuery UI-Dialog

Im Header binden Sie alle notwendigen Dateien ein: Die Styles werden direkt im Header mit dem LINK-Element referenziert, und in der Datei *Listing-5-67.js* ist das Script für dieses Beispiel untergebracht.

Im Body sehen Sie einerseits das `<a>`-Element mit dem ID `dialog_link`, mit dem Sie den Dialog starten, zum anderen den `<div>`-Container mit dem ID `dialog`, der den Inhalt des Dialogs enthält. Das `title`-Attribut werden Sie verwenden, um eine Dialogüberschrift daraus zu generieren (siehe Abbildung 5.29). Die CSS-Datei enthält Standards zur Formatierung der HTML-Seite, die an dieser Stelle übersprungen werden können. Betrachten Sie die Scriptdatei *Listing-5-67.js*:

```
$(document).ready(function() {
  // Dialog
  $('#dialog').dialog({
    autoOpen: false,
    width: 400,
    modal:true,
    buttons: {
      "Ok": function() {
              $(this).dialog("close");
      },
```

```
        "Nachprüfen": function() {
         location.href = "http://de.wikipedia.org/wiki/Glück";
        }
      }
    });
    // Dialog Link
    $('#dialog_link').click(function(e){
      e.preventDefault();
      $('#dialog').dialog('open');
    });
});
```

Listing 5.67 JavaScript-Code – jQuery UI-Dialog

Es wird zweimal die Methode `.dialog()` aufgerufen. Einmal werden dem jQuery-Objekt `$('#dialog')` die Optionen als Argumente übergeben. Neben `autoOpen`, `width` und `modal` sehen Sie die Optionen für die Dialogbuttons: Die Strings OK und NACHPRÜFEN legen die Labels der Buttons fest, und die Callback-Funktion bestimmt, was passiert, wenn der Button mit der Maus angeklickt wird. Betrachten Sie noch einmal die Option `modal`: Sie legt mit dem Wert `true` fest, dass keine andere Aktion als das Drücken der beiden Buttons im Dialogfenster möglich ist. Außerdem wird ein Overlay generiert, das die gesamte HTML-Seite mit einem Layer bedeckt – in diesem Beispiel ist das ein transparenter grauer Hintergrund.

Mit dem Event `.click()` wird erneut die Methode `.dialog()` mit dem Argument `'open'` aufgerufen.

Sie sehen, mit wenigen Handgriffen können Sie mit jQuery UI ein Dialogfenster in Ihr Script integrieren, mit Optionen die Art und Weise der Funktionalität beeinflussen sowie die Gestaltung festlegen.

5.7.6 jQuery UI Accordion

Sie haben bis jetzt eine Erweiterung der Methode `.animate()` sowie ein Widget »Dialog« kennengelernt. Als letztes Beispiel in diesem Kapitel soll das Accordion Widget vorgestellt werden. Sie hatten bereits in Abschnitt 5.1, »Schönere Navigationen«, hierfür ein eigenes, einfaches Script erstellt.

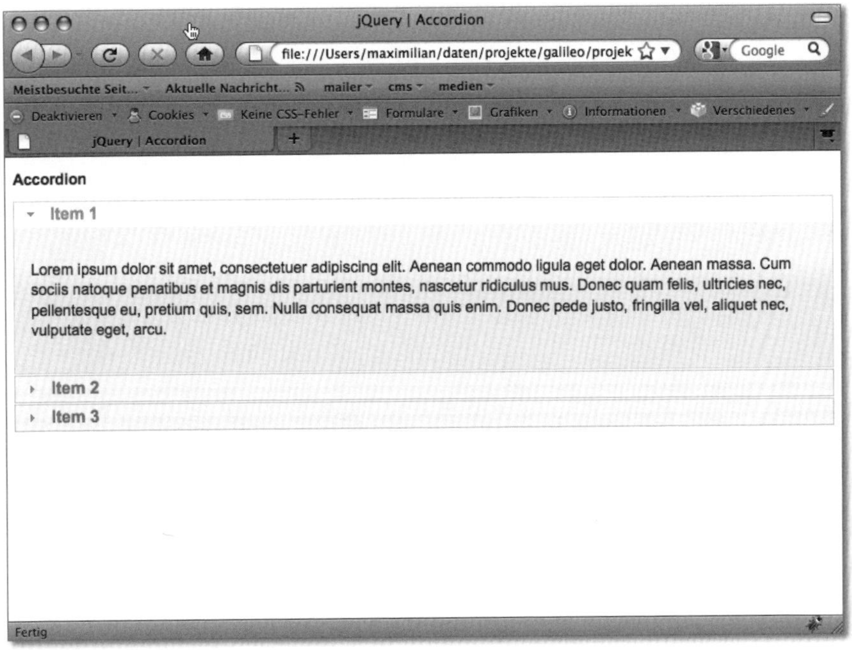

Abbildung 5.30 jQuery UI Accordion

Das Widget stellt wieder eine Reihe von Konfigurationsmöglichkeiten zur Verfügung. Wer ein einfaches Script bevorzugt, wird mit dem Beispiel aus »Schönere Navigationen« zufrieden sein. Wer aber Icons benötigt, die anzeigen, dass das Menü geöffnet ist, oder die CSS-Styles der UI-Komponenten nutzen will, der greife auf dieses Widget zurück. Hier nun der HTML-Text:

```
<!doctype html>
<html>
<head>
<title>jQuery UI | Accordion</title>
  <link type="text/css"
        href="css/ui-lightness/jquery-ui-1.8.13.custom.css"
        rel="stylesheet" />
  <script type="text/javascript"
          src="js/jquery-1.6.2.js"></script>
  <script type="text/javascript"
          src="js/jquery-ui-1.8.13.custom.js"></script>
  <script type="text/javascript"
          src="Listing-5-69.js"></script>
</head>
<body>
  <div id="accordion">
```

```
    <h3><a href="#">Item 1</a></h3>
    <div>
      <p>Lorem ipsum ...</p>
    </div>
    <h3><a href="#">Item 2</a></h3>
    <div>
      <p>Lorem ipsum ...</p>
    </div>
    ...
  </div>
</body>
</html>
```

Listing 5.68 HTML-Gerüst – jQuery UI Akkordion-Navigation

Dieses Gerüst unterscheidet sich nur dadurch, dass das gesamte Accordion von einem Wrapper mit der ID `accordion` umschlossen wird und dass die Überschriften noch einmal ein `<a>`-Element enthalten. Ansonsten ist es baugleich mit dem in Abschnitt 5.1, »Schönere Navigationen«, besprochenen Script, abgesehen von den im Header eingebundenen Dateien. Die CSS-Styles werden wieder übergangen; betrachten Sie die Scriptdatei *Listing-5-69.js*:

```
$(document).ready(function() {
  $("#accordion").accordion({
    header: "h3",
    // animated:"easeInOutExpo",
    animated:"bounceslide"
  });
});
```

Listing 5.69 JavaScript-Code – jQuery UI Akkordion-Navigation

Es würde noch kürzer gehen, denn die Option `header` benötigen Sie in diesem Fall nicht. Sie erwartet einen Selektor, mit dem Sie einschränken können, welche Elemente als Accordion-Header verwendet werden sollen. Die Option `animated` bestimmt, wie ein Block eingeblendet werden soll: Die Eigenschaft `bounceslide` fährt der Block mit dem »Bounce«-Effekt ein und fährt ihn mit der Eigenschaft »swing« nach oben. Sie können neben `bounceslide` und `slide` jeden Effekt der *Easing Equations* verwenden.

5.7.7 Exkurs: Easing Equations

Von »Easing« war bereits in Kapitel 1, »jQuery kennenlernen«, die Rede. Hier kommen wir, weil es sich anbietet, kurz darauf zurück. Vor einigen Jahren hat sich unter anderen Robert Penner (damals noch für das Flash-Format) Gedanken darüber gemacht, wie man mittels mathematischer Gleichungen lebendigere Animationen realisieren kann.

Das Ergebnis war sein Script *Easing Equations*, das findige jQuery-Entwickler erst als eigenständiges Plugin adaptierten und später in das jQuery-UI-Framework integrierten. Dieses Set an Gleichungen beschreibt verschiedene Abläufe von Bewegungen; anhand des *Quadratic Easing* soll dies verdeutlicht werden. Das *EaseOutQuad* ist das Default-Easing innerhalb des jQuery UI-Plugins.

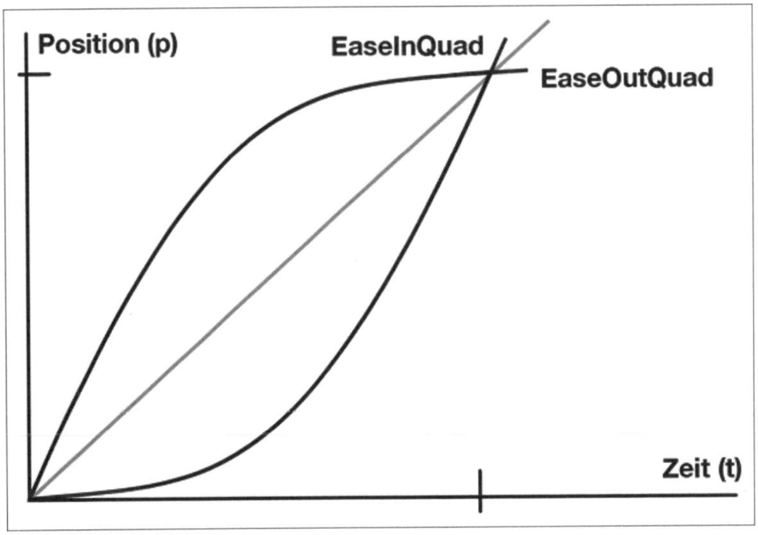

Abbildung 5.31 Quadratische Easing Equations

Einfach formuliert, beschreibt diese Kurve die quadratische Zu- oder Abnahme der Geschwindigkeit $p(t) = t^2$, wobei p die Position ist und t die Zeit. Grafisch dargestellt, beschreibt die Kurve *EaseOutQuad*, dass die Animation mit einer bestimmten Geschwindigkeit beginnt und zum Ende hin abgebremst wird.

Den umgekehrten Fall stellt die Kurve *EaseInQuad* dar, bei der eine höhere Anfangsgeschwindigkeit zum Ende hin abnimmt.

Zum Vergleich: Die graue Linie beschreibt eine Animation, bei der die Geschwindigkeit bis zum Erreichen einer Position gleich bleibt: $p(t) = t$.

Die Kurven *EaseInQuad* und *EaseOutQuad* sind die am einfachsten zu beschreibenden Kurven (abgesehen von der linearen Kurve). Wenn Sie sich mit dem mathematischen Hintergrund auseinandersetzen wollen, besuchen Sie *http://robertpenner.com/easing/*. Dort finden Sie ein Tutorial, das sämtliche von ihm entwickelten Easing Equations beschreibt, zwar für ActionScript, aber die Funktionen sind leicht für JavaScript übertragbar.

Neben den beiden hier beschriebenen Easing Equations gibt es noch eine Vielzahl weiterer. Am einfachsten ist es, den Quelltext der unkomprimierten Datei *jquery-ui-1.8.2.custom.js* zu öffnen, sofern Sie den *Effects Core* mit ausgewählt haben, und mittels Suchfunktion zu *jQuery Easing* springen. Probieren Sie anhand des bereits besprochenen Beispiels »accordion« die verschiedenen Easings aus. Eine Dokumentation der verfügbaren Easings sowie eine Demo-Animation finden Sie unter:

http://gsgd.co.uk/sandbox/jquery/easing/

Dort ist auch das ursprüngliche Plugin *jquery.easing* zu finden, das, wie gesagt, komplett in das jQuery UI gewandert ist.

5.7.8 Zusammenfassung

Sie haben in diesem Abschnitt noch lange nicht alle Möglichkeiten der jQuery UI Plugins kennengelernt. Weitere Beispiele werden Ihnen in nachfolgenden Abschnitten zu den Themen »Formulare« oder »Tabellen« begegnen. Auch haben Sie sich in diesem Abschnitt noch lange nicht alle Optionen erarbeitet, über die die hier besprochenen Widgets verfügen. Unser Ziel war es ja auch nur, grundsätzlich zu erläutern, wie das jQuery UI-Plugin die Grundfunktionen erweitert und wie die Erweiterungen grundsätzlich anzuwenden sind.

Wenn Sie die Website des UI-Projekts besuchen, finden Sie Demos zu jeder Funktion, jedem Effekt und zu jedem Widget sowie ausführliche Beschreibungen der Optionen bzw. der Argumente, die Sie den einzelnen UI-Methoden mit auf den Weg geben können. Wenn Sie das UI-Plugin heruntergeladen haben, finden Sie kurze Demos zu Ihrem individuell zusammengestellten UI-Paket. Das Komplettpaket finden Sie in der Version 1.8.2 auf der Begleit-DVD zu diesem Buch.

5.8 Formulare beherrschen mit jQuery

Das Thema Formulare ist bereits innerhalb der offiziellen Dokumentation ein wichtiges Thema; so sind Webformulare eine wichtige Schnittstelle zwischen dem Anwender und der Maschine. Formulare werden nicht nur zur Kontaktaufnahme eingesetzt, sondern auch in den Interfaces komplexer interaktiver Webanwendungen wie Content-Management-Systemen oder Mail-Interfaces.

In Abschnitt 4.8, »Formulare verarbeiten mit jQuery«, wurde das Thema bereits angerissen und wurden die verfügbaren Methoden und Eigenschaften von jQuery vorgestellt. Hier werden Sie nun einige vertiefende Beispiele zum Umgang mit jQuery und Formularen kennenlernen. Zum einen kann auch die klassische Formularvalidierung, also die Gültigkeit der Benutzereingaben geprüft werden, zum anderen kann die Eingabe der Daten für den Benutzer stark vereinfacht werden, wie Sie am Beispiel der Datumseingabe, des Datepickers, sehen werden.

5.8.1 Formulare validieren

Ohne jQuery konnte man auch mit einfachem JavaScript Formulare validieren, das war nie eine schwierige Aufgabe. Mit Unterstützung von jQuery können aber Formulareingaben komfortabler für den Entwickler und mit mehr Möglichkeiten ausgestattet realisiert werden. Es können Abhängigkeiten entwickelt werden – stellen Sie sich ein Kontaktformular vor, das eine Newsletter-Bestellfunktion beinhaltet.

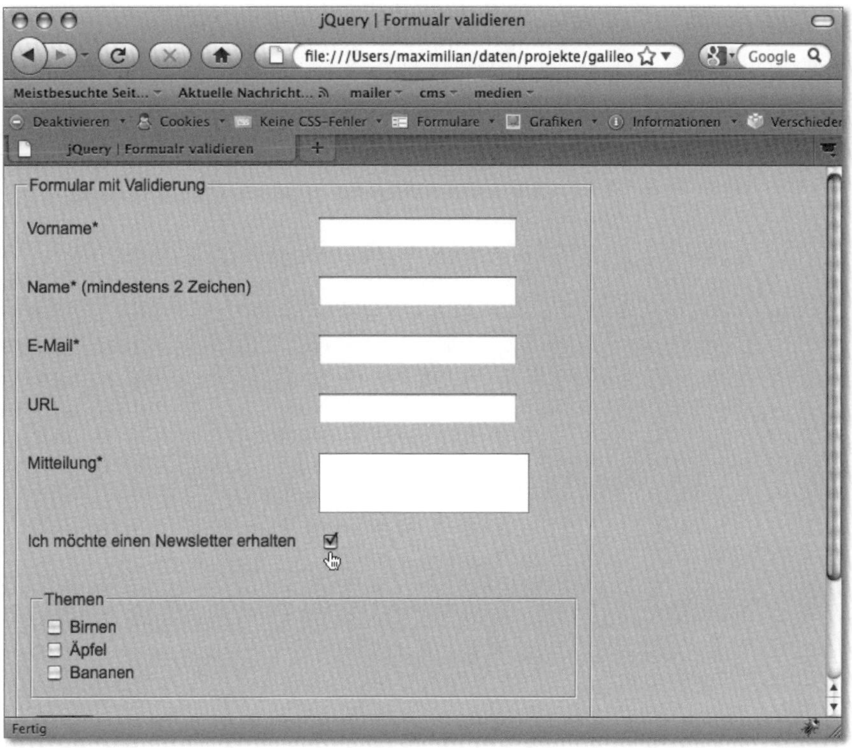

Abbildung 5.32 Formular validieren mit jQuery

So soll nicht einfach ein Newsletter bestellt werden können, der Nutzer soll die Möglichkeit haben, wahlweise zu einem oder mehreren Themen informiert zu werden. Jedoch sollen die Wahloptionen erst eingeblendet werden, wenn auch brav die Checkbox für NEWSLETTER angeklickt wurde. Also: Die Aufgabe lautet, ein Formular mit Pflichtfeldern und Abhängigkeiten zu kreieren.

Das folgende Script soll aber nicht von Grund auf neu entwickelt werden. Hier stellt die jQuery Community ein mächtiges Plugin zu Verfügung. Es wurde von einem Core Member des jQuery Teams, von Jörn Zaefferer, entwickelt. Sie können sich dieses und weitere Plugins unter folgender Adresse herunterladen:

http://bassistance.de/jquery-plugins/jquery-plugin-validation/

Die Dokumentation finden Sie auf den jQuery-Projektseiten unter:

http://docs.jquery.com/Plugins/Validation

Hier sehen Sie das HTML-Gerüst:

```
<!DOCTYPE html>
<html>
<head>
<title>jQuery | Formular validieren</title>
  <script type="text/javascript" src="js/jquery-1.6.2.js">
  </script>
  <script type="text/javascript"
          src="plugins/jquery.validate.js">
  </script>
  <script type="text/javascript" src="plugins/messages_de.js">
  </script>
  <script type="text/javascript"
          src="Listing-5-71.js">
  </script>
</head>
<body>
  <form id="form" method="post" action="">
    <fieldset>
      <legend>Formular mit Validierung</legend>
      <p>
        <label for="vorname">Vorname* </label>
        <input id="vorname" name="vorname" />
      </p>
      <p>
      <label for="name">Name* (mindestens 2 Zeichen)</label>
        <input id="name" name="name" />
      </p>
```

```
    <p>
      <label for="email">E-Mail*</label>
      <input id="email" name="email" />
    </p>
    <p>
      <label for="date">Wunschdatum</label>
      <input id="date" name="date" value="" />
    </p>
    <p>
      <label for="message">Mitteilung*</label>
      <textarea id="message" name="message"></textarea>
    </p>
    <p>
      <label for="newsletter">
        Ich möchte einen Newsletter erhalten
      </label>
      <input type="checkbox"
             id="newsletter" name="newsletter" />
    </p>
    <fieldset id="newsletter_themen">
      <legend>Themen</legend>
      <label for="themen_birnen">
     <input type="checkbox" value="birnen" name="themen"/>
        Birnen
      </label>
      <label for="themen_aepfel">
     <input type="checkbox" value="aepfel" name="themen"/>
        Äpfel
      </label>
      <label for="themen_bananen">
     <input type="checkbox" value="kiwi" name="themen"/>
        Kiwi
      </label>
      <label for="themen" class="error">
        Bitte wählen Sie mindestens zwei
        Newsletter Thema aus.
      </label>
    </fieldset>
    <p>
      <input class="submit" type="submit" value="Submit"/>
    </p>
  </fieldset>
</form>
<p>* Pflichtfelder</p>
```

```
</body>
</html>
```

Listing 5.70 HTML-Gerüst – Formular mit jQuery

Neben dem jQuery-Framework und dem Plugin *jquery.validate.js* binden Sie noch die Datei *messages_de.js* ein. Sie dient dazu, die Fehlermeldungen und Warnungen in einer deutschen Lokalisation anzubieten. Selbstverständlich binden Sie noch die Projektdatei *Listing-5-71.js* ein. Die Style-Angaben übergehen wir größtenteils, allein auf eine Klasse soll hier hingewiesen werden:

```
...
#newsletter_themen label.error {
  display: none;
  width:350px;
  margin-left: 10px;
}
...
```

Sie blendet die `error`-Klasse innerhalb des Elements mit der ID `#newsletter_themen` aus. Diese wird erst mittels JavaScript in dem Fall hinzugefügt, wenn keine Option ausgewählt wurde.

Als Nächstes betrachten Sie bitte die jQuery-Projektdatei:

```
$(document).ready(function() {
  // hier die Methode .validate()
  $("#form").validate({
    submitHandler: function() {
      alert("Simulation: abgeschickt");
    },
    rules: {
      vorname: "required",
      name: {
        required: true,
        minlength: 2
      },
      email: {
        required: true,
        email: true
      },
      themen: {
        required: "#newsletter:checked",
        minlength: 1
      },
      message: "required"
```

```
    }
  });
  // Optionen erst sichtbar, wenn Checkbox gecheckt ist
  var newsletter = $("#newsletter");
  var isChecked = newsletter.is(":checked");
  var themen = $("#newsletter_themen");
  themen[isChecked ? "show" : "hide"]();
  //var themaInputs = themen.find("input")
  //                        .attr("disabled", !isChecked);

  newsletter.click(function() {
    themen[this.checked ? "fadeIn" : "fadeOut"](1000);
    //themaInputs.attr("disabled", !this.checked);
  });
});
```

Listing 5.71 JavaScript-Code – Formular validieren mit jQuery

Die Validierung wird mit der Methode `.validate()` vorgenommen. Dieser Methode können Sie eine Reihe von Optionen übergeben. Als Erstes führen wir den `submitHandler` ein. Mit ihm bestimmen Sie, welche Aktion nach erfolgreicher Validierung durchgeführt werden soll. In unserem Fall simulieren wir der Einfachheit halber eine Aktion mit `alert()`. In einem realen Beispiel könnte der `submitHandler` so aussehen:

```
$("#form").validate({
  submitHandler: function(form) {
    form.submit();
  }}
  ...
);
```

Achtung

Achten Sie darauf, nicht `$(form).submit()` zu verwenden, sondern `form.submit()`. Die Anweisung `$(form).submit()` ruft nach erfolgreicher Validierung erneut eine Validierung aus. Sie erhalten damit eine Endlosschleife, nämlich eine Funktion, die sich rekursiv selbst aufruft.

Die Methode `form.submit()` sendet also das Formular. Zur Erinnerung: Es wird an den URL gesendet, der im Form-Element im Attribut `action` angegeben wurde. In diesem Beispiel lassen wir es leer, da wir ein Absenden nur simulieren.

Eine weitere Option ist `rules`. Sie bestimmt die Regeln, nach denen ein Formelement validiert werden soll. Wenn der `vorname` den Wert `required` erhält, wird ein Input-Element mit dem Attribut `name="vorname"` ein Pflichtfeld. Neben `required` können Sie noch Bedingungen wie `minlength`, also eine Mindestlänge, oder `email` angeben.

Die Option `email` prüft, ob es sich um eine gültige E-Mail-Adresse handelt, also ob Buchstaben, @-Zeichen und ein Punkt vorkommen.

Mit der Option `messages` könnten Sie die Default-Fehlermeldungen mit eigenen Strings überschreiben. Sie haben aber gesehen, dass im Head des Dokuments die Datei *messages_de.js* eingebunden wurde. Diese enthält sämtliche Fehlermeldungen in deutscher Sprache, sodass wir die Option `messages` in diesem Beispiel getrost übergehen können.

Interessant wird es nochmals mit den Bedingungen für das bzw. die Elemente mit dem `name`-Attribut `themen`. Mit der Option

```
themen: {
  required: "#newsletter:checked",
  minlength: 1
},
```

wird überprüft, ob das Element mit der ID `#newsletter` das Attribut mit dem Wert `checked` besitzt. Es handelt sich hier um die übergeordnete Checkbox `newsletter`, und `themen` sind die Checkboxen, die sozusagen die Unterkategorien »Äpfel«, »Birnen«, »Bananen« enthalten. Es sind natürlich keine Unterkategorien im Sinne von Hierarchien, aber sie prüfen alle drei einen Bezug zum Element mit dem ID `#newsletter` ab. Darüber hinaus wird festgelegt, dass mindestens eine »Unterkategorie« angeklickt sein muss (`minlength:1`).

Bleibt noch die Funktionalität, dass die »Unterkategorien« nur angezeigt werden, wenn `#newsletter` angeklickt wurde. Die Antwort finden Sie im `.click()`-Event:

```
newsletter.click(function() {
  themen[this.checked ? "fadeIn" : "fadeOut"](1000);
}
```

Wenn das Element `#newsletter` den Wert des Attributs `checked="checked"` enthält, soll das FIELDSET eingeblendet werden, anderenfalls soll es ausgeblendet werden. Interessant ist die Syntax:

Tipp

Sie können statt `$("#selector").fadeIn(1000)` auch die Schreibweise `$("#selector")["fadeIn"](1000)` verwenden. Dies ermöglicht es Ihnen, einen String mittels einer Bedingung oder einen Methodennamen als String zu verwenden. Das ist in diesem Beispiel von Vorteil, da wir mittels des ternären Operators entweder die eine oder die andere Methode auf ein jQuery-Objekt anwenden können.

Den gleiche Trick haben wir bereits ein paar Zeilen zuvor angewendet, bei der Initialisierung des Scripts, als es darum ging, nach dem Laden der HTML-Seite die `themen`-Checkboxen auszublenden.

Es gibt noch eine Alternative zum Ausblenden der Checkboxen: Sie können sie deaktivieren. Wenn Sie die Zeilen mit der Anweisung `themen[]...` auskommentieren und die Kommentare der darunterliegenden Zeilen entfernen

```
//themen[isChecked ? "show" : "hide"]();
var themaInputs = themen.find("input")
                        .attr("disabled", !isChecked);
```

sowie die Kommentare in diesen Zeilen tauschen

```
//themen[this.checked ? "fadeIn" : "fadeOut"](1000);
themaInputs.attr("disabled", !this.checked);
```

bleiben die Checkboxen immer sichtbar, sind aber nur klickbar, wenn die Checkbox `#newsletter` angeklickt wurde.

5.8.2 Formulare senden mit Ajax

Ein Formular mithilfe der Ajax-Technologie ist die elegante Art, ein Formular zu verarbeiten. Nach dem Versenden der Formulardaten muss nicht die gesamte HTML-Seite neu geladen werden. Per Ajax werden die Daten an den Server geschickt. Die Rückmeldung kann vom `XMLHttpRequest`-Objekt entgegengenommen und in einen `<div>`-Container ausgegeben werden. Es wird keine Antwortseite geladen, sondern der Server verarbeitet die empfangenen Daten und schickt eine entsprechende Erfolgs- oder Fehlermeldung, die in einen `<div>`-Container geladen wird.

Sie können das vorangegangene Beispiel verwenden. Sie müssen nur wenige Zeilen ändern, und zusätzlich eine PHP-Datei anlegen. Dazu gleich mehr. Betrachten Sie als Erstes die Änderungen der HTML-Seite. Zuerst müssen Sie noch ein Plugin inkludieren, das dem Validate-Paket beiliegt:

```
<script type="text/javascript"
        src="plugins/jquery.form.js"></script>
```

Das Plugin stellt die Methode `.ajaxSubmit()` zur Verfügung, damit Sie via Ajax Formulardaten senden können. Das Plugin wurde von Mike Alsup, einem Mitglied des *jQuery Plugin Teams*, bereitgestellt. Sie können es auch unter *http://jquery.malsup.com/form/* herunterladen.

Dem Form-Element müssen Sie nun einen Wert für das `action`-Attribut vergeben; es ist der Aufruf der PHP-Seite, die noch eingeführt werden wird:

```
...
<form id="form" method="post" action="form.php">
...
```

Des Weiteren benötigen Sie noch die Container, in denen die Ajax-Ergebnisse bzw. Statusmeldungen angezeigt werden sollen:

```
...
<div id="msg">Bitte füllen Sie das Formular aus.</div>
...
<div id="log"> </div>
...
```

Vielleicht fügen Sie noch den Container `#msg` vor dem Formular ein und den `#log`-Container nach dem Formular.

Am jQuery-Code müssen Sie im Wesentlichen den `submitHandler` aus dem letzten Beispiel verändern:

```
...
submitHandler: function(form) {
  $(form).ajaxSubmit({
    target: "#msg"
  });
},
...
```

Listing 5.72 JavaScript-Code – Formular mit jQuery und Ajax (Ausschnitt 1)

Sie fügen die Methode `.ajaxSubmit()` hinzu, übergeben das Argument `form` als Formular an das Objekt, und mit `target` bestimmen Sie, in welchen Container die Serverantwort gesetzt werden soll. Wenn Sie dem Benutzer noch einen Status über den Ajax-Ladevorgang zeigen wollen, fügen Sie am Anfang des Scripts, aber innerhalb der `.ready()`-Methode, folgende Zeilen ein:

```
...
var msg = $("#msg");
var log = $("#log");
$(log).ajaxStart(function() {
  log.html("loading...");
}).ajaxStop(function() {
  log.html("loading beendet.");
}).ajaxError(function(a, b, e) {
  log.html(e);
});
...
```

Listing 5.73 JavaScript-Code – Formular mit jQuery und Ajax (Ausschnitt 2)

Wenn der Ladevorgang startet, wird eine entsprechende Meldung ausgegeben, und wenn er abgeschlossen ist, ebenso. Ebenfalls eine Fehlermeldung würde mit der Methode `ajaxError()` ausgegeben werden.

Die PHP-Seite nimmt die gesendeten Daten entgegen und gibt eine Mitteilung zurück. Beachten Sie dabei, dass dieses Beispiel in einer Serverumgebung mit PHP-Interpreter laufen muss, damit das PHP-Script ausgeführt werden kann.

Der PHP-Code könnte folgendermaßen aussehen:

```
<?php $name = $_REQUEST['name'];
  $vorname = $_REQUEST['vorname'];
  if($name && $vorname) {
    echo "Sehr geehrte(r) $vorname $name,"
        . "Ihre Daten wurden versendet";
  }
  else {
    echo "Die Daten wurden nicht an den Server gesendet.";
  }
?>
```

Listing 5.74 PHP-Code – Formular mit jQuery und Ajax

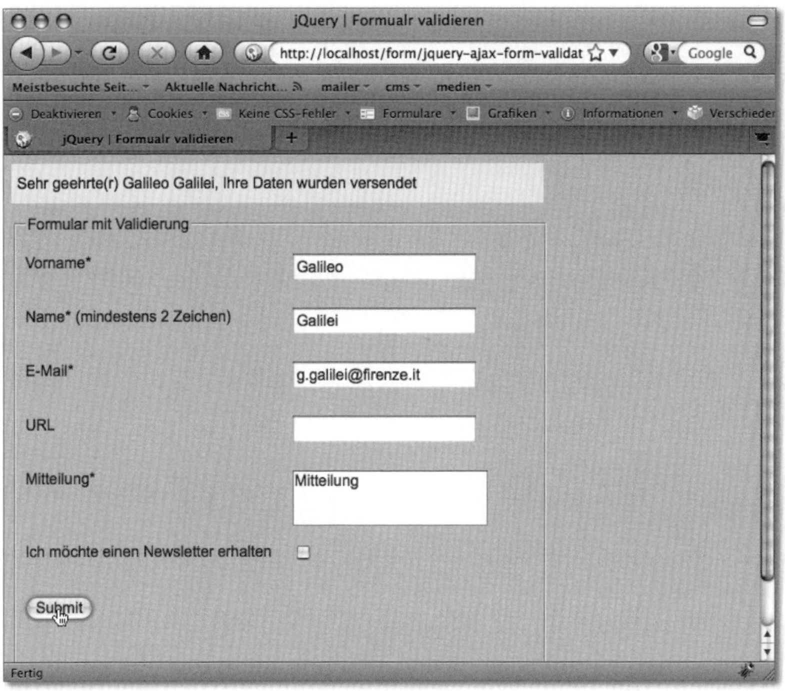

Abbildung 5.33 Formular senden mit Ajax

Der Server nimmt mit der Variablen `$_REQUEST` die Parameter entgegen, und bei Erfolg wird ein String mit der Methode `echo` zurückgegeben. Mehr soll an dieser Stelle nicht passieren. In einem realen Beispiel würden die Daten entweder in einer Datenbank gespeichert oder an eine E-Mail-Adresse weitergeleitet.

Im nächsten Schritt können Sie die Eingabe eines Datums bequemer gestalten. Sie werden dieses Formular um einen Datepicker erweitern.

5.8.3 Datepicker

Wie sieht eigentlich ein Datepicker aus? Es ist ein integrierter Kalender, der sich auf Wunsch öffnet. Mit ihm kann der Benutzer zwischen Monaten oder Jahren navigieren und ein Datum auswählen. Einerseits gestaltet ein Datepicker die Eingabe eines Datums wesentlich bequemer, zum anderen hilft er sicherzustellen, dass die Eingabe des Datumsformats auch korrekt sein wird.

Dazu werden Sie wieder auf das jQuery UI-Plugin zurückgreifen. Binden Sie es in den Header der HTML-Seite ein.

Zuerst binden Sie das Theme ein, das Sie verwenden wollen. Das Theme finden Sie im Downloadpaket des jQuery UI-Plugins. Kopieren Sie das Theme in Ihren Projektordner.

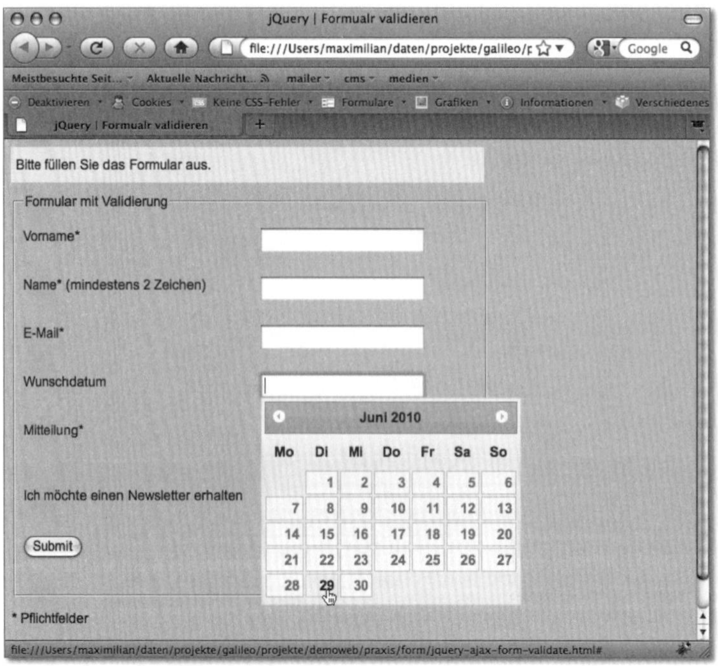

Abbildung 5.34 jQuery UI-Datepicker

Wie Sie Ihr Downloadpaket konfigurieren, erfahren Sie in Abschnitt 5.7, »jQuery UI«:

```
<link type="text/css"
      href="css/ui-lightness/jquery-ui-1.8.13.custom.css"
      rel="stylesheet" />
```

Außerdem soll erreicht werden, eine deutsche Lokalisierung einzubinden, damit die Monatsnamen und Wochentage in deutscher Sprache angezeigt werden. Möglicherweise möchten Sie alternativ auch eine französische Lokalisierung anbieten. Also werden Sie auch noch die Lokalisierungen für Deutschland und Frankreich einbinden. Sie finden die Dateien innerhalb des Downloadpakets des jQuery UI-Plugins im Verzeichnis *development-bundle/ui/i18n*. Legen Sie innerhalb Ihres Projektverzeichnisses das Verzeichnis *i18n* an, und kopieren Sie die gewünschten Sprachdateien dorthin:

```
<script type="text/javascript"
        src="js/jquery-ui-1.8.13.custom.js">
</script>
<script type="text/javascript"
        src="js/ui/i18n/jquery.ui.datepicker-de.js">
</script>
<script type="text/javascript"
        src="js/ui/i18n/jquery.ui.datepicker-fr.js">
</script>
```

Eine Kleinigkeit sollten Sie im HTML-Teil noch ändern. Fügen Sie oberhalb des Input-Elements mit dem ID `#date` noch ein Select-Element hinzu:

```
<p>
  <label for="lang">Sprache</label>
  <select id="lang">
    <option value="">Default</option>
    <option value="fr">French (Français)</option>
    <option value="de" selected="selected">
      German (Deutsch)
    </option>
  </select>
</p>
```

Dieses Select-Element dient zur Auswahl der anzuzeigenden Sprachdatei, die notwendige Logik findet sich wie immer in der JavaScript-Datei. Sie erweitern das vorhergehende Beispiel um einige Zeilen:

```
$("#date").datepicker($.datepicker.regional['de']);
//Event onChange
```

```
$("#lang").change(function() {
  $('#date').datepicker('option',
                        $.datepicker.regional[$(this).val()]);
});
```

Listing 5.75 JavaScript-Code – jQuery UI-Datepicker (Ausschnitt)

Mit `$("#date").datepicker()` initialisieren Sie den Datepicker und legen die Lokalisierung mit `$.datepicker.regional[]` fest. Der Selektor `$("#date")` bestimmt, für welches Input-Element der Datepicker initialisiert werden soll. Mit dem Event `.change()` wird der Datepicker neu mit einer anderen Lokalisierung initialisiert. Den Wert bezieht der Handler über `$(this).val`, aus dem Wert des ausgewählten Option-Elements. Mehr Konfiguration ist in diesem Beispiel nicht notwendig. Nichtsdestotrotz: Die Methode `.datePicker()` hält selbstverständlich viele Optionen bereit, um Datumsformate zu verwenden und deren Funktionalität zu beeinflussen. Auf der Seite *http://jqueryui.com/demos/datepicker/* werden Sie fündig, wenn Sie weitere Optionen erkunden wollen. Zudem sind im Downloadpaket des jQuery UI-Plugins weitere Demos zu finden.

5.8.4 Nächste Ausbaustufe: Autocomplete

Jetzt werden Sie ein weiteres Widget aus dem Programm der jQuery UI-Plugins kennenlernen.

Wenn der Benutzer mindestens zwei Zeichen in ein Input-Feld `#city` eingibt, sollen über JSONP Daten geladen werden, die ihm eine Reihe von Datensätzen zeigen, die er für das gewünschte Ziel auswählen kann. Unterhalb des Feldes STADT öffnet sich ein Auswahlmenü mit Städtenamen, die der Benutzer übernehmen kann.

Abbildung 5.35 jQuery UI Autocomplete

Nun kommen die Daten nicht einfach aus dem Nichts. Es gibt einen Service, *http://www.geonames.org*, der kostenlos Geodaten zur Verfügung stellt. Die Datenbank umfasst circa 8 Millionen Orte, und zu jedem Ort können Sie Geocodes, Postleitzahlen, Einwohnerzahlen und viele andere Daten erfragen.

Geonames bietet auch Webservices an, mit denen Sie die Daten strukturiert im JSON-Format beziehen können. Der Aufruf sieht folgendermaßen aus:

```
http://ws.geonames.org/
searchJSON?featureClass=p&style=full&maxRows=12&name_startsWith=ber
```

Dabei ist `ber` der Suchstring, mit dem der Städtename beginnen soll. Diese Suchanfrage wird sowohl »Berlin« als auch »Bera« (in Bangladesh) zurückgeben, maximal aber nur 12 Orte (`maxRows`). Der Parameter `featureClass=p` gibt an, dass Angaben zu bewohnten Orten ausgegeben werden sollen (»Populated Place Features«). Der Parameter `style` gibt an, in welchem Umfang die Daten ausgeben werden sollen. Hier wird `full` benötigt.

Eine Dokumentation des hier verwendeten Webservices finden Sie unter:

http://www.geonames.org/export/geonames-search.html

Ein Auszug einer JSON-Anfrage könnte folgendermaßen aussehen:

```
{
    "totalResultsCount": 14526,
    "geonames": [
        ...
        {
            "countryName": "Germany",
            "adminCode1": "16",
            "fclName": "city, village,...",
            ...
            "countryCode": "DE",
            "lng": 13.410530090332,
            "adminName2": "",
            "adminName3": "",
            ...
            "fcl": "P",
            "continentCode": "EU",
            "name": "Berlin",
            "geonameId": 2950159,
            "lat": 52.5243681651343,
            "adminName1": "Berlin",
            "population": 3426354
        },
```

```
        ...
    ]
}
...
```

Listing 5.76 JSON-Daten (Ausschnitt)

> **Hinweis**
>
> Falls Sie Abschnitt 4.14, »Ajax & JSON«, übersprungen haben sollten, schlagen Sie dort noch einmal nach, denn dort finden Sie weitere Informationen zum `XMLHttpRequest`-Objekt und auch über JSON(P).

Doch nun noch einmal zurück auf START. Legen Sie innerhalb des Formulars aus den letzten Beispielen ein neues Input-Element an:

```
...
<p>
  <label for="city">Stadt</label>
  <input id="city" name="city" />
</p>
...
```

Und fügen Sie in das Script, das Sie in den letzten Beispielen angelegt haben, innerhalb des `$(document).ready()`-Blocks, folgende Zeilen ein:

```
...
$("#city").autocomplete({
  source: function(request, response) {
    $.ajax({
      url: "http://ws.geonames.org/searchJSON",
      dataType: "jsonp",
      data: {
      featureClass: "P",
      style: "full",
      maxRows: 12,
      name_startsWith: request.term
      },
      success: function(data) {
        response($.map(data.geonames, function(item) {
          return {
           label: item.name +
           (item.adminName1 ? ", " + item.adminName1 : "") +
            ", " + item.countryName,
            value: item.name
          }
```

```
            }))
         }
      })
   },
   minLength: 2
});
...
```

Listing 5.77 JavaScript-Code – jQuery UI Autocomplete (Ausschnitt)

Diese Zeilen stammen aus der Demo des Autocomplete Widgets; Sie fügen sie mehr oder weniger so ein, wie Sie sie in der Dokumentation vorfinden. Die Optionen der Methode `.autocomplete()` fallen vergleichsweise übersichtlich aus; Sie benötigen `source` und `minLength`.

Sie rufen die Methode `.autocomplete()` für das Input-Element mit dem ID `#city` auf, den Sie im Schritt vorher angelegt haben, und geben mit `url` die Datenquelle an. In diesem Beispiel ist es eine Ajax-Quelle. Mit der Option `minLength` geben Sie die Anzahl Zeichen an, die mindestens eingegeben werden müssen, bevor die Anfrage an die Datenquelle gestartet wird.

Die Methode `$.ajax()` übergibt die Parameter `featureClass`, `style`, `maxRows` und `name_startsWith` als Datenpaket an den Server, wobei der Wert von `name_startsWith` der Suchbegriff des Input-Feldes `#city` ist.

Die Funktion `success` wird ausgeführt, wenn die JSON-Daten geladen wurden. Die Methode `$.map()` iteriert über alle Items des `data.geonames`-Objekts. Für jeden gefundenen Ort werden der `name` und gegebenenfalls auch der `adminName` sowie der `countryName` zurückgegeben.

Vergleichen Sie die anonyme Funktion innerhalb der Methode `$.map()` mit dem Auszug der JSON-Datei: Für dieses eine Item wird Folgendes zurückgegeben: »Berlin«, »Berlin«, »Germany«. Den Rest erledigt die Methode `.autocomplete()`. Sie baut das Result-Set zu einem komplexen Auswahlmenü zusammen. Events innerhalb des Autocomplete Widgets sorgen dafür, dass die gewünschte Auswahl, hier ein Städtename, im Input-Feld `#city` landet. Selbstredend können Sie das Aussehen des Autocomplete-Auswahlmenüs über Themes steuern.

Dieses Beispiel zeigt, wie Sie mit einer äußerst geringen Anzahl von Anweisungen ein komplexes User Interface steuern können. Vergessen Sie nicht: In unkomprimiertem Zustand umfasst das Autocomplete Widget circa 500 Zeilen, und die Funktion `$.ajax()` tut ihr Übriges. Mit wenigen Anweisungen steuern Sie einen hochkomplexen Vorgang.

5.9 Flexiblere Tabellen mit jQuery

jQuery eignet sich auch dafür, Manipulationen in Tabellen vorzunehmen. Sie haben bereits gesehen, dass Sie über Ajax & Co sehr leicht Daten importieren und als Tabellen ausgeben lassen können. Mit jQuery können Sie aber noch mehr erreichen:

- Sie können Daten in Tabellen sortieren,
- Sie können Datensätze verschieben oder ausblenden,
- Sie können Daten per Drag & Drop sortieren; und
- Sie können Zeilen oder Spalten in abwechselnden Farben gestalten, was mit CSS nur über einzelne Klassen für einzelne TR-Elemente realisierbar wäre.

5.9.1 Die Zebra-Tabelle

Mit jQuery können Sie mit einem »Muster« beispielsweise mit dem Selektor `$("tr:even")` alle geraden Zeilen einfärben. Dies soll auch das erste Tabellenbeispiel sein. Zusätzlich soll jeder Zeile ein `.hover()`-Event zugewiesen werden, mit dem eine Zeile zusätzlich eingefärbt werden soll.

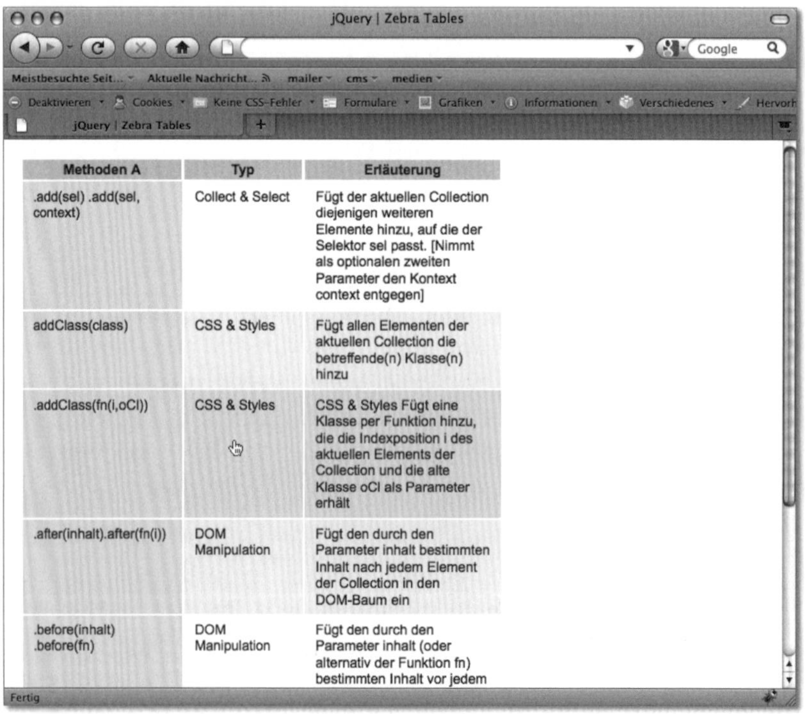

Methoden A	Typ	Erläuterung
.add(sel) .add(sel, context)	Collect & Select	Fügt der aktuellen Collection diejenigen weiteren Elemente hinzu, auf die der Selektor sel passt. [Nimmt als optionalen zweiten Parameter den Kontext context entgegen]
addClass(class)	CSS & Styles	Fügt allen Elementen der aktuellen Collection die betreffende(n) Klasse(n) hinzu
.addClass(fn(i,oCl))	CSS & Styles	CSS & Styles Fügt eine Klasse per Funktion hinzu, die die Indexposition i des aktuellen Elements der Collection und die alte Klasse oCl als Parameter erhält
.after(inhalt).after(fn(i))	DOM Manipulation	Fügt den durch den Parameter inhalt bestimmten Inhalt nach jedem Element der Collection in den DOM-Baum ein
.before(inhalt) .before(fn)	DOM Manipulation	Fügt den durch den Parameter inhalt (oder alternativ der Funktion fn) bestimmten Inhalt vor jedem

Abbildung 5.36 Tabelle mit Zebra-Muster und Hover

Zuerst legen Sie wieder eine HTML-Seite an. Sie benötigen zusätzlich zum jQuery-Framework den *jQuery Effects Core*. Der Einfachheit halber binden Sie das gesamte UI-Plugin ein. Falls Sie dieses Beispiel in einer Produktivumgebung laufen lassen, können Sie die jQuery UI-Datei später immer noch auf das Nötigste reduzieren. In Abschnitt 5.7, »jQuery UI«, finden Sie die Verweise auf den UI-Konfigurator:

```
<!DOCTYPE html>
<html>
<head>
<title>jQuery | Zebra Tables</title>
<script type="text/javascript" src="js/jquery-1.6.2.js">
</script>
<script type="text/javascript" src="js/jquery-ui-1.8.13.custom.js">
</script>
<script type="text/javascript" src="Listing-5-79.js">
</script>
</head>
<body>
<table id="zebra">
  <thead>
    ...
  </thead>
  <tbody>
    <tr>
      <td>...</td> <td>...</td> <td>...</td>
    <tr>
    ...
  </tbody>
</table>
</body>
</html>
```

Listing 5.78 HTML-Gerüst für eine Zebra-Tabelle

Legen Sie nun eine JavaScript-Datei *Listing-5-79.js* für die jQuery-Anweisungen an. Die CSS-Angaben werden hier übersprungen, da sie lediglich das Aussehen verfeinern:

```
function zebra(obj, colors) {
  if(!obj.length) return;
  var tr = $("tr", obj);
  var td = $("td:first-child",tr);
  var even = $("tr:even",obj);
  even.css("background-color",colors.even);
```

```
  td.css("background-color",colors.column);

  tr.hover(function() {
    $(this).animate({
      backgroundColor: colors.over
    }).find("td:first-child").animate({
      backgroundColor: colors.over
    });
  },
  function() {
    var color;
    $(this).is(":nth-child(even)") ?
      color = colors.even :
      color = colors.odd ;
    $(this).animate({
      backgroundColor: color
    }).find("td:first-child").animate({
      backgroundColor: colors.column
    });
  });
}
$(document).ready(function(){
  var colors = {
    over: "#DDDDEC",
    odd: "#FFFFFF",
    even: "#EEEEEE",
    column: "#ECDDDD"
  }
  zebra($("#zebra"),colors);
});
```

Listing 5.79 JavaScript-Code – Zebra-Tabelle

Zuerst deklarieren Sie im `$(document).ready()`-Block das Objekt `colors`, in dem Sie die benötigten Farben speichern. Dieses Objekt wird an die Funktion `zebra()` als Argument übergeben.

In der Funktion `zebra()` werden als Erstes benötigte Variablen deklariert, und mit den Zeilen

```
even.css("background-color",colors.even);
td.css("background-color",colors.column);
```

werden alle geraden Zeilen sowie die erste Spalte eingefärbt.

Im Anschluss wird der Event-Handler `.hover()` mit seinen beiden anonymen Funktionen initialisiert. Der Wechsel der Farben wird über eine Coloranimation realisiert. Dafür benötigen Sie den Effects Core; Sie haben ja bereits im `<head>` das jQuery UI-Plugin eingebunden.

Eigentlich ist das ein einfaches Beispiel. Der einzige Pferdefuß verbirgt sich vielleicht in dem Selektor `.is(":nth-child(even) ")`. Warum wird hier nicht einfach der Selektor `:even` verwendet? Der Grund ist, dass `:even` und `:odd` das gesamte Result-Set betrachten. Im Falle von `$(this)` ist das gerade ein einziges Element. Der Ausdruck `$(this).is(":even")` wird für jedes `<tr>`-Element `true` zurückgegeben, während `$(this).is(":nth-child(even)")` die Position des Elements in Bezug auf alle Nachbarelemente berechnet.

5.9.2 Die Tabelle sortieren

Ein weiterer Anwendungsfall ist das Sortieren von Tabelleninhalten. Sie können selbstverständlich die Daten serverseitig sortieren und in eine HTML-Seite ausgeben lassen. Der Vorteil von clientseitiger Sortierung besteht darin, dass die Daten nicht neu geladen werden müssen. Sie müssen nur den DOM-Baum innerhalb einer Tabelle auseinandernehmen, genauer gesagt zeilenweise, anschließend sortieren und in einer anderen Reihenfolge ausgeben.

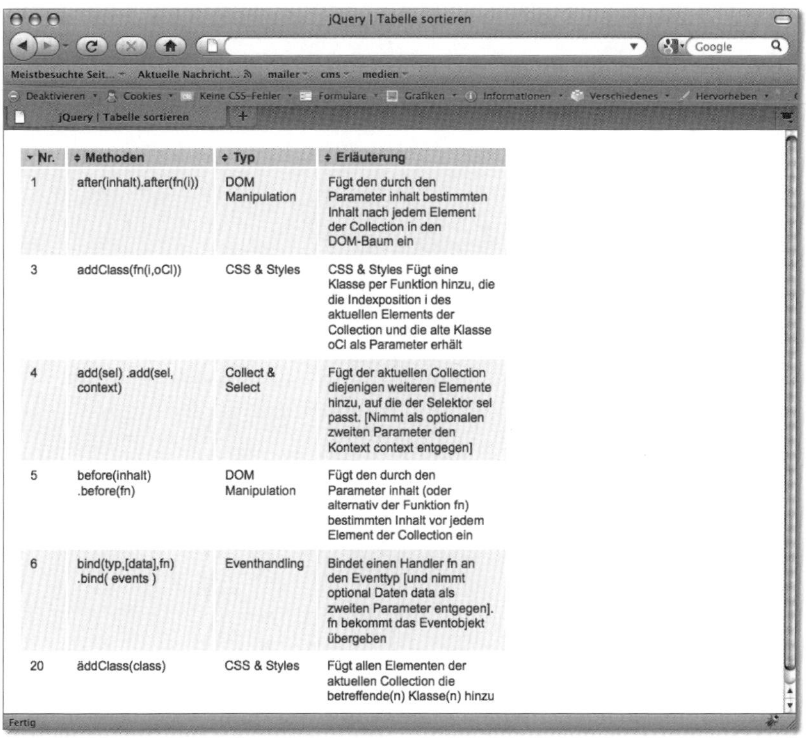

Abbildung 5.37 Tabellendaten sortieren

Wenn Sie sich in den jQuery-Plugin-Repositorys umsehen, werden Sie feststellen, dass es zwar einige Plugins zu diesem Thema gibt. So richtig überzeugen sie jedoch nicht, obwohl die Autoren durchaus versiert vorgegangen sind.

Teilweise werden sie nicht weiterentwickelt, oder sie funktionieren nur für bestimmte Anwendungsfälle. Es gibt ein Plugin, das Bestandteil des jQuery-UI-Frameworks war, aber es ist seit der Version 1.5 nicht mehr enthalten. Es wird wohl in einer zukünftigen Version des UI Frameworks innerhalb eines Grid-Plugins wieder eine Sortierfunktion geben. Im Moment müssen Sie entweder eines der noch im weiteren Verlauf beschriebenen Grid-Plugins benutzen, das ehemalige UI-Plugin von Christian Bach verwenden (siehe *http://tablesorter.com/docs/*) oder ein eigenes Script entwerfen. Für kleinere Anwendungsfälle mag folgendes Script interessant und ausbaufähig sein. Setzen Sie dazu zunächst das HTML-Gerüst auf:

```
<!DOCTYPE html>
<html>
<head>
  <title>jQuery | Tabelle sortieren</title>
  <link type="text/css"
        href="Listing-5-81.css" rel="stylesheet" />
  <script type="text/javascript" src="js/jquery-1.6.2.js">
  </script>
  <script type="text/javascript" src="Listing-5-82.js">
  </script>
</head>
<body>
  <table id="sortable">
    <thead>
      <tr>
        <th class="numeric">Nr.</th>
        <th>Methoden</th>
        <th>Typ</th>
        <th>Erläuterung</th>
      </tr>
    </thead>
    <tbody>
      <tr>
        <td>1</td>
        <td>... </td>
        <td>...</td>
        <td>...</td>
      </tr>
      ...
```

```
    </tbody>
  </table>
</body>
</html>
```

Listing 5.80 HTML-Gerüst – Tabelle sortieren

Legen Sie eine Tabelle mit Inhalten an; hier sind sie nur angedeutet. Es sollten schon einige Datensätze sein, um zu sehen, ob Ihr Script auch nach den richtigen Kriterien sortiert. In der ersten Spalte werden Sie Ziffern eintragen; Sie werden später bei den Sortierfunktionen zwischen Ziffern und Strings unterscheiden. Binden Sie im Head wieder die nötigen JavaScript- und CSS-Dateien ein, und fertig ist das Grundgerüst. Um dem Benutzer ein Feedback auf seine Mausaktionen zu geben, benötigen Sie einige CSS-Anweisungen:

```
.even {
  background-color:#EEEEEE;
}
.hover {
  background-color:#EEEEFF;
}
th.asc {
  background-image: url(images/sortable/sort_asc.gif);
  background-color: #CCCCFF;
}
th.desc {
  background-image: url(images/sortable/sort_desc.gif);
  background-color: #CCCCFF;
}
th {
  background-image: url(images/sortable/sort_default.gif);
  cursor: pointer;
  background-repeat: no-repeat;
  background-position: center left;
  padding-left: 20px;
  text-align:left;
}
```

Listing 5.81 CSS-Styles – Tabelle sortieren

Die Klasse `.even` benötigen Sie, um die Zebrastreifen auf die einzelnen Tabellenzeilen zu legen, und die Klasse `.hover` benötigen Sie, um die aktuell mit der Maus überflogene Zeile zu markieren. Beim Klick auf einen Eintrag im Tabellenheader soll die Sortierung durchgeführt werden. Damit der Benutzer über die Aktion eine Rückmeldung erhält – auch in welche Richtung sortiert wird (aufsteigend oder absteigend) –, werden die Klassen `.asc` (aufsteigend) und `.desc` (absteigend) später via jQuery gesetzt. Per Default wird der Tableheader mit einem Hintergrundbild `sort_default.gif` versehen. Im folgenden Schritt wird die Datei *Listing-5-82.js* gefüllt:

```
var sortTable = function(obj) {
  if(!obj.length) return;
  var Helper = {
    replaceSpecials: function(str) {
      var specials = {"ö":"oe","ä":"ae","ü":"ue","ß":"ss"};
      for (var char in specials) {
        var regExp = new RegExp(char,"g");
        str = str.replace(regExp,specials[char]);
      }
      return str;
    }
  }
  obj.each(function() {
    $('tbody tr:even', obj).addClass("even");
    var th = $('th', obj);
    th.each(function(index) {
      var asc = false;
      $(this).click(function() {
        asc ? asc = false : asc = true;
        th.removeClass("desc asc");
       asc?$(this).addClass("asc"):$(this).addClass("desc");
        var tableRows = $('tbody > tr',obj).get();
        var isNumeric = $(this).hasClass("numeric");
        tableRows.sort(function(a, b) {
          var sortA = Helper.replaceSpecials($(a)
                      .children('td')
                      .eq(index).text().toLowerCase());
          var sortB = Helper.replaceSpecials($(b)
                      .children('td')
                      .eq(index).text().toLowerCase());
          var num;
          asc ? num = 1 :num = -1;
          if (isNumeric) return asc ?
                         sortA - sortB :
                         sortB - sortA;
          return (sortA == sortB) ? 0 :
                 (sortA > sortB) ? num : num * -1;
        });
        for (var tr in tableRows) {
```

```
          $('tbody',obj).append(tableRows[tr]);
        }
        $('tbody tr', obj).removeClass("even");
        $('tbody tr:even', obj).addClass("even");
      });
    });
  });
}

$(document).ready(function() {
  sortTable($('table#sortable'));
});
```

Listing 5.82 JavaScript-Code – Tabelle sortieren

Um die Sortierung vorzunehmen, bedienen Sie sich der JavaScript-Methode `.sort()`. Sie können mit dieser Methode Arrays sortieren. Wenn Sie lediglich absteigend alphabetisch sortieren wollen, benötigen Sie kein Argument. Wenn Sie aber eigene Sortierkriterien anwenden wollen, übergeben Sie der Methode eine Funktion als Argument. Dieser Callback-Funktion wiederum übergeben Sie zwei Vergleichswerte, `a` und `b`. Die Methode `.sort()` iteriert über alle Elemente, indem sie bei jedem Durchlauf Element `a` und `b` miteinander vergleicht.

Sie müssen als Erstes ein Array aus einem jQuery-Objekt, den Tabellenzeilen, generieren. Das erreichen Sie mit der Methode `$('tbody > tr',obj).get()`. Diese jQuery-Methode gibt ein Array mit DOM-Elementen zurück, und Sie können auf den Rückgabewert JavaScript-Methoden anwenden. In diesem Fall werden Sie wie gesagt die `sort()`-Methode anwenden.

Als Erstes betrachten wir die alphabetische Sortierung. Sie werden diese in zwei Varianten benötigen: einmal aufsteigend, einmal absteigend sortiert. Sie können leider nicht die einzelnen Tabellenzellen im Array `tableRows` vergleichen. Zuerst muss der zu sortierende Inhalt mit folgender Anweisung extrahiert werden:

```
($([Vergleiswerte a oder b]).children('td')
.eq(index).text().toLowerCase());
```

Diese Anweisung sucht innerhalb einer `<tr>`-Zeile das Kindelement `<td>` mit dem Zähler `index`. Der `index` bestimmt die Spalte, die sortiert werden soll. Klickt man im Header auf das TH-Element mit dem `index 1`, wird das entspechende `<td>`-Element im `<tbody>` mit dem `index 1` selektiert. Diesen extrahierten Vergleichswert übergeben Sie der Funktion `Helper.replaceSpecials()`. Diese Funktion ersetzt Umlaute. Wenn Sie die Funktion nicht einsetzen würden, würden beispielsweise bei einer alphabetischen Sortierung Worte mit dem Umlaut »ä« wie »Ägypten« am Ende der Tabelle landen, deshalb wird »ä« durch »ae« etc. ersetzt.

Beachten Sie, dass nicht der Text ersetzt wird, der in den einzelnen Tabellenzellen steht, sondern dass Sie aus diesen Strings Sortierkriterien generieren, nach denen die Zeilen sortiert werden.

Die Vergleichswerte werden in den beiden Variablen `sortA` und `sortB` abgelegt. In der folgenden Zeile wird das Sortierkriterium festgelegt. Die Anweisung

```
asc ? num = 1 :num = -1;
```

legt fest, welchen Wert die Variable `num` erhalten soll: für aufsteigend den Wert `1`, für absteigend den Wert `-1`.

Die Variable `asc` wird für jedes `<th>`-Element einzeln bei jedem Klick von `true` auf `false` geändert:

```
...
$(this).click(function() {
  asc ? asc = false : asc = true;
...
});
```

So wird bei jedem Mausklick für jede Spalte abwechselnd aufsteigend oder absteigend sortiert.

Die Variable `num` benötigen Sie in der Anweisung:

```
(sortA == sortB) ? 0 : (sortA > sortB) ? num : num * -1;
```

Diese Zeile ist die eigentliche Berechnung der Reihenfolge. Sie berücksichtigt folgende Fälle:

- Wenn `sortA` `sortB` entspricht, ändert sich nichts an der Reihenfolge; für diesen Vergleich wird 0 zurückgegeben.
- Wenn `sortA` ungleich `sortB` ist, gibt es zwei Möglichkeiten. Erstens, wenn `sortA` größer als `sortB` ist, soll `num` gesetzt werden.
- Zweitens, wenn `sortA` größer `sortB` nicht zutrifft, wird der negative Wert von `num` verwendet.

Dabei kann `num`, wie Sie bereits gesehen haben, entweder den Wert `1` oder `-1` erhalten. Mit dem Wert `1` wird das betreffende Element um eine Stelle nach vorn verschoben, mit `-1` um eine Stelle nach hinten. Mit dem Wert `0` verändert sich nichts. Anschließend werden die nächsten Elemente im Array verglichen, gegebenenfalls verschoben etc.

Nun ist das Array `tableRows` umsortiert und kann innerhalb der `for-in`-Schleife mit `.append()` in die Tabelle zurückgeschrieben werden.

Wenn Sie nun versuchen, mit dieser Sortierung ein Array mit numerischen Werten zu sortieren, werden Sie folgende Reihe erhalten: `[1,10,11,2,3, 4,5,...]`. Vom Standpunkt einer alphabetischen Sortierung mag das korrekt erscheinen, Sie werden aber eine Sortierung nach dem Muster `[1,2,3,4, 5...10,11]` bevorzugen. Zuerst müssen Sie ein Kriterium festlegen, dass für eine bestimmte Spalte eine alphanumerische Sortierung vorgenommen werden soll. Weisen Sie im HTML-Quelltext dem `<th>`-Element die Klasse `numeric` zu, in diesem Beispiel die Spalte mit dem Spaltennamen `Nr`:

```
...
<th class="numeric">Nr.</th>
...
```

In der JavaScript-Funktion werden Sie für das Element, das angeklickt wurde, die Variable

```
...
var isNumeric = $(this).hasClass("numeric");
...
```

setzen. Besitzt die Variable den Wert `true`, wird die Anweisung

```
...
if (isNumeric) return asc ? sortA - sortB : sortB - sortA;
...
```

ausgeführt. Die Sortierung erfolgt nun wie gewünscht. Auch hier werden anschließend die Zeilen mit `.append()`in die Tabelle geschrieben, und zum Abschluss werden die Zebrastreifen neu gesetzt. Jetzt fehlen noch die Anweisungen für die Benutzerfeedbacks beim Klick auf eine Tabellenüberschrift, also das Setzen und Entfernen der CSS-Klassen `desc` und `asc` der `<th>`-Elemente, wobei zuerst alle Klassen entfernt werden, bevor eine neue gesetzt wird:

```
th.removeClass("desc asc");
asc ? $(this).addClass("asc") : $(this).addClass("desc");
```

Außerdem müssen noch die Zebrastreifen mit der Zeile

```
$('tbody tr:even', obj).addClass("even");
```

initial gesetzt werden. Mit wenigen Zeilen können Sie dem Benutzer eine Sortierfunktion zur Verfügung stellen. Das macht besonders dann Sinn, wenn Sie größere Datenmengen visualisieren müssen. Nur werden bei größeren Datenmengen bekanntlich HTML-Seiten sehr lang, sodass man schnell die Übersicht verliert, und da hilft die beste Sortierfunktion nichts. Deshalb gehört fast zwingend eine Paginierung zu einer solchen Tabellenfunktion dazu. Im Folgenden werden Sie das Script um eine solche Funktionalität erweitern.

5.9.3 Paginierung von Tabellen

Paginierung bedeutet, dass eine längere Tabelle in mehrere Abschnitte unterteilt wird und der Benutzer zwischen den Teilen hin- und herblättern kann.

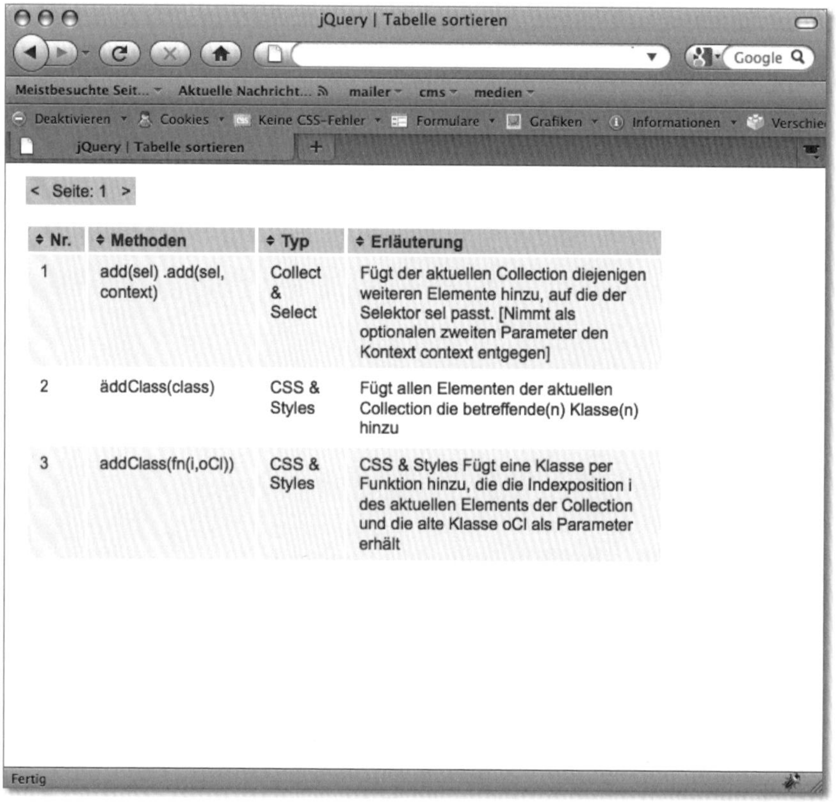

Abbildung 5.38 Tabelle paginieren

In diesem zugegebenermaßen kleinen Beispiel werden Sie die Zahl pro angezeigter Datensätze auf drei reduzieren; in anderen Anwendungsfällen werden das sicherlich zehn oder mehr sein. Das werden Sie im Script festlegen, oder Sie werden das Script weiterentwickeln und dem Benutzer ein Pulldown-Menü bereitstellen, in dem er die Anzahl festlegen kann. Es wird Ihre Aufgabe sein, das ohne Anleitung zu implementieren.

Ebenfalls wird es Ihre Aufgabe sein, die Blätternavigation in das Script zu übernehmen. In diesem Beispiel werden Sie es hart in den HTML-Code einbetten, um das Script kompakt zu halten, aber wenn man die Methode der »progressiven Erweiterung« ernst nimmt, kann auch ein Benutzer ohne JavaScript die HTML-Seite benutzen, dann allerdings ohne Sortierfunktion. Dann haben die Buttons zum Vor- und Zurückblättern aber nichts im HTML-Gerüst zu suchen, sondern sollten per JavaScript in den DOM-Baum gesetzt werden. Mit der Methode `.html()` werden Sie das schnell selbst hinbekommen. Kommen wir nun zurück zur HTML-Erweiterung:

```
...
<div id="tools">
  <a id="down" href="#">&lt; </a>
  <span id="msg"></span>
  <a id="up" href="#"> &gt;</a>
</div>
...
```

Listing 5.83 HTML-Gerüst – Tabelle paginieren (Ausschnitt)

Zur JavaScript-Datei fügen Sie folgenden Code hinzu:

```
var sortTable = function(obj) {
  if(!obj.length) return;
  var Helper = {
    replaceSpecials: function(str) {
      var specials = {"ö":"oe","ä":"ae","ü":"ue","ß":"ss"};
      for (var char in specials) {
        var regExp = new RegExp(char,"g");
          str = str.replace(regExp,specials[char]);
      }
      return str;
    },
    paginate: function() {
      tableRows = $('tbody tr',obj);
      msg.text("Seite: " + (current + 1));
      tableRows.hide()
        .slice(current * numMax,(current + 1) * numMax)
        .show();
    }
  }
  // pagination
  var current = 0;
  var numMax = 3;
  var tableRows = $('tbody tr',obj);
  var pages = Math.ceil(tableRows.length / numMax);
  var msg = $("#tools #msg");
  Helper.paginate();
  $("#up").click(function(e) {
    e.preventDefault();
```

```
  (current < pages -1) ?
   current += 1 : current = pages -1;
  Helper.paginate();
})
$("#down").click(function(e) {
  e.preventDefault();
    (current > 0) ? current -= 1 : current = 0;
    Helper.paginate();
})
// sort
obj.each(function() {
  $('tbody tr:even', obj).addClass("even");
  var th = $('th', obj);
  th.each(function(index) {
    var asc = false;
    $(this).click(function() {
      asc ? asc = false : asc = true;
      th.removeClass("desc asc");
     asc?$(this).addClass("asc"):$(this).addClass("desc");
      var tableRows = $('tbody > tr',obj).get();
      var isNumeric = $(this).hasClass("numeric");
      tableRows.sort(function(a, b) {
        var sortA = Helper.replaceSpecials($(a)
                         .children('td')
                         .eq(index).text().toLowerCase());
        var sortB = Helper.replaceSpecials($(b)
                         .children('td')
                         .eq(index).text().toLowerCase());
        var num;
        asc ? num = 1 :num = -1;
        if (isNumeric) return asc ?
                         sortA - sortB :
                         sortB - sortA;
        return  ( sortA == sortB) ? 0 :
                ( sortA > sortB) ? num : num * -1;
      });
      for (var tr in tableRows) {
        $('tbody',obj).append(tableRows[tr]);
      }
      $('tbody tr', obj).removeClass("even");
      $('tbody tr:even', obj).addClass("even");
      Helper.paginate();
    });
  });
});
```

```
}
$(document).ready(function() {
  sortTable($('table#sortable'));
});
```

Listing 5.84 JavaScript-Code – Tabelle paginieren

Die Funktion `paginate()` ist dafür zuständig, den gewählten Ausschnitt an Tabellenzeilen zu zeigen und den Rest zu verstecken:

```
tableRows.hide()
         .slice(current * numMax,(current + 1) * numMax)
         .show();
```

Zuerst werden alle Zeilen mit `.hide()` ausgeblendet. Mit der Methode `.slice()` wird die gewünschte Range selektiert, und mit `.show()` wird sie angezeigt. Die Range wird mit den Argumenten »von bis« berechnet, wobei das »von«-Argument hier die aktuelle Seitenzahl mit der maximal für eine Seite angezeigten Zeilen bestimmt. Der »bis«-Wert errechnet sich, wie unschwer zu erkennen ist, aus der Seitenzahl +1, multipliziert mit der maximalen Anzahl der anzuzeigenden Zeilen. Stellen Sie sich vor, Sie würden die Range manuell eintragen, dann würden auf Seite 1, sofern Sie die maximale Anzahl auf 3 gesetzt haben, die Argumente folgendermaßen aussehen:

```
.slice(0,3)
```

und für Seite 2 so:

```
.slice(3,6)
```

Das ist die wichtigste Anweisung, mit der die Range gesteuert wird. Weiter unten werden über Click-Events die anzuzeigenden Seiten gesteuert.

Dazu brauchen Sie die Anzahl der Seiten:

```
var pages = Math.ceil(tableRows.length / numMax);
```

Mit der Anzahl der Tabellenzeilen, dividiert durch die Anzahl der anzuzeigenden Zeilen, ist es noch nicht ganz getan. Sie müssen das Ergebnis noch aufrunden. Dies erreichen Sie mit `Math.ceil()`.

Wenn Sie aufwärts blättern wollen, erstellen Sie innerhalb des Click-Events folgende Anweisung:

```
(current < pages -1) ? current += 1 : current = pages -1;
```

Wenn die aktuelle Seitenzahl kleiner als die Gesamtzahl aller Seiten ist, setzen Sie `current` um einen Zähler nach oben. Wenn die letzte Seite erreicht ist, bleibt `current` auf dem höchstmöglichen Zähler. Die –1 benötigen Sie deswegen, weil Sie den Zähler bei `0` beginnen lassen müssen; die Variable `pages` zeigt dagegen die tatsächliche Anzahl der Seiten.

Für den »Nach unten«-Event verwenden Sie diese Anweisung:

```
...
(current > 0) ? current -= 1 : current = 0;
...
```

Wenn die aktuelle Seitenzahl größer als 0 ist, wird sie heruntergesetzt. Bei 0 angekommen, bleibt sie auf 0.

Vergessen Sie nicht, anschließend `Helper.paginate()` aufzurufen, damit die neu ausgewählte Range auch angezeigt wird. Das Gleiche gilt für den Fall, dass ein Benutzer die Sortierung ändert. Anschließend wird `Helper.paginate()` aufgerufen, damit die Range erneut angezeigt wird.

Damit sind Sie für ein paar Anwendungsfälle gewappnet. Sie können für die Sortierung dieses Beispiel noch ausbauen, und es gibt noch weitere Datentypen, wie Datum oder Währung, die gesondert zu berechnen sind. Sie können Daten per Ajax laden, dann bewegen Sie sich langsam in den Bereich von Grid-Plugins, die im nächsten Beispiel besprochen werden.

5.9.4 Grid-Plugins

Einige Tabellenmanipulationen haben Sie bereits kennengelernt. In so manchem Anwendungsfall werden Sortierung und Zebramuster genügen. Es existiert aber eine Reihe weiterer Tabellenfunktionen, die man zusammenfassend als Tabellen-Grids oder einfach Grids bezeichnet. Grids, also Raster oder Gitternetze, sind eine der wichtigsten interaktiven Benutzerschnittstellen. Gerade dort, wo viele Daten visualisiert werden müssen, spielen sie eine zunehmend wichtige Rolle. Grids sind HTML-Tabellen, die mit zusätzlichen Funktionalitäten ausgestattet sind: mit Sortierfunktionen, Filterfunktionen, Funktionen zur Vergrößerung von Spalten bis hin zu Editierfunktionen, mit denen man Daten clientseitig bearbeitet. Ein besonderes Kriterium für Grids sind Ajax-Funktionen, mit denen Daten geladen und wieder in einer Datenbank gespeichert werden können. Wenn man ein, zwei, drei Schritte weiterdenkt, können sich solche Widgets in absehbarer Zeit hin zu einer Online-Tabellenkalkulation entwickeln.

Nun muss man leider sagen, dass es derzeit kein Grid-Plugin auf Basis von jQuery gibt, das den Anforderungen und Ansprüchen des jQuery UI-Teams genügen würde. Und genau hier, im Bereich von jQuery UI, wäre ein solches Widget hervorragend untergebracht. Das Ziel soll es nach den Diskussionen innerhalb des jQuery UI-Teams sein, nicht nur eine Vielzahl an Funktionen zu erfassen und in ein solches Widget zu integrieren, sondern es soll auch mittels jQuery UI-Themes zu gestalten sein.

Die Entwicklung eines in das jQuery-UI-Framework integrierten Grid-Plugins genießt hohe Priorität bei der Entwicklung neuer UI-Plugins. Im Moment müssen Sie aber auf Plugins zurückgreifen, die sicherlich beeindruckend sind, aber nicht den Segen des jQuery UI-Teams erhalten. Im Folgenden werden Sie ein Plugin kennenlernen, das sicherlich einen hohen Funktionsumfang besitzt und mit dem Sie arbeiten können, bis das jQuery UI-Team eine integrierte Lösung zur Verfügung stellt.

Es hat sich im Dezember 2010 eine Arbeitsgruppe um dieses Thema gebildet, die ein Grid-Plugin entwickelt. Wann es veröffentlicht wird, ist aber derzeit (Mitte 2011) nicht abzusehen. Den Stand der Entwicklung können Sie hier verfolgen:

http://wiki.jqueryui.com/w/page/34246941/Grid

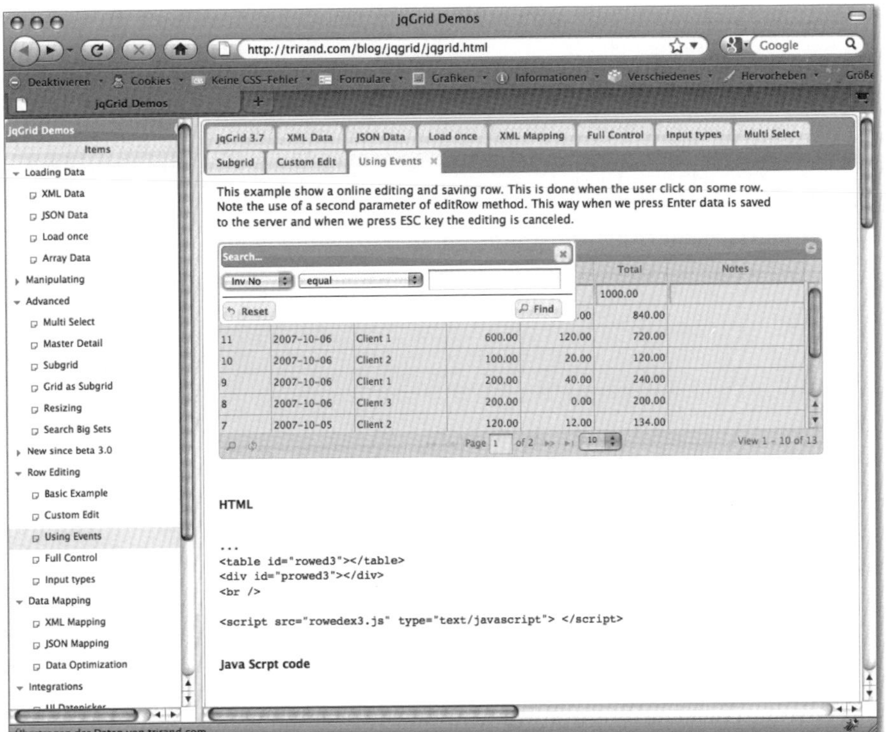

Abbildung 5.39 Das jQuery Grid-Plugin

Ein Plugin soll hier trotzdem kurz vorgestellt werden, da es einen faszinierenden Funktionsumfang besitzt. Es besitzt Suchfunktionen und vielfältige Editiermöglichkeiten; einzelne Zellen lassen sich bearbeiten, Zeilen lassen sich löschen, verschieben oder hinzufügen, und es lassen sich JSON-Daten genauso laden wie XML-Daten. Außerdem können Sie Subgrids integrieren, also Datensätze, die sich zu anderen Datensätzen unterordnen lassen. Sie können zum Editieren von Datumsformaten den jQuery UI-Datepicker integrieren. Und das jQuery Grid-Plugin lässt sich über *jQuery UI Themes* gestalten. Sie finden ein umfangreiches Demo unter dieser Adresse:

http://trirand.com/blog/jqgrid/jqgrid.html

Den vollen Umfang erfassen Sie auf der Downloadseite. Hier finden Sie einen Konfigurator, mit dem Sie Features in die *minified*-Version des Plugins hineinrechnen lassen können – oder eben nicht. Das »eben nicht« hat seine Berechtigung, ist doch das gesamte Script mit allen Features in der optimierten Version noch über 200 KB groß. Sie sollten für den Produktiveinsatz genau überlegen, welche Funktionalitäten Sie benötigen, und ein optimiertes Paket zusammenstellen.

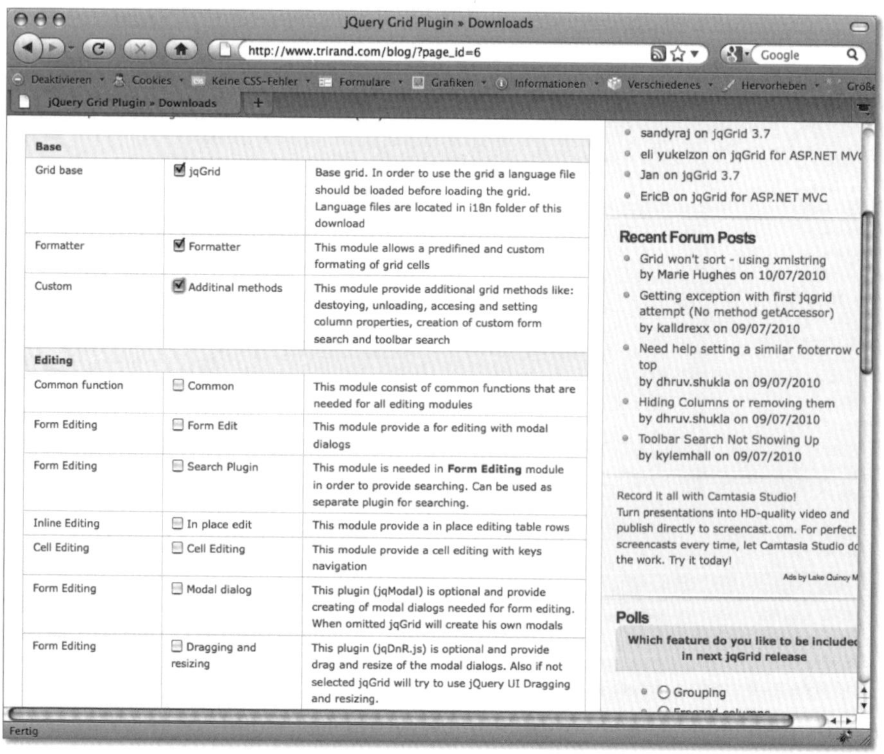

Abbildung 5.40 Das jQuery Grid-Plugin – Download-Konfigurator

Wir können hier nicht auf den Gesamtumfang eingehen, zumal es empfehlenswert ist, auch einen Server mit Datenbank anzulegen, um Daten dynamisch aus der Datenbank zu laden und wieder hineinzuschreiben. Auf der Demoseite finden Sie auch PHP-Beispielscripte, mit denen Sie experimentieren können.

Im Folgenden soll nur kurz angerissen werden, wie Sie dieses Plugin benutzen können. Es gibt zu viele Optionen, auf die hier nicht im Detail eingegangen werden kann. Das hier verwendete Script ist in leicht abgewandelter Form der Demoseite entnommen.

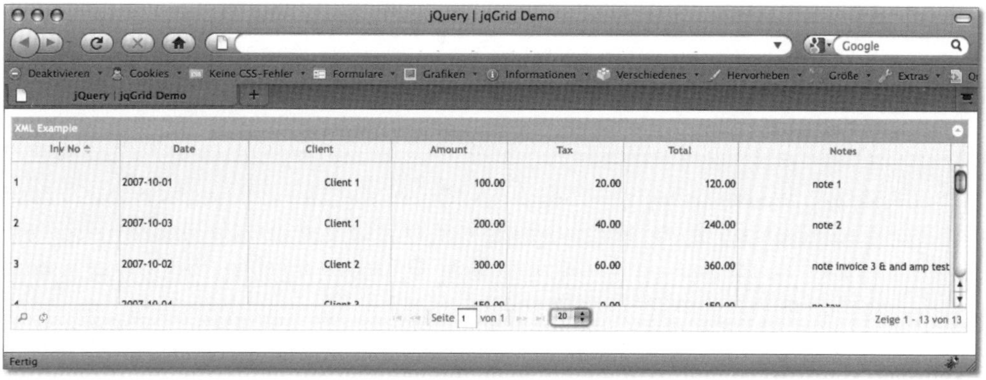

Abbildung 5.41 Das jQuery Grid-Plugin – ein Beispiel

Es gibt ein eigenes Wiki, in dem das Plugin ausführlich dokumentiert ist. Sie finden es unter:

http://www.trirand.com/jqgridwiki/doku.php

Dieses Script wird eine statische XML-Datei in eine HTML-Seite laden und als Tabelle visualisieren. Sie können die Daten anzeigen lassen und können die Anzahl der Zeilen beschränken sowie einen Pager integrieren:

```
<!DOCTYPE html>
<html>
  <head>
    <title>jQuery | jqGrid Demo</title>
    <link rel="stylesheet"
        type="text/css"
        href="css/ui-lightness/jquery-ui-1.8.13.custom.css"/>
    <link rel="stylesheet"
          type="text/css" href="plugins/jqgrid/ui.jqgrid.css" />
    <script src="js/jquery-1.6.2.js" type="text/javascript">
    </script>
    <script src="js/jquery-ui-1.8.13.custom.min.js"
```

```
          type="text/javascript"></script>
    <script src="plugins/jqgrid/i18n/grid.locale-de.js"
          type="text/javascript"></script>
    <script src="plugins/jqgrid/jquery.jqGrid.min.js"
          type="text/javascript"></script>
    <script src="Listing-5-86.js"
          type="text/javascript"></script>
  </head>
<body>
  <table id="list"></table>
  <div id="pager"></div>
</body>
</html>
```

Listing 5.85 HTML-Gerüst – Grid-Plugin

Sie können ein beliebiges Theme des jQuery-UI-CSS-Frameworks einbinden; es wird automatisch zur Formatierung der Tabelle genutzt. Einbinden reicht, Sie müssen im Scriptteil keinerlei zusätzliche Optionen angeben. Hier wurde wieder das Theme `ui-lightness` verwendet.

Binden Sie unterhalb des jQuery-Frameworks zuerst die Lokalisierungsdatei *grid.locale-de.js* für das Plugin ein und danach das Plugin selbst. Diese Reihenfolge ist unbedingt einzuhalten, denn andere Plugins gehen hier anders vor. Die JavaScript-Datei *Listing-5-86.js* enthält den Code für die Deklaration des Plugins. Sie sieht folgendermaßen aus:

```
$(document).ready(function (){
  $("#list").jqGrid({
   url:'grid.xml',
   datatype: "xml",
   colNames:['Inv No','Date', 'Client', 'Amount',
            'Tax','Total','Notes'],
   colModel:[
     {name:'id',index:'id', width:75},
     {name:'invdate',index:'invdate', width:90},
     {name:'name',index:'name', width:100},
     {name:'amount',index:'amount', width:80,align:"right"},
     {name:'tax',index:'tax', width:80, align:"right"},
     {name:'total',index:'total', width:80,align:"right"},
     {name:'note',index:'note', width:150, sortable:false}
    ],
    rowNum:10,
    autowidth: true,
    rowList:[10,20,30],
```

```
    pager: jQuery('#pager'),
    loadonce: true,
    sortname: 'id',
    viewrecords: true,
    sortorder: "desc",
    caption:"XML Example"
  }).navGrid('#pager',{edit:false,add:false,del:false});
});
```

Listing 5.86 JavaScript-Code – Grid-Plugin

Die ersten Zeilen erinnern an die jQuery-`ajax()`-Methode, und `jqGrid` greift auch auf diese Methode zurück. Hier geben Sie den Datentyp und den URL der Datenquelle an. Anschließend müssen Sie die Spaltennamen mit der Option `colNames` definieren sowie die Eigenschaften der Spalten mit der Option `colModel`. Mit `rowNum` bestimmen Sie die maximal auf einer Seite anzuzeigenden Zeilen, und mit der Option `pager` legen Sie fest, in welches HTML-Element der Pager hineingesetzt werden soll.

Wichtig für dieses Beispiel ist die Option `loadonce`. Sie gibt an, dass Sie keine Daten serverseitig sortieren lassen wollen und dass auch keine Daten dynamisch nachgeladen werden sollen. Sie laden eine statische XML-Seite, und fertig. Versuchen Sie, die Option `loadonce` auszukommentieren, werden Sie feststellen, dass die clientseitige Sortierung nicht funktioniert. Sie benötigen diese Option, um folgerichtig damit eine Sortierung der geladenen DOM-Elemente zu erzielen.

5.9.5 Zusammenfassung

Wie können Sie sich nun eine solche Datenvisualisierung in der Praxis vorstellen? Die einfachsten Beispiele wären Warenkörbe von Shopsystemen. Anspruchsvoller wird es, solche Plugins für die Verwaltung von Daten zu verwenden, also in Backends von Content-Management-Systemen oder für die Verwaltung von Artikeln und Kundendaten in CRM- oder Shopsystemen einzusetzen.

Mit diesen Beispielen konnten die Möglichkeiten der Manipulation von Tabellen nur angedeutet werden. Mit Plugins wie *jqGrid* wird aber klar, welches Potenzial darin steckt, solche komplexen Benutzerschnittstellen zu programmieren. Es ist davon auszugehen, dass wir in den nächsten Jahren hier noch einen Entwicklungsschub erwarten können. Ein Beispiel dafür ist *jQuery.sheet*. Dieses Plugin wurde im Jahr 2010 neu entwickelt, und die Entwickler haben sich die Aufgabe gestellt, eine Online-Tabellenkalkulation zu realisieren. Sie finden sie unter:

http://www.visop-dev.com/jquerysheet.html

5.10 Browser und Fenster

In diesem Abschnitt werden Sie einige Beispiele finden, wie Sie mithilfe von jQuery Cookies setzen, Seiten scrollen oder die Vor- und Zurück-Buttons des Browsers benutzen können, um das Blättern über Pager oder Tabs über das History-Objekt zu registrieren.

5.10.1 Cookies

So umstritten Cookies sind, so praktisch und unverzichtbar sind sie für den Weballtag. Sie speichern eine Einstellung, sie speichern Waren für eine Übergabe an den Warenkorb, und sie merken sich Informationen, die beim Wechsel von einer HTML-Seite auf die nächste verloren gehen würden.

Was sind Cookies? Cookies sind kleine Textdateien, die auf dem Rechner des Benutzers abgelegt werden und die bestimmte Informationen speichern können. Die Informationen können später wieder abgerufen werden. Cookies speichern Informationen in einem Zuweisungspaar nach dem Muster *Bezeichner = Wert* ab. Es gibt Sicherheitsbestimmungen – so darf ein Cookie nur von einer Domain gesetzt und gelesen werden. Jeder Benutzer hat die Wahl, über die Browsereinstellungen Cookies zu unterbinden, aber in der Praxis wird es keinen Einkauf in einem Online-Shop ohne Cookies geben, geschweige denn eine Session in einer Webapplikation.

Cookies können serverseitig mit PHP oder Java über den HTTP-Header an den Client gesendet werden. Falls dies aus irgendeinem Grund nicht möglich ist oder die clientseitige Logik zu komplex ist, bietet es sich an, Cookies auch über JavaScript zu setzen und auszulesen.

Das Cookie-Objekt ist ein Objekt, das im Sprachkern von JavaScript verankert ist. Sie können komfortabel darauf zurückgreifen. Frage: Warum benötigen Sie dann ein Plugin, das auf dieses JavaScript-Cookie-Objekt zurückgreift? Antwort: Sie erweitern damit das jQuery-Objekt und können eigene jQuery-Plugins schreiben, die auf dieses jQuery-Cookie-Objekt aufbauen können.

Das Cookie-Plugin ist sehr kurz gehalten, es vereinfacht aber den Umgang mit Cookies ungemein. In einem ersten Beispiel werden Sie die grundlegenden Möglichkeiten des Plugins kennenlernen, und in einem zweiten Beispiel verwenden Sie das Plugin als Erweiterung des jQuery-UI-Frameworks, indem Sie es für das Widget Tabs verwenden.

Betrachten Sie zuerst das Minibeispiel, um das Cookie-Plugin kennenzulernen:

```
<!DOCTYPE html>
<html>
<head>
  <title>jQuery | Cookies</title>
  <script type="text/javascript" src="js/jquery-1.6.2.js">
  </script>
  <script type="text/javascript" src="plugins/jquery.cookie.js">
  </script>
  <script type="text/javascript" src="Listing-5-88.js">
  </script>
</head>
<body>
  <p>
    <a id="set" href="#">Cookie setzen</a><br>
    <a id="get" href="#">Cookie lesen</a><br>
    <a id="delete" href="#">Cookie löschen</a><br>
  </p>
  <p id="msg"></p>
</body>
</html>
```

Listing 5.87 HTML-Gerüst – Cookie-Plugin

Die `<a>`-Elemente allein reichen natürlich noch nicht aus, um Cookies zu steuern. Sie müssen noch die JavaScript-Datei *Listing-5-88.js* füllen, die im Header eingebunden wurde. Die Datei *jquery.cookies.js* beherbergt das Plugin. Wie Sie vielleicht gemerkt haben, wurde noch gar nicht darauf eingegangen, wo das Plugin zu beziehen ist. Wenn Sie das jQuery-UI-Framework heruntergeladen haben, finden Sie eine aktuelle Version im Ordner *development-bundle/external*. Wenn Sie das Framework nicht heruntergeladen haben, nutzen Sie folgende URL:

http://github.com/jquery/jquery-ui/tree/master/external/

Bitte beachten Sie, dass Sie unter folgendem Link lediglich eine ältere Version des Plugins finden (Stand Mitte 2011):

http://plugins.jquery.com/project/Cookie

Nun zum JavaScript-Code:

```
$(document).ready(function() {
  var COOKIE_NAME = 'cookie';
  var options = { path: '/', expires: 10 };
  var clicked = 0;
  // cookie setzen
  $('a#set').click(function(e) {
```

```
    e.preventDefault();
    clicked++;
    $.cookie(COOKIE_NAME, 'clicked='+clicked, options);
  });
  //  cookie lesen
  $('a#get').click(function(e) {
    e.preventDefault();
    clicked++;
    $("#msg").html("Cookie: "+ $.cookie(COOKIE_NAME));
  });
  //  cookie loeschen
  $('a#delete').click(function(e) {
    e.preventDefault();
    clicked++;
    $.cookie(COOKIE_NAME, null, options);
  });
});
```

Listing 5.88 JavaScript-Code – Cookie-Plugin

Bei der Analyse des Codes stellen Sie fest, dass es sich um drei `click()`-Events handelt, die mit dem Aufruf der Methoden `$.cookie()` arbeiten. Sie sehen, dass Sie zuerst einen Namen für den Cookie setzen müssen – hier wird der Name in der Variablen (Pseudo-Konstante) `COOKIE_NAME` gespeichert –, und Sie sehen, dass sich im Objekt `options` die Optionen setzen lassen, die Sie auch im puren JavaScript-Cookie-Objekt setzen können.

Allerdings wird bei der Option `expires` ein Wert in Tagen angegeben. Cookie-Werte werden automatisch im Hintergrund mit der JavaScript-Methode `encodeURIComponent()` kodiert, sodass Sie sich nicht um Sonderzeichen kümmern müssen. Diese werden beim Schreiben des Cookies kodiert und beim Lesen wieder dekodiert. Lassen Sie sich im Firefox das Cookie über EXTRAS • SEITENINFORMATIONEN und dort im Reiter SICHERHEIT anzeigen (siehe Abbildung 5.42).

Sie erkennen, dass der Wert (Inhalt) des Cookie-URLs kodiert wurde. URL-Kodierung folgt dem Muster, dass ein Prozentzeichen, gefolgt von einem hexadezimalen Wert, einem bestimmten festgelegten Zeichen entspricht. `%3A` entspricht einem Doppelpunkt, `%20` einem Leerzeichen.

Wichtig

Bitte beachten Sie, dass Sie dieses Beispiel zwar im Firefox lokal ausführen können, für andere Browser benötigen Sie unter Umständen aber einen Webserver, damit das Cookie gesetzt werden kann.

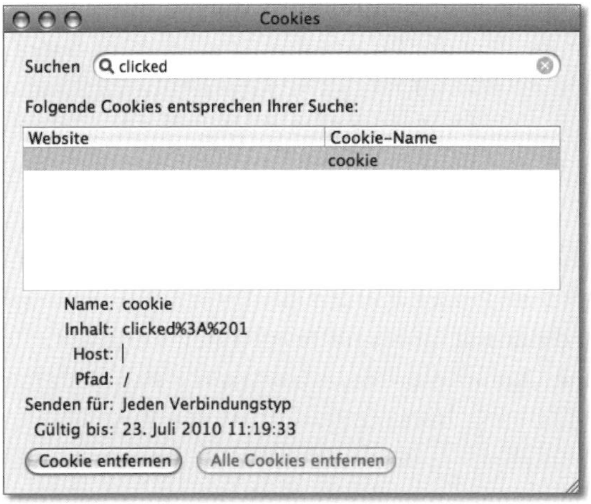

Abbildung 5.42 Cookie-Anzeige im Firefox

Das *jquery.cookie*-Plugin ist ein kleiner, einfacher Helfer, der es erlaubt, innerhalb des jQuery-Frameworks und der jQuery-Syntax auf einfache Weise mit kleinen Keksen umzugehen.

Im nächsten Schritt werden Sie verstehen, warum es sinnvoll sein kann, eine Funktionalität, die in der Kernsprache von JavaScript vorhanden und auch ähnlich einfach anzuwenden ist, trotzdem als jQuery-Plugin zur Verfügung zu stellen.

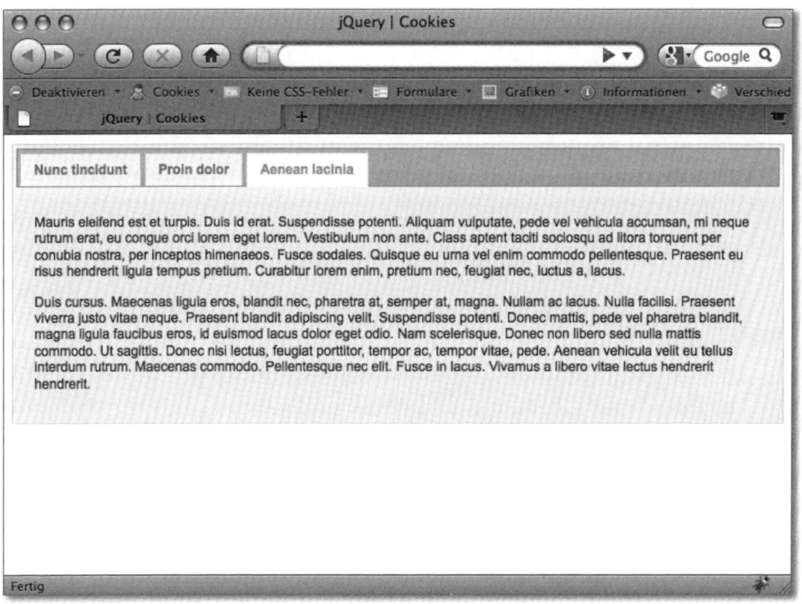

Abbildung 5.43 jQuery UI-Tabs mit Cookies

Dazu greifen Sie auf ein Widget des jQuery-UI-Frameworks zurück, nämlich das Widget »Tabs«. Tabs haben Sie am Anfang des Praxisteils in diesem Buch bereits kennengelernt. Das vorige Beispiel wurde aber von Grund auf entwickelt, also ohne Zuhilfenahme des UI-Plugins. Zur Erinnerung: Unter *Tabs* werden Karteireiter verstanden, zwischen denen man hin- und herschalten kann, und jede Karteikarte zeigt ihren eigenen Inhalt.

Das Cookie, das gesetzt werden soll, wird sich den zuletzt angeklickten Karteireiter merken, und bei einem neuerlichen Besuch werden Sie direkt auf Ihre zuletzt getätigte Auswahl geführt – allerdings nur in einem festgelegten Zeitraum. Sie verwenden in diesem Beispiel die Option `expires`, bestimmen also, wann das Cookie vom Browser gelöscht werden soll. Hier verwenden Sie den Wert `10`, also 10 Tage.

Der HTML-Teil beinhaltet wieder alle Referenzen auf externe Dateien, wie Stylesheets und JavaScript-Dateien sowie eine Liste mit Menüpunkten und den Textcontainern:

```
<!DOCTYPE html>
<html>
<head>
<title>jQuery | Cookies</title>
  <link type="text/css"
        href="css/ui-lightness/jquery-ui-1.8.13.custom.css"
        rel="stylesheet" />
  <script type="text/javascript" src="js/jquery-1.6.2.js">
  </script>
  <script type="text/javascript"
          src="js/jquery-ui-1.8.13.custom.js"></script>
  <script type="text/javascript"
          src="plugins/jquery.cookie.js"></script>
  <script type="text/javascript"
          src="Listing-5-90.js"></script>
</head>
<body>
  <div id="tabs">
    <ul>
      <li><a href="#tabs-1">Nunc tincidunt</a></li>
      <li><a href="#tabs-2">Proin dolor</a></li>
      <li><a href="#tabs-3">Aenean lacinia</a></li>
    </ul>
    <div id="tabs-1"><p>Inhalt...</p></div>
    <div id="tabs-2"><p>Inhalt...</p></div>
    <div id="tabs-2"><p>Inhalt...</p></div>
```

```
  </div>
</body>
</html>
```

Listing 5.89 HTML-Gerüst – Cookie-Plugin und Tabs

Verwenden Sie wieder das jQuery UI-Plugin. Wie Sie das bewerkstelligen, haben Sie in Abschnitt 5.7, »jQuery UI«, erfahren. Binden Sie das jQuery-Framework ein, darunter die Datei *jquery-ui-1.8.2.custom.js* sowie alle zugehörigen CSS-Dateien. Diese binden Sie wieder oberhalb der *js*-Dateien ein. Den jQuery-Code fügen Sie in die Datei *Listing-5-90.js* ein. Er ist denkbar einfach:

```
$(document).ready(function() {
  $("#tabs").tabs({
    cookie: {
      expires: 10,
      path: "/"
    }
  });
});
```

Listing 5.90 JavaScript-Code – Cookie-Plugin und Tabs

Mit der Methode `.tabs()` initialisieren Sie das Tabs-Widget. Dieses besitzt bereits eine eingebaute Option `cookie`. Sie müssen nur noch die Cookie-Optionen festlegen, und fertig ist das Script. Das Tabs-Plugin greift implizit auf das Cookie-Plugin zurück. Wenn Sie diese Option setzen, müssen Sie aufpassen, dass Sie nicht vergessen, das Plugin einzubinden, sonst erhalten Sie eine JavaScript-Fehlermeldung. Dieser Fehler wird vom Tabs-Widget nicht abgefangen.

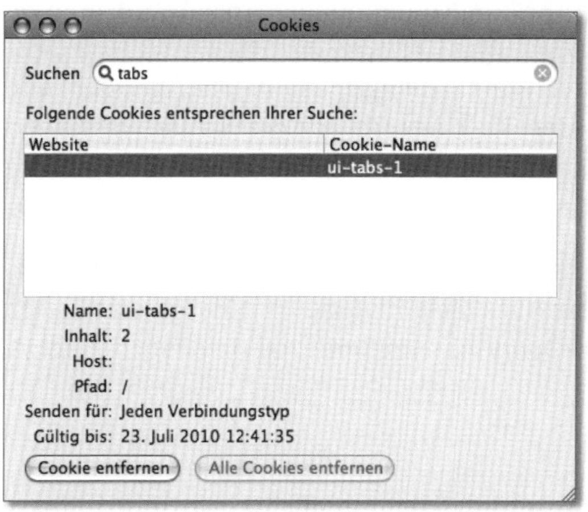

Abbildung 5.44 Hier wird ein Cookie für jQuery UI-Tab gesetzt.

Wird das Cookie nun erfolgreich gesetzt, wird der Benutzer, wenn er den Browser schließt und innerhalb von zehn Tagen die Seite erneut besucht, den letzten Karteireiter, den er angeklickt hatte, wieder bereits ausgewählt vorfinden.

In diesem Cookie ist der Wert 2 für den dritten Karteireiter mit dem Namen `ui-tabs-1` gespeichert. Die Cookie-Informationen können Sie sich im Firefox bequem über das Menü EXTRAS • SEITENINFORMATIONEN • SICHERHEIT • COOKIES ANZEIGEN ausgeben lassen.

5.10.2 Die History des Browsers

Einen großen Nachteil haben die Technologien Ajax und Flash gemeinsam: Die ZURÜCK- und VORWÄRTS-Buttons des Browsers bleiben wirkungslos, wenn man eine komplexe Webanwendung mit vielen Menüs und nachladbaren Inhalten in eine einzige HTML-Seite platziert. Eigentlich.

Für Flash gibt es ein Framework namens *SWFAddress*. Dieses Script ermöglicht es Flash-Entwicklern einerseits, *deep linking* zu nutzen, also dem Benutzer (und dem Browser) zu suggerieren, dass er, wenn er Menüpunkte innerhalb einer Flash-Applikation klickt, sich physisch innerhalb einer Ordnerstruktur bewegt und die Adresse auch in der Adresszeile angezeigt wird.

Setzt man ein Bookmark in einer tiefen Ebene der Flash-Applikation und ruft später dieses Bookmark auf, wird der Benutzer exakt zu dem Menüpunkt zurückgeführt. Obwohl lediglich eine einzige HTML-Seite geladen wurde, in der eben diese Flash-Applikation eingebettet wurde, funktioniert das Setzen von Bookmarks. *SWFAddress* sorgt auch dafür, dass die Browser-History, also der Verlauf, jeden Klick auf einen Menüpunkt registriert.

Das Problem, dass der Browserverlauf nachgeladene oder dynamisch gezeigte Inhalte nicht wahrnimmt, trifft auch auf Ajax-Websites zu. Schließlich wird (nehmen wir das Tab-Beispiel wieder auf) nur eine einzige HTML-Seite geladen, und innerhalb dieser Seite werden bei jedem Klick neue Inhalte gezeigt und wieder versteckt. Klickt der Benutzer auf den ZURÜCK-Button des Browsers, wird dies genauso wenig zum gewünschten Erfolg führen wie in einer Flash-Applikation. Eigentlich.

Es gibt für Ajax und dynamische, auf jQuery basierende Websites einige Ansätze, die Browser-History zu beeinflussen: Auch die Entwickler von *SWFAddress* haben sich daran gemacht, ein Plugin für jQuery zu schreiben, und sie nennen es folgerichtig *jQuery Address*.

Zu finden ist es unter:

http://www.asual.com/jquery/address/

Das Plugin ermöglicht es zudem, einen Pfad in der Adressleiste zu setzen und so für einzelne Tab-Reiter Bookmarks zu setzen. Außerdem wird das <title>-Element mitgeführt, d. h., mit jedem Klick auf einen Reiter wird das Label des Reiters im »Title« angezeigt. Im Verlauf (»Chronik«) des Browsers werden die Titel der einzelnen Reiter akkurat angezeigt – allerdings: Safari und der Internet Explorer lassen sich nicht hinters Licht führen. Sie zeigen im Verlauf nur eine einzige Seite an. Seien Sie aber beruhigt, die Vor- und Zurück-Buttons lassen sich in allen Browsern bedienen, und das Bookmarken funktioniert auch. Damit ist dieses Plugin durchaus einsetzbar.

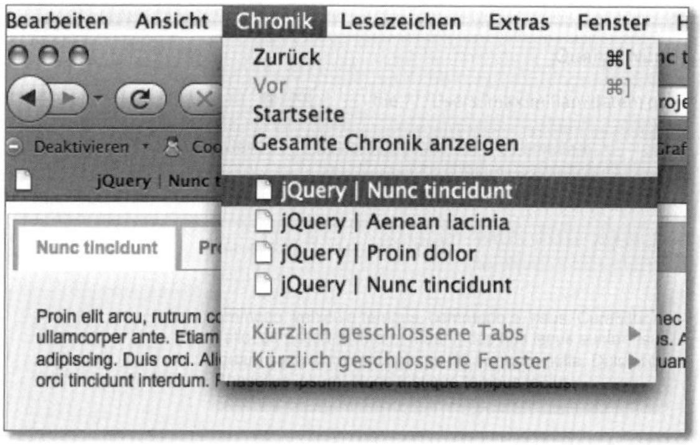

Abbildung 5.45 Browser-History

Nun nehmen Sie sich, wie gesagt, wieder das Tabs-Beispiel vor. Sie verwenden exakt das gleiche Beispiel, das Sie bereits im Cookie-Beispiel eingesetzt haben. Sie werden wieder das jQuery UI-Plugin verwenden, nur dass Sie zusätzlich das jQuery Address-Plugin hinzufügen. Im HTML-Teil müssen Sie nur wenige Änderungen vornehmen. Zum einen müssen Sie zuerst die Scriptdateien einbinden:

```
...
<script type="text/javascript" src="plugins/jquery.address-
1.4.1.js">
</script>
...
```

In der Datei *Listing-5-91.html* werden Sie das Plugin innerhalb des <script>-Elements initialisieren. Sie müssen noch ein Attribut für die Karteireiter setzen, dann können Sie sich an den JavaScript-Code machen:

```
...
<ul>
  <li><a href="#tabs-1" rel="address:/item_1.html">
       Nunc tincidunt
      </a>
```

```
  </li>
  ...
</ul>
...
```

Das Attribut `rel` wird verwendet, um den Wert im URL an den Hash # zu hängen. In diesem Fall sähe der URL folgendermaßen aus, nachdem Sie auf das <a>-Element in der <ul>-Liste geklickt hätten:

http://[domain]/[Verzeichnis]/index.html/#/tabs-1

Damit ist dieser URL eindeutig auf einen bestimmten Karteireiter zurückzuführen. Wenn Sie das Beispiel statt mit einer *index.html* auf Ihrem Webserver lokal in Ihrem Arbeitsverzeichnis testen, wird der Pfad ein wenig anders aussehen (es funktioniert aber trotzdem):

file://[...]/Listing-5-91.html#/item_1.html

Nun werden Sie den JavaScript-Block mit Anweisungen füllen:

```
...
<script type="text/javascript">
$(document).ready(function() {
  var tabs;
  $("#tabs li a").click(function(event) {
    $.address.value($(this).attr('href').replace(/^#/, ''));
    $.address.title($.address.title()
      .split(' | ')[0] + ' | ' + $(this).text());
  });
  // Address handler
  $.address.init(function(event) {
    $.address.value($('#tabs ul:first a')
      .attr('href').replace(/^#/, ''));
    $.address.title($.address.title()
      .split(' | ')[0] + ' | ' + $('#tabs ul:first a').text());
    tabs = $('#tabs').tabs();
  }).externalChange(function(event) {
    tabs.tabs('select',
      $('a[rel="address:' + event.value + '"]')
      .attr('href').replace(/^#/, ''));
    $.address.title($.address.title()
      .split(' | ')[0] + ' | ' +
      $('a[rel="address:' + event.value + '"]').text());
  });
});
</script>
...
```

Listing 5.91 JavaScript-Code – Browser-History mit dem jQuery-Address-Plugin

Mit `$.address.init()` initialisieren Sie die jQuery UI-`tabs()`-Methode. Diese Methode kennen Sie bereits aus dem vorangegangenen Beispiel.

Mit `$.address.change()` könnte beispielsweise der `<title>` dynamisch bei jedem Tab-Wechsel geändert werden. Diese Methode wird ausgeführt, sobald eine Mausaktion stattfindet. Allerdings finden Sie diese Methode nicht in diesem Beispiel. In der Kombination mit jQuery 1.6.2 konnte sie nicht in allen Browsern lauffähig gemacht werden. Die Online-Dokumentation beschreibt sie zwar, und in früheren Version hat sie funktioniert. Probieren Sie es selbst aus, vielleicht funktioniert sie in einer höheren Version wieder. Sie können allerdings einen anderen Lösungsweg einschlagen. Mit dem `.click()`-Event, also mit jedem Klick auf ein Tab, speichern Sie den Adress-Wert ab und ändern auch gleich den `<title>`:

```
$("#tabs li a").click(function(event) {
  $.address.value($(this).attr('href').replace(/^#/, ''));
  $.address.title($.address.title()
    .split(' | ')[0] + ' | ' + $(this).text());
});
```

Die Methode `$.address.title()` wird aufgerufen und wiederum mit dem Argument `$.address.title()` übergeben, was bedeutet, dass der bisherige Titel mit `.split()` und `.text()` manipuliert und als neuer Titel gesetzt wird. Im Klartext könnte man es so übersetzen: Der String wird mit vom Anfang bis zum Zeichen »|« aufgeteilt, daraufhin wird das Zeichen »|« neu gesetzt, und mit `$(this)` wird das aktive `<a>`-Element bestimmt und dessen Inhalt (wenn Sie obiges Beispiel verwenden) »Nunc tincidunt« an den »Title« gehängt.

Die Methode `$.address.externalChange()` setzt dann den Status der Tabs neu, wenn über die Zurück- oder Vor-Buttons des Browsers navigiert wird oder die URL über ein Lesezeichen (Favorit) aufgerufen wird. Diese Methode ruft erneut das Widget `.tabs()` mit der Option `select` auf. Der Select-Handler setzt die aktuelle Selektion. Dieses Beispiel ist sehr einfach gehalten. Zu erwähnen ist, dass Sie externe Inhalte über Ajax laden können. Dann wird der Nutzen dieses Plugins noch größer.

In diesem Beispiel sehen Sie eine Verzahnung von JavaScript-, jQuery-, jQuery UI- und jQuery-Address-Methoden. Sie sehen, wie Sie aufeinander aufbauend Plugins integrieren können. Und der Nutzen des hier besprochenen Plugins ist nicht zu unterschätzen. Viele Benutzer sind es gewohnt, über die Zurück-Buttons des Browsers zu navigieren, und allzu oft kommen auch Rückfragen, warum eine Site nicht erwartungsgemäß funktioniert. Sie sollten stets davon ausgehen, dass der Benutzer nichts von Webtechnik versteht – was er ja auch nicht muss –, und es ist nicht vermittelbar, warum in dem einen oder anderen Fall die Buttons nicht funktionieren. Und hier hilft dieses Plugin.

5.10.3 Flash-Filme mit jQuery einbinden

Seit geraumer Zeit hat es sich durchgesetzt, Flash-Filme nicht direkt mit Object- bzw. Embed-Elementen einzubinden, sondern »unobtrusive« JavaScript zu verwenden, um einen vorhandenen `<div>`-Container zu nutzen und dort dynamisch einen Flash-Film einzubinden. Der bekannteste Vertreter eines solchen JavaScripts ist *SWFObject*. Den Code finden Sie unter:

http://code.google.com/p/swfobject/

So manch ein Entwickler hat sich die Aufgabe gestellt, genau diese Funktionalität für jQuery zu adaptieren. Das bringt den Vorteil, sich innerhalb eines einzigen Frameworks zu bewegen. Ganz zu schweigen davon, dass es Ladezeiten spart, wenn man sowieso an anderer Stelle jQuery einsetzt. Dann kann man die Bibliothek nutzen, um auch Flash-Filme einzubetten. Es gibt zahlreiche Ansätze in diesem Zusammenhang. Einer davon ist das Plugin von Stephan Belander. Sie können es unter folgender Adresse herunterladen:

http://github.com/Qard/jquery-flash

Ein kleines Beispiel: Sie finden in der Begleit-DVD zu diesem Buch einen Dummy-Flash-Film, den Sie in eine Seite einbetten können. Es handelt sich um eine kleine Slideshow. Die Bilder kennen Sie bereits aus den Galerie-Beispielen.

Abbildung 5.46 Flash-Filme einbinden

Erstellen Sie als Erstes wieder ein HTML-Gerüst, das denkbar einfach gehalten ist. Der jQuery-Code zur Initialisierung ist direkt im <head> notiert:

```
<!DOCTYPE html>
<html>
<head>
<title>jQuery | Flash</title>
<script type="text/javascript" src="js/jquery-1.6.2.js">
</script>
<script type="text/javascript" src="plugins/jquery.flash.js">
</script>
<script type="text/javascript">
$(document).ready(function(){
  $('.flash').flash({
    "src":"jquery.dummy.swf",
    "width":500,
    "height":332,
    "quality":"high",
    "wmode":"transparent",
    "express":"express_install.swf",
    "classid":"clsid:D27CDB6E-AE6D-11cf-96B8-444553540000",
    "pluginspace":"http://get.adobe.com/flashplayer",
    "version":"9.0.24",
  });
});
</script>
</head>
<body>
  <div class="flash">
    <h1>Alternativer Inhalt</h1>
  </div>
</body>
</html>
```

Listing 5.92 Flash – SWF-Dateien mit dem jQuery Flash-Plugin laden

Sie müssen im Body einen Container mit, sagen wir, der Klasse flash anlegen. Innerhalb des Containers können Sie bzw. sollten Sie einen alternativen Content einfügen, der dem Benutzer einen adäquaten Inhalt bietet. Dieses Konzept folgt wieder dem Prinzip der »progressiven Erweiterung«, so wie einige Beispiele in diesem Buch. Demjenigen Browser, der die notwendigen Technologien nicht integriert und bestimmte Inhalte nicht darstellen kann, wird mit einem Fallback trotzdem ein Inhalt geboten – er wird nicht einfach im Regen stehen gelassen. Dem Benutzer, der über diese Technologie verfügt, wird ein Mehrwert geboten. Von all den Abläufen sollte er nichts mitbekommen, er kennt die technischen Hintergründe vielleicht nicht und soll sie auch nicht kennen müssen.

Zurück zum Beispiel: Der alternative Content wird, falls JavaScript aktiviert ist, mit dem `<object>`-Element überschrieben, und der SWF-Film wird eingebettet.

Mit der Anweisung `$('.flash').flash()` wenden Sie die Methode `.flash()` auf das jQuery-Objekt `$('.flash')` an. Die CSS-Klasse haben Sie für den `<div>`-Container vergeben. Mit der Methode `.flash()` sollten Sie auf jeden Fall die Option `src` setzen. Hier werden der Pfad und der Dateiname des SWF-Filmes angegeben. Alle Optionen sind optional, wie Breite und Höhe oder Expressinstallation. Selbst `src` ist optional, wenn Sie im Element, das Sie selektiert haben, ein `href`-Attribut mit einem Verweis auf einen SWF-Film gesetzt haben. Tabelle 5.2 zeigt alle Optionen.

Option	Defaultwert	Beschreibung
`id`	`$(this).attr('id')`	ID
`class`	`$(this).attr('class')`	Klasse
`width`	`$(this).attr('width')`	Breite
`height`	`$(this).attr('height')`	Höhe
`src`	`$(this).attr('href')`	Quelle
`flashvars`	`null`	JSON-strukturierte Daten
`bgcolor`	`null`	Hintergrundfarbe
`quality`	`null`	`low`, `medium`, `high`, `autolow`, `autohigh`, `best`
`wmode`	`null`	`window`, `opaque`, `transparent` (nicht von allen Browsern unterstützt)
`allowscript-access`	`null`	`always`, `never`, `samedomain`
`allowfull-screen`	`null`	`true`, `false` – erlaubt den Vollbild-modus
`classid`	`'clsid:D27CDB6E-AE6D-11cf-96B8-444553540000'`	Identifiziert die ActiveX-Steuerung für den Browser (nur Internet Explorer).
`codebase`	`'http://download.macromedia.com/pub/shockwave/cabs/flash/swflash.cab#version='`	Gibt die Adresse an, von der Codes nachgeladen werden können (nur `<object>`-Elemente).
`Pluginspace`	`'http://get.adobe.com/flashplayer'`	Gibt den Ort für nachladbaren Code an (ähnliche Funktionalität wie `codebase`, gilt nur für `<embed>`-Element).
`Version`	`'9.0.24'`	Minimum-Version ist 9.0.24.

Tabelle 5.2 jQuery Flash-Plugin – alle Optionen

Option	Defaultwert	Beschreibung
express	null	Gibt den Ort für die Datei an, mit der Adobes Express Install ausgeführt werden kann, z. B. *expressinstall.swf*.

Tabelle 5.2 jQuery Flash-Plugin – alle Optionen (Forts.)

Es mag sein, dass der Klassiker unter den Scripts, *SWFObject*, immer noch leistungsfähiger ist als dieses Script, aber eine Adaption für jQuery ist ein interessanter Ansatz und in vielen Anwendungsfällen voll und ganz ausreichend.

5.10.4 Scrolling

Scrollen ist eine gängige Aufgabe von Browsern. Von so manchem Designer und Benutzer zu Unrecht verpönt, ermöglicht es dieses Feature auf jedem Rechner, in den meisten Programmen eine größere Menge von Inhalten bei beschränkter Fenster- oder Bildschirmgröße benutzerfreundlich zugänglich zu machen.

Mit jQuery können Sie das Scrollen zum Erlebnis machen, indem Sie die Bewegung nach oben oder nach unten animieren und zur gewünschten Seitenposition sanft hingleiten lassen. So macht Scrollen richtig Spaß.

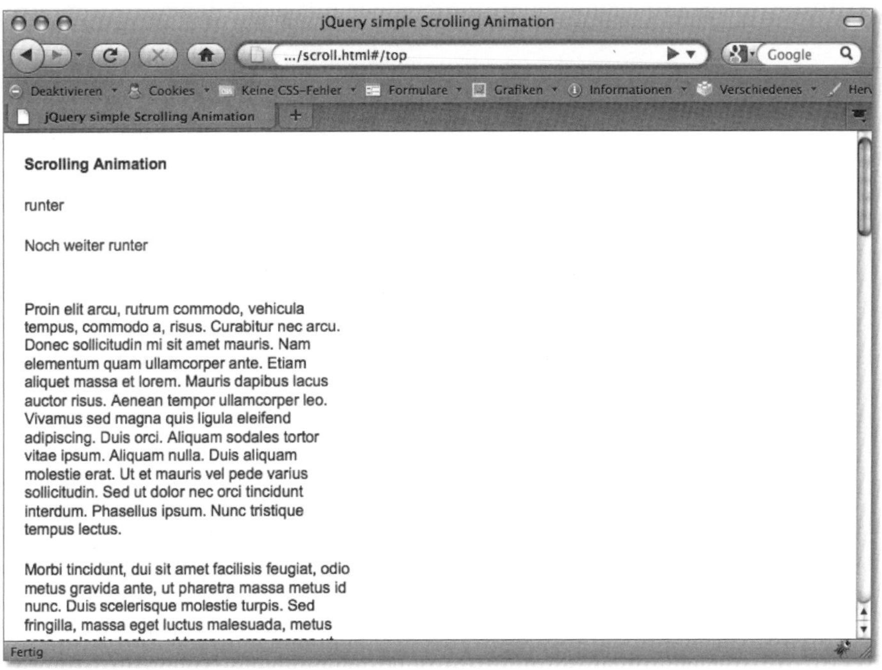

Abbildung 5.47 Animiertes Scrollen

Zuerst brauchen Sie eine HTML-Seite mit vielen Inhalten oder zumindest mit vielen Absätzen. Der Inhalt sollte mehr Höhe einnehmen als der sichtbare Bereich (*viewport*) des Fensters.

Im Head benötigen Sie die obligatorischen `<script>`- und `<link>`-Elemente:

```
<!DOCTYPE html>
<html>
<head>
  <title>jQuery simple Scrolling</title>
  <script type="text/javascript" src="js/jquery-1.6.2.js">
  </script>
  <script type="text/javascript"
          src="plugins/jquery.address-1.4.1.js">
  </script>
  <script type="text/javascript" src="Listing-5-96.js">
  </script>
</head>
<body>
  <a name="top"></a>
  <ul id="top">
    <li><a href="#down">runter</a></li>
    <li><a href="#bottom">Noch weiter runter</a></li>
  </ul>
  <div>
    <p>...</p>
  </div>
  <a id="down" name="down" href="#top">nach oben</a>
  <div>
    <p>...</p>
  </div>
  ...
  <a id="bottom" name="bottom" href="#top">nach oben</a>
</body>
</html>
```

Listing 5.93 HTML-Gerüst – animiertes Scrollen

Sie sollten am Anfang der Seite noch ein paar lokale Anker setzen, eine Art von lokaler Navigation in der Mitte und unten `<a>`-Elemente. Die CSS-Angaben werden hier wieder eingespart, damit Sie sich umgehend mit dem JavaScript-Code auseinandersetzen können:

```
$(document).ready(function(){
  var localAnchors = $("a[href*=#]");
```

```
  if (!localAnchors.length) return;
  localAnchors.click(function(event) {
    event.preventDefault();
    var target = $($(this).attr("href"));
    if (!target.length) return;
    var position = target.position().top;
    var obj = $('html,body');
    var selectedObj = obj.eq(1);
    obj.each(function(i) {
      var eachElement = $(this);
      var top = eachElement.scrollTop();
      eachElement.scrollTop(top + 1);
      var test = eachElement.scrollTop();
      eachElement.scrollTop(top - 1);
      if (test > 0) {
        selectedObj = eachElement;
        return false;
      }
    });
    selectedObj.animate({scrollTop: position}, 1000);
  });
});
```

Listing 5.94 JavaScript-Code – animiertes Scrollen

Zunächst benötigen Sie ein jQuery-Objekt mit allen lokalen Ankern. Dazu verwenden Sie den Selektor `"a[href*=#]"`. Er extrahiert sämtliche `<a>`-Elemente, die im Attribut `href` das Hash-Zeichen enthalten. Da jeder lokale Anker dieses Zeichen mit sich führen muss, ist das der Filter, der sämtliche Elemente zuverlässig selektiert. An diese Elemente binden wir den `.click()`-Event. Mit `event.preventDefault()` stellen Sie sicher, dass die browsereigene Aktion unterbunden wird. Die Variable `target` speichert das Sprungziel, das Sie im `href`-Attribut festgelegt haben, als jQuery-Objekt. Mit der Anweisung `if (!target.length)` fangen Sie den Fall ab, dass Sie versehentlich eine Sprungmarke ansprechen, die gar nicht existiert.

In der nun folgenden Zeile legen Sie die Position fest, die der Browserinhalt einnehmen soll. In der Variablen `position` wird mit der Methode `.position()` und deren Eigenschaft `.top` der Abstand des Inhalts vom oberen Dokumentursprung festgelegt. Da das `href`-Attribut das Sprungziel in einem `id`-Attribut angibt und Sie sichergestellt haben, dass es das Sprungziel gibt, können Sie so leicht die Position des selektierten Elements ermitteln.

Auffällig ist hier der Selektor `$('html,body')`. Wieso wird hier nicht einfach allein das `<body>`-Element genutzt, um die Seite zu animieren? Weil die verschiedenen Browser unterschiedlich reagieren. In Safari und in Google Chrome müssen Sie das `<body>`-Element animieren, in allen anderen Browsern das HTML-Element. Hinzu kommt, dass Opera den Selektor `'html,body'` nicht korrekt interpretiert, sondern ausschließlich `'html'` verlangt.

Sie könnten jetzt einfach die Utility-Methode `$.browser` verwenden, um den richtigen Browser anzusprechen. Dies werden Sie aber unterlassen, da das jQuery-Team zwar diese Methode weiterhin unterstützt, jedoch davon abrät, sie zu benutzen. Es ist nicht sonderlich zuverlässig, sie zu benutzen, da einige Browsertypen einen anderen User Agent vorzugaukeln wissen, als sie in Wirklichkeit darstellen. Außerdem steht es in den Sternen, wie sich zukünftige Browserversionen verhalten werden.

Die Idee ist es nun, eine Abfrage zu entwerfen, um herauszubekommen, welcher Browser welches Verfahren unterstützt. Zuerst iterieren Sie mit `.each()` über das jQuery-Objekt. Um genau zu sein: Mit dieser Methode werden die folgenden Anweisungen genau zweimal durchlaufen: einmal für `'html'` und einmal für `'body'`.

Innerhalb der `.each()`-Schleife erhöhen Sie den Wert der Methode `.scrollTop()` um ein Pixel, speichern das Ergebnis und senken den Wert wieder um ein Pixel. Ist das Ergebnis größer als 0, so können Sie davon ausgehen, dass das Script mit diesem Element operieren kann. Sollte es 0 sein, erlaubt dieses Element hingegen keine Veränderung über `.srcrollTop()`. Mit dieser Testabfrage erkennt das Script genau, welches Element zu scrollen ist. Dies wird in allen aktuellen und zukünftigen Browserversionen so sein und bleiben. Selbst wenn also Safari (Webkit) sein Verhalten in dieser Hinsicht ändern sollte, bleibt dieses Script funktionstüchtig. Hier wird der Vorteil dessen deutlich, eine Abfrage über die Eigenschaften bzw. Eigenarten der Browser zu generieren und nicht aus der Browserversion: Die Browserversion ist nicht zwingend an ein bestimmtes Verhalten gekoppelt.

Zurück zum Script: Ist das brauchbare Element gefunden, wird die `.each()`-Schleife mit `return false` abgebrochen. In der Variablen `selectedObj` wird das Ergebnis gespeichert. In der letzten Anweisung benutzen Sie die Methode `.animate()`, um das sanfte Scrollen am selektierten Objekt auszuführen.

5.10.5 Scrollen mit Geschichte

Fragen Sie sich jetzt, was mit dem Verlauf, der History des Browsers ist? Wenn Sie lokale Sprungmarken mit der normalen Browseraktion benutzen, registriert dies das History-Objekt. Im Beispiel »Browser-History« weiter oben haben Sie das jQuery Address-Plugin kennengelernt. Sie können es jetzt wieder einsetzen. Mit seiner Hilfe können Sie mit den Zurück- und Vor-Buttons zwischen Seitenteilen hin- und herspringen und können lokale Anker als Lesezeichen abspeichern.

Sie sollten sich aber darüber im Klaren sein, dass Sie die Aktionen der Zurück- und Vor-Buttons nicht animieren können: Der Browser speichert die Fensterposition, die er für richtig hält (und die auch korrekt ist). Nur nicht für diesen Anwendungsfall: Wenn Sie versuchen, mit `.scrollTop()` sofort zum gewünschten Ziel zu springen, veranlasst das den Browser zu unschönen Zuckungen, da Sie die browserinterne Aktion nicht verhindern können.

Sie können dieses Verhalten auch mit JavaScript kaum abfangen. Möglich wäre, mittels `location.hash` den lokalen Anker zu ersetzen. Dadurch wird jedoch die Liste der Browser-History gelöscht bzw. neu gesetzt. Unter einem »Hash« versteht man in diesem Zusammenhang innerhalb einer Webadresse den Teilstring, der dem #-Zeichen folgt. Den Hash zu ändern, ist also nicht zielführend.

Fazit: Auf das History-Objekt selbst können Sie in keinem Fall schreibend zugreifen. Dies wird von allen Browsern aus Sicherheitsgründen nicht ermöglicht. So bleibt nur, die Position der Seite anzuspringen und keine Animation anzuwenden (dass es noch einen anderen Weg gibt, werden Sie gleich sehen).

Im nächsten Schritt werden Sie aber den sicheren und sauberen Pfad beschreiten, das Ziel ohne Animation anzusteuern. Beginnen Sie mit der Erweiterung des HTML-Gerüsts. Hier genügt es, nur Ausschnitte wiederzugeben. Im `<head>`-Container müssen Sie das Plugin einbinden:

```
<script type="text/javascript"
        src="plugins/jquery.address-1.4.1.js">
</script>
```

Sie finden es, wie bereits beschrieben unter

http://www.asual.com/jquery/address

oder auf der Begleit-DVD zu diesem Buch.

Im Body müssen Sie nur die `rel`-Attribute nach folgendem Muster einfügen:

```
...
<a href="#down" rel="address:/down">runter</a>
...
```

Wenn Sie jetzt das Beispiel testen, werden Sie feststellen, dass es schon recht gut funktioniert. Nur wenn Sie die Seite mit einer Sprungmarke hinzufügen, sagen wir, mit #/down als Lesezeichen, den Browser schließen und die Seite mittels Lesezeichen erneut ansteuern, wird der gewünschte Absatz nicht korrekt angesteuert. Dazu müssen Sie den jQuery-Code verändern und um jQuery Address-Events erweitern:

```
$(document).ready(function(){
  var localAnchors = $("a[href*=#]");
  if (!localAnchors.length) return;
  localAnchors.click(function(event) {
    $.address.value($(this).attr('href').replace(/^#/, ''));
    event.preventDefault();
    scrollPage(true);
  });
  $.address.externalChange(function(event) {
    scrollPage(false);
  });
  function scrollPage(animate) {
    var targetID = $.address.value();
    targetID = targetID.replace("/","#");
    if (targetID == "#") return;
    var target = $(targetID);
    if (!target.length) return;
    var position = $(targetID).position().top;
    var obj = selectedObj = $('html,body');
    obj.each(function(i) {
      var eachElement = $(this);
      var top = eachElement.scrollTop();
      eachElement.scrollTop(top + 1);
      var test = eachElement.scrollTop();
      eachElement.scrollTop(top - 1);
      if (test > 0) {
        selectedObj = eachElement;
        return false;
      }
    });
    if (animate) {
      selectedObj.animate({scrollTop: position}, 1000);
      return false;
    }
    selectedObj.scrollTop(position);
  }
});
```

Listing 5.95 JavaScript-Code – animiertes Scrollen und Browser-History

Sie packen die Scrollanweisungen in eine Funktion namens `.scrollPage()`. Diese rufen Sie an zwei Orten auf: einmal innerhalb des `.click()`-Events und einmal in der jQuery Address-Methode `.externalChange()`. Sie wird aufgerufen, wenn sich außerhalb des Dokuments etwas ändert, d. h., wenn die VOR- und ZURÜCK-Buttons geklickt werden oder die Seite über ein Lesezeichen angesprochen wird.

Innerhalb des `.click()`-Events müssen Sie noch einen Wert für den neu zu setzenden Deep Link mit der Anweisung `$.address.value($(this).attr('href').replace(/^#/, ''));` setzen. Beachten Sie den regulären Ausdruck `/^#/`; Sie filtern damit den Hash heraus: »Ersetze alle `"#"` Zeichen durch `""`, die am Anfang des Strings `$(this).attr('href')` stehen«.

Damit erfüllen Sie die Anforderung, an den Absatz innerhalb der Seite zu springen, den Sie über den Hash in dem URL definiert haben. Aber: Sie müssen der Funktion zuerst das Argument mit einem booleschen Wert übergeben, der festlegt, ob eine Animation ausgeführt werden soll oder ob die Methode `.scrollTop()` direkt aufgerufen werden soll. Sie können selbstverständlich damit herumspielen und versuchen, bei einem `.externalChange()` eine sinnvolle Animation zu erzielen, indem Sie dem Funktionsaufruf ein `true` übergeben. Aber auf diesem Weg werden Sie keinen Erfolg haben.

Es gibt noch einen Weg, wie Sie eine Animation mittels VOR- und ZURÜCK-Buttons stabil und ohne Nebenwirkungen realisieren können. Diese Lösung führt über einen Umweg, der nicht in jedem Fall angewendet werden kann. Er soll hier trotzdem kurz vorgestellt werden. Sie müssen konkret in Ihrem Projekt entscheiden, ob Sie diesen *Hack* verwenden wollen.

Sie umschließen den zu scrollenden Inhalt mit zwei Containern:

```
<div id="wrapper">
  <div id="container">
    <!--... gesamter Inhalt hier ...-->
  </div>
</div
```

Sie müssen nun noch die Styles anpassen:

```
html, body {    overflow:hidden; }

div#wrapper {
  width:100%;
  overflow:auto;
}
```

```
div#container {
  width:100%;
  height:500px;
}
```

Der Trick besteht darin, dass Sie jetzt den Div mit dem ID `wrapper` scrollen und animieren. Der Container wird mit `overflow:auto` so gesetzt, dass er die Anzeige der Scrollbalken übernimmt. Dadurch wird mit den Vor- und Zurück-Buttons die Seite immer auf die Position 0 gesetzt, und jQuery kontrolliert nun vollständig die Scrollbewegung.

Sehen Sie es als Ihre Aufgabe an, mittels der jQuery-Methode `$('body').wrapInner('<div id="wrapper" />')` die Wrapper- und Container-Elemente dynamisch hinzuzufügen, um das HTML-Markup von Ballast freizuhalten. In diesem Beispiel werden Sie es der Einfachheit halber im HTML-Dokument wiederfinden. Sie müssen noch eine kleine Funktion einfügen, die die Größe des Wrappers dynamisch an die Fenstergröße anpasst, und die Event-Handler bereitstellen. Das gesamte Script sieht folgendermaßen aus:

```
$(document).ready(function(){
  resizeWindow();
  var localAnchors = $("a[href*=#]");
  if (!localAnchors.length) return;
  localAnchors.click(function(event) {
    $.address.value($(this).attr('href').replace(/^#/, ''));
    event.preventDefault();
    scrollPage(true);
  });
  $.address.externalChange(function(event) {
    scrollPage(true);
  });
  function scrollPage(animate) {
    var targetID = $.address.value();
    targetID = targetID.replace("/","#");
    if (targetID == "#") return;
    var target = $(targetID);
    if (!target.length) return;
    var position = $(targetID).position().top;
    var selectedObj = $("#wrapper");
    if (animate) {
      selectedObj.animate({scrollTop: position}, 1000);
      return false;
    }
    selectedObj.scrollTop(position);
  }
```

```
});
$(window).resize(function() {
  resizeWindow();
});
function resizeWindow() {
  var h = $(window).height();
  var w = $(window).width();
  var wrapper = $("#wrapper");
  if (!wrapper.length) return;
  wrapper.css({'height':h,'width': w });
 }
```

Listing 5.96 JavaScript-Code – Scrollen und Browser-History (Ausbaustufe)

Wie Sie sehen können, können Sie die Methode `.each()`, mit der Sie das HTML- und das `<body>`-Element untersucht hatten, herausnehmen, da Sie jetzt den `<div>`-Container manipulieren und nicht mehr die gesamte Seite. Hinzu gekommen ist die Funktion `resizeWindow()`, die einmal nach dem Laden des DOM-Baums und nach jedem `.resize()` des Browserfensters ausgeführt wird.

5.10.6 Das jQuery.ScrollTo-Plugin

Jetzt gibt es findige Webdeveloper, die sich Gedanken gemacht haben, wie man animierte Scrollfunktionen bequemer implementieren kann. Sie haben für diese Zwecke Plugins entwickelt. Das Plugin, das nun vorgestellt werden soll, heißt *jQuery.ScrollTo* und stellt genau diese Funktionalität zur Verfügung.

Sie müssen sich keine Gedanken über Probleme bestimmter Browser machen. Mit einem simplen Methodenaufruf können Sie an der X- oder der Y-Achse entlang oder an beiden Achsen gemeinsam, also diagonal, einen Container oder eine ganze Seite animieren. Sie finden das Script entweder auf der Begleit-DVD zu diesem Buch oder im Internet unter:

http://flesler.blogspot.com/2007/10/jqueryscrollto.html

Stellen Sie sich einen `<div>`-Container vor, der gewisse Dimensionen einnimmt. In diesem Container befinden sich, ähnlich einer Tabelle, fünf Felder in der Waagerechten, und drei Zeilen untereinander. Die insgesamt 15 Felder nehmen wesentlich mehr Raum ein als der Container, in dem sie sich befinden. Sie werden diese verschachtelten Felder scrollen müssen, um alle Inhalte betrachten zu können.

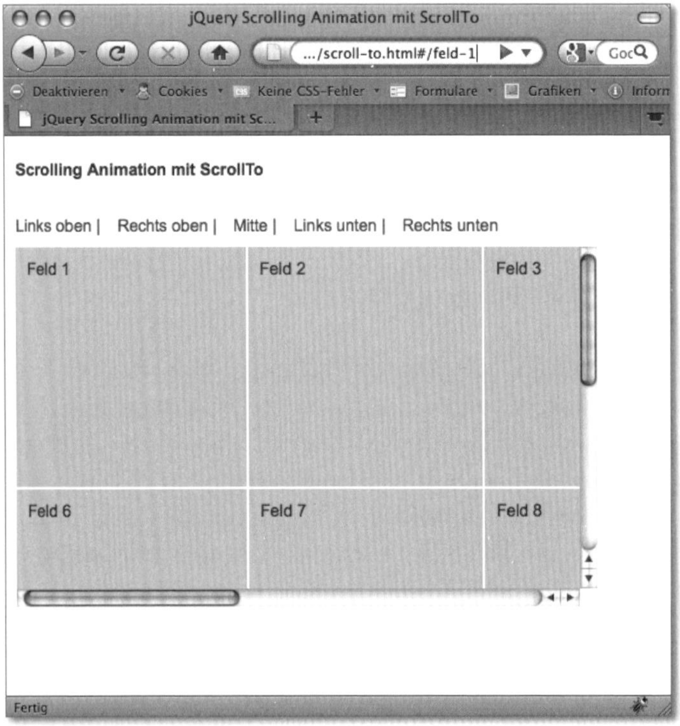

Abbildung 5.48 ScrollTo-Plugin

Um die Navigation zu erleichtern, platzieren Sie <a>-Elemente, denen Sie mittels jQuery die Anweisung zuweisen, zu welchem Punkt sich die Felder bewegen müssen. Die Bezeichner »Links oben«, »Rechts unten« etc. sind aussagekräftig genug.

Zusätzlich zum Plugin *jQuery.ScrollTo* können Sie noch das Plugin *jQuery Address* einbinden, sodass die Scrollziele in der Browser-History registriert werden. Wie üblich, werden Sie als Erstes das HTML-Gerüst aufbauen:

```
<!DOCTYPE html>
<html>
<head>
<title>jQuery Scrolling Animation mit ScrollTo</title>
<link type="text/css" href="Listing-5-98.css" rel="stylesheet" />
<script type="text/javascript" src="js/jquery-1.6.2.js">
</script>
<script type="text/javascript" src="plugins/jquery.address-1.4.1.js">
</script>
```

```
<script type="text/javascript" src="plugins/jquery.scrollTo.js">
</script>
<script type="text/javascript" src="Listing-5-99.js">
</script>
</head>
<body>
  <h1>Scrolling Animation mit ScrollTo</h1>
  <a id="button-1" href="#feld-1">
    Links oben
  </a>
  ...
  <div id="wrapper">
    <div id="container">
      <div id="feld-1">Feld 1</div>
      ...
      <div id="feld-15">Feld 15</div>
    </div>
</body>
</html>
```

Listing 5.97 HTML-Gerüst – ScrollTo-Plugin

Die Buttons sind nur angedeutet. Fügen Sie unter dem `<a>`-Element mit dem ID `button-1` weitere vier Anker (nennen wir sie der Einfachheit halber »Buttons«) hinzu. Das Gleiche gilt für die `<div>`-Elemente für die »Felder«. Fügen Sie unter dem Element mit dem ID `feld-1` 14 weitere Felder hinzu. Jetzt werden Sie das Stylesheet bearbeiten. In der HTML-Seite ist es bereits unter dem Namen *Listing-5-98.css* eingebunden:

```
...
div#wrapper {
  margin:10px;
  width:500px;
  height:300px;
  overflow:auto;
}
div#container {
  width:1010px;
}
div#container div {
  width:180px;
  height:180px;
  padding:10px;
  float:left;
  border-right:#FFFFFF solid 2px;
```

```
  border-bottom:#FFFFFF solid 2px;
  background-color:#CCCCCC;
}
...
```

Listing 5.98 CSS-Styles – ScrollTo-Plugin (Ausschnitt)

Wichtig ist, dass der Container mit dem ID `wrapper` kleiner ist als der Container mit dem ID `container` und dass `overflow` den Wert `auto` zugewiesen bekommt. Die Felder werden mit dem Selektor `div#container div` formatiert, und mit `float: left` stellen Sie sicher, dass die Felder sich Stück für Stück von links nach rechts und dann Zeile für Zeile aneinander ausrichten.

Jetzt können Sie sich daran machen, den jQuery-Text aufzubauen:

```
$(document).ready(function(){
  var container = $("#wrapper");
  $.address.externalChange(function(event) {
    container.scrollTo("div#"+(event.value).replace("/",""),
                       800);
  });
  $('a#button-1').click(function(event){
    event.preventDefault();
    $.address.value($(this).attr('href').replace(/^#/, ''));
    container.scrollTo( "div#feld-1", 800, { queue:true } );
  });
  $('a#button-2').click(function(event){
    $.address.value($(this).attr('href').replace(/^#/, ''));
    event.preventDefault();
    container.scrollTo( {top:'0px',left:'525px'}, 800 );
  });
  $('a#button-3').click(function(event){
    event.preventDefault();
    $.address.value($(this).attr('href').replace(/^#/, ''));
    container.scrollTo('50  %', 800 );
  });
  $('a#button-4').click(function(event){
    event.preventDefault();
    $.address.value($(this).attr('href').replace(/^#/, ''));
    container.scrollTo( {top:'321px',left:'0px'},
                        800, { queue:true } );
  });
  $('a#button-5').click(function(event){
    event.preventDefault();
    $.address.value($(this).attr('href').replace(/^#/, ''));
```

```
    container.scrollTo( {top:'321px',left:'525px'},
                        800, { queue:true } );
  });
});
```

Listing 5.99 JavaScript-Code – das ScrollTo-Plugin

Im Grunde genommen ist das eine Aneinanderreihung von Event-Handlern, die jeweils die Methode `.scrollTo()` aufrufen. Der erste Handler ist ein Handler des jQuery Address-Plugins, mit dem Sie sicherstellen, dass beim Betätigen der Vor- und Zurück-Buttons das korrekte Sprungziel, besser gesagt »Animationsziel«, angesteuert wird (das kennen Sie aus dem letzten Beispiel). Zusätzlich wird das richtige Ziel angesteuert, falls Sie die Seite als Lesezeichen aufgenommen haben und die Seite so ansteuern, oder den Link kopiert und in ein neues Browserfenster eingefügt haben: Sie erhalten volle Deep-Linking-Funktionalität. Wie im letzten Beispiel müssen Sie dem Event-Handler die Zeile

```
$.address.value($(this).attr('href').replace(/^#/, ''));
```

hinzufügen, um den Deep-Link im Browser bzw. in der Adressleiste des Browsers zu registrieren. Der reguläre Ausdruck `/^#/` und die JavaScript-Methode `.replace()` sorgen dafür, dass das Hash-Zeichen # herausgefiltert wird.

Betrachten Sie nun die Optionen, die Sie verwenden können. Im Button `#button-1` haben Sie als Sprungziel einen Selektor angegeben: `div#feld-1`. Die Methode `.scrollTo()` ermittelt automatisch die Koordinaten und bewegt das Element auf die Punkte der oberen linken Ecke zu. Sie können auch, wie in den anderen Ankern angewendet, Werte für `top` und `left` als Objekt übergeben: `{ top:'0px',left:'525px' }`.

Es gibt noch weitere Möglichkeiten, die Sprungziele anzugeben:

- eine einfache Zahl
- einen String: `'+=30px'` oder `'100px'` oder `'30%'`
- ein DOM-Element
- einen Selektor, wie gesehen: `div#feld-1`
- den String `'max'`, um an das Ende zu scrollen

Neben den Möglichkeiten, das Sprungziel anzugeben, können Sie noch weitere Optionen angeben. In den hier verwendeten Optionen sehen Sie noch die Dauer, die Sie, wie auch für die Methode `.animate()`, in Millisekunden angeben können. Sie können die Option `queue` auf `true` setzen. Damit bewirken Sie, dass die

Scrollbewegung über die X- und die Y-Achse nacheinander und nicht parallel abgearbeitet wird. Weitere Optionen im Überblick finden Sie in Tabelle 5.3.

Option	Beschreibung
`axis`	Mögliche Werte: `'x'`, `'y'`, `'xy'` oder `'yx'`. `'xy'` ist der Standardwert.
`easing`	Hier können Sie eine Formel für das Easing angeben. Sie können auch das *jQuery.easing*-Plugin einbinden und dessen Berechnungen als Werte setzen.
`margin`	`true/false` – wenn die Option `true` ist, werden Außenabstände abgezogen.
`offset`	Ein zusätzlich zu den Zielkoordinaten anzugebender Wert, der als Objekt notiert wird: `{ top:'5px',left:'5px' }`
`over`	Ein Wert, der mit den Werten der Zielkoordinaten multipliziert wird. Er verändert das Sprungziel um einen angegebenen Faktor.
`onAfterFirst`	Als Wert wird eine Funktion übergeben. Sie wird ausgeführt, falls Queue aktiviert wurde, und zwar nach der Ende der ersten Animation in der Queue-Warteschlange.
`onAfter`	Als Wert wird eine Funktion übergeben. Sie wird ausgeführt, sobald die gesamte Animation beendet wurde.

Tabelle 5.3 Das jQuery scrollTo-Plugin – Optionen

Das Plugin *jQuery.ScrollTo* ist eine wertvolle Hilfe im Umgang mit Animationen. Der Autor Ariel Flesler stellt neben vielen anderen noch zwei weitere Plugins zur Verfügung, die auf ScrollTo aufbauen. Damit sind Slideshows möglich, Paginierungen oder die von vielen Nutzern ungeliebten animierten Newsticker.

Sie haben in diesem Kapitel den Aufbau von Scrollfunktionen kennengelernt, einmal von Grund auf und selbst gemacht und einmal unter Zuhilfenahme eines Plugins. Sie haben in beiden Fällen das Zusammenspiel von mehreren Plugins erlebt und gesehen, wie einfach sie einsetzbar und wie leicht sie kombinierbar sein können. Sie haben gesehen, dass man manchmal sehr trickreich die Einschränkungen der Browser umgehen kann, müssen aber in Kauf nehmen, zusätzliches HTML-Markup zu produzieren, das Sie aber getrost über jQuery generieren können.

Die hier angerissenen Beispiele können beliebig weitergesponnen werden. Hier wurde nur ein Bruchteil der verfügbaren und wundervollen Plugins vorgestellt. Es gibt unzählige weitere taugliche Plugins für Scrollfunktionen und für das Auslesen des Browser-History-Objekts. Es gäbe sicherlich auch einiges am Code des jQuery Address-Plugins zu verbessern ... Dass es ständig überarbeitete Plugins gibt, das ist das Schöne an jQuery. Es existiert eine große, überaus kreative Community, die stets neuen Input für das gesamte Projekt zur Verfügung stellt und so das Wissen und die Tools rund um das Framework bereichert. Machen Sie sich auf die Suche!

5.10.7 Zusammenfassung

Hiermit sind wir am Ende des Praxisteils zu jQuery angelangt. Aber es geht noch weiter. Eine ganz neue Welt werden Sie im Kapitel über mobiles Webdevelopment kennenlernen. Dort werden Sie nicht nur das jQuery Plugin *jQTouch* kennenlernen, das bereits im Jahr 2009 das Licht der Welt erblickt hat, sondern Sie werden auch das brandneue Framework aus dem Hause jQuery erforschen: *jQuery Mobile*, das aktuell (Mitte 2011) in einer ersten Beta-Version vorliegt. Wenn Sie weitere Plugins und weitere Möglichkeiten von jQuery erkunden wollen, werfen Sie einen Blick auf die beiliegende DVD. Dort finden Sie zusätzliche interessante Plugins, die es leider aus Platzgründen nicht in dieses Buch geschafft haben, aber trotzdem einen Blick wert sind.

»We're thrilled to be working on this project. The mobile web is desperately in need of a framework that is capable of working across all browsers, allowing developers to build truly mobile web sites. We're doing all we can to ensure that jQuery Mobile fills that need.« – John Resig

6 Going mobile mit jQuery

Es muss nicht mehr darüber debattiert werden, ob im Bereich Webdesign der Sektor »Mobilgeräte« eine größere Rolle spielen wird oder nicht. Diese Zukunft ist längst absehbar – Analysten sprechen verstärkt davon, dass mobile Clients wie Smartphones, Netbooks oder Personal Assistants eher über kurz als über lang dem Desktop-Computer den Rang ablaufen werden, was den Zugang zu internetgestützten Informationen und Webdiensten angeht. Es ist also an der Zeit, sich mit der Thematik auseinanderzusetzen.

Ohne ins Detail zu gehen, kann man davon ausgehen, dass auf allen neuen Geräten der eben genannten Klassen ein Webbrowser laufen wird, der im Kern aktuellen Desktop-Browsern entspricht. Oft wird dies *Webkit* sein (also *Safari*, aber auch *Google Chrome*) oder *Gecko* (sprich *Firefox*). Ebenfalls wichtig, da auf vielen Plattformen als »alternative Browser« verbreitet, sind Opera-Browser wie *Opera mini*. Sie alle können mit JavaScript umgehen. Trotz anderer zu berücksichtigender Randbedingungen (geringere Prozessorleistung, Akkubetrieb, meist kleineres Display und mehr) bedeutet dies, dass auch für Websites, die auf Mobilgeräte ausgerichtet sind, ein Framework wie jQuery einsetzbar ist – zumindest prinzipiell.

So weit, so gut. Allerdings ist ein Mobilgerät kein Desktop-Browser und verfügt (meist) über keine Tastatur oder Maus als Eingabegeräte. Vielmehr setzen sich (und dies gilt auch für Netbooks oder Notebooks) zunehmend Touchdisplays als Eingabemedium durch. Dies hat Folgen:

- Touchevents sind keine Mouse-Events.
- Die Bedienungsmetaphern sind andere (Wischen, Blättern).
- Es treten neuartige Events wie Mehrfingergesten auf (für Zoom etc.).

Da jQuery auf die Desktop-Welt zielt, käme eine mobile Alternative gelegen, die dabei möglichst schlank sein und sämtliche Randbedingungen des mobilen Webdesigns berücksichtigen sollte. Reines Wunschdenken ist dies nicht mehr. Es gibt sogar bereits zwei Ansätze, die wir Ihnen in diesem Kapitel beide vorstellen möchten.

6.1 jQuery Mobile und jQTouch

Für Oktober 2011 hat das jQuery Team die finale Version von *jQuery Mobile* angekündigt, einer eigens auf mobile Plattformen zugeschnittenen Version von jQuery. Ein Blick auf dieses Framework lohnt sich, da es nicht nur äußerst schlank ist, sondern auch spezielle UI-Widgets erhält, die über einen Themeroller konfiguriert werden können. Auch die mobilgeräte-typischen Events wie Touch, Touchstart und -end, Wischen und Blättern werden unterstützt. Nicht nur Webkit-basierende Browser, sondern im Prinzip *alle* aktuellen mobilen Plattformen mit nennenswertem Marktanteil – aus jQuery Mobile-Sicht gelten diese als »Grade A«-Browser – werden unterstützt. Möchte man es ein wenig schlanker, so kann man auf ein anderes Plugin mit dem Namen *jQTouch* (geschrieben von David Kaneda) zurückgreifen, das viele der benötigten Funktionalitäten beinhaltet. Mit einfachen Mitteln können mit beiden Frameworks ansprechende *Online Apps* (»Web Apps«) erstellt werden.

- **jQuery Mobile:**
  http://jquerymobile.com
- **jQTouch:**
  www.jqtouch.com

Abbildung 6.1 Die Startseite von www.jqtouch.com

6.2 Emulatoren und IDEs für Mobilgeräte

Will man für Mobilgeräte entwickeln, wird man zwar am Ende nicht darum herumkommen, auch auf dem »echten« Zielgerät zu testen. Sämtliche Geräte hierfür vorrätig zu haben, verbietet sich aus Kostengründen allerdings von selbst. Daher greift man vorerst – auch wir werden dies hier tun – zu Emulatoren, die die Oberfläche und Bedienung (im günstigsten Fall auch das Verhalten) eines Mobilgeräts mehr oder weniger gelungen auf dem Desktop-Rechner nachempfinden. Hierzu gleich mehr.

Ein dritter (und der einfachste) Weg besteht darin, einen normalen Desktop-Browser für den Test einer Mobilwebsite zu nutzen, indem man (wie es Opera von Haus aus und Firefox über Chris Pedericks *Web Developer Toolbar* bietet) dessen sogenannten *Smallscreen-Mode* nutzt. Allerdings stellt dies bestenfalls eine Annäherung an die Realität dar, und Sie haben keine Kontrolle darüber, wie sich ein echtes Mobilgerät verhalten würde.

Kommen wir daher zu den Emulatoren zurück, von denen praktisch jede Firma, die mit Mobilgeräten zu tun hat, einige im Angebot hat.

Abbildung 6.2 Opera Mobile-Emulator mit Launch Pad

Sie finden Emulatoren und Entwicklungsumgebungen u. a. bei:

- **Research in Motion**
  http://na.blackberry.com/eng/developers/
- **Palm**
  http://developer.palm.com/
- **Android**
  http://developer.android.com/
- **Nokia**
  http://www.forum.nokia.com/

6.2.1 Emulatoren und IDEs für iPhone

In diesem Abschnitt konzentrieren wir uns auf das iPhone von Apple. Man kann jedoch davon ausgehen, dass die hier betrachteten Applikationen auf anderen Plattformen wie Android ebenso gut lauffähig sind.

Apple selbst stellt für die Entwicklung von iPhone-Applikationen eine Umgebung zur Verfügung – das *iOS SDK* –, die auch einen Emulator für das iPhone enthält. Sie erhalten das iOS SDK hier:

- **Apple**
  http://developer.apple.com/iphone/

Abbildung 6.3 Das iOS SDK auf Mac OS X

Leider hat dieses SDK einen empfindlichen Nachteil: Es ist nur für Mac-User einsetzbar, da keine Version für Windows existiert. Das iOS SDK setzt *zwingend* Mac OS X als Plattform voraus.

Zum Glück existieren inzwischen auch für die *Windows-Plattform* brauchbare Emulatoren, von denen hier zwei kurz vorgestellt werden: zum einen der Emulator vom *MobiOne*, der praktisch eine ganze Entwicklungsumgebung nebst Oberflächendesigner mitbringt, zum anderen der iPhone/iPad-Emulator *iBBDemo2*, der zwar spartanisch, aber ressourcenschonender ist.

Der iPhone/iPad-Emulator iBBDemo2

Mit Shaun Sullivans iPhone-Emulator *iBBDemo2* ist es auch unter anderen Plattformen als Mac OS X möglich, für iPhone und iPad optimierte Websites zu entwickeln und zu testen. Das Programm verwendet als Basis *Adobe AIR 2*, das daher mitinstalliert wird (sofern es nicht bereits auf dem Zielrechner vorhanden ist) und den Emulator so unter Windows oder Linux zur Verfügung stellt. Der Emulator zeigt eine ähnliche Ansicht, wie sie Sie auf dem iPhone oder iPod touch erwartet. Auch funktional kommt iBBDemo2 recht gut an das Original heran.

- **iBBDemo:**
  http://www.puresimstudios.com/ibbdemo/

Abbildung 6.4 iBBDemo2 unter Windows (iPad- und iPhone-Modus)

Bevor Sie später lange suchen, werden hier die wichtigsten Tastenkürzel zur Steuerung von iBBDemo2 aufgelistet, da der Emulator selbst kein Menü bietet.

Shortcut	Funktion
Strg + 1	Oberfläche iPad
Strg + 2	Oberfläche iPhone
Strg + →/ Strg + ←	Umschaltung Portrait/Landscape
Strg + + / Strg + -	Zoom in/out
Strg + D	Adressleiste ein-/ausblenden

Tabelle 6.1 Tastatur-Shortcuts für iBBDemo2 (Auszug)

Als kleine Randbemerkung sei noch erwähnt, dass iBBDemo2 auf Wunsch auch Flash-Inhalte ausführt – im Gegensatz zu den simulierten Originalgeräten. Von Haus aus ist das Feature jedoch deaktiviert.

Der MobiOne-iPhone-Emulator für Windows

MobiOne bezeichnet sich selbst als das »beste derzeitig am Markt befindliche« Emulatorsystem für iPhone und Palm Pre und könnte damit durchaus richtig liegen. Das System verfügt in der aktuellen (kommerziellen) *Version 1.1.4* über zahlreiche Features, die es als IDE für Mobilgeräte prädestinieren.

Für die Zukunft ist ein integrierter Editor für HTML/CSS, eine Portierung nach Linux und Mac OS X sowie die Emulation weiterer Endgeräte (u. a. Apple iPad, Blackberry, Nokia und Android) vorgesehen. Sie können MobiOne zunächst als 15-Tage-Testversion ausprobieren.

Sie erhalten MobiOne beim Hersteller *Genuitec*:

http://www.genuitec.com/mobile/

Die Umgebung installiert sich in Form zweier Unteranwendungen, dem *Test Center* (dies ist der eigentliche Emulator, der zwischen iPhone und Palm Pre umgeschaltet werden kann) und dem *Design Center*, in dem man Weboberflächen per Drag & Drop gestalten kann. Darüber hinaus werden ein Debugger, ein DOM-Inspektor und noch viel mehr geboten. Eine ausführlichere Vorstellung der umfangreichen Möglichkeiten von MobiOne verbietet sich an dieser Stelle leider aus Platzgründen.

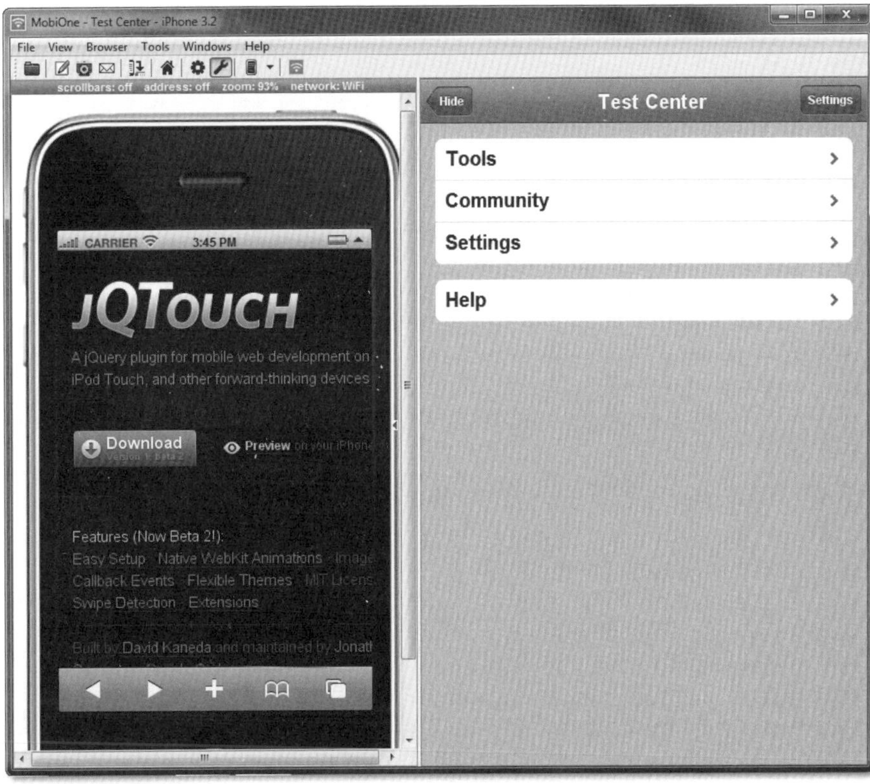

Abbildung 6.5 MobiOne unter Windows (»Test Center« im iPhone-Mode)

6.2.2 Dreamweaver CS5.5 für jQuery Mobile

Sehr erfreulich ist es, dass nun auch die großen Webeditoren wie Adobes Dreamweaver sich den Entwicklungen des Mobilsektors nicht verschließen. In der aktuellen Version *Dreamweaver CS5.5* hat der Editor bereits jQuery Mobile mit an Bord und kann dieses in Projekte einbinden.

Der Webdesigner hat die Wahl, hierfür jQuery Mobile per Online-Repository einzubinden oder lokale Kopien der erforderlichen Dateien im Projektordner abzulegen. Der Versionsstand der Scripte ist – was aber bei der momentan rasanten Entwicklung nicht verwunderlich ist – nicht auf dem allerneusten Stand. Dies kann jedoch leicht nachträglich behoben werden.

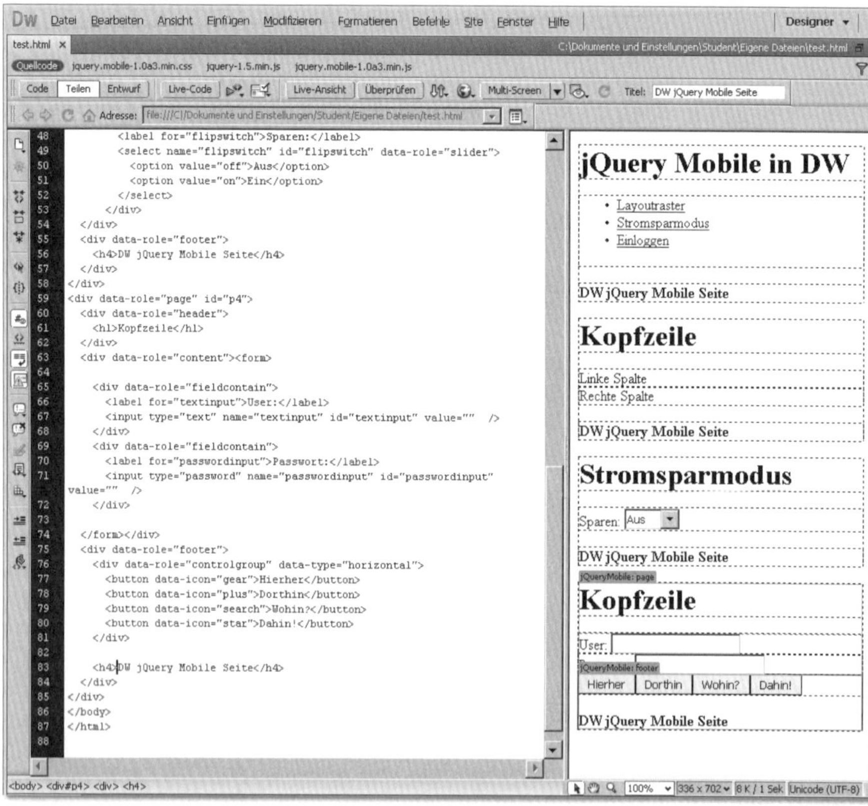

Abbildung 6.6 jQuery Mobile-Quelltext und Strukturvorschau

Sehr praktisch und arbeitssparend ist die Bereitstellung von Code-Snippets mit gängigen Grundbausteinen einer Mobile Page (siehe Abbildung 6.7). Schnell hat man auf diese Weise ein Grundgerüst für eine Webapplikation zusammengestellt. Danach ist allerdings Feinarbeit von Hand angesagt – auch die Script-Unterstützung in Form von Codehints könnte noch verbessert werden.

Möchte man bei der Arbeit »schnell mal was sehen«, hilft Dreamweaver auch hier weiter. Zum einen gibt es alternativ zur Strukturansicht (siehe Abbildung 6.6) die Möglichkeit, neben dem Quellcode auch eine sogenannte *Liveview* zu erhalten, die den Viewport eines iPhones imitiert (ohne das umliegende »Browserchrome« allerdings). Zum anderen bietet Dreamweaver auch einen Multi-Screen-Modus, der in einem Popup die aktuell bearbeitete Seite in mehreren Viewport-Simulatoren parallel zeigt (siehe Abbildung 6.8).

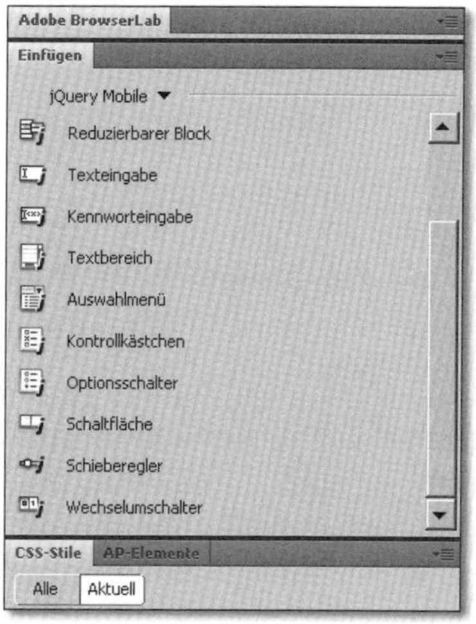

Abbildung 6.7 Typische jQuery Mobile-Codeblöcke zum Einfügen per Klick

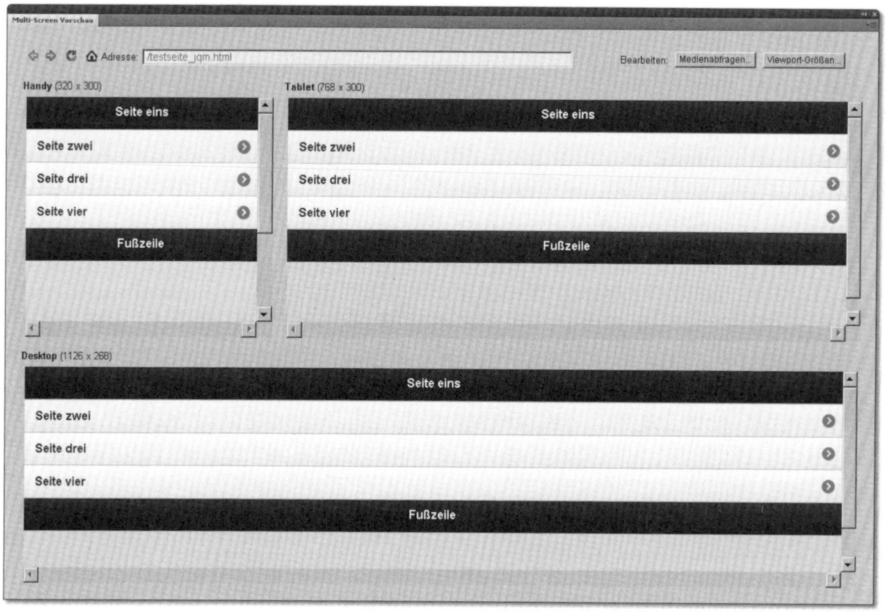

Abbildung 6.8 Multi Screen Preview in Dreamweaver CS5.5

Sowohl die Live- als auch die Multiview lässt in der Preview-Ansicht navigieren, wobei man nicht zu viel erwarten sollte. Weder ist Dreamweaver ein echter Emulator, noch verhält sich das Preview hundertprozentig wie das reale Vorbild. Dennoch ist es ein höchst nützliches Tool.

Wenn Sie sich einen halb-gigabyte-großen Download ersparen möchten, finden Sie eine Testversion von Dreamweaver CS5.5 auf der Begleit-DVD.

6.3 Ins mobile Web mit jQTouch

Beginnen wir relativ kommentarlos damit, dass wir jQTouch in eine HTML5-Seite einbinden. Dies geschieht, wie man es von Plugins her kennt, einfach durch Verlinken der benötigten JavaScript- und CSS-Ressourcen.

Letztere sind nötig, da es beim Einsatz von jQTouch einerseits um Funktionalität geht, andererseits um »Eye Candy«. Dies schlägt sich darin nieder, dass eine jQTouch-Seite stets mit einem Theme verlinkt sein sollte, das das Grundlayout festlegt. An die zu stylenden Seitenelemente wird hierfür eine CSS-Klasse gebunden, falls sich die Rolle und damit die Präsentation eines Elements nicht aus der Dokumentstruktur erschließt (die auch ein wenig reglementiert ist). Doch beginnen wir von vorn. Hier ist der Dokumentkopf nach der Einbindung (wir bleiben bei HTML5):

```
<!DOCTYPE HTML>
<html lang="de-DE">
<head>
<meta charset="UTF-8">
<title>jQuery | Listing 5.98</title>
    <link rel="stylesheet" type="text/css"
     href="../js/jqtouch/jqtouch.css"/>
    <link rel="stylesheet" type="text/css"
     href="../js/themes/jqt/theme.css"/>
<script type="text/javascript" src="/js/jqtouch/jquery-1.4.2.js">
</script>
    <script src="../js/jqtouch/jqtouch.js" type="application/
     x-javascript" charset="utf-8"></script>
<script type="tex/javascript">
    $.jQTouch({
        statusBar: 'black'
    });
</script>
</head>
<body>

</body>
</html>
```

Listing 6.1 jQTouch-Beispiel 01

Warum arbeitet jQTouch mit jQuery 1.4.2?

Derzeit ist der aktuelle Versionsstand (Mitte 2011) von jQuery zwar bereits 1.6.2, *jQTouch 1 Beta 3* arbeitet jedoch noch immer mit *jQuery 1.4.2*, was beim Aufsetzen einer entsprechenden Site berücksichtigt werden muss. Der Grund ist, dass seit der Version 1.4.3 von jQuery vieles umgebaut wurde: vom CSS-Handling in Version 1.4.3 bis hin zur Ajax-Funktionalität in der Version 1.5. Hier müssen wahrscheinlich umfangreiche Anpassungen an jQTouch vorgenommen werden. Die Verfügbarkeit jener älteren jQuery-Version ist jedoch kein Problem, da die passende Variante im Download-Zip von jQTouch enthalten ist.

Wie üblich, wird zunächst das jQTouch-Stylesheet *jqtouch.css* eingebunden, das die Definitionen für die Seitenübergänge enthält, die mit CSS3-Transformationen realisiert sind. Ein weiteres Stylesheet, *theme.css*, ist für das grundsätzliche »Theming«, also die Präsentation der Seite zuständig.

Zwei folgende Scriptblöcke binden erst jQuery 1.4.2 und dann das jQTouch-Framework selbst ein. Betrachten wir kurz den sich anschließenden, dritten Script-Container:

```
<script type="text/javascript">
    $.jQTouch({
        statusBar: 'black'
    });
</script>
```

Hier geschieht die Grundkonfiguration der `jQTouch`-Seite, indem der `$.jQTouch`-Methode ein Konfigurationsobjekt übergeben wird. Allerdings wird an dieser Stelle lediglich das Aussehen der Statusleiste festgelegt. Natürlich ist viel mehr möglich. Sehen wir uns wir stattdessen im Body um.

jQTouch-Dokumente können mehrere sogenannte *Seiten* enthalten, die jeweils aus `<div>`-Containern mit ID bestehen. Wer sich an dieser Stelle an das alte Schema in WML erinnert, ein Multidokument aus »Decks« und »Cards« zusammenzusetzen, der liegt nicht ganz falsch.

Im Body liegen also `<div>`-Container. In diesem Fall hätten wir vier »Seiten«. Im momentanen Zustand ist allerdings noch nicht viel mehr zu sehen als der schwarze Hintergrund (siehe Abbildung 6.9, links):

```
<body>
   <div id="s1"></div>
   <div id="s2"></div>
   <div id="s3"></div>
   <div id="s4"></div>
</body>
```

Der ID einer Seite (bleiben wir bei diesem Begriff) dient auch als Linkziel. Da jeweils nur eine Seite gezeigt werden wird, benötigen wir in allen Fällen eine Navigationsmöglichkeit, um auf eine andere Seite zu gelangen. Dies kann als vollständige Navigation zur Verfügung gestellt werden oder als Link im Bereich der sogenannten *Toolbar*.

Meist wird man einer Seite eine Toolbar zuweisen wollen. Sie besteht aus einem `<div>`-Container mit der Klasse `toolbar`, der eine Überschrift `h1` beinhaltet, die als Seitenüberschrift dient.

Abbildung 6.9 jQTouch-Seiten ohne und mit Toolbar

Erweitert man die ersten beiden Seiten jeweils um die Toolbar, bietet sich folgendes Bild:

```
<body>
    <div id="s1">
        <div class="toolbar">
            <h1>Home</h1>
        </div>
    </div>
    <div id="s2">
```

```
      <div class="toolbar">
        <h1>Seite 2</h1>
      </div>
    </div>
    <div id="s3">
    </div>
    <div id="s4">
    </div>
</body>
```

Listing 6.2 jQTouch-Beispiel 02

Das können wir bereits erfolgreich im Emulator betrachten (siehe Abbildung 6.9, rechts). Es ist aber lediglich die Seite HOME zu sehen (defaultmäßig wird stets die erste Seite des Dokuments angezeigt). Um zu den anderen Seiten zu gelangen, muss eine Navigation her.

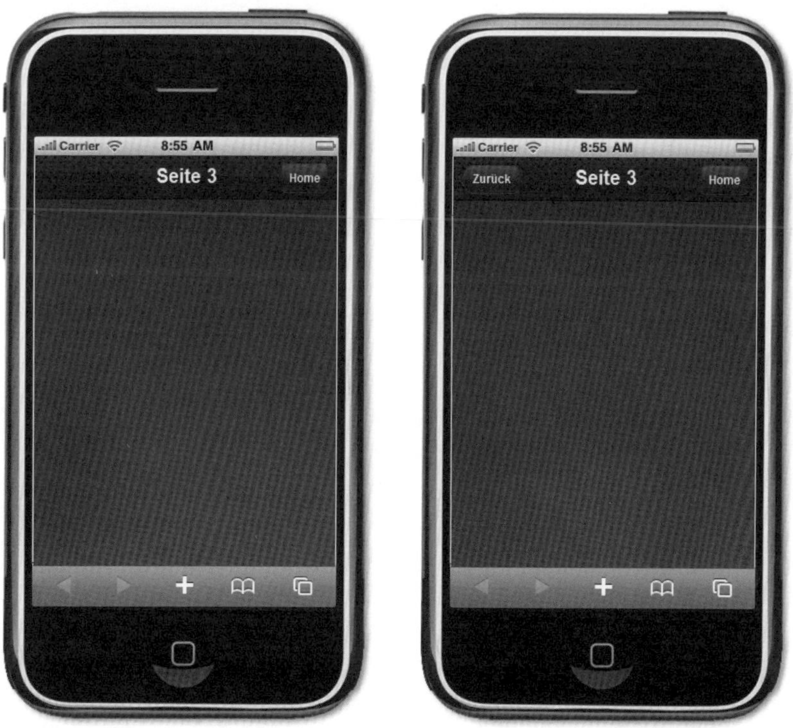

Abbildung 6.10 Home- und Zurück-Buttons in der Toolbar

Eine Navigation wird auch in jQTouch durch eine <ul>-Liste definiert. Die Optik der Navigation wird durch eine CSS-Klasse gesteuert. Wir wählen die Klasse edgetoedge:

```
<ul class="edgetoedge">
  <li><a href="#s2">Seite 2</a></li>
  <li><a href="#s3">Seite 3</a></li>
  <li><a href="#s4">Seite 4</a></li>
</ul>
```

Jeweils angepasst (auf die aktuelle Seite muss ja nicht verlinkt werden), wird diese Navigation nun in Seite 1 (Home) und Seite 2 eingefügt. Seite 3 und 4 lassen wir nach wie vor leer:

```
<div id="s1">
  <div class="toolbar">
    <h1>Home</h1>
  </div>
  <ul class="edgetoedge">
    <li><a href="#s2">Seite 2</a></li>
    <li><a href="#s3">Seite 3</a></li>
    <li><a href="#s4">Seite 4</a></li>
  </ul>
</div>
<div id="s2">
  <div class="toolbar">
    <h1>Seite 2</h1>
  </div>
  <ul class="edgetoedge">
    <li><a href="#s1">Home</a></li>
    <li><a href="#s3">Seite 3</a></li>
    <li><a href="#s4">Seite 4</a></li>
  </ul>
</div>
```

Listing 6.3 jQTouch-Beispiel 03

Sie können jetzt von der Home-Seite zur Seite 2 wechseln. Wie Sie bemerken, geschieht dies mit einer Slide-Animation, bei der die neue Seite stets von rechts nach links in den Viewport fährt (testen Sie dies mit einem der iPhone-Emulatoren oder mit einem Webkit-Browser wie Safari). Seite 3 und 4 stellen zurzeit noch Sackgassen dar. Damit das nicht so bleibt, sollen sie jetzt auch erweitert werden.

Seite 3 bekommt nun ebenfalls ihre Toolbar:

```
<div class="toolbar">
   <h1>Seite 3</h1>
   <a href="#s1" class="button">Home</a>
</div>
```

Diesmal enthält die Toolbar außer der Überschrift noch einen Link, der die Seite neu lädt (siehe Abbildung 6.10, links). Damit er die gewünschte Wirkung zeigt, nämlich die HOME-Seite aufzurufen, muss der Link auf den entsprechenden Div zeigen (sonst geht es nicht). Die Klasse `button` sorgt für Position und Aussehen. Auf der linken Seite ist noch Platz für einen weiteren Button. Fügen Sie einen zweiten Link hinzu, und vergeben Sie diesmal die Klassen `button` und `back` (siehe Abbildung 6.10, rechts):

```
<div class="toolbar">
   <h1>Seite 3</h1>
   <a href="#s1" class="button">Home</a>
   <a href="#" class="button back">Zur&uuml;ck</a>
</div>
```

Dem neuen Button genügt der Hash als `href`-Wert. Er benötigt auch kein festes Ziel, da seine Aufgabe darin besteht, stets zur vorhergehenden Seite zu springen. Nun soll auch Seite 4 endlich einen Link-Button bekommen und dazu noch etwas Inhalt (siehe Abbildung 6.11, links):

```
<div id="s4">
  <p style="margin:14px;padding:5px;
        color:black;background:white;">
    <b>Alice</b> schloß die Thür auf und fand, daß sie zu
    einem kleinen Gange führte, nicht viel größer als ein
    Mäuseloch. Sie kniete nieder und sah durch den Gang in
    den reizendsten Garten, den man sich denken kann.<br/>

    <img src="jq_alice.png" alt="Alice" />
  </p>
  <div>
    <a style="margin:10px;color:rgba(250,250,250,.7)"
       href="#" class="whiteButton goback">
          Und zur&uuml;ck!
    </a>
  </div>
</div>
```

Listing 6.4 jQTouch-Beispiel 04

Abbildung 6.11 Back-Button und Navigation »rounded« (Theme »jqt«)

Nun kommen mehrere Dinge hinzu. Über dem ZURÜCK-Button soll ein WEITER-Link erscheinen, der auf eine Folgeseite `#s5` zeigt. Auch diese soll einen ZURÜCK- und einen WEITER-Link besitzen, wobei der WEITER-Link wiederum auf eine neue Seite `#s6` zeigt (siehe Abbildung 6.11, rechts). Diese letzte Seite verfügt nur noch über den ZURÜCK-Button.

Einen WEITER-Link realisieren wir wieder mit einer `<ul>`. Diesmal bekommt diese nicht die Klasse `edgetoedge`, sondern die Klasse `rounded`. Auch das `<li>` bekommt eine Klasse, und zwar `arrow`. Hier ist exemplarisch der Link:

```
<ul class="rounded">
   <li class="arrow"><a href="#s5">weiter</a></li>
</ul>
```

Hier sehen Sie den gesamten zusätzlichen Quelltext (und ja, alles findet noch immer in ein und derselben HTML-Seite statt):

```
<div id="s4">
  ...
  <ul class="rounded">
    <li class="arrow"><a href="#s5">weiter</a></li>
```

```
  </ul>
  <div>
    <a style="margin:10px;color:rgba(250,250,250,.7)"
       href="#" class="whiteButton goback">
        Und zur&uuml;ck!</a>
  </div>
</div>
<div id="s5">
  <p style="margin:14px;padding:5px;
            color:black;background:white;">
    Wie wünschte sie, aus dem dunkeln Corridor zu gelangen, und
    unter den bunten Blumenbeeten und kühlen Springbrunnen umher zu
    wandern; aber sie konnte kaum den Kopf durch den Eingang
    stecken. "Und wenn auch mein Kopf hindurch ginge," dachte die
    arme Alice, "was würde es nützen ohne die Schultern?"<br/>
    <img src="jq_alice2.png" alt="Alice" />
  </p>
  <ul class="rounded">
    <li class="arrow"><a href="#s6">weiter</a></li>
  </ul>
  <div>
    <a style="margin:10px;color:rgba(250,250,250,.7)"
       href="#" class="whiteButton goback">
         Und zur&uuml;ck!</a>
  </div>
</div>
<div id="s6">
  <p style="margin:14px;padding:5px;
            color:black;background:white;">
    "Oh, ich möchte mich zusammenschieben können wie ein Teleskop!
    Das geht gewiß, wenn ich nur wüßte, wie man es anfängt." Denn
    es war kürzlich so viel Merkwürdiges mit ihr vorgegangen, daß
    Alice anfing zu glauben, es sei fast nichts unmöglich. Es
    schien ihr ganz unnütz, länger bei der kleinen Thür zu warten.
    Daher ging sie zum Tisch zurück, halb und halb hoffend, sie
    würde noch einen Schlüssel darauf finden, oder jedenfalls ein
    Buch mit Anweisungen, wie man sich als Teleskop zusammenschieben
    könne.</p>
  <div>
    <a style="margin:10px;color:rgba(250,250,250,.7)"
       href="#"   class="whiteButton goback">
        Und zur&uuml;ck!</a>
  </div>
</div>
```

Listing 6.5 jQTouch-Beispiel 05

Zum Styling: Sicher haben Sie bemerkt, dass die Vergabe einer CSS-Klasse das Layout stark beeinflusst. Die `<ul>`-Liste wirkt völlig anders, wenn Sie ihr statt `edgetoedge` die Klasse `rounded` zuweisen. Probieren Sie auch mal `metal` oder `plastic` aus.

Klasse	Beschreibung
`edgetoedge`	Die Liste nimmt die ganze Viewport-Breite ein.
`rounded`	Runde Ecken, seitliches Margin im Viewport
`metal`	Ganze Viewport-Breite, Top- und Bottom-Padding, silbermetallischer Farbverlauf über Hintergrundgrafik
`plastic`	Ganze Viewport-Breite, ähnlich `edgetoedge`
`individual`	Halbe Viewport-Breite, runde Ecken

Tabelle 6.2 jQTouch-CSS-Klassen für Navigationslisten (<ul>)

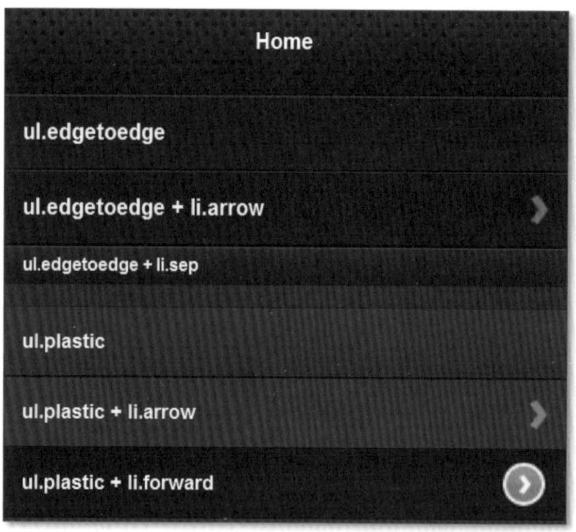

Abbildung 6.12 jQTouch-CSS-Klassen für Navigationslisten (<li>)

Auch die `<li>` können für Navigationslisten mit Klassen versehen werden. Beachten Sie, dass eine Abhängigkeit von der Klasse des umgebenden `<ul>` besteht!

Klasse	Beschreibung
`arrow`	Blendet Pfeil auf dem Navigationsbalken ein. Nicht in Zusammenhang mit `individual` anwendbar.

Tabelle 6.3 jQTouch-CSS-Klassen für Navigationslisten (<li>)

Klasse	Beschreibung
`forward`	Blendet sogenannten *Chevron-Pfeil* (runde Plakette) ein; nicht in Zusammenhang mit `edgetoedge`, `individual` und `metal` anwendbar; problematisch mit `plastic`.
`sep`	Minimale Höhe, Farbverlauf (nur für `edgetoedge`)

Tabelle 6.3 jQTouch-CSS-Klassen für Navigationslisten (<li>) (Forts.)

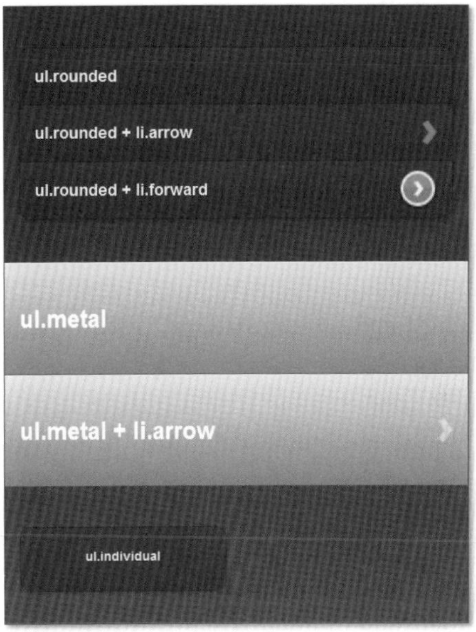

Abbildung 6.13 jQTouch-CSS-Klassen für Navigationslisten (<li>)

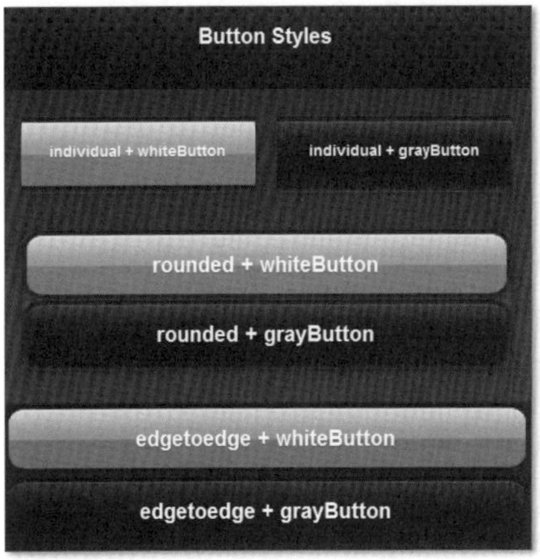

Abbildung 6.14 jQTouch-CSS-Klassen für listenbasierte Buttons

Noch deutlicher ist das Styling bei den Toolbar-Buttons, bei denen die Klasse `back` Aussehen, Position und Funktionalität beeinflusst.

Klasse	Beschreibung
`button`	Button rechts in der Toolbar
`back`	Button links in der Toolbar (als Pfeil nach links)
`cancel`	Button links in der Toolbar

Tabelle 6.4 jQTouch-CSS-Klassen für Toolbar-Buttons

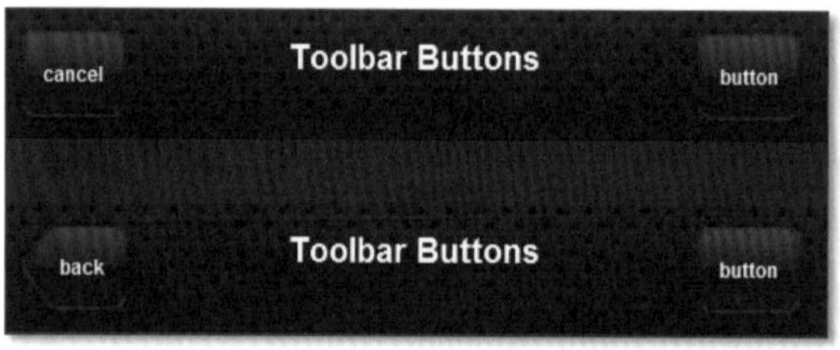

Abbildung 6.15 jQTouch-CSS-Klassen für Toolbar-Buttons

Auch die Buttons im Inhaltsbereich werden durch einen Grundstyle festgelegt (in unserem Beispiel wurde die Schriftfarbe durch ein `style`-Attribut verändert, nicht aber das Gesamterscheinungsbild).

Klasse	Beschreibung
`blueButton`	Blaue Hintergrundgrafik (nicht im `jqt`-Theme!)
`whiteButton`	Weiße Hintergrundgrafik
`grayButton`	Graue Hintergrundgrafik

Tabelle 6.5 jQTouch-CSS-Klassen für allgemeine Buttons

Grundsätzlich gilt: Auch einiges an Funktionalität wird über CSS-Klassen festgelegt. Experimentieren Sie ein wenig damit, indem Sie den `<a>`-Tags innerhalb der WEITER-Links ebenfalls eine Klasse zuweisen. Etwa so:

```
<ul class="rounded">
   <li class="arrow"><a href="#s5" class="pop">
      weiter</a></li>
</ul>
```

Oder so:

```
<ul class="rounded">
   <li class="arrow"><a href="#s6" class="flip">
      weiter</a></li>
</ul>
```

Mit diesen Klassen werden unmittelbar die Animationen für Seitenübergänge getriggert. Folgende Klassen sind per Default verfügbar:

Klasse	Animation
slideup	Ein neues Panel fährt von unten nach oben ein.
dissolve	Pixelüberblendung zum neuen Panel
fade	Fade-Überblendung zum neuen Panel
flip	Ein neues Panel dreht sich in den Viewport.
pop	Ein neues Panel wird aus der Viewport-Mitte aufgezogen.
swap	Ein neues Panel schiebt sich von rechts über das bestehende Panel.
cube	Mischung aus fade- und swap-Übergang[1]

Tabelle 6.6 jQTouch-CSS-Klassen für Seitenübergänge

Nun soll auf dem Panel »Seite 3« ein Formular angezeigt werden. Das <form>-Element wird einfach nach der Toolbar in den <div>-Container #s3 eingefügt. Um die Eingabeelemente auf Linie zu bekommen, ist die Standardvorgehensweise in jQTouch, sie mit einer <ul>-Liste zu umgeben. Diese erhält die beiden Klassen edit und rounded:

```
<form>
<ul class="edit rounded" >
   <li>
      <input type="text" name="user"
        id="user" placeholder="User" />
   </li>
   <li>
      <input type="password" name="pw"
       id="pw" placeholder="Passwort" />
   </li>
   <li>Newsletter:
     <span class="toggle">
       <input type="checkbox" name="nl" id="nl" />
     </span>
   </li>
   <li>
```

1 Schauen Sie sich das einfach selbst an.

```
      <textarea name="kom" rows="4">
         Ihr Kommentar
      </textarea>
   </li>
   <li>
     <input style="padding:6px;font-size:smaller;color:#999"
      type="submit" value="Abschicken" />
   </li>
</ul>
</form>
```

Listing 6.6 jQTouch-Beispiel 06

Interessant sind hier folgende Details: In den Textinputs tritt an die Stelle des `value`-Attributs ein `placeholder`-Attribut. Die Aufgabe ist dieselbe, nämlich einen Defaulttext im Input zu platzieren. Dieser wird bei `placeholder` allerdings entfernt, sobald der User das Feld in den Fokus nimmt. Spannend ist die Lösung für die Checkbox, die mit einem umliegenden `<span>` mit der Klasse `toggle` arbeitet. Die Checkbox wird durch eine Grafik ersetzt. Das Folgende ist ein kleiner Auszug aus *theme.css*:

```
.toggle input[type="checkbox"] {
   ...
   background: #fff url(img/on_off.png) 0 0 no-repeat;
   ...
}
```

Die optische Anmutung können Sie in Abbildung 6.16 sehen.

Die ganze Zeit über haben wir nur mit dem Theme `jqt` gearbeitet, das über den CSS-Link

```
<link rel="stylesheet" type="text/css"
      href="../js/themes/jqt/theme.css"/>
```

festgelegt wurde.

Dieses Theme ist jedoch nur eines von zweien, die zur Verfügung stehen. Bevor Sie darangehen, ein eigenes zu entwerfen (was nicht unmöglich, aber arbeitsintensiv ist), versuchen Sie einmal diese Variante:

```
<link rel="stylesheet" type="text/css"
     href="../js/themes/apple/theme.css"/>
```

Listing 6.7 jQTouch-Beispiel 07

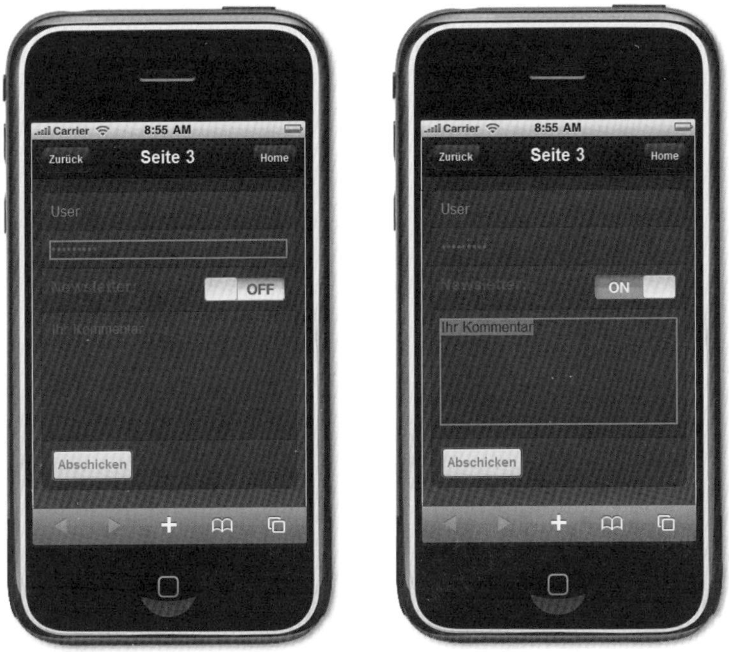

Abbildung 6.16 Ein Formular mit Toggle-Checkbox (Theme »jqt«)

Abbildung 6.17 jQTouch mit dem Theme »apple«

Interessant an jQTouch ist die Konfigurationsmöglichkeit. Zu Beginn haben wir bereits angedeutet, dass hierfür der Initialisierungsfunktion ein Objekt übergeben werden muss. Betrachten wird das nun ein wenig näher.

6.3.1 Konfiguration von jQTouch

Sie erinnern sich noch an die Einbindung des Plugins, bei der zwei CSS-Dateien und eine JavaScript-Datei mit der Seite verknüpft wurden? Anschließend folgte noch ein Scriptblock, in dem sich jedoch nicht sonderlich viel abspielte:

```
<script type="text/javascript">
   $.jQTouch({
         statusBar: 'black'
   });
</script>
```

Dass dies genügt, wurde im Vorfeld zur Genüge bewiesen. Im Grunde wurde kaum Arbeit in die Seiten gesteckt, sieht man von der Vergabe der geeigneten CSS-Klassen einmal ab (die man natürlich kennen muss). Alle relevanten Vereinbarungen werden nämlich in einem Defaultobjekt getroffen (Sie erinnern sich, dass darauf in Abschnitt 5.6, »Plugin-Entwicklung«, hingewiesen wurde); der zuvor übergebene Wert überschreibt lediglich einen einzigen von 21 Konfigurationswerten.

In den folgenden Tabellen finden Sie eine Übersicht über die Konfigurationsmöglichkeiten, die sich Ihnen bei der Initialisierung von jQTouch bieten.

Eigenschaft	Erwarteter Wert	Erläuterung
`addGlossToIcon`	`true/false`	Setzt einen Glanz auf das Webclip-Icon. Default: `true`
`icon`	Der Wert null oder ein relativer oder absoluter Pfad zum Web-Icon	Das Aushängeschild der Web-App, das beim Speichern auf dem Homescreen als Icon verwendet wird. Eine PNG-Datei, deren Abmessungen 57 x 57 px betragen müssen. Default: null
`startupScreen`	Der Wert null oder ein relativer oder absoluter Pfad zu einer IMG-Datei	Bezeichnet den Pfad zur Startgrafik einer Fullscreen-App. Deren Größe sollte 320 x 460 px betragen. (Hinweis: Ist die Statusbar auf `"black-translucent"`, also teiltransparent, gesetzt, verwenden Sie besser 320 x 480 px). Default: null

Tabelle 6.7 Konfiguration von jQTouch (Icon, Startscreen, Statusbar)

Eigenschaft	Erwarteter Wert	Erläuterung
statusBar	Ein Wert aus default, black, black-translucent	Steuert das Erscheinungsbild der Statusleiste, wenn die App im Fullscreen-Modus läuft. Erlaubt gegenwärtig nur drei vorgegebene Werte. Default: 'default'

Tabelle 6.7 Konfiguration von jQTouch (Icon, Startscreen, Statusbar) (Forts.)

Eigenschaft	Erwarteter Wert	Erläuterung
cacheGet-Requests	true/false	Legt fest, ob die Ergebnisse aus GET-Requests gecacht werden oder nicht, um anschließend auf diese Daten lokal zuzugreifen. Default: true
fixedViewport	true/false	Setzt die Zoom-Funktion außer Kraft. Default: true
formSelector	Beliebige, in der Liste durch Kommata getrennte CSS-Selektoren	Nennt den Elementtyp, auf den die Anweisungen für das Formularlayout des aktuellen Themes angewendet werden sollen. Default: 'form'
fullScreen	true/false	Startet die App im Fullscreen-Modus, wenn auf true gesetzt und die App vom Homescreen aus aufgerufen wird (ohne Effekt in Mobile Safari). Default: true
fullScreen-Class	String	Bestimmt die CSS-Klasse, die im Fullscreen-Modus dem <body>-Element zugewiesen wird, um so für diesen Modus spezielle Style-Anweisungen zu aktivieren. Default: 'fullscreen'
preloadImages	Ein Array aus Pfaden, die auf IMG-Dateien zeigen, die im Vorfeld zu laden sind	Beispiel: ['img/link_aktiv.png', 'img/link_auswahl.png'] Default: false
submitSelector	Beliebige, in der Liste durch Kommata getrennte CSS-Selektoren	Bestimmt die CSS-Klasse des Elements eines Formulars, das auf Klick dessen Submit-Vorgang einleitet und gegebenenfalls das eingeblendete Keyboard schließt. Default: '.submit'

Tabelle 6.8 Konfiguration von jQTouch (Basiskonfiguration)

Eigenschaft	Erwarteter Wert	Erläuterung
`touchSelector`	Beliebige, in der Liste durch Kommata getrennte CSS-Selektoren	Bestimmt die CSS-Klasse der Elemente, denen Touch-Events zugewiesen werden sollen; grundsätzlich sind das Links; ermöglicht Swipe-Events. Default: `'a, .touch'`

Tabelle 6.8 Konfiguration von jQTouch (Basiskonfiguration) (Forts.)

Eigenschaft	Erwarteter Wert	Erläuterung
`backSelector`	Beliebige, in der Liste durch Kommata getrennte CSS-Selektoren	Nimmt eine Liste von CSS-Selektoren als String entgegen, die Elemente kennzeichnen, die als »Zurück«-Trigger dienen sollen. Default: `'.back, .cancel, .goback'`
`cubeSelector`	Beliebige, in der Liste durch Kommata getrennte CSS-Selektoren	Bestimmt die CSS-Klasse des Trigger-Elements, das das Target-Panel per Cube-Animation einblendet. Default: `'.cube'`
`dissolve-Selector`	Beliebige, in der Liste durch Kommata getrennte CSS-Selektoren	Bestimmt die CSS-Klasse des Trigger-Elements, das das Target-Panel per Dissolve-Animation einblendet. Default: `'.dissolve'`
`fadeSelector`	Beliebige, in der Liste durch Kommata getrennte CSS-Selektoren	Bestimmt die CSS-Klasse des Trigger-Elements, das das Target-Panel per Fade-Animation einblendet. Default: `'.fade'`
`flipSelector`	Beliebige, in der Liste durch Kommata getrennte CSS-Selektoren	Bestimmt die CSS-Klasse des Trigger-Elements, das das Target-Panel per Flip-Animation einblendet. Default: `'.flip'`
`popSelector`	Beliebige, in der Liste durch Kommata getrennte CSS-Selektoren	Bestimmt die CSS-Klasse des Trigger-Elements, das das Target-Panel per Pop-Animation einblendet. Default: `'.pop'`
`slideSelector`	Beliebige, in der Liste durch Kommata getrennte CSS-Selektoren	Bestimmt den CSS-Selektor des Trigger-Elements, das das Target-Panel per Slideln (horizontal) einblendet. Entspricht dem Verhalten normaler Linklisten. Default: `'body * ul li a'`

Tabelle 6.9 Konfiguration von jQTouch (Seitenübergänge)

Eigenschaft	Erwarteter Wert	Erläuterung
`slideup-Selector`	Beliebige, in der Liste durch Kommata getrennte CSS-Selektoren	Bestimmt die CSS-Klasse des Trigger-Elements, das das Target-Panel per SlideUp (von unten nach oben) einblendet. Default: `'.slideup'`
`swapSelector`	Beliebige, in der Liste durch Kommata getrennte CSS-Selektoren	Bestimmt die CSS-Klasse des Trigger-Elements, das das Target-Panel per Swap einblendet. Default: `'.swap'`
`useAnimations`	`true/false`	Unterbindet alle Animationen, wenn auf `false` gesetzt. Default: `true`
`useFastTouch`	`true/false`	*Achtung – experimentell.* Verhindert `OnClick`-Verzögerung beim Tap-Aktivieren eines Links. Default: `true`

Tabelle 6.9 Konfiguration von jQTouch (Seitenübergänge) (Forts.)

Eigenschaft	Erwarteter Wert	Erläuterung
`debug`	`true/false`	Aktiviert dasDebugging-Verhalten des jQTouch-Scripts. Default: `false`

Tabelle 6.10 Konfiguration von jQTouch (Verschiedenes)

6.3.2 Das jQTouch-Objekt referenzieren

Noch einmal zurück auf Start – wichtig ist, dass die jQTouch-Methode *überhaupt* aufgerufen wird. Sie könnten jQTouch auch so initialisieren:

```
<script type="text/javascript">
   $.jQTouch();
</script>
```

In diesem Fall würden ausschließlich Defaultwerte gelten. Und es gibt noch einen anderen Aspekt: Auf diesem Wege wurde jQTouch quasi »freischwebend« aufgerufen. Es gibt keine Möglichkeit, an das so initialisierte Funktionsobjekt heranzukommen – falls man dies wollte.

Warum aber sollte man das wollen? Ganz einfach deshalb, weil das jQTouch-Objekt selbst einige Methoden und Eigenschaften besitzt, über die man es manipulieren kann. Und das Objekt zu manipulieren bedeutet, Zugriff auf die History und auf Animationen zu besitzen.

Aus diesem Grunde erzeugt man, falls man so etwas benötigt, eine Referenz:

```
<script type="text/javascript">
  // der Rückgabewert wird in der Referenz JQT gespeichert:
   var JQT = $.jQTouch();
</script>
```

Wie Sie das referenzierte Objekt nennen, ist eigentlich egal – Hauptsache, Sie fangen den Rückgabewert der Initialisierungsfunktion in einer Variablen auf. Dann können Sie Folgendes tun:

```
// zur vorletzten Seite zurückgehen
jQT.goBack(2);
// zur Seite #s1 springen (falls diese in der History ist)
jQT.goBack('#s1');
// genau eine Seite zurückgehen
jQT.goBack();
```

Sie sehen, dass die Methode `goBack()` von jQTouch der `history.back()`-Methode von JavaScript entspricht. Nur dass `goBack()` mit der Seitenmetapher von jQTouch arbeiten kann:

```
// springt zur Seite #s6 mit Übergang 'cube':
jQT.goTo('#s6', 'cube');
```

Mithilfe von `goTo()` kann jQTouch veranlasst werden, zu einer beliebigen Seite zu springen und dafür eine Animation als Seitenübergang zu verwenden, die ebenfalls als Argument übergeben wird. Last, but not least ist es möglich, eigene Animationen zu schreiben und zu deklarieren. Die Deklaration geschieht über ein Objekt mit der Methode `addAnimation()`:

```
jQT.addAnimation({ name: 'slideDown',
                   selector: '.slideDown' });
```

Die Animationen werden jedoch nicht über jQuery definiert, sondern greifen ausschließlich auf die Webkit-CSS-Transitions zurück (in anderen Browsern werden sie daher nicht funktionieren). Dies hat den Vorteil, dass sie einfach zu definieren sind, nämlich innerhalb des Stylesheets:

Hierfür wird zuerst die Animation selbst definiert und benannt (dieses Beispiel ist relativ fiktiv):

```
@-webkit-keyframes slideDown {
   from {
      top: 0px;
   }
   to {
```

```
        bottom: 0px;
    }
}
```

Anschließend wird mit sogenannten *Keyframes* der Anfangs- und Endpunkt einer Animation bestimmt (beachten Sie den Bezug auf den Namen):

```
.slideDown {
 -webkit-animation-name: slideDown;
 -webkit-animation-duration: 0.5s;
 -webkit-animation-iteration-count: 10;
 -webkit-animation-direction: normal;
}
```

Anmerkung

Die `-webkit`-Eigenschaften gehören zu den »inoffiziellen« CSS-Eigenschaften, die bislang nur von Safari und vom iPhone unterstützt werden. Bei der aktuell avisierten Zielplattform ist dies kein Problem. Dennoch werden CSS-Animation und CSS-Transitions über kurz oder lang auch ein Thema auf anderen Browsern sein (so ist zu hoffen).

Hier finden Sie die offiziellen Working-Drafts zum Thema:

- *www.w3.org/TR/css3-transitions/*
- *www.w3.org/TR/css3-animations/*

6.4 Ins mobile Web mit jQuery Mobile

Betrachten Sie die soeben erfolgte Erörterung von jQTouch gewissermaßen als »Fingerübung«: Auf jQuery setzt noch ein weiteres Framework auf, das sich auf den Mobilsektor richtet. Ähnlichkeiten sind nicht zufällig – zum einen ist ja das Interface, für das die Anwendungen gedacht sind, dasselbe. Man wird zwangsläufig zu ähnlichen Grundstrukturen in der Umsetzung gelangen. Zum anderen »erbt« jQuery Mobile tatsächlich einige Konzepte von jQTouch, wie die Transitionen für die Seitenübergänge. Gewissermaßen ist jQuery Mobile also der »große Bruder« von jQTouch. Wo jenes sich jedoch eher auf iPhone & Co. beschränkt, will jQuery Mobile mehr.

Die Programmierer und Konzepter hinter jQuery Mobile setzen sich selbst das Ziel, eine erstklassige JavaScript-Umgebung zu bieten, die in den gebräuchlichsten Smartphones und Tablet-Computern unabhängig von Bauart und Plattform funktioniert und obendrein über ein möglichst einheitliches User Interface verfügt.

Berücksichtigt werden sollen alle diejenigen Mobilgeräte, die (zumindest im Ansatz) die erforderlichen technischen Voraussetzungen erfüllen und die einen nennenswerten Marktanteil besitzen.

Abbildung 6.18 Die Website »jquerymobile.com«

Hierfür baut eine Webseite in jQuery Mobile auf sauberem, semantisch korrekt geschriebenem HTML5 auf, was die Kompatibilität mit den meisten anderen webfähigen Geräten sichert. Sofern ein Endgerät JavaScript und CSS interpretiert, setzt jQuery Mobile auf sogenanntes *progressive Enhancement*, indem ausgehend von einer Basisversion der Seite jedem User Agent automatisch nur die Features zusätzlich angeboten werden, die dieser auch unterstützt.

Auf diesem Weg wird einerseits die Barrierefreiheit gewährleistet, andererseits jedem Nutzer eine optimale RIA-Erfahrung geboten, gemäß der Interaktivität, die ihm sein spezielles Gerät bietet. Da jQuery Mobile die Barrierefreiheit nach WAI-ARIA implementiert, unterstützt das Framework auch Endgeräte wie Bildschirmleser oder andere Hilfstechnologien.

Platform	Version	Native	Opera Mobile				Opera Mini		Fennec		Ozone	Net-front	Phone-gap
			8.5	8.65	9.5	10.0	4.0	5.0	1.0	*1.1*	0.9	4.0	0.9
iOS	v2.2.1	B											A
	v3.1.3, v3.2	A						A					A
	v4.0	A						A					A
Symbian S60	v3.1, v3.2	C	C	C		B	C	B			C	C	
	v5.0	A	C	C		A	C	A					A
Symbian UIQ	v3.0, v3.1			C							C		
	v3.2				C						C		
Symbian Platform	3.0	A											
BlackBerry OS	v4.5	C					C	C					
	v4.6, v4.7	C					C	B					C
	v5.0	B					C	A					A
	v6.0	A						A					A
Android	v1.5, v1.6	A											A
	v2.1	A											A
	v2.2	A				*A*		*C*		*A*			A
Windows Mobile	v6.1	C	C	C	C	B	C	B				C	
	v6.5.1	C	C	C	A	A	C	A					
	v7.0	A				A	C	A					
webOS	**1.4.1**	A											A
bada	**1.0**	A											
Maemo	**5.0**	B				B			C	B			
MeeGo	*1.1*	*A*				*A*				*A*			

Tabelle 6.11 jQuery Mobile-Browsermatrix (A = High Quality, B = Medium Quality, C = Low Quality; nach »jquerymobile.com«)

6.4.1 Ein erstes Dokument mit jQuery Mobile

Anstatt viele Worte zu machen, spielen wir erst mal ein kurzes Beispiel einer jQuery Mobile-Seite durch, anhand dessen die Grundbegriffe geklärt werden. Anschließend schauen wir uns die API des Frameworks genauer an und arbeiten schließlich ein ausführliches Praxisbeispiel anhand einer Galerie-App durch.

jQuery Mobile-Dateien im Header einbinden

Die Grundlage des jQuery Mobile-Dokuments wird, wie schon bei jQTouch, eine HTML5-Seite sein. So weit ist alles Routine. Als Erstes müssen natürlich die erforderlichen Dateien eingebunden werden. Wir gehen davon aus, dass sich die Dateien in einem Ordner *js/* befinden, der innerhalb des Ordners liegt, in dem die Beispielsite erstellt wird:

```
<link rel="stylesheet"
   href="js/jquery.mobile-1.0b1.css">
<script src="js/jquery.1.6.2.min.js"></script>
<script src="js/jquery.mobile-1.0b1.js"></script>
```

Sie müssen also ein Stylesheet für jQuery Mobile, das jQuery-Framework und schließlich die Scriptdatei von jQuery Mobile selbst einbinden (die jeweils aktuellen Versionsnummern werden sich, je nach Stand der Entwicklung, verändern – berücksichtigen Sie bitte entsprechende Upgrades der Frameworks). Achten Sie auch auf die Reihenfolge der Einbindung!

Sie können sich, anstatt jQuery Mobile lokal auf Ihrem eigenen Rechner zu hosten, auch im CDN-Repository von *jquery.com* bedienen. Fügen Sie hierfür folgende Codezeilen in Ihren Dokumentkopf ein:

```
<link rel="stylesheet"
   href="http://code.jquery.com/mobile/1.0b1/jquery.mobile-1.0b1.
   min.css" />

<script src="http://code.jquery.com/jquery-1.6.1.min.js"></script>

<script src="http://code.jquery.com/mobile/1.0b1/jquery.mobile-
1.0b1.min.js"></script>
```

Grundstrukturen im Body

Der Body des HTML5-Dokument kann im Prinzip eine beliebige Anzahl von jQuery Mobile-»Seiten« enthalten. Diese sind durch `<div>`-Container begrenzt, die ein `data-role`-Attribut mit dem Wert »page« besitzen. Nehmen wir erst mal zur Kenntnis, dass so eine »Mobile Page« definiert wird, die jeweils den Viewport des Devices ausfüllen wird:

```
<body>
<div data-role="page">
   ...
</div>
...
</body>
```

Jede dieser »Seiten« ist für gewöhnlich (dies ist jedoch optional) in einen Header, einen Content-Bereich und einen Footer untergliedert. Die Bereiche erhalten ebenfalls ein `data-role`-Attribut:

```
<div data-role="page">
   <div data-role="header">...</div>
   <div data-role="content">...</div>
   <div data-role="footer">...</div>
</div>
```

Wenn Sie diese Elemente mit einfachen Inhalten füllen, erhalten Sie folgende Grundstruktur:

```
<div data-role="page">
   <div data-role="header">
      <h1>Seitentitel</h1>
   </div><!-- Ende header -->

   <div data-role="content">
      <p>Hier kommen Inhalte hin.</p>
   </div><!-- Ende content -->

   <div data-role="footer">
      <h4>Seitenfuß</h4>
   </div><!-- Ende footer -->

</div><!-- Ende page -->
```

Verwendung neuer HTML5-Strukturelemente

Möchten Sie das Übermaß an `<div>`-Containern in Ihren Dokumenten vermeiden, können Sie auf die neuen HTML5-Elemente `<section>`, `<header>` und `<footer>` ausweichen; die Vergabe der `data-role`-Attribute bliebe Ihnen aber dennoch nicht erspart.

Eine *Mobile Page* würde etwa wie folgt aussehen (wir bleiben für das Beispiel jedoch bei der Variante mit `<div>`-Containern):

```
<section data-role="page">
   <header data-role="header">
      <h1>Seitentitel</h1>
   </header><!-- Ende header -->
   <div data-role="content">
      <p>Hier kommen Inhalte hin.</p>
   </div><!-- Ende content -->
   <footer data-role="footer">
      <h4>Seitenfuß</h4>
   </footer><!-- Ende footer -->
</section ><!-- Ende page -->
```

Mehrere Seiten in einem Dokument

Normalerweise wird man sich nicht auf eine einzelne Seite pro Dokument beschränken, sondern mehrere, aufeinanderfolgende page-Bereiche definieren. In diesem Fall müssen diese individuell durch einen ID gekennzeichnet werden. Über diesen ID funktioniert auch die Verlinkung, die Sie zwischen beiden Seiten wechseln lässt (siehe Abbildung 6.20):

```
<body>

<!-- Start page 1-->
<div data-role="page" id="p1">
   <div data-role="header">
         <h1>Home</h1>
   </div><!-- Ende header -->

   <div data-role="content">
      <p>Diese Seite steht am Dokumentbeginn,
         ist also automatisch sichtbar.</p>
      <p>Gehe zu <a href="#p2"> Seite Zwei</a></p>
   </div><!-- Ende content -->

   <div data-role="footer">
      <h4>Seitenfuß</h4>
   </div><!-- Ende header -->
</div><!-- Ende page 1 -->

<!-- Start page 2 -->
<div data-role="page" id="p2">
   <div data-role="header">
      <h1>Seite Zwei</h1>
   </div><!-- Ende header -->

   <div data-role="content">
      <p>Dieser Inhalt ist zunächst nicht sichtbar.</p>
      <p>Zurück zu <a href="#p1">Home</a></p>
   </div><!-- Ende content -->

   <div data-role="footer">
      <h4>Seitenfuß</h4>
   </div><!-- Ende header -->
</div><!-- Ende page 2 -->

</body>
```

Abbildung 6.19 Die ersten beiden »Mobile Pages«

Fügen Sie analog hierzu noch weitere Seitenstrukturen `#p3` bis `#p6` ein. Nun soll das Dokument eine Navigation erhalten.

Eine einfache Navigation

Nun soll eine Navigation im Content-Bereich der Startseite hinzugefügt werden. Folgenden Quelltext fügen Sie in den Content-Bereich der Home-Seite ein:

```
<div data-role="content">
   <ul data-role="listview">
      <li><a href="#p2">Seite 2</a></li>
      <li><a href="#p3">Seite 3</a></li>
      <li><a href="#p4">Seite 4</a></li>
   </ul>
   ...
</div>
```

Eine Navigationsliste erhält die `data-role` »listview«. Für diese Konfiguration erstrecken sich die Schaltflächen über die gesamte Breite des Viewports.

Alternativ kann auch ein Rand um den Navigationscontainer gelassen und können dessen Ecken abgerundet werden. Hierfür muss zusätzlich das Attribut `data-inset` mit dem Wert `true` gesetzt werden. Bringen Sie diese Navigation im Content der zweiten Seite unter:

```
<div data-role="content">
   <ul data-role="listview" data-inset="true">
      <li><a href="#p1">Home</a></li>
      <li><a href="#p3">Seite 3</a></li>
      <li><a href="#p4">Seite 4</a></li>
   </ul>
   ...
</div>
```

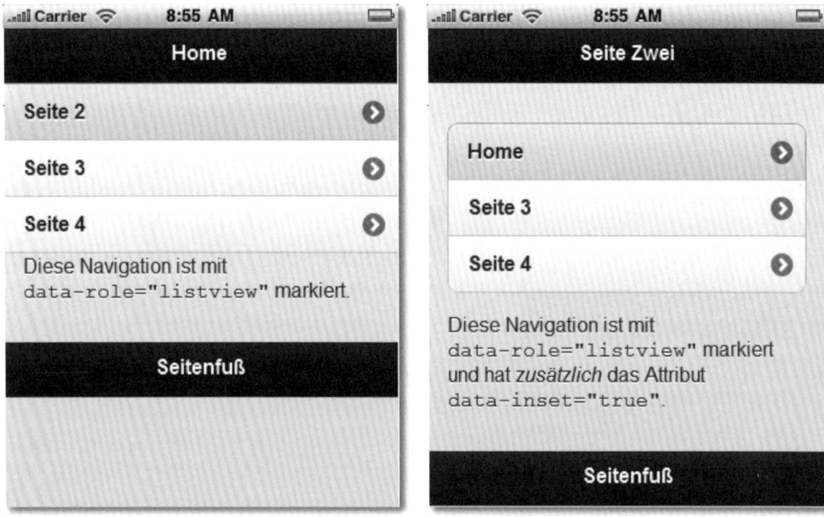

Abbildung 6.20 Listview-Navigationen auf den ersten beiden Seiten

Navigationen in der Toolbar

Auch in Header und Footer können Buttons platziert werden. Diese Bereiche dienen optional, außer dass sie Überschriften enthalten können, auch als Toolbars. Eine Toolbar ist durch data-role="navbar" gekennzeichnet.

Platzieren Sie im Footer-Bereich von Seite Drei eine Toolbar aus drei Buttons. Ersetzen Sie den <h4>-Platzhalter hierfür durch folgenden Quelltext:

```
<div data-role="footer">
   <div data-role="navbar">
      <ul>
         <li><a href="#p1" >Home</a></li>
         <li><a href="#p2">Seite 2</a></li>
         <li><a href="#p4">Seite 4</a></li>
      </ul>
   </div><!-- /navbar -->
</div><!-- Ende Footer #p3 -->
```

Auch im Header können Navigationsbuttons in Form von Navbars platziert werden (wir kommen darauf später zurück); die gängigere Praxis besteht jedoch darin, maximal zwei einzelne Buttons zu platzieren, die rechts und links vom Seitentitel gezeigt werden. Hierfür ist kaum Markup erforderlich – ein einfacher Anker-Tag genügt.

Wir bleiben in Page »Seite 3«. Der im Quelltext *erste* Link im Inneren des Headers wird in der Ansicht links, der *zweite* rechts dargetellt:

```
<div data-role="header">
   <a href="#p1">Home</a>
   <h1>Seite 3</h1>
   <a href="#p4">Weiter</a>
</div><!-- Ende header #p3 -->
```

Die Buttons können auch mit Icons versehen werden. Dies probieren wir auf Seite Vier aus. Setzen Sie im Anker-Tag das Attribut `data-icon`. Mit den Werten `"arrow-l"` und `"arrow-r"` erhalten Sie Pfeile nach links und rechts. Achtung – Button-Icons sitzen automatisch stets links von der Button-Aufschrift!

```
<div data-role="header">
   <a href="#p1" data-icon="arrow-l">Home</a>
   <h1>Seite 4</h1>
   <a href="#p5" data-icon="arrow-r">Weiter</a>
</div><!-- Ende header #p4 -->
```

Um das Icon des rechten Buttons auch *rechts* vom Text zu platzieren, muss noch als weiteres Attribut, `data-iconpos="right"`, gesetzt werden. Das Ergebnis sehen Sie in Abbildung 6.22, rechts:

```
<div data-role="header">
   <a href="#p1" data-icon="arrow-l">Home</a>
   <h1>Seite 4</h1>
   <a href="#p5" data-icon="arrow-r"
      data-iconpos="right">Weiter</a>
</div><!-- Ende header -->
```

Abbildung 6.21 Die Buttons in Header und Footer, Seite 3 und 4

Der Fußbereich von Seite 4 soll nun ebenfalls eine Reihe von vier Buttons erhalten, von denen den äußeren beiden die schon bekannten Pfeil-Icons zugewiesen werden. Geben Sie diesmal aber `data-iconpos="top"` an:

```
<div data-role="footer">
   <div data-role="navbar">
   <ul>
      <li><a href="#p1" data-icon="arrow-l"
            data-iconpos="top">Home</a></li>
      <li><a href="#p2">Seite 2</a></li>
      <li><a href="#p3">Seite 3</a></li>
      <li><a href="#p5" data-icon="arrow-r"
            data-iconpos="top">Seite 5</a></li>
   </ul>
   </div><!-- /navbar -->
</div><!-- Ende footer -->
```

Wenden wir uns nun der (vorläufig) letzten Seite zu, die auf normalem Wege verlinkt wird. Seite 5 soll im Header lediglich einen Button erhalten, der dafür ein neues Icon trägt:

```
<div data-role="header">
   <h1>Seite Fünf</h1>
   <a href="#p1" data-icon="delete">Cancel</a>
</div><!-- Ende header #p5 -->
```

In der Footer-Navigation sollen alle vier Buttons mit individuellen Icons versehen werden:

```
<div data-role="footer">
   <div data-role="navbar">
      <ul>
      <li><a href="#p1" data-icon="home"
       data-iconpos="top">Home</a></li>
      <li><a href="#p2" data-icon="star"
       data-iconpos="top">Seite 2</a></li>
      <li><a href="#p3" data-icon="gear"
       data-iconpos="top">Seite 3</a></li>
      <li><a href="#p4" data-icon="grid"
       data-iconpos="top">Seite 5</a></li>
      </ul>
   </div><!--  Ende navbar -->
</div><!-- Ende footer #p5 -->
```

Abbildung 6.23 zeigt das Ergebnis.

Abbildung 6.22 Eine Auswahl von Button-Icons auf Seite 5

6.4.2 Seitenübergänge

Ein Link zwischen Seiten kann auf verschiedene Weisen ausgeführt werden. Die möglichen Effekte werden durch das `data-transition`-Attribut gesteuert. Des Weiteren kann die Animation umgekehrt werden, indem das Attribut `data-direction="reverse"` gesetzt wird. Folgende Werte sind für `data-transition` per Default verfügbar:

data-transition-Wert	Seitenübergang
`slide`	Ein neues Panel fährt von rechts in den Viewport.
`slideup`	Ein neues Panel fährt von unten nach oben ein.
`slidedown`	Ein neues Panel fährt von oben nach unten ein.
`fade`	Fade-Überblendung zum neuen Panel
`flip`	Ein neues Panel dreht sich in den Viewport.
`pop`	Ein neues Panel wird aus der Viewport-Mitte aufgezogen.

Tabelle 6.12 jQuery Mobile-Seitenübergänge

Hinweis

Bei der Rückkehr zur Vorgängerseite über einen Back-Button kehrt sich die Richtung der Animation um.

Freundliche Übernahme: Seitenübergänge aus jQTouch

Falls Ihnen Bezeichner und CSS-Klassen zur Steuerung der Seitenübergänge bekannt vorkommen, so ist dies nicht verwunderlich. Für jQuery Mobile wurde diese Funktionalität (mit geringen Anpassungen) aus jQTouch übernommen. Es sind also nicht nur oberflächlich gleiche Bezeichner, sondern unter der Haube werkelt tatsächlich dieselbe Maschinerie. (Nicht übernommen wurde die »Cube«-Animation.)

Probieren Sie einige der Übergänge aus. Damit sie funktionieren können, wird allerdings eine Webkit-Engine benötigt, die den aktuellen Stand von CSS3-Animationen und -Transformationen umsetzt. Sie werden also nicht bei jedem Transitionstyp mit allen Emulatoren oder Browsern Glück haben. (Im Zweifel tut es ein Desktop-Safari, dessen Viewport Sie auf die passende Größe zusammenschieben.)

Hier ist ein Vorschlag für die Modifikation der Listview-Navigation der ersten Seite:

```
<div data-role="content">
  <ul data-role="listview">
     <li><a href="#p2" data-transition="flip">Seite 2</a></li>
     <li><a href="#p3" data-transition="pop">Seite 3</a></li>
     <li><a href="#p4" data-transition="fade">Seite 4</a></li>
  </ul>
  ...
</div>
```

Falls Sie auf Seite 2 den Zurück-Link nicht gelöscht haben, modifizieren Sie ihn einmal wie folgt (vielleicht fügen Sie ihn ansonsten einfach unter der Listview-Navigation wieder ein):

```
<p>Zurück zu <a href="#p1" data-transition="flip"
 data-direction="reverse">Home</a></p>
```

6.4.3 Listenbuttons

Eines sollte so weit klargeworden sein – jQuery Mobile wertet ein gesetztes `data-role`-Attribut aus und bereitet das Element entsprechend für die Ausgabe vor. Hierbei wird auch der Quellcode modifiziert – wir werden zu einem späteren Zeitpunkt betrachten, was in etwa dann geschieht.

Bleiben wir noch ein Weilchen bei `data-role="listview"`, denn dies ist noch längst nicht ausgeschöpft.

Erweitern Sie die Navigation auf Seite 1, sodass Sie auch Seite 5 von hier aus erreichen (wir haben die Transition-Attribute der Übersichtlichkeit halber entfernt – Sie können sie natürlich belassen):

```
<ul data-role="listview">
   <li><a href="#p2">Seite 2</a></li>
   <li><a href="#p3">Seite 3</a></li>
   <li><a href="#p4">Seite 4</a></li>
    <li><a href="#p5">Seite 5</a></li>
</ul>
```

Ändern Sie nun einmal die `<ul>`-Liste in eine `<ol>`-Liste um:

```
<ol data-role="listview">
   <li><a href="#p2">Seite 2</a></li>
   <li><a href="#p3">Seite 3</a></li>
   <li><a href="#p4">Seite 4</a></li>
   <li><a href="#p5">Seite 5</a></li>
</ol>
```

Abbildung 6.23 Die Listview auf Basis von <ul> (links) und <ol> (rechts)

Wir werden dies zwar an dieser Stelle nicht weiterverfolgen, aber es sollte klar sein, dass es zumindest praktisch ist, auch <ol>-Listen als Grundlage verwenden zu können. In Verbindung mit etwas CSS und Access Keys erhalten Sie eine sehr mobilgeräte-freundliche Navigation. Ändern Sie die Liste jetzt aber vielleicht wieder zurück ...

6.4.4 Listviews mit Count-Bubbles und Asides

Dass bei einer Listview jedem Button-Bar ein Chevron-Pfeil beigefügt wird, ohne dass etwas dazugetan werden muss, ist fein. Aber was tun Sie, wenn auf dem Button neben der Aufschrift noch weitere Informationen untergebracht werden sollen?

Bringen wir auf Seite 3 eine Navigation unter, die genau dies tut.

```
<div data-role="content">
<h1>jQM Blumenladen</h1>
<ul data-role="listview">
   <li><a href="#">Rosen</a>
      <span class="ui-li-count">30 Sorten</span></li>
   <li><a href="#">Tulpen</a>
      <span class="ui-li-count">12 Sorten</span></li>
   <li><a href="#">Nelken</a>
      <span class="ui-li-count">4 Sorten</span></li>
</ul>
</div><!-- Ende content #p3 -->
```

Sie haben mittels eines Elements, das die Klasse `ui-list-count` erhält, die Möglichkeit, eine sogenannte *Count-Bubble* auf dem Button unterzubringen. Ein Span-Tag eignet sich hierfür am besten. Meist bringt man hier numerische Informationen unter, wie z. B. die Anzahl ungelesener Mails in einer Mailbox. Wie Sie sehen, kann jedoch auch mehr Text enthalten sein (gut, die Bubble hört dann auf, rund zu sein).

Abbildung 6.24 Listviews mit Count-Bubbles und Aside-Zusatztext

Eine Alternative ist ein sogenanntes *Aside* im Button, das ist ein Bereich, der Nebeninformationen enthält. Dies geschieht diesmal mittels eines `<p>`-Containers, der die CSS-Klasse ui-li-aside bekommt. Bauen wir einmal um (das Ergebnis sehen Sie in Abbildung 6.25, rechts):

```
<div data-role="content">
<h1>jQM Blumenladen</h1>
<ul data-role="listview">
   <li><a href="#">Rosen</a>
        <p class="ui-li-aside">rot</p>
      </li>
      <li><a href="#">Tulpen</a>
        <p class="ui-li-aside">gelb</p>
      </li>
      <li><a href="#">Nelken</a>
        <p class="ui-li-aside">schwarz</p>
      </li>
</ul>
</div>
```

6.4.5 Listenbuttons in Splitviews

Variieren wir noch einmal. Um auf einem Button mehrere Links unterzubringen, kann man eine sogenannte *Splitview* festlegen, bei der rechts ein Bereich abgetrennt wird, der durch ein Icon verziert wird und separat klickbar ist.

Machen wir dazu auf der Seite Vier einen kleinen CD-Shop auf.

```
<div data-role="content">
<h1>jqm CD-Shop</h1>
<ul data-role="listview" data-split-icon="gear">
   <li><a href="#p7">Neil Young</a>
      <span class="ui-li-count">Platz 1</span>
      <a href="#p6">Kaufen</a></li>
   <li><a href="#p8">Emmylou Harris</a>
      <span class="ui-li-count"> Platz 2</span>
      <a href="#p6">Kaufen</a></li>
   <li><a href="#p9">Randy Newman</a>
      <span class="ui-li-count"> Platz 3</span>
      <a href="#p6">Kaufen</a></li>
</ul>
</div><!-- Ende content #p4-->
```

Dies sieht zwar interessant aus, tut aber noch nichts. Sie sehen, dass jeder Button nunmehr zwei Links enthält. Den Text des rechten Links werden Sie normalerweise nie sehen – hier wird stattdessen das Icon gezeigt, das Sie über data-split-icon festlegen.

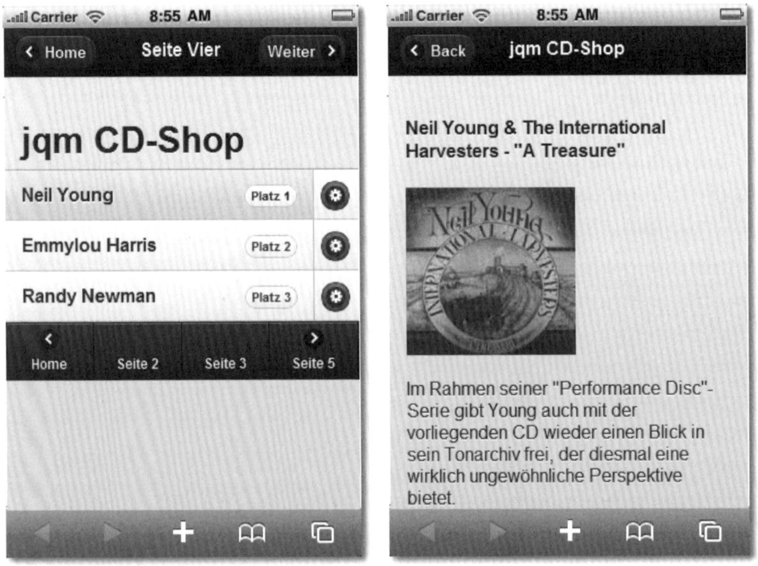

Abbildung 6.25 Listenmenü in »Splitview«; rechts die Inhaltsseite

Damit die Sache ins Rollen kommt, sollen noch Inhalte auf den Seiten 6 und 7 eingefügt werden (falls Sie noch keine solchen Seiten haben, legen Sie sie jetzt an). Hier ist die Infoseite zur ersten CD:

```
<!-- Start page 7 -->
<div data-role="page" id="p7" data-add-back-btn="true">
  <div data-role="header">
    <h1>jqm CD-Shop</h1>
  </div><!-- Ende header -->
  <div data-role="content">
    <h4>Neil Young & The International Harvesters
        - "A Treasure"</h4>
    <p><img src="cover/06.jpg" alt="Cover"></p>
    <p>Im Rahmen seiner "Performance Disc"-Serie gibt Young auch mit
    der vorliegenden CD wieder einen Blick in sein Tonarchiv frei,
    der diesmal eine wirklich ungewöhnliche Perspektive bietet.</p>
  </div><!-- Ende content -->
  <div data-role="footer">
    <h4>Seitenfuß</h4>
  </div><!-- Ende footer -->
</div><!-- Ende page 7 -->
```

Hier ist ein Detail wichtig. Es soll nämlich eine »Zurück«-Funktion geben. Der hierzu erwünschte Back-Button könnte zwar explizit geschrieben und auf die CD-

Übersichtsseite gerichtet werden, aber man kann dies auch durch jQuery Mobile erledigen lassen. Setzen Sie hierfür einfach – und der Ort ist wichtig – in der Page das Attribut `data-add-back-btn="true"`.

Intermezzo – die Dialogseite

Auf Seite 6 soll der Kauf stattfinden. Wir werden das »faken« und einfach Platzhalterinhalte dort unterbringen. Es soll nämlich etwas anderes gezeigt werden – anstatt wirklich mit einer Transition zu einer neuen Seite zu springen, werden die Inhalte als Pop-Over über die aktuelle Seite gelegt. Dies bezeichnet man als einen *Dialog*.

Hier sehen Sie zunächst die sehr rudimentäre Seite 6:

```
<div data-role="page" id="p6">
   <div data-role="header">
      <h1>jqm CD-Shop</h1>
   </div><!-- Ende header -->
   <div data-role="content">
      <h1>jqm CD-Shop</h1>
      <p>Diese CD kaufen?</p>
      <p>Gerne, wir schicken sie Ihnen umgehend zu.</p>
   </div><!-- Ende content -->
   <div data-role="footer">
      <h4>Seitenfuß</h4>
   </div><!-- Ende footer -->
</div><!-- Ende page 6 -->
```

Den Kauflinks der Übersichtsseite müssen Sie noch ein Attribut hinzufügen: `data-rel="dialog"`.

```
<ul data-role="listview" data-split-icon="gear">
   <li><a href="#p7">Neil Young</a>
      <span class="ui-li-count">Platz 1</span>
      <a href="#p6" data-rel="dialog">Kaufen</a>
   </li>
...
</ul>
```

6.4.6 Listview mit Splitansicht – verbesserte Version

Eine Übersichtsliste für CDs, bei der man nicht einmal die Cover sieht, ist etwas trostlos. Es ist kein Problem, in einen Listview-Button noch weitere Inhalte unterzubringen. Brezeln wir unsere Übersicht entsprechend auf:

```
<ul data-role="listview" data-split-icon="gear">
   <li><a href="#p7">
      <img src="cover/06vs.jpg" />
      <h3>Neil Young</h3>
      <p>"A Treasure"</p></a>
      <a href="#p6" data-rel="dialog"
         data-transition="slideup">Kaufen</a>
   </li>
   <li><a href="#p8">
      <img src="cover/02vs.jpg" />
      <h3>Emmylou Harris</h3>
      <p>"Bargain"</p></a>
      <a href="#p6" data-rel="dialog"
         data-transition="slideup">Kaufen</a>
   </li>
   <li><a href="#p8">
      <img src="cover/03vs.jpg" />
      <h3>Randy Newman</h3>
      <p>"Songbook Vol. 2"</p></a>
      <a href="#p6" data-rel="dialog"
         data-transition="slideup">Kaufen</a>
   </li>
</ul>
```

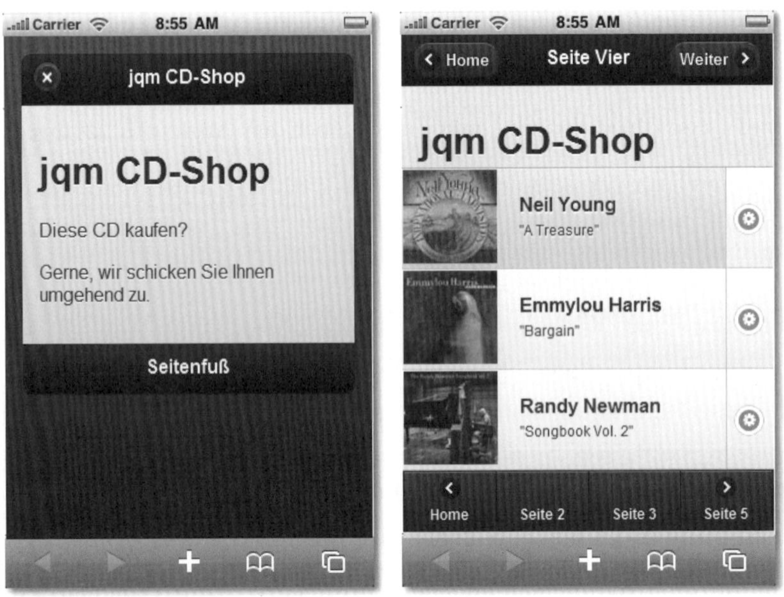

Abbildung 6.26 Links der Dialog, rechts die Listview mit Cover-Vorschau

Im Grunde ist hier nichts weiter beachtenswert, außer dass die Breite der Grafiken 80 Pixel betragen sollte. Der Dialog wurde durch eine Slideup-Transition angesprochen; der Rest ist unverändert.

6.4.7 Seiten per Ajax ansprechen

Nehmen wir einmal an, die Vorschauliste sei etwas länger und wir möchten nicht die ganzen Informationen zu den CDs in derselben Datei unterbringen. Derzeit muss (zumindest) die Neil-Young-Info mitgeladen werden. Kann man das anders machen, indem man auf eine externe Datei verweist? Selbstverständlich.

Schreiben wir die CD-Info so um, dass sie eine eigene Seite umfasst. Es braucht keine »jQueryfizierte« Seite sein, sondern nur eine normale (dumme) HTML-Seite. Die Rollen-Container einer Mobile Page benötigen wir aber schon, da die Seite in diesem Kontext eingesetzt wird. Also so:

```
<!DOCTYPE HTML>
<html lang="en-US">
<head>
   <meta charset="UTF-8">
   <title>Neil Young</title>
</head>
<body>
<div data-role="page" id="young" data-add-back-btn="true">

   <div data-role="header">
   <h1>jqm CD-Shop</h1>
   </div><!-- Ende header -->

   <div data-role="content">
      <h4>Neil Young & The International Harvesters - "A Treasure"</h4>
      <p><img src="cover/06.jpg" alt="Cover"></p>
      <p>Im Rahmen seiner "Performance Disc"-Serie gibt Young auch mit
         der vorliegenden CD wieder einen Blick in sein Tonarchiv frei,
         der diesmal eine wirklich ungewöhnliche Perspektive bietet.</p>
   </div><!-- Ende content -->

   <div data-role="footer">
      <h4>Seitenfuß</h4>
   </div><!-- Ende footer -->

</div><!-- Ende page 7 -->
</body>
</html>
```

Warum benötigen wir hier keine Scripte und kein CSS? Das liegt daran, dass die Seite nicht wirklich individuell geladen wird. jQuery Mobile lädt das Dokument stattdessen in das DOM der bestehenden Seite und fügt es diesem an. Danach stehen die CSS-Regeln auch für diese Inhalte zur Verfügung. Dies alles geschieht per Ajax.

Das Dokument liegt im selben Verzeichnis, was das Setzen des Links sehr einfach macht:

```
<li><a href="young.html" >
<img src="cover/06vs.jpg" />
<h3>Neil Young</h3>
<p>"A Treasure"</p></a>
...
</li>
```

6.4.8 NavBar-Button-Leisten

Neben der Darstellung als Navigationsmenü kann eine Liste auch als Button-Leiste dargestellt werden. Hierfür muss sie lediglich in einen Container mit der Rollenzuweisung »navbar« gesetzt werden.

```
<div data-role="navbar">
   <ul>
      <li><a href="#">Navbar-Button</a></li>
      ...
   </ul>
</div>
```

Navbar im Header

Ein üblicher Ort für eine derartige Button-Leiste ist der Header einer Mobile Page:

```
<div data-role="header">
   <h1>Header-Navbar</h1>
   <div data-role="navbar">
      <ul>
         <li><a href="#">Rosen</a></li>
         <li><a href="#">Tulpen</a></li>
         <li><a href="#">Nelken</a></li>
      </ul>
   </div><!—Ende Navbar -->
</div><!-- Ende header -->
```

Abbildung 6.27 Navbar mit drei Buttons im Header einer Page

Navbar im Content-Bereich

Eher ungebräuchlich, aber dennoch machbar, ist der Einsatz einer solchen Button-Leiste im Content-Sektor einer Page. Durch das Padding des Bereichs rücken die Buttons vom Rand ab. Aufgrund des Default-Theming des Contents (Theme »C«) sind die Buttons hier hell (Abbildung 6.29).

```
<div data-role="content">
   ...
   <p>Die Gattung umfasst, je nach Artauffassung des
    Bearbeiters, zwischen 100 und 250 Arten.</p>
   <div data-role="navbar">
      <ul>
         <li><a href="#">Rosen</a></li>
         <li><a href="#">Tulpen</a></li>
         <li><a href="#">Nelken</a></li>
      </ul>
   </div><!-- Ende Navbar -->
</div><!-- Ende content -->
```

Abbildung 6.28 Wirkung einer Navbar im Content-Bereich

Navbar im Footer-Bereich

Im Footer wird die Navbar relativ häufig eingesetzt. Hierbei darf zusätzlich auch eine Überschrift im Bereich stehen. Das Theming des Footers ist für gewöhnlich dunkel (Theme »A«), daher sind die Buttons im inaktiven Zustand schwarz (Abbildung 6.30).

```
<div data-role="footer">
   <h4>Navbar im Footer</h4>
   <div data-role="navbar">
      <ul>
         <li><a href="#">Rosen</a></li>
         <li><a href="#">Tulpen</a></li>
         <li><a href="#">Nelken</a></li>
      </ul>
   </div><!-- Ende Navbar -->
</div><!-- Ende footer -->
```

Abbildung 6.29 Wirkung einer Navbar im Footer-Bereich

6.4.9 Button-Leisten und Data-Grid

Bildet man eine Button-Leiste, indem man eine Navigationsliste in einem Div-Container mit `data-role="navbar"` einschließt, so werden die Buttons stets nebeneinander dargestellt, sodass sie die gesamte Breite des Bereichs ausfüllen. Enthält die Liste nur einen Button, so nimmt dieser die gesamte Breite ein; zwei Buttons teilen sich den Bereich gleichmäßig.

```
<div data-role="navbar">
   <ul>
     <li><a href="#">Klicken Sie hier<br>
         um zu sehen, ob es geht.</a></li>
   </ul>
</div>

<div data-role="navbar">
   <ul>
```

```
      <li><a href="#" class="ui-btn-active">Klick mich!</a></li>
      <li><a href="#" >Nein mich!</a></li>
   </ul>
</div>
```

Die automatische Aufteilung funktioniert bis zur Höchstzahl von fünf Buttons (siehe Abbildung 6.31):

```
<div data-role="navbar">
   <ul>
      <li><a href="#">A</a></li>
      <li><a href="#">B</a></li>
      <li><a href="#" class="ui-btn-active">C</a></li>
      <li><a href="#">D</a></li>
      <li><a href="#">E</a></li>
      <li><a href="#">F</a></li>
   v</ul>
</div>
```

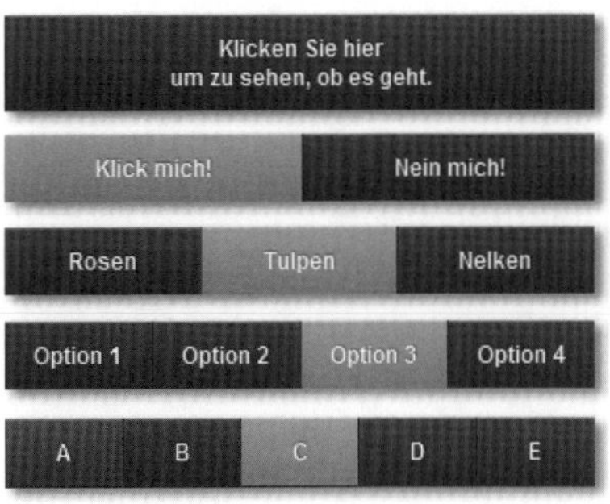

Abbildung 6.30 Navigationsbutton-Leisten im Footer-Bereich

Wollen Sie mehr Einfluss auf die Aufteilung des Navigationsbalkens haben, so können Sie mittels des `data-grid`-Attributs die Spalteneinteilung explizit festlegen. Es sind die Werte `a` bis `d` erlaubt. Beachten Sie, dass es so etwas wie ein »einspaltiges Darstellungsgitter« nicht gibt.

data-grid-Wert	Wirkung
`data-grid="a"`	Forciert zwei Spalten.
`data-grid="b"`	Forciert drei Spalten.
`data-grid="c"`	Forciert vier Spalten.
`data-grid="d"`	Forciert fünf Spalten.

Tabelle 6.13 Mögliche Werte des »data-grid«-Attributs

Über das `data-grid`-Attribut lässt sich die Spaltenzahl forcieren, sodass entweder Button-Slots frei bleiben oder ein Zeilenumbruch erzwungen wird. Hier wird explizit ein 3-Spalten-Raster festgelegt, ein Slot bleibt unbesetzt:

```
<div data-role="navbar" data-grid="b">
   <ul>
      <li><a href="#" class="ui-btn-active">Klick mich!</a></li>
      <li><a href="#" >Nein mich!</a></li>
   </ul>
</div>
```

Es lassen sich auf diesem Wege auch Vierergruppen in zwei Paaren darstellen, die ansonsten nebeneinander dargestellt würden (siehe Abbildung 6.32):

```
<div data-role="navbar" data-grid="a">
   <ul>
      <li><a href="#" class="ui-btn-active">Option 1</a></li>
      <li><a href="#">Option 2</a></li>
      <li><a href="#">Option 3</a></li>
      <li><a href="#">Option 4</a></li>
   </ul>
</div>
```

Hier wird einer Fünfergruppe ein 4-Spalten-Raster aufgeprägt:

```
<div data-role="navbar" data-grid="c">
   <ul>
      li><a href="#" class="ui-btn-active">A</a></li>
      <li><a href="#">B</a></li>
      <li><a href="#">C</a></li>
      <li><a href="#">D</a></li>
      <li><a href="#">E</a></li>
   </ul>
</div>
```

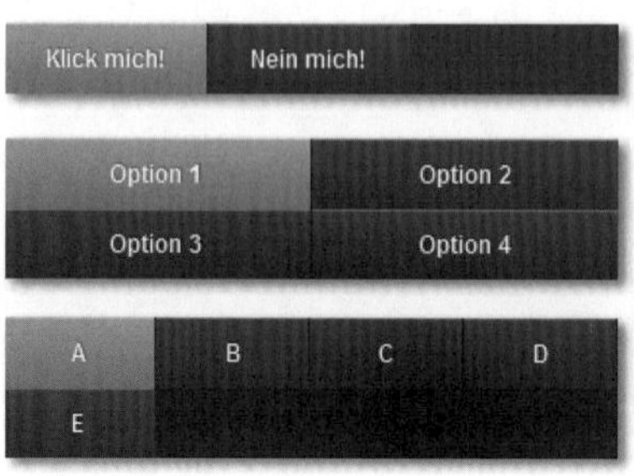

Abbildung 6.31 Navigationsbutton-Leisten mit Grid-Attribut

6.4.10 Button-Leisten mit Icons

In Navigationsbutton-Leisten können problemlos auch die üblichen Icons von jQuery Mobile eingefügt werden. Hierfür haben Sie das `data-icon-` und das `data-icon-pos`-Attribut zur Verfügung. Soll ein Button vorselektiert erscheinen, können Sie ihm die Klasse `ui-btn-active` geben:

```
<div data-role="footer">
<div data-role="navbar">
   <ul>
      <li><a href="#"
              data-icon="grid"
              data-iconpos="top">Inhalt</a></li>
      <li><a href="#" data-icon="star"
              data-iconpos="top"
              class="ui-btn-active">Favoriten</a></li>
      <li><a href="#"
              data-icon="gear"
              data-iconpos="top">Einstellungen</a></li>
   </ul>
</div>
</div>
```

Abbildung 6.32 Drei Navigationsbuttons mit oben liegendem Icon

Button-Leisten mit Custom-Icons

Anstelle der mitgelieferten Icons von jQuery Mobile können auch beliebige andere Icons auf einem Button dargestellt werden. Diese sollten von den Abmessungen her mit den Standard-Icons vergleichbar sein, also etwa 30 Pixel Kantenlänge besitzen. Als Format bietet sich PNG mit Teiltransparenz an, da so die Änderung der Hintergrundfarbe des Buttons bei Hover und für den aktiven Zustand das Icon nicht unansehnlich macht.

Hinweis – Frei verfügbare Icons bei Glyphish

Die hier vorgestellten Icon-Grafiken werden von Joseph Wain (*www.penandthink.com*) auf seiner *Glyphish*-Website frei zur Verfügung gestellt. Neben dem Gratis-Set gibt es auch ein umfangreicheres »Professional Set« mit hochaufgelösten Icons (für »Retina-Displays«).

Link: *www.glyphish.com*

Fügen Sie dem Link die Anweisung `data-icon="custom"` hinzu. Ebenfalls von Vorteil ist ein ID, um das Icon zuweisen zu können. Wichtig ist eine Klasse außen am Nav-Bar-Div, deren Namen Sie selbst bestimmen (hier wurde sie `meineIcons` genannt):

```
<div data-role="footer">
   <div data-role="navbar" class="meineIcons" data-grid="b">
   <ul>
      <li><a href="#"  id="clock"
              data-icon="custom">Ticktack...</a></li>
      <li><a href="#" id="gift"
             data-icon="custom">Raschel...</a></li>
      ...
   </ul>
   </div>
</div>
```

Sie müssen dazu zunächst die äußere Klasse definieren, die jedoch nicht dazu dient, dem Navigationsbereich selbst eine Präsentation zuzuweisen, sondern die nur den Kontext innerer Klassen setzt, wie `.ui-btn`, `.ui-btn-inner` und `.ui-icon`. Es werden deren Defaulteigenschaften überschrieben (daher das `!important`-Flag), um die Darstellung der Custom-Icons zu gewährleisten:

```
.meineIcons .ui-btn .ui-btn-inner {
   padding-top: 40px !important;
}

.meineIcons .ui-btn .ui-icon {
   width: 30px!important;
   height: 30px!important;
   margin-left: -15px !important;
   box-shadow: none!important;
   -moz-box-shadow: none!important;
   -webkit-box-shadow: none!important;
   -webkit-border-radius: none !important;
   border-radius: none !important;
}
```

Exemplarisch zeigen wir, wie Sie einem der Buttons ein Icon zuweisen. Das Icon liegt als Hintergrundbild hinter einem Span mit der Klasse `.ui-icon` (der programmatisch erzeugt wird, also nicht in Ihrem Quelltext auftaucht). Mit Hilfe des IDs steuern Sie jeden Button individuell:

```
#gift .ui-icon {
   background:  url(icons/gift.png) 50% 50% no-repeat;
```

```
    background-size: 24px 22px;
}

#clock .ui-icon {
    background:  url(icons/clock.png) 50% 50% no-repeat;
    background-size: 24px 16px;
}
```

Achten Sie darauf, dass die Icons mit der durch das Theme bestimmten Hintergrundfarbe harmonieren. Per Default gilt für den Footer Theme »A«, daher sollten die Icon-Grafiken weiß sein (siehe Abbildung 6.34).

Abbildung 6.33 Custom-Icons mit Theme A (Default-Theme)

Anders sieht es bei einem hellen Theme wie Theme »C« aus. Sie können dies mit dem `data-theme`-Attribut beispielsweise im Footer-Div festlegen:

```
<div data-role="footer" data-theme="c">
    <div data-role="navbar" class="meineIcons" data-grid="b">
    <ul>
        <li><a href="#" id="clock"
                data-icon="custom">Terminplaner</a></li>
        <li><a href="#" id="battery"
                data-icon="custom">Ladezustand</a></li>
        ...
    </ul>
    </div>
</div>
```

Für diesen Fall sollten die eingebundenen Icon-Grafiken entsprechend dunkelgrau bis schwarz sein (siehe Abbildung 6.35).

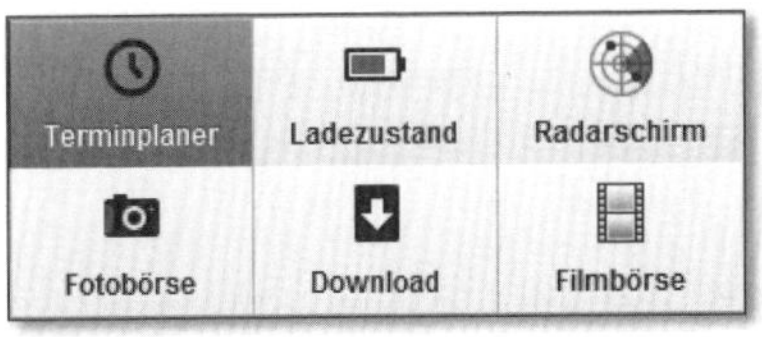

Abbildung 6.34 Custom-Icons mit Theme C

6.4.11 Layoutraster – Inhalte anordnen

Normalerweise nehmen Inhalte im Content-Bereich die volle Breite des Screens (abzüglich eventuellen Paddings ein). Möchte man ein Layoutraster verwenden, um Spalten darstellen zu können, und dabei keine Tabellen einsetzen (das ist im Prinzip möglich, aber auf verschiedenen Devices problematisch), so kann man auf die Layoutraster zurückgreifen, die jQuery Mobile anbietet.

Das Verfahren ähnelt dem des `data-grid`-Attributs, das in Zusammenhang mit Buttons vorgestellt wurde. Hier wird das Raster jedoch über CSS-Klassen namens `ui-grid-*` definiert, die einem Container eine bestimmte Zahl von Inhaltsspalten zuweisen:

```
<div class="ui-grid-a">
<!-- hier zwei Spalten -->
</div>
```

CSS-Klasse	Wirkung
`ui-grid-solo`	Definiert eine einzelne Spalte à 100 % Breite.
`ui-grid-a`	Definiert zwei Spalten à 50 % Breite.
`ui-grid-b`	Definiert drei Spalten à 33,333 % Breite.
`ui-grid-c`	Definiert vier Spalten à 25 % Breite.
`ui-grid-d`	Definiert fünf Spalten à 20 % Breite.

Tabelle 6.14 Verfügbare »ui-grid«-Klassenbezeichner

Je nach gewählter Grid-Klasse des äußeren Containers muss dieser eine bestimmte Anzahl von Spaltencontainern enthalten. Diese erhalten der Reihe nach die CSS-Klassen `ui-block-*` – von `ui-block-a` bis `ui-block-e` –, bis die Spalte gefüllt ist.

Fehlen Blöcke zur definierten Spaltenzahl, so bleibt die entsprechende Anzahl von Layoutblöcken frei. Überzählige Blöcke fallen hingegen dem `oberflow:hidden` der Grid-Container zum Opfer.

CSS-Klasse	Wirkung
`ui-block-a`	Erster (oder einziger) Spaltenblock
`ui-block-b`	Zweiter Spaltenblock
`ui-block-c`	Dritter Spaltenblock

Tabelle 6.15 Verfügbare »ui-block«-Klassenbezeichner

CSS-Klasse	Wirkung
ui-block-d	Vierter Spaltenblock
ui-block-e	Fünfter Spaltenblock

Tabelle 6.15 Verfügbare »ui-block«-Klassenbezeichner (Forts.)

Ein Grid ui-grid-a muss daher zumindest zwei die Blöcke ui-block-a und ui-block-b enthalten, um eine Zeile zu füllen. Die A-B-Folge kann beliebig wiederholt werden, um mehrzeilige Raster zu erhalten.

Margins und Paddings der Blöcke sind, ebenso wie ihre Border, genullt, die Blöcke selbst sind nach links gefloatet.

Der A-Block besitzt einen clear:left, um stets eine neue Zeile zu beginnen. Anders gesagt, stellt der A-Block also den Startblock jeder Zeile dar, und die restlichen Blöcke füllen diese auf:

```
<div data-role="content">
   <div class="ui-grid-a">
      <div class="ui-block-a">
         <img src="alice01.jpg" width="100"
          height="135" alt="Alice">
      </div>
      <div class="ui-block-b">»Nein, ich werde erst
       nachsehen,« sprach Alice, »ob ein Todtenkopf
       darauf ist oder nicht.«
      </div>
      <div class="ui-block-a">
         <img src="alice02.jpg" width="100"
          height="135" alt="Alice">
      </div>
      <div class="ui-block-b">Es war hohe Zeit sich fort-
       zumachen; denn der Pfuhl begann von allerlei Vögeln
       und Getier zu wimmeln, die hinein gefallen waren...
      </div>
   </div>
</div>
```

Ungleiche Spaltenbreiten sind mit diesen Grids nicht realisierbar. Auch sind weder die Grid- noch die Blockelemente »themeable«, sodass beispielsweise ein unterschiedliches Einfärben der Spalten mit »Bordmitteln« nicht machbar ist (niemand hindert Sie jedoch daran, die CSS-Klassen entsprechend zu erweitern).

Abbildung 6.35 Zwei- und dreispaltiges Layout mit »ui-grid«-Klasse

6.4.12 Collapsibles – Platzsparende Inhalte

Ein Nachteil mobiler Endgeräte besteht in der kleinen Displayfläche, die verfügbar ist. Praktisch ist es daher, dass man mit jQuery Mobile Inhaltselemente als ein- und ausklappbar deklarieren und in eingeklapptem Zustand laden kann.

Collapsibles

Ein solches Element bezeichnet man als ein *Collapsible*. Sie weisen hierzu einfach einem Bereich mit `data-role="collapsible"` die entsprechende Eigenschaft zu. Von Haus aus ist ein Collapsible allerdings sichtbar, also muss es gegebenenfalls über `data-collapsed="true"` als eingeklappt angemeldet werden:

```
<div data-role="collapsible" data-collapsed="true">
   <h3>Alice 1</h3>
   <p>»Nun!« dachte Alice bei sich, »nach einem solchen Fall
    werde ich mir nichts daraus machen, wenn ich die Treppe
    hinunter stolpere... «</p>
</div>
```

Wichtig ist, dass das erste Element eines Collapsibles eine Überschrift sein muss. Diese bildet den klickbaren Button, der das Collapsible öffnet und schließt. Ließe man sie weg, so hätte man keine Klickfläche; im eingeklappten Zustand wäre das Collapsible unsichtbar und daher nicht verwendbar. Der Grad der Überschrift spielt hierbei keine Rolle:

```
<div data-role="collapsible" data-collapsed="true">
   <h3>Alice 1</h3>
   ...
</div>
```

Befinden sich mehrere Collapsibles auf einer Mobile Page, so arbeiten sie dennoch nicht automatisch zusammen. Sie können, wie in Abbildung 6.37 angedeutet, alle unabhängig voneinander ein- oder ausgeklappt sein.

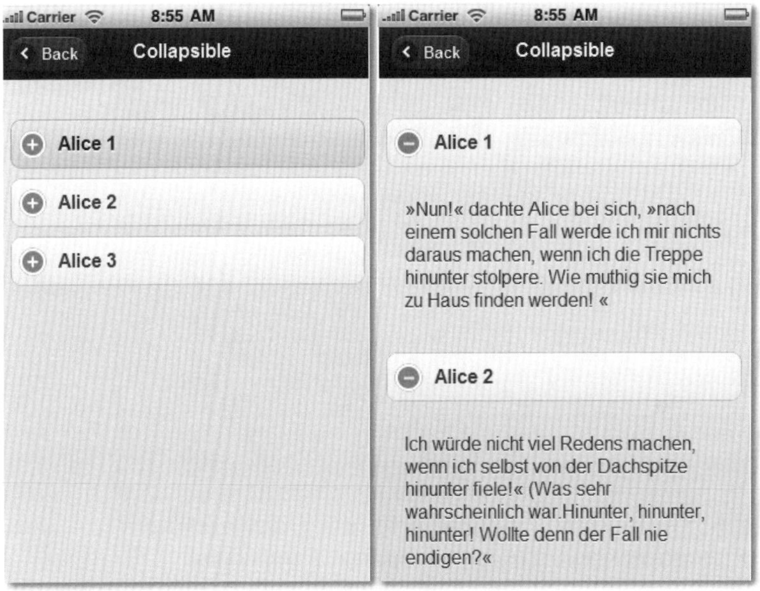

Abbildung 6.36 Collapsibles sind per se »Einzelkämpfer«.

Collapsible-Sets

Um Collapsibles zum Teamwork zu überreden – man könnte auch »gruppieren« dazu sagen –, müssen sie in einem weiteren Container zusammengefasst werden, der das Attribut `data-role="collapsible-set"` erhält.

Damit bilden die Collapsibles ein »Set«, von dem stets nur ein Collapsible ausgeklappt sein darf. Öffnet man ein zweites, schließt sich das aktuell geöffnete. Geschlossen sein dürfen jedoch alle Elemente des Sets.

```
<div data-role="content">
   <div data-role="collapsible-set">
      <div data-role="collapsible">
         <h3>Alice 1</h3>
         <p>»Nun!« dachte Alice bei sich, ... «</p>
      </div>
```

```
      <div data-role="collapsible" data-collapsed="true">
         <h3>Alice 2</h3>
         <p>Ich würde nicht viel Redens machen...</p>
      </div>
      <div data-role="collapsible" data-collapsed="true">
         <h3>Alice 3</h3>
         <p>»Wie viele Meilen ich wohl ...</p>
      </div>
   </div>
</div>
```

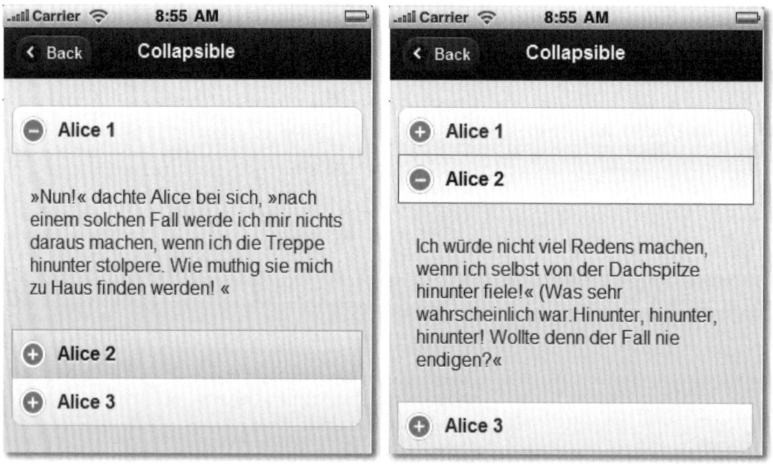

Abbildung 6.37 Die Panes eines Collapsible-Sets sind nur einzeln sichtbar.

Interessant ist die Möglichkeit, Collapsibles und Layout-Grids zusammenzubringen (siehe Abbildung 6.39). Hierfür muss der auf die Überschrift folgende Inhalt des Collapsibles ein Grid-Container sein:

```
<div data-role="content">
   <div data-role="collapsible-set">
      <div data-role="collapsible" data-collapsed="true">
         <h3>Alice 1</h3>
         <div class="ui-grid-a">
            <div class="ui-block-a">
               <img src="alice01.jpg" alt="Alice"></div>
            <div class="ui-block-b">
               »Nein, ich werde ... </div>
         </div>
      </div>
      <div data-role="collapsible" data-collapsed="true">
         <h3>Alice 2</h3>
```

```
            <div class="ui-grid-a">
               <div class="ui-block-a">
                  <img src="alice02.jpg" alt="Alice"></div>
               <div class="ui-block-b">
                  Es war hohe Zeit...</div>
            </div>
         </div>
      </div>
   </div>
```

Abbildung 6.38 Ein Collapsible kann auch ein Layout-Grid enthalten.

6.4.13 Formulare mit jQuery Mobile

jQuery Mobile stellt Formularelemente mobilgerecht dar. Standardelemente wie Textfelder und Checkboxen mögen zwar in einem Desktop-Browser gut bedienbar sein, auf einem mobilen Endgerät und mit dem Finger als Eingabegerät ist man jedoch schnell überfordert. So manipuliert jQuery Mobile die Formularelemente standardmäßig in der Art so, dass Checkboxen genug Fläche bieten, dass Sie mit einem Finger bequem eine Auswahl treffen können. Zudem werden die Felder gestylt und an die Themes angepasst. In Abbildung 6.40 wurde die Page und damit das Formular automatisch mit dem `data-theme=a` formatiert. Als Beispiel wurden alle möglichen Elemente dargestellt. jQuery Mobile unterstützt auch die mit HTML5 spezifizierten INPUT-Typen wie `search`, `range` oder `number`. Dazu folgt weiter unten noch eine Anmerkung.

Abbildung 6.39 Formularelemente mit jQuery Mobile

Progressiv erweiterte Formularelemente

Die Umsetzung von Formularen durch jQuery Mobile folgt dem Prinzip der »progressiven Erweiterung«: Sofern der Browser die Elemente in der geforderten Form nicht darstellen kann, kommen die HTML-Standardelemente zum Einsatz (automaticher Fallback).

Hinter jedem dieser *custom controls* steht daher ein normales HTML-Formularelement. Dabei darf man nicht vergessen, dass jene Standard-Eingabefelder gelegentlich nur vor dem Betrachter versteckt und durch dynamisch erzeugte Felder ersetzt werden. Das Handling im Hintergrund, also auch das Versenden eines Formulars, erfolgt so, wie Sie es von »normalen« Webformularen gewohnt sind.

Native Formularelemente

Es kann aber sein, dass Sie ein Formular oder Elemente eines Formulars partout nicht von jQuery Mobile verändern lassen wollen. Auch hier bietet das Framework Abhilfe. Setzen Sie einfach in die betreffenden Formularelement ein Attribut `data-role="none"`. Dadurch werden alle Anpassungen ignoriert und in ihrer nativen, also ursprünglichen Form angezeigt.

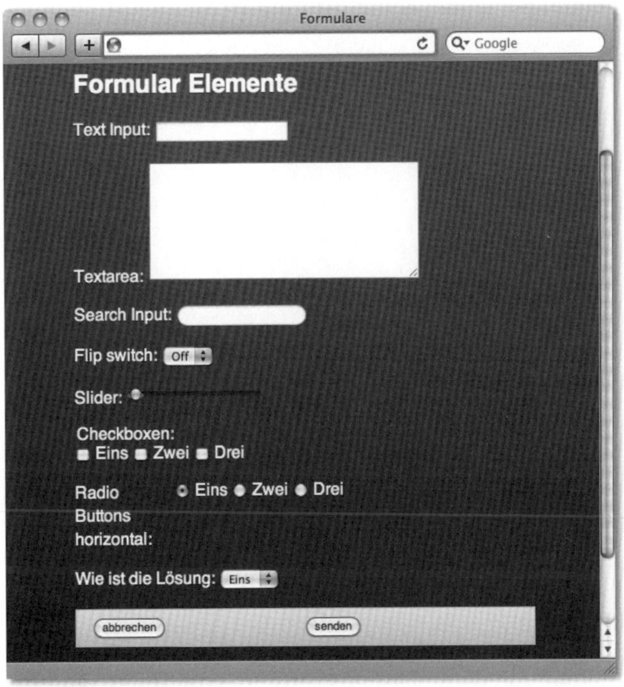

Abbildung 6.40 Native Formularelemente

Formularelemente im Einzelnen

Um die Möglichkeiten zu umreißen, werden im Folgenden einige ausgewählte Formularelemente exemplarisch vorgestellt (falls Sie einen Blick auf wirklich alle denkbaren Elemente werfen möchten, auf der Begleit-DVD finden Sie sämtliche Formularelemente durchdekliniert):

```
<form action="#" method="get">
<!-- Textinput -->
  <div data-role="fieldcontain">
    <label for="name">Text Input:</label>
    <input type="text" name="name"
           id="name" value="" />
  </div>
```

```
<!-- Checkboxen -->
  <div data-role="fieldcontain">
    <fieldset>
      <legend>Checkboxen:</legend>
      <input type="checkbox" name="checkbox-1a"
             id="checkbox-1a" class="custom" />
      <label for="checkbox-1a">Eins</label>
      <input type="checkbox" name="checkbox-2a"
             id="checkbox-2a" class="custom" />
      <label for="checkbox-2a">Zwei</label>
    </fieldset>
  </div>
<!-- Select mit JQM Menü -->
  <div data-role="fieldcontain">
    <label for="select-choice-a" class="select">
      Wie oft:
    </label>
    <select name="select-choice-a" id="select-choice-a"
            data-native-menu="false">
      <option>Wählen Sie</option>
      <option value="1">Eins</option>
      <option value="2">Zwei</option>
      <option value="3">Drei</option>
    </select>
  </div>
<!-- Senden / Zurücksetzen -->
  <div class="ui-body ui-body-b ui-corner-all">
    <fieldset class="ui-grid-a">
      <div class="ui-block-a">
        <button type="submit" data-theme="d">
          abbrechen
        </button>
      </div>
      <div class="ui-block-b">
        <button type="submit" data-theme="a">
          senden
        </button>
      </div>
    </fieldset>
  </div>
</form>
```

Listing 6.8 jQuery Mobile-Formular (Ausschnitt)

Jedes Formularelement ist inklusive seines Labels in einen Container mit dem Attribut `data-role="fieldcontain"` eingebettet. Im Falle des einfachen Textfeldes enthält dieser ein `<label>`-Element und das `<input>`-Element. jQuery Mobile identifiziert nun die Elemente und macht nichts anderes, als seine Klassen in die Eingabefelder einzusetzen. Ein

```
<input type="text">
```

besitzt dann nach der Initialisierung folgende Klassen:

```
<input class="ui-input-text ui-body-null ui-corner-all
       ui-shadow-inset ui-body-a" type="text">
```

Damit erhält das Textfeld seine runden Ecken, seine Farben und Hintergründe und gegebenenfalls noch seine Icons.

Für Checkboxen sollten Sie noch einen Block mit dem HTML-Element `<fieldset>` vorsehen, sowie ein `<legend>`-Element für die Beschriftung der zusammengehörigen Checkboxen hinzufügen. Genauso gehen Sie vor, wenn Sie Radiobuttons integieren wollen.

Eine Besonderheit weist das `<select>`-Element auf. Während standardmäßig das native Menü aufklappt, sobald Sie auf eine Select-Box tippen, können Sie mit dem Attribut `data-native-menu="false"` das *custom menu* aktivieren. Das ist also das genaue Gegenteil von `data-role="none"`. Standardmäßig stellt jQuery Mobile das native Menü dar; nur wenn Sie es explizit aufrufen, wird das *custom menu* generiert.

Abbildung 6.41 Select Box-Standard (native) im iPad

Abbildung 6.42 Select Box im jQuery Mobile Style im iPad

Sie können Select-Menüs auch mit einer multiplen Auswahl ausstatten. Wenn Sie das Attribut `multiple="multiple"` angeben, kann der Benutzer mehrere Optionen auswählen.

Der letzte HTML-Block enthält Buttons. Hier sei erwähnt, dass gruppierte Formularelemente nicht nur in Containern mit dem Attribut `data-role="fieldcontain"` stehen müssen, sondern auch in Containern mit CSS-Klassen des Frameworks. Auf diese Art gruppiert, werden beide Buttons in einer gesondert formatierten Box mit abgerundeten Ecken eingebettet:

```
<div class="ui-body ui-body-b ui-corner-all">
...
</div>
```

Wenn Sie beide Buttons farbig voneinander trennen wollen, umgeben Sie die `<button>`-Elemente noch mit einem `<div>`-Container und der Klasse `ui-block-a` und `ui-block-b`. Damit haben Sie bereits ein funktionsfähiges Formular für ein mobiles Gerät erstellt.

Formulare versenden

Das Senden von Formularen wird grundsätzlich von jQuery Mobile per Ajax realisiert. Das bedeutet, dass die Rückantwort eines Requests, also Antwortseiten, mittels Ajax in den DOM-Baum geladen werden, in dem das Formular sitzt. Dadurch werden die Antwortseiten mit einer Transition eingeblendet. Es sind alle Transitions möglich, die das Framework an anderer Stelle auch bietet. Formulare können Attribute zur Steuerung der Transitions enthalten: `data-transition="pop"` und auch `data-direction="reverse"`.

Weitere wichtige Dinge zu Formularen und Ajax:

- Sie können die Methode steuern, mit der das Formular versendet wird. Defaultmäßig, wenn keine anderen Angaben gemacht werden, wird `get` verwendet.
- Sie können über die Methode `$.mobile.path.get()` den Pfad auslesen.
- In der action wird defaultmäßig der relative Pfad zur gegenwärtigen Seite gewählt.
- Um Ajax zu verhindern, können Sie entweder das Attribut `data-ajax="false"` verwenden oder ein `target="_blank"` setzen.
- Dagegen ist das `rel`-Attribut in Formularen nicht erlaubt. So können Sie mittels `rel="external"` Ajax nicht deaktivieren.

Wenn Sie global Ajax deaktivieren, wirkt sich das hingegen auch auf das Versenden von Formularen aus:

```
$(document).bind("mobileinit", function() {
  ajaxEnabled(false);
});
```

Plugin-Methoden

Im Folgenden werden die Methoden, mit denen Sie Formularelemente beeinflussen können, nach Typ tabellarisch aufgelistet.

Wir betrachten zuerst ein Beispiel, wie die Methoden anzuwenden sind. Sie können Listing 6.8 als HTML-Basis heranziehen und folgenden JavaScript-Code hinzufügen:

```
$(document).ready(function() {
  $('.select').live('tap',function() {
  $('#select-choice-a')
    .append("<option value='4'>Vier</option>")
    .selectmenu('refresh',true);
  });
// oder
  $('.select').live('tap',function() {
    $('#select-choice-a').selectmenu('open');
  });
});
```

Listing 6.9 Die jQuery Mobile-Methode »selectmenu()«

Beachten Sie bitte, dass Sie `.selectmenu('open')` (oder auch `'close'`) nur aufrufen können, wenn das Menü auf `data-native-menu='false'` gesetzt wurde. Alternativ können Sie das native Menü auch global deaktivieren:

```
$(document).bind('mobileinit',function() {
  $.mobile.selectmenu.prototype.options.nativeMenu = false;
});
```

Tabelle 6.15 zeigt zunächst die Methoden für das Select-Menü:

Methode	Erläuterung
`$('select')` `.selectmenu('open')`	Öffnet ein Select-Menü (nur *custom menu*).
`$('select')` `.selectmenu('close')`	Schließt ein Select-Menü (nur *custom menu*).
`$('select')` `.selectmenu('refresh')`	Setzt ein Update auf ein *custom menu*, um den Wert (*value*) zu aktualisieren.

Tabelle 6.16 Select-Methoden

Methode	Erläuterung
`$('select') .selectmenu('refresh',true)`	Setzt ein Update auf ein *custom menu*, um den Wert (*value*) zu aktualisieren und zeichnet das Menü neu (`true`).
`$('select') .selectmenu('enable')`	`enable`: Gibt ein zuvor auf `disable` gesetztes Menü wieder zur Auswahl frei.
`$('select') .selectmenu('disable')`	`disable`: Sperrt die Auswahl eines Select-Menüs.

Tabelle 6.16 Select-Methoden (Forts.)

Tabelle 6.16 führt die Methoden für den Textinput auf.

Methode	Erläuterung
`$('input') .textinput('enable')`	`enable` gibt ein zuvor auf `disable` gesetztes INPUT-Element vom Typ `text` oder ein TEXT-AREA-Element wieder zur Bearbeitung frei.
`$('input') .textinput('disable')`	`disable` sperrt ein INPUT-Element vom Typ `text` oder ein TEXTAREA-Element.

Tabelle 6.17 Textinput-Methoden

Die Methoden für Checkboxen und Radiobuttons sehen Sie in Tabelle 6.17.

Methode	Erläuterung
`$('input') .checkboxradio('enable')`	`enable` gibt ein zuvor auf `disable` gesetztes INPUT-Element vom Typ `checkbox` oder `radio` wieder zur Bearbeitung frei.
`$('input') .checkboxradio('disable')`	`disable` sperrt ein INPUT-Element vom Typ `checkbox` oder `radio`.
`$('select') .checkboxradio('refresh')`	Setzt ein Update auf ein INPUT-Element vom Typ `checkbox` oder `radio`, um den Wert (*value*) zu aktualisieren.

Tabelle 6.18 Checkbox/Radiobutton-Methoden

Die Methoden für Input-Elemente vom Typ `range` sind in Tabelle 6.18 zu sehen.

Methode	Erläuterung
`$('input')` `.slider('enable')`	`enable` gibt ein zuvor auf `disable` gesetztes INPUT-Element vom Typ `range` wieder zur Bearbeitung frei.
`$('input')` `.slider('disable')`	`disable` sperrt ein INPUT-Element vom Typ `range`.
`$('input')` `.slider('refresh')`	Setzt ein Update auf ein INPUT-Element vom Typ `range`, um den Wert (*value*) zu aktualisieren.

Tabelle 6.19 Slider-Methoden

Bitte beachten Sie, dass das HTML-Element, das hinter einem von jQuery Mobile so genannten *Slider* steht, ein INPUT `type=range` ist. Es handelt sich hier nicht um eine Verwechslung.

Zu guter Letzt zeigt Tabelle 6.19 die Methoden der Formular-Buttons:

Methode	Erläuterung
`$('input')` `.button('enable')`	`enable` gibt ein zuvor auf `disable` gesetztes BUTTON-Element wieder zur Bearbeitung frei.
`$('input')` `.button('disable')`	`disable` sperrt ein BUTTON-Element.

Tabelle 6.20 Button-Methoden

Zurückstufen (Degradieren) von Formularelementen

Eine Bemerkung noch zu den INPUT-Elementen: jQuery Mobile unterstützt zwar die neuen HTML5-Formularelemente wie `<input type=search />` oder `<input type=range />`, stuft sie aber bei der Initialisierung dynamisch zurück. `<input type=search />` wird zu `<input type=text />`, und `<input type=range />` wird zu `<input type=number />`. Das Ziel dieser Maßnahme ist es, Ihnen bei der Weiterverarbeitung des Formulars die Arbeit etwas zu erleichtern. Sie können die degradierten Formularelemente aber manuell beeinflussen. Mit

```
$.mobile.page.prototype.options.degradeInputs
```

können Sie die Degradierung aus- oder einschalten. Beispielsweise sorgt

```
$(document).bind("mobileinit",function(){
  $.mobile.page.prototype.options.degradeInputs.range = false;
});
```

dafür, dass für `<input type=range />` keine Degradierung durchgeführt wird. Achten Sie darauf, dass Sie dies innerhalb eines `mobilinit`-Events durchführen, damit diese Konfiguration für alle *Pages* gilt, auch für die, die noch geladen werden. Folgende Eigenschaften stehen zur Verfügung: `color`, `date`, `datetime`, `datetime-local`, `email`, `month`, `number`, `range`, `search`, `tel`, `time`, `url` und `week`.

Zusammenfassung

Damit haben Sie die wichtigsten Grundelemente, ihr Styling und die Möglichkeiten kennengelernt, wie die Formularelemente mit JavaScript bzw. jQuery Mobile manipuliert werden können. Vor einer finalen Version von jQuery Mobile werden noch einige Methoden hinzukommen.

6.4.14 Themes – von Farben und Hintergründen

Natürlich kann auch eine mobile Seite von etwas Design profitieren. Stets muss man sich dabei aber um die vorgegebenen Randbedingungen kümmern, die im Mobilsektor oft etwas einschränkend sind. Zwar sind moderne Geräte prinzipiell in der Lage, beinahe jede Website darzustellen, dies bedeutet jedoch nicht, dass sie dann auch bedienbar ist (zumindest ohne große Mühen).

Folgende Dinge sollten Sie beachten:

- **Displaygröße**
  Es gibt kaum Platz zu verschenken. Seien Sie sparsam mit Margins und Paddings. Inhalte sollten untereinander statt nebeneinander angeordnet sein (linear). Speziell Grafiken sollten nicht zu groß sein (sowohl was Abmessungen als auch Dateigröße betrifft).
- **Lichtbedingungen**
  Mobilgeräte werden oft unter erschwerten Bedingungen verwendet. Besonders wichtig sind Kontraste, um die Les- und Bedienbarkeit zu gewährleisten.
- **Bedienungsmetapher**
  Zeitgenössische Smartphones werden mit dem Finger bedient. Ein Finger ist kein Stift, daher müssen die Bedienflächen eine Mindestgröße besitzen (auch wenn die Geräte hier ein paar Tricks auf Lager haben). Buttons dürfen daher nicht zu klein sein.

Die Basis-CSS-Regeln, die jQuery Mobile mitliefert, berücksichtigen diese Aspekte bereits. Darüber hinaus hat man natürlich allerhand Freiheiten, die einzelnen HTML-Tags zu gestalten. Bevor wir uns bei dem Versuch im Nirvana verlieren, betrachten wir lieber das, was mitgeliefert wird.

jQuery Mobile bezeichnet das Grundlayout, das in der *jquery.mobile.css* festgelegt wird, als ein »Theme«. Dieses Prinzip ist auch aus anderen Frameworks bekannt (aus jQuery, aber auch aus ExtJS oder Dojo). Die Zuweisung von Themes erfolgt in jQuery Mobile zunächst automatisch nach bestimmten Gesichtpunkten, kann aber auch gezielt gesteuert werden.

Konstatieren wir, dass es fünf Themes gibt, die die Bezeichner »A«, »B«, »C«, »D« und »E« haben. Sie bieten jeweils unterschiedliche Farbharmonien, wirken daher vom Gesamteindruck heller oder dunkler, wobei stets auf ein passendes Verhältnis der Toolbars und Buttons zueinander und zur Content-Fläche geachtet wird. Das Standard-Theme hat keinen Namen, sondern stellt eine Mischung verschiedener Elemente der anderen Themes dar.

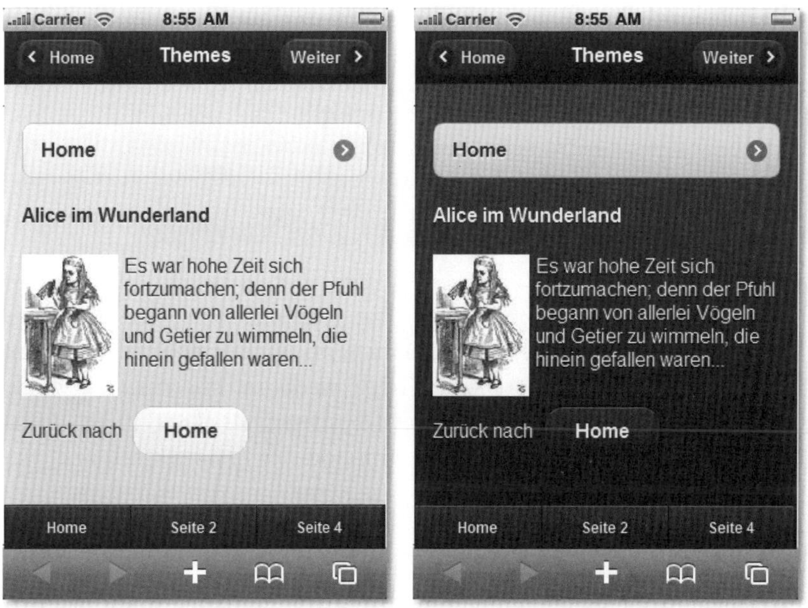

Abbildung 6.43 Das Standard-Theme (links) und Theme A (rechts)

Sie sehen, dass das Standard-Theme das Toolbar-Styling von Theme A besitzt, aber den hellen Content-Bereich von Theme C übernimmt. Theme B wiederum ist, in freier Apple-Anmutung, in Blau gehalten.[2]

2 Das ist, ebenso wie das wunderschöne Gelb von Theme E, in den Abbildungen nicht zu erkennen. Am besten probieren Sie es selbst.

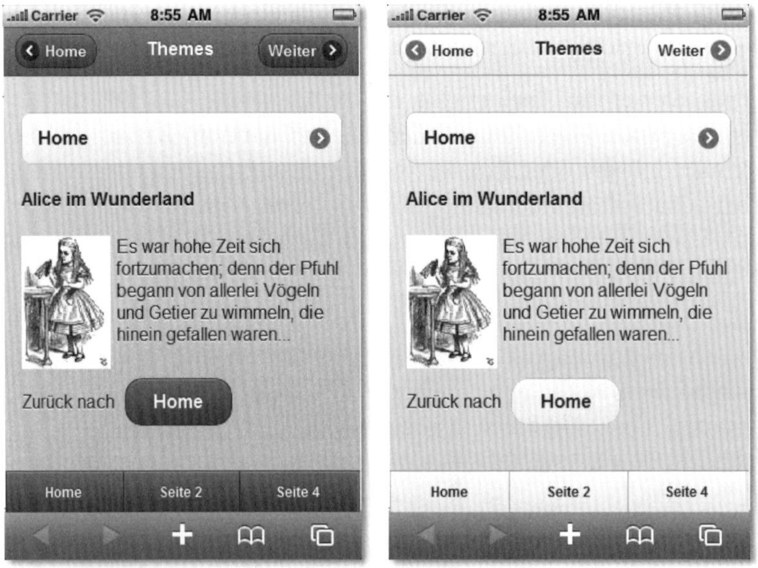

Abbildung 6.44 Die Themes B und C

Theme D ähnelt Theme C auf den ersten Blick sehr, ist aber noch etwas heller, mit weißem Inhaltsbereich. Der Toolbar-Bereich wiederum ist geringfügig dunkler. Das dottergelbe Theme E mag von einigen Designern als Missgriff betrachtet werden, wird aber sicher Freunde finden – zumindest in Teilaspekten.

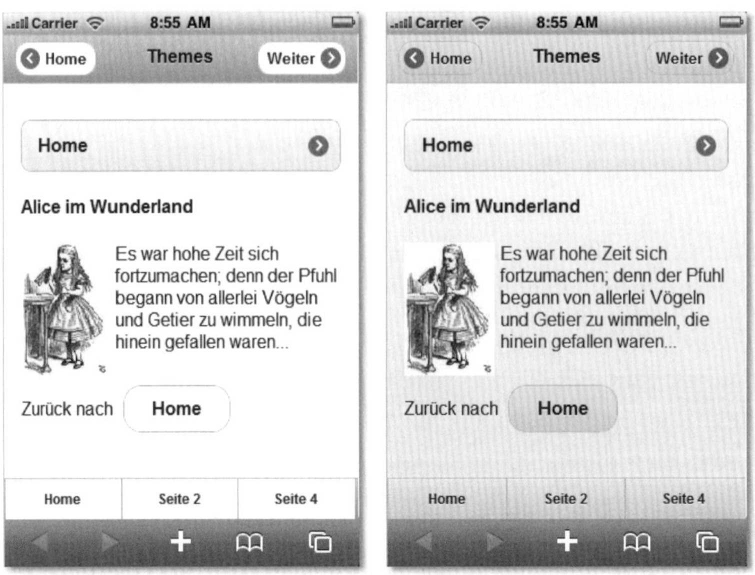

Abbildung 6.45 Die Themes D und E

Wie wendet man die Themes nun an? Solange man das Standard-Theme akzeptiert, braucht man rein gar nichts zu tun. Ab da wird es dann jedoch interessant. Die Zuweisung eines Themes geschieht über ein Attribut namens `data-theme`. Der primäre Container, an dem eine solche Zuweisung geschehen kann, ist der Page-Container. In diesem Fall gilt das Theme für die Elemente im Inneren der Page gleichermaßen.

```
<div data-role="page" id="alice" data-theme="b">
...
</div>
```

Zusätzlich lässt sich aber jeder Unterbereich, also Header, Content und Footer, jeweils mit einem eigenen Theme belegen, was dann auch das Styling untergeordneter Elemente wie Buttons und Toolbars des jeweiligen Bereichs festlegt.

```
<div data-role="page" id="alice" data-theme="b">
   <div data-role="header">
      ...
   </div>
   <div data-role="content" data-theme="a">
      ...
   </div>
   <div data-role="footer">
      ...
   </div>
</div>
```

Die Bereiche können jedoch auch individuell mit Themes belegt werden.

```
<div data-role="page" id="alice" data-theme="c">
   <div data-role="header" data-theme="a" >
      <a href="#p1" data-icon="arrow-l" data-theme="b">Home</a>
      <a href="#p5" data-icon="arrow-r" data-iconpos="right"
         data-theme="b">Weiter</a>
   </div>
   ...
</div>
```

Betrachten wir zwei Beispiele – Abbildung 6.47 zeigt links ein Theme A auf der Page, das im Content-Bereich mit Theme E ergänzt wird. Wir erhalten dunkle Toolbars und einen Inhaltsbereich mit gelbem Farbverlauf.

Bei der rechts in Abbildung 6.47 gezeigten Zusammenstellung wird klar, warum man bei jQuery Mobile außer von Themes gelegentlich auch von *Swatches* (Farbpaletten) spricht. Verwendet man Theme E im Sinne einer Akzentfarbe, so wird dessen Sinn erst deutlich. Es in seiner Gesamtheit anzuwenden, ist eher unüblich. Die Themes wirken sich auch auf die Präsentation anderer Inhalte, wie von Button-Leisten und Formularen, aus.

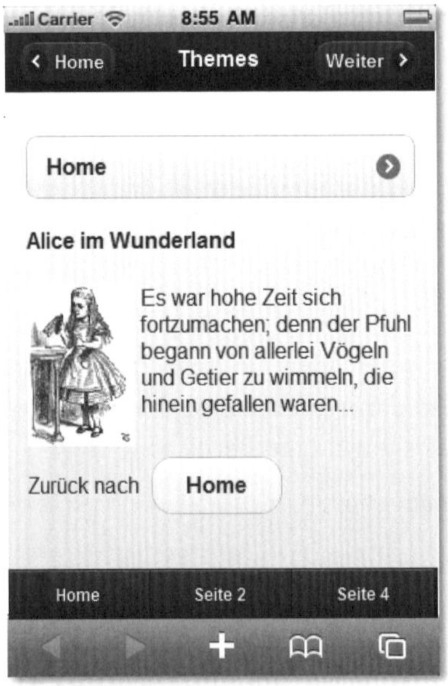

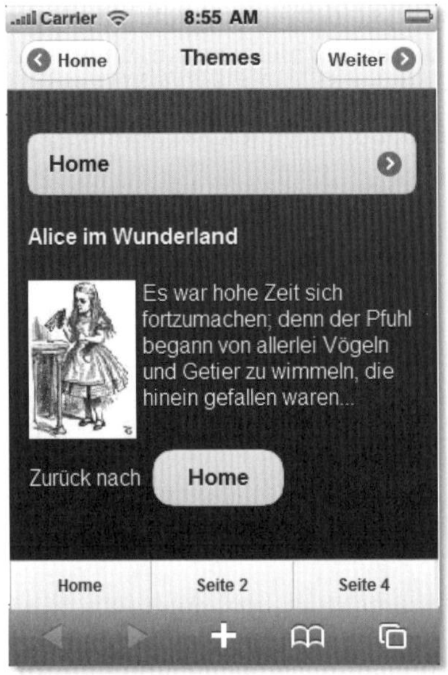

Abbildung 6.46 Freie Zusammenstellung mehrerer Themes

Ein Grundprinzip ist, ähnlich wie bei CSS, dass eine Theme-Zuweisung an einem inneren Container diejenige an einem weiter außen liegenden Container überwiegt, das Theme eines äußeren Containers aber die Darstellung eines nicht explizit mit einem Theme belegten inneren Containers indirekt bestimmt. Beachten Sie, dass nicht alle mit Rollen belegten Container (ein Beispiel ist die Navbar) *direkt* mit einem Theme belegbar sind. Am besten, Sie experimentieren hier ein wenig.

Damit Ihnen das leichter fällt, kommt hier eine Aufstellung der »themeable« Seitenbereiche, der jeweils anwendbaren `data`-Attribute (außer `data-theme` existieren weitere, spezialisierte Attribute) und der Container, an denen dieses Theme jeweils anzuwenden ist. (Alle `data-theme-*`-Attribute können Werte von »a« bis »e« erhalten.)

Theme für	Themeable an	Anwendbar auf
Page	`data-role="page"`	`data-theme`
Header	`data-role="header"`	`data-theme`
Header-Buttons	`data-role="header" > a`	`data-theme`
Footer	`data-role="footer"`	`data-theme`

Tabelle 6.21 Anwendung der Themes auf verschiedene Seitenbereiche

Theme für	Themeable an	Anwendbar auf
Content	`data-role="content"`	`data-theme`

Listview	`data-role="listview"`	`data-theme`
		`data-divider-theme`
		`data-count-theme`
		`data-split-theme`
		`data-split-icon`
		`data-filter-theme`

Listview-Item	`data-role="listview" > LI`	`data-theme`
Listview-Divider	`data-role="listview"`	`data-divider-theme` (global an Listview)
Listview-Icon	`data-role="listview" > LI`	`data-icon` (an Listview-Items)
Count-Bubbles	`data-role="listview"`	`data-count-theme` (global an Listview)
Split-Icons	(Icon des Split-Bereichs)	`data-split-icon` (global an Listview)

Split-Theme	(Hintergrund des Split-Link-Icons)	`data-split-theme`
		(global an Listview; Default: B)
		`data-theme`
		(direkt an Split-Link 2)

Listensuchfilter	(Suchfeld von gefilterten Listen)	data-filter-theme (an Listview)
Button	`data-role="button"`	`data-theme`

Navbar	`data-role="header"`
	`data-role="footer"`
	`data-role="content"`
		`data-theme`
		(nur über den übergeordneten Bereich themeable)

Navbar-Button	`data-role="navbar" > a`	`data-theme`
Collapsible-Item	`data-role="collapsible"`	`data-theme`
Collapsible-Set	`data-role="content"`	`data-theme` (nur über den übergeordneten Bereich themeable)
Formulare	`data-role="content"`	`data-theme` (nur über den übergeordneten Bereich themeable)

Tabelle 6.21 Anwendung der Themes auf verschiedene Seitenbereiche (Forts.)

6.4.15 Das mobileinit-Event

Anders als bei jQuery und jQuery UI nimmt jQuery Mobile bereits *während des Ladevorgangs* automatisch Änderungen am Markup des Dokuments vor. Dies geschieht, noch bevor der *document-ready* Event feuert. Diese Manipulationen sind in der Default-Konfiguration von jQuery Mobile festgelegt, die sich an gängigen Anforderungen orientiert. Bei Bedarf kann dies jedoch problemlos angepasst werden.

Sobald jQuery Mobile ausgeführt wird, triggert der *mobileinit*-Event am *document*-Objekt der geladenen Seite. Dies kann genutzt werden, um die Default-Einstellungen von jQuery Mobile anzupassen:

```
$(document).bind("mobileinit", function() {
  //hier können Einstellungen neu gesetzt werden
});
```

Aber Achtung, weil der *mobileinit*-Event frühzeitig feuert, noch bevor das Dokument existiert, muss die Bindung des Handlers ebenso frühzeitig erfolgen. Es empfiehlt sich deshalb, das Script, das die Bindung vornimmt (in diesem Beispiel geschieht dies in *eigenes.js*), *vor* dem jQuery Mobile-Script einzufügen:

```
<script src="jquery.js"></script>
<script src="eigenes.js"></script>
<script src="jquery-mobile.js"></script>
```

Es gibt nun mehrere Möglichkeiten, die Defaultkonfiguration von jQuery Mobile in Teilaspekten zu überschreiben. Die erste besteht darin, direkt auf definierte Werte des `$.mobile`-Objekts zuzugreifen und diese mit einem (neuen) Wert zu belegen:

```
$(document).bind("mobileinit", function(){
  $.mobile.loadingMessage = "lade Seite...";
});
```

Zum anderen kann das `$.mobile`-Objekt auch mittels der jQuery-Utility-Methode `$.extend()` ergänzt werden. Zur Erinnerung: `$.extend()` erweitert ein bestehendes Objekt um die Eigenschaften eines zweiten Objekts, verschmilzt dieses also mit dem Zielobjekt (das im betrachteten Fall das `$-mobile`-Objekt ist). Enthält das hineingereichte Objekt zum Zielobjekt gleichlautende Eigenschaftsnamen (und hierum geht es in diesem Fall), so ersetzen deren Werte die korrespondierenden Werte im Zielobjekt. Auf diesem Wege lassen sich Teile der Defaultkonfiguration verändern:

```
$(document).bind("mobileinit", function(){
  $.extend( $.mobile , {
```

```
    loadingMessage: "lade Seite..."
  });
});
```

6.4.16 Enhancement des jQuery Mobile-Dokuments

Sieht man von der eben vorgestellten Konfigurationsmöglichkeit einmal ab, ist es vielleicht interessant, einmal zu betrachten, was jQuery Mobile beim Laden eigentlich mit dem Markup eines Dokuments macht. Was genau versteht man hier unter »Enhancement«?

Enhancements der Dokumentstruktur

Werfen wir zunächst einen Blick auf den Originalquelltext, und zwar auf den HTML-Rumpf ohne den Body-Inhalt. Dies ist ein korrekter HTML5-Quellcode, wie Sie am verkürzten Meta-Tag und den weggelassenen `type`-Attributen der Script-Container sehen können. Er ist weiter nicht bemerkenswert.

```
<!DOCTYPE HTML>
<html lang="de">
<head>
   <meta charset="UTF-8">
   <title>jQuery mobile test</title>
   <link rel="stylesheet" href="js/jquery.mobile-1.0b1.css">
   <script src="js/jquery.1.6.2.min.js"></script>
   <script src="js/jquery.mobile-1.0b1.js"></script>
</head>
<body>
   ...
</body>
</html>
```

Betrachten wir nun diesen Teil des Quellcodes, *nachdem* das Dokument von jQuery Mobile geparst und »enhanced« worden ist:

```
<!DOCTYPE html>
<html class="ui-mobile landscape
      min-width-320px min-width-480px
      min-width-768px min-width-1024px" lang="de">
<head>
   <meta name="viewport" content="width=device-width,
         minimum-scale=1, maximum-scale=1">
   <base href="http://localhost/jqm/">
   <meta charset="UTF-8">
   <title>Home</title>
   <link href="js/jquery.mobile-1.0a4.1.css" rel="stylesheet">
```

```
    <script src="js/jquery.1.6.1.min.js"></script>
    <script src="js/jquery.mobile-1.0a4.1.js"></script>
</head>
<body class="ui-mobile-viewport">
    ...
</body>
</html>
```

Die Ergänzungen sind fett hervorgehoben. Im Einzelnen sehen wir:

- zusätzliche CSS-Klassen im HTML-Tag
- ein Meta-Viewport-Tag
- ein Base-Tag
- einen geänderten Dokumenttitel
- eine zusätzliche CSS-Klasse im Body-Tag

Konstatieren wir, dass jQuery Mobile offensichtlich auf den User Agent reagiert. Die Klassen im HTML-Element sind nicht stets dieselben, sondern werden anhand der angetroffenen Gegebenheiten gewählt. So wird anhand des Seitenverhältnisses des Viewports entschieden, ob die Klasse `portrait` enthalten ist oder, wie hier, die Klasse `landscape`.

Der Meta-Tag mit den Viewport-Angaben ist hingegen »Stangenware«. Wir gehen an anderer Stelle auf die Syntax ein. Halten wir fest, dass diese Angaben so, wie sie sind, die Erfordernisse in der Regel abdecken.

Interessant ist der Base-Tag, der einen Basis-URL festlegt. Dieser enthält zunächst nur den Pfad zum Dokument. Der Dateiname des Dokuments erscheint nicht (hier *index.html*):

```
<base href="http://localhost/jqm/">
```

Navigiert man zu einer Folgeseite, so passt sich der Basis-URL entsprechend an – befindet man sich auf Seite `#zwei`, so lautet er:

```
<base href="http://localhost/jqm/zwei">
```

Und geht man zurück zur Startkonfiguration `#eins`, so ändert er sich zu:

```
<base href="http://localhost/jqm/eins">
```

Der Basis-URL reflektiert also stets die aktuelle »Mobile Page«. Aus dem Header des aktuellen Blocks wird auch jeweils der Textinhalt des Title-Containers entnommen, mit dem der ursprüngliche Dokumenttitel überschrieben wird.

Last, not least erhält der Body-Tag die CSS-Klasse `ui-mobile-viewport`. Mit dieser Klasse werden der Textresize für Webkit-Browser unterdrückt sowie die Tap-Highlight-Farbe festgelegt.

Enhancements der Mobile Pages

Eine simple Sache ist der ursprüngliche Quelltext der ersten »Mobile Page«, also des ersten `<div>`-Containers mit `data-role="page"`:

```
<div data-role="page" id="eins">
   <div data-role="header">
      <h1>Seite eins</h1>
   </div>
   <div data-role="content">
   ...
   </div>
   <div data-role="footer">
      <h4>Fußzeile</h4>
   </div>
</div>
```

Außer der Vergabe der `data-role`-Attribute ist nicht Aufregendes geschehen. Aber auch hier ergeben sich durch das Parsen und den Enhancement-Durchlauf eine Reihe von Änderungen:

```
<div data-role="page" id="eins"
   class="ui-page ui-body-c ui-page-active"
   data-url="eins">
   <div data-role="header"
        role="banner" class="ui-bar-a ui-header">
      <h1 aria-level="1" role="heading"
         tabindex="0" class="ui-title">Seite eins</h1>
   </div>
   <div data-role="content"
        role="main" class="ui-content" >
   ...
   </div>
   <div data-role="footer"
        role="contentinfo" class="ui-bar-a ui-footer">
   <h4 aria-level="1" role="heading"
       tabindex="0" class="ui-title">Fußzeile</h4>
   </div>
</div>
```

In erster Linie fallen hier wieder die hinzugefügten CSS-Klassen ins Auge. Bei näherer Betrachtung bemerkt man auch noch WAI-ARIA-Attribute wie `role`, `aria-level` und andere Usability-Attribute wie `tabindex`.

Im Einzelnen: Jede Mobile Page erhält die Klassen `ui-page` und `ui-body-*`. Letzte ist für das Theming zuständig. Per Default ist Theme »C« für die Seite aktiv, daher wurde hier `ui-body-c` gesetzt. Sofern es sich um die aktive Seite handelt, erhält sie zusätzlich noch `ui-page-active`. Der ID der Page wird auch als Wert des `data-url`-Attributs verwendet; von dort wandert er bei Bedarf in den Basis-URL.

Der Header-Bereich der Page erhält als CSS-Klassen `ui-header` und `ui-bar-a` zugewiesen; Letztere ist wieder eine Theming-Klasse. Das `role`-Attribut weist dem Container die ARIA-Rolle `header` zu.

Seitenblick: Das role-Attribut

Das für XHTML definierte `role`-Attribut nennt die semantische Rolle eines Elements gemäß den Übereinkünften der Regeln für Barrierefreiheit. Gängige Bezeichner sind u.a. `header`, `banner`, `article`, `contentinfo`, `main`.

Siehe: *www.w3.org/TR/xhtml-role/*

Die Überschrift des Headers erhält ein `aria-level`-Attribut, das die hierarchische Tiefenstaffelung im Dokument ausdrückt, sowie einen `tabindex` und den `role`-Wert `heading`. Ähnliches geschieht auch im Footer und im Content-Bereich: Überall wird explizit eine semantische Rolle vergeben. Ob man allerdings `tabindex`-Attribute mit dem gleichen Wert vergeben sollte, ist zumindest zu diskutieren.

Fassen wir zusammen: Das Enhancement bindet CSS-Klassen an diejenigen Strukturelemente, die das Layout tragen, und ermöglicht auf diese Weise die gewünschte Präsentation durch jQuery Mobile inklusive des Themings. Gleichzeitig wird die Struktur nach Kriterien der Barrierefreiheit eindeutiger gestaltet.

6.4.17 Die Optionen des $.mobile-Konfigurationsobjekts

Das Konfigurationsobjekt von jQuery Mobile enthält folgende Eigenschaften und somit Optionen:

Eigenschaft	Typ	Default
`ns`	String	""
`subPageUrlKey`	String	"ui-page"
`nonHistorySelectors`	String	"dialog"
`activePageClass`	String	"ui-page-active"
`activeBtnClass`	String	"ui-btn-active"
`ajaxEnabled`	Boolean	`true`

Tabelle 6.22 Eigenschaften des Konfigurationsobjekts von jQuery Mobile

Eigenschaft	Typ	Default
useFastClick	Boolean	true
hashListeningEnabled	Boolean	true
defaultPageTransition	String	"slide"
defaultDialogTransition	String	"pop"
minScrollBack	String	(screen.height / 2)
loadingMessage	String/Boolean	"loading"
pageLoadErrorMessage	String	"Error Loading Page"
gradeA	Boolean	

Tabelle 6.22 Eigenschaften des Konfigurationsobjekts von jQuery Mobile (Forts.)

Die Eigenschaft ns

String. Die Eigenschaft `ns` dient dazu, einen Namensraum für die `data-*`-Attribute zu definieren. Derzeit ist der Defaultnamensraum leer. Geben Sie einen String mit einem Bindestrich am Ende ein, wie `myNS-`. Dies wird in den Attributen als `data-myNS-beispiel` geschrieben werden müssen. In diesem Falle müssen im CSS auch einige Selektoren angepasst werden, sodass sie den neuen Namensraum enthalten:

```
.ui-mobile [data-myNS-role=page],
.ui-mobile [data-myNS-role=dialog],
.ui-page { ... }
```

Den Namensraum neu (bzw. überhaupt) zu setzen, sollte nur erforderlich sein, sofern zwischen den jQuery Mobile-`data`-Attributen und anderen, gleich benannten `data-*`-Attributen im Dokument (beispielsweise im Rahmen des Einbindens von HTML aus externen Quellen) Konflikte auftreten, die sich anders nicht beheben lassen. Im Allgemeinen werden Sie diese Option nicht benötigen.

Defaultwert: `""`

subPageUrlKey

String. `subPageUrlKey` legt den URL-Parameter fest, mit dem Links auf Unterseiten beschrieben werden, wie sie durch Widgets (wie z. B. das Listenansicht-Widget) benötigt werden. Ein solcher URL lautet beispielsweise *»test.html&ui-page=subpage«*.

Dem `SubpageUrlKey` kann noch ein Hash-Segment vorangehen, das den Ajax-Request an den URL der Seite beschreibt, die die betreffende Unterseite enthält.

Defaultwert: `"ui-page"`

nonHistorySelectors

String. Die Eigenschaft `nonHistorySelectors` ist dafür vorgesehen, bestimmte Seitentypen oder Anker mit entsprechendem `rel`-Attribut aus der History-Liste auszuschließen, sodass sie beim Besuch dort nicht protokolliert werden, aber auch nicht bookmarkbar sein würden.

Achtung – nicht implementiert! Die Eigenschaft `nonHistorySelectors` wird in der aktuellen Implementierung von jQuery Mobile faktisch nicht eingesetzt.

Defaultwert: `"dialog"`

activePageClass

String. Der Name der CSS-Klasse, die der aktuellen Seite beim Parsing-Vorgang hinzugefügt wird. Diese Klasse ist in *jquery-mobile.css* definiert.

Defaultwert: `"ui-page-active"`

activeBtnClass

String. Der Name der CSS-Klasse, die den aktiven Button-Zustand beschreibt. Diese Klasse ist in *jquery-mobile.css* definiert. Ändern Sie diesen Wert, wenn Sie stattdessen eine selbst definierte Klasse ansprechen möchten, um die Präsentation zu verändern.

Defaultwert: `"ui-btn-active"`

ajaxEnabled

Boolean. Mit dieser Eigenschaft lässt sich festlegen, ob Links und Formularversand automatisch als Ajax-Requests durchgeführt werden, was dem Default entspricht. Deaktiviert man dies, indem man die Eigenschaft auf `false` setzt, werden alle Seitenaufrufe über den regulären HTTP-Weg vorgenommen.

Defaultwert: `true`

useFastClick

Boolean. Wenn diese Option auf `true` gesetzt ist (Default), dann werden Click- und Tap-Events automatisch über den `VClick`-Event verarbeitet, der in touchsensitiven Geräten den Seitenübergang etwas früher triggert. Gleichzeitig bleibt das URL-Feld während des Übergangs verborgen. Wird die Option auf `false` gesetzt, wird der reguläre *Click*-Event eingesetzt.

Für Geräte, die keine Touch-Events verarbeiten, ist dieser Wert irrelevant. Lediglich beim Einbinden von Plugins, die den `Click`-Event anstelle des `VClick`-Events erwarten, kann es ratsam sein, die Option zu deaktivieren.

Defaultwert: `true`

hashListeningEnabled

Boolean. Diese Option legt fest, ob jQuery Mobile Änderungen im Location-Hash beachtet, was per Default der Fall ist. Da diese Funktionalität für die Verlinkung interner Unterseiten eingesetzt wird, ist das Setzen von Deep Links in externe Dokumente (Scroll-Links zu einem ID) nur möglich, sofern Sie diese Option deaktivieren (was eher nicht ratsam ist).

Defaultwert: `true`

defaultPageTransition

String. Legt die Default-Animation für Seitenübergänge als `"slide"` fest. Möchten Sie per Default keine Transition, so übergeben Sie hier den Wert `"none"`.

Defaultwert: `"slide"`

defaultDialogTransition

String. Legt die Default-Animation für Ajax-Dialogeinblendungen als `"pop"` fest. Möchten Sie per Default keine Transition, so übergeben Sie hier den Wert `"none"`.

Defaultwert: `"pop"`

minScrollBack

String. Der Minimalabstand in Pixel, der beim Zurückscrollen zu einer Seite zurückgelegt wird. Per Default ist dies die halbe Bildschirmhöhe.

Defaultwert: `(screen.height / 2)`

loadingMessage

String/Boolean. Definiert den Text, der während des Ladevorgangs der Seite einbelendet wird. Setzen Sie die Eigenschaft auf den booleschen Wert `false`, wenn Sie die Lademeldung unterdrücken wollen.

Defaultwert: `"loading"`

pageLoadErrorMessage

String. Legt den Fehlertext fast, der erscheint, wenn eine per Ajax angefragte Seite nicht geladen werden kann.

Defaultwert: `"Error Loading Page"`

gradeA

Boolean. Per Default kommt dieser Wert aus einer Funktion, die testet, ob der aktuelle Browser Media-Querys unterstützt, oder ob – wenn es sich um einen mobilen Internet Explorer handelt – dieser die Version 7 oder höher besitzt. Erweitern Sie die Funktion gegebenenfalls, wenn Sie weitergehende Ansprüche haben:

```
function(){
   return $.support.mediaquery ||
          $.mobile.browser.ie &&
          $.mobile.browser.ie >= 7;
}
```

Vor dem Enhancement der Seite wird zunächst geprüft, ob der Wert auf `true` steht, andernfalls wird das Parsen und Erweitern des Dokuments abgebrochen.

6.4.18 HTML5-data-Attribute in jQuery Mobile

Es wird Zeit für einen Komplettüberblick über die `data`-Attribute, die die Rollen der Elemente und damit ihr Verhalten in jQuery Mobile steuern. Das Attribut `data-role` als Rollenzuweisung an Container haben wir bereits vorgestellt, und einige weitere ähnliche Attribute wurden gestreift.

Im Vorfeld vielleicht ein paar erklärende Worte zum Konzept der `data`-Attribute: Diese spezielle Klasse von Attributen, mit denen einem HTML-Element Daten beigefügt werden können, kann als eines der wichtigsten Features betrachtet werden, die im Rahmen von HTML5 eingeführt wurden. Die Bezeichner dieser Attribute dürfen von User selbst beliebig festgelegt werden[3], sofern sie mit dem Präfix `data-` beginnen. Aus diesem Grund werden die Attribute gern auch als `data-*`-Attribute bezeichnet. jQuery besitzt ein Interface zu diesen Daten in Form der `$.data()`-Methode.

Sie erhalten Hintergrundinformationen beim W3C unter:

www.w3.org/TR/html5/elements.html#custom-data-attribute

3 Im Prinzip sollten Sie die Bezeichner nur in Kleinbuchstaben schreiben. Da allerdings ohnehin vom Browser dahin konvertiert wird, können Sie im Quelltext schreiben, wie Sie wollen: »data-meinname« und »data-MeinName« sind aus dieser Sicht identisch.

Seitenblick – Verwendung von Namensräumen mit data-*-Attributen

Trotz – oder wegen – der Beliebigkeit der Benennung kann es zu Namenskollisionen innerhalb eines Dokuments kommen, sobald Code aus verschiedenen Quellen eingebunden wird. Folglich ist es eine Überlegung wert, ein Konzept ähnlich den Namensräumen in die Benennung einzubeziehen: `data-`**`mynamespace`**`-name`. *jQuery Mobile* verzichtet hierauf derzeit (noch!), während Frameworks wie *Dojo* dies bereits konsequent verfolgen (z. B. als `data-`**`dojo`**`-type` etc.).

Browser ignorieren diese Attribute beim Rendering – ihr praktischer Nutzen hinter den Kulissen ist hingegen immens: Die Spezifikation läuft auf nichts weniger hinaus, als dass diese Attribute handliche Speicherplätze für Daten darstellen, die dem Endnutzer (normalerweise) verborgen bleiben, die aber für Programmzwecke (z. B. zur Steuerung von Layout oder Verhalten, zur Zwischenspeicherung von Informationen) eingesetzt werden können.

Auch jQuery Mobile nutzt dies weidlich aus. Das Wichtigste dabei: Das HTML5-Dokument bleibt valide.

Folgende `data-*`-Attribute sind in jQuery Mobile definiert:

data-Attribut	Default	Erläuterung
`data-ajax`	*false*	Für einen Link zu einer externen Seite; deaktiviert den Ajax-Hash. Entspricht: `rel=external`
`data-add-back-btn`	*false*	Für Header-Buttons. setzen Sie es im Page-Element auf `true`, um automatisch einen BACK-Button zu erhalten. Default: `false` (BACK-Button unterdrückt)
`data-back-btn-text`	Back	Die Textaufschrift des BACK-Button. Impliziter Default: Back
`data-collapsed`	*true*	Legt den Defaultzustand eines Collapsibles fest. Default: `true` (Collapsible ist eingeklappt.)
`data-direction`	`reverse`	Kehrt die Richtung der Transition um. Einzig möglicher Wert ist `reverse`. **Hinweis:** Ersetzt `data-back="true"`

Tabelle 6.23 »data«-Attribute in jQuery Mobile

data-Attribut	Default	Erläuterung
`data-dividertheme`	–	Setzt ein Standard-Theme für die Listview-Divider. Implizit wird per Default mit Theme »B« gearbeitet.
`data-filter`	–	Deklariert mit `true` eine Liste als gefiltert und erzeugt ein Suchfeld für ein Filterkriterium. Siehe: `data-filter-placeholder`
`data-filter-placeholder`	–	Legt einen Platzhaltertext für das Suchfeld einer gefilterten Liste fest.
`data-filter-theme`	–	Legt das Theme für das Suchfeld einer gefilterten Liste fest.
`data-icon`	–	Legt das Icon für einen Button fest.
`data-iconpos`	left	Legt die Position des Icons gegenüber dem Button-Text fest oder unterdrückt dessen Ausgabe. Default: `"left"` (Icon links vom Text)
`data-id`	–	Für persistente Footer. Muss für ortsstabile Footer jeweils auf den gleichen Wert gesetzt werden (siehe Beispiel). Benötigt gleichzeitig: `data-position="fixed"`
`data-inset`	*true*	Für Listviews. Deklariert eine Listview als »eingebettet« und fügt Margins und Eckenrundungen hinzu.
`data-inline`	*true*	Deklariert Buttons als »Inline-Buttons«, die nicht die Viewport-Breite einnehmen.
`data-native-menu`	*true*	Für Select-Menüs. Auf `false` zu setzen, wenn ein Custom-Select-Menü benötigt wird.
`data-placeholder`	*true*	Setzt den Placeholder-Text für ein Select-Menü, der auf dem eingeklappten Menü erscheint.
`data-position`	inline	Positionierung von Header oder Footer
`data-rel`	–	Steuert das Verhalten eines Links.
`data-role`	–	Bestimmt die Rolle eines Elements oder Widgets im Kontext der Seite.

Tabelle 6.23 »data«-Attribute in jQuery Mobile (Forts.)

data-Attribut	Default	Erläuterung
`data-split-icon`	–	Legt das Arrow-Icon fest, das bei einem Split-Button auf der rechten Seite eingeblendet wird.
`data-split-theme`	–	Legt das Theme des Split-Buttons fest.
`data-theme`	–	Bestimmt das Theme der Mobile-Seite, eines Seitenbereichs oder eines Seitenelements.
`data-type`	horizontal	Option für »Controlgroup«-Buttons
`data-transition`	slide	Definiert den Seitenübergang.
`data-url`	–	Der URL einer Seite

Tabelle 6.23 »data«-Attribute in jQuery Mobile (Forts.)

data-icon

Als Grafiken werden in jQuery Mobile mehrere Sätze Icons mitgeliefert, die als CSS-Sprite-Dateien vorliegen. Sie existieren in zwei Größen (in 18 und 36 Pixel Kantenlänge) und in Schwarz und Weiß, jeweils auf transparentem Hintergrund. Hierdurch ist es möglich, die Icons vor beliebiger Hintergrundfarbe einzusetzen. jQuery Mobile unterstützt dies, indem es beim Einfügen einer Icon-Grafik per CSS hinter diese eine teiltransparente schwarze Kreisfläche setzt, um den Kontrast zu optimieren.

Die Sprites finden Sie im Unterordner *images/* des Frameworks:

- *icons-18-black.png, icons-18-white.png*
  Weiße bzw. schwarze Icons für geringauflösende Displays
- *icons-36-black.png, icons-36-white.png*
  Schwarze bzw. weiße Icons für hochauflösende Displays

Ob der kleine oder der große Icontyp verwendet wird, kann anhand der Display-Auflösung (Pixeldichte) festgelegt werden. Außer den Button-Icons enthalten die Sprites auch die Hintergrundgrafiken, die für die programmgesteuerte Erzeugung von Checkboxen und Radiobuttons eingesetzt werden.

Folgende Button-Icons sind in jQuery Mobile verfügbar:

Name	data-icon-Wert	Beschreibung
Left arrow	`arrow-l`	Pfeil nach links
Right arrow	`arrow-r`	Pfeil nach rechts
Up arrow	`arrow-u`	Pfeil nach oben

Tabelle 6.24 Werte für das »data-icon«-Attribut in jQuery Mobile

Name	data-icon-Wert	Beschreibung
Down arrow	`arrow-d`	Pfeil nach unten
Delete	`delete`	Delete-Kreuz
Plus	`plus`	Pluszeichen
Minus	`minus`	Minuszeichen
Check	`check`	Häkchen
Gear	`gear`	Zahnrad
Refresh	`refresh`	Neuladen-Pfeil
Forward	`forward`	Vorwärts-Pfeil
Back	`back`	Rückwärts-Pfeil
Grid	`grid`	Gitterraster
Star	`star`	Stern (5 Zacken)
Alert	`alert`	Warnsymbol (Dreieck)
Info	`info`	Infozeichen »i«
Home	`home`	Homesymbol (Haus)
Search	`search`	Suchsymbol (Lupe)

Tabelle 6.24 Werte für das »data-icon«-Attribut in jQuery Mobile (Forts.)

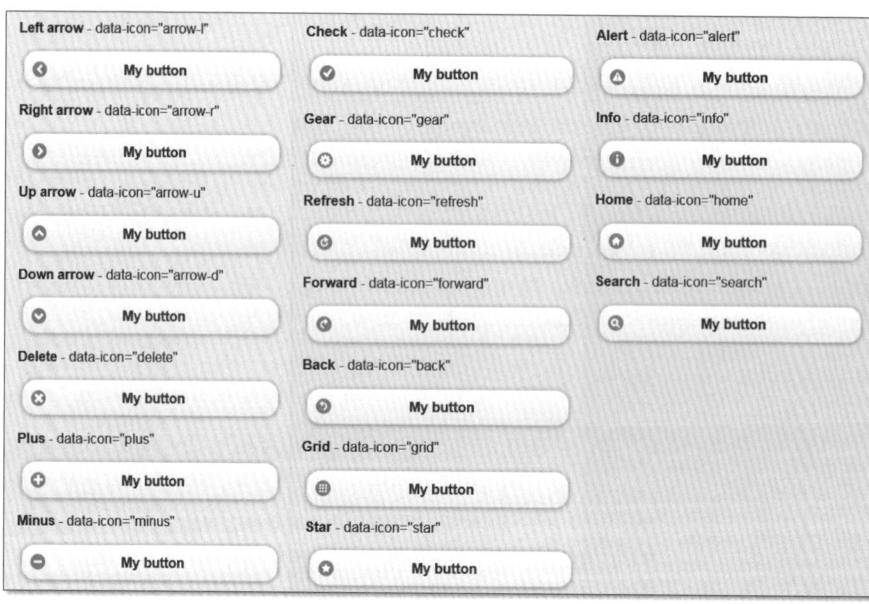

Abbildung 6.47 Button-Icons in jQuery Mobile

data-iconpos

Mit dem Attribut `data-iconpos` lässt sich innerhalb eines Buttons die Position eines Icons gegenüber dem Text festlegen. Der Defaultwert ist `"left"`. In diesem Fall kann auf das Attribut auch verzichtet werden.

data-iconpos-Wert	Wirkung
`left`	Icon links vom Text (Default)
`right`	Icon rechts vom Text
`top`	Icon über dem Text
`bottom`	Icon unter dem Text
`notext`	Buttontext wird versteckt

Tabelle 6.25 Werte des »data-iconpos«-Attributs

```
<a href="index.html" data-role="button" data-icon="delete"
<div data-role="content">data-iconpos="left">Abbrechen</a>
```

```
<a href="index.html" data-role="button" data-icon="delete"
   data-iconpos="right">Abbrechen</a>
```

```
<a href="index.html" data-role="button" data-icon="delete"
   data-iconpos="top">Abbrechen</a>
```

```
<a href="index.html" data-role="button" data-icon="delete"
   data-iconpos="bottom">Abbrechen</a>
```

Der Wert `"notext"` sticht insofern heraus, als dass er nicht das Icon platziert, sondern vielmehr den Button-Text unterdrückt (siehe Abbildung 6.49):

```
<a href="index.html" data-role="button" data-icon="delete"
   data-iconpos="notext">Abbrechen</a>
```

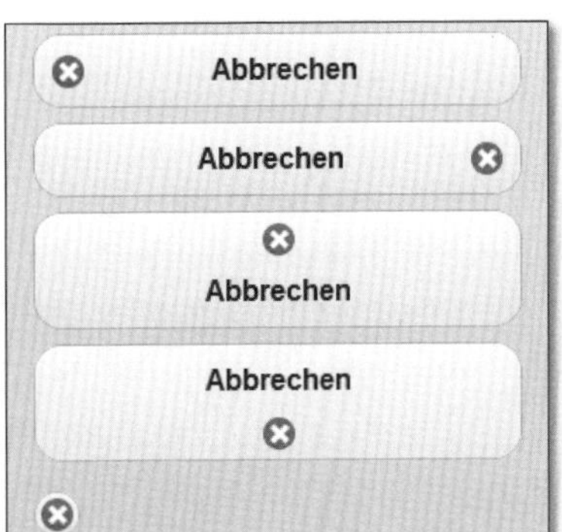

Abbildung 6.48 Position des Button-Icons mit »data-iconpos«

data-position

Mit der `data-position`-Eigenschaft können Eigenschaften der Grundstrukturen Header, Footer und Content festgelegt werden. Folgende Eigenschaften sind möglich:

data-position-Wert	Wirkung
`fixed`	Header- bzw. Footer-Toolbar fixiert im Viewport; stationär bei Scrolling
`inline`	(Default) Header- bzw. Footer-Toolbar am Pagerand; scrollt mit Seite mit
`fullscreen`	Header- bzw. Footer-Toolbar erst bei Tap auf Content sichtbar, sonst versteckt (»Fullscreen-Mode«) **Hinweis:** Benötigt zusätzlich `data-fullscreen="true"` an Mobile Page.

Tabelle 6.26 Werte des »data-position«-Attributs

Beispiel:

Fixierter Header:

```
<div data-role="header" data-position="fixed">
    <h1>Fixierte Header-Toolbar</h1>
</div>
```

Fullscreen-Modus:

```
<div data-role="page" data-fullscreen="true">
   <div data-role="header" data-position="fullscreen">
      <h1>Erst nach Tap sichtbar</h1>
   </div>
   ...
</div>
```

data-rel

Das Normalverhalten eines Links (Anker-Container) in jQuery Mobile besteht darin, die über das `href`-Attribut festgelegte Ressource in den Viewport zu holen. Dies geschieht entweder über eine ID-Referenz auf eine Mobile Page oder über den Dateinamen eines externen Dokuments, das Mobile Pages enthält und über Ajax geladen wird.

Um das Verhalten zu ändern, steht das `data-rel`-Attribut zur Verfügung, das an einem Link gesetzt werden kann. Es hat zwei mögliche Werte.

data-rel-Wert	Wirkung
`back`	Der Link funktioniert als BACK-Button; der Wert des `href`-Attributs wird übergangen (er dient nur als Fallback für Grade-C-Browser).
`dialog`	Das Linkziel wird im Dialogmodus geöffnet.

Tabelle 6.27 Werte des »data-rel«-Attributs

Beispiel:

```
<a href="beispiel.html" data-rel="dialog">Dialog öffnen</a>
```

data-role

Das `data-role`-Attribut definiert die Rollen von Elementen in einer jQuery Mobile-Seite.

data-role-Wert	Wirkung
`page`	Definiert eine Mobile Page.
`header`	Kopfbereich; einer »Page« untergeordnet
`content`	Inhaltsbereich; einer »Page« untergeordnet
`footer`	Fußbereich; einer »Page« untergeordnet

Tabelle 6.28 Werte des »data-role«-Attributs (Strukturebene)

Beispiel:

Hier sehen Sie eine typische Seitenstruktur, die alle jQuery Mobile-Strukturrollen einsetzt:

```
<div data-role="page" id="p1">
   <div data-role="header">
      ...
   <div>
   <div data-role="content">
      ...
   <div>
   <div data-role="footer">
      ...
   <div>
<div>
```

data-role-Wert	Wirkung
`button`	Stellt einen Link als Button dar.
`collapsible`	Einklappbares Content-Element
`collapsible-set`	Set aus einklappbaren Content-Elementen
`listview`	Liste als Buttonliste
`list-divider`	Inaktive Trennelemente einer Buttonliste
`navbar`	Fasst Links zu Toolbars zusammen.

Tabelle 6.29 Werte des »data-role«-Attributs (Substrukturen)

Beispiel:

Jeder einzeln stehende Link kann zum Button deklariert werden:

```
<p><a href="#p1" data-role="button">Home</a></p>
```

Normalerweise nimmt ein Button die Viewport-Breite ein (abzüglich eventueller Paddings des Elternelements). Dies kann durch Hinzufügen des Attributs `data-inline="true"` geändert werden. Der Button ist dann nur noch so breit, wie es seine Aufschrift erfordert:

```
<p><a href="#p1"
    data-role="button"
    data-inline="true">Home</a></p>
```

Abbildung 6.49 Buttons in einer Controlgroup; unten Typ »horizontal«

Mittels `data-role="controlgroup"` können mehrere Buttons zusammengefasst werden. Per Default wird eine vertikale Gruppe gebildet, indem die Margins zwischen den Buttons genullt werden. Die Randbuttons erhalten runde Ecken (Abbildung 6.50):

```
<div data-role="controlgroup">
   <a href="#" data-role="button">Ja</a>
   <a href="#" data-role="button">Vielleicht</a>
   <a href="#" data-role="button">Nein</a>
</div>
```

Platzsparender ist es, wenn die Buttons horizontal angeordnet werden. Eine Gruppe lässt sich dadurch umgestalten, dass das Attribut **data-type="horizontal"** hinzugefügt wird. Nach wie vor stoßen die Buttons nahtlos aneinander und werden die Ecken der Randbuttons abgerundet (siehe Abbildung 6.50, unten):

```
<div data-role="controlgroup" data-type="horizontal">
   <a href="#" data-role="button">Ja</a>
   <a href="#" data-role="button">Vielleicht</a>
   <a href="#" data-role="button">Nein</a>
</div>
```

Ein Bereich kann als *Collapsible* deklariert werden. Die erste Überschrift dient als Klickfläche. Über `data-state="collapsed"` kann das Collapsible als »eingeklappt« definiert werden:

```
<div data-role="collapsible" data-state="collapsed">
   <h3>Klicken um zu öffnen</h3>
   <p>Verborgene Inhalte hier.</p>
</div>
```

Mehrere Collapsibles können zu einem Set zusammengefasst werden:

```
<div data-role="collapsible-set">
   <div data-role="collapsible">
      <h3>Erstes Collapsible</h3>
      <p>Inhalte...</p>
   </div>
   <div data-role="collapsible" data-state="collapsed">
      <h3>Zweites Collapsible</h3>
      <p>Inhalte...</p>
   </div>
</div>
```

Eine Liste kann als Buttonreihe dargestellt werden:

```
<ul data-role="listview">
   <li ><a href="#p2">Seite 2</a></li>
   <li><a href="#p3" >Seite 3</a></li>
</ul>
```

... wobei inaktive List-Items als *Divider* eingefügt werden können:

```
<ul data-role="listview">
   <li data-role="list-divider">Interne Links:</li>
   <li ><a href="#p2">Seite 2</a></li>
   <li><a href="#p3" >Seite 3</a></li>
</ul>
```

In einem Header oder Footer platziert, bilden Navbar-Elemente eine Toolbar. Sie beziehen ihr Theming vom übergeordneten Element:

```
<div data-role="footer" data-theme="e">
   <div data-role="navbar">
      <ul >
         <li ><a href="#p1" >Rosen</a></li>
         <li><a href="#p2">Tulpen</a></li>
         <li><a href="#p3">Nelken</a></li>
      </ul>
   </div><!-- /navbar -->
</div><!-- Ende footer -->
```

data-role-Wert	Wirkung
fieldcontain	Deklariert das Element als Fieldset-Element; angewandt auf Container, die weitere Formularelemente zusammenfassen.
controlgroup	Deklariert das Element als Container einer Gruppe von Checkboxen oder Radiobuttons. Anwendbar auf Buttons mit data-role= "button".
slider	Deklariert ein Select-Element <select> mit zwei Optionen zum Slider-Switch.
none	Verhindert das Parsen eines Formularelements (meist auf ein Select angewendet), um es in ursprünglicher Form zu verwenden.

Tabelle 6.30 Werte des »data-role«-Attributs (Formulare)

Beispiel:

Ein Element in der Rolle des »Fieldcontainers« fasst innen liegende Formularelemente zusammen:

```
<div data-role="fieldcontain">
   ...
   <fieldset data-role="controlgroup">
      <legend>AGB akzeptiert:</legend>
      <input type="checkbox" name="agb" id="agb">
      <label for="agb">Ja</label>
   </fieldset>
   ...
</div>
```

Ein Select-Element kann die Rolle eines Umschalters erhalten (auch *Flip-Toogle-Switch* oder *Slider-Switch*) genannt. Hierfür erhält das Select-Element das Attribut `data-role="slider"` (was nicht mit dem Input-Typ »slider« aus HTML5 zu verwechseln ist, den jQuery Mobile ebenfalls unterstützt).

Von den beiden enthaltenen Optionen bildet die erste stets die »aktive« oder »Ein«-Option. Das Hinzufügen eines Labels ist sinnvoll, ebenfalls das Umgeben mit einem `"fieldcontain"`-Element.

```
<div data-role="fieldcontain">
   <label for="slider">Slider aus Selectfeld:</label>
   <select name="slider" id="slider" data-role="slider">
      <!-- zuerst die "aktive" Option: -->
      <option value="ein">Ein</option>
      <option value="aus">Aus</option>
   </select>
</div>
```

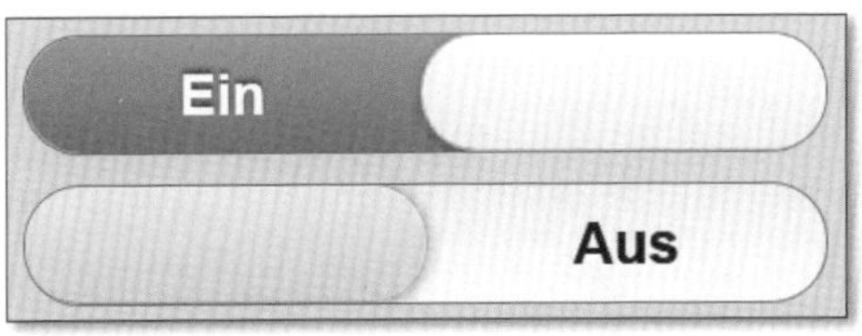

Abbildung 6.50 Slider-Switch mit data-role="slider"

Wenn ein Formelement vom jQuery Mobile-»Enhancement« ausgenommen werden soll, kann dies über `data-role="none"` festgelegt werden:

```
<label for="blumen">
<select name=" blumen " id="blumen" data-role="none">
   <option value="a" >Rosen</option>
   <option value="b" >Tulpen</option>
   <option value="c" >Nelken</option>
</select>
```

data-transition

Ein Link zwischen Seiten kann auf verschiedene Art ausgeführt werden. Die möglichen Effekte werden durch das `data-transition`-Attribut gesteuert. Des Weiteren kann die Animation umgekehrt werden, indem das Attribut `data-direction="reverse"` gesetzt wird. Folgende Werte sind für `data-transition` per Default verfügbar:

data-transition-Wert	Seitenübergang
slide	Ein neues Panel fährt von rechts in den Viewport.
slideup	Ein neues Panel fährt von unten nach oben ein.
slidedown	Ein neues Panel fährt von oben nach unten ein.
fade	Fade-Überblendung zum neuen Panel
flip	Ein neues Panel dreht sich in den Viewport.
pop	Ein neues Panel wird aus der Viewport-Mitte aufgezogen.
swap	Ein neues Panel schiebt sich von rechts über das bestehende Panel.

Tabelle 6.31 jQuery Mobile-Seitenübergänge

Beispiel:

```
<ul data-role="listview">
   <li><a href="#p2" data-transition="flip">Flip</a></li>
   <li><a href="#p3" data-transition="pop">Pop</a></li>
   <li><a href="#p4" data-transition="fade">Fade</a></li>
   <li><a href="#p5" data-transition="slide">Slide</a></li>
   <li><a href="#p5" data-transition="slideup">Up</a></li>
   <li><a href="#p5" data-transition="slidedown">Down</a></li>
</ul>
```

Mit der Anweisung `data-direction="reverse"` wird die Richtung der Animation umgedreht:

```
<ul data-role="listview">
   <li><a href="#p5"
          data-transition="slide"
          data-direction="reverse">

    Slide von links nach rechts

   </a></li>
</ul>
```

6.4.19 Events in jQuery Mobile

In jQuery Mobile stehen eine Reihe speziell auf Mobilgeräte zugeschnittene Event-Typen zur Verfügung, an die Event-Handler gebunden werden können. Dies kann mit den »üblichen Bordmitteln« von jQuery wie `.live()` oder `.bind()` geschehen. Die Events selbst sind innerhalb des jQuery Mobile-Frameworks definiert und bauen auf den nativen, in den jeweiligen Endgeräten implementierten Event-Typen auf. Aus diesem Grunde ist eine Bindung von Callbacks sowohl für die Desktop- als auch für die mobile Umgebung möglich.

Es sind folgende Gruppen von Ereignissen unterscheidbar:

- Touchevents
- Orientierung des Gerätes
- Scroll-Events
- Events für Seitenübergänge
- Events für Animationen
- Events für die Seiteninitialisierung

Touch-Ereignisse

Das sind alle Ereignisse, die aus der Interaktion des Users mit einem Touchscreen resultieren.

Ereignis	Erläuterung
`tap`	Getriggert durch ein kurzes Touch-Ereignis, vergleichbar einem Klick.
`taphold`	Getriggert durch ein anhaltendes Touch-Ereignis (Dauer circa eine Sekunde), vergleichbar einem Mousedown.
`swipe`	Getriggert durch ein anhaltendes Touch-Ereignis, gefolgt von einer horizontalen Wischbewegung (mehr als 30 px Distanz in der Horizontalen und weniger als 20 px in der Vertikalen), vergleichbar einem Mousedown, gefolgt von einem Mousedrag.
`swipeleft`	Getriggert durch ein anhaltendes Touch-Ereignis, gefolgt von einer horizontalen Wischbewegung nach links.
`swiperight`	Getriggert durch ein anhaltendes Touch-Ereignis, gefolgt von einer horizontalen Wischbewegung nach rechts.

Tabelle 6.32 Events für Touchereignisse in jQuery Mobile

Lageänderung

Der `orientationchange`-Event reagiert auf die Änderung der Viewport-Breite und -Orientierung durch Lageänderung des Geräts (*Portrait* vs. *Landscape*).

In jQuery Mobile spiegelt sich die Orientierung auch in einer programmatisch-hinzugefügten CSS-Klasse im Body-Tag wider. Bei Geräten, die `orientationchange` als Event nicht unterstützen, versucht jQuery Mobile dies über das Resize-Ereignis zu emulieren.

Ereignis	Erläuterung
`orientationchange`	Getriggert, wenn die Orientierung des Gerätes verändert wird, indem es von der vertikalen (*Portrait*-)Position in die horizontale (*Landscape*-)Position gebracht wird.

Tabelle 6.33 Events für die Device-Orientierung in jQuery Mobile

Scrollereignisse

Dies sind alle Ereignisse, die durch das Scrollen der Seite im Viewport erzeugt werden.

Ereignis	Erläuterung
`scrollstart`	Getriggert, sobald ein Scrollvorgang begonnen hat.
`scrollstop`	Getriggert, sobald ein Scrollvorgang beendet ist.

Tabelle 6.34 Events für Scrollereignisse in jQuery Mobile

Anmerkung: iOS verhindert eine DOM-Manipulation während eines Scrollvorgangs und taktet entsprechende Vorgänge zeitlich nach Ende des Scrolls ein. Es ist daher jeweils zu testen, ob entsprechende Manipulationen erfolgreich an `scrollstart` gebunden werden können.

Ein Scrollvorgang feuert diese Events nicht, wenn er über die Methode `.silentScroll()` des `$.mobile`-Objekts vorgenommen wird.

Page Show- und Hide-Ereignisse

Dies sind alle Events, die beim Übergang von einer Seite zur nächsten feuern, unabhängig von einer eventuell damit verbundenen Animation.

Ereignis	Erläuterung
`pagebeforeshow`	Getriggert vor dem Beginn der Transition am zu zeigenden Seitenobjekt.
`pagebeforehide`	Getriggert vor Beginn der Transition am zu verbergenden Seitenobjekt.
`pageshow`	Getriggert nach Abschluss der Transition am zu zeigenden Seitenobjekt.
`pagehide`	Getriggert nach Abschluss der Transition am zu verbergenden Seitenobjekt.

Tabelle 6.35 Events für Seitenübergänge in jQuery Mobile

Bei einem Seitenübergang (Ausblenden der gerade aktuellen Seite und Einblenden der Zielseite) sind stets zwei Seitenobjekte beteiligt, an denen jeweils entsprechende Ereignisse stattfinden. Ein Seitenübergang hat demnach vier Ereignisse zur Folge: zwei pro Seitenobjekt.

Der Callback-Funktion steht jederzeit eine Referenz entweder auf die nach der Transition zu zeigende Seite (am Ursprungsobjekt) oder auf die Vorgängerseite (am Zielseitenobjekt) zur Verfügung. Dies geschieht mittels eines übergebenen *jQuery-Objekts*, das die entsprechende Seite enthält und als zweites Argument der Callback-Funktion übergeben wird (das erste Argument ist das *Event-Objekt*).

Hier eine Prinzipskizze der Anwendung:

```
// getriggert am eingeblendeten Seitenobjekt:
$('div').live('pageshow',function(event, ui){
  // über .attr() wird der ID des Seitenobjekts gelesen:
   alert('Sie kommen von hier: '+ ui.prevPage.attr("id"));
});

// getriggert am versteckten Seitenobjekt:
$('div').live('pagehide',function(event, ui){
   alert('Sie gehen nach dort: '+ ui.nextPage.attr("id"));
});
```

Anmerkung: Die Bindung dieser Handler muss frühzeitig erfolgen, wenn sie bereits beim Laden des Dokuments zur Verfügung stehen sollen. In diesem Fall definieren Sie sie innerhalb des `mobileinit`-Handlers:

```
$(document).bind("mobileinit", function(){
    $.extend(  $.mobile , {
            // Konfigurationsanpassungen
    });

    $('div').live('pageshow',function(event, ui){
            // Handling des Events
    });

    $('div').live('pagehide',function(event, ui){
            // Handling des Events
    });
});
```

Animationen

Definition: Events in Verbindung mit dem Abschluss einer Übergangsanimation zwischen zwei gezeigten Seiten.

Ereignis	Erläuterung
animationcomplete	Getriggert durch das Ende einer CSS3-Transition oder -Animation.

Tabelle 6.36 Events für Animationen

Initialisierung einer Seite

Definition: Events, die in Zusammenhang mit der initialen Verarbeitung einer jQuery Mobile-»Seite«, also eines Containers mit `data-role="page"` stehen.

Ereignis	Erläuterung
pagebeforecreate	Getriggert, bevor jQuery Mobile eine Mobile Page initialisiert.
pagecreate	Getriggert, nachdem jQuery Mobile eine Mobile Page initialisiert hat.

Tabelle 6.37 Events zur Initialisierung einer Mobile Page

Die Events `pagebeforecreate` und `pagecreate` feuern in Zusammenhang mit dem Enhancement einer Seite durch jQuery Mobile. Dies geschieht je einmal pro Element, dem die Rolle `data-role="page"` zugewiesen wurde.

Nur das Enhancement der initialen Mobile Page findet beim Laden des Dokuments statt. Die weiteren Pages werden erst »enhanced«, sobald sie das erste Mal in dem Viewport geholt werden. Dies ist wichtig zu wissen, wenn Sie den `pagebeforecreate`-Event oder den `pagecreate`-Event an eine konkrete Page binden wollen.

Nehmen Sie das Binden in jedem Fall vor dem Feuern des `mobileinit`-Events vor. Am besten eignet sich jQuerys `.live()`-Methode hierfür. Es macht einen Unterschied, wo Sie den Event-Handler binden:

```
// Bindung an den Dokument-Body: pauschal für alle Pages
$('body').live('pagebeforecreate',function(event){
   console.log('Feuert beim Enhancement jeder Page.');
});

// Bindung an einen speziellen Page-Container
$('body #p1').live('pagebeforecreate',function(event){
   console.log('Feuert beim Enhancement der Page #p1.');
});
```

6.4.20 Die Methoden von jQuery Mobile

Zwar stehen alle Methoden von jQuery innerhalb einer jQuery Mobile-Seite zur Verfügung, jedoch sind diese nicht in allen Fällen optimal auf mobile Seiten ausgelegt. Speziell die Multidokument-Eigenschaft, wo mehrere Mobile Pages Teil eines Dokuments sind, verlangt nach speziellem Vorgehen. Für diese Zwecke stellt jQuery Mobile eigene Methoden zur Verfügung, die auf dieses Einsatzgebiet zugeschnitten sind.

$.mobile.changePage()

Die Methode dient dazu, programmatisch eine neue Mobile Page aufzurufen, die dann in den Viewport rückt. Sie wird ebenfalls von jQuery Mobile intern verwendet, wenn der Aufruf einer neuen Page per Klick auf einen Link oder durch Submit eines Formulars veranlasst wird.

Signatur:

```
$.mobile.changePage(to, options)
```

Argumente:

- `to`
  Obligatorisch. String/Objekt. Der URL der zu zeigenden Seite als String bzw. ein jQuery-Objekt, das die zu zeigende Seite repräsentiert.
- `options`
  Objekt. Ein Konfigurationsobjekt.

Mit dem optional zu übergebenden Konfigurationsobjekt können folgende Eigenschaften gesetzt werden:

Property	Erläuterung
`transition`	String. Bestimmt die Transition, mit der zur genannten Seite übergegangen werden soll. Default: `$.mobile.defaultPageTransition` *Anmerkung:* Der Wert ist »slide«, solange nicht in der Konfiguration eine andere Default-Transition festgelegt wurde.
`reverse`	Boolean. Bestimmt, ob die Animation der gewählten Transition umgekehrt werden soll. Default: `false`

Tabelle 6.38 Konfigurationsobjekt der »$.mobile.loadPage()«-Methode

Property	Erläuterung
`changeHash`	Boolean. Bestimmt, ob die Hash-Komponente im URL erneuert werden soll oder nicht. Default: `true`
`role`	String. Bestimmt die Rolle, die die zu zeigende Seite übernehmen soll. Da der Defaultwert *undefined* ist, wird normalerweise der Wert des `data-role`-Attributs der geladenen Seite verwendet. Default: `undefined`
`pageContainer`	jQuery-Objekt (Collection). Bestimmt das Objekt, das die zu ladende Seite aufnehmen soll. Default: `$.mobile.pageContainer`
`type`	String. `"get"` oder `"post"`. Die für den Ajax-Requests zu verwendende Methode. Default: `"get"`
`data`	Objekt/String. Nutzdaten, die im Rahmen des Ajax-Request verschickt werden sollen. Default: `undefined`
`reloadPage`	Boolean. Bestimmt, ob die Seite neu geladen wird, auch wenn sie sich bereits im DOM befinden sollte. Default: `false`

Tabelle 6.38 Konfigurationsobjekt der »$.mobile.loadPage()«-Methode (Forts.)

Beispiel:

```
// Geht nach "test.html" mit einer Slidedown-Transition:
$.mobile.changePage( "test.html", {
   transition: "slidedown"
});
```

$.mobile.loadPage()

Lädt per Ajax ein externes Dokument, das einen Bereich mit `data-role="page"` enthält, parst diesen zu einer »Mobile Page« und bindet die resultierende Page in den DOM-Baum der aktuellen Seite ein. Die neue Seite gelangt dabei nicht in den Viewport, sodass der Ladevorgang auch unbemerkt im Hintergrund erfolgen kann.

Die Methode gibt ein Deferred-Objekt zurück, an das Callbacks gebunden werden können. Auf diesem Wege ist es möglich, eine per Ajax geladene Mobile Page zuverlässig erst dann in den Viewport zu holen, wenn der Ladevorgang abgeschlossen ist.

Signatur:

```
$.mobile.loadPage(url, options)
```

Argumente:

- `url`
  Obligatorisch. String/Objekt. Der URL der zu zeigenden Seite als String bzw. ein jQuery-Objekt, das die zu zeigende Seite repräsentiert.
- `options`
  Objekt. Ein Konfigurationsobjekt.

Mit dem optional zu übergebenden Konfigurationsobjekt können folgende Eigenschaften gesetzt werden:

Property	Erläuterung
`role`	String. Bestimmt die Rolle, die die zu zeigende Seite übernehmen soll. Da der Defaultwert *undefined* ist, wird normalerweise der Wert des `data-role`-Attributs der geladenen Seite verwendet. Default: `undefined`
`pageContainer`	jQuery-Objekt (Collection). Bestimmt das Objekt, das die zu ladende Seite aufnehmen soll. Default: `$.mobile.pageContainer`
`type`	String. `"get"` oder `"post"`. Die für den Ajax-Request zu verwendende Methode. Default: `"get"`
`data`	Objekt/String. Nutzdaten, die im Rahmen des Ajax-Requests verschickt werden sollen. Default: `undefined`
`reloadPage`	Boolean. Bestimmt, ob die Seite neu geladen wird, auch wenn sie sich bereits im DOM befinden sollte. Default: `false`

Tabelle 6.39 Konfigurationsobjekt der »$.mobile.loadPage()«-Methode

Beispiel:

```
// Die Seite "test.html" in das DOM laden
$.mobile.loadPage( "test.html" );

// Eine PHP-Seite ansprechen und Formulardaten übergeben:
$.mobile.loadPage( "suchen.php", {
   type: "post",
   data: $("form#meinSuchformular").serialize()
});
```

$.mobile.showPageLoadingMsg()

Veranlasst das Einblenden des Ladescreens, dessen Mitteilungstext im Rahmen der Mobileinit-Konfiguration über `$.mobile.loadingMessage` gesetzt werden kann. Der Defaulttext lautet `"loading"`.

Signatur:

```
$.mobile.showPageLoadingMsg()
```

Argumente:

Keine Argumente.

$.mobile.hidePageLoadingMsg()

Unterdrückt das Einblenden des Mitteilungstextes des Ladescreens.

Signatur:

```
$.mobile.hidePageLoadingMsg()
```

Argumente:

Keine Argumente.

$.mobile.path.parseUrl()

Die Methode wird zum Parsen des URL-Strings eingesetzt. Sie zergliedert dessen Komponenten und stellt diese im Rahmen eines Objekts zur Verfügung. Aus diesem Objekt lassen sich anschließend die betreffenden Komponenten wie Querystrings, Protokoll etc. leicht auslesen.

Signatur:

```
$.mobile.path.parseUrl(url)
```

Argumente:

- `url`
  String. Der zu parsende URL-String.

Rückgabewert:

Ein Objekt mit folgenden Komponenten:

Property	Erläuterung
`hash`	Der Fragement-Identifier des URL (Hash-Komponente), inklusive vorangehendem Hash »#«

Tabelle 6.40 Auslesbare Werte aus dem geparsten URL-Objekt

Property	Erläuterung
`host`	Die Hostkomponente des URL, inklusive der verwendeten Portnummer
`hostname`	Die Hostbezeichnerkomponente des URL
`href`	Der komplette URL, wie er übergeben wurde
`pathname`	Die Pfadkomponente des URL (mit Dateiname)
`port`	Die Portkomponente des URL. Der leere String, wenn der URL den Defaultport verwendet.
`protocol`	Die Protokollkomponente des URL, inklusive des folgenden Doppelpunktes »:«
`search`	Der Querystring des URL, inklusive des diesem vorangehenden Fragezeichens »?«
`authority`	Komponenten zu Username und Passwort
`directory`	Die Pfadkomponente des URL (ohne Dateiname)
`domain`	Die Domainkomponente des URL
`filename`	Der Dateiname des URL (ohne Pfad)
`hrefNoHash`	Der URL ohne Fragmentidentifer
`hrefNoSearch`	Der URL ohne Querystring
`password`	Der Username aus der Authority-Komponente
`username`	Das Passwort aus der Authority-Komponente

Tabelle 6.40 Auslesbare Werte aus dem geparsten URL-Objekt (Forts.)

$.mobile.path.makePathAbsolute()

Diese Utility-Methode konvertiert die Pfadkomponente eines ihr übergebenen relativen URL in einen absoluten Pfad, indem sie diesen gegenüber einem Basis-URL auflöst.

Signatur:

```
$.mobile.path.makePathAbsolute(relPath, absPath)
```

Argumente:

- `relPath`
  String. Der relative Pfad, der absolut aufgelöst werden soll.
- `absPath`
  String. Der absolute Pfad, der als Bezugspunkt dienen soll.

Beispiel:

```
// Ergibt: /a/b/c/test.html
var erg = $.mobile.path.makePathAbsolute(
   "test.html",
   "/a/b/c/d.html"
);
```

$.mobile.path.makeUrlAbsolute()

Diese Utility-Methode konvertiert einen ihr übergebenen relativen URL in einen absoluten URL, indem sie diesen gegenüber einem Basis-URL auflöst, und gibt den resultierenden absoluten URL als String zurück.

Signatur:

```
$.mobile.path.makeUrlAbsolute(relUrl, absUrl)
```

Argumente:

- `relUrl`
  String. Der relative URL, der absolut aufgelöst werden soll.
- `absUrl`
  String. Der absolute URL, der als Bezugspunkt dienen soll.

Beispiel:

```
// Ergibt: http://test.de/a/b.html#p2
var absUrl = $.mobile.path.makeUrlAbsolute(
   "#p2",
   "http://test.de/a/b.html"
);
```

$.mobile.path.isSameDomain()

Diese Utility-Methode vergleicht zwei URLs auf Gleichheit der Domainkomponente. Gibt `true` oder `false` zurück.

Signatur:

```
$.mobile.path.isSameDomain(url1, url2)
```

Argumente:

- `url1`
  String. Ein URL, dessen Domainkomponente mit der des anderen URL verglichen wird
- `url2`
  String. Ein URL, dessen Domainkomponente mit der des anderen URL verglichen wird.

Beispiel:

```
// Ergibt: true
var erg = $.mobile.path.isSameDomain(
   "http://test.de/a/b.html",
   "http://test.de/c/d.html"
);
```

$.mobile.path.isRelativeUrl()

Diese Methode prüft einen ihr übergebenen URL daraufhin, ob es sich bei ihm um einen relativen URL handelt. Gibt `true` oder `false` zurück.

Signatur:

```
$.mobile.path.isRelativeUrl(url)
```

Argumente:

- `url`
  String. Der URL, von dem festgestellt werden soll, ob er relativ ist.

Beispiel:

```
// Ergibt: true
var erg = $.mobile.path.isRelativeUrl("/ordner/beispiel.html");
```

$.mobile.path.isAbsoluteUrl()

Diese Methode prüft einen ihr übergebenen URL daraufhin, ob es sich bei ihm um einen abslouten URL handelt. Gibt `true` oder `false` zurück.

Signatur:

```
$.mobile.path.isAbsoluteUrl(url)
```

Argumente:

- `url`
  String. Der URL, von dem festgestellt werden soll, ob er absolut ist.

Beispiel:

```
// Ergibt: false
var erg = $.mobile.path.isAbsoluteUrl("/ordner/beispiel.html");
```

$.mobile.silentScroll()

Diese Methode ermöglicht einen vertikalen Scrollvorgang, ohne einen der Scroll-Events zu triggern.

Signatur:

```
$.mobile.silentScroll(yPos)
```

Argumente:

- `yPos`
  Number. Eine positive Ganzzahl, die die Y-Koordinate des Punktes nennt, zu dem gescrollt werden soll. Wird keine Zahl übergeben, so wird der Wert 0 als Default verwendet.

Beispiel:

```
//scrollt zur Position y=200px:
$.mobile.silentScroll(200);
```

$.mobile.addResolutionBreakpoints()

Diese Methode generiert zusätzliche CSS-Klassennamen, die beim Enhancement dem HTML-Element anhand der festgestellten Viewpoint-Abmessung hinzugefügt werden. Diese dienen als sogenannte Resolution-Breakpoints dazu, die Präsentation der Page zu steuern.

Diese Breakpoints stehen per Default zur Verfügung:

- 320px
- 480px
- 768px
- 1024px

Entsprechend werden folgende Klassenbezeichner zugewiesen:

- `min-width-320px`, `max-width-320px`
- `min-width-480px`, `max-width-480px`
- `min-width-768px`, `max-width-768px`
- `min-width-1024px`, `max-width-1024px`

Welche der verfügbaren Klassen konkret am HTML-Element gesetzt werden, hängt von der festgestellten Viewport-Breite ab. So sieht das HTML-Element (exemplarisch) nach einem solchen Enhancement-Vorgang aus (die gemessene Viewport-Breite liegt zwischen 480px und 768px):

```
<html class="ui-mobile landscape
   min-width-320px
   min-width-480px
```

```
max-width-768px
max-width-1024px">
```

Die Klassen werden im Stylesheet als Bezugsklassen im Rahmen von Kontextselektoren eingesetzt, benötigen selbst also keine CSS-Regeln:

```
.eigeneBeispielKlasse {
/* Defaultpräsentation */
}

.min-width-480px .eigeneBeispielKlasse {
/* Präsentation für Mindestbreite von 480px */
}
```

Signatur:

```
$.mobile.addResolutionBreakpoints(value)
```

Argumente:

- `values`
  Number/Array. Eine Zahl, die einen zu erzeugenden Resolution-Breakpoint definiert oder ein Array aus Zahlenwerten, die mehrere solche Breakpoints nennen.

Beispiel:

Hier wird dem HTML-Element eine Klasse für einen Breakpoint bei 400px hinzugefügt:

```
//ein Breakpoint bei 400px
$.mobile.addResolutionBreakpoints( 400 );
```

Die Übergabe eines Arrays veranlasst mehrere zusätzliche Breakpoints:

```
// zwei Breakpoint bei 600px und 800px:
$.mobile.addResolutionBreakpoints( [600, 800] );
```

$.mobile.activePage()

Diese Methode gibt eine Referenz auf die derzeit aktiv im Vieport befindliche Mobile Page zurück.

Signatur:

```
$.mobile.activePage ()
```

Argumente:

Keine Argumente

6.4.21 Responsives Webdesign

Unter *responsivem Webdesign* versteht man, dass ein Web-Layout automatisch auf unterschiedliche Bildschirmgrößen (Viewports) reagiert und sich entsprechend anpasst. Das gilt nicht nur für die Bildschirmgrößen, sondern auch für das Format, d. h., ob sich ein Gerät im Landscape-Modus oder im Portrait-Modus befindet, also hochkant oder quer gehalten wird.

Früher gab es Webdesigner, die ein fließendes Design bevorzugten und die Textbreiten in Prozenten und nicht in fixen Werten angegeben haben. Das ist ein Graus für alle Designer der alten Schule. Letztere bevorzugen, zu Recht, ein berechenbares Layout, mit festen Verhältnissen zwischen Text und Bildern und Navigation. Fließendes Layout nutzt dagegen zwar die Bildschirmbreiten besser aus, lesbarer wird das Ganze aber nicht. Responsives Webdesign könnte eine Antwort auf die Anforderung sein, verschiedene Bildschirmgrößen und Formate bedienen zu müssen und trotzdem ein berechenbares Layout zu erstellen.

Geplant wird so eine responsive Webseite mit einer Breite für Desktop-Monitore; nehmen Sie eine Breite von 1024 Pixeln an. Anschließend wird mittels sogenannter *CSS3 Media Querys* definiert, welche HTML-Elemente sich ab einer bestimmten Auflösung wie verhalten sollen. Es wird abgefragt, welche Styles bei einer Breite von 768 Pixeln greifen, welche bei 480 Pixeln und welche bei 320 Pixeln.

CSS3 Media Querys

jQuery Mobile hatte in der Alpha-Phase zwar *Media Query*-Helper-Klassen im Angebot, sie sind aber bereits in der Beta-Version als *deprecated* markiert, werden also in der finalen Version verschwinden. Sie sollten in Zukunft die Media Querys verwenden. Die CSS3-eigenen Media Querys besitzen die Mächtigkeit, Ihnen eine adäquaten Ersatz zu bieten, aus diesem Grund sind erstere auch aus dem Framework entfernt worden. Was sind nun CSS3 Media Querys? Es sind Anweisungen, die Sie im Stylesheet angeben. Hier sehen Sie ein fiktives Beispiel:

```
/* Normal */
body {
  width:1024px;
}
/* Tablets */
@media only screen and (min-width:768px) {
  body {
    width:768px;
  }
}
```

```
/* Handy */
@media only screen and (max-width: 480px) {
  body {
    width: 480px;
  }
}
```

Sie können auch die Orientierung abfragen:

```
@media all and (orientation:portrait) {
...
}

@media all and (orientation:landscape) {
...
}
```

Des Weiteren können Sie logische Verknüpfungen erstellen; Schlüsselwörter sind `and`, `only` und `not`. Eine Oder-Verknüpfung realisieren Sie, indem Sie Eigenschaften kommasepariert notieren.

Media Querys beim W3C

Das Thema Media Querys würde den Rahmen dieses Kapitels zu jQuery Mobile sprengen. Deshalb werden Sie hier nur mit dem Nötigsten ausgerüstet; damit kommen Sie aber schon ganz schön weit. Wenn Sie weitere Information zu Media Querys erhalten wollen, werden Sie unter *http://www.w3.org/TR/css3-mediaqueries/* fündig.

Mit dem Konzept des responsiven Webdesigns und den CSS-Erweiterungen der Media Querys öffnet sich Ihnen eine neue Welt des Webdesigns. Sie können verschiedene Layouts innerhalb einer Website realisieren. Sie haben stets die Kontrolle darüber, was bei welcher Auflösung und *Orientation* (`landscape` oder `portrait`) passiert.

6.5 Eine tragbare Galerie mit jQuery Mobile

Sie haben bis jetzt gelernt, wie die Anatomie einer mobilen Webseite aussehen muss, die auf das *jQuery Mobile*-Framework aufsetzt. Sie haben gesehen, wie Sie neue Seiten in die mobile Anwendung laden, und Sie haben Seitenübergänge ausprobiert. Nun werden Sie die Möglichkeit bekommen, anhand einer mobilen Bildergalerie auszuprobieren, wie Sie jQuery Mobile in der Praxis einsetzen können. Es sind erste kleine Anwendungen, die Sie hier kennenlernen. Im Dokumentationsteil finden Sie vieles zu Formularen und Listen und Navigationen. Aber was ist denn mit Bildern? Wie sich Bilder in eine Seite einbinden lassen, diese Frage ist noch ganz einfach zu beantworten. Wie aber sieht es aus, wenn Sie eine mobile Bildergalerie mit *jQuery Mobile* aufbauen möchten? Einige oder viele Thumbnails auf einer Seite, die auf Klick reagieren und eine größere Ansicht des Bildes einblenden?

Der mobile jQuery Ansatz bietet uns komfortable Bausteine, um eine solche Galerie vor allem schnell aufzubauen. Sie werden sehen, wie Sie auf Basis der Seiten-Anatomie von jQuery Mobile ohne tausend Zeilen JavaScript zumindest die Basis für eine gelungene Bilderpräsentation schaffen.

Im ersten Schritt werden Sie eine einzige Seite mit allen darzustellenden Bildern bauen, im folgenden Schritt werden einzelne Bilder in eigenen HTML-Seiten in die mobile Anwendung nachgeladen. Im dritten Schritt werden Sie das Plugin *PhotoSwipe* kennenlernen, das eine ausgewachsene Lösung für eine Galerie bereitstellt. Am Ende werden die Vor- und Nachteile der einzelnen Lösungen diskutiert. Nun aber ran an den Speck!

6.5.1 Eine Galerie an einem Stück

Die Aufgabe klingt vertraut, zumindest, wenn Sie schon einmal auf einem mobilen Tablet-Computer die App »Fotos« geöffnet haben. Nachdem Sie ein Album ausgewählt haben, sehen Sie eine Reihe von Vorschaubildern.

Abbildung 6.51 Vorschaubilder in der jQuery Mobile-Galerie

Wählen Sie eines der Bilder aus, so wird die vergrößerte Ansicht des Bildes eingeblendet. In der oberen Leiste wird dabei der Bildtitel angezeigt. Wischen Sie anschließend mit einem Finger von rechts nach links über den Bildschirm, so wird das nächste Bild geladen. Zusätzlich haben Sie Buttons mit den üblichen Vor- und Zurück-Funktionen zur Verfügung. Mit einem Klick auf den SCHLIESSEN-Button kehren Sie zur Vorschauansicht zurück.

Abbildung 6.52 jQuery Mobile-Galerie mit vergrößerter Ansicht

Sie werden im Folgenden hauptsächlich auf die Bordmittel von *jQuery Mobile* zurückgreifen. Wenn Sie komplexere Funktionen umsetzen wollen, werden Sie womöglich an die Grenzen des Frameworks stoßen. Beispielsweise werden Sie es nicht schaffen, die Buttons in der Fußleiste anders anzuordnen. Sie könnten sich vorstellen, den VOR-Button ganz rechts auszurichten, den SCHLIESSEN-Button in der Mitte zu platzieren und den ZURÜCK-Button ganz links. Sie werden aber beim derzeitigen Stand der Entwicklung keine Möglichkeit haben, dies zu erreichen.

Wenn Sie versuchen sollten, die Höhe eines Bildes per JavaScript zu ermitteln, bevor es eingeblendet wird, um es scriptseitig vertikal auszurichten, werden Sie ebenfalls auf Probleme treffen: Ein Bild, das vom Framework intern auf `display:none` gesetzt wurde, sich also noch im Zustand vor einer Animation befindet, kann keine Werte jenseits von 0 haben. Das wäre noch das geringste

Problem. Allerdings richtet sich der Footer mit den Navigations-Buttons am Bild aus, und dies hat zur Folge, dass dieser irgendwo in der Mitte des ohnehin kleinen Displays sitzt.

Sie können mit jQuery Mobile unsagbar schnell zu Ergebnissen kommen. Sie kommen aber auch ebenso schnell an eine Grenze, wenn beispielsweise ein Designer von Ihnen verlangt, einen völlig anderen und von jQuery Mobile abweichenden Seitenaufbau umzusetzen. Das Framework besitzt einen hohen Grad an Automation. Das verspricht Erfolgserlebnisse, aber auch Frust, wenn Sie partout vom Pfad abweichen wollen.

Und vergessen Sie nicht: Das Projekt ist noch jung, die Möglichkeiten und Tricks werden im Laufe der Zeit sicherlich reichhaltiger werden.

Kommen wir nun zum Code – lassen Sie uns zuerst das HTML analysieren. Wir beginnen mit dem Bereich im HEAD:

```
<!DOCTYPE html >
<html>
  <head>
    <meta http-equiv="Content-Type"
          content="text/html; charset=UTF-8">
    <meta name="viewport"
          content="width=device-width,
                   initial-scale=1,
                   maximum-scale=1">
    <title>jQuery Mobile</title>
    <style type="text/css" media="all">
      @import url("css/jquery.mobile-1.0b1.css");
      @import url("Listing-6-11.css");
    </style>

    <script type="text/javascript"
            src="js/jquery-1.6.2.js"></script>
    <script type="text/javascript"
            src="Listing-6-12.js"></script>
    <script type="text/javascript"
            src="js/jquery.mobile-1.0b1.js"></script>
  </head>
  <body>
  ...
  </body>
</html>
```

Listing 6.10 jQuery Mobile-Galerie Teil 1: Head

Als Erstes fällt das META-Tag mit Namen `viewport` auf. Diesen Tag führte Apple als erster Browserhersteller für den Safari ein; andere Hersteller zogen nach. Mittlerweile wird die Angabe von Opera, Android WebKit, Internet Explorer, Safari, BlackBerry und weiteren mobilen Browsern ausgewertet.

Dieses Meta-Element dient dazu, dem mobilen Endgerät mitzuteilen, wie es den vorliegenden Inhalt im verfügbaren Viewport darstellen soll. Wenn Sie es nicht einfügen, halten die mobilen Browser eine Reihe von Automatismen bereit, um die Seite so zu skalieren, wie der Ersteller der Webseite es (angenommenerweise) wohl gemeint haben könnte.

Das `content`-Attribut kann mehrere Eigenschaften enthalten, die als kommaseparierte Liste notiert werden. In unserem Fall sind dies: `width=device-width`, `initial-scale=1`, `maximum-scale=1`.

Dabei veranlasst die Angabe von `initial-scale=1`, dass die ohnehin schon für mobile Zwecke optimierte Webseite bitte initial *nicht* unnötig skaliert wird, und `width=device-width` besagt, dass die Breite der Anwendung *genau* die Breite des Viewports einnehmen soll.

Das bloße Vorhandensein des Meta-Viewports gibt an, dass der Browser sich nicht weiter um die Optimierung von Webseiten zur mobilen Darstellung kümmern soll.

Die dritte Eigenschaft, `maximum-scale=1`, mag in anderen Fällen bedeutungslos sein, für unser Beispiel *muss* sie eingefügt werden. Nehmen Sie den Fall, dass Sie Ihr Mobil-Gerät, Tablet, Phone (oder was auch immer) von der *Landscape*- in die *Portrait*-Orientation und zurück drehen:

jQuery Mobile hat in der Mitte 2011 vorliegenden Beta-Version die unglückliche Angewohnheit, beim Zurückwechseln (zumindest im iPad und iPhone) nicht die ursprüngliche Skalierung wiederzufinden. Mit der Anweisung `maximum-scale=1` unterbinden Sie dieses Verhalten. (Es kann sein, dass das Problem in zukünftigen Version von jQuery Mobile behoben wird.)

Nun binden Sie das jQuery Mobile-CSS-Framework ein, darunter die Datei *Listing-6-11.css*, in der eigene Stile aufgehoben sind oder in der Stile des Frameworks überschrieben werden.

Sie werden es ahnen, darunter folgen die obligatorischen Scriptdateien, jQuery, jQuery Mobile und eine Datei namens *Listing-6-11.js*, in der unsere Galerie initialisiert wird. Achten Sie bitte darauf, diese Datei *vor* der Datei *jquery.mobile-1.0b1.js* einzubinden.

Legen Sie jetzt die Inhalte an. Lassen Sie uns als Erstes mit der *Page* mit den Vorschaubildern beginnen. In unserem Beispiel gehen wir von fünf (oder mehr) Bildern aus, die auf der Vorschauseite zu sehen sind, wobei hier nur zwei aufgelistet sind:

```
<div data-role="page" data-theme="a" id="page1">

  <div data-role="header" data-theme="a" data-position="fixed">
    <h1>Bilder Galerie</h1>
  </div>
  <div data-role="content">
    <p>Bilder Galerie mit jQuery Mobile</p>
    <a href="#page2" data-theme="a" data-transition="pop">
      <img src="images/thumb-bild-1.jpg">
    </a>
    ...
    <a href="#page6" data-theme="a" data-transition="pop">
      <img src="images/thumb-bild-5.jpg">
    </a>
</div><!-- /content -->

</div><!-- /page -->
```

Listing 6.11 HTML-Gerüst für die jQuery Mobile-Galerie – Vorschauseite

Ein Footer wird für diese Mobile Page nicht benötigt, da es im Moment keine Buttons gibt, die dort platziert werden können. Anders ist es im nächsten Listing, wo für jeweils eine Vollansicht eines Bildes eine vollständige *Page* mit Header und Footer definiert wird.

Nun benötigen wir fünf Seiten nach folgendem Muster, wobei hier im Text nur eine *Page* exemplarisch für die Vollansicht abgebildet wird:

```
<div data-role="page" data-theme="a"
     id="page2" data-fullscreen="true">

  <div data-role="header" data-position="fixed">
    <h1>Bild 1</h1>
  </div><!--/header -->

  <div data-role="content">
    <div class="wrapper">
      <div class="img">
        <img src="images/bild-1.jpg" alt="" class="img" />
      </div>
```

```
    </div>
  </div><!-- /content -->

  <div data-id="footer-1" data-role="footer"
       class="ui-bar" data-position="fixed">
    <div data-role="controlgroup" data-type="horizontal">
      <a href="#page1" data-role="button"
         data-icon="delete"
         data-transition="pop"
         data-direction="reverse">schließen</a>
      <a class="prev" href="#" data-role="button"
         data-icon="arrow-l">Zurück</a>
      <a class="next" href="#" data-role="button"
         data-icon="arrow-r">Vor</a>
    </div>

  </div><!-- /footer -->

</div><!-- /page -->
```

Listing 6.12 HTML-Gerüst für die jQuery Mobile-Galerie – Vollbildanzeige

Diese Seiten fügen Sie untereinander mit unterschiedlichen IDs und unterschiedlichen Bildpfaden in dieselbe HTML-Seite ein, in der sich auch die erste *Page* befindet. Sie sollten auch für den Footer unterschiedliche `data-id`-Werte vergeben.

jQuery wird beim Aufruf dieser Seite nur die erste *Page* anzeigen. Eine interne Automatik sorgt dafür, dass alle anderen Seiten auf `display:none` gesetzt werden. Obwohl Sie noch keine Zeile JavaScript geschrieben haben, besitzt diese Galerie bereits eine Grundfunktionalität. jQuery und jQuery Mobile müssen natürlich eingebunden sein.

Bevor Sie weitergehen, betrachten Sie noch die Attribute im Footer. Die einzelnen Buttons werden noch von einem DIV-Container mit dem Attribut `data-role="controlgroup"` umschlossen. Er stellt sicher, dass die Buttons auch in einem abgegrenzten Block dargestellt werden.

Das Attribut `data-type="horizontal"` gibt an, dass die Buttons, bitte schön, waagerecht angeordnet werden sollen. Zusätzlich werden ihnen noch Icons zugeordnet. Für den SCHLIESSEN-Button verwenden Sie `data-icon="delete"`, für die beiden anderen Buttons `arrow-l` für den Pfeil nach links bzw. `arrow-r` für den Pfeil nach rechts.

Steuerung mit data-Attributen

Wenn Sie die Datei *Listing-6.12.js* entweder leer lassen oder deren Einbindung auskommentieren und anschließend auf ein Thumb klicken, werden Sie sehen, dass es sich bereits in einer neuen Seite mit einer Transition, einer Überblendung, öffnet.

Es genügt, einen Anker zu setzen – in diesem Fall einen lokalen Anker –, dann wird im Hintergrund automatisch ein Event-Handler gebunden. Wenn der Event eintritt (in diesem Fall ein Klick oder ein Tap auf den Link), wird eine neue `page` geladen. Sie können noch mit dem Attribut `data-transition` steuern, welcher Effekt verwendet werden soll. Das reicht für die Grundfunktionalität.

Das Theming haben Sie bereits kennengelernt. In diesem Galerie-Beispiel passt das Theming `data-theming-a` am besten. Für den Header und den Footer wurden noch die Attribute `data-position="fixed"` gewählt sowie für die Seiten der Vollbilder das Attribut `data-fullscreen="true"`.

Kleine Randbemerkung zu Bugs und Browsern

Wenn Sie nun auch alle Footer mit dem gleichen ID versehen, sollte dieser nicht mit animiert werden, sondern fest an derselben Stelle verharren – sofern man der Dokumentation von jQuery Mobile glauben möchte. Tut er aber nicht, wenn Sie die Seite auf dem iPhone oder dem iPad betrachten! Nach dem Vor- und Zurückblättern verschwindet der Footer erst einmal. Er taucht wieder auf, wenn Sie zweimal auf den Content klicken oder tappen.

Wenn Sie es wagen, dieses Beispiel in Mobile Opera bzw. dem Mobile Opera-Emulator zu betrachten, so werden Sie mit Erschrecken feststellen, dass die Darstellung noch ein wenig rückständiger ist. So funktionieren die Transitions (noch) nicht, und auch andere Darstellungsfehler können auftauchen.

Wir haben in diesem Buch aus diesem Grund für jeden Footer erst einmal einen eigenen ID verwendet. Probieren Sie erneut mit einer aktuelleren Version von jQuery Mobile aus, sobald diese verfügbar ist, ob Sie mit einem einheitlichen ID bessere Ergebnisse erzielen.

Der SCHLIESSEN-Button funktioniert bereits, Sie haben schließlich im `<a>`-Element wieder einen lokalen Anker geworfen (`#page1`). jQuery Mobile weiß dadurch, dass Sie zurück zur ersten Seite klicken oder tappen wollen. Hier fällt noch auf, dass Sie mit dem Attribut `data-direction="reverse"` die Transition in umgekehrter Weise ablaufen lassen können.

Sie sehen: Mit wenigen Schritten können Sie bereits eine Grundfunktionalität einer Galerie aufbauen. Nichtsdestotrotz müssen Sie noch ein paar Anpassungen der Styles vornehmen und eine JavaScript-Datei mit Event-Handlern ausstatten, um die Webapp noch mit den nötigen Funktionalitäten auszustatten.

Zunächst ein nur wenige Zeilen umfassendes Stylesheet:

```
.ui-content {
  padding:0;
}
#page1 .ui-content {
  padding:10px 0 0 10px;
}
div.wrapper {
  display:table;
  width:100%;
}
div.img {
  display:table-cell;
  vertical-align:middle;
  width:100%;
}
img.img {
  width:100%;
}
```

Listing 6.13 CSS-Styles für die jQuery Mobile-Galerie

Die erste Anweisung überschreibt eine Standardeinstellung des Frameworks. Wir wollen, dass das Bild, das wir in der Vollansicht öffnen, wirklich randlos angezeigt wird, deshalb `padding:0`. Nur auf der Übersichtsseite, `#page1`, soll ein gewisser Abstand zwischen dem Rand und dem Inhalt entstehen. Deshalb hebt die Anweisung darunter für `#page1 .ui-content` den vorherigen Style wieder auf.

Die folgenden Stile sollen zunächst einmal das Bild vertikal mittig ausrichten. Die CSS-Spezifikationen lassen dies nur für Tabelleninhalte zu, also fügen Sie einen Container `#wrapper` hinzu und sagen ihm, er soll sich wie eine Tabelle verhalten: `display:table`.

Dem inneren Container teilen Sie anschließend mit, dass er sich wie eine Tabellenzelle verhalten soll; dann können Sie die Anweisung `vertical-align:middle` setzen. Dem Bild selbst geben Sie `width:100%` mit auf den Weg; dann skaliert das Bild stets über die gesamte Breite des Bildschirms. So weit unsere Styles. Alle anderen werden vom Mobile-CSS bereitgestellt, das Sie im Kopf des HTML-Dokuments eingebunden haben.

6.5.2 Feintuning mit jQuery

Es fehlen noch ein paar Funktionalitäten, die sich jetzt mit einer Prise jQuery anreichern lassen. Was wird noch benötigt? Erstens muss dem `#wrapper` noch per jQuery die Höhe des Bildschirms mitgeteilt werden, und zwar bei jeder Lageänderung. Sie variiert ja nicht nur nach Bildschirm, sondern auch je nach Orientierung.

Sie erinnern sich, der `#wrapper`-Container soll dafür sorgen, dass das Bild in der Vollansicht stets mittig platziert wird. Dazu müssen Sie die Höhe des Containers ermitteln: entweder `landscape` oder `portrait`, je nachdem, wie Sie das Gerät halten. Zweitens sollen noch die VOR- und ZURÜCK-Buttons eine Funktion bekommen. Und Sie werden die Vorteile eines Touch-Screens nutzen wollen und per Wischbewegung (*swipe*) vor- und zurückblättern wollen. So geht es:

```
$(document).ready(function() {
  //Variablen
  var $pages = $('div:jqmData(role="page")');
  var numPages = $pages.length;
  var $wrapper = $(".wrapper");
  //initiale Zuweisung der Fensterhöhehe
  $wrapper.css("height",$(window).height());
  $(window).resize(function(){
    $wrapper.css("height",$(window).height() );
  });

  $pages.each(function(i) {
    //Klick oder Tap auf Zurück-Button
    $(this).find(".prev").live('tap', {index:i + 1},function(e) {
      var num = e.data.index <= 2 ? numPages : e.data.index - 1 ;
      $.mobile.changePage("#page" + (num), {
        transition:"slide",
        reverse:true
      });
    });
    // Klick oder Tap auf Vor-Button
    $(this).find(".next").live('tap',{index:i + 1},function(e) {
      var num = e.data.index >= numPages ? 2 : e.data.index + 1;
      $.mobile.changePage("#page" + (num),{transition:"slide"});
    });
    //Wischbewegung auf TouchScreen nach rechts
    $(this).find('div.img')
          .live('swiperight',{index:i + 1},function(e) {
      var num = e.data.index <= 2 ? numPages : e.data.index -1 ;
      $.mobile.changePage("#page" + (num),{
```

```
          transition: "slide",
          reverse: true
        });
      });
      // Wischbewegung auf TouchScreen nach links
      $(this).find('div.img')
            .live('swipeleft',{index:i + 1},function(e) {
        var num = e.data.index >= numPages ? 2 : e.data.index + 1;
        $.mobile.changePage("#page" + (num),{transition:"slide"});
      });
    });
    $(window).bind('orientationchange',function(event){
      $(".wrapper").css("height",$(window).height());
    });
  });
```

Listing 6.14 jQuery Mobile-Galerie – JavaScript-Teil

Als Erstes sollten Sie sich die Variablen im oberen Teil des Scripts zu Gemüte führen. In der Variable `$pages` speichern Sie sämtliche Seiten (*Pages*), wie Sie es weiter oben im HTML-Teil kennengelernt haben. Interessant und ungewöhnlich für jQuery-Kenner ist der Selektor `'div:jqmData(role="page")'`.

Hier wird mit jQuery Mobile ein *Custom Selector* eingeführt, der auf bequeme Weise sämtliche *pages* herausfiltert. Sie könnten auch `'div[data-role="page"]'` verwenden – das hat allerdings den Nachteil, dass das zurückgegebene Objekt leer bleiben wird, wenn Sie `$.mobile.ns` gesetzt haben, also einen eigenen *Namespace* definiert haben.

Der interne Selektor `:jqmData()` weiß, ob Sie einen *Namespace* gesetzt haben, und fügt ihn automatisch hinzu. Ein *Namespace* würde folgendermaßen aussehen: `data-mynamespace-role=page`. In dieser hier vorgestellten mobilen Galerie spielt diese Feinheit keine Rolle. In komplexen Projekten, in denen Sie verschiedene Seiten-Namespaces einführen müssten (vielleicht kann man frei formulieren: Seitentypen), mag es Bedeutung gewinnen. Für diese Zwecke reicht es, Folgendes zu wissen: Verwenden Sie diesen *Custom Selector*, und Sie sind auf der sicheren Seite, um *Pages* zu selektieren.

Als Nächstes leiten Sie von der Variablen `$pages` die Anzahl aller *pages* ab, die die Galerie zu bieten hat: `numPages` speichert diesen Wert. Diese Größe benötigen Sie gleich, um beim Blättern genau zu wissen, wann die letzte Seite erreicht ist und wieder die erste Seite aufgerufen werden soll.

Doch zunächst weisen Sie dem Objekt `$(".wrapper")` die aktuelle Höhe des Fensters mit der Eigenschaft `$(window).height()` zu. (Sie haben es schon einmal gehört: Dies ist für die vertikale Ausrichtung des Bildes in der Vollansicht notwendig.)

Das Gleiche soll passieren, wenn Sie das Fenster vergrößern, also bei einem `resize`-Event. Sie fragen sich an der Stelle vermutlich: »Wieso denn das? Ich kann doch die Größe eines Fenster in meinem iPhone etc. gar nicht verändern!« An dieser Stelle gebe ich Ihnen recht. Aber es kostet nur zwei zusätzliche Zeilen Code, und das Bild wird auch in einem *Desktop-Browser* stets mittig dargestellt. Kein großer Aufwand.

Als Nächstes wird jede Seite, jede *Page*, durch eine `.each()`-Methode durchlaufen. Sie werden sich sagen: »Klar, ich könnte doch einfach an `$pages` einen Event-Handler anhängen – und erhalte das gleiche Ergebnis!« Nur: Sie müssen wissen, auf *welcher* Page Sie sich genau befinden. Deshalb übergeben Sie den Zähler `i`.

Anschließend selektieren Sie den `.prev`-Button, also den Button, der auf das vorhergehende Bild führen soll, und fügen mit `.live()` den entsprechenden Event-Handler an. Hier verwenden Sie `'tap'`. Dann übergeben Sie dem Event mit dem Objekt `{index:i + 1}` die aktuelle Position. Da der `index` mit 0 beginnt, die Seitenzählung aber mit 1, setzen Sie mit `+ 1` den Wert noch um eins herauf.

Die eigentliche Logik finden Sie in dieser Anweisung:

```
var num = e.data.index <= 2 ? numPages : e.data.index - 1;
```

Wenn also der `index` kleiner oder gleich `2` ist, dann verwende die höchste Anzahl der verfügbaren Seiten, andernfalls wird der Zähler um 1 vermindert. Das Ganze wird in der jQuery Mobile-Methode `.changePage()` zu dem String `"#page" + (num)` zusammengestzt, und die Methode wird mit den Optionen `transition:slide` und `reverse:true` aufgerufen. Für die Transition verwenden Sie am besten `slide`, also einen Verschiebeeffekt, und `reverse:true` gibt an, dass die Bewegung nach links ausgeführt werden soll. Damit haben Sie das Grundprinzip des Seitenwechsels. Bleibt noch der Wechsel zur nächsten Seite. Hier spielt sich die Logik in folgender Zeile ab:

```
var num = e.data.index >= numPages ? 2 : e.data.index + 1;
```

Ist der Index größer oder gleich der Anzahl maximal verfügbarer Seiten, dann gehe zurück auf den Index 2, andernfalls setze den Zähler um 1 herauf. Sie fragen sich, warum der Zähler auf 2 gesetzt werden soll? Weil Sie nicht auf die Übersichtsseite (`#page1`) wechseln wollen, sondern auf das erste Vollbild. Und das befindet sich auf der Seite 2 (`#page2`). Damit haben Sie beide Möglichkeiten des Blätterns berücksichtigt.

Die gleiche Logik verwenden Sie für die Events `swipeleft` und `swiperight`, also für das Wischen nach rechts oder links; dann haben Sie alle Anforderungen an diese kleine Webapp erfüllt. Bleibt nur noch der Fall, dass der Benutzer sein Gerät vom Querformat ins Hochformat dreht. Hier müssen Sie sicherstellen, dass die richtige Höhe des Containers `#wrapper` ermittelt wird. Dafür stellt jQuery Mobile den Event-Handler `'orientationchange'` zur Verfügung. Also wird bei jedem Wechsel der Orientierung die aktuelle Höhe des Fensters an `#wrapper` übergeben:

```
$(".wrapper").css("height",$(window).height());
```

Diese kleine Webapp ist sicherlich nicht so komfortabel zu bedienen wie die native *Fotos App* von iPhone oder iPad, aber Sie lernen anhand dieses Beispiels, wie Sie einzelne Seiten aufrufen und manipulieren können und wie Sie Effekte zuweisen können.

Die Entwicklung von jQuery Mobile steckt noch in den Kinderschuhen, und nicht auf allen Plattformen wird diese kleine App daher reibungslos laufen. Sie bekommen jedoch immerhin einen Eindruck von der Leistungsfähigkeit des Frameworks, die in Zukunft zur Verfügung stehen wird. Und es ist beeindruckend, dass Sie mit Bordmitteln und mit noch weniger Scripting auskommen, als Sie es beim »Mutterschiff« jQuery kennengelernt haben.

6.5.3 Eine mobile Galerie mit Ajax

Der Umgang mit Ajax ist mit jQuery Mobile ebenso unkompliziert wie der Umgang mit *Pages* innerhalb einer einzigen HTML-Seite. Im Folgenden soll bei jedem Tap oder bei jedem Klick auf ein Vorschaubild eine neue Seite mit dem Bild der Vollansicht geladen werden.

Das hat den Vorteil, dass die Startseite schneller geladen wird und die einzelnen Vollbilder sukzessive nachgeladen werden, wenn der Benutzer die Bilder auch wirklich betrachten will. An der Darstellung und der Anmutung der Galerie wird sich nichts ändern. Die HTML-Seite wird sich geringfügig ändern; es wird, wie gesagt, nur eine einzige *Page* geben.

Hier ist der wichtigste Code-Auschnitt der Seite:

```
<div data-role="page" id="page1" data-theme="a">
  <div data-role="header" data-theme="a" data-position="fixed">
    <h1>Bilder Galerie</h1>
  </div><!--/header-->
  <div data-role="content">
    <p>Bilder-Galerie mit jQuery Mobile</p>
```

```
    <div id="image-nav">
      <a href="pages/page1.html" data-theme="a"
                                  data-transition="pop">
        <img src="images/thumb-bild-1.jpg">
      </a>
      ...
      <a href="pages/page5.html" data-theme="a"
                                  data-transition="pop">
        <img src="images/thumb-bild-5.jpg">
      </a>
    </div><!--/image-nav-->
  </div><!--/content-->
</div><!--/page-->
```

Listing 6.15 HTML-Gerüst für die jQuery Mobile-Ajax-Galerie

Im HEAD des Dokumentes hat sich gegenüber dem letzten Beispiel nichts geändert. Sie entnehmen einfach die *Pages* `#page2` bis `#page5` und setzen noch einen `<div>`-Container um die Gruppe der Vorschaubilder. Diesen Container verwenden Sie, um die `<a>`-Elemente besser mit jQuery selektieren zu können.

Alternativ könnten Sie auch jedem `<a>`-Element eine Klasse zuweisen, über die Sie dann selektieren. Die Thumbs 2 bis 4 wurden in diesem Auschnitt wieder weggelassen. Nun legen Sie fünf HTML-Seiten an, in die die Vollbilder eingebunden werden. Als Beispiel wird hier nur der Quelltext einer einzigen Seite wiedergegeben:

```
<!DOCTYPE html>
<html>
<head>
<title>Bild 1</title>
</head>
<body>
<div data-role="page" data-theme="a" id="ajax-page1"
     data-fullscreen="true">
<div data-role="header" data-position="fixed">
  <h1>Bild 1</h1>
</div><!--/header-->
<div data-role="content">
  <div class="wrapper">
    <div class="img">
      <img src="../images/bild-1.jpg" alt="" class="img">
    </div>
  </div>
</div><!--/content-->
```

```
<div data-id="footer-1" data-role="footer"
     class="ui-bar" data-position="fixed">
  <div data-role="controlgroup" data-type="horizontal">
    <a href="#page1" data-role="button" data-icon="delete"
      data-transition="pop" data-direction="reverse">
     schließen
    </a>
    <a class="prev" href="#" data-role="button"
      data-icon="arrow-l">
     Zurück
    </a>
    <a class="next" href="#" data-role="button"
      data-icon="arrow-r">
     Vor
    </a>
  </div>
</div><!--/footer-->
</div><!--/page-->
</body>
</html>
```

Listing 6.16 HTML-Gerüst für die Vollbildansicht

Im Grunde genommen kennen Sie diesen Quelltext aus dem vorigen Beispiel: Sie entnehmen einfach eine *Page* für eine Vollbildansicht aus dem vorigen Gerüst und setzen es in den BODY einer neuen Seite ein, speichern – fertig.

Selbst der Aufruf zum Laden einer neuen HTML-Seite in die vorhandene funktioniert automatisch. Sobald jQuery Mobile im Attribut `href` einen Verweis auf ein anderes Dokument registriert, wird diese Seite standardmäßig per Ajax geladen. Eine Ausnahme gibt es, wenn Sie einem `<a>`-Element das Attribut `rel=external` mitgeben oder das Attribut `target` setzen: Dann wird einfach ohne einen Seitenübergang die alte Seite durch die neue ersetzt.

Ansonsten ist auch hier alles beim Alten geblieben. Im Footer sitzen wieder die Buttons, und die Styles sind alle gleich geblieben. So können Sie sich stehenden Fußes gleich dem JavaScript-Code widmen:

```
// Event-Handler .ready() wird ausgeführt, wenn DOM geladen
$(document).ready(function() {
  // Variablen
  var $pages = $('div:jqmData(role="page")');
  var $imageItems = $('#image-nav a');
  var numItems = $imageItems.length - 1;
  var currentItemNum = 0;
```

```
var hash = $.mobile.path.parseUrl(location.href).hash;
$imageItems.each(function(i) {
  if (hash.match($imageItems.eq(i).attr("href"))) {
    currentItemNum = i;
  }
});
// Klick oder Tap auf Thumbs
$imageItems.click(function() {
  currentItemNum = $(this).index();
});
// jQuery Mobile-Event-Handler:
//bevor die neue Seite gezeigt wird
$pages.live('pagebeforeshow',function(event) {
  $(this).find(".wrapper").css("height",$(window).height());
});
// Wenn Browsergroesse veraendert wird
// (ist eigentlich fuer Mobile Devices unnoetig
$(window).resize(function() {
  $pages.find(".wrapper").css("height",$(window).height());
});
// Klick oder Tap auf Zurück-Button
$pages.find('.prev').live('tap',function(e) {
  currentItemNum =
  currentItemNum <= 0 ? numItems : currentItemNum - 1;
  var url = $imageItems.eq(currentItemNum).attr("href");
  $.mobile.changePage(url,{transition:"slide",reverse:true});
});
// Klick oder Tap auf Vor-Button
$pages.find('.next').live('tap',function(e) {
  currentItemNum =
  currentItemNum >= numItems ? 0 : currentItemNum + 1;
  var url = $imageItems.eq(currentItemNum).attr("href");
  $.mobile.changePage(url,{transition:"slide"});
});
// Wischbewegung auf TouchScreen nach rechts
$pages.find('div.img').live('swiperight',function(e) {
  currentItemNum =
  currentItemNum <= 0 ? numItems : currentItemNum - 1;
  var url = $imageItems.eq(currentItemNum).attr("href");
  $.mobile.changePage(url,{transition:"slide",reverse:true});
});
// Wischbewegung auf TouchScreen nach links
$pages.find('div.img').live('swipeleft',function(e) {
  currentItemNum =
  currentItemNum >= numItems ? 1 : currentItemNum + 1;
  var url =
```

```
    $imageItems.eq(currentItemNum).attr("href");
    $.mobile.changePage(url,{transition:"slide"});
  });
  $(window).bind('orientationchange',function(event) {
    $(".wrapper").css("height",$(window).height());
  });
});
```

Listing 6.17 jQuery-Code – Ajax-Galerie

Was hat sich gegenüber der ersten Version geändert? Das Objekt `$wrapper` fällt weg. Dieses Objekt würde den `#wrapper`-Container speichern. Der wird aber erst verfügbar, wenn eine Seite per Ajax in den DOM-Baum geladen wird. Deshalb werden Sie erst ein jQuery-Objekt aufrufen, wenn es innerhalb der Events `resize`, `pagebeforeshow` und `orientationchange` benötigt wird, bzw. wenn der Container existiert.

Die größte Änderung betrifft die Steuerung, die den gegenwärtigen Status bzw. das gegenwärtig ausgewählte Bild speichert. Wenn alle Daten und *Pages* auf einmal geladen werden, ist es ein Leichtes, zu bestimmen, welches Bild in welcher Reihenfolge steht. Nur: Hier werden die Bilder bzw. die *Pages* von außen in den vorhandenen DOM-Baum geladen.

Sie müssen deshalb als allererstes, wenn ein Benutzer, sagen wir, Bild 3 öffnet, diese Information speichern. Dies wird auch getan. In der Variablen `currentItemNum` wird zumindest beim Klick oder Tap auf das Vorschaubild der Index gespeichert:

```
  $imageItems.click(function() {
    currentItemNum = $(this).index();
  });
```

Damit können Sie arbeiten. Mit den Vor- und Zurück-Buttons wird eben diese Variable hinauf- und hinuntergezählt, zuerst für Zurück:

```
currentItemNum <= 0 ? numItems : currentItemNum - 1;
```

oder für »zum nächsten Bild«:

```
currentItemNum =
    currentItemNum >= numItems ? 0 : currentItemNum + 1;
```

Dies wird sowohl für Tap- als auch für Swipe-Events verwendet.

Wenn Sie das nächste oder vorhergehende Item (bzw. *Page*) bestimmt haben, können Sie die URL aus dem Link des Vorschau-Ankers extrahieren. Erinnern Sie sich an die HTML-Auszeichnung:

```
<a href="pages/page1.html" data-theme="a"
   data-transition="pop">
...
```

Und in der Variablen `url` speichern Sie genau diese Adresse:

```
var url = $imageItems.eq(currentItemNum).attr("href");
```

Damit laden Sie stets die richtige Seite (mit dem richtigen Bild).

Jetzt gibt es einen Fall, in dem die Zuordnung nicht greift. Nehmen Sie den Fall, dass ein Benutzer diese Seite als Lesezeichen abspeichert und die URL irgendwann wieder aufruft. jQuery Mobile besitzt von Haus aus eine Deep-Linking-Funktion. Sie werden sie verstehen, wenn Sie sich die Adresszeile ansehen:

Abbildung 6.53 Ajax-Bildergalerie: Adresszeile des Browsers

Die Seite wird ganz gewöhnlich über *http://Servername/ajax.html* aufgerufen, aber jQuery Mobile hängt noch hinter dem #-Zeichen (*Hash*) den Pfad zur zusätzlich geladenen HTML-Seite an. Damit ist dieser Zustand (Seite mit Vorschaubildern UND geladener `page2`) in der Adresse gespeichert. Und diesen Zustand werden Sie bei einem neuerlichen Aufruf der Adresse wiederfinden.

Damit geht aber leider der Wert für die Variable `currentItemNum` flöten, den Sie vorher beim Klick bzw. Tap auf ein Vorschaubild gesetzt hatten. Sie müssen ihn auf irgendeine Weise neu setzen. Hier hilft der sogenannte Hash, womit man den Abschnitt einer URL hinter einem #-Zeichen bezeichnet (um genau zu sein, inklusive des #-Zeichens). Sie speichern den Teilstring beim Aufruf der Seite:

```
var hash = $.mobile.path.parseUrl(location.href).hash;
```

Der Wert für diese Variable wird dann folgendermaßen aussehen:

```
#/jqm/pages/page2.html
```

Jetzt müssen Sie nur noch die URL im `href`-Attribut des Vorschau-Ankers mit dem String der Variablen `hash` abgleichen. Dann erhalten Sie den richtigen Zähler:

```
$imageItems.each(function(i) {
  if (hash.match($imageItems.eq(i).attr("href"))) {
    currentItemNum = i;
  }
});
```

Dieser Wert wird dann in der Variablen `currentItemNum` gespeichert. Damit ist auch die korrekte Deep-Linking-Funktion gesichert: Sie können jetzt korrekt vor- und zurückblättern.

Das sind auch schon die wesentlichen Abweichungen gegenüber der ersten jQuery Mobile-Galerie. Die nächste Steigerung wäre, dass Sie nicht mehr zusätzliche Seiten, sondern einfach nur die Vollbilder nachladen. Das ist aber eigentlich ein reines jQuery-Thema und trägt zum Verständnis von jQuery Mobile im Moment wenig bei. Überlassen Sie im Moment diese Aufgabe anderen. Und aus diesem Grund lassen Sie uns an dieser Stelle lieber auf ein Plugin blicken, das die Galeriefunktion noch ein wenig besser beherrscht.

6.5.4 Eine mobile Galerie mit Photo Swipe

Es gibt sie bereits, die ersten Plugins, die auf jQuery Mobile aufsetzen. Eines ist ein Galerie-Plugin namens *Photo Swipe*.

Die Anforderungen sind geblieben: Sie benötigen eine Startseite, eine *Page*, um in der Terminologie von jQuery Mobile zu bleiben. Bei einem Klick oder Tap öffnet sich wieder ein Vollbild, und Sie sehen im Footer Buttons, um vor- und zurückzublättern, sowie einen SCHLIESSEN-Button. Photo Swipe stellt darüber hinaus noch eine *SlideShow*-Funktion bereit, mit der die Bilder automatisch weitergeschaltet werden können.

Abbildung 6.54 Bildergalerie mit Photo Swipe

Diese Galerie gibt es zwar als mobile Plattform auch ohne jQuery-Unterbau, aber schauen wir uns einmal das jQuery Mobile-Beispiel zu Photo Swipe an. Sie können das Plugin wieder auf der Begleit-DVD finden oder direkt auf der Projektseite *http://www.photoswipe.com/*. Dort erhalten Sie stets die aktuelle Version des Plugins.

Der Aufbau der HTML-Seite wird Ihnen aus den vorherigen Beispielen bekannt vorkommen. Die Seitenanatomie behalten Sie bei: *Page*, *Header*, *Content*, *Footer*. Sie benötigen allerdings lediglich eine einzige *Page* für die Startseite. Alle anderen Bestandteile werden dynamisch von Photo Swipe erzeugt. Auch die Überblendungen, die Transitions, werden vom Plugin selbst übernommen.

Insofern benutzt Photo Swipe nicht das Framework jQuery Mobile, sondern setzt einfach darauf auf. So könnten Sie dieses Plugin auch *ohne* das Mobile-Framework benutzen, aber es erlaubt eben auch – wie Sie es hier ausprobieren werden – eine Integration. Betrachten Sie den HTML-Code:

```
<!DOCTYPE html>
<html>
<head>
<title>Photo Swipe</title>
<meta content="width=device-width, initial-scale=1.0,
      maximum-scale=1.0, user-scalable=0;" name="viewport">
<link rel="stylesheet" href="css/jquery.mobile-1.0b1.css">
<link href="css/photoswipe.css"
      type="text/css" rel="stylesheet">
<style type="text/css">
  div.gallery-item { float:left; margin:5px; }
  #Gallery .ui-content { overflow:hidden; }
</style>
<script type="text/javascript" src="js/jquery-1.6.2.js"></script>
<script type="text/javascript"
        src="js/jquery.mobile-1.0b1.js"></script>
<script type="text/javascript"
        src="js/simple-inheritance.min.js"></script>
<script type="text/javascript"
        src="js/jquery.animate-enhanced.min.js"></script>
<script type="text/javascript"
        src="js/code-photoswipe-jQuery-1.0.17.js"></script>
<script type="text/javascript">
  $(document).ready(function() {
      // Initialisierung der Bilder
      $("div.gallery a").photoSwipe({
        fadeInSpeed:200,
        fadeOutSpeed:200,
```

```
        slideSpeed:500,
        slideshowDelay:100,
        backButtonHideEnabled:false
      });
      return true;
    });
</script>
</head>
<body>
  <div data-role="page"
       data-theme="a"
       id="Gallery" class="gallery-page">
    <div data-role="header" data-position="fixed">
      <h1>Photo Swipe Gallery</h1>
    </div>
    <div data-role="content">
      <div class="gallery">
        <div class="gallery-item">
          <a href="images/bild-1.jpg" rel="external">
            <img src="images/thumb-bild-1.jpg"
                 alt="">
          </a>
        </div>
        ...
        <div class="gallery-item">
          <a href="images/bild-5.jpg" rel="external">
            <img src="images/thumb-bild-5.jpg"
                 alt="">
          </a>
        </div>
      </div>
    </div>
    <div data-role="footer" data-position="fixed">
      <h4>Footer</h4>
    </div>
  </div>
</body>
</html>
```

Listing 6.18 Komplettes Listing: Galerie mit Photo Swipe

Im `<head>` binden Sie wieder die nötigen externen Dateien ein. Das wären das jQuery Framework, dann jQuery Mobile, die dazugehörigen jQuery-Stylesheets sowie das Plugin *code-photoswipe-jQuery-1.0.17.js*. Außerdem werden noch die Plugins *simple-inheritance.min.js* und *jquery.animate-enhanced.min.js* benötigt.

Diese zusätzlichen Plugins liegen dem Photo Swipe-Paket bei, Sie müssen nach ihnen nicht weiter suchen.

Im `<body>` werden einfach die Anker in einen Container namens `#Gallery` gepackt. Diesen `<div>`-Container benötigen Sie zwingend, da Photo Swipe ihn als Ziel der Selektion verwendet und alle darin enthaltenen Anker und Bilder darüber identifiziert.

Die Anker-Elemente enthalten ganz gewöhnliche Attribute. Sie sollten auf zwei Dinge achten: erstens, dass Sie `rel="external"` einsetzen. Das führt dazu, dass jQuery Mobile nicht seinen Ajax-Automatismus anwirft. An dieser Stelle hört nämlich das jQuery Mobile-Framework auf zu wirken, und Photo Swipe übernimmt das Geschehen.

Zweitens sollten Sie wissen, dass Photo Swipe das `<alt>`-Attribut verwendet, um einen Titel in der Vollansicht zu zeigen. Also wählen Sie hier einen aussagekräftigen Titel.

Für diese kleine Demo soll wieder Bild 1 bis 5 reichen. Sodann können Sie sich den jQuery-Code zu Gemüte führen, der nur wenige Zeilen umfasst. Er ist ja bereits im `<head>` des Dokuments eingefügt. Nach dem `$(document)ready()`-Event gibt es eigentlich nur die Zeile:

```
$("div.gallery a").photoSwipe();
```

Sie initialisiert die Galerie. Das jQuery-Objekt speichert alle Anker innerhalb der *Page*, der die Klasse `.gallery` zugewiesen wurde, und die Methode `photoSwipe()` wird aufgerufen. Wenn Sie mehrere *Pages* angelegt haben und diese Galerie befindet sich auf einer *Page*, die beim Start noch nicht sichtbar war, dann sollten Sie noch den Event `pageshow` verwenden:

```
$('div.gallery-page').live('pageshow',function(e) {
  $("div.gallery a").photoSwipe();
});
```

Dann wird die Galerie erst initialisiert, wenn die *Page* auch sichtbar ist.

Photo Swipe bietet noch eine Reihe von Optionen, die gesetzt werden können. Besuchen Sie die Website des Projekts, es sind zu viele, um sie hier im Einzelnen zu besprechen.

Manche Optionen werden Sie selten benötigen, beispielsweise `backButtonHideEnabled`. Diese Option ist standardmäßig auf `true` gesetzt. Wenn Sie den BACK-Button des Browsers betätigen, schließt sich die Galerie. Mit `false` können Sie dieses Verhalten abschalten. Im Folgenden sehen Sie eine kleine Auswahl an Optionen:

```
$("div.gallery a").photoSwipe({
  fadeInSpeed:200,
  fadeOutSpeed:200,
  slideSpeed:500,
  slideshowDelay:100,
  backButtonHideEnabled:false
});
```

Sie sehen die Einstellungen für die Geschwindigkeit, in der die Galerie die Bilder einblendet, die Geschwindigkeit für das Ausblenden, die Geschwindigkeit für den Übergang von einem Vollbild auf das nächste und die Verzögerung, die bei der SlideShow zum nächsten Bild schaltet. Und Sie sehen das schon erwähnte `backButtonHideEnabled`.

6.6 Zusammenfassung

Hiermit sind wir am Ende des Themas »mobiles Webdevelopment« mit jQuery, jQTouch und jQuery Mobile angelangt. Natürlich gibt auch dieses Thema weit mehr her – wir hoffen, dass wir Sie zumindest neugierig gemacht und angeregt haben, selbstständig und gut gerüstet auf Entdeckung zu gehen. Mit der ersten, bald final verfügbaren Version von jQuery Mobile haben Sie erste Gehversuche unternommen. Und Sie sind einer der Ersten, (na ja, einer der Zweiten, um ehrlich zu sein, denn im Web gibt es bereits einige Web-Apps), die sich damit auseinandersetzen. Aber es gibt noch nicht so überwältigend viele Plugins wie in der Welt des etablierten jQuery-Frameworks. Manche Anwendungen stecken noch in den Kinderschuhen. Aber ständig werden sie weiterentwickelt, und auch Sie können zur Community gehören, die diese neue Welt erschließt.

Sie haben einen kleinen Einblick bekommen, wie Sie mit dem Konzept der *Pages* umgehen können. Statt der Bilder können Sie selbstredend andere Inhalte einfügen: Texte, Formulare, auch solche mit mehreren Stufen, beispielsweise für Umfragen. Sie können damit Kartenanwendungen, Twitter-Clients und vieles mehr auf einer mobilen Plattform erstellen. Die mobile Welt hat gerade erst begonnen, sich zu drehen.

Sie finden im Anschluss noch ein Kapitel über »Unit Testing« in Zusammenhang mit der JavaScript-Entwicklung. Dies mag Ihnen vielleicht ein wenig »randständig« vorkommen, aber seien Sie versichert, es handelt sich um eine nützliche Sache – so wie wir grundsätzlich hoffen, dass dieses Buch Ihnen nützlich ist und sein wird.

»QUnit is a powerful, easy-to-use, JavaScript test suite. It's used by the jQuery project to test its code and plugins but is capable of testing any generic JavaScript code.« – QUnit-Dokumentation

7 Unit-Tests

Wenn Sie größere JavaScript-Projekte bearbeiten, kommen Sie an einen Punkt, an dem Sie sich Testroutinen wünschen. Die beliebte Ausgabe mit `alert()`, um Variablenwerte auszulesen, hilft ein wenig, kostet aber Zeit und ist einfach mühselig und obendrein nicht besonders zuverlässig.

Für andere Programmiersprachen wurden zuerst sogenannte *Unit-Tests* entwickelt, zuerst für Smalltalk, dann für Java. Eines der bekanntesten Testframeworks für Java ist *JUnit*. Die Idee dahinter war, in Anlehnung an ein Konzept, das in Zusammenhang mit *extreme programming* entstanden ist, zuerst Testroutinen zu schreiben und im Anschluss daran den eigentlichen Code, um alle erdenklichen Testfälle im Vorfeld der eigentlichen Entwicklung zu berücksichtigen.

Wenn neue Erweiterungen für eine solche Software geschrieben werden, kann man davon ausgehen, dass der bereits vorhandene Code fehlerarm ist. Treten nach der Entwicklung der Erweiterungen dann Fehler auf, kann als sicher angesehen werden, dass diese Fehler in dem neu hinzugefügten Code zu suchen sind. Und auch für diesen neuen Code wird der Entwickler zuerst Testroutinen schreiben, bevor er an die eigentliche Erweiterung geht (*test driven development*).

Dieses Prinzip der »testgetriebenen« Softwareentwicklung hat man auch auf die Sprache JavaScript übertragen. So entstand *QUnit*. QUnit besteht also aus Testroutinen, mit denen man Codes, Codeabschnitte bzw. einzelne Klassen oder Module testen kann. Ohne dass das gesamte Programm getestet wird, können Sie Tests für einen ausgewählten Codeabschnitt, ein Modul oder eine Klasse formulieren, Bedingungen entwerfen und den Code daraufhin testen.

Wer steht hinter QUnit?

Entwickelt und betreut wird das Framework von John Resig und Jörn Zaefferer. Sie können sich die Dateien unter folgenden beiden Links herunterladen:

- *http://github.com/jquery/qunit/raw/master/qunit/qunit.js*
- *http://github.com/jquery/qunit/raw/master/qunit/qunit.css*

Sie werden in diesem Kapitel in das *QUnit Framework* hineinschnuppern und erste Gehversuche unternehmen. Sie werden jedoch (dies verbietet der Umfang dieses Buches) nicht eine komplette Einführung in das Thema bekommen.

7.1 Ein Blick auf QUnit

QUnit ist jedoch zu wichtig, um es in diesem Buch zu übergehen. Sobald Sie Plugins für jQuery herunterladen, werden Sie feststellen, dass viele Entwickler, die ernst zu nehmende Plugins entwerfen, mit QUnit arbeiten. Wollen Sie komplexe Softwareerweiterungen für jQuery schreiben, werden Sie um dieses Thema nicht herumkommen.

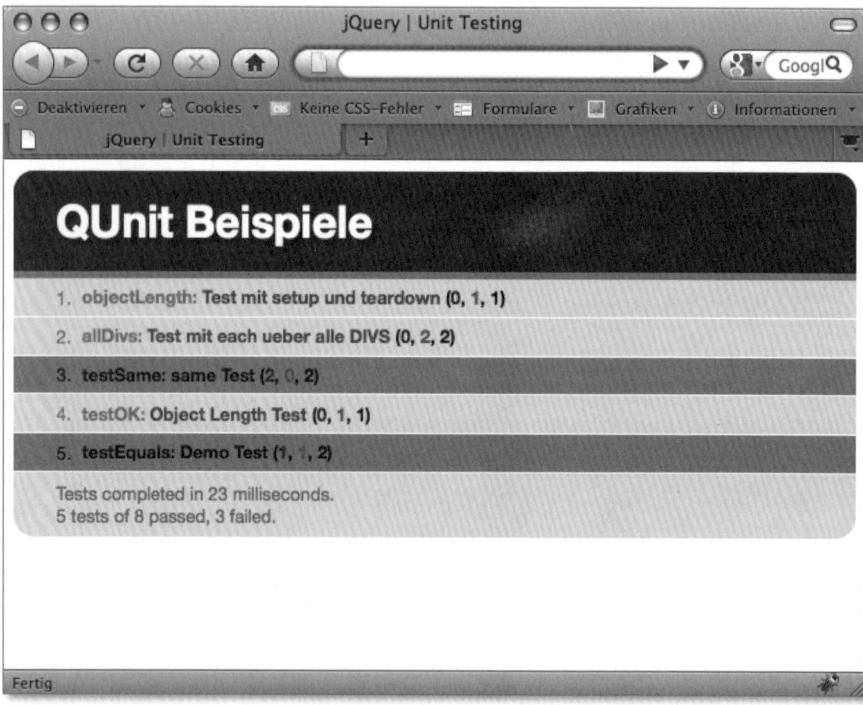

Abbildung 7.1 QUnit – Browserausgabe

Zunächst soll hier ein erstes einfaches Exempel aufgestellt werden. Dazu schreiben wir eine Test-HTML-Seite:

```
<!DOCTYPE html>
<html>
<head>
```

```
<title>jQuery | Unit Testing</title>
<link type="text/css" href="css/qunit.css"
      rel="stylesheet">
<script type="text/javascript"
      src="js/jquery-1.6.2.js"></script>
<script type="text/javascript" src="js/qunit.js"></script>
<script type="text/javascript">
  test("Das ist mein erster Test", function () {
    ok(true, "Dieser Test war erfolgreich");
  });
  QUnit.log = function(obj) {
    $("#log").append(obj.result + "|" + obj.message + "<br>");
  }
</script>
</head>
<body>
  <div id="container">
    <h1 id="qunit-header">QUnit Beispiele</h1>
    <ol id="qunit-tests"></ol>
  </div>
  <div id="log"></div>
</body>
</html>
```

Listing 7.1 HTML-Gerüst – QUnit

Das jQuery-Framework müssen Sie nicht zwingend einbinden, QUnit funktioniert auch ohne jQuery. Für dieses und die folgenden Beispiele sollten Sie jQuery aber einbinden. Im `<body>` benötigen Sie auf jeden Fall das `<ol>`-Element (auf die Überschrift können Sie verzichten).

7.2 Assertions

Es existieren im QUnit-Framework drei verschiedene Tests für *Assertions*, also »Bedingungen« oder »Annahmen«, die erfüllt werden sollen. Die Tests machen verschiedene »Annahmen«. Sind alle Tests durchlaufen, wird in Klammern die Auswertung angezeigt: Die erste Ziffer gibt an, wie viele Tests fehlgeschlagen sind, und die zweite besagt, wie viele erfolgreich waren. Die dritte Ziffer zeigt die Gesamtzahl der durchlaufenen Tests an.

7.2.1 Test mit ok()

In diesem Beispiel wird genau ein Test mit der Methode `ok()` durchlaufen, die die einfachste *Assertion* darstellt und die einfach den booleschen Wert `true` erwartet. Der eigentliche Test wird in der Zeile `ok(true, "...");` durchgeführt. Das Ergebnis wird folgendermaßen aussehen:

Das ist mein erster Test (0, 1, 1)

Der Test würde in den Fällen `"irgendein String"`, `true` oder `"3956"` den Test als »erfolgreich« abschließen. In den Fällen `false`, `""`, `undefined` oder `0` würde der Test als fehlgeschlagen beendet.

7.2.2 Test mit equals()

Neben `ok()` gibt es noch `equals()` und `same()`. Die beiden letztgenannten *Assertions* vergleichen zwei Werte miteinander, zum einen den Ist-Wert (»actual«) und zum anderen den erwarteten Wert (»expected«).

Ein Test für `equals()` würde folgendermaßen aussehen:

```
test("Das ist mein zweiter Test", function () {
  equals(true,true, "Dieser Test war erfolgreich");
  equals(true,false, "Dieser Test ist fehlgeschlagen");
});
```

Die erste Assertion ist erfolgreich, die zweite ist fehlgeschlagen. Mit `equals()` können Sie also zwei Werte miteinander vergleichen.

Im Folgenden wird das Beispiel etwas ausgebaut. Mit dem jQuery-Objekt, das alle `<div>`-Elemente des HTML-Dokuments speichert, wird mit `each()` über jedes Element iteriert. Sie können voraussagen, dass es sich um zwei Tests handeln muss, die durchlaufen werden:

```
...
var obj = $("div");
test("Das ist ein Test mit equals", function () {
  expect(2);
  obj.each(function() {
    equals($(this).length, true, "Test war erfolgreich");
  });
});
...
```

Das Ergebnis wird folgendermaßen ausfallen:

Das ist ein Test mit equals (0, 2, 2)

7.2.3 Test mit same()

Jedes Element, das mit `each()` durchlaufen wird, hat natürlich eine Eigenschaft `length`, eben die Zahl 1. Sie werden einwenden, dass die Zahl 1 ja nicht dem erwarteten Wert `true` entspräche. Nun, die Methode `equals()` geht nicht »strikt« beim Überprüfen der Datentypen vor. Sie vergleicht Booleans, Numbers und Strings gleichermaßen. Das gleiche Ergebnis erhalten Sie, wenn Sie `(obj.length == true)` ausgeben lassen.

Was dahinter steckt: JavaScript geht grundsätzlich sehr großzügig mit Datentypen um, wenn Sie den Vergleichsoperator == verwenden. Setzen Sie stattdessen === ein, wird JavaScript zwei Werte *strikt* vergleichen. Nur dann wird auch nach Datentyp unterschieden.

Mit QUnit erreichen Sie dies mit `same()`. Verändern Sie den Versuchsaufbau:

```
var obj = $("div");
test("Das ist ein Test mit same", function () {
  expect(2);
  obj.each(function() {
    same($(this).length, true, "Test wird fehlschlagen");
  });
});
```

So erhalten Sie für beide Tests ein »Test fehlgeschlagen«. `same()` arbeitet also viel genauer im Vergleichen mit Werten, 1 entspricht hier eben nicht `true`.

7.2.4 Module

Sie können zusätzlich noch »Module« definieren. Module sind hilfreich, um eben genau den Zweck zu erfüllen, einzelne Units zu testen. Zusätzlich können Sie einer Variablen Testwerte übergeben, ohne die Variablen für nachfolgende Funktionen zu verändern. Einem Modul muss das Argument `name` übergeben werden. Des Weiteren kann ein »Lifecycle« definiert werden – es können also mit den Optionen `setup` oder `teardown` Funktionen übergeben werden. Hierbei erwartet `setup`, wie der Name bereits sagt, einen Wert, der am Anfang des Tests verarbeitet wird. Meist ist dies eine anonyme Funktion. Die Anweisung `teardown` wird ausgeführt, bevor die Tests beendet werden (für das folgende Beispiel wird der Klarheit halber auf `teardown` verzichtet). Im Folgenden sehen Sie das gesamte Script:

```
$(document).ready(function () {
  var obj = $("div");
  module("objectLength", {
    setup: function () {
```

```
      this.obj = obj.filter("#container");
    }
  });
  test("Test mit setup", function () {
    expect(1);
    this.obj.each(function() {
    equals($(this).length,
           true,
           "Element: "+$(this).get(0).tagName);
    });
  });
});
QUnit.log = function(result, message) {
  $("#log").append(result + " | " + message + "<br />");
}
```

Listing 7.2 JavaScript-Code – QUnit

Das Ergebnis wird im Div mit dem ID `#log` folgendermaßen ausgegeben:

```
true | Element: DIV, expected: true result: 1
```

Mit der Option `setup` wurde die Eigenschaft `this.obj` initialisiert. Die Erwartung ist, dass ein einziger Testlauf durchgeführt wird; `expect()` wird deshalb auf 1 gesetzt.

Noch ein kleiner Hinweis: Wenn Sie viele Tests aufgebaut haben, können Sie über die URL einen Parameter mit dem Modulnamen übergeben. Dann wird ausschließlich dieses Modul ausgeführt. In diesem Beispiel wäre das *file:///[pfad]/qunit.html?objectLength*.

7.3 Alle QUnit-Methoden im Überblick

7.3.1 Setup

Methode	Erläuterung
`test( name, erwartet, test )`	Test hinzufügen
`asyncTest( name, erwartet, test )`	Asychronen Test hinzufügen
`expect( Menge)`	Wie viele Assertions werden innerhalb eines Tests erwartet?

Tabelle 7.1 QUnit-Übersicht (Setup)

Methode	Erläuterung
`module( name, lifecycle )`	Teilt Tests in Module auf.
`init( )`	Initialisiert den Test. Reinitialisiert den Test, wenn er bereits läuft. Wird in der Praxis nicht benötigt.

Tabelle 7.1 QUnit-Übersicht (Setup) (Forts.)

7.3.2 Assertions

Methode	Erläuterung
`ok( status, message )`	Wenn das erste Argument `true` ist, ist der Test verfolgreich verlaufen. Dies entspricht `assertTrue` des JUnit-Testframeworks für Java.
`equals( ist, erwartet, message )`	Eine Vergleichsassertion; sie entspricht `assertEquals` von JUnit.
`same( ist, erwartet, message )`	Eine Vergleichsassertion, die primitive Datentypen, Arrays und Objekte vergleicht.

Tabelle 7.2 QUnit-Übersicht (Assertions)

7.3.3 Asynchrone Tests

Methode	Erläuterung
`start( )`	Startet Testläufe, wenn sie vorher gestoppt wurden.
`stop( timeout )`	Stoppt Testläufe und wartet, bis sie mit `start()` aufgerufen werden.

Tabelle 7.3 QUnit-Übersicht (asynchrone Tests)

Mehr zu QUnit

Weiterführende Informationen finden Sie unter:

http://docs.jquery.com/QUnit

Dort finden Sie auch einen Link zu umfassenden Unit-Tests, beispielsweise jenen zu *jQuery UI Akkordion*, der auch Benutzereingaben simuliert:

http://jquery-ui.googlecode.com/svn/trunk/tests/unit/accordion/

Anhang

»HTML has the potential interest of millions of people: anyone who has designed a web page may have useful views on new HTML features. It is the earliest spec of W3C, a battleground of the browser wars, and now the most widespread spec.« – Tim Berners-Lee in seinem Webblog

A HTML und CSS

Vielleicht haben Sie dieses Buch ja zur Hand genommen, ohne bereits jahrelange Erfahrung im Webdesign zu haben, und möchten mit seiner Hilfe zügig zum Entwerfen interaktiver Weboberflächen gelangen. Gerne – genau hierzu wollen wir Ihnen mit diesem Buch verhelfen. Auf den folgenden Seiten geben wir Ihnen noch etwas zusätzliches Rüstzeug mit auf den Weg – lesen Sie sie daher sorgfältig.

Möglicherweise sind Sie aber auch vertraut mit HTML und CSS und arbeiten bereits jahrelang mit JavaScript. Das Thema »jQuery« stellt für Sie eher Aufbauwissen dar, mit dem Sie Ihr Portfolio erweitern möchten. Den vorliegenden Anhang A, »HTML und CSS«, sowie Anhang B, »JavaScript«, können Sie als Profi getrost überschlagen. Es sei denn, Sie haben Spaß an einer lockeren kleinen Wiederholung.

A.1 Trennungen – Struktur, Präsentation, Verhalten

»Teile und herrsche« – diese Devise gilt auch im Webdesign. Anders gesagt: Beim Erstellen einer Webseite genügt uns eine einzige Formulierungsmöglichkeit nicht, um alle anfallenden Aufgaben abdecken zu können. Vielmehr greifen wir für unterschiedliche Teilbereiche auf entsprechend spezialisierte Sprachen zurück, die uns das jeweils geeignete Werkzeug an die Hand geben.

Lassen Sie uns diese Teilbereiche kurz umreißen. Es sind dies (meist auch in dieser Reihenfolge genannt) im Einzelnen:

- die Beschreibung der Struktur
- die Beschreibung der Präsentation
- die Beschreibung des Verhaltens

Wir betrachten diese Teilbereiche nun etwas genauer.

A.1.1 Beschreibung der Struktur

Die Beschreibung der *Struktur* wird durch eine Sprache übernommen, die in der Lage ist, hierarchisch geordnete Informationen möglichst semantisch (ihrer Bedeutung entsprechend) darzustellen.

Im Webdesign geschieht dies durch *HTML* oder *XHTML*. Im Volksmund werden HTML und XHTML oft als »Programmiersprachen« bezeichnet, was allerdings nicht zutrifft. Bei beiden handelt es sich vielmehr um Auszeichnungs- oder *Markup-Sprachen*.

A.1.2 Beschreibung der Präsentation

Die in HTML beschriebene Struktur muss optisch präsentiert werden, wobei die Darstellung gemäß des User Agents (Browser, Mobilgerät, Drucker) *unterschiedlich* erfolgen muss (eben darum darf die Definition der Darstellung nicht Teil der Struktur sein). Für dieses Gebiet ist *CSS* die Sprache der Wahl.

Auch CSS ist keine Programmiersprache. Mit CSS wird lediglich beschreibend festgelegt, welche Elemente auf welche Weise dargestellt werden und in welchem Kontext welche der definierten Darstellungsanweisungen einzusetzen ist. Man bezeichnet CSS daher auch als *Präsentationssprache*. Da kein Prozess, sondern ein Ergebnis beschrieben wird, nennt man dies auch eine *deklarative Sprache*.

A.1.3 Beschreibung des Verhaltens

Interessant wird es, sobald eine Interaktion mit dem dargestellten Dokument möglich wird. Hier kommt *JavaScript* ins Spiel, mit dessen Hilfe User-Aktionen erkannt werden und auf sie reagiert werden kann.

Bei JavaScript handelt es sich tatsächlich um eine ausgewachsene *Programmiersprache*. Mit seiner Hilfe kann man die eigentlich statischen Struktur- und Präsentationsaspekte dynamisch machen, also (auch nachträglich) sowohl das Aussehen als auch die Inhalte eines Dokuments verändern. Ein JavaScript-Framework wie jQuery hilft Ihnen bei den dabei anfallenden, komplexen Programmieraufgaben.

A.1.4 Das Schichtenmodel

Da diese drei Aspekte aufeinander aufbauen (mit der Struktur als Basis), kann man sie auch als Schichtenmodell betrachten (siehe Abbildung A.1). Hier wird deutlich, dass die HTML-Struktur die Basis bildet, auf der die darüberliegenden Schichten aufsetzen.

Tatsächlich liest der Browser auch zunächst diese Struktur ein, die er anschließend gemäß den CSS-Anweisungen »dekoriert« und schließlich mit dem in JavaScript beschriebenen Verhalten ausstattet. Setzen wir uns kurz mit den Grundlagen von HTML auseinander.

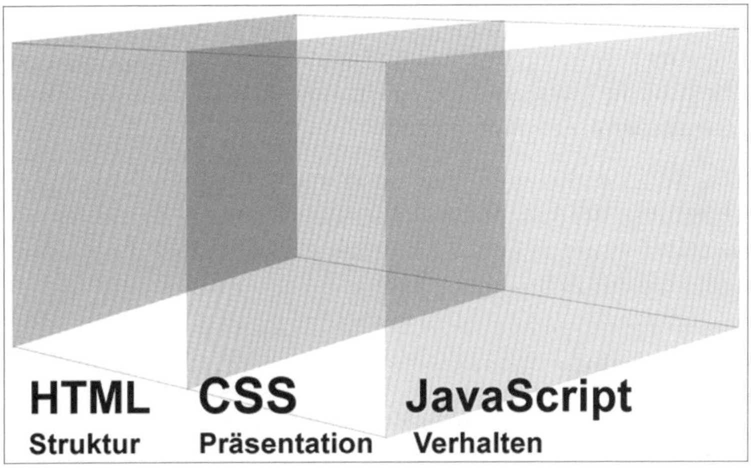

Abbildung A.1 Die drei Ebenen – Struktur, Präsentation und Verhalten

A.2 (X)HTML – Beschreibung der Struktur

Was auch immer Sie in Bezug auf Webdesign oder -programmierung unternehmen – HTML (heutzutage meist als XHTML) wird stets dabei sein.

A.2.1 Was ist eine Markup-Sprache?

Während eine Programmiersprache (wie JavaScript) – einfach ausgedrückt – Abläufe und Vorgänge beschreibt, dient eine Auszeichnungssprache dazu, die *Struktur* von als Textdaten vorliegender Information in einer semantischen Form zu formulieren.

Hierfür wird ein Informationsblock in Marken eingeschlossen, die seine Aufgabe oder Bedeutung benennen und gleichzeitig seinen Anfang und sein Ende bestimmen. Diese Marken werden als *Tags* bezeichnet; man unterscheidet einen Start- und einen End-Tag. Die gesamte Struktur aus Inhalt sowie Start- und Endmarke wird als *Element* bezeichnet:

```
<name>Eine Information</name>
```

A.2.2 Grammatik und Dokumenttyp

Die *Bezeichner* der Elemente einer Markup-Sprache, sprich die Tag-Namen, ergeben sich aus der zu beschreibenden Informationsstruktur. Ihre möglichen Ausprägungen bestimmen damit den Sprachumfang der Markup-Sprache, der im Allgemeinen in einer *Grammatik* festgelegt wird.

Hiervon existieren im Falle von HTML und XHTML (historisch bedingt) mehrere gleichzeitig gebräuchliche Varianten (u. a. *HTML 4 transitional*, *strict* und *frameset*, *XHTML 1.0 transitional*, *strict* und *frameset*).

Eine an die aktuellen Anforderungen angepasste Grammatik ist in Gestalt von *HTML5* in Vorbereitung. Der Sprachumfang von HTML5 ist noch um einiges größer als der von HTML 4, um mehr Möglichkeiten der semantischen Abbildung einer Informationsstruktur zu bieten.

A.2.3 HTML vs. XHTML

HTML und XHTML haben *dieselbe Aufgabe* und gleichen sich daher in vielen Belangen. Hierzu gehören die Anzahl und die Bezeichnung der Elemente und Attribute und deren Verwendung. Da beide Sprachen *unterschiedlicher Herkunft* sind (HTML basiert auf SGML, XHTML hingegen auf XML), gibt es prinzipbedingt zwischen beiden Sprachen einige Unterschiede. Diese sind in Tabelle A.1 kurz zusammengefasst.

	HTML	XHTML
Wurzelelement	Optional	Obligatorisch
Namensraum	Namensraumkonzept existiert nicht.	XHTML-Namensraum erforderlich
Doctype-Deklaration	Optional	Erforderlich
Elementverkürzungen	Gestattet	Nicht gestattet
Attributwerte	Anführungszeichen um Zahlenwerte optional	Anführungszeichen obligatorisch
Marker-Attribute	Gestattet	Nicht gestattet
Leere Elemente	Werden nicht geschlossen	Müssen geschlossen werden
Bezeichner	Schreibweise nicht reglementiert	Kleinschreibung vorgeschrieben

Tabelle A.1 Zusammenfassung der Unterschiede zwischen HTML und XHTML

Welche HTML-Variante in Zusammenhang mit jQuery?

Ohne vorgreifen zu wollen, wollen wir hier kurz auf die Frage eingehen, ob die eine oder die andere HTML-Variante für die Arbeit mit jQuery geeigneter ist. Wir haben uns im Rahmen dieses Buches für XHTML entschieden. Für jQuery ist es jedoch unerheblich, welchen HTML-Dialekt Sie bevorzugen. Auch mit HTML5 arbeitet jQuery problemlos zusammen.

Die Regeln dieser Grammatiken liegen als *Doctype Definition* (DTD) vor, was praktisch der Duden des Webdesigners ist (den Sie allerdings nur selten konsultieren müssen). Welche Grammatik für ein Dokument speziell gelten soll, kann an dessen Anfang bekannt gegeben werden – dies geschieht im Rahmen einer *Doctype-Deklaration.*

Gemäß dieser Grammatik kann das Dokument anschließend validiert (auf Konformität geprüft) werden. Eine solche Doctype-Deklaration braucht für HTML-Dokumente nicht unbedingt zu erfolgen; für XHTML-Dokumente ist sie allerdings vorgeschrieben. Hier ist ein Beispiel für *XHTML 1.0 transitional*:

```
<!DOCTYPE html
 PUBLIC "-//W3C//DTD XHTML 1.0 Transitional//EN"
 "http://www.w3.org/TR/xhtml1/DTD/xhtml1-transitional.dtd">
```

Wenn Ihnen das übermäßig komplex vorkommt, lassen Sie sich dadurch trösten, dass die meisten aktuellen Editoren Ihnen die Arbeit, diesen Prolog zu schreiben, abnehmen werden. Ansonsten verwenden Sie HTML5, wo die Doctype-Deklaration stark vereinfacht einfach `<!DOCTYPE html>` lautet.

Spezifikationen zu HTML und XHTML

Die Spezifikationen zu HTML, XHTML und auch zu deren designiertem Nachfolger HTML5 finden Sie beim W3C:

- **HTML 4.01:** *www.w3.org/TR/html401/*
- **XHTML 1.0:** *www.w3.org/TR/xhtml1/*
- **HTML5:** *www.w3.org/TR/html5/*

A.3 Aufbau von HTML- und XHTML-Dokumenten

Der Grundaufbau von HTML- und XHTML-Dokumenten ist, abgesehen von sprachspezifischen Details, identisch. Im *Wurzelelement* `<html>` befinden sich die beiden funktionalen Dokumentbereiche `HEAD` als *Dokumentkopf* und `BODY` als *Dokumentrumpf*. Ersterer stellt einen Container für den Dokumenttitel `TITLE` und optional weitere dokumentbezogene Informationen dar, Letzterer enthält alle sichtbaren Bestandteile des Dokuments.

Für die Grundstruktur des Dokuments werden also genau *vier Elemente* benötigt. Man bezeichnet sie als *Strukturelemente*. Wie die beiden folgenden Beispiele verdeutlichen, sind die Unterschiede zwischen HTML 4, XHTML und HTML5 auf dieser Ebene nur gering:

```
<!DOCTYPE HTML PUBLIC "-//W3C//DTD HTML 4.01//EN"
  "http://www.w3.org/TR/html4/strict.dtd">
<html lang="de">
<head>
   <meta http-equiv="Content-Type"
    content="text/html;charset=UTF-8">
   <title>Beispiel HTML 4.01 strict</title>
</head>
<body>

</body>
</html>
```

Listing A.1 Beispiel »HTML 4.01 strict«

Beachten Sie, dass die Doctype-Deklaration in HTML 4 nicht Pflicht ist. Der HTML-Tag verfügt über ein `lang`-Attribut. In XHTML ist Doctype hingegen Pflicht. Der HTML-Tag besitzt hier einen Namensraum und verfügt hier über ein `xml:lang`-Attribut:

```
<!DOCTYPE html PUBLIC "-//W3C//DTD XHTML 1.0 Strict//EN"
  "http://www.w3.org/TR/xhtml1/DTD/xhtml1-strict.dtd">
<html xmlns="http://www.w3.org/1999/xhtml" xml:lang="de">
<head>
   <meta http-equiv="Content-Type"
    content="text/html;charset=UTF-8" />
   <title>Beispiel XHTML 1.0 strict</title>
</head>
<body>

</body>
</html>
```

Listing A.2 Beispiel »XHTML 1.0 strict«

Das neue HTML5 ist demgegenüber stark vereinfacht. Der Doctype ist der denkbar simpelste, eine Namensraumsdeklaration ist nicht erforderlich (sie ist implizit), und wir haben wieder ein `lang`-Attribut. Prägen Sie sich diesen Dokumentaufbau gut ein, denn hierin liegt die Zukunft:

```
<!DOCTYPE HTML>
<html lang="de-DE">
<head>
   <meta charset="UTF-8">
   <title>Beispiel HTML 5</title>
</head>
<body>

</body>
</html>
```

Listing A.3 Beispiel »HTML5«

A.3.1 Die Aufgaben des Dokumentkopfs

Im Dokumentkopf `HEAD` existieren neben dem obligatorischen `TITLE`-Element noch weitere optionale Elemente. Ihre Anzahl und Reihenfolge sind nicht reglementiert. Die gebräuchlichsten hiervon sind:

- Meta-Informationen (als `<meta>`-Tags)
- Style-Informationen (über den `<link>`-Tag oder im `<style>`-Container)
- Script-Informationen (im `<script>`-Container)

Der Scriptcontainer <script> in HTML und XHTML

Im Rahmen dieses Buches ist der `SCRIPT`-Tag von besonderem Interesse, weshalb wir ihn jetzt etwas näher beleuchten.

Das `SCRIPT`-Element wird zum direkten Einbetten von *Scriptanweisungen* verwendet. Es darf sowohl im `HEAD` als auch im `BODY` des Dokuments in beliebiger Anzahl auftreten, wobei die Blöcke in der Reihenfolge abgearbeitet werden, in der sie im Dokument erscheinen (Scripts im Head also zuerst). Obligatorisch ist die Angabe des MIME-Typs mittels des `type`-Attributs. In der Regel lautet er `"text/javascript"` für JavaScript. Der Programmcode kann sich direkt im Element befinden, aber auch von außen »hereingeholt« werden.

Soll eine außerhalb des HTML-Dokuments liegende JavaScript-Datei ausgeführt werden, wird sie über das `src`-Attribut aufgerufen. Die externen Scriptdaten verhalten sich, als ob sie sich direkt im Container befinden würden. Das `SCRIPT`-Element bleibt in diesem Falle leer, muss aber dennoch mit einer Endmarke geschlossen werden. Das Pflichtattribut `type` nennt auch hier den MIME-Typ der verwendeten Scriptsprache:

```
<script type="text/javascript" src="extern.js"></script>
```

Diese Schreibweise ist in HTML und XHTML identisch. Problematischer ist das direkte Einfügen von Scripten, da das Inhaltsmodell von SCRIPT laut Grammatik in HTML (CDATA-Inhalt) und XHTML (PCDATA-Inhalt) unterschiedlich definiert ist.[1] Um das Parserverhalten zu vereinheitlichen, schließt man, um sicherzugehen, in XHTML-Dokumenten den Containerinhalt in einen CDATA-Bereich ein.

Einbindung in HTML	Einbindung in XHTML

`<script type="text/javascript">`
`<!--`
`  alert("Hallo Welt!");`
`//-->`
`</script>`
	`<script type="text/javascript">`
	`/*<![CDATA[*/`
	`  alert("Hallo Welt!");`
	`/*]]>*/`
	`</script>`

Tabelle A.2 Unterschiede in der Einbindung von Scriptdaten bei HTML und XHTML

Was ist besser – lokale oder externe Scripte?

Diese Unterschiede im Inhaltsmodell und entsprechende Kompatibilitätsprobleme legen es nahe, in XHTML die Einbindung externer Scriptdateien vorzuziehen. Wirklich relevant ist der Unterschied nur, falls das Dokument validiert wird. Im Rahmen dieses Buches werden wir, um die Beispieldateien kompakt zu halten, in vielen Fällen lokal eingebettete Scripte einsetzen.

A.3.2 Der Dokumentrumpf – strukturierte Information

Die Mehrzahl der Elemente, die in HTML und XHTML definiert sind, wird im Dokumentrumpf, also dem im Browserfenster sichtbaren Teil des Dokuments, eingesetzt. An dieser Stelle erübrigt sich eine detaillierte Übersicht – höchstens ein Blick auf das allgemeine Prinzip kann im Rahmen dieses Buches erfolgen.[2]

Eine Webseite untergliedert man auch in bestimmte funktionale Bereiche, die wir gleich noch betrachten werden. Befassen wir uns zunächst mit der darzustellenden Information selbst, also dem eigentlichen Inhalt unseres Dokuments.

Semantische Auszeichnung

Was eine Information in einem Zusammenhang bedeutet, ist für einen menschlichen Betrachter, der zur Interpretation fähig ist, einfach ersichtlich. Soll ein Dokument von einem Computerprogramm verarbeitet werden, ist es hingegen

1 Vereinfacht gesagt, werden in XHTML die Inhalte daraufhin überprüft, ob sie Steuerzeichen enthalten, in HTML nicht. Dies kann beim Validieren der Dokumente einen Unterschied machen.

2 Wir empfehlen als Vertiefung das Referenzwerk »XHTML, HTML und CSS« von Frank Bongers, das ebenfalls bei Galileo Press erschienen ist.

erforderlich, diese Bedeutung durch eine entsprechende Kennzeichnung zu definieren. So auch in HTML.

Ein Textabsatz wird beispielsweise in `<p>`-Tags eingeschlossen, was dem Browser verdeutlicht, dass es sich um einen `paragraph` handelt. Die *Rolle* des Informationsabschnitts ist somit klar:

```
<p>Dies ist ein Textabsatz.</p>
```

Sinnvoll ist es, den Tag entsprechend der Rolle zu wählen, sofern ein passendes Element zur Verfügung steht – wie in folgenden Beispielen:

```
<address>Donald-Duck-Allee 1, 12345 Entenhausen</address>
<blockquote>Ein Blockzitat</blockquote>
```

Damit die Rolle einer Information stets eindeutig bestimmt ist, sind Grundregeln bei der Verschachtelung von Elementen zu beachten. Die Bereiche von zwei Elementen dürfen sich nicht teilweise überlagern (im fett markierten Bereich des folgenden Beispiels ist die Rolle des Inhalts deshalb undefiniert):

```
<gross> ... <klein> ... </gross> ... </klein>
```

Allerdings ist es gestattet, dass ein Element in einem anderen vollständig enthalten ist: `<gross> ... **<klein> ... </klein>** ... </gross>`

Wollen wir an einen Abschnitt eines Dokuments und damit an eine bestimmte Information gelangen (hierbei wird uns jQuery später helfen), dann ist zumindest klar, dass der Bereich der gesuchten Information eindeutig begrenzt ist.

Block- und Inline-Elemente

Je nachdem, ob ein blockartiger, zusammenhängender Abschnitt oder eine Teilinformation in einem größeren Zusammenhang zu kennzeichnen ist, hat man in HTML verschiedene Elementtypen zur Verfügung. Für die »grobe« Struktur sind die *Blockelemente* zuständig, mit denen man Überschriften, Textabsätze, aber auch komplex aufgebaute Strukturen wie Tabellen und Formulare gestaltet. In ihrer Grundpräsentation bilden diese logischen Blöcke ebenfalls in sich einen abgeschlossenen Dokumentabschnitt – wir werden darauf gleich wieder bei der Kurzabhandlung über CSS treffen.

Die Auszeichnungsmöglichkeiten wären zu gering, hätte man nicht im Inneren der Blöcke weitere Elemente zur Verfügung, die zur Darstellung einer Feinstruktur in der Lage sind. Da ihre Aufgabe darin besteht, innerhalb von Zeilenstrukturen einzelne Worte oder Passagen zu markieren, ohne dabei aber den logischen Block, in dem dies stattfindet, zu unterbrechen, nennt man sie *Inline-Elemente*.

Man unterscheidet hierbei *logische* und *physische* Auszeichnungen, die die Rolle oder Bedeutung ihrer Inhalte kennzeichnen, ohne damit notwendigerweise eine

Präsentation festzulegen. Des Weiteren existieren auch Inline-Elemente mit rein präsentativer Funktion, von deren Verwendung man jedoch nach Möglichkeit zugunsten von CSS absehen sollte.

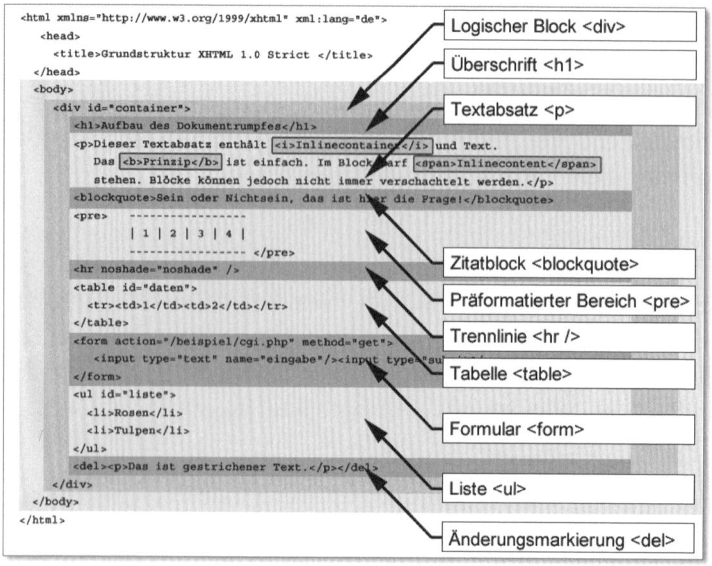

Abbildung A.2 Überblick über den Vorrat an semantischen Blockelementen

In Tabelle A.3 sind die wichtigsten Inline-Elemente aufgelistet.

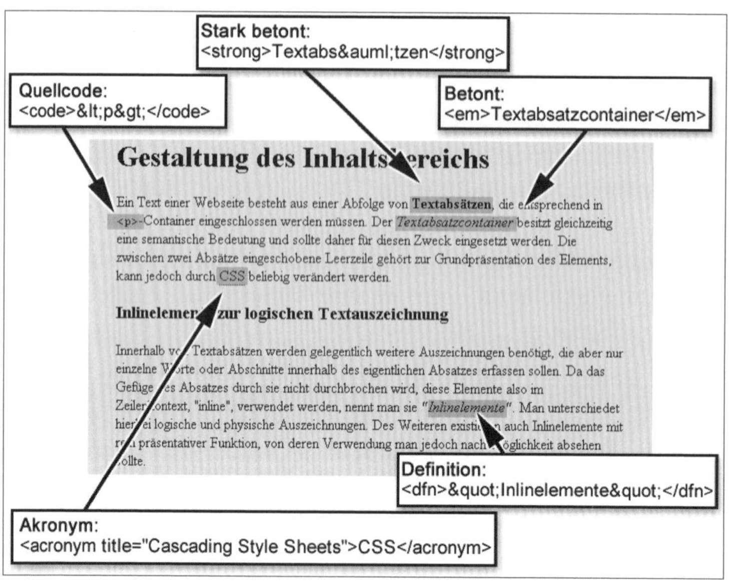

Abbildung A.3 Verschiedene logische Textauszeichnungen

Element	Rolle
`<cite> ... </cite>`	Bezeichnet die Quelle (Herkunft) eines Zitats.
`<code> ... </code>`	Bezeichnet Quellcode; er wird gewöhnlich mit nicht proportionaler Schrift dargestellt.
`<dfn> ... </dfn>`	Bezeichnet eine Definition; wird gewöhnlich kursiv dargestellt.
`<em> ... </em>`	Einfache Hervorhebung; wird gewöhnlich kursiv dargestellt.
`<kbd> ... </kbd>`	Bezeichnet eine Tastatureingabe.
`<q> ... </q>`	Bezeichnet ein Inline-Zitat durch Anführungszeichen.
`<samp> ... </samp>`	`sample`; Auszug z. B. eines Programmquellcodes
`<strong> ... </strong>`	Bezeichnet starke Hervorhebung; wird gewöhnlich fett dargestellt.
`<var> ... </var>`	Bezeichnet eine Variable.
`<span> ... </span>`	Neutraler Container; wichtig in Zusammenhang mit Stylesheets
Attribute (alle)	`class`, `id`, `style`, `title` (Universalattribute)

Tabelle A.3 Inline-Elemente zur logischen und physischen Textauszeichnung

Die hier vorgestellten Inline-Elemente haben gemeinsam, dass sie nicht auf eine spezielle Präsentation ihrer Inhalte abzielen (obwohl diese teilweise durchaus damit verbunden ist), sondern eine Aussage über ihre Bedeutung machen. Eine Sonderstellung hat der Anker-Container, der eine Linkbeziehung zu einer Ressource darstellt:

Element	Rolle
`<a> ... </a>`	`anchor`; bezeichnet die Quelle oder das Ziel eines Hyperlinks.
Attribute (Auswahl)	`accesskey`, `href`, `name`, `tabindex`, `target`, `title`

Tabelle A.4 Der <a>-Container zum Erzeugen von Hyperlinks

Da der Anker-Tag (neben Formularen) praktisch eine natürliche Schnittstelle zwischen dem Benutzer und der Webseite darstellt, steht er im Mittelpunkt der Interaktivität und damit auch des Scriptings mit jQuery.

Formulare, Listen und Tabellen

Die einfachsten Blockelemente wie Überschriften und Textabsätze können einfach nur Text enthalten. Andere Blöcke dienen dazu, Informationen hierarchisch darzustellen und dabei Zusammenhänge wie Zugehörigkeit und Reihenfolgen zu verdeutlichen. Dazu zählen alle Arten von Listen (HTML kennt drei Typen davon) sowie die Tabellen, für die HTML eine ganze Reihe von Elementen zur Verfügung stellt.

Eine Sonderstellung besitzen die Formulare, die neben dem Anker-Tag die andere »native« Interaktionsmöglichkeit mit einem HTML-Dokument ermöglichen: Sie dienen zur Eingabe von Daten durch den User, die zur Auswertung an eine andere Anwendung weitergeschickt werden. Keine Frage, dass Formulare heutzutage in vielen Belangen (E-Commerce, Communitys) im Zentrum stehen und der Nutzer entsprechenden Komfort erwartet.

Element	Rolle

`<form>`
`...`
`</form>`
	Bildet einen Container für Formularelemente; bestimmt über Attribute das Formularverhalten.

Attribute (Auswahl)	`action`, `enctype`, `method`
`<input />`	Erzeugt verschiedene Arten von Input-Elementen, deren Form über das `type`-Attribut bestimmt wird.
Attribute (Auswahl)	`accesskey`, `checked`, `disabled`, `maxlength`, `name`, `size`, `tabindex`, `type`, `value`
`<label> ... </label>`	Erzeugt zu einem Formularelement über eine `IDREF-ID`-Beziehung eine klickbare Beschriftung.
Attribute	`accesskey`, `for`

Tabelle A.5 Grundelemente des HTML-Formulars

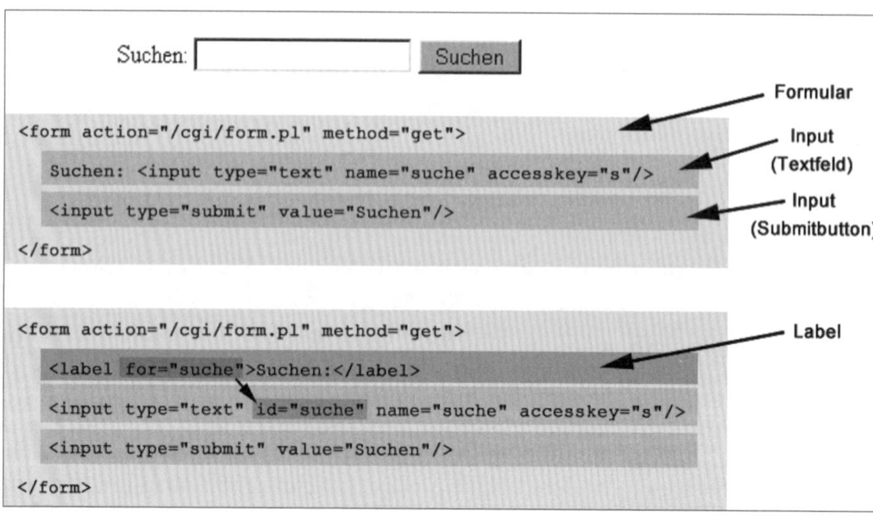

Abbildung A.4 Einfaches Formular, unten mit hinzugefügtem »<label>«

Da wir im Praxisteil des Buchs mit Listen, Tabellen und Formularen genügend Kontakt hatten, erübrigt sich hier eine genaue Erörterung. Es sei jedoch gesagt, dass die Möglichkeiten von HTML sich in einer rein *statischen Darstellung* erschöpfen. Erwarten wir beispielsweise eine Sortierbarkeit von Listen oder Tabellen, das Ein- oder Ausblenden von Informationen oder vielleicht auch nur etwas Dynamik im Umgang mit Formularen (heutzutage bezeichnet man dies als »Eye-Candy«), so bietet HTML nicht viel.

Natürlich wird uns jQuery wieder zu Hilfe kommen – sortierbare Listen und Tabellen, dynamische Formulare? Kein Problem. Was früher tagelange Programmierung erforderte, erledigen Sie mit wenigen Zeilen Code. Versprochen!

Das Gesamtbild

Der gesamte Sprachumfang von *XHTML 1.0 transitional* (der dem von *HTML 4.01 transitional* entspricht) umfasst 89 Elemente:

`<a> <abbr> <acronym> <address> <applet> <area />`
`<b> <base /> <basefont /> <bdo> <big> <blockquote>` `<body>   <button>`
`<caption> <center> <cite> <code> <col> <colgroup>`
`<dd> <del> <dfn> <dir> <div> <dl> <dt>`
`<em> <fieldset> <font> <form>`
`<h1> <h2> <h3> <h4> <h5> <h6> <head> <hr /> <html>`
`<i> <iframe> <img /> <input /> <ins> <isindex />`
`<kbd> <label> <legend> <li> <link />`
`<map> <menu> <meta />`
`<noframes> <noscript>`
`<object> <ol> <optgroup> <option>`
`<p> <param> <pre> <q>`
`<s> <samp> <script> <select> <small> <span> <strike>` `<strong> <style> <sub> <sup>`
`<table> <tbody> <td> <textarea> <tfoot> <th> <thead>` `<title> <tr> <tt>`
`<u> <ul> <var>`

Tabelle A.6 Übersicht – die Elemente von HTML 4.01 und XHTML 1.0 transitional

Eigene semantische Auszeichnung mit IDs und Klassen

Nun kann es sein, dass der HTML-Wortschatz, so groß er auch sein mag (immerhin sind es fast hundert verschiedene Elemente), für unsere Zwecke nicht ausreicht. Soll z. B. eine Bestellnummer als solche gekennzeichnet werden, wäre ein Tag `<bestellnummer>` nützlich. Woher nehmen?

An dieser Stelle kommen die neutralen Elemente `<div>` und `<span>` ins Spiel, die für sich betrachtet zunächst »nichts tun«. Hierbei ist `<div>` der neutrale Blockcontainer und `<span>` das neutrale Inline-Element. Zu Hilfe kommt uns der Umstand, dass (beinahe) jedes HTML-Element einen Identifizierer oder eine Klasse zugewiesen bekommen kann – in Form der `id`- und `class`-Attribute.

Wählen wir den Bezeichner nach semantischen Gesichtspunkten, können wir auf diesem Weg mit `<div>` und `<span>` ein »fehlendes« Element emulieren:

```
Best.Nr.: <span class="bestellnummer"> 2-1-55-99-X</span>
```

Ein paar einfache Grundregeln sind zu beachten:

- Wählen Sie den Bezeichner nach semantischen Gesichtspunkten, nicht nach gewünschter Präsentation (`class="wichtig"` statt `class="rote_schrift"`).
- Darf die Information nur einmal im Dokument auftreten, wählen Sie das `id`-Attribut zur Kennzeichnung (funktionale Dokumentabschnitte).
- Tritt die Information mehrfach auf (»wiederholbar«), wählen Sie das `class`-Attribut (wie beispielsweise für eine Bestellnummer denkbar).
- Bildet die Information einen eigenständigen Block, wählen Sie das `<div>`-Element als Basis.
- Tritt die Information im Fließtext (also »inline«) auf, bauen Sie sie auf das `<span>`-Tag auf.

Es muss klargestellt werden, dass es sich hier um eine »persönliche« Semantik handelt und nicht um eine allgemeingültige. Es wäre nach wie vor erforderlich, einer verarbeitenden Anwendung die Bedeutung von `class="bestellnummer"` und ähnlichen Konstrukten zu vermitteln.

Es sollte deutlich geworden sein, dass Informationen nicht nur mit Elementnamen, sondern alternativ oder zusätzlich auch mittels IDs und Klassen bezeichnet werden können. Anhand dieser IDs und Klassen können sie gegebenenfalls später wieder im Dokument gefunden werden. (Für Sie kommt es inzwischen sicher nicht unerwartet, dass uns jQuery auch hierbei nützliche Dienste leisten wird.)

A.3.3 Semantischer Grundaufbau eines Dokuments

Die eben vorgestellte Technik lässt sich auf die Grundstruktur des Dokumentinhalts übertragen: Die Mehrzahl der Grundlayouts von Webseiten lässt sich auf die gleichen *vier funktionalen Grundbereiche* reduzieren, die gelegentlich noch feiner unterteilt werden (beispielsweise für mehrspaltige Inhalte):

- Kopfbereich
- Hauptnavigation
- Inhaltsbereich
- Seitenfuß

Daraus ließe sich schließen, dass ein Layout mit vier Grundbereichen nicht mehr als vier, mit semantisch gewählten ID-Bezeichnern versehene `<div>`-Container benötigen wird. (Wir ziehen IDs Klassen vor, da es sich um nicht wiederholbare Dokumentteile handelt.) Ein erster Ansatz könnte wie folgt aussehen (Dokumentkopf weggelassen):

```
<body>
    <div id="kopfbereich"><h3>Kopfbereich</h3></div>
    <div id="navigation"><h3>Navigation</h3></div>
    <div id="inhalt"><h3>Inhaltsbereich</h3></div>
    <div id="seitenfuss"><h3>Seitenfuß</h3></div>
</body>
```

Aus verschiedenen Gründen umgibt man die vier funktionalen Bereichs-Divs meist mit einem weiteren Container (der meist als *Wrapper* bezeichnet wird), der für die Gesamtbreite des Layouts und die Positionierung im Viewport verantwortlich ist. Zusätzlich kann auch der `<body>`-Tag selbst einen sprechenden ID (oder eine Klasse) bekommen. Umso leichter ist es, zwischen verschiedenen Layoutvarianten zu unterscheiden.[3] Wir gelangen zu folgender Grundkonfiguration:

```
<body class="layoutname">
  <div id="wrapper">
    <div id="kopfbereich"><h3>Kopfbereich</h3></div>
    <div id="navigation"><h3>Navigation</h3></div>
    <div id="inhalt"><h3>Inhaltsbereich</h3></div>
    <div id="seitenfuss"><h3>Seitenfuß</h3></div>
  </div>
</body>
```

3 Dies ist gängige Praxis beim »Theming« von Webseiten, wo durch einen Wechsel der Body-Klasse die Präsentation (bei gleichbleibender Semantik) vollständig geändert werden kann.

Weitere semantische Elemente in HTML5

Im Prinzip reichen neutrale Blockcontainer wie `<div>` oder Inline-Elemente wie `<span>` zusammen mit einem ID oder einer Klasse aus, um die semantische Aufgabe eines Bereichs innerhalb eines Dokuments zu kennzeichnen. Selbstbeschreibend wird er dadurch jedoch nicht – es bleibt dem Webdesigner überlassen, den ID-Namen zu wählen und die Rolle zuzuweisen.

Bezeichnet man beispielsweise eine Randspalte mit `id="rand"`, `id="spalte_rechts"` oder mit `id="aside"`? In keinem Fall wird die Rolle für den Browser zwingend festgelegt – sie ergibt sich (und das nur für den Betrachter!) erst aus der zugewiesenen Präsentation.

Dies ist der Grund, warum in HTML5 weitere, semantisch beschreibende Blockelemente eingeführt werden, die Dokumentbereiche auf Strukturebene kennzeichnen sollen. Diese müssen zwar ebenfalls anschließend noch mit einer Präsentation belegt werden, ihre Rolle hingegen ist von vornherein klar.

HTML 5-Element	Erläuterung
`<aside>`	Bezeichnet nebenständige Inhalte, die dem Hauptthema erläuternd beigefügt werden.
`<header>`	Bezeichnet den Kopfbereich des sichtbaren Teils eines Dokuments (also nicht mit `HEAD` zu verwechseln).
`<footer>`	Bezeichnet den Fußbereich eines Dokuments (oder eines Dokumentabschnitts).
`<nav>`	Bezeichnet eine Navigation.
`<article>`	Bezeichnet einen Informationsblock innerhalb des Dokuments wie einen Artikel, Blogeintrag etc.
`<section>`	Bezeichnet einen (in sich weiter unterteilbaren) Abschnitt eines Dokuments oder Artikels.

Tabelle A.7 Neue semantische Blockelemente in HTML5 (Auswahl)

Unterschiede zwischen HTML 4 und HTML5

Prinzipiell ist der gesamte Wortschatz von HTML 4 in HTML5 enthalten. Die neue HTML-Version stellt darüber hinaus viele weitere Elemente und Attribute zur Verfügung. Die »feinstofflichen« Unterschiede zwischen den Sprachen gehen aber über einen reinen Versionssprung hinaus und würden ein eigenes Buch zum Thema rechtfertigen. Einen guten Überblick über die Neuerungen in HTML5 finden Sie beim W3C in folgendem Dokument:

HTML5 Differences from HTML4: *www.w3.org/TR/html5-diff/*

Wir bewegen uns, nachdem wir unsere Informationsstruktur (unterstützt durch geeignete ID- und Klassenbezeichner) zufriedenstellend durch HTML-Elemente ausgedrückt haben, noch vollständig auf der semantischen Ebene. Noch ist keine Aussage über die optische Darstellung getroffen worden. Warum uns Struktur und Semantik auch hierbei helfen, erfahren Sie im Rahmen der jetzt folgenden Grunderläuterungen zu CSS.

A.4 CSS – Beschreibung der Präsentation

Aufgrund der andersartigen Syntax stellen Stylesheets für angehende HTML-Autoren eine kleine Hürde dar, die aber nicht schwer zu nehmen ist. Wie bereits erläutert wurde, übernehmen Stylesheets die Aufgabe, die Darstellung eines Dokuments definieren.

A.4.1 Einbindung von CSS in ein HTML-Dokument

Bevor wir auf die eigentliche Syntax der CSS-Anweisungen selbst eingehen, werden wir zunächst die Einbindung der Anweisungen in das HTML-Dokument ansprechen. Als gängigste Methode wird eine CSS-Datei über einen Link aus dem Dokumentkopf mit einer HTML-Seite verknüpft.

Verlinkte, externe CSS-Datei

Ein externes Stylesheet stellt, ebenso wie HTML, ein reines Textformat dar. Es besteht aus einer Abfolge von Style-Anweisungen. Um diese auf eine Webseite anzuwenden, muss eine Verknüpfung zwischen beiden Dokumenten definiert werden. Dies geschieht mit dem `<link>`-Element (nachfolgend wird die XHTML-Syntax verwendet):

```
<link rel="stylesheet" href="extern.css" type="text/css"/>
```

Da das `<link>`-Element verschiedenen Zwecken dient, muss definiert werden, welche »Relation« zwischen Dokument und externer Ressource besteht. Dies geschieht mit dem `rel`-Attribut, das hier den Wert `"stylesheet"` erhält. Der Verweis selbst (eine Hyperreferenz) wird durch das `href`-Attribut ausgedrückt, das als Wert den Dateinamen und Pfad zur Ressource übergeben bekommt. Schließlich wird mit dem `type`-Attribut noch der MIME-Typ der Ressource genannt, der für CSS-Dateien stets `"text/css"` lautet. Alle Anweisungen der externen Datei werden nun auf das Dokument angewendet.

Insgesamt existieren jedoch *vier* Wege, wie eine Style-Anweisung in ein Dokument und letztlich zu einem zu präsentierenden Element gelangen kann (siehe

Abbildung A.5). Werden sie alle gleichzeitig angewendet, wirkt die Summe ihrer CSS-Anweisungen auf das Dokument (symbolisiert durch den Pfeil).

Die Methoden sind der Reihe nach:

- externe, verlinkte CSS-Datei (wie eben vorgestellt)
- externe, importierte CSS-Datei
- Dokument-Style im `STYLE`-Container
- Inline-Style direkt im `style`-Attribut eines Elements

Diese Reihenfolge spiegelt gleichzeitig eine Art von *Rangordnung* wider. Setzt beispielsweise ein externes, verlinktes Stylesheet die Schriftfarbe eines Elements auf Rot und eine Anweisung innerhalb des Dokument-Styles die Schriftfarbe für das gleiche Element auf Blau, »gewinnt« der Dokument-Style. Ebenso ist der Dokument-Style ranghöher als importierte Anweisungen, die wiederum Vorrang vor extern verlinkten Anweisungen haben.

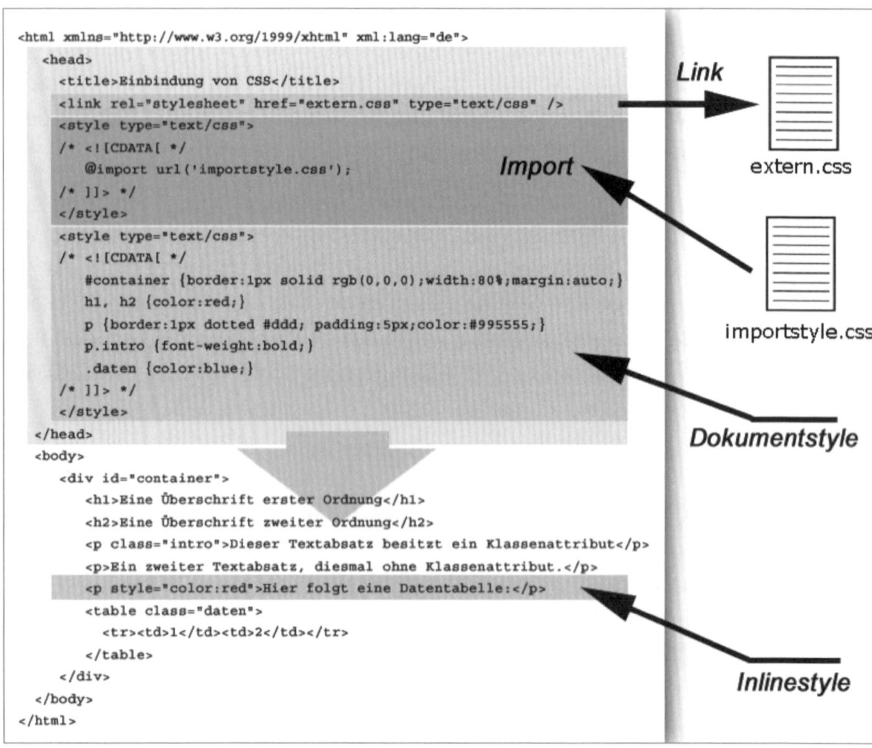

Abbildung A.5 Mögliche Einbindung von CSS-Regeln in ein Dokument

Importierte CSS-Datei

Der Style-Container `<style>` benötigt ein `type`-Attribut für den MIME-Typ der Anweisungen, um die Interpretation der Daten durch den Browser zu steuern. Das Element kann sowohl direkt Style-Anweisungen beinhalten (dazu gleich) als auch eine oder mehrere *Importanweisungen*. Hierzu wird der Anweisung `@import` der URI des Zieldokuments übergeben. Das Prinzip der Pfad- und Dateiangabe entspricht dem bei einer verlinkten Datei:

```
<style type="text/css">
<![CDATA[
   @import url('importstyle.css');
]]>
</style>
```

In diesem Fall handelt es sich jedoch nicht um eine Verknüpfung, sondern, wie der Name bereits sagt, um den *Import* von Anweisungen: Dies bedeutet, dass die extern liegenden Anweisungen gelesen und so behandelt werden, als ob sie *physisch* anstelle der Importanweisungen stehen würden. Dies ist wichtig, denn falls mehrere Importanweisungen nacheinander stehen, gilt die *zuletzt* erfolgte im Konfliktfall als maßgeblich.

Der Dokument-Style

Enthält der Style-Container unmittelbar CSS-Anweisungen, spricht man von einem *Dokument-Style*, da sich diese Anweisungen ausschließlich auf das aktuelle Dokument beziehen. Dem Reglement entsprechend, muss der Containerinhalt in XHTML als `CDATA`-Bereich ausgezeichnet werden. In der Praxis verursacht die Einbindung mit dem `CDATA`-Bereich Schwierigkeiten – die enthaltenen Anweisungen werden nur teilweise oder gar nicht ausgewertet (abhängig vom Browser), weil die `CDATA`-Marken nicht der CSS-Syntax entsprechen. Es empfiehlt sich daher, die Marken durch CSS-Kommentare zu verstecken:

```
<style type="text/css">
 /* <![CDATA[ */

   h1 { color:red; }

 /* ]]> */
</style>
```

Listing A.4 Style-Container in XHTML im praktischen Einsatz

In HTML ist die Einbindung eines Dokument-Styles einfacher, weil man hier keine `CDATA`-Marken benötigt – in HTML ist das Containerinnere von vornherein als CDATA definiert. (Es ist aus historischen Gründen noch oft üblich, die CSS-Anweisungen mit einem HTML-Kommentar zu umgeben. Erforderlich ist dies im Grunde nicht mehr.) Folgendes genügt in HTML:

```
<style type="text/css">
  h1 { color:red; }
</style>
```

Was ist denn nun eigentlich das »Stylesheet«?

Mit dem Begriff *Stylesheet* benennt man so salopp wie unkorrekt oft eine externe CSS-Datei. Technisch exakt ist *das Stylesheet* jedoch die Summe aller für ein Dokument gültigen CSS-Anweisungen, die sich aus dem Zusammenspiel von externen, importierten und lokalen Regeln ergeben.

A.4.2 Aufbau einer CSS-Anweisung

CSS besteht aus nichts weiter als aus einer Abfolge von Formatierungsregeln (schematisch in Abbildung A.6 zu sehen), sogenannten *Rule Sets*. Jede Regel zerfällt in zwei Teile:

- in den **Selektor**
  Dieser weist die Präsentationsregel über ein Vergleichsmuster einem Elementcontainer eindeutig zu.
- in den **Deklarationsblock** (*Declaration Block*)
  Dieser enthält, in geschweifte Klammern eingeschlossen, die eigentlichen Formatierungsanweisungen (Eigenschaftsdeklarationen).

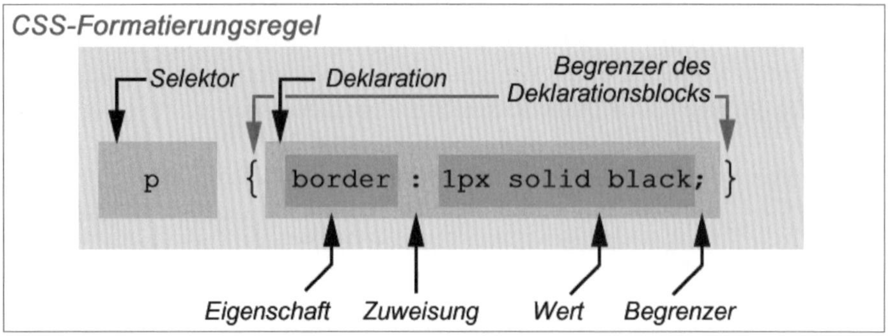

Abbildung A.6 Schema einer CSS-Formatierungsregel

Die Deklaration einer CSS-Eigenschaft

Jede Eigenschaftsdeklaration ist zusammengesetzt aus Paaren von *Eigenschaftsbezeichner* (`name`) und *Eigenschaftswert* (`value`) – getrennt durch einen Doppelpunkt, der als Zuweisungsoperator dient. Leerzeichen um den Doppelpunkt sind erlaubt. Das Ende der Wertzuweisung wird durch ein abschließendes Semikolon gekennzeichnet. (Ein zugewiesener Wert kann daher selbst auch Leerzeichen enthalten oder die Form einer kommagetrennten Liste annehmen.)

Ein Deklarationsblock kann eine oder mehrere Wertzuweisungen (Einzeldeklarationen) enthalten, die zusammen mit dem Selektor die Formatierungsregel bilden. Der Deklarationsblock wird durch geschweifte Klammern begrenzt.

Leerzeichen und Zeilenumbrüche zwischen den Regeln sind irrelevant. Sie können Style-Anweisungen daher beliebig durch Einrückungen und Zeilenumbrüche formatieren und so ihre Lesbarkeit erhöhen. Hier sehen Sie eine Regel, die drei Anweisungen enthält:

```
p  { border:1px dotted #ddd; padding:5px; color:#995555; }
```

Dieselbe Regel kann – etwas übersichtlicher – auch über mehrere Zeilen verteilt werden. Es ist Geschmackssache, ob Sie die schließende Klammer in eine neue Zeile setzen oder nicht:

```
p  { border:1px dotted #ddd;
     padding:5px;
     color:#995555;
}
```

Achtung – das schließende Semikolon nicht vergessen!

Ein vergessenes *Semikolon* nach einer Wertzuweisung führt dazu, dass diese und die auf sie folgenden Zuweisungen nicht beachtet werden (Syntaxverstoß). Die vorangegangenen Zuweisungen werden immerhin erkannt. Nur bei der letzten Zuweisung darf auf das beendende Semikolon verzichtet werden.

A.4.3 CSS-Selektoren – die wichtigsten Grundformen

Da CSS-Selektoren, wie Sie später noch sehen werden, auch bei der Arbeit mit jQuery eine große Bedeutung besitzen, lohnt sich eine genauere Beschäftigung mit ihnen. Eine tabellarische Gesamtübersicht folgt später. Betrachten wir erst die Grundformen, und werfen wir dann einen Blick auf deren praktische Anwendung.

Der Typselektor

Im einfachsten Fall besteht ein Selektor aus einem Elementnamen. Der Typselektor zielt auf Elemente des genannten Tag-Namens (*generic identifier*). Er besteht daher im einfachsten Fall aus einem Tag-Bezeichner.

Die folgende Stylesheet-Regel betrifft alle <h1>-Container des Dokuments:

```
h1  { color:red; }
```

Die Anweisung besagt, dass die Schriftfarbe im Inneren des Containers rot sein soll. Eine solche Regel gilt global im gesamten Dokument für alle Elemente des bezeichneten Typs.

Gruppierung von Selektoren

Soll der gleiche Regelsatz auf mehrere Elemente wirken, kann man ihn entweder mehrmals, mit verschiedenen Selektoren wiederholen (was schlecht ist) oder eine *Selektorgruppe* bilden.

Hierfür werden die Einzelselektoren zu einer kommagetrennten Liste zusammengefügt, und dieser wird die Regel zugeordnet. Im einfachsten Fall ist es eine Liste aus Typselektoren:

```
h1, h2  { color:#ff0000; }
```

Es ist nicht erforderlich, die Liste in eine Zeile zu schreiben – da eine Selektoranweisung sehr viel länger ausfallen kann, tragen Zeilenumbrüche zur Übersichtlichkeit bei (nach dem letzten Selektor darf kein Komma mehr stehen):

```
h1,
h2  {
    color:#ff0000;
}
```

Klassenselektor ohne Typbindung

Manchmal sollen Anweisungen nicht pauschal allen Elementen einer Sorte zugewiesen werden, sondern nur einigen ausgewählten. Weil sie, als Untergruppe, quasi als »eigene Klasse« bezeichnet werden können, erhalten sie ein Attribut `class`:

```
<p class="intro">Den Ausgangspunkt f&uuml;r die Planungen
   jedes Webauftritts bilden ... </p>
```

Um auf ein Element mit diesem Klassenattribut zuzugreifen, verwendet man dementsprechend einen Klassenselektor. Dieser besteht aus dem Namen der Klasse (achten Sie auf den *Punkt* vor dem Bezeichner).

```
.intro  { font-weight:bold;
}
```

Eine solche Klasse wirkt auf jedes Element mit entsprechendem `class`-Attributwert, ungeachtet des Elementtyps. Eine Klasse ohne Elementbindung bezeichnet man als *freie Klasse*. Eine solche Klasse wirkt auf jedes Element mit entsprechendem Klassenattribut, ungeachtet des Elementtyps. Die Klasse `intro` könnte erfolgreich auch einem `<li>`-Container zugewiesen werden:

```
<ul>
  <li class="intro">Inhaltliche Ziele</li>
  <li>Funktionale Ziele</li>
</ul>
```

Klassenselektor mit Typbindung

Die Wirkung eines Klassenselektors kann auf eine Elementgattung beschränkt werden, indem ihm ein Typselektor vorangestellt wird. Der Punkt dient nun als Verbinder zwischen den beiden Teilen des Selektors:

```
p.frage  { font-style:italic;
}
```

Diese Anweisung gilt nur für `P`-Container mit dem Klassenattributwert `"frage"`, wobei die Anweisung `font-style:italic` die Schrift kursiv macht. Man spricht von einer *typgebundenen Klasse*. Eine typgebundene Klasse wirkt nur auf die Elemente ihres Typs, auch wenn die Klasse (versehentlich) einem anderen Element zugewiesen wird. Bei einem `<li>`-Element ist die Klasse `frage` daher unwirksam:

```
<ul>
  <li class="intro">Inhaltliche Ziele</li>
  <li class="frage">Funktionale Ziele</li>
</ul>
```

Der ID-Selektor

Sie haben das `id`-Attribut als Kennzeichner für funktionale Bestandteile des Dokuments kennengelernt. Hierfür ist es prädestiniert, da ein Identifier nur einmal pro Dokument mit demselben Wert erscheinen darf:

```
<body>
  <div id="inhalt">
    <h1>Websitegestaltung</h1>
    <p class="intro">Den Ausgangspunkt...
     ...
  </div>
</body>
```

Der ID-Selektor wirkt immer auf *genau ein Element*, das ein `id`-Attribut mit dem übergebenen Bezeichner besitzt. Hierfür wird der ID-Wert mit vorangestelltem Hash-Zeichen eingesetzt:

```
#inhalt  { width:70%;
           border:1px dotted #4994CD;
           padding:1em;
}
```

Sie könnten hier, unter Hinzunahme des Elementbezeichners, auch genauer `div#inhalt` schreiben, was die Anweisungen unmissverständlicher macht. Dies erhöht die Übersichtlichkeit Ihres CSS-Dokuments.

Kontextselektoren

Ein Typselektor wirkt auf alle Elemente seines Tag-Namens, unabhängig von deren Position im Dokument. Dies ist oft unerwünscht – nehmen wir nur den Fall, dass wir Links in der Navigation anders gestalten wollen als solche im Fließtext (das wird meist so sein). Eine allgemein adressierte Regel wie

```
a { text-decoration:none; }
```

erweist sich als kontraproduktiv (grundsätzlich raten wir von solch pauschal gestalteten Selektoren ab). Vielmehr möchten wir die Position in der Dokumentstruktur (den »Kontext« des Auftretens) in den Selektor mit einfließen lassen:

```
div#navigation a  { text-decoration: none; }
div#inhalt a { text-decoration: underline; }
```

Ein solcher Selektor liest sich am einfachsten von rechts nach links. Der zusammengesetzte Selektor `div#navigation a` bedeutet demnach »ein `<a>`-Tag in einem `<div>` mit dem ID `navigation`«. Dies kann beliebig komplex werden, wie

```
div#inhalt p  a.externerLink { ... }
div#inhalt li a.externerLink { ... }
```

was uns beispielsweise ermöglicht, einen extern gerichteten Link im Inhaltsbereich unterschiedlich darzustellen, je nachdem, ob er in einem Textabsatz oder in einer Liste auftritt.

A.4.4 CSS-Selektoren in der Praxis

Es existieren weitere spezialisierte Selektortypen, die wir abschließend vorstellen werden. Auch mit den bereits bekannten lässt sich eine Methodik entwickeln, die ausgehend von der Struktur des Dokuments bei der Planung von CSS-Dateien hilft. Gehen wir als Beispiel von folgender zu stylender Struktur im Dokument aus (ein typischer Navigationsbereich):

```
<div id="hauptnavi">
<ul>
   <!--Hauptmenü-Ebene: -->
```

```
    <li class="aktuell"><a href="index.html">Home</a></li>
    <li><a href="katalog.html">Katalog</a>
        <!--Untermenü-Ebene: -->
        <ul>
            <li><a href="produkt1.html">Produkt 1</a></li>
            ...
        </ul>
    </li>
    ...
    <li><a href="Impressum.html">Impressum</a></li>
</ul>
</div>
```

Folgende Anforderungen werden gestellt:

- Hauptebene und Unterebene sollen verschieden gestaltet werden.
- Der Eintrag der aktuell gezeigten Seite soll hervorgehoben werden (hierfür wird er durch die Klasse `aktuell` im betreffenden `<li>`-Element gekennzeichnet).
- Für die Links soll ein Hover-Zustand definiert werden, um dem Nutzer ein optisches Feedback zu bieten (immer gut).

Betrachten wir nur die zu verwendenden Selektoren.

```
div#hauptnavi a { ... }
```

ist zu uneindeutig, da dies auf alle Links sowohl in der Haupt- als auch in der Unterebene wirkt. Die Regel trifft aber auch auf eventuelle Links im Bereich `#hauptnavi` zu, die nicht Teil der Navigationsliste sind. Besser, weil spezifischer (d. h. »passgenauer«), ist:

```
div#hauptnavi ul li a { ... }
```

Leider trifft dies auf Links in der Unterebene ebenfalls zu. Für die erste Ebene folgt der Selektor jedoch exakt der Dokumenthierarchie, bildet diese also optimal ab. Gehen wir für die zweite Ebene analog vor, bilden wir also die *gesamte umliegende Hierarchie* ab:

```
div#hauptnavi ul li ul li a { ... }
```

Die Anweisungen, die wir vorher durch den Selektor für die Hauptebene unfreiwillig auch für die Unterebene gegeben haben, werden durch diese zweite, passgenauere Regel überschrieben.

Wenn Sie dieser Vorgehensweise konsequent folgen würden, kämen Sie nach systematischer Auswertung der Anforderungen und der Dokumentstruktur auf folgende sinnvolle Selektoren:

```
/* Allgemeine Eigenschaften Navigationsbereich: */
div#hauptnavi { ... }

/* Styles Hauptebene: */
div#hauptnavi ul { ... }
div#hauptnavi ul li { ... }
div#hauptnavi ul li a { ... }
div#hauptnavi ul li a:hover { ... }
div#hauptnavi ul li.aktuell a { ... }
div#hauptnavi ul li.aktuell a:hover { ... }

/* Styles Unterebene: */
div#hauptnavi ul li ul { ... }
div#hauptnavi ul li ul li { ... }
div#hauptnavi ul li ul li a { ... }
div#hauptnavi ul li ul li a:hover { ... }
div#hauptnavi ul li ul li.aktuell a { ... }
div#hauptnavi ul li ul li.aktuell a:hover { ... }
```

Natürlich werden Sie nicht für alle diese Selektoren Regelsätze benötigen. Viele könnten Sie, bei gleicher Wirkung, auch einfacher schreiben (also unter Auslassung von Zwischenhierarchien). Zugegeben, eine Dokumentstruktur auch für die restlichen logischen Dokumentbereiche und deren mögliche Inhalte auf diese Weise vollständig in CSS abzubilden ist arbeitsintensiv. Drei Vorteile haben Sie dadurch jedoch:

- Die Gültigkeit der CSS-Regeln ist stets eindeutig.
- Die Selektoren sind selbstbeschreibend, da sie der Dokumentstruktur folgen.
- Eine Gliederung des CSS-Dokuments erfolgt anhand der HTML-Dokumentbereiche quasi »von selbst«.

A.4.5 CSS-Selektoren in der Übersicht

Eine detaillierte Erläuterung zu allen hier im Anschluss vorgestellten Selektoren ist nicht möglich. Da sie jedoch alle auch von jQuery eingesetzt werden, sollen sie zumindest kurz angerissen werden. Beginnen wir mit den Selektoren aus CSS 2.1, die in allen aktuellen Browsern unterstützt werden.

Selektor	Erläuterung
`*`	Universeller Selektor; trifft auf alle Elemente unabhängig vom Elementnamen zu.
`E`	Typselektor, gilt für Elemente mit dem Tag-Namen »E«. (Hier und im Folgenden ist »E« ein Platzhalterbezeichner.)
`.klassenname`	Freie Klasse, alle Elemente mit `class="klassenname"`
`E.klassenname`	Typgebundene Klasse; gilt für Elemente mit Namen E und `class="klassenname"`.
`#identifier` `E#identifier`	Freier und typgebundener ID-Selektor; im Prinzip wirkungsgleich
`E F`	Descendant-Selektor (»F enthalten in E«), wobei die Tiefe der Verschachtelung unerheblich ist
`E > F`	Child-Selektor (»F ist Kindknoten von E«), d. h. F ist unmittelbar ohne Zwischenhierarchie in E enthalten.
`E + F`	*Adjacent Sibling*-Selektor (»F folgt unmittelbar auf E«), d. h. auf gleicher Hierarchieebene (*direct adjacent*)
`E[att]`	Attributselektor (»E besitzt das Attribut att«)
`E[all=wert]`	Attributselektor (»E besitzt Attribut att mit dem Wert ›wert‹«)
`E[att~=val]`	Attributselektor (»E besitzt Attribut att als Listentyp, das den Teilwert ›wert‹ enthält«)
`E[att|=val]`	Attributselektor (»E besitzt Attribut att, dessen Wert mit wert- (mit folgendem Bindestrich) beginnt); speziell für Sprachbezeichner (z. B. »**de-**DE«)
`E:hover`	Pseudoselektor; gilt für E, wenn der Benutzer mit dem Mauszeiger über den Containerbereich fährt.

Tabelle A.8 Selektoren aus CSS 2.1

Diese Selektoren und ihre Kombinationen können unbedenklich im Rahmen von Stylesheet-Definitionen eingesetzt werden.

A.4.6 Neue Selektoren in CSS3

In CSS3 kommen sehr viele Selektoren hinzu, von denen wir hier nur eine Auswahl auflisten können. Die meisten von ihnen sind Pseudoselektoren, die das Auftreten eines Elements innerhalb eines Containers oder die Containereigenschaften selbst beschreiben. Hier finden Sie die offizielle Spezifikation:

CSS3-Selektoren: *http://www.w3.org/TR/css3-selectors/*

CSS3-Selektoren sind noch nicht für praktischen Einsatz geeignet

Leider werden diese Selektoren auch in aktuellen Browsern noch nicht durchgängig unterstützt, weshalb sie beim Entwurf von Stylesheets derzeit noch mit Vorsicht zu verwenden sind.

Es ist jedoch keine Frage, dass es gegebenenfalls praktisch wäre, mit einem Selektor wie `p:empty` beispielsweise auf leere Textabsätze zuzugreifen. Zum Glück interpretiert jQuery diese Selektoren sehr wohl, was uns eine Selektion passender Elemente dann zwar nicht über CSS, aber immerhin mittels JavaScript ermöglicht. Das ist praktisch. Schauen wir uns diese Selektoren daraufhin doch einfach einmal an.

Selektor	Erläuterung
`E ~ F`	Sibling-Selektor (»F folgt auf E«), auf gleicher Hierarchieebene; jedoch nicht unbedingt unmittelbar (*indirect adjacent*)
`E[att^=val]`	Attributselektor (»E besitzt Attribut att, dessen Wert mit dem Teilwert ›wert‹ beginnt«)
`E[att$=val]`	Attributselektor (»E besitzt Attribut att, dessen Wert mit dem Teilwert ›wert‹ endet«)
`E[att*=val]`	Attributselektor (»E besitzt Attribut att, dessen Wert den Substring ›wert‹ enthält«)
`E:first-child`	Ein Element E, wenn es das erste Kindelement seines Elternelements ist
`E:last-child`	Ein Element E, wenn es das letzte Kindelement seines Elternelements ist
`E:only-child`	Ein Element E, wenn es das einzige Kindelement seines Elternelements ist
`E:nth-child(n)`	Ein Element E, wenn es in seinem Elternelement n–1 Vorgängerknoten besitzt
`E:nth-last-child(n)`	Ein Element E, wenn es in seinem Elternelement n–1 Nachfolgerknoten besitzt
`E:first-of-type`	Ein Element E, wenn es erstes Kindelement vom Typ E seines Elternelements ist
`E:last-of-type`	Ein Element E, wenn es das letzte Kindelement vom Typ E seines Elternelements ist
`E:only-of-type`	Ein Element E als einziges Kindelement vom Typ E seines Elternelements
`E:empty`	Ein Element E, wenn es keinen Inhalt besitzt

Tabelle A.9 Selektoren aus CSS3 (Auswahl)

Selektor	Erläuterung
`E:not(s)`	Negativer Selektor; ein Element E, auf das der Selektor `s` *nicht* zutrifft
`E:enabled`	Form-Input-Selektor; spricht alle eingabebereiten (»enabled«) Inputs an.
`E:disabled`	Form-Input-Selektor; spricht alle deaktivierten (»disabled«) Inputs an.
`E:checked`	Form-Input-Selektor; spricht alle ausgewählten (»checked«) Radiobuttons oder Checkboxen an.

Tabelle A.9 Selektoren aus CSS3 (Auswahl) (Forts.)

Die Bedeutung der Selektoren in jQuery

Prägen Sie sich die CSS-Selektoren gut ein – Sie werden Sie in jQuery häufig benötigen: Dort dienen sie als zentrales Argument, mit dessen Hilfe Sie diejenigen Teile Ihres Dokuments bezeichnen werden, die Sie über ein jQuery-Script bearbeiten möchten – entweder, um dort zusätzliche Interaktivität zu ermöglichen, oder um die Präsentation dynamisch zu verändern.

A.4.7 CSS-Eigenschaften

Sobald mit einem Selektor ein Element oder eine Elementgruppe ausgewählt wurde, wird diesem bzw. dieser eine Präsentation zugewiesen. Hierzu dienen die *CSS-Eigenschaften*, die in den Regelsätzen zusammengefasst werden.

Definiert werden können u. a.:

- **Text- und Fonteigenschaften**
  `direction`, `letter-spacing`, `line-height`, `text-align`, `text-decoration`, `text-indent`, `text-transform`, `unicode-bidi`, `vertical-align`, `white-space`, `word-spacing`, `font-family`, `font-size`, `font-style`, `font-variant`, `font-weight`
- **Eigenschaften für Farben und Hintergründe**
  `background`, `background-attachment`, `background-color`, `background-image`, `background-position`, `background-repeat`, `color`
- **Box-Eigenschaften** (Abmessungen, Padding, Margin, Rahmen)
  `padding`, `margin`, `border`, `border-color`, `border-style`, `border-width`, `border-radius` (CSS3), `height`, `width`, `max-height`, `max-width`, `min-height`, `min-width`, `outline`
- **Pagelayout, Float- und Positioning-Eigenschaften**
  `bottom`, `clear`, `clip`, `float`, `left`, `overflow`, `position` (`static`, `relative`, `absolute`, `fixed`), `right`, `top`, `visibility`, `z-index`

- **Display-Eigenschaften** (Sichtbarkeit, Display-Verhalten)
  `display`, `visibility`, `opacity` (CSS3)
- **Eigenschaften für Listen und Tabellen**
  `list-style`, `list-style-type`, `list-style-image`, `list-style-position`, `border-collapse`, `border-spacing`, `caption-side`, `empty-cells`, `table-layout`

Viele weitere Eigenschaften kommen in CSS3 neu hinzu. Bereits in Gebrauch und daher in der Auflistung enthalten ist die `opacity`-Eigenschaft, die auch von jQuery an vielen Stellen eingesetzt wird (allerdings auf browserübergreifende Weise). Webdesigner freuen sich über die `border-radius`-Eigenschaft.

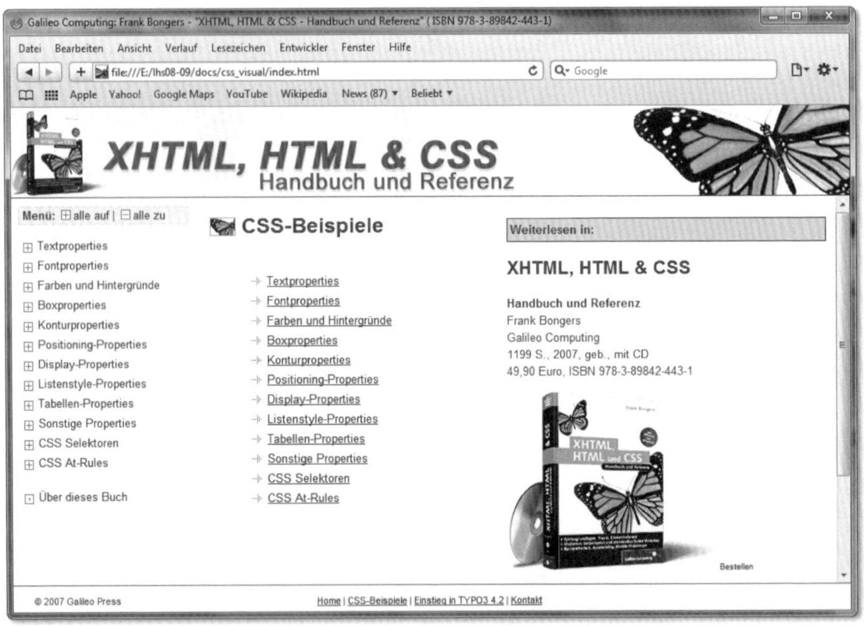

Abbildung A.7 Das Demonstrationstool »CSS Visual« auf der Begleit-DVD

In diesem Rahmen können wir natürlich nicht näher auf alle CSS-Eigenschaften eingehen – auf der Begleit-DVD zu diesem Buch finden Sie jedoch das Tool »CSS Visual«, das zum einen eine geeignete Übersicht bietet, zum anderen das Ausprobieren verschiedener Werte ermöglicht.

Da wir jedoch im Rahmen der folgenden Abschnitte (speziell bei Navigationen) ein Grundwissen über Dinge wie Positionierung und das Floaten von Containern voraussetzen, kann ein kleiner Überblick speziell über diese beiden Aspekte nicht schaden. Beginnen wir dafür aber beim »Normalfall«, nämlich den, wie man sagt, »im Flow« dargestellten Inhalten.

A.4.8 Dokumentflow

Jedes HTML-Element besitzt (sofern es zu den »sichtbaren« Elementen gehört) eine Grundeigenschaft, die sein Verhalten entweder als Block- oder als Inline-Element festlegt. (Diese Grundeigenschaft kann über die CSS-Eigenschaft `display` nachträglich verändert werden, was in vielen Fällen praktisch ist. Lassen wir dies aber zunächst beiseite.)

Die Darstellung des Dokuments erfolgt in Quelltextreihenfolge, wobei zunächst die Elemente mit Blockeigenschaften im Viewport »gestapelt« werden und dort dessen gesamte Innenbreite einnehmen. Enthält ein Blockelement andere Blockelemente, wird es von diesen entweder unterbrochen (das gilt für `P`-Container), oder innen liegende Böcke werden im Inneren des sie umgebenden Blocks ihrerseits gestapelt (z. B. Div in Div).

Abbildung A.8 Stapelung und Verschachtelung der Blöcke im »Flow«

Im Inneren der Blockelemente befinden sich entweder Texte oder Inline-Elemente (hier je vier `<span>`-Tags). Beide verhalten sich insofern gleich, als dass sie das Innere der Blöcke (bis zu deren gesamter Innenbreite) Zeile für Zeile auffüllen – denken wir uns um jede dieser Zeilen einen virtuellen Container, und nennen wir diesen »Zeilencontainer« (»line-box«) – in Abbildung A.8 ist er durch den gepunkteten Umriss symbolisiert.

Wenn wir dieses Spiel fortsetzen, bis der Quelltext durchgearbeitet ist, so hat jeder Inhalt im Viewport seine Position gefunden. Diese Position entspricht derjenigen im »Flow«. Sie wird als »statische« Position bezeichnet. (Bis jetzt betrachten wir keine CSS-Besonderheiten, sondern nur das Defaultverhalten der HTML-Elemente.)

A.4.9 Positionierung

Interessant, besonders im Hinblick auf die sich ergebenden Layoutmöglichkeiten, wird es, sobald man von dieser »natürlichen« Positionierung abweicht. Hierzu dient die CSS-Eigenschaft `position`. Von Haus aus gilt ein Elementcontainer als »nicht positioniert«. Durch Zuweisung der `position`-Eigenschaft wechselt der Status des Containers auf POSITIONIERT, was, abhängig vom zugewiesenen Wert, gravierende Auswirkungen auf das Layout hat.

position:static

Die statische Positionierung entspricht der des Elements im normalen Dokumentfluss. Etwaige Angaben zur Positionierung (`left`, `top`, `bottom`, `right`) werden ignoriert. Die Zuweisung `position:static` hat keine Auswirkungen auf die Flow-Positionierung und ist deshalb eher rein formal definiert. Wir können sie also vernachlässigen.

position:relative

Interessanter ist der folgende Wert:

- `position: relative`
  Die Positionierung bezieht sich auf die Position des Elements im normalen Dokumentfluss. Etwaige Angaben zur Positionierung (`left`, `top`, `bottom`, `right`) beziehen sich auf diese Ursprungsposition.

In Abbildung A.9 hat der Span `#d1s2` den Status RELATIV POSITIONIERT erhalten, ohne dass eine Koordinatenangabe erfolgt ist:

```
span#d1s2 {
    position:relative;
    border-color:red;
    border-style:dotted;
}
```

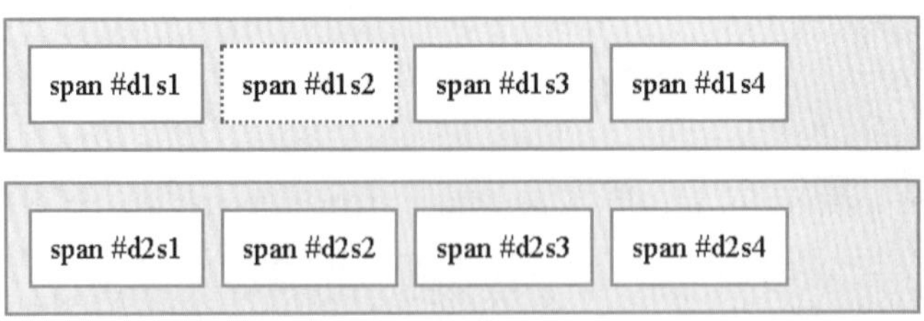

Abbildung A.9 Relative Positionierung ohne Repositionierung

Ein relativ positioniertes Element kann auch (wie Sie in Abbildung A.10 sehen) von seiner Flow-Position verschoben werden. Die umliegenden Flow-Elemente verhalten sich, als ob der Container noch an Ort und Stelle wäre:

```
span#d1s2 {
    position:relative;
    top:18px;
    left:18px;
```

```
    border-color:red;
    border-style:dotted;
}
```

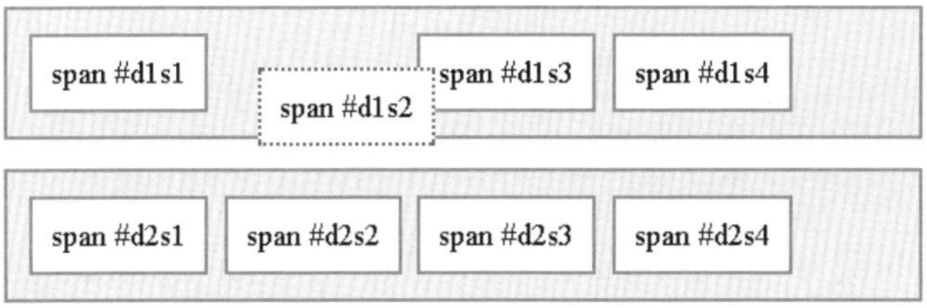

Abbildung A.10 Relative Positionierung mit Repositionierung

Wichtig ist die Tatsache, dass allein die Zuweisung der `position`-Eigenschaft die Statusveränderung zu POSITIONIERT bedeutet (ja, das haben Sie bereits gelesen, es ist aber elementar): Auch falls der so »positionierte« Container nicht aus seiner Position verrückt wird, dient sein Ursprung (linke obere Ecke) nunmehr als *Bezugspunkt* für in seinem Inneren befindliche Container. Doch dazu gleich mehr.

postion:absolute

Die eben erläuterte Positionierung bringt den Dokumentfluss nicht durcheinander. Dies ist bei »absoluter« Positionierung nicht der Fall – ein so positionierter Container wird dem normalen Fluss entnommen und »schwebt« praktisch über der Grundebene der Seite.

- `position: absolute`
  Die Positionierung mit `left`, `top`, `right` und `bottom` bezieht sich auf einen absoluten Koordinatenursprung, der entweder durch die obere linke Ecke des Browserfensters (d. h. des `<body>`-Elements) gebildet wird oder durch die obere linke Ecke des übergeordneten Elementcontainers, sofern dieser ebenfalls absolut oder fixiert (»fixed«) positioniert ist.

Folgecontainer ignorieren ein absolut positioniertes Element. In Abbildung A.11 ist `<span> d1s2` absolut positioniert: Die folgenden `<span> #d1s3` und `#d1s4` rücken im Flow nach; der erste schiebt sich dabei hinter den positionierten Container. Es wurden hier, wohlgemerkt, keine Positionsangaben gemacht: Kommen dem positionierten Element nicht (wie hier) Padding- und Margin-Angaben in die Quere, bewegt es sich (noch) nicht von der Stelle:

```
span#d1s2 {
    position:absolute;
    border-color:green;
    border-style:dashed;
}
```

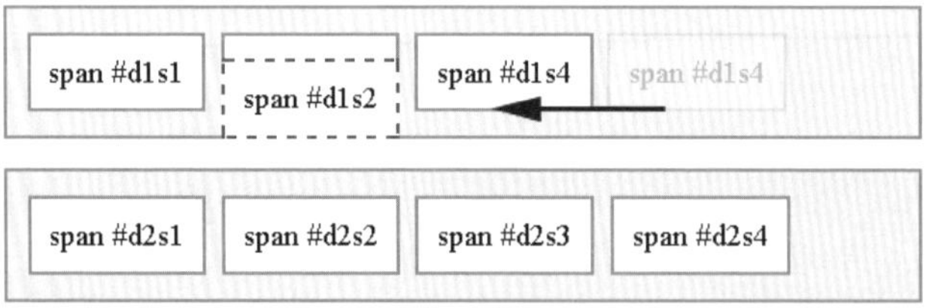

Abbildung A.11 Absolute Positionierung ohne Repositionierung

Gibt man, wie in Abbildung A.12, dem absolut positionierten Container Koordinaten (mit `top`, `left`, `right` oder `bottom`), beziehen sich diese auf den `Body`-Tag[4] – die absolute Beziehung erfolgt also relativ (!) zu einem Bezugsobjekt:

```
span#d1s2 {
    position:absolute;
    top:18px;
    left:18px;
    border-color:green;
    border-style:dashed;
}
```

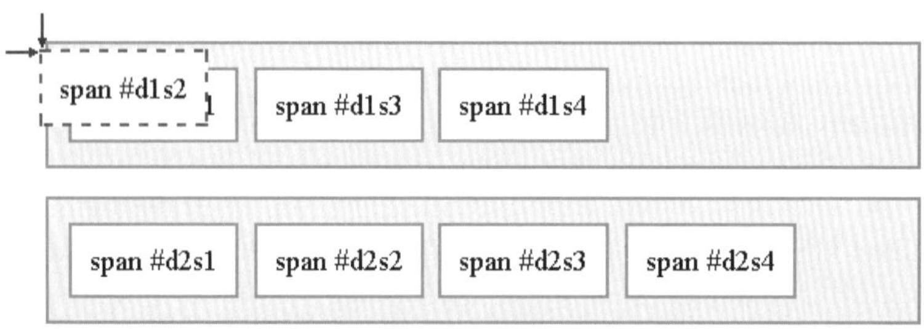

Abbildung A.12 Absolute Positionierung relativ zum <body>-Element

Interessant wird es, sobald sich dieses Bezugsobjekt ändert. Dies geschieht, sobald in der Hierarchie zwischen dem positionierten Objekt und dem Body ein weiteres positioniertes Element erscheint – unabhängig davon, ob es absolut oder relativ positioniert ist (und ja, es kommt nur auf den *Status* an).

Als einzige Veränderung zu Abbildung A.12 wird dem umgebenden Div `#d1` der Status `position:relative` zugewiesen. Voilà, die Koordinaten des positionierten `<span> #d1s2` beziehen sich nicht mehr auf den `BODY`-Tag, sondern auf den `<div>`-Container (siehe Abbildung A.13):

```
div#d1 {
    position:relative;
```

4 Technisch ausgedrückt, ist der Body der »Containing Block« des positionierten Elements.

```
    border-color:red;
    border-style:dotted;
}
```

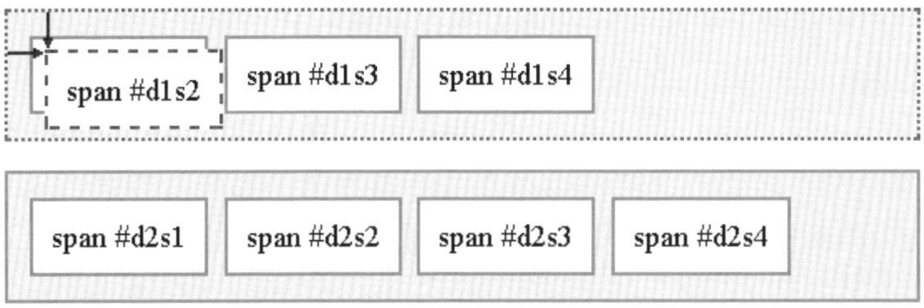

Abbildung A.13 Absolute Positionierung relativ zu positioniertem <div>

Praktische Anwendung bei FlyOut-Navigationen

Bei der in Abschnitt 5.1.1, »Die FlyOut-Navigation«, vorgestellten FlyOut- Navigation wird dieses Prinzip eingesetzt, um ein Subnavigationspanel korrekt zum Hauptmenüpunkt zu platzieren. Hierfür erhält das `<li>`-Element der Hauptnavigation den Status `position:relative`, und die in ihm liegende `<ul>`-Liste wird durch *absolute* Positionierung *relativ* (sic!) zu diesem festgelegt.

position:fixed

Der Vollständigkeit halber: Eine weitere Positionierungsmöglichkeit ist die Angabe einer festen (*fixed*) Position gegenüber dem Viewport. Dies kann eingesetzt werden, um Teile des Layouts, ähnlich einem Frameset, im Browserfenster festzusetzen. Eine Verschachtelung des fixierten Elements in einen anderen positionierten Container spielt dabei keine Rolle (unabhängig von der Art von dessen Positionierung).

- `position: fixed`
  Der Elementcontainer bleibt beim Scrollen relativ zum Viewport fixiert. Die Positionierung mit `left`, `top`, `right` und `bottom` bezieht sich auf die linke obere Ecke des Browserfensters (nicht auf den Body-Container!).

A.4.10 Floats

Bei ineinandergeschachtelten Boxen ist es möglich, diese durch Zuweisen der Eigenschaft `float:left` bzw. `float:right` dazu zu veranlassen, sich entweder an den linken oder an den rechten Innenrand der umliegenden Box anzudocken. So weit, so gut. Obwohl das gängige Praxis ist, ist das Prinzip dabei recht komplex.

Betrachten wir zunächst zwei Blockcontainer im Flow. Diese liegen übereinander im Viewport – der obere hat einen transparenten Hintergrund. (Die Rolle des umgebenden Containers spielt hier das <body>-Element.)

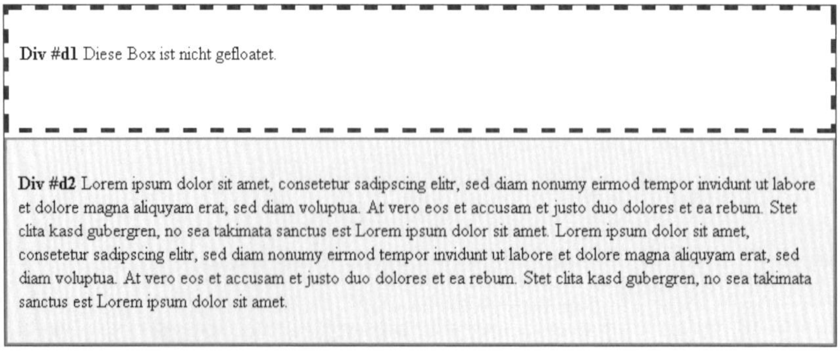

Abbildung A.14 Zwei Blockcontainer im Flow

Sobald man den ersten Container-Div #d1 mit der Eigenschaft float:left belegt, ändert sich das Bild: Da der gefloatete Container aus den Flow entfernt wird, schiebt sich der zweite an dessen Position vor. Dies betrifft allerdings (wie man sieht) nur dessen *Box* (beachten Sie dabei die Überlappung der Rahmen), nicht aber die im zweiten Block liegenden *Zeilencontainer*, die sich rechts um den gefloateten Block anordnen:

```
#d1 {
    float:left;
    height:60px;
    padding:10px;
    border:4px dashed #555;
    margin-bottom:4px;
}
```

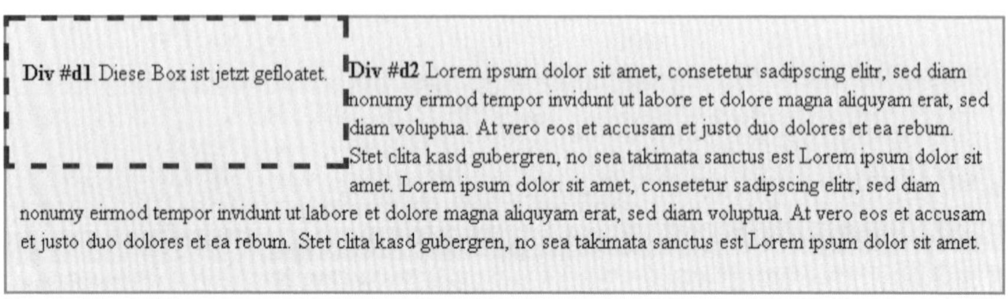

Abbildung A.15 Ein gefloateter und ein im Flow befindlicher Container

Bemerkenswert ist auch, dass der gefloatete Block seine Defaultbreite von 100% verliert und nur noch die minimal durch die Inhalte erforderliche Breite einnimmt! Da der Block bereits vorher hart am linken Rand des Bodys lag, rührt er sich scheinbar nicht.

Sind gefloatete in nicht gefloateten Containern enthalten, ragen sie unter Umständen aus diesen hinaus – da sie nicht im Flow sind, tragen sie nicht zur Höhe der Inhalte des umgebenden Containers bei (dieser schrumpft auf 0, wenn er nichts als gefloatete Inhalte besitzt).

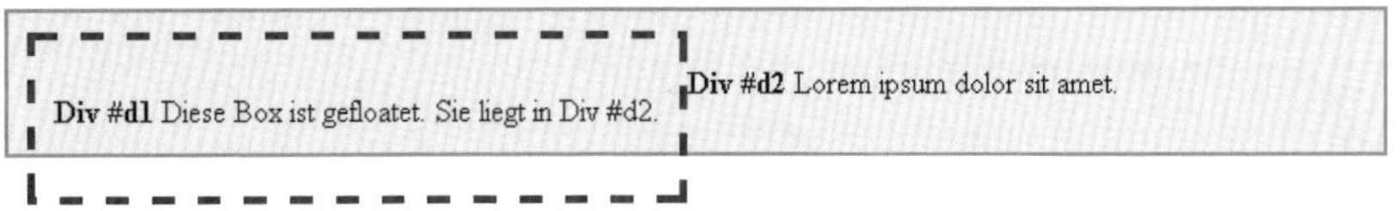

Abbildung A.16 Ein gefloateter, in einem im Flow befindlicher Container

Ein dem umgebenden Block folgender Container schiebt sich ebenfalls unter die Floatbox. Das ist unter Umständen natürlich nicht erwünscht (beispielsweise bei Seitenlayouts).

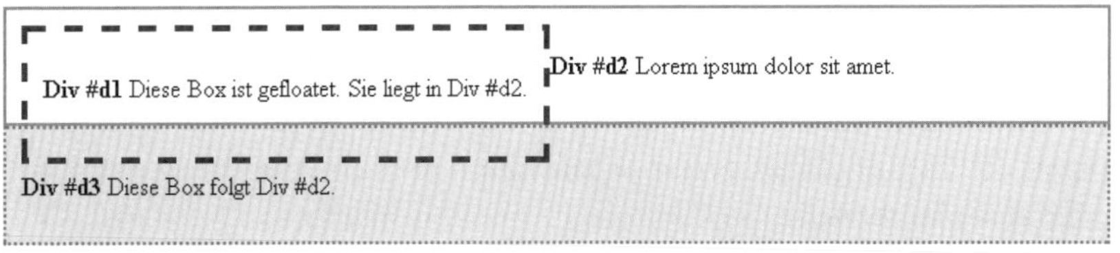

Abbildung A.17 Die gefloatete Box ragt auch über den folgenden Container hinaus.

Hier ist eine Lösung einfach. Um den Folgecontainer aus dem Bereich des Floats hinauszuschieben, genügt es, ihm die Eigenschaft `clear:both` zu geben (bzw. wie hier `clear:left`; siehe Abbildung A.18):

```
#d3 {
    clear:left;
    padding:10px;
    background-color:#e9e9e9;
    border:2px dotted #999;
}
```

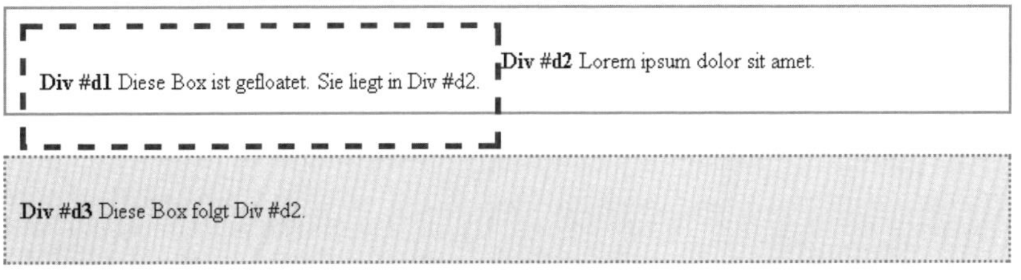

Abbildung A.18 Der Folgecontainer besitzt die Eigenschaft »clear:left«.

Eine Lösung, um das Herausragen der Floatbox aus dem ihr übergeordneten Block zu beseitigen, besteht darin, das *übergeordnete* Objekt seinerseits zu floaten – damit brächten Sie allerdings den Flow nachfolgender Elemente in Unordnung (siehe Abbildung A.19).

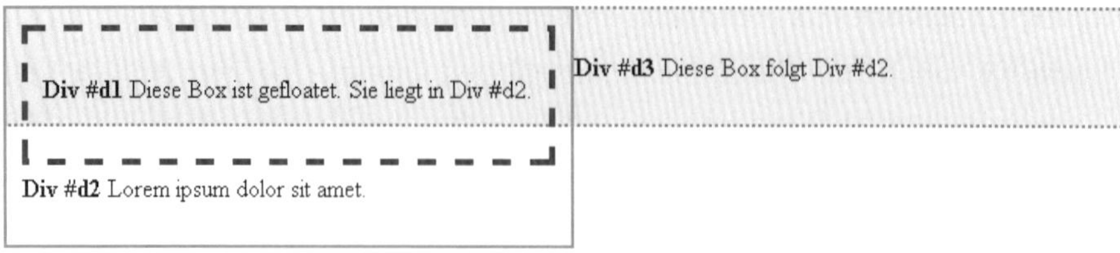

Abbildung A.19 Die Floatbox überdeckt den folgenden Container.

Der nachfolgende Container-Div `#d3` schiebt sich (wie zu erwarten) hinter das gefloatete Gesamtgebilde – sofern er nicht eine `clear`-Eigenschaft besitzt.

Besser wäre eine autarke Lösung, bei der man den äußeren Container nicht floaten muss und sich über die Eigenschaften eventueller Folgecontainer trotzdem keine Gedanken zu machen braucht. Hier hilft ein Griff in die Trickkiste (leider bleibt hier der Internet Explorer bis Version 7 außen vor).

Wir nehmen das Pseudoelement `:after` zu Hilfe, um nach dem Inhalt des äußeren Containers einen künstlichen Block mit `clear`-Eigenschaft zu erzeugen:

```
#d2:after {
    content:"x";
    display:block;
    height:0;
    clear:both;
    visibility:visible;     /* in der Praxis: hidden ! */
}
```

Das Ergebnis überzeugt (siehe Abbildung A.20). Natürlich würde man im Ernstfall die Sichtbarkeitseigenschaft des »Zwischenblocks« auf `hidden` setzen. Anstelle eines `x` genügt auch ein Leerzeichen (meist wird ein Punkt verwendet).

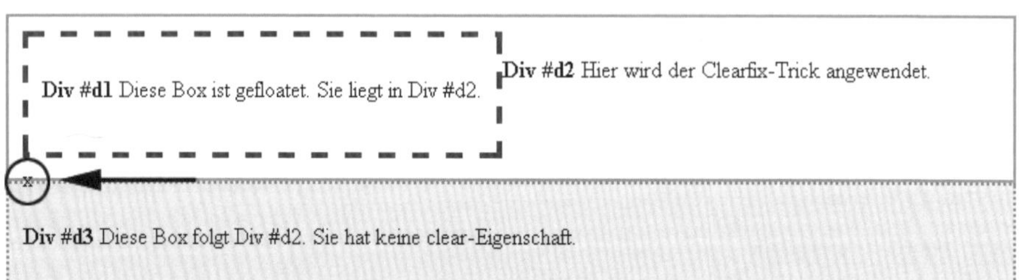

Abbildung A.20 Internes Clearing mit dem Clearfix-Trick

Damit ist zu Positionierung und Floats bei Weitem noch nicht alles gesagt – um dies Thema erschöpft behandelt zu sehen, greifen Sie besser zu einer Einführung zu CSS. Hierfür gibt es zahlreiche spannende und interessante Bücher:

A.4.11 Statische Präsentation dynamisieren

Sobald wir mit HTML eine Struktur erstellt und an diese Struktur mithilfe von CSS-Selektoren eine Präsentation gebunden haben, stoßen wir wieder an eine Grenze. Prinzipiell sind CSS-Präsentationen nämlich wiederum statisch, also unveränderlich.

Gut, mithilfe der Hover-Eigenschaft kann man für manche Elemente zwischen zwei Präsentationen »umschalten« und damit bereits ein Mindestmaß an Interaktion ermöglichen:

```
a       { text-decoration: none;
          font-weight:normal;
          color: black;
}
a:hover { text-decoration:underline;
          font-weight:bold;
          color:red;
}
```

Man kann hier selbstverständlich noch wesentlich imposantere Effekte erzielen – es ist aber stets der harte Wechsel zwischen zwei Zuständen, vergleichbar mit einem Schalter: An/Aus. Und manchem Browser muss man selbst hierbei noch auf die Beine helfen. (jQuery unterstützt uns hierbei – davon handelt der Rest des Buches.)

Was fehlt,[5] ist eine Interpolation zwischen zwei Zuständen, die eine Animation ermöglicht. Dies kann eine Positionsänderung sein, ein gradueller Farbwechsel, ein sanftes Ein- oder Ausblenden anstelle eines schlagartigen Versteckens oder ein Aufziehen und Schließen per Größenveränderung. Oder eine Kombination aus alldem ...

Für praktisch alle CSS-Eigenschaften wäre eine entsprechende Dynamisierung wünschenswert. Hierfür haben Sie mit jQuery ein Werkzeug an der Hand, das Ihnen die Tür zur Animation von CSS weit aufstößt. Schauen wir uns aber jetzt an, wie JavaScript grundsätzlich funktioniert und wie es die HTML-Struktur betrachtet. Das nächste Thema ist also: JavaScript und das DOM.

---

5 Die Spezifikationen »CSS Transitions« und »CSS Animations« versprechen für die Zukunft Abhilfe: *www.w3.org/TR/css3-transitions*und *www.w3.org/TR/css3-animations*

»Over the course of the past decade, the perception of JavaScript has evolved from a simple toy language into a respected programming language used by corporations and developers across the globe to make incredible applications.« – John Resig

B JavaScript und DOM

Nachdem wir uns im vorigen Abschnitt mit den »statischen« Aspekten der Beschreibung einer Website beschäftigt haben, also mit HTML und CSS, wenden wir uns nun dem dynamischen Aspekt zu. Dieser wird durch JavaScript abgedeckt. In Form des *Document Object Models* (DOM) lernen Sie darüber hinaus die Schnittstelle kennen, die eine Zusammenarbeit zwischen HTML, CSS und JavaScript erst möglich macht. Spätestens ab hier wird es spannend.

B.1 JavaScript – Beschreibung des Verhaltens

Man könnte einleitend sagen, dass JavaScript einfach »die Programmiersprache für das Web« ist. Zu sehr ins Detail gehen wollen wir nicht, ebenso wenig, wie wir Sie mit historischen Dingen behelligen wollen. Wenn Sie sich für die Geschichte und Syntax von JavaScript interessieren, dann finden Sie im Internet genügend Quellen – auch gute Bücher zum Thema gibt es reichlich.

ECMA-Script – der offizielle Sprachstandard

Zu JavaScript existiert in Form von ECMA-Script (ECMA-262) ein offizieller, nicht an einen kommerziellen Hersteller gebundener Standard. Der aktuelle Stand ist ECMA-Script 5 (*www.ecmascript-lang.org*). Die Weiterentwicklung von JavaScript liegt ansonsten in der Hand der Mozilla Foundation.

JavaScript wird stets direkt als Quelltext verarbeitet. Die Ausführungsgeschwindigkeit ist zwar gegenüber kompilierten Sprachen geringer, der Vorteil, nämlich die leichtere Editierbarkeit, sollte dies aber aufwiegen. Obendrein ist JavaScript in den Grundzügen wegen der einfachen Syntax leicht zu erlernen.

Die Aufgabe des Browsers in diesem Zusammenhang besteht in der Interpretation und Ausführung der Scripte. Hierfür verwendet er eine sogenannte *Script-Engine*. Diese unterscheidet sich von Browser zu Browser geringfügig. Aktuelle Engines wie *TraceMonkey* (Firefox), *V8* (Google Chrome) oder *Chakra* (IE9) kompilieren das Script, was die Verarbeitungsgeschwindigkeit erhöht.

Vom Typ her ist JavaScript eine »prototypisierte«, objektorientierte Sprache, ein Begriff, den wir gleich noch erläutern werden. Hierin unterscheidet sie sich von Java (einem Namensvetter, mit dem sie aber ansonsten nicht verwandt ist), das eine »klassenbasierte«, objektorientierte Sprache ist. JavaScript ist dennoch zu allem (und teilweise mehr) in der Lage, was im Rahmen von Objektorientierung möglich ist – auch wenn einige Leute anderes behaupten.[1]

B.1.1 Grundlagen

Anders als bei anderen Sprachen brauchen Sie sich, wenn Sie JavaScript nutzen, beim Speichern von Werten und Deklarieren von Variablen keine Gedanken über deren Typ zu machen. Datentypen existieren jedoch sehr wohl.

Datentypen – die Arten von Daten

JavaScript unterscheidet drei einfache (*primitive*) Datentypen und einen (oder je nach Lesart mehrere) komplexen Datentyp (*complex*).

Die einfachen Datentypen sind:

- String (Zeichenkette)
- Number (Zahlen aller Art, egal, ob Ganzahl oder Bruchzahl)
- Boolean (Wahrheitswert, `true` oder `false`)

Als komplexer Datentyp begegnet uns das »Objekt«, das wir der Einfachheit als »Wert mit innerer Struktur« definieren. Die einfachen Typen hingegen besitzen keine innere Struktur, sondern werden als »nicht untergliederbar« und »unveränderlich« verstanden. Wir betrachten gleich einige Aspekte der komplexen Typen, die uns in Form von Arrays, »normalen« Objekten und Funktionen begegnen. Da Werte in Programmen stets irgendwo »abgelegt« (d. h. gespeichert) werden müssen, benötigen wir hierfür Variablen, die gewissermaßen »benannte« Speicherplätze darstellen.

1 Richtig ist, dass einige Paradigmen der Objektorientierung in JavaScript nicht erfüllt zu sein scheinen. Diese lassen sich jedoch alle – teilweise auf Umwegen – dennoch implementieren.

Variablen – Speicher für Werte

Dass eine Variable in JavaScript nicht fest an einen Typ gebunden bleibt, vereinfacht zwar das Schreiben von Programmen, die implizite (kontextabhängige) Typänderung bei Operationen ist allerdings auch die Quelle lustiger Fehler (abhängig vom Humor des Programmierers). Aber zunächst die einfachen Dinge:

Eine Variable wird mit dem Schlüsselwort `var` eingeführt:

```
var beispiel;
```

Hierbei kann gleichzeitig ein Wert zugewiesen werden. In diesem Fall ist es eine Zeichenkette (`string`), gekennzeichnet durch die Anführungszeichen (Stringbegrenzer). Die Variable braucht jedoch nicht als »Stringvariable« deklariert zu werden:

```
var text = "Hallo Welt!";
```

Mehrere Variablen können durch Kommas getrennt gemeinsam deklariert werden:

```
var a, b = 7, c;
```

Die zweite Variable hat gleichzeitig einen Wert erhalten. Das Semikolon am Ende schließt die Anweisung ab. Fehlt es, wird das Zeilenende als Anweisungsende verstanden. Achtung – dies gilt nur dann, wenn (erstens) die so in der Luft hängende Anweisung als abgeschlossen betrachtet werden kann und (zweitens) die folgende Zeile nicht als deren Weiterführung betrachtet werden muss.

Sie können also durchaus *Zeilenumbrüche innerhalb einer Anweisung* vornehmen, wie hier demonstriert wird (das machen wir uns später häufiger zunutze):

```
var a,
    b = 7,
    c;
```

Dies hat dieselbe Wirkung wie das darüberstehende Beispiel. Achten Sie auf die Kommas, die sich leicht mit dem Semikolon verwechseln lassen.

Die Wertzuweisung

Eine Variable kann verschiedene Werte aufnehmen und *wechselt ihren Typ* (*string*, *number*, *boolean* etc.) je nach Art des aktuell gespeicherten Wertes. Bei einer Zuweisung steht auf der linken Seite (*left hand side*, LHS) des Gleichheitszeichens stets eine Variable.

Auf der rechten Seite (RHS) befindet sich der Wert oder ein Ausdruck, der den Wert erzeugt – die rechte Seite wird gegebenenfalls interpretiert, bevor die

Zuweisung stattfindet (wir arbeiten also von *rechts nach links*). Innerhalb des auszuwertenden Ausdrucks wird wiederum von *links nach rechts* gearbeitet.

Hier wird auf der rechten Seite eine Addition vorgenommen und das Ergebnis zugewiesen:

```
var summe = 5 + 12; // ergibt 17
```

Treffen Werte unterschiedlichen Typs in einem Ausdruck zusammen, entscheidet der »stärkere« Kontext:

```
var summe = "08" + 15; // ergibt "0815" (als String)
```

Da die Ziffernfolge »08« als String gekennzeichnet ist, erzwingt sie die Umwandlung der Zahl 15 in einen String *vor* der Verknüpfung (implizite Typumwandlung). Anstelle einer Addition findet eine Verkettung statt.

Arrays – Speicher für mehrere Werte

In die bisher betrachteten Speicher für Werte passt jeweils nur eine Größe. Oft ist es praktisch, unter einem Bezeichner nicht nur einen, sondern eine ganze Reihe von Werten verfügbar zu haben.

Der komplexe Typ »Objekt« besitzt einige Spezialausprägungen, von denen uns an dieser Stelle das »Array« interessiert. Ein Array ist eine Art »Multivariable«, in der unter einem Namen beliebig viele Werte gespeichert werden können.

Ein Array wird wie folgt erzeugt und wird in eine normale Variable gespeichert:

```
var woche = new Array(); // erzeugt ein leeres Array
```

Die »Multivariable« speichert ihre Werte in »Fächern«, die über numerische Indizes erreicht werden. Die Nummerierung beginnt bei 0 (erstes Fach) und wird in eckigen Klammern an den Array-Namen angehängt:

```
woche[0] = "Montag";
```

Analog erfolgt das Auslesen:

```
alert(woche[0]); // -> Alert: "Montag"
```

Weitere Fächer können gefüllt werden, indem einfach der entsprechende Index angesprochen wird. Hierbei können (was aber meist nicht sinnvoll ist) auch Fächer übersprungen werden. Oft benötigt wird das Feature, einen Wert an das Array anzuhängen. Hierfür wird die `push()`-Methode des Arrays eingesetzt:

```
woche.push("Dienstag");
```

Sie brauchen dabei nicht zu wissen, das wievielte Fach hierbei befüllt wird. Die Zahl der Array-Fächer lässt sich jedoch mit der `length`-Eigenschaft auslesen:

```
alert(woche.length); // -> Alert: 2
```

Auch das Entfernen von Array-Fächern ist möglich. Mit `pop()` wird das *letzte* Fach, mit `shift()` das *erste* Fach entfernt:

```
woche.pop();   // Entfernen des letzten Faches
woche.shift(); // Entfernen des ersten Faches
```

Das Array hat jetzt die Länge 0, da es keine Fächer mehr besitzt – es ist aber nach wie vor ein Array. Statt wie mit `push()` am *Ende* können Sie auch am *Anfang* des Arrays einen Wert hinzufügen. Dies geschieht mit `unshift()`:

```
woche.unshift("Montag");  // vor dem ersten Fach einfügen
```

Alle folgenden Fächer (zurzeit sind keine da) würden hierbei um einen Indexwert nach hinten geschoben.

Weitere Array-Methoden

Bekannte weitere Array-Methoden sind `reverse()`, `sort()`, `splice()`, `concat()`, `join()`, `slice()` und `toString()`. Es existiert zudem eine Reihe neuer Array-Methoden (aus JavaScript 1.6 und 1.8), die zum Teil noch nicht in allen Browsern unterstützt werden: `indexOf()`, `lastIndexOf()`, `every()`, `filter()`, `forEach()`, `map()`, `reduce()`, `reduceRight()` und `some()`.

Ausführliche Erläuterungen finden Sie bei *https://developer.mozilla.org/*.

Array-Literale

Ein leeres Array kann aber auch als *Literal* geschrieben werden, was Ihnen noch des Öfteren begegnen wird. Das Wesentliche dabei ist, dass ein Array nicht »erzeugt« wird (beispielsweise über `new Array()`), sondern einfach »hingeschrieben« werden kann:

```
var woche = []; // leeres Array wie mit new Array()
```

Hier ist es möglich, Inhalte gleich mit zu übergeben. Diese werden durch Kommata getrennt:

```
var woche = ["Montag","Dienstag","Mittwoch", ... ];
```

Ebenso ist es möglich (und üblich), ein Literal über mehrere Zeilen zu schreiben:

```
var woche = [
    "Montag",    // Komma nach dem Wert
    "Dienstag",  // Komma nach dem Wert
    "Mittwoch",  // Komma nach dem Wert
    // ...,
```

```
    "Sonntag"    // kein Komma nach dem letzten Wert
];
```

Wichtig – nach dem letzten Wert steht *kein Komma*! Dies ist einer der wenigen ernsthaften Fehler, die man bei Array-Literalen machen kann. Auf das Array-Literal können selbstverständlich ebenfalls alle Array-Methoden angewendet werden – immerhin handelt es sich um ein normales Array.

B.1.2 Kontrollstrukturen – Bedingungen und Schleifen

Nun besteht ein Programm aus mehr als einer Abfolge von Anweisungen. Eine grundsätzliche Notwendigkeit existiert in der Steuerung dieser Abfolge. Dies geschieht durch Kontrollstrukturen, nämlich Bedingungen und Schleifen. Sie sollten mit Konstrukten wie `if-else`, `while`, `do-while` und `for` sowie der `for-in`-Schleife (zumindest halbwegs) vertraut sein, da Sie dieses Buch in die Hand genommen haben. Sie werden hier auszugsweise kurz gestreift, und zwar `if-else` und `for`, weil diese im Buch am häufigsten erscheinen. Auf ein weiteres Konstrukt soll noch besonders eingegangen werden, da es gern verwendet wird, aber dennoch wenig geläufig ist – der *ternäre Operator*.

Die Bedingung if-else

Die einfachste Kontrollstruktur ist die *Bedingung*, die einen Anweisungsblock durch `if` an einen booleschen Ausdruck (die Bedingung) knüpft, der in der Bedingungsklammer steht. Ist die Bedingung erfüllt (`true`), wird der Block ausgeführt, anderenfalls (`false`) übersprungen:

```
if(x > 5) {
    alert("x ist größer als 5!");
}
```

Ist die Bedingung nicht erfüllt, kann ein mit `else` gekennzeichneter alternativer Block ausgeführt werden:

```
if(x > 5) {
    alert("x größer 5!");
}
else {
    alert("x nicht größer 5");
}
```

Der ternäre Operator

Diese Konstellation (»tu dies oder tu das«) ist in der Programmierung so häufig, dass es hierfür eine Kurzschreibweise gibt. Sie werden ihr recht oft begegnen, da sie sich durch Kompaktheit auszeichnet. Identisch mit der `if-else`-Anweisung ist Folgendes:

```
x > 5 ? alert("x größer 5!") : alert("x nicht größer 5");
```

Dieses Konstrukt wird als *ternärer Operator* bezeichnet, da hier *drei Ausdrücke* (Operanden) beteiligt sind:

- die zu prüfende Bedingung (vor dem Fragezeichen)
- die Anweisung bei Erfüllung (vor dem Doppelpunkt)
- die Anweisung bei Nichterfüllung (nach dem Doppelpunkt)

Auch hier ist bei Bedarf eine Aufteilung über mehrere Zeilen gestattet:

```
x > 5 ?
  alert("x größer 5!") :
  alert("x nicht größer 5");
```

Achten Sie auch hier auf die Verwechslungsgefahr zwischen Doppelpunkt und Semikolon.

Bedeutung für die Arbeit mit jQuery

Der *ternäre Operator* wird auch in jQuery häufig eingesetzt, weil er kompakt zu schreiben ist. Für Anfänger ergibt sich daraus eine erschwerte Lesbarkeit der Scripte – schärfen Sie also Ihr Auge. Sie können aber den ternären Operator stets durch ein (umständlicheres) `if-else`-Statement ersetzen, wenn Ihnen das lieber ist.

Die for-Schleife

Sollen Anweisungsblöcke wiederholt werden, muss eine Schleife als Kontrollstruktur her. Im Grunde ist dies nichts großartig anderes als eine Bedingung, nur dass nicht entschieden wird, ob ein Block ausgeführt wird, sondern, ob er wiederholt werden soll. Die Bedingung hierzu wird daher als *Schleifenbedingung* bezeichnet.

In JavaScript existieren außerdem noch `while`- und `do-while`-Schleifen. Wir beschränken uns hier aber auf die `for`-Schleife, weil sie in Zusammenhang mit Arrays extensiv eingesetzt wird. Außerdem sind die anderen Konstrukte vergleichsweise einfach. Die Besonderheit der `for`-Schleife ist der eingebaute Zähler. Das Schema ist Folgendes:

```
for(zählerdeklaration; bedingung; zähleriteration) {
    // Anweisungen
}
```

Als Zählervariable wird traditionell i (wie *iterator*) verwendet. Sie können allerdings auch einen beliebigen anderen Bezeichner verwenden. Da es sich um eine »echte« Variable handelt, wird sie am saubersten mit var deklariert. Hier sehen Sie eine Schleife, die viermal läuft:

```
for(var i=1; i<5; i++) {
  alert("Dies ist der " + i + ". Durchlauf.");
}
```

Sie sehen, dass auf das i im Inneren der Schleife zugegriffen werden kann. Dies ist extrem wichtig. Auch ist es möglich, das i auf einen anderen Startwert, beispielsweise 0, zu setzen. In Einerschritten hochgezählt wird mit dem ++-Inkrement-Operator (andere Zählrichtungen oder Schrittweiten sind machbar):

```
for(var i=0; i<woche.length; i++) {
  alert("Der "+i+". Tag der Woche ist "+woche[i]+"!");
}
```

Hier wird die Schleife eingesetzt, um ein Array auszulesen. Unökonomisch ist, dass bei jedem Schleifendurchlauf erneut über woche.length die Array-Länge ausgewertet werden muss. Sie können dies auch im Rahmen des Deklarationsstatements tun und die ermittelte Länge in eine Variable ablegen (achten Sie auf das Komma zwischen den Variablendeklarationen):

```
for(var i=0, len=woche.length; i<len; i++) {
  alert("Der "+i+". Tag der Woche ist "+woche[i]+"!");
}
```

Die Schleifenbedingung wird so performanter (einen merklichen Unterschied werden Sie normalerweise allerdings kaum feststellen). Neben dem Auslesen eines Arrays ist der umgekehrte Fall ebenfalls denkbar – Sie füllen dann ein leeres Array mit den Zahlen von 1 bis 10:

```
var zahlenarray = [];
for(var i=1; i<11; i++) {
  zahlenarray.push(i);
}
alert(zahlenarray); // -> 1,2,3,4,5,6,7,8,9,10
```

Bedeutung für die Arbeit mit jQuery

Sie werden in jQuery viel mit *Arrays* und array-ähnlichen Gebilden, den sogenannten *Collections*, zu tun haben. Arrays und for-Schleifen stehen in einer beinahe symbiotischen Beziehung und tauchen deshalb in vielerlei Zusammenhängen gemeinsam auf.

B.1.3 Funktionen

Eine Funktion ist auf den ersten Blick nichts weiter als ein benannter Anweisungsblock, der bei Bedarf auf Zuruf ausgeführt wird. Um diese Anweisungen von außen zu steuern, ist die Übergabe von Werten an die Funktion möglich, und damit die Funktion mit dem Rest der Welt Kontakt aufnehmen kann, existiert ein sogenannter *Rückgabewert*, der durch das Schlüsselwort `return` gekennzeichnet ist. Nimmt eine Funktion anders als über den Rückgabewert Einfluss auf ihre Umgebung, beispielsweise indem sie eine globale Variable verändert, bezeichnet man dies als *Seitenwirkung* (*side effect*).

Eine *Funktion* in diesem Sinne könnte wie folgt deklariert werden – diese hier nimmt zwei Werte entgegen, addiert diese innerhalb des Anweisungsblocks und gibt das Ergebnis zurück. Wir haben sie deshalb `addieren` getauft:

```
function addieren(a, b) {
    var summe = a + b;
    return summe;
    }
```

Aufgerufen wird die Funktion über ihren Namen, wobei in den runden Klammern, die dann unbedingt folgen müssen, die Parameter übergeben werden:[2]

```
var summe = addieren(5, 7);
alert(summe); // -> Alert: 12
```

Der Kern der Funktionsdeklaration ist das Schlüsselwort `function`, dem im vorigen Beispiel der Funktionsname folgt. Ziehen wir kurz in Betracht, dass eine Funktion mehr ist als ein benannter Anweisungsblock – nämlich ein »Objekt«. Genauer gesagt handelt es sich um ein *Funktionsobjekt* (das aber tatsächlich nur eine Spezialausprägung der »gewöhnlichen« Objekte darstellt, die wir später behandeln).

Ein Funktionsobjekt brauchen Sie im Prinzip nicht zu benennen. Sie können es stattdessen in eine Variable ablegen, um es später »zur Hand« zu haben:

```
var addieren = function (a, b) {
    var summe = a + b;
    return summe;
    }
```

Der Aufruf der Funktion erfolgt haargenau so wie eben. In der Variable `addieren` ist das Funktionsobjekt. Sie hängen für den Aufruf an den Variablennamen ein-

2 In diesem Zusammenhang bezeichnet man die runden Klammern als »invocation operator«, da sie den Aufruf der Funktion veranlassen.

fach die Funktionsklammern an, und fertig. Der Rückgabewert landet wieder in der Variable summe:

```
// das kennen wir schon:
var summe = addieren(9, 4);
alert(summe); // -> Alert: 13
```

Nebenbei, warum existieren hier zwei Variablen namens summe? Könnte man nicht eine weglassen und kürzer wie folgt schreiben:

```
var addieren = function (a, b) {
    var summe = a + b;
    }
addieren(9, 4);
alert(summe); // -> Alert: "undefined" (!)
```

Hier gibt es ein Problem: Seltsamerweise gilt summe für JavaScript als undefined, obwohl – und das ist sehr wohl richtig! – während der Verarbeitung der Funktion das Ergebnis unserer Rechenoperation tatsächlich in eine Variable dieses Namens abgelegt wurde.

Dies ist der Knackpunkt: Es war *während* der Laufzeit der Funktion, wohingegen wir die Variable *nach* der Laufzeit der Funktion auszulesen versuchen. Leider existiert die Variable zu diesem Zeitpunkt nicht mehr – wir haben ein Problem mit ihrem *Gültigkeitsbereich* (auch *Scope* genannt) bekommen.

B.1.4 Der Scope von Variablen

Grundsätzlich besitzt jede Varibale einen *Scope*, also einen Gültigkeitsbereich. Bewegen wir uns aus dem Gültigkeitsbereich hinaus, ist die Variable für uns unerreichbar. Kein Problem gibt es mit Variablen, die »ebenerdig«, also außerhalb aller Strukturen angelegt wurden. Diese gelten also »global« und sind von überall erreichbar. Man bezeichnet ihren Scope als *globalen Scope*.

Globale Variablen

Im *globalen Scope* deklarierte Variablen sind stets als Eigenschaften des window-Objekts erreichbar:

```
var a;                    // global deklariert
alert(a==window.a);       // ergibt true
```

Dies ist unabhängig davon, ob die Variable explizit mit var deklariert oder implizit durch Verwendung eingeführt wurde:

```
b = "Ich bin implizit deklariert!";
alert(b==window.b);       // ergibt true
```

Des Weiteren ebenfalls global sind Variablen, die innerhalb von Funktionen implizit deklariert werden (die dort also ohne `var` eingeführt werden):

```
function beispiel() {
    // implizit deklariert, daher global
    c = "Ich bin global!";
}
beispiel();    // Deklaration von c durch Aufruf
alert(c==window.c);     // ergibt true
```

Lokale Variablen

Anders ist es, wenn eine Variable *innerhalb* einer Funktion ordnungsgemäß mit `var` deklariert wurde – sie gehört dann praktisch zum Funktionsobjekt, das seinen eigenen Scope bildet. Außerhalb der Funktion sind solche Variablen daher nicht erreichbar:

```
function beispiel() {
    // lokaler Scope der Funktion
    var x = "Ich bin lokal!";
    // lokale Variable kann ausgegeben werden:
    alert(x);
}
// zurück im globalen Scope:
alert(typeof x);    // x nicht existent; ergibt undefined
```

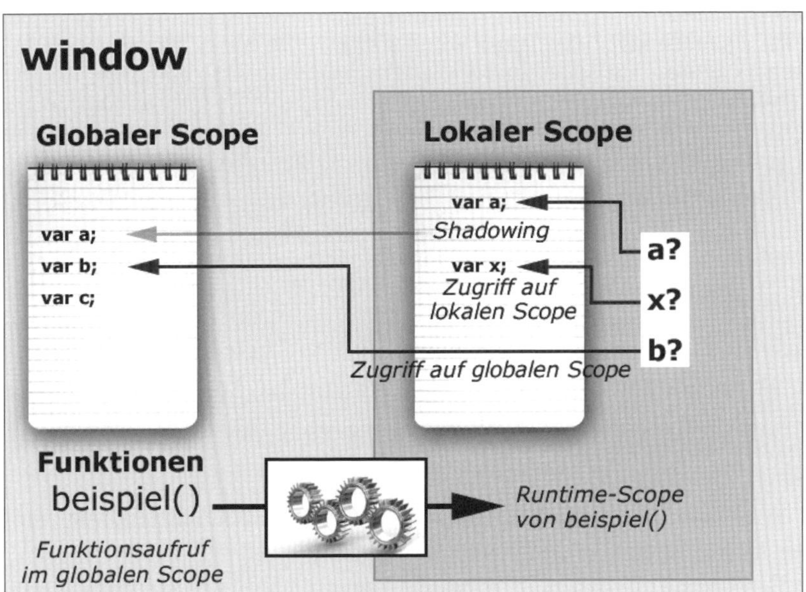

Abbildung B.1 Globaler Scope und lokaler Scope einer Funktion

Existieren im globalen und lokalen Scope gleichnamige Variablen, »verdeckt« innerhalb des lokalen Scopes die lokale Variable die gleichnamige globale Variable. Diesen Effekt bezeichnet man als *Shadowing*:

```
var a = "Ich bin global deklariert!"
function beispiel() {
    // lokaler Scope der Funktion
    var a = "Ich bin lokal deklariert!";
    alert(a);     // -> "Ich bin lokal deklariert!"
}

// zurück im globalen Scope:
alert(a);         // -> Alert: "Ich bin global deklariert!"
```

Es ist allerdings durchaus möglich, außerhalb einer Funktion (d. h. scheinbar *nach* deren Laufzeit) auf eine ihrer lokalen Variablen zuzugreifen – allerdings kann dies nur über eine *innere Funktion* geschehen, mittels einer sogenannten *Closure*.

B.1.5 Closures

Wichtig ist also, dass Sie *zwei ineinander verschachtelte* Funktionen vor sich haben müssen: Über eine *Closure* kann eine innere Funktion `innen()` auf Variablen oder übergebene Parameterwerte aus dem Scope ihrer *übergeordneten* Funktion `aussen()` zugreifen – selbst wenn diese mittlerweile beendet ist. Normalerweise werden zwar alle lokalen Variablen einer Funktion gelöscht, nachdem diese beendet wurde. Im Falle einer Closure werden die Variablen der äußeren Funktion nach deren Ausführung jedoch *nicht* gelöscht, sondern verbleiben im Speicher:

```
function aussen() {
  // Definiere eine lokale Variable
  var lokVar = "Ich bin ein lokaler Wert";
  // Lege eine Funktion als lokale Variable an
  var innen = function () {
    // Variable des umgebenden Scopes ist hier verfügbar:
        alert("Variable der äußeren Funktion: " + lokVar);
    };
    // Führe die eben definierte Funktion aus
    innen();
}
// Funktion gibt lokalen Wert über innere Funktion aus:
aussen();
```

Die innere Funktion greift über eine Closure auf die Variable des umgebenden Scopes zu.

Wie definiert man eine Closure?

Eine Closure kann als »Objekt« betrachtet werden, das eine Funktion sowie deren Ausführungskontext (also deren »Variablentabelle«) beinhaltet. Wird eine Referenz auf ein Funktionsobjekt weitergegeben, behält die Funktion damit auch Zugriff auf die Variablen aus dem Kontext, in dem sie definiert wurde.

Nach Ablauf der äußeren Funktion behält die Closure den Zugriff auf deren Variable – vorausgesetzt, sie wird gespeichert und kann dadurch später ausgeführt werden.

Speichern einer Closure

Eine Möglichkeit des Speicherns besteht darin, die Closure über Event-Handler an ein Element zu binden:

```
function aussen() {
   var lokVar = " Ich bin ein lokaler Wert";
   // Closure-Funktion in lokaler Variable ablegen:
   var meineClosure = function () {
        alert("Lokale Variable von aussen(): " + lokVar);
   };
   // Closure-Funktion Event-Handler zuweisen:
   document.getElementById("meinId").onclick = meineClosure;
}
// Funktion ausführen, um Click-Event zu binden:
aussen();
```

Die äußere Funktion muss einmal gelaufen sein, um den Click-Event zu binden. Das Element `#meinId` löst nun beim Anklicken die innere Funktion aus, die ihrerseits auf die Variable `lokVar` zugreift, die eigentlich nicht mehr existieren sollte. Die Referenz über die Event-Bindung erzwingt jedoch die »Aufbewahrung« des Scopes in einer Closure. Die Variable bleibt erreichbar – allerdings ausschließlich auf diesem Weg (es ist nicht möglich, sie direkt anzusprechen!).

Speichern der Closure über eine anonyme Wrapper-Funktion

Closures können auch aus einer Schleife heraus gebildet werden. Hier soll der Wert von `i` zum Zeitpunkt der Bindung in einer Closure aufbewahrt werden. Diese Schleife bildet daher vier innere Funktionen, die extern über das `window`-Objekt in einer Variablen mit konstruiertem Namen abgelegt werden:

```
for(i=0; i < 4; i++) {
    (function() {
      var a = i;
      window['scope'+i] = function() {
          alert(a);
      }
    })();
}
```

Anschließend können die Funktionen aufgerufen werden, um die Closures auszuprobieren (einen praktischen Nutzen hat dieses Beispiel kaum, es stellt aber ein gutes Anschauungsmaterial dar):

```
scope0();  // -> Alert: 0
scope1();  // -> Alert: 1
scope2();  // -> Alert: 2
scope3();  // -> Alert: 3
```

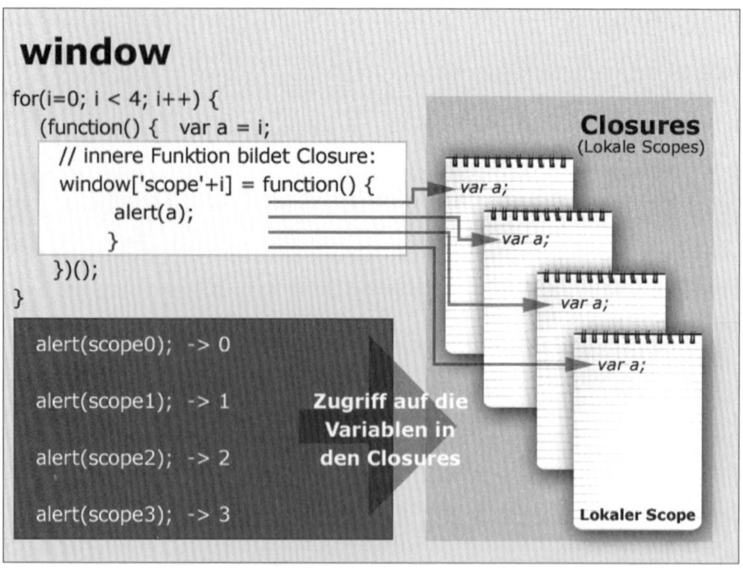

Abbildung B.2 Closures mit Wrapper-Funktion

Wie funktioniert das? Die Wirkung rührt von der anonymen Wrapper-Funktion her, die die innere Funktion umgibt und so die Closure erzeugt. Dieses Konstrukt mutet vielleicht zu merkwürdig an, um es ohne Erklärung hinzunehmen.

Kein Wrapper – keine Closure

Machen Sie ein Experiment. Anstatt an eine Variable binden Sie die innere Funktion an ein HTML-Element und lassen die Wrapper-Funktion versuchsweise weg:

```
window.onload = function() {
    var obj = document.getElementsByTagName('p');
        for(i=0; i < 4; i++) {
          var a = i;
          obj[i].onclick = function() {
             alert("Das ist Absatz " + (a + 1));
          };
    }
}
```

Im Beispieldokument befinden sich vier <p>-Container, die auf diesem Weg alle klickbar gemacht werden. Allerdings werden Sie bemerken, dass jeder von ihnen behauptet, »Absatz 4« zu sein. Das liegt daran, dass die gebundene Funktion stets nur auf den *letzten* Wert von i zugreift – nicht auf den Wert von i zum Zeitpunkt der Bindung. Das aber ist, was wir hier eigentlich wollen! Der Grund ist einfach – es wurde keine Closure gebildet.

Benannte Wrapper-Funktion

Modifizieren wir den Quelltext wie folgt:

```
window.onload = function() {
    var obj = document.getElementsByTagName('p');
    for(i=0; i < 4; i++) {
    function wrapper() {
          var a = i;
          // innere Funktion bildet jetzt eine Closure:
          obj[i].onclick = function() {
             alert("Das ist Absatz " + (a + 1));
          };
      }
    wrapper(); // Aufruf in jedem Schleifendurchlauf
    }
}
```

Für den zweiten Versuch wird nun die gebundene Funktion in eine Wrapper-Funktion gehüllt, also zu deren »innerer Funktion« gemacht. Dies friert den Stand von i, der zu jenem Zeitpunkt in die lokale Variable a umgespeichert wird, quasi in einer eigenen »Variablentabelle« ein (der Scope der Laufzeit der inneren Funktion).

Damit dies geschieht, muss eine *Funktionsinstanz* der äußeren Funktion wrapper() gestartet werden. Dies tun wir, indem wir sie direkt in der folgenden Zeile (innerhalb der Schleife) vor Ort aufrufen.

Anonymer statt benannter Wrapper

Wichtig ist zu verstehen, dass `wrapper()` hier praktisch eine »Wegwerffunktion« ist – wir brauchen sie nur, um die Closure zu erzeugen. Ihr einen Namen zu geben und sie extra aufzurufen ist eigentlich bereits »Luxus«. Dasselbe geht nämlich mit einer namenlosen (anonymen) Funktion ebenfalls. Nur die Syntax ist etwas kurios. Tasten wir uns heran:

```
// eine benannte Funktion namens wrapper:
function wrapper() { ... }
// eine einfache, anonyme Funktion (guck mal, kein Name!):
function () { ... }
```

Jetzt, da Sie diese Funktion haben, wie rufen Sie sie auf? Ohne Namen? Sie müssen sie ja aufrufen, um eine *Funktionsinstanz* für die Closure zu bilden! Normalerweise rufen Sie eine Funktion über ihren Namen und die daran angehängten runden Klammern auf. Hier gibt es keinen Namen, daher geht dies nicht. Auch folgender Versuch scheitert:

```
// gut gemeint, aber leider ein Syntaxfehler:
function() { ... }()
```

Sie müssen die anonyme Funktion zunächst in einen *Auswertungskontext* bringen, bevor Sie sie derart auslösen können. Das ist einfach, sofern man darauf kommt – es genügt, den Funktionsausdruck in runde Klammern zu setzen:

```
// Funktionsausdruck hat Kontext, wird ausgeführt:
(function() { ... })()
```

Ersetzen Sie in unserem Szenario die benannte nun durch eine anonyme Wrapper-Funktion, gelangen Sie zu folgendem Quelltext:

```
window.onload = function() {
    var obj = document.getElementsByTagName('p');
    for(i=0; i < 4; i++) {
        (function() {
          var a = i;
          obj[i].onclick = function() {
             alert("Das ist Absatz " + (a + 1));
          };
        })();
    }
}
```

Da nun der Wert von `i` zum Zeitpunkt der Bindung in eine Closure »eingesperrt« wurde, kann er später (beim Klick auf den betreffenden Absatz) ausgelesen werden.

Die Bedeutung von Closures für jQuery

Bei *Closures* handelt es sich um ein wichtiges Prinzip, das in jQuery in vielerlei Hinsicht von Bedeutung ist (im Grunde ist jQuery selbst eine riesige Closure). Es lohnt sich, das Konzept zumindest ansatzweise zu verstehen.

B.1.6 Objekte

JavaScript arbeitet mit Objekten und baut selbst im Kern auf Objekten auf, was eine wunderbare Homogenität des Gesamtbilds ergibt. Und bei Bedarf entpuppen sich auch Dinge als Objekte, die eigentlich keine zu sein scheinen. Das erleichtert den Umgang mit ihnen enorm.

Betrachten wir diesen Dreh- und Angelpunkt von allem – und damit auch vom Einsatz unseres Frameworks: Was versteht JavaScript unter einem Objekt? Wo kommen Objekte her, und was macht man mit ihnen?

Objektorientierung gilt als schwieriges Thema, da es ein gewisses Maß an Abstraktion benötigt. Fangen wir mit einer saloppen Definition des Begriffs *Objekt* an. Sagen wir einfach, dass ein Objekt eine Art von *Behälter* ist. Dieser Behälter besitzt einen Namen (meistens zumindest) und enthält Daten (die wir als *Eigenschaften* bezeichnen). Außerdem enthält er Werkzeuge, die mit diesen Daten oder denen seiner Umgebung interagieren können. Diese zum Objekt gehörende Funktionalität (um nicht von vornherein das Wort *Funktionen* in den Mund zu nehmen) nennen wir *Methoden*.

Kurze Definition von Objekt

Ein Objekt ist ein so benannter Behälter für Eigenschaften und Methoden.

Wozu ist ein Objekt gut?

Stellen Sie sich den Inhalt eines Rucksacks über den Boden verstreut vor, so ist klar, dass der Rucksack (mit Inhalt darin) einfacher zu handhaben ist als die Summe der Einzelgegenstände, die er enthält. Diese müssten Sie separat zur Hand nehmen, Dinge gerieten durcheinander oder könnten vergessen werden.

Gäbe es eine vorgeschriebene »Inventarliste« (Was hat im Rucksack zu sein?), wäre man sicher, stets alles Benötigte dabeizuhaben. Anhand der Liste ließen sich identische Rucksäcke packen (d. h., gleichartige Objekte erstellen), falls man mehrere benötigte. JavaScript verwendet hierfür sogenannte *Konstruktoren*. Es gibt aber auch andere Wege, wie Sie zu neuen Objekten kommen können.

Ein Objekt kann in JavaScript entweder über den allgemeinen Konstruktor `Object()` oder, mit der gleichen Wirkung, als Literal `{}` erzeugt werden. Letzteres hat sich im Rahmen der Frameworks wegen der kompakteren Schreibweise als Standard durchgesetzt. Als dritte Möglichkeit kann auch ein eigener, spezialisierter Konstruktor geschrieben werden. Sehen wir uns dies alles einmal an.

Objekt per Object-Konstruktor

Mit einem einzeiligen Statement erzeugen Sie ein neues, leeres Objekt und legen es in eine Variable ab. Die rechte Seite wirkt auf den ersten Blick wie ein Funktionsaufruf (was im Grunde gar nicht so verkehrt ist). Auffällig ist das vorangestellte Schlüsselwort **new**. De facto ergibt ein Funktionsaufruf plus new-Schlüsselwort einen »Konstruktoraufruf«, wobei der Begriff Object (achten Sie auf die Schreibweise) vordefiniert ist:

```
// ein neues leeres Objekt erstellen:
var meinContainer = new Object();
```

Die Variable meinContainer ist jetzt keine »herkömmliche« Variable, sondern eine Variable vom »Type Object«. Dadurch ist es Ihnen gestattet, ihr Eigenschaften zu geben. Hierfür wird der Punktoperator eingesetzt. Die Namen der Eigenschaften können Sie frei wählen – wie bei Variablen. Es handelt sich quasi auch um Variablen, allerdings um solche, die diesem Objekt »gehören«:

```
// jetzt die Eigenschaften erzeugen:
meinContainer.meineEigenschaft = "wert";
```

Speichern wir in eine Objektvariable eine Funktion (eine anonyme Funktion tut hier gute Dienste), nennen wir diese Funktion eine *Methode* des Objekts.

```
meinContainer.meineMethode = function () {
   alert("Container-Eigenschaft: " + this.meineEigenschaft);
};
```

Diese Funktion ist nämlich anschließend nur im *Kontext* des Objekts, also über die Objektnotation mit Punkt, aufrufbar:

```
meinContainer.meineMethode();
```

Das Hinzufügen weiterer Methoden (oder Eigenschaften) erfolgt durch Deklaration. Hier wird dem Objekt eine zweite Methode meinContainer.zweiteMethode hinzugefügt, die die erste Methode aufruft. Der Bezeichner this bezeichnet in der Methode ebenfalls das im Kontext befindliche Objekt, also meinContainer.

```
meinContainer.zweiteMethode = function () {
    this.meineMethode();
};
// Aufruf:
meinContainer.zweiteMethode();
```

Ein Nachteil dieser Methode der Objektherstellung ist, dass Sie anschließend genau *eine* Objektinstanz besitzen. Wollen Sie ein zweites, gleichartiges Objekt erstellen, muss die ganze Prozedur wiederholt werden.

Objekt über Literal

Dieselbe Wirkung wie das Erzeugen eines Objekts mit dem Konstruktor `Object()` hat das Schreiben eines *Objektliterals*. Mit anderen Worten: Sie schreiben das Objekt einfach so hin, »wie es ist«. Um so ein neues, leeres Objekt zu erzeugen, genügt dies:

```
var meinContainer = {}
```

Nun könnten, wie eben, Eigenschaften und Methoden nachträglich hinzugefügt werden. Bei Literalen müssen Sie dies jedoch nicht tun: Sie können dies gleich »vor Ort« im Inneren der Literalklammern vornehmen. Achtung – zwischen den einzelnen Eigenschaftsdefinitionen steht ein Komma:

```
var meinContainer = {
  // Objekt-Members werden im Inneren erzeugt:
  meineEigenschaft: "wert",
  meineMethode: function () {
  alert("Container-Eigenschaft: " + this. meineEigenschaft);
  }
}; // Ende des Literal-Statements
```

Der Aufruf der Objektmethode geht wie gehabt:

```
// Aufruf:
meinContainer.meineMethode();
```

Ein Nachteil auch dieser Methode der Objektherstellung ist, dass Sie anschließend nur genau *eine* Objektinstanz besitzen. Wenn Sie nicht mehr als das benötigen, reicht dies (oft ist es so). Falls aber nicht, brauchen Sie eine maßgeschneiderte *Konstruktorfunktion*. Schauen wir uns erst, um nicht vorgreifen zu müssen, bei den Funktionen um.

B.1.7 Konstruktorfunktionen für Objekte

Nehmen wir an, dass wir Objekte wie das vorhin vorgestellte »konkrete« Objekt `meinContainer` erzeugen wollen (»konkret« bedeutet, dass die abstrakten Eigenschaften speziell für dieses eine Objekt festgelegt sind – man nennt dies eine *Instanz* dieses Objekttyps). Hier ist der äquivalente Literalausdruck:

```
var meinContainer = {
  // Objekt-Members werden im Inneren erzeugt:
```

```
  meineEigenschaft: "wert",
  meineMethode: function () {
  alert("Container-Eigenschaft: " + this. meineEigenschaft);
  }
}; // Ende des Literal-Statements
```

Sie brauchen nun eine Möglichkeit, analoge Objektinstanzen zu erzeugen. Von der bereits gezeigten sollen sie sich nicht in der Struktur unterscheiden, sie sollen also über gleiche (und gleich benannte) Eigenschaften und Methoden verfügen. Nur die konkreten *Werte* der Eigenschaften und natürlich der *Name* der Objektinstanz sollen anders sein.

Der Gedanke liegt nahe, eine Funktion mit der Erstellung eines Objekts zu betrauen und dieser Funktion die benötigten konkreten Werte als Parameter zu übergeben. Im Inneren der Funktion wird der übergebene Wert der Eigenschaft zugeordnet. Nehmen wir (als Hilfsvorstellung) an, dass wieder als erster Schritt ein neues, leeres Objekt erstellt wird (obwohl dies in der Funktion nicht explizit angeordnet wird). Dieses Objekt ist dann automatisch Kontextobjekt der Operation. Sie können sich also mit `this` darauf beziehen, was Sie verwenden, um Wert und Eigenschaft (die ja dem Objekt gehören sollen, nicht der Funktion) zusammenzubringen. Dies ergibt etwa Folgendes (die Methode lassen wir vorerst weg):

```
function MachContainer(wert) {
  // der übergebene Wert wert landet in meineEigenschaft:
  this.meineEigenschaft = wert;
}
```

Bezeichner einer Konstruktorfunktion

Sie haben bemerkt, dass wir den Funktionsnamen des Konstruktors mit einem *Großbuchstaben* begonnen haben. Dies ist zwar nicht unbedingt nötig, aber es handelt sich um eine Konvention, die sich zur Bezeichnung von Klassen (und eben Konstruktoren) eingebürgert hat.

Kommen wir zum Hattrick der Angelegenheit – dem Aufruf des Konstruktors. Dies darf in der Tat *nicht* wie folgt geschehen (à la »normale« Funktion):

```
MachContainer("neuer Wert");
```

Warum? Weil `this` im Inneren der Funktion in diesem Fall leider auf das globale Objekt zeigt. Dadurch würden Sie im globalen Kontext (d. h. im `window`-Objekt) eine Variable namens `meineEigenschaft` erzeugen. Schlecht. Ein neues Objekt käme ohnehin nicht dabei heraus, weil die Funktion keinen definierten Rückgabewert hat:

```
// die Variable bleibt leer:
var leiderKeinObjekt = MachContainer("neuer Wert");
```

Aus diesem Grund muss der Aufruf eines Konstruktors mit dem vorangestellten Schlüsselwort `new` erfolgen. Was bewirkt `new`? Ganz einfach – dies *ist* nun die Anordnung, zunächst ein neues, leeres Objekt zu erzeugen und es als Kontextobjekt zu verwenden. Bingo:

```
var neuerContainer = new MachContainer("neuer Wert");
```

Fügen Sie nun eine Methode hinzu. Hierfür gibt es zwei Möglichkeiten. Erstens könnten Sie den Konstruktor erweitern. Das ist kein Problem, solange die Funktion, die der Methode hinterlegt ist, knapp genug ist. Ansonsten »sprengen« Sie die Übersichtlichkeit des Konstruktors möglicherweise:

```
function MachContainer(wert) {
  this.meineEigenschaft = wert;
  this.meineMethode = function () {
    alert("Container-Eigenschaft: "+this. meineEigenschaft);
  }
}
var neuerContainer = new MachContainer("neuer Wert");
neuerContainer.meineMethode();  // -> Alert: "neuer Wert"
```

Okay, das geht also. Beachten Sie, dass das `this` im Inneren der Methode tatsächlich nicht auf die Methode (als Funktionsobjekt), sondern auf das erstellte Objekt Bezug nimmt. So soll es auch sein.

Prototyping und die Prototypkette

Wenn die Methoden umfangreicher sind oder nachträglich hinzugefügt werden müssen, bietet sich ein anderer Weg an (den viele Programmierer ohnehin bevorzugen – schon aus Prinzip sollten wir uns das daher einmal ansehen). Dieser Weg wird als *Prototyping* bezeichnet.

Erinnern Sie sich, dass am Anfang gesagt wurde, JavaScript sei eine »prototypisierte«, objektorientierte Sprache? Es handelt sich hier um ein grundlegendes Konzept der Sprache[3] – die Erweiterbarkeit von Objekten und Objekttypen.

Gehen wir nochmals vom einfachen Konstruktor aus, den wir durch *Prototyping* erweitern werden. Der Konstruktor sah so aus:

```
function MachContainer(wert) {
  this.meineEigenschaft = wert;
}
```

3 Der Name des Frameworks *Prototype* (*www.prototypejs.org*) leitet sich ebenfalls hiervon ab.

Lassen wir langwierige Erklärungen beiseite, und erweitern wir ihn einfach:

```
MachContainer.prototype.meineMethode = function () {
  alert("Container-Eigenschaft: " + this.meineEigenschaft);
}
```

Der Aufruf des Konstruktors und der anschließende Aufruf der Methode klappen erneut:

```
var neuerContainer = new MachContainer("neuer Wert");
neuerContainer.meineMethode();  // -> Alert: "neuer Wert"
```

Warum ist dies nun besser? Und wie funktioniert es überhaupt? Besser ist es, weil Sie so nachträglich – und zwar jederzeit! – die Konstruktorfunktion um Methoden erweitern können. Ob mit diesem Konstruktor bereits Objektinstanzen erzeugt wurden, ist dabei egal – die Erweiterung bezieht sich automatisch auch auf bereits existierende Objekte dieses Typs.

Schwieriger ist die Erklärung, *wie* es funktioniert. Nehmen wir an, jedes Objekt »erinnert« sich daran, wer (oder was) es konstruiert hat. Nehmen wir weiter an, dass das Objekt sich »an der Quelle« informiert, ob sich an den Konstruktionsvorschriften etwas geändert hat. Beides stimmt so weit auch – jedes Objekt besitzt eine Eigenschaft namens `constructor`, in dem eine Referenz auf »seine« Konstruktorfunktion gespeichert ist.

Wenn Sie den Namen des Konstruktors erfahren wollen, schreiben Sie:

```
alert(neuerContainer.constructor.name);
```

Vom Konstruktor zur Instanz exisitiert ebenfalls eine Verbindung, und zwar über die sogenannte *Prototype-Chain*. Dies führt dazu, dass jede Instanz von Änderungen am Konstruktor erfährt und diesem nachträglich hinzugefügte Methoden unmittelbar selbst nutzen kann. Zuvor wurde eine Eigenschaft namens `prototype` eingesetzt, um an den Konstruktor eine Methode zu binden.

Woher kommt diese Eigenschaft `prototype` eigentlich? Haben wir sie aus dem Ärmel geschüttelt, weil es grade opportun war? Nein – diese Eigenschaft ist bereits im Stammobjekttyp `Object` enthalten! Weil sich von diesem alles ableitet, existiert `prototype` auch in jedem anderen Objekt, also auch in `MachContainer`.

Nun besitzt jedes Objekt, analog zur `constructor`-Eigenschaft, auch eine Referenz auf die `prototype`-Eigenschaft seines Konstruktors. Da sie eigentlich nicht dem Objekt gehört, sondern dem Konstruktor, erreichen Sie sie vom Objekt aus nur indirekt:

```
// die prototype-Eigenschaft ist ein Objekt
alert(typeof neuerContainer.constructor.prototype);
```

Schreiben wir das Prototyping einmal um, damit der Objekt-Charakter der Eigenschaft etwas deutlicher wird, und erzeugen wir gleich eine zweite Methode:

```
MachContainer.prototype = {
  meineMethode: function() {
    alert("Container-Eigenschaft: "+this.meineEigenschaft);
  },
  andereMethode: function() {
    alert("Ich bin die andere Methode!");
  }
}
```

Das Manöver geschieht also in der `prototype`-Eigenschaft des Konstruktors, die dieser von `Object` geerbt hat. Was passiert dabei nun in der »betroffenen« Objektinstanz? Die Antwort ist einfach: gar nichts.

Das ist auch nicht nötig, da zwischen der Objektinstanz und der `prototype`-Eigenschaft des Konstruktors sozusagen eine »stehende Verbindung« vorliegt. Wird eine Objektinstanz um die Ausführung einer Methode »gebeten«, nimmt sie über diese `prototype`-Verbindung Kontakt mit dem Konstruktor auf und ruft die benötigte Methode von dort ab. Man sagt, die Instanz »erbt« die Methoden über die Prototypkette.

Die Bedeutung des Prototypings für jQuery

Unmittelbar bekommen wir es im Rahmen von jQuery mit *Prototyping* zu tun, sobald wir die Funktionalität des Frameworks um eigene Methoden erweitern. jQuery bezeichnet dies als ein *Plugin*. Zur Anwendung ist es zum Glück nicht unbedingt erforderlich, das Prinzip in allen Konsequenzen zu verstehen.

B.1.8 Funktionen als Objekte

Vorhin wurde bereits gesagt, dass es sich bei Funktionen um Objekte handelt. Ebenso wie andere Objekte, auch das haben wir gesehen, können wir eine Funktion in eine Variable abspeichern, mit anderen Worten, wie einen normalen Wert behandeln.

Callbacks – Funktionsobjekte als übergebene Werte

Wir können Funktionen demnach auch »herumreichen«, ebenso, wie wir dies mit anderen Werten auch machen. Ein Beispiel hierfür ist die globale Helferfunktion `setTimeout()`, die ein Funktionsobjekt als Parameter entgegennimmt:

```
var halloSagen = function() {
   alert("Es reicht. Ich habe lange genug gewartet.");
```

```
}
setTimeout(halloSagen, 5000);
```

Sie können das Funktionsobjekt auch unmittelbar übergeben, anstatt es umständlich in eine Variable abzulegen (dies macht nur dann Sinn, wenn Sie die Funktion anderenorts ein weiteres Mal brauchen):

```
setTimeout(function() {
   alert("Es reicht. Ich habe lange genug gewartet.");
}, 5000);
```

Das gleiche Prinzip gilt, wenn Sie eine Funktion an ein Ereignis binden:

```
var meldung = function() {
   alert("Die Seite ist jetzt fertig geladen.");
}
window.onload = meldung;
```

Analog dazu kann das Funktionsobjekt direkt übergeben werden:

```
window.onload = function() {
   alert("Die Seite ist jetzt fertig geladen.");
}
```

Eine Funktion, die an ein Ereignis gebunden ist (egal, auf welche Art), bezeichnen wir als eine *Callback-Funktion*.

Bedeutung von Callback-Funktionen in jQuery

Wir werden sehen, dass *Callbacks* für jQuery sehr wichtig sind – sie werden beispielsweise regelmäßig in Zusammenhang mit Ajax eingesetzt (»Sind die Daten eingetroffen? Dann tu etwas!«), aber auch bei weniger »abgehobenen« Gelegenheiten, wie dem Anklicken von Elementen (»Wurde etwas angeklickt? Dann tu dies!«) oder der Steuerung von Animationen (»Hat das Objekt seine Endposition erreicht? Dann reagiere entsprechend!«).

Methoden von Funktionsobjekten – call() und apply()

Wenn wir uns damit abgefunden haben, dass eine Funktion ein Objekt darstellt, dann mag es weniger verblüffend sein, dass es auch Methoden von Funktionsobjekten gibt – wir betrachten nun zwei davon, nämlich `call()` und `apply()`.

Bevor wir damit herausrücken, wozu diese benötigt werden, betrachten wir noch einmal den *Kontext*, in dem eine Funktion gilt. Für eine global deklarierte Funktion (alles, was nicht einem Objekt gehört, also eine Methode ist, und alles, was nicht eine »innere Funktion« darstellt, also einem anderen Funktionsobjekt gehört) ist der Kontext stets das `window`-Objekt. Der Kontext bestimmt die Bedeutung des `this`-Objekts. Meist ist `this` also `window`. Will man das immer so haben? Sicherlich nicht.

Erstellen wir drei Dinge – eine globale Variable, ein Objekt und eine Funktion im globalen Kontext:

```
var name = "das window-Objekt";
var person = { name: "Herr Müller" };
function hallo() {
alert("Hi, ich bin " + this.name);
}
```

Setzen wir die Funktion einmal in Betrieb:

```
hallo(); // Alert: "Hi, ich bin das window-Objekt"
```

Das ist nicht verwunderlich, weil ja der Kontext während der Ausführung der Funktion (es ist ja eine im globalen Scope) auf dem `window`-Objekt liegt. Wenn wir das aber nicht wollen? Dann nehmen wir `call()` zu Hilfe. Und das geht so:

```
hallo.call(person); // Alert: "Hi, ich bin Herr Müller"
```

Die globale Funktion `hallo()` verhält sich mithilfe von `call()` so, als ob sie eine Methode des Objekts `person` wäre, die ihr als Parameter übergeben worden ist. Die »Funktionsmethode« `call()` verschiebt also den Kontext hin zu dem ihr übergebenen Objekt. Analog arbeitet `apply()`:

```
hallo.apply(person); // Alert: "Hi, ich bin Herr Müller"
```

Der Unterschied zwischen `call()` und `apply()` kommt erst zum Tragen, wenn weitere Parameter übergeben werden. Während `call()` zusätzlich eine *Liste aus Einzelargumenten* akzeptiert, möchte `apply()` stattdessen ein *Array*, das diese weiteren Parameter enthält. (Wir werden das an dieser Stelle nicht weiter vertiefen, da dies im Rahmen des Buches nicht erforderlich ist. Wir empfehlen Ihnen bei Interesse einen Blick in die Spezifikationen bei *developer.mozilla.org*).

Die Bedeutung von call() und apply() für jQuery

Wir werden beide Methoden selten direkt anwenden müssen, wenn wir mit jQuery arbeiten. Es mag aber interessant sein, zu wissen, dass jQuery selbst sie stets dann einsetzt, wenn der Verarbeitungskontext auf ein bestimmtes Objekt zu setzen ist.

B.1.9 »Unobtrusive« JavaScript

Das Ziel der zeitgenössischen JavaScript-Entwicklung ist es, sogenanntes *unobtrusive JavaScript* zu schreiben. Hierunter versteht man, dass der Entwickler es einerseits vermeidet, den HTML-Code mit JavaScript-Elementen (wie beispielsweise Event-Handler-Attributen, Funktionsaufrufen oder Inline-Scripts) zu vermischen, andererseits dafür Sorge trägt, dass innerhalb von komplexen Anwendungen (die beispielsweise Bibliotheken einbinden) keine Konflikte zwischen Variablen- und Objektbezeichnern auftreten.

Definition von »unobtrusive«

dezent, unaufdringlich, unauffällig, zurückhaltend (*http://dict.leo.org*)

Keine Vermischung von HTML und JavaScript

Diesem ersten Aspekt wird durch *DOM-Manipulation* des (fertig geladenen) HTML-Dokuments Rechnung getragen, indem nachträglich Event-Listener an die gewünschten Elemente gebunden werden. Hierfür setzen Sie zum Auffinden der Zielelemente die im Rahmen des DOM angebotenen Funktionen (`getElementById`, `getElementsByTagName`) ein und binden über weitere DOM-Funktionen den gewünschten Event. Voraussetzung für den Erfolg ist die Überprüfbarkeit des Ladezustands des Dokuments. (Hierzu existiert eine Reihe von Ansätzen; dazu erfahren Sie später noch mehr.)

jQuery und »unobtrusive« JavaScript

Mit jQuery können Sie dieses erste Konzept sehr leicht unterstützen. Wie Sie sehen werden, können Sie innerhalb einer JavaScript-Datei mithilfe von jQuery ein bestimmtes HTML-Element ansprechen und ein Event daran binden.

Konfliktvermeidung zwischen benannten Objekten und Variablen

Konflikte zwischen gleich benannten Variablen ergeben sich, sobald sich deren *Gültigkeitsbereiche* (*Scope*) überschneiden. Dies geschieht vor allem bei global gültigen Variablen leicht, da sich deren Scope über die Laufzeit des gesamten Scripts erstreckt. Sobald Scripte aus mehreren Quellen gleichzeitig eingesetzt werden, wird es an dieser Front unübersichtlich.

Konfliktpotenzial bei globalen Variablen

Nicht immer ist es möglich, die Bezeichner aller eingesetzten Variablen im Vorfeld zu kennen (dies betrifft oft extern eingebundene Bibliotheken), um Konflikten vorzubeugen. Die Lösung besteht darin, globale Variablendeklarationen nach Möglichkeit grundsätzlich zu vermeiden.

Namensräume zur Konfliktvermeidung

Ein Ansatz (im Prinzip eine Folgerung aus der vorher gestellten Prämisse) besteht in der Verwendung sogenannter *Namensräume*, indem Variablen, Objekte (Funktionen also in Form von Methoden) einem benannten Objekt unterstellt werden, also nur »über« das Objekt erreichbar sind. Der Objektbezeichner übernimmt somit die Aufgabe eines Namensraums (eigentlich handelt es sich bei ihm um einen »benannten Scope«). Dieser Ansatz ist in *jQuery* ebenfalls wiederzufinden.

Ein anderer Ansatz, den globalen Scope von Variablen zu vermeiden, ist deren Deklaration innerhalb von (auch anonymen) Funktionen. Einige Frameworks (hier ist wieder *jQuery* zu nennen) bestehen deshalb im Grunde aus einer einzigen Funktionsdeklaration. In dieser Funktionsdeklaration ist es möglich, Variablen, Funktionen (hier spricht man von »inneren« Funktionen) und Objekte zu deklarieren und dabei eine fast beliebige Schachtelungstiefe zu erzielen. Hierbei ist es stets möglich, von einer weiter innen befindlichen Funktion auf die Variablen dieser direkt umgebenden Funktionen zuzugreifen, sodass die äußerste Funktion »scope-technisch« die Rolle der globalen Ebene übernehmen kann (ohne natürlich wirklich global zu sein).

Erstellen wir probeweise einen Namensraum, zunächst als Objekt. Dieses wird in eine globale Variable gespeichert:

```
var meinNamensraum = {
   wert1 : 1,
   wert2 : 2,
   methode1 : function() {
       alert("Ich komme aus dem Namensraum!");
   }
};
```

Dies kapselt Eigenschaften und Methoden in das Objekt, die in Form namensraumgebundener Variablen und Funktionen eingesetzt werden können:

```
alert(meinNamensraum.wert1);
meinNamensraum.methode1();
```

Diese Methode ist simpel, aber nicht sehr elegant. Interessant und obendrein ausbaufähig ist die Variante, dies alles mithilfe eines automatisch aufgerufenen Funktionsobjekts vorzunehmen, das ein innen erzeugtes Objekt nach außen über `return` zurückgibt:

```
var meinNamensraum = function() {
    // hier beginnt das Namensraumobjekt:
    return {
        wert1 : 1,
```

```
        wert2 : 2,
        methode1 : function() {
            alert("Ich komme aus dem Namensraum!");
        }
    };
}();
```

Interessant ist dies, weil so die Möglichkeit besteht, zusätzlich in der Funktion weitere Variablen und Funktionen zu deklarieren. Diese sind von außen nicht zugänglich, also *privat*. Ihre Werte können aber über die inneren Funktionen erreicht werden – richtig, hier liegt eine Closure vor ...

```
var meinNamensraum = function() {

    var privaterWert = "geheim...";

    // hier beginnt das Namensraumobjekt
    return {
        wert1 : 1,
        wert2 : 2,
        methode1 : function() {
            alert("Ich komme aus dem Namensraum!");
        },
        getPrivaterWert : function() {
            return privaterWert;
        }
    };
}();
```

Auf diesem Weg ist es möglich, weitere Werte oder Methoden im Funktionsobjekt zu deponieren, die zwar nicht selbst Teil des Namensraums sind, über diesen aber (mittels Closures) zugänglich gemacht werden können – wie hier einfach über *Getter-* und *Setter-Methoden* demonstriert wird.

Der Wert der lokalen Variable `privaterWert` des Funktionsobjekts ist von außen nicht erreichbar, kann aber über die Namensraummethode `getPrivaterWert()` ausgelesen werden. Analog ist eine Methode denkbar, die den Wert neu setzen könnte:

```
// dies und Ähnliches geht nicht:
alert(meinNamensraum.privaterWert); // -> undefined
// geht:
meinNamensraum.getPrivaterWert();  // gibt Wert aus
```

Die Bedeutung von Namensräumen für jQuery

jQuery arbeitet direkt mit einem Namensraum, der den Namen `jQuery` besitzt. Alle jQuery-Eigenschaften und Methoden sind daher diesem Namensraum unterstellt. Der Alias für `jQuery` ist der Bezeichner `$`. (Zur Kollisionsvermeidung prüft jQuery bei der Initialisierung, ob `$` bereits durch eine andere Anwendung belegt ist, und reagiert entsprechend.)

B.2 Die Synthese – das Document Object Model

Ein wichtiges Konzept, mit dem wir im Laufe dieses Buchs gearbeitet haben, ist das *Document Object Model* (DOM). Das DOM stellt die Schnittstelle zwischen der Dokumentstruktur und dem Rest dar und dient Ihnen einerseits zur Verknüpfung von HTML und CSS, andererseits ist es auch das Interface, das Ihnen erlaubt, per Script auf Struktur und Präsentation des Dokuments einzuwirken.

B.2.1 Das Erstellen des DOM-Baums

Das DOM stellt eine Abstraktion des Dokuments dar, die der Browser beim Einlesen des HTML-Quelltexts im Arbeitsspeicher erzeugt. Eigentlich existiert es also rein virtuell. Stellen Sie es sich als Baumstruktur vor, und zwar in Form eines nach unten hängenden Baums, der an einem Punkt aufgehängt ist und sich ab dort verzweigt. Bezeichnen wir den Punkt, an dem der Baum ansetzt, als *Dokumentknoten* (*documentNode*). Dieser Dokumentknoten besitzt keine Entsprechung im Dokument, sondern stellt das »Dokument an sich« dar.[4]

Einen solchen Dokumentknoten erzeugt der Browser beim Einlesen (*Parsing*) des Dokuments. Er hängt dann für jedes Element, das er in Quelltextreihenfolge antrifft, einen weiteren Knoten unten an diesen Dokumentknoten an. Das erste Element, das er antrifft, ist stets das Root-Element HTML (das allgemein als *documentElement* bezeichnet wird). Ab hier spaltet sich der Baum in zwei Zweige, die den HEAD und den BODY repräsentieren (siehe Abbildung B.3).

Der Baum besteht also aus Verbindungen und Knoten. Im Falle eines *Elementknotens* fallen in diesem Start- und Endmarke des Quelltexts zusammen. Textknoten bilden stets das Ende eines Zweiges (*leaf nodes*). Enthält ein Element einen Inhalt (gehen wir also hierarchisch in dessen Inneres), fächert sich der Baum weiter nach unten auf. Hierdurch entsteht für jeden Bestandteil dieses Inhalts ein weiterer Ast mit daran hängenden Knoten.

4 Aus diesem Grund sind auch »leere« Dokumentknoten möglich, auch wenn dies im ersten Moment sinnlos erscheint.

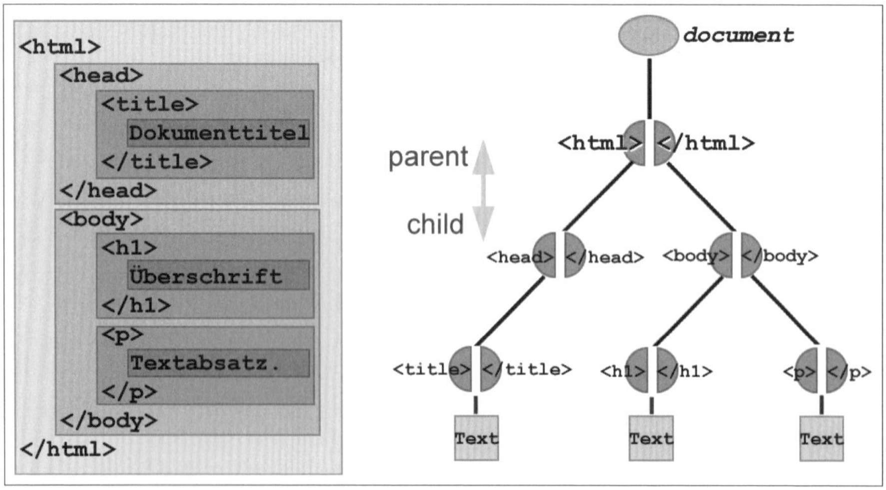

Abbildung B.3 Der HTML-Quelltext und seine DOM-Repräsentanz

Hierbei gilt der oben liegende Knoten als *Elternknoten* (*parent*) und die von ihm unmittelbar abstammenden Knoten als *Kindknoten* (*children*). Sowohl Elemente als auch Textknoten stehen stets in einer Eltern-Kind-Beziehung, wobei jeder Knoten genau einen Elternknoten besitzt (niemals mehrere). Ein Elementknoten besitzt darüber hinaus weitere Eigenschaften, zu denen (salopp gesprochen) auch seine Attribute gehören. Der Browser baut auf diese Weise sukzessive ein komplettes Abbild der hierarchischen Struktur des Dokuments auf.

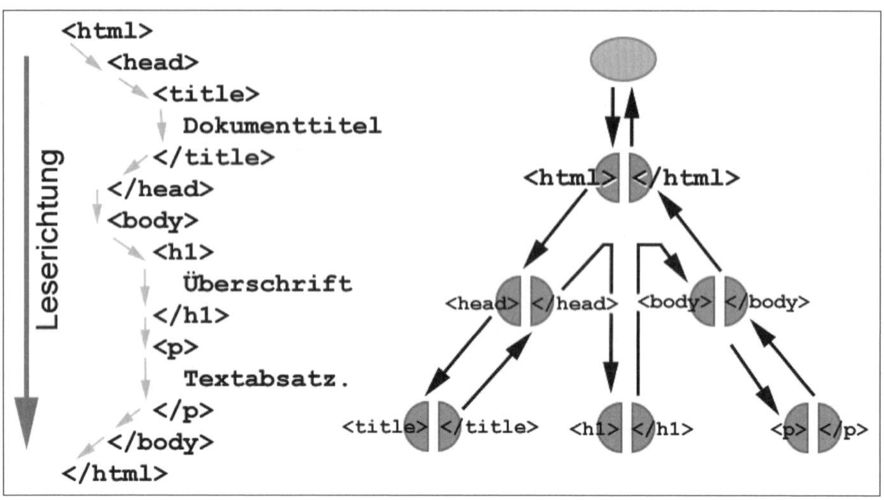

Abbildung B.4 Traversieren des Baums während des Parsing-Vorgangs

Das DOM ist also eine Abstraktion folgender Informationen:

- Wie ist der hierarchische Zusammenhang in der Dokumentstruktur?
- Welches Element ist an welcher Position der Hierarchie?
- Welche Eigenschaften hat es (z. B. Attribute, Inhalte, Nachbarelemente)?

Hier soll kurz ein Vorteil des DOM-Konzepts gegenüber »seriellem« Quelltext erwähnt werden, der darauf beruht, dass ein Knoten gleichzeitig die Start- und Endmarke eines HTML-Tags repräsentiert: Bei einer Manipulation des Baums (Sie werden gleich sehen, wie das geht), also bei der Entnahme oder dem Hinzufügen einzelner Knoten oder ganzer Zweige, wird stets mit vollständigen Strukturen gearbeitet. Ein Dokument behält so stets seine *Wohlgeformtheit*, also die Art von regelmäßiger Struktur, die in der XML-Datenverarbeitung gefordert ist.

B.2.2 Das »Schmücken« des DOM-Baums

Dieses Modell, in dem alle Elemente des Dokuments repräsentiert sind, ist noch eine Abbildung der »nackten« Struktur – was durchaus wörtlich zu nehmen ist, denn bis jetzt hat der Browser die CSS-Informationen noch nicht eingebracht. Die nun folgende Phase wird als »decorating the tree« bezeichnet: Der Browser liest alle CSS-Informationen ein und löst dabei auftretende Konflikte und Unstimmigkeiten auf. Anschließend liegt das sogenannte *Stylesheet* vor: die vollständigen Präsentationsvorschriften, die auf das Dokument angewendet werden sollen.

Nun werden die Selektoren aller CSS-Regeln registriert, und der Dokumentbaum wird anhand dieser Vergleichsmuster durchsucht. Jeder Elementknoten, auf den das Muster zutrifft, bekommt den Regelsatz zugewiesen. Auf diesem Weg werden alle Regeln durchgearbeitet. Regeln, für die keine Übereinstimmung mit dem Dokument gefunden wird, liegen brach (siehe Abbildung B.5).

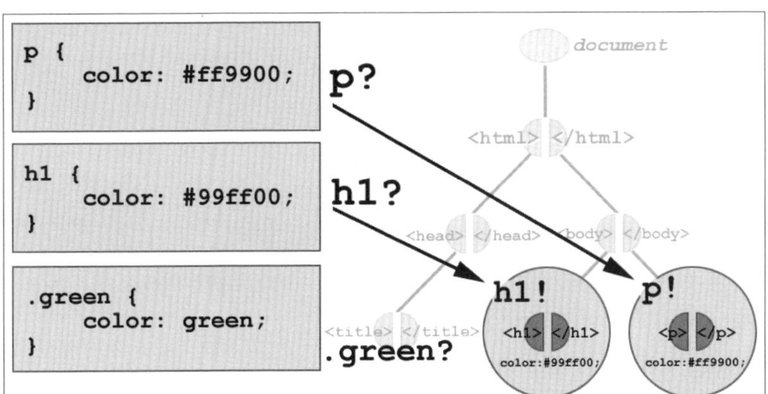

Abbildung B.5 Der DOM-Baum wird per Vergleichsmuster durchsucht.

Bekommt ein Element hierbei mehrfach Regeln zugewiesen, addieren sich diese. Ein dabei auftretender Konflikt wird nach dem Rang der Regel beigelegt. Sobald der Vorgang beendet ist, ist der Baum »dekoriert«, und der Browser geht daran, ihn im Viewport darzustellen.

Im dekorierten Baum sind folgende Informationen zusätzlich in den einzelnen Elementknoten gespeichert:

- Welche Präsentationsvorschriften existieren für dieses Element?

Die Style-Vorschriften können wir uns durchaus als »Eigenschaften« des Elements vorstellen, die beim Elementknoten gelagert werden. Wir werden gleich sehen, dass dies uns hilft, die CSS-Regeln eines Elements auszulesen und auch bei Bedarf zu ändern. In diesem Augenblick kommt wieder JavaScript ins Spiel.

B.2.3 Manipulation von DOM und CSS per JavaScript

Der dekorierte Baum stellt, wie wir jetzt wissen, ein Abbild des Dokuments im Arbeitsspeicher des Browsers dar, das der Darstellung des Dokuments im Viewport entspricht. Da es sich um eine rein virtuelle Sache handelt, ist dieses Abbild per Programmierung beliebig manipulierbar. Genau dies ist überhaupt die Aufgabe des DOM – eine Schnittstelle (API) zu bieten, die es ermöglicht, mittels einer Programmiersprache auf das Dokument einzuwirken.

In Zusammenhang mit JavaScript bietet das DOM eine Reihe von Schnittstellenfunktionen, die eine Brücke schlagen zwischen der Scripting-Umgebung und dem Dokumentbaum. Einige dieser Methoden sind dem Dokumentknoten unterstellt (den wir hierfür praktischerweise einfach als JavaScript-Objekt betrachten). Andere Methoden stehen auch direkt den Elementknoten zur Verfügung.

Diese DOM-Methoden sind nicht ausgesprochen zahlreich und zum Teil umständlich anzuwenden – ihre Anzahl hängt zudem von der Implementierung des DOM ab (dem »DOM-Level«), die der ausführende Browser jeweils unterstützt. Dies sind ihre Aufgaben:

- das Selektieren von Knoten
- das Traversieren (Bewegung) innerhalb des Baums
- den Wert (Inhalt) eines Knotens auslesen oder schreiben
- das Lesen oder Schreiben von Attributen eines Elementknotens
- das Erzeugen von Element- und Attributknoten
- das Einhängen von Knoten in den Baum
- das Löschen von Knoten im Baum

DOM-Methode	Erläuterung
`addEventListener()`	Bindet Event-Handler an ein DOM-Element.
`removeEventListener()`	Löst Event-Handler von einem DOM-Element.
`createAttribute()`	Erzeugt einen Attributknoten.
`createTextNode()`	Erzeugt einen Textknoten.
`createElement()`	Erzeugt einen Elementknoten.
`getAttribute()`	Liest einen Attributwert.
`setAttribute()`	Schreibt einen Attributwert.
`removeAttribute()`	Entfernt einen Attributknoten.
`appendChild()`	Hängt Elementknoten am Ende des Inhalts des aktuellen Knotens ein.
`insertBefore()`	Hängt Elementknoten vor dem aktuellen Knoten ein.
`removeChild()`	Entfernt Kindknoten des aktuellen Knotens.
`replaceChild()`	Ersetzt Kindknoten des aktuellen Knotens.
`getElementById()`	Referenziert einen Elementknoten per ID.
`getElementsByClassName()`	Erstellt eine NodeList aus Elementknoten nach CSS-Klasse.
`getElementsByTagName()`	Erstellt eine NodeList aus Elementknoten nach Tag-Bezeichner.

Tabelle B.1 Die wichtigsten DOM-Methoden zur DOM-Manipulation

Auf die meisten dieser DOM-Methoden (es gibt jedoch eine Reihe mehr) wird in Kapitel 4, »jQuery – die Übersicht«, knapp eingegangen, sofern dies erforderlich ist.

Um mit diesem Buch zu arbeiten, sollten diese Ausführungen zu JavaScript und zu DOM genügen. Falls nicht – eine umfassende *Online-Referenz zu DOM* (in englischer Sprache) finden Sie bei der Mozilla Foundation unter dieser Adresse:

https://developer.mozilla.org/en/DOM

C Inhalt der DVD-ROM

Auf der beiliegenden DVD finden Sie eine Reihe nützlicher Tools sowie die Beispieldateien des Buches. Die Bilder, die für die Galeriebeispiele verwendet wurden, unterliegen dem Urheberrecht, und dürfen nur mit Genehmigung des Autors online wie offline für kommerzielle Zwecke verwendet werden.

C.1 Verzeichnis »Listings«

Auf der beiliegenden DVD finden Sie die Beispielcodes, geordnet nach Kapiteln und ihren Listingunterschriften. Die Beispiele finden Sie auf der DVD zusätzlich auch nach Themen (Navigationen, Formulare etc.) geordnet.

C.2 Verzeichnis »jQuery«

Die zur Zeit der Buchproduktion aktuelle Version des jQuery-Frameworks finden Sie ebenso im Verzeichnis *jQuery*, wie eine komplette Ausgabe des jQuery-UI-Frameworks. Es wurde mit dem UI-Lightness Theme heruntergeladen. Sämtliche Plugins, die im Buch besprochen werden, liegen zusätzlich gepackt im Verzeichnis *jQuery/Plugins*.

Sämtliche Dateien, die für jQuery Mobile benötigt werden, finden Sie unter *jQuery/jQueryMobile*, auch die zum mobilen Framework gehördenden Plugins.

Es gibt noch eine unendlich große Zahl an jQuery Plugins, die es zwar wert sind, besprochen zu werden, aber nicht den Weg in das Buch geschafft haben. Eine kleine Auswahl zusätzlicher Plugins finden Sie deshalb im Verzeichnis *jQuery/Plugins/mehr*.

C.3 Verzeichnis »Software«

Im Verzeichnis *Software* finden Sie eine Version des *Google Closure Compilers*, mit dem Sie eigene Plugins minifizieren können. Damit Sie gleich komfortabel alle Beispiele ausprobieren können, sind einige Editoren und IDEs entweder als Vollversionen oder Demoversionen beigelegt. Sie finden Aptana Studio für Mac OS X und Windows, Netbeans für Windows und Mac OS X, notepad++ für Windows, die MobiOne IDE (Demoversion), den Emulator IBBDemo2 sowie Adobe Dreamweaver als Demoversion für Mac OS X und Windows, ebenfalls im Verzeichnis *Software*.

C.4 Verzeichnis »Video-Training«

Als besondere Beigabe finden Sie sämtliche Lektionen zum Thema jQuery Mobile des Video-Trainings »jQuery – Das Praxis-Training«, von André Wösten, erschienen bei Galileo Press. (Mehr Informationen zu diesem Video-Training erhalten Sie auf *www.galileocomputing.de/2863*.)

Folgende Video-Lektionen können Sie sich ansehen:

1 Die Grundlagen von jQuery

1.1 Einleitung (0:18 min)

1.2 Was ist und was kann jQuery? (6:41 min)

1.3 Früher war nicht alles besser (7:29 min)

1.4 JavaScript im Web 2.0 (14:50 min)

2 Das DOM und die jQuery-Selektoren

2.1 Einleitung (0:13 min)

2.2 Elemente finden durch Selektoren (4:41 min)

3 Für Smartphones: jQuery Mobile

3.1 Einleitung (0:16 min)

3.2 Erste Schritte mit jQuery Mobile (9:27 min)

3.3 Eine erste mobile Webseite aufbauen (10:00 min)

3.4 Listen darstellen und gestalten (3:22 min)

3.5 Navigationsleisten und Themes (2:40 min)

3.6 Event-Handling mit jQuery Mobile (4:53 min)

3.7 Kontaktbörse mobil – Die Listenansicht (10:51 min)

3.8 Kontaktbörse mobil – Die Profilseiten (13:09 min)

Index

A

B

C

D

E

F

G

H

I

J

K

L

M

N

O

P

Q

R

S

T

Christian Wenz
JavaScript
Das umfassende Handbuch
✓ Ajax
✓ Silverlight
✓ Director und Flash
✓ ASP.NET 4
Inkl. jQuery
10., aktualisierte Auflage
▸ Einstieg, Praxis, Referenz
▸ Web 2.0: DOM, CSS, XML, Web Services
▸ Für Einsteiger, Fortgeschrittene und Profis
Galileo Computing

Video-Training

Das Training für interaktive Web-Applikationen

Attraktive Weboberflächen gestalten mit jQuery UI

Inklusive jQuery Mobile für iOS und Android

André Wösten

jQuery

Das Praxis-Training

Lernen Sie, wie Sie mit jQuery interaktive und animierte Webseiten erstellen! Ihr Trainer erklärt Ihnen das JavaScript-Framework von den Grundlagen bis zur Gestaltung attraktiver Weboberflächen mit jQuery UI. Als Bonus lernen Sie, wie Sie mit jQuery Mobile Ihre Website auch für iPhone, iPad & Co. aufbereiten.

DVD, Windows, Mac und Linux, 68 Lektionen, 8 Stunden Spielzeit, 39,90 Euro
ISBN 978-3-8362-1762-0

>> www.galileocomputing.de/2863

»Das Video-Training führt jQuery-Neulinge schnell und verständlich in die Welt von jQuery ein.«
Mediavalley

Galileo Computing